SOLZHENITSYN

200 AÑOS JUNTOS

Volumen 1

Los judíos antes de la Revolución

OMNIA VERITAS

Aleksandr Solzhenitsyn
(1918-2008)

Aleksandr Solzhenitsyn fue un novelista ruso, historiador y crítico abierto del totalitarismo soviético. Se le recuerda como uno de los escritores y disidentes más importantes del siglo XX. Sus obras ofrecen un relato contundente y condenatorio del sistema represivo de la Unión Soviética y han tenido un impacto duradero tanto en la literatura como en el pensamiento político. Fue galardonado con el Premio Nobel de Literatura en 1970 por la fuerza ética con la que persiguió las tradiciones indispensables de la literatura rusa.

Doscientos años juntos
Volumen 1 - Los judíos antes de la Revolución
Двести лет вместе, *Dvesti let vmeste-2001-2002*

Traducido y publicado por
Omnia Veritas Limited

OMNIA VERITAS®

www.omnia-veritas.com

© Omnia Veritas Ltd - 2024

Reservados todos los derechos. Queda prohibida la reproducción, distribución o transmisión total o parcial de esta publicación, en cualquier forma o por cualquier medio, incluidos el fotocopiado, la grabación u otros métodos electrónicos o mecánicos, sin la autorización previa por escrito del editor, salvo en el caso de citas breves incluidas en reseñas críticas y otros usos no comerciales permitidos por la legislación sobre derechos de autor.

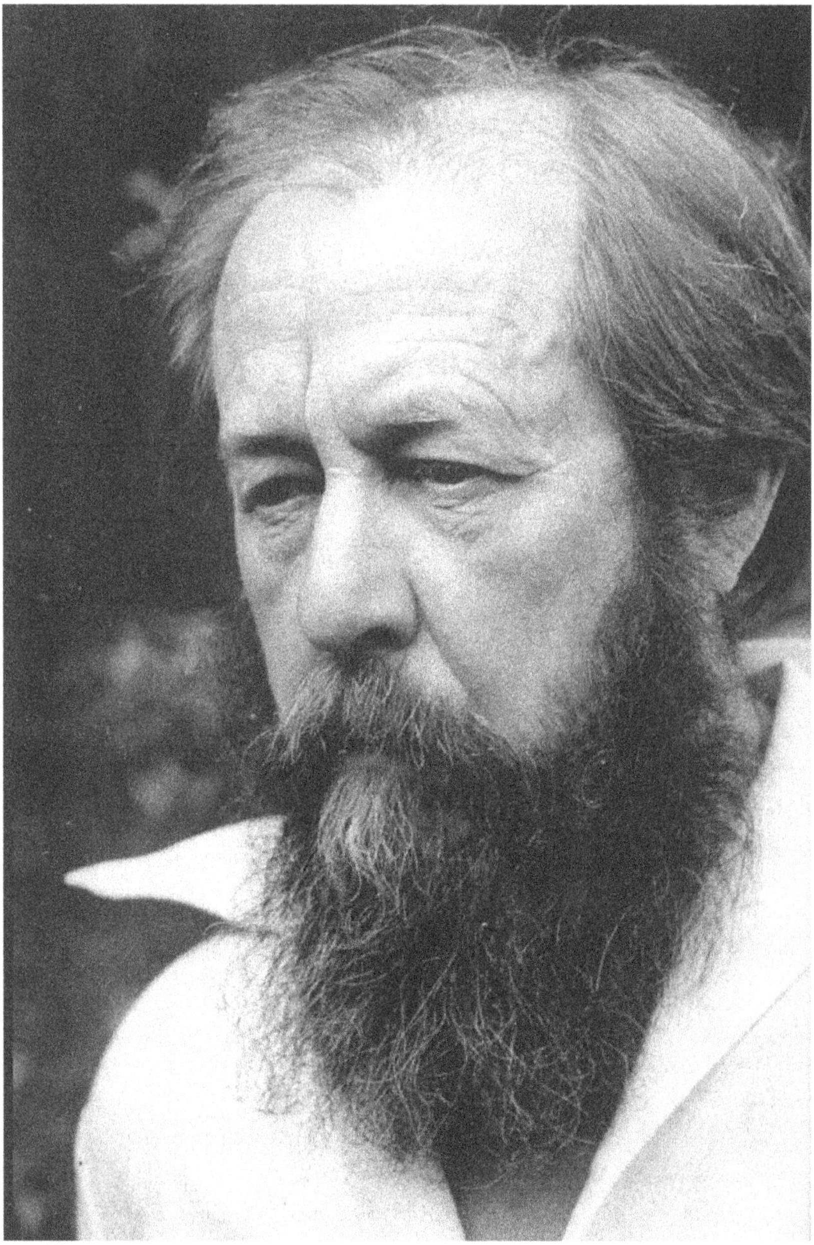

Introducción al material 11
En el perímetro de este estudio. ¿Cuáles podrían ser los límites de este libro? 13
Menciones abreviadas de las principales fuentes citadas en las notas del autor 15

CAPÍTULO 1 17
Antes del siglo 19 17
Desde los inicios en Khazaria 17
La herejía judaizante 23
El Kahal y los derechos civiles 35
Derzhavin y la hambruna en Bielorrusia 44

CAPÍTULO 2 57
Durante el reinado de Alejandro I[st] 57

CAPÍTULO 3 90
Durante el reinado de Nicolás I[st] 90

CAPÍTULO 4 124
En la era de las reformas 124

CAPÍTULO 5 170
Tras el asesinato de Alejandro II 170

CAPÍTULO 6 196
En el Movimiento Revolucionario Ruso 196

CAPÍTULO 7 235
El nacimiento del sionismo 235

CAPÍTULO 8 250
A principios del siglo XX 250

CAPÍTULO 9 313
Durante la Revolución de 1905 313

CAPÍTULO 10 384
El periodo de la Duma 384

CAPÍTULO 11 417

JUDÍOS Y RUSOS ANTES DE LA PRIMERA GUERRA MUNDIAL: LA CRECIENTE TOMA DE CONCIENCIA 417
CAPÍTULO 12 .... **439**
DURANTE LA GUERRA (1914-1916) 439
OTROS TÍTULOS...**473**

Introducción al material

Habiendo trabajado con la historia de la revolución rusa durante cincuenta años, me he encontrado muchas veces con los problemas entre los rusos y los judíos. Una y otra vez se metieron en los acontecimientos, abrieron una brecha en la psique humana y desataron pasiones.

No perdí la esperanza de que algún autor se me adelantara y sacara a relucir, con la amplitud y el equilibrio necesarios, esta brillante lanza. Pero se trata más a menudo de reproches unilaterales: o bien los rusos son culpables contra los judíos, peor aún, culpables de depravación perpetua, y con razón; o bien, por otra parte, los rusos que han tratado racionalmente este problema lo han hecho en su mayor parte con excesiva dureza, sin conceder a la otra parte el menor mérito.

No se puede decir que falten editores; sobre todo entre los judíos rusos, allí son mucho más numerosos que entre los rusos.

Sin embargo, a pesar de la abundancia de mentes brillantes y plumas condecoradas, todavía no hemos tenido un análisis actualizado de nuestra historia mutua que pueda satisfacer a ambas partes. Debemos aprender a no tensar la cuerda cuando ya está tan tensa. Me hubiera gustado aplicar mis esfuerzos a un tema menos espinoso. Pero creo que esta historia -o al menos el esfuerzo por penetrar en ella- no debería seguir estando "prohibida".

La historia del "problema judío" en Rusia (¿y sólo en Rusia?) es ante todo excepcionalmente rica. Hablar de ello significa escuchar nuevas voces y transmitirlas al lector. (En este libro, las voces judías se oirán más a menudo que las de los rusos).

Pero los torbellinos del clima social nos empujan hacia el filo de la navaja. Se siente el peso de ambos bandos, todos los agravios y acusaciones, tan verosímiles como inverosímiles, que crecen a medida que avanzan.

El propósito que me guía a lo largo de este trabajo sobre la vida en común de los rusos y los judíos consiste en buscar todos los puntos necesarios para un entendimiento mutuo, todas las voces posibles que, una vez que nos despojemos de la amargura del pasado, puedan conducirnos hacia el futuro.

Como todos los demás pueblos, como todos nosotros, el pueblo judío es al mismo tiempo un elemento activo y pasivo de la Historia; más de una vez ha realizado, aunque sea inconscientemente, importantes obras que la Historia le ha ofrecido. El "problema judío" ha sido observado desde diversos ángulos, pero siempre con pasión y a menudo en el autoengaño. Sin embargo, los acontecimientos que han afectado a tal o cual pueblo en el curso de la Historia no siempre, ni mucho menos, han estado determinados por este único pueblo, sino por todos los que lo rodeaban.

Una actitud demasiado apasionada de una u otra parte es humillante para ellas. Sin embargo, no puede haber problemas que el hombre no pueda abordar con la razón. Hablar abiertamente, con amplitud, es más honesto, y, en nuestro caso preciso, hablar de ello es esencial. Por desgracia, las heridas mutuas se han acumulado en la memoria popular. Pero si miramos al pasado, ¿cuándo sanará la memoria? Mientras la opinión popular no encuentre una pluma que arroje luz sobre ello, seguirá siendo un vago rumor, peor aún: amenazador.

No podemos aislarnos permanentemente de los siglos pasados. Nuestro mundo se ha encogido y, sean cuales sean las líneas divisorias, volvemos a ser vecinos. Durante muchos años he retrasado la escritura de este libro; me habría encantado no cargar con este peso, pero los retrasos de mi vida se han acercado al agotamiento, y aquí estoy.

Nunca he podido reconocer el derecho de nadie a ocultar nada de lo que ha sido. Tampoco puedo aceptar ningún acuerdo basado en arrojar falsa luz sobre el pasado. Hago un llamamiento a ambas partes -rusa y judía- para que busquen la comprensión mutua, para que reconozcan la parte de pecado de cada uno, porque es fácil mirar hacia otro lado: seguramente no somos nosotros... Me esfuerzo sinceramente por comprender a las dos partes ante este largo conflicto histórico. Me sumerjo en los acontecimientos, no en las polémicas. Quiero mostrar. No entro en las discusiones, salvo en aquellos casos extremos en los que la imparcialidad está cubierta por capas y capas de mentiras. Me atrevo a esperar que este libro no sea recibido por los extremistas y los fanáticos, que, por el contrario, favorezca la comprensión mutua. Espero encontrar personas comprensivas tanto entre los judíos como entre los rusos.

Así es como el autor concibió su tarea y su objetivo final: intentar prever, en el futuro de las relaciones ruso-judías, vías accesibles que pudieran conducir al bien de todos.

Escribí este libro ciñéndome únicamente a lo que contaban los materiales históricos y buscando cuestiones benéficas para el futuro. Pero reconozcámoslo: en los últimos años la situación en Rusia ha evolucionado de forma tan drástica que los problemas aquí estudiados se han visto relegados a un segundo plano y no tienen hoy la agudeza de los demás problemas de Rusia.

En el perímetro de este estudio.
¿Cuáles podrían ser los límites de este libro?

Soy plenamente consciente de la complejidad y amplitud del tema. Comprendo que también tiene un aspecto metafísico. Incluso se dice que el problema judío sólo puede entenderse rigurosamente desde un punto de vista místico y religioso. Por supuesto que reconozco la realidad desde este punto de vista, pero, aunque muchos libros ya han tocado el tema, creo que sigue siendo inaccesible para los hombres, que está por naturaleza fuera del alcance, incluso de los expertos.

Sin embargo, todos los propósitos importantes de la historia humana contienen influencias místicas, lo que no nos impide examinarlos en un plano histórico concreto. Dudo que debamos recurrir necesariamente a consideraciones superiores para analizar fenómenos que están a nuestro alcance inmediato.

Dentro de los límites de nuestra existencia terrenal, podemos emitir juicios sobre los rusos, así como sobre los judíos, partiendo de criterios humildes. En cuanto a los de arriba, ¡dejémoselos a Dios!

Quiero aclarar este problema sólo en las categorías de Historia, política y vida cotidiana y cultura, y casi exclusivamente dentro de los límites de los dos siglos de convivencia de rusos y judíos en un solo Estado. Nunca me habría atrevido a acercarme a las profundidades de la Historia judía, trimilenaria o cuatrimilenaria, suficientemente representada en numerosas obras y en meticulosas enciclopedias.

Tampoco pretendo examinar la Historia de los judíos en los países más cercanos a nosotros: Polonia, Alemania, Astria-Hungría. Me concentro en las relaciones ruso-judías, insistiendo en el siglo XX, tan crucial y tan catastrófico en el destino de nuestros dos pueblos. Basándome en la dura experiencia de nuestra coexistencia, intento disipar los malentendidos, las falsas acusaciones, recordando al mismo tiempo los legítimos agravios. Las obras publicadas en las primeras décadas del siglo XX han tenido poco tiempo para abarcar esta experiencia en su totalidad.

Por supuesto, un autor contemporáneo no puede pasar por alto su existencia, a pesar de medio siglo y del Estado de Israel, así como su enorme influencia en la vida de los judíos y de otros pueblos del mundo.

No puede, aunque sólo sea si quiere una amplia comprensión sobre la vida interna de Israel y sus orientaciones espirituales - también a través de reflexiones incidentales, esto debe brillar en este libro. Pero sería una pretensión escandalosa por parte del autor no introducir aquí un análisis de los problemas inherentes al sionismo y a la vida de Israel. No obstante, presto especial atención a los escritos publicados en nuestros días por los judíos rusos eruditos que vivieron durante décadas en la Unión Soviética antes de emigrar a Israel y que, por lo tanto, han tenido la oportunidad de reflexionar, desde su propia experiencia, sobre una serie de problemas judíos.

Menciones abreviadas de las principales fuentes citadas en las notas del autor

- "**22**": Revista social, política y literaria de la intelectualidad judía de la URSS en Israel, Tel Aviv. Las notas bibliográficas llamadas por un número son del autor. De ellas, las marcadas con un asterisco remiten a una referencia de segunda mano. Las notas explicativas marcadas con un asterisco son de los traductores.

- **ARR**: Archivos de la Revolución Rusa, editado por J. Guessen, Berlín, ed. Slovo, 1922-1937. Slovo, 1922-1937.

- **BJWR-1**: Kriga o rousskom cvreïstve: ot 1860 godov do Revolioutsii 1917 g. [Libro sobre el mundo judío de Rusia: de la década de 1860 a la Revolución de 1917], Nueva York, ed., 1960. De la Unión de Judíos Rusos, 1960.

- **BJWR-2**: Kriza o rousskom evreïstve, 1917-1967 [El libro sobre el mundo judío de Rusia, 1917-1967], Nueva York, ed., Madrid. De la Unión de Judíos Rusos, 1968.

- **JE**: Jewish Encyclopædia en 16 volúmenes, San Petersburgo, Sociedad para la Promoción de la Edición Científica Judía y Ed. Brokhaus y Efron, 1906-1913.

- **JW**: Evreïskii mir [El mundo judío], París, Unión de intelectuales ruso-judíos.

- **RaJ**: Rossia i evrei [Rusia y los judíos], París, YMCA Press, 1978 (ed. original, Berlín, 1924).

- **RHC**: Istoriko-revolutsionnyi sbornik [Colección histórica revolucionaria], editado por V. I. Nevski, 3 vols., M. L., GIZ, 1924-1926.

- **RJE**: Rossiskaia Evreiskaya Entsiklopedia [Enciclopedia Judía Rusa], M. 1994, 2ª edición en curso de publicación, corregida y ampliada.

- **Izvestia**: Noticias del Soviet de Diputados Obreros y Soldados de Petrogrado.

- **SJE**: Pequeña Enciclopedia Judía, Jerusalén, 1976, ed. De la Sociedad para el Estudio de las Comunidades Judías.

- **TW**: Vremia i my [El tiempo y nosotros], revista internacional de literatura y problemas sociales, Tel Aviv.

Capítulo 1
Antes del siglo 19

Desde los inicios en Khazaria

En este libro no se tratará en detalle la presencia de los judíos antes de 1772. Sin embargo, durante unas páginas repasaremos las épocas más antiguas.

Se podría decir que los caminos de rusos y judíos se cruzaron por primera vez en las guerras entre la Rus de Kiev y los jázaros [Antiguo pueblo de raza turca establecido en la región del Bajo Volga desde hace mucho tiempo. En el siglo 6 fundaron un vasto imperio que se extendía desde el Oural hasta el Dniepr, que cayó en el siglo 10 tras su derrota por el príncipe de Kiev, Sviatoslav (966)], pero eso no es del todo correcto, ya que sólo la clase alta de los jázaros era de ascendencia hebrea, la tribu en sí estaba formada por turcos convertidos al judaísmo.

Si uno sigue la presentación de J.D. Bruzkus, respetado autor judío de mediados del siglo 20, una cierta parte de los judíos de Persia se trasladó a través del paso de Derbent al bajo Volga donde Atil en la costa oeste del Caspio en el delta del Volga, la ciudad capital del Khazarian Khanate[1], se levantó a partir de 724 dC.

Los príncipes de la tribu de los jázaros turcos (que en aquella época seguían adorando ídolos) no querían aceptar la fe musulmana, para no quedar subordinados al califa de Bagdad, ni el cristianismo, para no quedar bajo vasallaje del emperador bizantino, por lo que el clan se pasó a la fe judía en 732.

Pero también había una colonia judía en el Reino Bosporo[2] en la península de Taman, en el extremo oriental de Crimea, separando el Mar Negro del Mar de Azov, a la que Adriano hizo traer cautivos judíos en 137, tras la victoria sobre Bar-Kokhba [Fundada en 480 a.C. por los griegos,

---

[1] J. D. Brutskus, Istoki rousskogo evreïstva (Les origines des Juifs russes), en Annuaire du monde juif, 1939. París, éd. de l'Union des intellectuels russo-juifs, pp. 17-23.
[2] EJ, t. 15, p. 648.

conquistada por Mitrídates en 107 a.C., permaneció bajo protectorado romano hasta el siglo 4].

Más tarde, un asentamiento judío se mantuvo sin interrupción bajo los godos y los hunos en Crimea. Kaffa (Feodosia) permaneció especialmente judía. En 933, el príncipe Igor [Gran Príncipe de Kiev 912-945, sucesor de Oleg el Sabio] se apoderó temporalmente de Kerch, y su hijo Sviatoslav [Gran Príncipe 960-972] arrebató la región del Don a los jázaros.

La Rus de Kiev ya gobernaba toda la región del Volga, incluido Atil, en 909, y los barcos rusos aparecieron en Samander, al sur de Atil, en la costa occidental del Caspio. Los kumyks [pueblo de habla turca; estado independiente en el siglo XV, anexionado a Rusia en 1784] del Cáucaso eran descendientes de los jázaros. En Crimea, en cambio, se mezclaron con los polovtsy [pueblo de habla turca procedente de Asia que ocupó las estepas meridionales de Rusia en el siglo XI], un pueblo turco nómada procedente de Asia central que había vivido en la zona septentrional del mar Negro y el Cáucaso desde el siglo X, llamado cuman por los historiadores occidentales. Esta mezcla dio origen a los tártaros de Crimea.

Pero a diferencia de los tártaros, los karaim [pueblo de habla turca que profesa una creencia similar al judaísmo, pero sin reconocer el Talmud (siglos 11 a 12)], una secta judía que no sigue el Talmud, y los residentes judíos de Crimea no se pasaron a la fe musulmana. Los jázaros fueron finalmente invadidos mucho más tarde por Tamerlán o Timur, el conquistador del siglo 14.

Algunos investigadores, sin embargo, plantean la hipótesis (faltan pruebas exactas) de que los hebreos habían vagado en cierta medida por la región del sur de Rusia en dirección oeste y noroeste. Así, el orientalista y semitista Abraham Harkavy, por ejemplo, escribe que la congregación judía de la futura Rusia "surgió de judíos procedentes de la costa del Mar Negro y del Cáucaso, donde sus antepasados habían vivido desde el cautiverio asirio y babilónico".[3] J. D. Bruzkus también se inclina por esta perspectiva. Otra opinión sugiere que se trataba del remanente de las Diez Tribus Perdidas de Israel [tras la muerte de Salomón, bajo el gobierno de Roboam, diez de las duodécimas tribus de Israel se separaron de la Casa de David, formaron el Reino de Israel y luego fueron castigadas y dispersadas].

Esta migración presumiblemente terminó después de la conquista en 1097 de Timutarakans en la orilla oriental del estrecho de Kerch, con vistas al extremo oriental de la península de Crimea; el flanco oriental del antiguo Reino de Bósforo, por el Polovtsy. Según la opinión de Harkavy, la lengua

---

[3] PEI, I. 2, p. 40.

vernácula de estos judíos era eslava al menos desde el siglo IX, y sólo en el siglo 17, cuando los judíos ucranianos huyeron de los pogromos del caudillo cosaco ucraniano Bogdan Chmelnitzki [Hetman. Líder ucraniano (1593-1657), dirigió victoriosamente a los cosacos ucranianos contra Polonia con la ayuda de los tártaros de Crimea. En 1654 recibió la protección de Moscú y se convirtió en vasallo del zar Alexis Mikhaïlovitch], que dirigió con éxito una rebelión cosaca contra Polonia con ayuda de los tártaros de Crimea, el yiddish se convirtió en la lengua de los judíos de Polonia.

Los judíos también llegaron a Kiev y se establecieron allí de diversas maneras. Ya bajo Igor, la parte baja de la ciudad se llamaba Kosary; en 933 Igor trajo judíos que habían sido hechos cautivos en Kerch. Luego, en 965 fueron llevados judíos cautivos en Crimea; en 969 Kosaren de Atil y Samander, en 989 de Cherson y en 1017 de Timutarakan. En Kiev también surgieron judíos occidentales o asquenazíes en relación con el tráfico de caravanas de oeste a este, y a partir de finales del siglo XI, quizá a causa de la persecución en Europa durante la primera Cruzada.[4]

Investigadores posteriores confirman asimismo que en el siglo 11, el elemento judío de Kiev procedía de los jázaros. Aún antes, a finales del siglo 10 se documentó la presencia de "una fuerza jázara y una guarnición jázara" en Kiev... Y "ya en la primera mitad del siglo 11 el elemento judío-jázaro en Kiev desempeñó un papel importante". En los siglos [5]9 y 10, Kiev era multinacional y tolerante con las diferentes etnias.

A finales del siglo X, en la época en que el príncipe Vladimir I. Svyatoslavich [San Vladimir (956-1015), hijo de Sviatoslav, se convirtió en único soberano de la Rusia de Kiev de la que se le considera fundador.

Convertido al cristianismo bizantino que estableció en todo el país en 988 d.C.] estaba eligiendo una nueva fe para los rusos, no había pocos judíos en Kiev, y entre ellos se encontraban hombres cultos que sugerían adoptar la fe judía. La elección fue diferente de lo que había sido 250 años antes en el Reino Khazar. El historiador ruso Karamsin lo cuenta así: "Después de haber escuchado a los judíos, Vladimir preguntó dónde estaba su patria. En Jerusalén', respondieron los delegados, 'pero Dios nos ha castigado en su ira y nos ha enviado a tierra extranjera'. Y vosotros, a quienes Dios ha

---

[4] EJ, t. 9, p. 526.
[5] *V N. Toporov*, Sviatost i sviatye v russkoï doukhovnoï koultoure (La sainteté et les saints russes dans la culture russe spirituelle), t. 1, M. 1995, pp. 283-286. 340.

castigado, ¿os atrevéis a enseñar a los demás? No queremos perder nuestra patria como vosotros'".[6]

Después de la cristianización de la Rus, según Bruzkus, una parte de los judíos jázaros de Kiev también se pasaron al cristianismo y después en Nóvgorod quizás uno de ellos, Luka Zhidyata,[7] fue incluso uno de los primeros obispos y escritores espirituales. La coexistencia del cristianismo y el judaísmo en Kiev llevó inevitablemente a los eruditos a contrastarlos celosamente. De ahí surgió la obra significativa para la literatura rusa, *Sermón sobre la ley y la gracia,* de Hilarión, primer metropolitano ruso a mediados del siglo XI, que contribuyó a asentar en los rusos una conciencia cristiana que perduró durante siglos.

La polémica aquí es tan fresca y viva como en las cartas de los apóstoles.[8] En cualquier caso, era el primer siglo del cristianismo en Rusia. Para los neófitos rusos de de aquella época, los judíos eran interesantes, sobre todo en relación con su presentación religiosa, e incluso en Kiev había oportunidades de contacto con ellos. El interés era mayor que más tarde, en el siglo XVIII, cuando volvieron a estar físicamente cerca.

Después, durante más de un siglo, los judíos participaron en el comercio ampliado de Kiev. "En la nueva muralla de la ciudad, terminada en 1037, estaba la Puerta de los Judíos, que cerraba el barrio judío". Los judíos de Kiev [9] no estaban sometidos a ninguna limitación, y los príncipes no se trataban con hostilidad, sino que de hecho les brindaban protección, especialmente Sviatopluk Iziaslavich, príncipe de Nóvgorod (r. 1078-1087) y gran príncipe de Kiev desde 1093 hasta 1113, ya que el comercio y el espíritu emprendedor de los judíos reportaban a los príncipes ventajas financieras.

En 1113 d.C., Vladimir Monomakh, por remordimientos de conciencia, incluso después de la muerte de Sviatopluk, dudó en subir al trono de Kiev antes que uno de los Svyatoslaviches, y "los revoltosos, aprovechando la anarquía, saquearon la casa del comandante del regimiento Putiata y a todos los judíos que habían estado bajo la protección especial del codicioso Sviatopluk en la capital". Al parecer, uno de los motivos de la revuelta de Kiev fue la usura de los judíos. Aprovechando la escasez de dinero de la época, esclavizaban a los deudores con intereses exorbitantes". [10] (Por

---

[6] *N. M. Karamzine,* Istoria gosoudarstva Rossiiskogo (Histoire de la nation russe), Saint-Pétersbourg. 1842-1844, t. 1, p. 127. Cf. également : S. M. Soloviev. Istoria Rossii s drevneichikh vremen (Histoire de la Russie depuis les origines) en 15 volumes, M. 1962-1966. t. 1. p. 181.
[7] *Brutskus,* pp. 21-22 ; EJ, t. 7, p. 588.
[8] *Toporov,* t. 1, p. 280.
[9] PEJ, t. 4, p. 253.
[10] *Karamzine,* t. 2. pp. 87-88.

ejemplo, hay indicios en el estatuto de Vladimir Monomakh de que los prestamistas de Kiev recibían intereses de hasta el 50 por ciento anual). Karamsin apela para ello a las Crónicas y a una extrapolación de Basilio Tatistcheff (1686-1750), alumno de Pedro el Grande y primer historiador ruso. En Tatistcheff encontramos además:

"Después apalearon a muchos judíos y saquearon sus casas, porque habían provocado muchas enfermedades a los cristianos y el comercio con ellos les había causado grandes daños. Muchos de ellos, que se habían reunido en su sinagoga en busca de protección, se defendieron como pudieron y ganaron tiempo hasta que pudo llegar Vladimir." Pero cuando llegó, "los kievitas le suplicaron que tomara represalias contra los judíos, porque habían arrebatado todos los comercios a los cristianos y bajo Sviatopluk habían tenido mucha libertad y poder... También habían llevado a muchos a su fe."[11]

Según M. N. Pokrovski, el pogromo de Kiev de 1113 fue de carácter social y no nacional. Sin embargo, es bien conocida la inclinación de este historiador clasista hacia las interpretaciones sociales. Después de subir al trono de Kiev, Vladimir respondió a los denunciantes: "Puesto que muchos judíos de todas partes han tenido acceso a las diversas cortes principescas y han emigrado allí, no es apropiado que yo, sin el consejo de los príncipes, y además en contra del derecho, permita matarlos y saquearlos. Por lo tanto, convocaré sin demora a los príncipes para que se reúnan y den su consejo". [12]En el Consejo se estableció una ley que limitaba los intereses, que Vladimir adjuntó al estatuto de Yaroslav. Karamsin informa, apelando a Tatistcheff, que Vladimir "prohibió a todos los judíos" al concluir el Concilio, "y desde entonces no quedó ninguno en nuestra patria". Pero al mismo tiempo matiza: "En las crónicas, en cambio, se dice que en 1124 los judíos de Kiev murieron en un gran incendio; por consiguiente, no habían sido prohibidos". [13]Bruzkus explica que "se trataba de todo un barrio en la mejor parte de la ciudad... en la Puerta de los Judíos, junto a la Puerta Dorada". [14] Al menos un judío gozaba de la confianza de Andrei Bogoliubsky en Vladimir.

Entre los confidentes de Andrei se encontraba un tal Efraín Moisich, cuyo patronímico Moisich o Moisievich indica su derivación judía, y que según las palabras de la Crónica se encontraba entre los instigadores de la traición por la que fue asesinado Andrei. [15]Sin embargo, también hay una anotación que dice que bajo Andrei Bogoliubsky "muchos búlgaros y judíos del

---

[11] *V. N. Tatischev*, Histoire russe en 7 volumes, t. 2, M. 1963, p. 129.
[12] *Ibidem*, p. 129.
[13] *Kuramzine*, t. 2. Notas, p. 89.
[14] *Brutskus*, p. 23.
[15] *Suloviev*, livre I, p. 546.

territorio del Volga vinieron y se hicieron bautizar" y que tras el asesinato de Andrei su hijo Georgi huyó a un príncipe judío de Daguestán.[16]

En cualquier caso, la información sobre los judíos en la época de la Rus de Suzdal es escasa, ya que su número era obviamente reducido. La *Enciclopedia Judía* señala que en las canciones heroicas rusas (Bylinen) el "zar judío" -por ejemplo, el guerrero Shidowin en la antigua Bylina sobre Ilya y Dobrinia- es "un apodo general favorito para un enemigo de la fe cristiana".[17]

Al mismo tiempo, también podría ser un rastro de recuerdos de la lucha contra los jázaros. Aquí queda clara la base religiosa de esta hostilidad y exclusión. Sobre esta base, no se permitió a los judíos establecerse en la Rus de Moscovia.

La invasión de los tártaros presagiaba el fin del animado comercio de la Rus de Kiev, y al parecer muchos judíos se fueron a Polonia. (También continuó la colonización judía en Volinia y Galitzia, donde apenas habían sufrido la invasión tártara). La Enciclopedia explica: "Durante la invasión de los tártaros (1239) que destruyó Kiev, los judíos también sufrieron, pero en la segunda mitad del siglo 13 fueron invitados por los Grandes Príncipes a reasentarse en Kiev, que se encontraba bajo el dominio de los tártaros. A causa de los derechos especiales, que también se concedieron a los judíos en otras posesiones de los tártaros, se despertó la envidia de los habitantes de la ciudad contra los judíos de Kiev".[18]

Algo parecido ocurrió no sólo en Kiev, sino también en las ciudades del norte de Rusia, que "bajo el dominio tártaro, eran accesibles para muchos mercaderes de Khoresm o Khiva, experimentados desde hacía tiempo en el comercio y en los trucos de la búsqueda de beneficios. Esta gente compraba a los tártaros el derecho del principado a recaudar tributos, exigían intereses excesivos a los pobres y, en caso de impago, declaraban a los deudores sus esclavos y les quitaban la libertad. Los habitantes de Vladimir, Suzdal y Rostov perdieron por fin la paciencia y se levantaron juntos al repique de las campanas contra estos usureros; unos pocos fueron asesinados y el resto expulsados".[19] Se amenazó con una expedición punitiva del Khan contra los amotinados, que sin embargo fue obstaculizada por mediación de Alexander Nevsky. Por último, "en los documentos del siglo XV se menciona a judíos kievitas recaudadores de impuestos, que poseían una importante fortuna".[20]

---

[16] *Brutskus*, p. 26.
[17] EJ, t. 9, p. 5.
[18] *Ibidem*, p. 517.
[19] *Karamzine*, t. 4, pp. 54-55.
[20] PEJ. t. 4, p. 254.

La herejía judaizante

En el siglo XV también hay que señalar una migración de judíos de Polonia hacia el Este, incluida la Rusia Blanca [Bielorrusia]: había arrendatarios de peajes y otros gravámenes en Minsk, Polotsk y Smolensk, aunque no se formaron congregaciones asentadas allí. Tras el efímero destierro de los judíos de Lituania (1496), el "movimiento hacia el este se produjo con especial energía a principios del siglo 16 ".[21]

El número de judíos que emigraron a la Rus de Moscovia fue insignificante, aunque "los judíos influyentes de la época no tuvieron dificultades para ir a Moscú". [22]

Hacia finales del siglo XV, en el centro mismo del poder espiritual y administrativo de la Rus, se produjo un cambio que, aunque apenas se notó, podría haber arrastrado a su paso una inquietud ominosa y haber tenido consecuencias de gran alcance en el ámbito espiritual. Tuvo que ver con la "herejía judaizante".

San José de Volokolamsk (1439-1515), que se opuso a ella, observó: "Desde los tiempos de Olga [Santa Olga (?-969), princesa de Kiev, esposa del príncipe Igor del que enviudó en 945; ejerció el gobierno hasta la mayoría de edad de su hijo Sviatoslav. Convertida en 954, no consiguió sin embargo extender el cristianismo por todo el país] y Vladimir, el mundo ruso, temeroso de Dios, nunca ha experimentado una seducción semejante".[23]

Según Kramsin, comenzó así: el judío Zacarías, que en 1470 había llegado a Nóvgorod procedente de Kiev, "se las ingenió para descarriar a dos espirituales, Dionis y Alekséi; les aseguró que sólo la Ley de Moisés era divina; la historia del Redentor era inventada; el Mesías aún no había nacido; no se debía rezar a los iconos, etc.. Así comenzó la herejía judaizante". [24] El célebre historiador ruso Sergey Solovyov (1820-79) amplía la información diciendo que Zacarías lo logró "con la ayuda de cinco cómplices, que también eran judíos", y que esta herejía "obviamente era una mezcla de judaísmo y racionalismo cristiano que negaba el misterio de la santa Trinidad y la divinidad de Jesucristo."[25]

"El sacerdote ortodoxo Aleksei se hacía llamar Abraham, a su esposa la llamaba Sara y junto con Dionis corrompió a muchos espirituales y laicos.

---

[21] EJ, t. 5, p. 165.
[22] *Ibidem*, 1.13. p. 610.
[23] *Karamzine*, t. 6. p. 121.
[24] *Ibidem*, p. 121.
[25] *Soloviev*, livre III, p. 185.

Pero es difícil comprender cómo Zacarías pudo aumentar tan fácilmente el número de sus alumnos de Novgorod, ya que su sabiduría consistía entera y únicamente en el rechazo del cristianismo y la glorificación del judaísmo. Probablemente, Zacarías sedujo a los rusos con la cábala judía, una enseñanza que cautivaba a curiosos ignorantes y que en el siglo XV era muy conocida, cuando muchos hombres cultos buscaban en ella la solución a todos los enigmas importantes del espíritu humano. Los cabalistas se ensalzaban..., eran capaces... de discernir todos los secretos de la naturaleza, explicar los sueños, profetizar el futuro y conjurar a los espíritus".[26]

J. Gessen, historiador judío del siglo XX, presenta en contraste la opinión: "Es seguro que los judíos no participaron ni en la introducción de la herejía... ni en su propagación". [27] (Pero sin indicar sus fuentes). La enciclopedia de Brockhaus y Efron [1890-1906, equivalente ruso zarista a la Enciclopedia Británica] explica: "Aparentemente, el elemento genuinamente judío no desempeñó ningún papel destacado, limitando su contribución a unos pocos rituales".[28]

La Enciclopedia Judía, que apareció por la misma época, escribe por otra parte: "hoy, desde la publicación del 'Salterio de los judaizantes' y otros memoriales, la controvertida cuestión de la influencia judía en las sectas debe... considerarse resuelta en sentido positivo".[29]

"Los herejes de Nóvgorod presentaban un exterior ordenado, parecían ayunar humildemente y cumplían con celo todos los deberes de la piedad". [30]Se hicieron notar por el pueblo y contribuyeron a la rápida propagación de la herejía.[31]

Cuando, tras la caída de Nóvgorod, Iván Vasilievich III (1440-1505), Gran Príncipe de Moscovia, que unió el gran territorio ruso bajo el dominio de Moscú, visitó la ciudad, quedó impresionado por su piedad y se llevó a Moscú en 1480 a los dos primeros herejes, Alekséi y Dionís, y los promovió como sumos sacerdotes de las catedrales de la Asunción de María y del Arcángel del Kremlin. Con ellos llegó también el cisma, cuyas raíces permanecían en Nóvgorod. Aleksei encontró un favor especial en el gobernante y tuvo libre acceso a, y con sus enseñanzas secretas sedujo no sólo a varios altos espirituales y funcionarios, sino que movió al Gran

---

[26] *Karamzine*, t. 6, pp. 121-122.
[27] *J. Hessen*, Istoria evreïskogo naroda v Rossii (Histoire du peuple juif en Russie), en 2 vol., t. I, Leningrado, 1925, p. 8.
[28] Dictionnaire encyclopédique en 82 volumes, Saint-Pétersbourg, 1890-1904, t. 22, 1904, p. 943.
[29] EJ, t. 7, p. 577.
[30] *Karamzine*, t. 6, p. 122.
[31] 31 *Sotoviev*, livre III, p. 185.

Príncipe a nombrar al archimandrita (abad principal en la ortodoxia oriental) Zossima como Metropolitano, es decir, la cabeza de toda la iglesia rusa - un hombre del mismo círculo de aquellos a los que había seducido con la herejía. Además, sedujo a la herejía a Helena - nuera del Gran Príncipe, viuda de Iván el Joven y madre del heredero al trono, el "bendito sobrino Dimitri".[32]

El rápido éxito de este movimiento y la facilidad con que se ha extendido son asombrosos. Evidentemente, esto se explica por los intereses mutuos. Cuando se tradujeron del hebreo al ruso el "Salterio de los judaizantes" y otras obras -que podían inducir a error al lector ruso inexperto y que a veces eran inequívocamente anticristianas-, cabía suponer que sólo interesarían a los judíos y al judaísmo. Pero también el lector ruso se interesó por las traducciones de textos religiosos judíos. Esto explica el éxito que tuvo la propaganda de la "judaización" en diversas clases de la sociedad. La [33]agudeza y vivacidad de este contacto recuerda al que había surgido en Kiev en el siglo 11.

El arzobispo de Nóvgorod Gennadi descubrió la herejía en 1487, envió pruebas irrefutables de ella a Moscú, persiguió la herejía y la desenmascaró, hasta que en 1490 se reunió un concilio eclesiástico para discutir el asunto bajo la dirección del recién ascendido metropolita Sósima. "Con horror escucharon la queja de Gennadi,... de que estos apóstatas insultan a Cristo y a la madre de Dios, escupen sobre la cruz, llaman a los iconos imágenes idólatras, los muerden con los dientes y los arrojan a lugares impuros, no creen ni en el reino de los cielos ni en la resurrección de los muertos, y seducen a los débiles, mientras permanecen tranquilos en presencia de cristianos celosos." [34]Del juicio del Concilio se desprende que los judaizantes no reconocían a Jesucristo como Hijo de Dios, que enseñaban que el Mesías aún no había aparecido, que observaban el día de reposo del Antiguo Testamento en lugar del domingo cristiano. [35]Se sugirió al Concilio ejecutar a los herejes pero, de acuerdo con la voluntad de Iván III, fueron condenados en su lugar a prisión y la herejía fue anatematizada.

> "Teniendo en cuenta la tosquedad de la época y la gravedad de la corrupción moral, tal castigo era extraordinariamente leve".[36]

Los historiadores explican unánimemente esta vacilación de Iván en que la herejía ya se había extendido ampliamente bajo su propio techo y era

---

[32] *Karamzine*, t. 6, pp. 120-123.
[33] *Toporov*, t. 1, p. 357.
[34] *Karamzine*, t. 6. p. 123.
[35] EJ, t. 7, p. 580.
[36] *Karamzine*, t. 6, p. 123.

practicada por personas conocidas e influyentes, entre las que se encontraba Feodor Kuritsyn, secretario plenipotenciario de Iván, "famoso por su educación y sus capacidades".[37] El notable liberalismo de Moscú fluía del temporal "Dictador del Corazón" F. Kuritsyn. De la magia de su salón secreto disfrutaban incluso el Gran Príncipe y su nuera. La herejía no disminuyó en absoluto, sino que prosperó magníficamente y se extendió. En la corte moscovita se propagaron sólidamente la astrología y la magia junto con los atractivos de una revisión pseudocientífica de toda la cosmovisión medieval, que era "librepensadora y se dejaba llevar por el atractivo de la ilustración y el poder de la moda".[38]

La *Enciclopedia Judía* establece además que Iván III "por motivaciones políticas no se opuso a la herejía. Con la ayuda de Zacarías, esperaba reforzar su influencia en Lituania", y además quería asegurarse el favor de judíos influyentes de Crimea: "de los príncipes y gobernantes de la península de Taman, Zacarías de Ghisolfi", y del judío Chozi Kokos, confidente del Khan Mengli Giray o Girai.[39]

Después del Concilio de 1490, Sossima continuó patrocinando una sociedad secreta durante varios años, pero luego fue él mismo descubierto, y en 1494 el Gran Príncipe le ordenó deponerse sin proceso y retirarse a un claustro, sin levantar polvo y, según todas las apariencias, de buena gana. "La herejía, sin embargo, no amainó. Durante un tiempo (1498) sus partidarios en Moscú se hicieron con casi todo el poder, y su lugarteniente Dimitri, hijo de la princesa Helena, fue coronado zar."[40] Pronto Iván III se reconcilió con su esposa Sofía Paleólogo, y en 1502 su hijo Vasili heredó el trono. (Para entonces Kurizyn ya había muerto.) De los herejes, tras el Concilio de 1504, una parte fue quemada, otra arrojada a prisión y una tercera huyó a Lituania, "donde adoptaron formalmente la fe mosaica".[41]

Hay que añadir que la superación de la herejía judaizante dio un nuevo impulso a la vida espiritual de la Rus de Moscovia a finales del siglo 16 y contribuyó a que se reconociera la necesidad de una educación espiritual, de escuelas para lo espiritual; y el nombre del arzobispo Gennadi está asociado a la recopilación y publicación de la primera Biblia eslava eclesiástica, de la que hasta entonces no había existido un corpus de textos consolidado en el Oriente cristiano. Se inventó la imprenta, y "después de 80 años, esta Biblia de Gennadi se imprimió en Ostrog (1580-82); con su

---

[37] *Soloviev*, livre III. p. 168.
[38] A.V. Kariachev, Olchcrki po istorii Russkoï Tserkvi (Essais sur l'histoire de l'Église russe) en 2 vol., París. 1959, t. 1, pp. 495, 497.
[39] EJ. t. 13, p. 610.
[40] *Ibidem*, t. 7, p. 579.
[41] PEJ, t. 2, p. 509.

aparición, se apoderó de todo el Oriente ortodoxo". [42]Incluso el académico S. F. Platónov emite un juicio generalizador sobre el fenómeno: "El movimiento judaizante contenía sin duda elementos del racionalismo europeo occidental... La herejía fue condenada; sus defensores tuvieron que sufrir, pero la actitud de crítica y escepticismo producida por ellos frente al dogma y el orden eclesiástico permaneció."[43]

La *Enciclopedia Judía* actual recuerda "la tesis de que una postura extremadamente negativa hacia el judaísmo y los judíos era desconocida en la Rus Muskovy hasta principios del siglo 16", y la deriva de esta lucha contra los "judaizantes". [44]A juzgar por las medidas espirituales y civiles de las circunstancias, eso es totalmente probable. J. Gessen sin embargo sostiene: "es significativo, que una coloración tan específica de la herejía como judaizante no disminuyó el éxito de las sectas y de ninguna manera condujo al desarrollo de una postura hostil hacia los judíos".[45]

A juzgar por su modo de vida estable, fue en la vecina Polonia donde surgió, se expandió y se hizo fuerte la mayor comunidad judía desde el siglo 13 hasta el 18. Formó la base de la futura judería rusa, que se convirtió en la parte más importante de la judería mundial hasta el siglo 20. A partir del siglo 16 un número significativo de judíos polacos y checos emigraron a Ucrania, Rusia Blanca y Lituania. En el siglo [46]XV, los mercaderes judíos viajaban sin obstáculos desde el reino polaco-lituano hasta Moscú. Pero eso cambió bajo Iván IV el Terrible: Se prohibió la entrada a los mercaderes judíos.

Cuando en 1550 el rey polaco Segismundo Augusto quiso permitirles la libre entrada en Rusia, Iván se lo negó con estas palabras: "No permitimos en absoluto la entrada del judío en mis tierras, porque no deseamos ver el mal en nuestras tierras, sino que Dios quiera que la gente de mi tierra tenga descanso de esa irritación. Y tú, hermano nuestro, no vuelvas a escribirnos a causa de los judíos",[47] porque ellos habían "alejado a los rusos del cristianismo, traído plantas venenosas a nuestras tierras y hecho mucho mal a nuestras tierras".[48]

Según una leyenda, Iván el Terrible, tras la anexión de Polotsk en 1563, ordenó bautizar a todos los judíos en respuesta a las quejas de los residentes rusos "contra las maldades e intimidaciones" de judíos, arrendatarios y

---

[42] *Kartachev*, t. 1, p. 505.
[43] *S. F. Platonov*, Moskva i Zapad (Moscou et l'Occident), Berlín, 1926, pp. 37-38.
[44] PEJ, t. 2, p. 509.
[45] *Hessen*, t. 1, p. 8.
[46] *Brutskus*; CM, t. 1, p 28.
[47] EI, t. 8, p. 749.
[48] Hessen, t. 1. pp. 8-9.

otras personas apoderadas por magnates polacos. Se supone que los que se negaron, al parecer unas 300 personas, fueron ahogados en su presencia en el Dvina. Pero historiadores cuidadosos, como por ejemplo J. I. Gessen, no confirman esta versión ni siquiera de forma moderada y no la mencionan ni una sola vez.

En lugar de eso, Gessen escribe que bajo el Falso Dimitri I (1605-06) tanto judíos como otros extranjeros "en número relativamente grande" fueron bautizados en Moscú. Según In the Time of Troubles, de Sergey Ivanov, en relación con el período de 15 años de confusión que siguió a la fracasada dinastía Rurik en 1598-1613, el Falso Dimitri II, alias el "Ladrón de Tushino", "nació judío". Las [49] fuentes dan información contradictoria sobre la ascendencia del Ladrón de Tushino. Algunos afirman que nació como Matthieu Vercvkinc, hijo de un sacerdote ucraniano; "o judío, como se dice en los documentos oficiales; si se cree a un historiador extranjero, sabía hebreo, leía el Talmud, los libros de los rabinos de... Segismundo envió a un judío que se hizo pasar por el zarevich Dimitri". [50] La *Enciclopedia Judía* dice: "Los judíos formaron parte de los impostores que le siguieron y sufrieron tras su caída. Según algunas fuentes... el Falso Dimitri II era un judío bautizado que había servido bajo el mando del Falso Dimitri I".[51]

Los polaco-lituanos, que habían llegado en gran número a Rusia durante los Tiempos Difíciles, al principio de este periodo vieron limitados sus derechos y "los judíos llegados de esos países corrieron la misma suerte que sus compatriotas", a los que se había prohibido llevar sus mercancías a Moscú y las ciudades vecinas. El [52] acuerdo moscovita-polaco sobre la subida al trono de Vladislav [rey polaco (1595-1648)] estipulaba: "no se debe obligar a nadie a abrazar la creencia romana, ni otras confesiones, y no se debe permitir a los judíos entrar en el estado de Moscú para comerciar".[53] Pero otras fuentes señalan que los mercaderes judíos tenían acceso a Moscú, incluso después de los Tiempos Difíciles. "[54]Los decretos contradictorios muestran que el gobierno de Michel Feodorovitch [Primer Zar de la dinastía Romanov (1596-1645), elegido por la Asamblea del pueblo en 1613] no seguía ninguna política específica respecto a los judíos... sino que era más bien tolerante con ellos".[55]

---

[49] Ibidem, p. 9.
[50] Karamzine, t. 12, p. 35-36 ; notas, p. 33.
[51] PEJ. t. 7, p. 290.
[52] Hessen, t. I, p. 9.
[53] Karamzine, t. 12, p. 141.
[54] M. Dijour. Evrci v ckonomitcheskoï jizni Rossii (Les Juifs dans la vie économique de la Russie), en LMJR, p. 156.
[55] EJ, t. 13, p. 611.

"Bajo el gobierno de Alexis Mikhaïlovitch [Hijo del anterior, Zar de Rusia de 1645 a 1676], se pueden encontrar indicios de la presencia judía en Rusia - el Código no contiene ninguna restricción cuando se trata de los judíos... tenían entonces acceso a todas las ciudades rusas, incluida Moscú". [56]Hessen afirma que la población tomada durante la ofensiva rusa en Lituania en los años 30 del siglo XVII contenía un buen número de judíos, y "sus disposiciones eran las mismas que las de los demás". Tras las acciones militares de los años 1650-1660, "los prisioneros judíos volvieron a encontrarse en el estado de Moscú, y su trato no fue peor que el de los demás prisioneros".

Tras la firma del tratado de Androussiv en 1667, en el que Smolensk, Kiev y toda la orilla oriental del río Dniper seguían siendo rusas, "se propuso que los judíos permanecieran en el país. Muchos de ellos se beneficiaron de la situación, algunos abrazaron el cristianismo y entre los prisioneros se encontraban algunos de los fundadores de la posterior nobleza rusa". [57](Ciertos judíos bautizados se establecieron en el siglo 17 a lo largo del Don, en el pueblo cosaco de Starotcherkassk, y de ellos descienden una docena de familias cosacas). Hacia el mismo año de 1667, el inglés Samuel Collins, residente en Moscú por entonces, escribió que "en poco tiempo, los judíos se han extendido notablemente por la ciudad y en la corte", al parecer bajo la protección de un cirujano judío de la corte.[58]

Bajo el zar Feodor III, se intentó un decreto según el cual "si los judíos llegan clandestinamente a Moscú con mercancías", no se les cobrará peaje, porque "con o sin mercancías, se les prohíbe la entrada a Smolensk".[59] Pero "la práctica no se correspondía con la teoría".[60]

En el primer año de Pedro el Grande (1702), se abrieron las puertas a los extranjeros con talento, pero no a los judíos: "Prefiero que vengan mahometanos y paganos a que vengan judíos. Son pícaros y engañadores. Yo erradico el mal, no lo propago; no hay lugar ni trabajo para ellos en Rusia, a pesar de todos sus esfuerzos por sobornar a mi séquito".[61]

Sin embargo, no hay pruebas de que bajo Pedro el Grande se les impusieran limitaciones ni leyes especiales. Al contrario, debido a la benevolencia general que se dispensaba a todos los extranjeros, llegaron a participar en una amplia gama de actividades, e incluso a ocupar cargos cercanos al Emperador:

---

[56] Ibídem.
[57] J. Guessen, t. 1, pp. 9-10.
[58] EJ, 1.11, p. 330.
[59] Ibídem.
[60] EJ, 1.13, p. 612.
[61] *Soloviev*, livre VJH, p. 76.

- Vicecanciller del barón Pedro Shafirov, más tarde fue declarado culpable de malversación de fondos y conducta desordenada, por lo que recibió la pena capital, conmutada posteriormente por el destierro. Tras la muerte de Pedro, se le levantaron las penas y se le encargó que escribiera la vida de su difunto maestro.[62]

- Sus primos Abram Veselovsky, y

- Isaac Veselovsky, íntimos confidentes de Peter

- Anton de Vieira, capitán general de policía de Petersburgo

- Vivière, jefe de la policía secreta

- Acosta, el bufón

y otros. A A. Veselovsky, Pedro le escribió que "lo que importa es la competencia y la honradez, no el bautismo o la circuncisión".[63] Las casas mercantiles judías de Alemania preguntaron si Rusia garantizaría su comercio con Persia, pero nunca recibieron respuesta.[64]

A principios del siglo 18 se produjo un aumento de la actividad comercial judía en la Pequeña Rusia y Ucrania, un año antes de que los comerciantes rusos obtuvieran el derecho a dedicarse a dicho comercio. El Hetman ucraniano Skoropadski ordenó varias veces su expulsión, pero no fue obedecida y la presencia judía aumentó. En [65]1727, Catalina I, cediendo ante Menchikov poco antes de su muerte, decretó la expulsión de los judíos de Ucrania y las ciudades rusas (en este caso, "la gran participación de los judíos en la producción y el comercio de brandy puede haber influido"), pero esto sólo duró un año.[66]

En 1728, Pedro II "permitió a los judíos entrar en la Pequeña Rusia", primero como "visitantes temporales" por su utilidad para el comercio, luego "se encontraron cada vez más razones para hacerlo permanente". Bajo Ana este derecho se extendió a Smolensk en 1731 y a Slobodsky en 1734. Se concedió permiso a los judíos para arrendar tierras y destilar aguardiente y, después de 1736, para suministrar vodka polaco a cualquier lugar de consumo público, incluidos los de la Gran Rusia.[67]

Es importante mencionar al financiero báltico Levy Lipman. Mientras la zarina Anna Iwanowna vivía aún en Courland necesitaba dinero con urgencia "y es probable que Lipman le fuera útil en ocasiones". Bajo Pedro

---

[62] *Ibidem*, livre X, p. 477.
[63] El, t. 5, p. 519.
[64] EJ, 1.11, p. 330.
[65] *Hessen*, t. 1, pp. 11-12.
[66] *Ibidem*, p. 13 ; EJ, t. 2, p. 592.
[67] *Hessen*, t. 1, pp. 13-15 ; EJ, t. 2, p. 592.

I, ya se había establecido en San Petersburgo. Bajo Pedro II, "se convirtió en agente financiero o Juweler en la corte rusa". Tras la subida al trono de Anna Iwanowna, "acumuló importantes relaciones en la corte" y alcanzó el rango de Alto Comisario. "Debido a su contacto directo con la zarina, también mantenía estrechas relaciones con su favorito, Biron... Sus contemporáneos afirman que... Biron acudía a él para que le aconsejara sobre los problemas vitales del Estado ruso". Uno de los embajadores en la corte escribió: "... Se podría decir que es Lipman quien verdaderamente gobierna Rusia". Con el tiempo estas acusaciones se fueron suavizando.[68] Sin embargo, Biron "había transferido casi toda la administración financiera y varios monopolios comerciales". [69] ("Lipman conservó sus funciones en la corte, incluso después de que Anna Leopoldowna... hubiera exiliado a Biron".)[70]

Anna Iwanownas también había sido influenciada por Lipman en su actitud general hacia los judíos. Incluso si, en torno a su ascensión al trono en 1730, expresó en una carta a su embajador ante el Hetman ucraniano su preocupación por el hecho de que "sólo una ínfima parte de los pequeños rusos se dedican al comercio, y que son sobre todo los griegos, los turcos y los judíos los que se dedican al comercio", [71](de lo que podemos concluir que la supuesta expulsión de 1727 nunca se produjo, y que los decretos mencionados nunca pasaron de ser letras en una página). En 1739 se prohibió a los judíos arrendar tierras en la Pequeña Rusia; y en 1740 unos 600 judíos fueron expulsados del país. ([72]Un año después de su ascenso al trono, Isabel III firmó un *Ukase* [decreto imperial ruso] (diciembre de 1742): "Está prohibido que un judío viva en cualquier lugar de nuestro imperio; ahora se nos ha hecho saber que estos judíos siguen encontrándose en nuestro reino y, bajo diversos pretextos, especialmente en la Pequeña Rusia. Prolongan su estancia, lo cual no es beneficioso en modo alguno; pero como sólo debemos esperar grandes perjuicios para nuestros leales súbditos de tales odiadores del nombre de nuestro Salvador Jesucristo, ordenamos que todos los judíos, hombres y mujeres, junto con toda su posesión, sean enviados sin demora fuera de nuestro reino, al otro lado de la frontera, y que en el futuro no se les permita volver a entrar, a menos que uno de ellos confiese nuestra religión cristiana."[73]

Se trataba de la misma intolerancia religiosa que sacudió Europa durante siglos. La forma de pensar de aquella época no era única en ningún sentido

---

[68] EJ, t. 10, pp. 224-225.
[69] Ibidem, t. 4, p. 591.
[70] Ibidem, t. 10, p. 225.
[71] Soloviev, livre X. pp. 256-257.
[72] Hessen, t. 1. p. 15.
[73] Soloviev, livre XI, pp. 155-156.

ruso especial, ni se trataba de una actitud exclusivamente hostil a los judíos. Entre los cristianos la intolerancia religiosa no se practicaba con menos crueldad. Así, los viejos creyentes, es decir, los hombres de la misma fe ortodoxa, fueron perseguidos a sangre y fuego.

Este *ukase* de Isabel se dio a conocer en todo el reino, pero inmediatamente se intentó hacer ceder al gobernante. El canciller militar informó al Senado desde Ucrania de que ya se había desalojado a 140 personas, pero que "la prohibición a los judíos de introducir mercancías provocaría una reducción de los ingresos del Estado". [74] El Senado informó a la zarina de que "el comercio había sufrido grandes daños en la Pequeña Rusia, así como en las provincias bálticas, por el ukase del año anterior de no permitir la entrada de judíos en el reino, y también las arcas del estado sufrirían por la reducción de ingresos por peajes." La zarina respondió con la resolución: "No deseo ningún beneficio de los enemigos de Cristo".[75]

Gessen concluyó que "Rusia se quedó, bajo Isabel, sin judíos".[76] El historiador judío S. Doubnov propone que bajo Isabel "según los historiadores contemporáneos..., hacia 1753... 35.000 judíos habían sido expulsados del país".[77] Pero esta cifra contrasta fuertemente con el acuerdo tomado tres años antes por Anna Iwanow -y que no se había cumplido-, a saber, expulsar a 600 judíos de toda Ucrania, demasiado lejos también de los 142 judíos expulsados mencionados en el informe del Senado a Isabel. [78] V.I. Telnikov sugiere [79] que el "historiador contemporáneo", del que proceden estas cifras, nunca existió. Que este "historiador contemporáneo" del que Doubnov no cita ni el nombre, ni el título de la obra, no es otro que E. Herrmann, que publicó este número, no en aquella época, sino exactamente un siglo más tarde, en 1853, y también sin ninguna referencia en cuanto a la fuente... pero con una extraña extensión,[80] a saber, que a los judíos "se les ordenó abandonar la tierra bajo pena de muerte", lo que demuestra que este historiador ignoraba el hecho de que Isabel había sido

---

[74] Hessen, 1. 1, p. 16.
[75] Soloviev, livre XI, p. 204.
[76] Hessen, t. I, p. 18.
[77] S. M. Doubnov, History of the Jews in Russia and Poland, from the earliest times until the présent day, Philadelphie, Jewish Publication Society of America, 1916, vol. 1, p. 258. Trad. francesa difundida por los editores del Cerf, París, 1992. Trad. française diffusée par les éd. du Cerf, París, 1992.
[78] EJ, t. 7, p. 513.
[79] En su libro inédito sobre la política del régimen zarista respecto a los judíos, Telnikov presenta numerosas e importantes fuentes que hemos utilizado con conocimiento de causa en la primera parte de esta obra.
[80] E. Herrmann, Geschichte des russischen Staats. Fünfter band: Von der Thronbesteigung der Kaiserin Elisabeth bis zur Feier des Friedens von kainardsche (1742-1775), Hamburgo, 1853, p. 171.

quien abolió la pena capital en Rusia (por razones religiosas) en el momento de su ascensión al trono. Telnikov señala que uno de los grandes historiadores judíos, Heinrich Graertz, no dice ni una palabra sobre la ejecución de estos decretos por Isabel. Para comparar, digamos aquí que según G. Sliosberg "se intentó echar a los judíos de Ucrania".[81]

Es más probable que, al haber encontrado una fuerte resistencia, no sólo por parte de los judíos, sino también de los terratenientes y del aparato estatal, el decreto de Isabel no se pusiera en práctica, al igual que los numerosos similares precedentes.

Bajo el reinado de Isabel, los judíos ocuparon puestos importantes. Al diplomático Isaak Wesselowskij se le confiaron responsabilidades de gobierno y se le abrumó "con favores de la emperatriz"; también presionó al canciller A. Bestushew-Ryumin para que bloqueara la expulsión de los judíos. (Más tarde dio clases de ruso al heredero, más tarde Pedro III. Y su hermano Feodor fue conservador de la Universidad de Moscú.[82]) Cabe destacar también el ascenso del comerciante sajón Grunstein, luterano, que se convirtió a la fe ortodoxa después de que un comercio infructuoso con Persia acabara con él cautivo. Se alistó en el regimiento Preobrashensker, fue uno de los participantes activos en el golpe que llevó a Isabel al trono, recibió el rango de ayudante como recompensa, fue admitido en el heredamiento y se le presentaron 927 siervos, ni más ni menos.

(¡Con qué generosidad repartían estos siervos nuestros zares ortodoxos!) Pero después, "el éxito de su carrera le nubló la mente". A veces amenazaba con asesinar al Fiscal General. Una vez, en las calles nocturnas, sin saber de quién se trataba, golpeó a un pariente del favorito de la emperatriz, Alexej Rasumowskij. La "reyerta en la carretera" "no quedó impune, y fue desterrado a Ustyug."[83]

Pedro III, que no gobernó más de seis meses, apenas tuvo tiempo de tomar posición sobre el problema judío. (Aunque probablemente llevaba consigo una cicatriz, debida a cierto "judío Mussafi que, durante la juventud de Pedro en Holstein", había sido intermediario para el préstamo de dinero, lo que había arruinado el tesoro de Holstein; "Mussafi pasó a la clandestinidad en cuanto se anunció que el Gran Príncipe había alcanzado la mayoría de edad".)[84]

La fuerte resistencia al edicto por parte de los judíos, los terratenientes y los apparati estatales hizo que se aplicara tan poco como los intentos

---

[81] G. B. Sliosberg, Dorevolioutsionnyi stroï Rossii (Le régime prérévolutionnaire de Russie), París, 1933, p. 264.
[82] EJ, t. 5. pp. 519-520.
[83] Soloviev, livre XI, pp. 134, 319-322.
[84] Ibidem, p. 383.

anteriores. Catalina II, que se convirtió en zarina en 1762 como consecuencia de un golpe de estado, siendo ella misma una neófita en la ortodoxia oriental, no estaba dispuesta a comenzar su reinado abriendo las puertas a los judíos, aunque el Senado lo aconsejaba. Los judíos presionaron y tuvieron portavoces en Petersburgo, Riga y Ucrania. Encontró una forma de eludir su propia ley al permitir su entrada para la colonización en la "Nueva Rusia", la zona entre Crimea y Moldavia, que seguía siendo un páramo. Esto se organizó en secreto desde Riga, y la nacionalidad de los judíos se mantuvo más o menos en secreto. Los judíos fueron allí desde Polonia y Lituania. En la primera Partición de Polonia, 1772, Rusia readquirió la Rusia Blanca (Bielorrusia) junto con sus 100.000 judíos.

A partir del siglo XI, cada vez más judíos llegaron a Polonia porque los príncipes y, más tarde, los reyes animaron a "todas las personas activas y laboriosas" de Europa occidental a establecerse allí. De hecho, los judíos recibieron derechos especiales, por ejemplo, en el siglo 13 de Boleslav el Piadoso; en el siglo 14, de Kasimir el Grande; en el siglo 16 de Segismundo I y Esteban Bathory; aunque esto a veces se alternó con la represión, por ejemplo, en el siglo XV por Vladislav Yagiello y Alejandro, hijo de Kasimir. En Cracovia hubo dos pogromos. En el siglo XVI se construyeron varios guetos, en parte para proteger a los judíos. Los espirituales católicos romanos fueron la fuente más continua de hostilidad hacia la presencia judía. Sin embargo, en conjunto debió de ser un entorno favorable, ya que en la primera mitad del siglo 16 la población judía aumentó sustancialmente. Los judíos desempeñaron un papel importante en la actividad empresarial de los terratenientes, ya que se convirtieron en arrendatarios de operaciones de destilación de aguardiente.

Tras la devastación tártara, en el siglo XIV Kiev pasó a depender de Lituania y/o Polonia, y con este acuerdo cada vez más judíos se trasladaron de Podolia y Volinia a Ucrania, a las regiones de Kiev, Poltava y Chernigov. Este proceso se aceleró cuando una gran parte de Ucrania pasó a depender directamente de Polonia en la Unión de Lublin, en 1569. La población principal estaba formada por campesinos ortodoxos, que durante mucho tiempo habían gozado de derechos especiales y estaban libres de peajes. Ahora comenzó una colonización intensiva de Ucrania por parte de la Szlachta (nobleza polaca) con la acción conjunta de los judíos. Los cosacos fueron obligados a la inmovilidad, a realizar trabajos forzados y a pagar impuestos. Los señores católicos cargaban a los campesinos ortodoxos con diversos impuestos y obligaciones de servicio, y en esta explotación los judíos también desempeñaban en parte un triste papel. Arrendaban a los señores la "propinación", es decir, el derecho a destilar vodka y venderlo, así como otros oficios. El arrendatario judío, que representaba al señor polaco, recibía -por supuesto sólo hasta cierto punto-

el poder que el terrateniente tenía sobre los campesinos; y como los arrendatarios judíos se esforzaban por arrancar a los campesinos el máximo beneficio, la rabia de los campesinos se levantó no sólo contra los terratenientes católicos, sino también contra los arrendatarios judíos. Cuando de esta situación surgió un sangriento levantamiento de los cosacos en 1648 bajo el liderazgo de Chmelnitsky, tanto judíos como polacos fueron las víctimas. Se calcula que murieron unos 10.000 judíos.

Los judíos fueron atraídos por las riquezas naturales de Ucrania y por los magnates polacos que colonizaban la tierra, y así asumieron un importante papel económico. Como servían a los intereses de los terratenientes y del régimen, los judíos se granjearon el odio de los habitantes. N. I. Kostomarov añade que los judíos arrendaron no sólo diversas ramas de las industrias privilegiadas, sino incluso las iglesias ortodoxas, obteniendo el derecho a cobrar una tasa por los bautismos.

Tras el levantamiento, los judíos, en virtud del Tratado de Belaia Tserkov (1651), volvieron a tener derecho a reasentarse en Ucrania. Como antes, los judíos eran residentes y arrendatarios de las industrias reales y de las industrias de la Szlachta, y así iba a seguir siendo. Entrado el siglo XVIII, la destilación de aguardiente era prácticamente la profesión principal de los judíos. Este oficio provocaba a menudo conflictos con los campesinos, que a veces se veían atraídos a las tabernas no tanto por ser acomodados, sino por su pobreza y miseria.

Entre las restricciones impuestas a los judíos polacos en respuesta a las exigencias de la Iglesia Católica figuraba la prohibición de que los judíos tuvieran criados cristianos. Debido al reclutamiento, unido al aumento de los impuestos estatales en la vecina Rusia, no pocos refugiados llegaron a Polonia, donde carecían de derechos. En los debates de la comisión de Catalina para la reelaboración de un nuevo código de leyes (1767/68), se podía oír que en Polonia "ya hay un número de refugiados rusos que son criados de judíos".

El Kahal y los derechos civiles

Los judíos de Polonia mantuvieron una vigorosa relación económica con la población circundante, pero en los cinco siglos que vivieron allí no permitieron ninguna influencia del exterior. Un siglo tras otro se sucedían en el desarrollo europeo post-medieval, mientras que los judíos polacos permanecían confinados en sí mismos y adquirían un aspecto cada vez más anacrónico. Tenían un orden fijo dentro de sí mismos. Aquí se concede que estas condiciones, que más tarde permanecieron intactas también en Rusia hasta mediados del siglo 19, fueron favorables para la preservación religiosa y nacional de los judíos desde el principio mismo de su diáspora.

Toda la vida judía estaba guiada por el Kahal, que se había desarrollado a partir de la vida comunitaria de los judíos. El Kahal, pl. *Kehilot* era la organización autónoma de la dirección de las congregaciones judías de Polonia.

El Kahal era un amortiguador entre las autoridades polacas y el pueblo judío; recaudaba impuestos, por ejemplo. Se ocupaba de los necesitados y también regulaba el comercio judío, aprobando reventas, compras y arrendamientos. Resolvía las disputas entre judíos, que no podían apelarse al sistema legal laico sin incurrir en la prohibición (herem). Lo que pudo haber comenzado como una institución democrática adquirió las cualidades de una oligarquía empeñada en mantener su propio poder. A su vez, los rabinos y el Kahal mantenían una relación de explotación mutua, en el sentido de que los rabinos eran el brazo ejecutor ejecutivo del Kahal, y debían su cargo al nombramiento por parte del Kahal. Del mismo modo, el Kahal debía el mantenimiento de su poder más al régimen secular que a su propio pueblo.

Hacia finales del siglo 17 y a lo largo del siglo 18, el país se vio desgarrado por las luchas; la arbitrariedad de los magnates aumentó aún más. Los judíos se empobrecieron y desmoralizaron, y se endurecieron en formas de vida altomedievales. Se volvieron infantiles, o mejor, ancianos infantiles. 16 siglo los gobernantes espirituales judíos se concentraron en la judería alemana y polaca. Pusieron barreras contra el contacto con los forasteros. El rabinato mantenía a los judíos firmemente atados al pasado.

El hecho de que el pueblo judío se haya mantenido unido en su diáspora durante 2.000 años inspira asombro y admiración. Pero cuando uno examina más de cerca ciertos periodos, como por ejemplo el polaco-ruso en el siglo 16 y hasta mediados del siglo 17, y cómo esta unidad sólo se consiguió mediante métodos de supresión ejercidos por las Kehilot, entonces uno ya no sabe si puede evaluarse meramente como un aspecto de la tradición religiosa. Si entre nosotros, los rusos, se detectara el más mínimo rastro de tal aislacionismo, se nos reprocharía severamente.

Cuando la judería cayó bajo el dominio del Estado ruso, se mantuvo este sistema autóctono, en el que la jerarquía del Kahal tenía un interés propio. Según J. I. Gessen, toda la ira que los judíos ilustrados sentían contra la osificante tradición talmúdica se hizo más fuerte a mediados del siglo 19 :

"Los representantes de la clase dominante judía lo apostaron todo para convencer a la administración [rusa] de la necesidad de mantener esta institución centenaria, que reflejaba los intereses tanto del poder ruso como de la clase judía dominante; el Kahal, en conexión con los rabinos, detentaba todo el poder y no pocas veces abusaba de él: malversaba los fondos públicos, pisoteaba los derechos de los pobres, aumentaba arbitrariamente los impuestos y se vengaba de los enemigos personales." A finales del siglo 18 el gobernador de una de las regiones administrativas anexas a Rusia escribió en su informe: "Los rabinos, el Consejo espiritual y el Kahal, que están estrechamente unidos, lo tienen todo en su mano y se enseñorean de la conciencia de los judíos, y en completo aislamiento gobiernan sobre ellos, sin relación alguna con el orden civil."

En el siglo XVIII, en Europa del Este, se desarrollaron dos movimientos: el religioso de los jasidim [o hasidim, o jasidim] y el ilustrado a favor de la cultura secular, encabezado por Moses Mendelsohn; pero la Kehiloth reprimió a ambos con todas sus fuerzas. En 1781 el rabinato de Vilna [lituana] prohibió a los jasidim y en 1784 la asamblea de rabinos de Mogilev [rusa blanca] los declaró "proscritos y sus propiedades sin dueño". a partir de entonces las turbas arrasaron las casas de los jasidim en varias ciudades, fue un pogromo intrajudío. Los jasidim fueron perseguidos de la manera más cruel e injusta; sus rivales ni siquiera se avergonzaron de denunciarlos ante las autoridades rusas con falsas acusaciones políticas. A su vez, en 1799 los funcionarios detuvieron a miembros del Kehilot de Vilna por malversación de dinero de los impuestos, basándose en las denuncias de los jasídicos.

El movimiento jasidim se expandió, teniendo especial éxito en ciertas provincias. Los rabinos hicieron quemar públicamente libros jasídicos y los jasidim se erigieron en defensores del pueblo frente a los abusos de los kehilot. Es evidente que en aquellos tiempos la guerra religiosa entre judíos eclipsaba otras cuestiones de la vida religiosa.

La parte de la Rusia Blanca que cayó en manos rusas en 1772 estaba formada por las provincias de Polotsk (más tarde Vitebsk) y Mogilev. En un comunicado dirigido a esos gobiernos en nombre de Catalina se explicaba que sus residentes "sean del sexo y condición que sean" tendrían en adelante derecho al ejercicio público de la fe y a poseer propiedades, además de "todos los derechos, libertades y privilegios de que gozaban anteriormente sus súbditos". Los judíos quedaban así legalmente equiparados a los cristianos, lo que no había sido el caso en Polonia. En cuanto a los judíos, se añadía que sus negocios "permanecerían y permanecerían intactos con todos aquellos derechos de los que hoy... disfrutan", es decir, tampoco se les quitaría nada de los derechos polacos. De este modo sobrevivió el poder anterior de los kehilot: los judíos, con su sistema de kahal, permanecieron aislados del resto de la población y no fueron incorporados inmediatamente a la clase de comerciantes y empresarios que correspondía a sus ocupaciones predominantes.

Al principio, Catalina estaba en guardia no sólo contra cualquier reacción hostil de la nobleza polaca, a la que amenazaba con arrebatar el poder, sino también para no dar una impresión desfavorable a sus súbditos ortodoxos.

Pero sí extendió derechos más amplios a los judíos, a quienes deseaba lo mejor y se prometía su utilidad económica para la nación. Ya en 1778 se extendió a la Rusia Blanca la más reciente reglamentación general rusa: los que poseían hasta 500 rublos pertenecían a la clase de los comerciantes; los que tenían más capital, a la clase de los mercaderes, dotados en uno de los tres gremios según la posesión: ambas clases estaban libres del impuesto de capitación y pagaban el 1% de su capital "declarado según la conciencia".

Este reglamento era de especial importancia: dejaba de lado el aislamiento nacional de los judíos hasta entonces - Catalina quería acabar con ello.

Además, subvirtió la perspectiva tradicional polaca sobre los judíos como elemento ajeno al Estado. Además, debilitó el sistema del Kahal, su capacidad de obligar. Comenzó el proceso de incorporar a los judíos al organismo civil. Los judíos aprovecharon en gran medida el derecho a registrarse como comerciantes, de modo que, por ejemplo, el 10% de la población judía de la provincia de Mogilev se declaró comerciante (pero sólo el 5,5% de los cristianos). Los comerciantes judíos estaban ahora liberados de la obligación de pagar impuestos al Kahal y ya no tenían que solicitar a éste permiso para ausentarse temporalmente, sólo tenían que tratar con el magistrado competente. En 1780 los judíos de Mogilev y Shklov saludaron a Catalina a su llegada con odas.

Con este avance de los comerciantes judíos dejó de existir la categoría civil de "judío". A todos los demás judíos había que asignarles ahora igualmente un estatus, y obviamente el único que les quedaba era el de "citadinos". Pero al principio, pocos querían ser reclasificados como tales, ya que el impuesto electoral anual para los citadinos en ese momento era de 60 kopeks, pero sólo 50 kopeks para los "judíos". Sin embargo, no había otra opción. A partir de 1783, ni los ciudadanos ni los comerciantes judíos tenían que pagar sus impuestos al Kahal, sino al magistrado, cada uno según su clase, y de él recibían también sus pases de viaje.

El nuevo orden tenía consecuencias para las ciudades, que sólo tenían en cuenta el estatus, no la nacionalidad. Según este ordenamiento, todos los ciudadanos y, por tanto, también todos los judíos tenían derecho a participar en el gobierno local de clase y a ocupar cargos oficiales. De acuerdo con las condiciones de la época, esto significaba que los judíos se convertían en ciudadanos con los mismos derechos.

La entrada de los judíos como ciudadanos con igualdad de derechos en los gremios de mercaderes y en la clase burguesa fue un acontecimiento de gran trascendencia social. Debía convertir a los judíos en una potencia económica a tener en cuenta y elevar su moral. También facilitó la protección práctica de sus intereses vitales. En aquella época las clases de comerciantes y mercaderes al igual que la mancomunidad municipal tenían una amplia autodeterminación. De este modo, se puso en manos de los judíos, al igual que en las de los cristianos, un cierto poder administrativo y judicial, a través del cual la población judía tenía una influencia y significación comercial y civil. Ahora los judíos no sólo podían ser alcaldes, sino también delegados consultivos y jueces.

Al principio se establecieron limitaciones en las ciudades más grandes para garantizar que no hubiera más judíos ocupando cargos electivos que cristianos. Sin embargo, en 1786 Catalina envió al gobernador general de la Rusia Blanca una orden escrita de su puño y letra: hacer efectiva la igualdad de los judíos "en el autogobierno de clase municipal incondicionalmente y sin vacilación alguna" e "imponer una pena apropiada a cualquiera que obstaculizara esta igualdad". Cabe señalar que, de este modo, los judíos obtuvieron la igualdad de derechos no sólo a diferencia de Polonia, sino también antes que en Francia o los estados alemanes. (Bajo Federico el Grande los judíos sufrieron grandes limitaciones.) En efecto: los judíos de Rusia tuvieron desde el principio la libertad personal que a los campesinos rusos sólo se les concedió 80 años más tarde. Paradójicamente, los judíos obtuvieron mayor libertad incluso que los comerciantes y mercaderes rusos. Estos últimos tenían que vivir exclusivamente en las ciudades, mientras que, por el contrario, la población judía podía vivir en colonias en el campo y destilar licor.

Aunque los judíos vivían agrupados no sólo en la ciudad sino también en las aldeas, se les consideraba parte del contingente de la ciudad, que incluía a las clases de mercaderes y hombres del pueblo. Según la forma de su actividad y rodeados de campesinado no libre, desempeñaban un importante papel económico. El comercio rural se concentraba en sus manos, y arrendaban diversos puestos pertenecientes al privilegio de los terratenientes -en concreto, la venta de vodka en las tabernas- y con ello fomentaban la expansión de la embriaguez. Los poderes blanco-rusos informaron: "La presencia de judíos en los pueblos actúa con perjuicio sobre la condición económica y moral de la población rural, porque los judíos fomentan la embriaguez entre la población local". En la postura adoptada por el poder se indicaba, entre otras cosas, que los judíos descarriaban a los campesinos con la embriaguez, la ociosidad y la pobreza, que les habían dado vodka a crédito, recibido prendas en prenda por vodka, etc. Pero las explotaciones de aguardiente eran una atractiva fuente de ingresos tanto para los terratenientes polacos como para los comisarios judíos.

Concedido, el don de la ciudadanía que recibieron los judíos trajo consigo un peligro: obviamente, los judíos también debían aceptar la norma general de cesar el negocio del aguardiente en los pueblos y marcharse. En 1783 se publicó el siguiente decreto "La regla general exige que todo ciudadano se aplique a un comercio y negocio respetable, pero no a la destilación de aguardiente, ya que no es un negocio adecuado", y siempre que el propietario "permita al comerciante, pueblerino o judío destilar vodka, se le tendrá por infractor de la ley". Y así sucedió: empezaron a trasladar a los judíos de los pueblos a las ciudades para desviarlos de su ocupación secular, el arrendamiento de destilerías y tabernas".

Para los judíos, la amenaza de una expulsión completa de los pueblos aparecía naturalmente no como una medida civil uniforme, sino más bien como una medida establecida especialmente para oponerse a su religión nacional. Los judíos de los pueblos que supuestamente iban a ser reasentados en la ciudad y a los que se les iba a arrebatar inequívocamente un negocio muy lucrativo en el campo, cayeron en una competencia interna de la ciudad e interna de los judíos. La indignación creció entre los judíos, y en 1784 una comisión del Kehilot viajó a San Petersburgo para solicitar la anulación de estas medidas. (Al mismo tiempo, los kehilot razonaban que debían, con la ayuda de la administración, recuperar su poder perdido en toda su extensión sobre la población judía). Pero la respuesta de la zarina decía: "Tan pronto como la gente unida a la ley judía haya llegado a la condición de igualdad, la Orden debe ser mantenida en todos los casos, de modo que cada uno según su rango y estatus disfrute de los beneficios y derechos, sin distinción de creencia u origen nacional."

Pero también había que contar con el férreo poder de los propietarios polacos. Aunque la administración de la Rusia Blanca les prohibió en 1783 arrendar la destilación de aguardiente a personas no autorizadas, especialmente judíos, los terratenientes siguieron arrendando esta industria a judíos. Ese era su derecho, una herencia de la costumbre polaca secular. El Senado no se aventuró a aplicar la fuerza contra los terratenientes y en 1786 les retiró la competencia para trasladar a los judíos a las ciudades. Para ello se llegó a un compromiso: Los judíos serían considerados como personas que se habían trasladado a las ciudades, pero conservarían el derecho de visitas temporales a los pueblos. Eso significaba que los que vivían en los pueblos seguían viviendo allí. El permiso del Senado de 1786 permitió a los judíos vivir en los pueblos y se les permitió arrendar a los terratenientes el derecho a producir y vender bebidas alcohólicas, mientras que los comerciantes cristianos y los habitantes de los pueblos no obtuvieron estos derechos.

Incluso los esfuerzos de la delegación de Kehilot en San Petersburgo no fueron del todo infructuosos. No consiguieron lo que buscaban -el establecimiento de un tribunal judío separado para todos los litigios entre judíos-, pero en 1786 se les devolvió una parte significativa de su derecho de supervisión: la supervisión de los ciudadanos judíos, es decir, la mayoría de la población judía. Esto incluía no sólo la división de los beneficios públicos, sino también la recaudación del impuesto de capitación y la adjudicación del derecho a separarse de la congregación. Así, la administración reconoció su interés en no debilitar el poder del Kahal.

En toda Rusia, el estatuto de los comerciantes y hombres de negocios (mercaderes y citadinos) no tenía derecho a elegir su residencia. Sus miembros estaban vinculados a la localidad en la que estaban empadronados, para que la posición financiera de sus localidades no se viera debilitada. Sin embargo, el Senado hizo una excepción en 1782 para la Rusia Blanca: los comerciantes podían trasladarse "según el caso, según fuera propicio para el comercio" de una ciudad a otra. La norma favorecía especialmente a los comerciantes judíos.

Sin embargo, empezaron a explotar este derecho en mayor medida de lo previsto: Los comerciantes judíos empezaron a registrarse en Moscú y Smolensk.

Poco después de la anexión de la Rusia Blanca en 1782, los judíos comenzaron a establecerse en Moscú. A finales del siglo XVIII, el número de judíos en Moscú era considerable. Algunos judíos que habían entrado a formar parte de la clase mercantil moscovita empezaron a practicar la venta al por mayor. Otros judíos, en cambio, vendían mercancías extranjeras desde sus apartamentos o en los juzgados, o empezaron a ejercer la venta ambulante, aunque en aquella época estaba prohibida. En 1790 los comerciantes moscovitas presentaron una queja al gobierno: "En Moscú ha surgido un número no insignificante de judíos de países extranjeros y de la Rusia Blanca que, cuando se les presentó la oportunidad, se unieron a los gremios de mercaderes moscovitas y luego utilizaron métodos prohibidos de hacer negocios, lo que provocó daños muy perjudiciales, y lo barato de sus mercancías indica que se trata de contrabando, pero además, como es bien sabido, cortan monedas: es posible que también lo hagan en Moscú". Como respuesta a sus hallazgos, los comerciantes moscovitas exigieron su expulsión de Moscú. Los mercaderes judíos apelaron con una contra-denuncia por no haber sido aceptados en los gremios de mercaderes de Smolensk y Moscú.

El Consejo de Su Majestad escuchó las quejas. De acuerdo con la Orden Rusa Unificada, estableció firmemente que los judíos no tenían derecho a ser registrados en las ciudades y puertos comerciales rusos, sino sólo en la Rusia Blanca. "De ningún modo cabe esperar utilidad alguna" de la migración de judíos a Moscú. En diciembre de 1791 promulgó un ukase de orden superior, que prohibía a los judíos ingresar en los gremios mercantiles de las provincias interiores, pero les permitía entrar en Moscú durante un tiempo limitado por razones comerciales. A los judíos sólo se les permitía utilizar los derechos del gremio mercantil y de la clase ciudadana en la Rusia Blanca. El derecho a la residencia permanente y a la pertenencia a la clase ciudadana, continuó Catalina, se concedió en la Nueva Rusia, ahora accesible en las virreincias de Ekaterinoslav ("Gloria de Catalina la Grande", más tarde cambiada por Dnepropetrovsk) y Taurida; es decir, Catalina permitió a los judíos emigrar a los nuevos territorios en expansión, a, a los que generalmente no se permitía emigrar a los comerciantes y ciudadanos cristianos de las provincias de la Rusia interior.

Cuando en 1796 se supo que ya habían inmigrado grupos de judíos a las provincias de Kiev, Chernigov y Nóvgorod-Sieversk, se concedió también allí el derecho del gremio de mercaderes y de la clase citadina. La Enciclopedia Judía anterior a la Revolución escribe: "El ukase de 1791 sentó las bases para la creación del Pale of Settlement", aunque no fuera esa su intención. En las condiciones del entonces vigente orden social y cívico en general, y de la vida judía en particular, la administración no podía considerar la posibilidad de crear una situación particularmente onerosa y concluir para ellos leyes excepcionales, que entre otras cosas restringirían el derecho de residencia. En el contexto de su época, este ukase no contenía aquello que a este respecto hubiera llevado a los judíos a una condición menos favorable que la de los cristianos. El ukase de 1791 no limitaba en absoluto los derechos de los judíos en la elección de residencia, no creaba fronteras especiales, y para los judíos se abría el camino hacia nuevas regiones, a las que en general no se podía emigrar. El punto principal del decreto no se refería a su judaísmo, sino a que eran comerciantes; la cuestión no se consideraba desde el punto de vista nacional o religioso, sino sólo desde el punto de vista de la utilidad.

Este *ukase de 1791*, que en realidad concedía privilegios a los comerciantes judíos en comparación con los cristianos, fue con el tiempo la base del futuro Pale of Settlement, que casi hasta la Revolución proyectó como una oscura sombra sobre Rusia. Sin embargo, el *ukase* de 1791 no fue tan opresivo como para impedir que surgiera una pequeña colonia judía en San Petersburgo a finales del reinado de Catalina II. Aquí vivían el famoso recaudador de impuestos Abram Peretz y algunos de los comerciantes cercanos a él, y también, mientras la lucha religiosa estaba en pleno apogeo, el rabino Avigdor Chaimovitch y su oponente, el famoso hassídico tzadik Zalman Boruchovitch.

En 1793 y 1795 tuvieron lugar la segunda y tercera partición de Polonia, y la población judía de Lituania, Poldolia y Volinia, que ascendía a casi un millón de personas, pasó a estar bajo la jurisdicción de Rusia. Este aumento de la población fue un acontecimiento muy significativo, aunque durante mucho tiempo no se reconoció como tal. Más tarde influyó en el destino tanto de Rusia como de los judíos de Europa Oriental. Tras siglos de vagabundeo, los judíos se reunieron bajo un mismo techo, en una única gran congregación.

En la región de asentamiento judío, ahora enormemente ampliada, se plantearon las mismas cuestiones que antes. Los judíos obtuvieron los derechos de los gremios de comerciantes y de los habitantes de las ciudades, que no poseían en Polonia, y obtuvieron el derecho a participar en pie de igualdad en el autogobierno municipal de clase, y luego tuvieron que aceptar las restricciones de este estatus: no podían emigrar a las ciudades de las provincias del interior de Rusia, y estaban expuestos a ser expulsados de los pueblos.

Con la ahora enorme extensión de la población judía, el régimen ruso ya no tenía forma de ocultar el hecho de que los judíos seguían viviendo en los pueblos simplemente modelándolo como una "visita temporal". Una cuestión candente era si la situación económica podía tolerar que tantos comerciantes y mercaderes vivieran entre los campesinos. Para desactivar el problema, muchos *shtetl* fueron equiparados a ciudades. Así surgió la posibilidad legal de que los judíos siguieran viviendo allí. Pero con el gran número de judíos en el campo y la alta densidad de población en las ciudades, eso no era solución.

Parecía una salida natural que los judíos aprovecharan la posibilidad ofrecida por Catalina de establecerse en la enorme Nueva Rusia, apenas ocupada. Se ofrecieron incentivos a los nuevos colonos, pero esto no consiguió poner en marcha un movimiento de colonización. Ni siquiera la exención de impuestos para los nuevos colonos parecía ser lo suficientemente atractiva como para inducir tal migración. Así, Catalina decidió en 1794 inducir a los judíos a emigrar con medidas contrarias: los judíos fueron reubicados fuera de las aldeas. Al mismo tiempo, decidió gravar a toda la población judía con un impuesto que duplicaba el que pagaban los cristianos. Este impuesto ya lo pagaban desde hacía tiempo los viejos creyentes, pero aplicado a los judíos, esta ley no resultó ni eficaz ni de larga duración.

Ésas fueron las últimas disposiciones de Catalina. Desde finales de 1796 reinó Pablo I. La *Enciclopedia Judía* lo evalúa de esta manera: "La época del airado gobierno de Pablo I transcurrió bien para los judíos... Todos los edictos de Pablo I relativos a los judíos indican que el monarca era tolerante y benévolo con la población judía". Cuando el interés de los judíos entraba en conflicto con el de los cristianos, Pablo I no se ponía automáticamente de parte de los cristianos. Incluso cuando en 1797 ordenó medidas para reducir el poder de los judíos y los espirituales sobre los campesinos, en realidad eso iba dirigido contra los judíos: de lo que se trataba era de proteger a los campesinos. Pablo reconoció también el derecho de los jasidim a no tener que vivir en la clandestinidad. Extendió el derecho de los judíos a pertenecer a la clase de los comerciantes y urbanitas incluso a la provincia de Courland que no era herencia polaca, y más tarde, tampoco pertenecía al Pale of Settlement. En consonancia con esa política, denegó las respectivas peticiones de las parroquias de Kovno, Kamenez-Podolsk, Kiev y Vilna, para que se les permitiera trasladar a los judíos fuera de sus ciudades.

Pablo había heredado la tenaz resistencia de los terratenientes polacos a cualquier cambio de sus derechos; entre ellos, el derecho sobre los judíos y el derecho a celebrar juicios sobre ellos. A menudo abusaban de estos derechos. Así, la queja de los judíos de Berdychiv [Ucrania] contra los príncipes de Radziwill decía: "para celebrar nuestros servicios religiosos, primero debemos pagar oro a aquellos a quienes el príncipe ha arrendado nuestra fe", y contra el antiguo favorito de Catalina, Simón Zorich: "no hay que pagarle por el aire que se respira". En Polonia, muchos shtetl y ciudades eran posesión de nobles, y los terratenientes imponían gravámenes arbitrarios y oportunistas que los residentes debían pagar.

Derzhavin y la hambruna en Bielorrusia

Desde el comienzo del reinado de Pablo I hubo una gran hambruna en la Rusia Blanca, especialmente en la provincia de Minsk. El poeta Gavrila Romanovich Derzhavin, que entonces ejercía de senador, recibió el encargo de ir allí para determinar su causa y buscar una solución, tarea por la que no recibió dinero para comprar grano, sino que tuvo derecho a confiscar las posesiones de los terratenientes negligentes, vender sus reservas y distribuirlas.

Derzhavin no sólo fue un gran poeta, sino también un destacado estadista que dejó tras de sí pruebas únicas de su eficacia que merecen ser examinadas. La hambruna, como confirmó Derzhavin, era inimaginable. Escribe "cuando llegué a la Rusia Blanca, me convencí personalmente de la gran escasez de grano entre los aldeanos. Debido a la gravísima hambruna, prácticamente todos se alimentaban de hierba fermentada, mezclada con una pequeña porción de harina o cebada perlada. Los campesinos estaban desnutridos y cetrinos como muertos. Para remediarlo, averigüé cuáles de los ricos terratenientes tenían grano en sus almacenes, lo llevé al centro de la ciudad y lo distribuí entre los pobres; y ordené que los bienes de un conde polaco, en vista de tan despiadada avaricia, fueran entregados a un administrador. Una vez que el noble fue consciente de la calamitosa situación despertó de su letargo o, mejor dicho, de su escandalosa indiferencia hacia la humanidad: utilizó todos los medios para alimentar a los campesinos adquiriendo grano de las provincias vecinas y cuando al cabo de dos meses llegó la época de la cosecha la hambruna terminó." Cuando Derzhavin visitó el gobierno provincial, persiguió de tal modo a los nobles gobernantes y a los capitanes de policía de los distritos que la nobleza se unió y envió al zar una denuncia injuriosa contra él.

Derzhavin descubrió que los destiladores de aguardiente judíos explotaban el alcoholismo de los campesinos: "Después de haber descubierto que los judíos, con ánimo de lucro, utilizan el señuelo de la bebida para engatusar el grano de los campesinos, convertirlo en aguardiente y provocar con ello una hambruna. ordené que cerraran sus destilerías en el pueblo de Liosno. Me informé por habitantes sensatos, así como por nobles, comerciantes y aldeanos, sobre el modo de vida de los judíos, sus ocupaciones, sus engaños y todas sus mezquindades con las que afligen de hambre a los pobres pueblos mudos; y, por otra parte, por qué medios se les podía proteger de la jauría común y cómo facilitarles una salida honorable y respetable que les permitiera convertirse en ciudadanos útiles."

Posteriormente, en los meses de otoño, Derzhavin describió muchas malas prácticas de los terratenientes polacos y de los arrendatarios judíos en su "Memorándum sobre la mitigación de la hambruna en la Rusia Blanca y sobre el modo de vida de los judíos", que también dio a conocer al zar y a los más altos funcionarios del Estado. Este *Memorándum* es un documento muy completo que evalúa las condiciones heredadas de los polacos así como las posibilidades de superar la pobreza de los campesinos, describe las peculiaridades del modo de vida judío de la época e incluye una propuesta de reforma en comparación con Prusia y Austria.

La presentación práctica y muy explícita de las medidas recomendadas hace de ésta la primera obra de un ciudadano ruso ilustrado sobre la vida judía en Rusia, en aquellos primeros años en los que Rusia adquirió judíos en gran masa.

Esto lo convierte en una obra de especial interés. El *Memorándum* consta de dos partes: (1) sobre la residencia del ruso blanco en general (en las reseñas del Memorándum no solemos encontrar ninguna mención a esta importante parte) y (2) sobre los judíos.

En la primera parte, Derzhavin comienza estableciendo que la economía agrícola estaba en ruinas. Los campesinos de allí eran "perezosos en el trabajo, poco inteligentes, postergan cualquier pequeña tarea y son perezosos en el trabajo del campo". Año tras año "comen maíz sin aventar: en primavera, Kolotucha o Bolotucha de huevos y harina de centeno. En verano se contentan con una mezcla de una pequeña cantidad de algún grano u otro con hierba picada y cocida. Están tan debilitados que se tambalean".

Los propietarios polacos locales "no son buenos propietarios. No gestionan ellos mismos la propiedad, sino que la arriendan, una costumbre polaca.

Pero para el arrendamiento no existen reglas universales que protejan a los campesinos de la prepotencia o que impidan que el aspecto comercial se desmorone. Muchos arrendadores codiciosos, al imponer trabajo duro e impuestos opresivos llevan a la gente a la ruina y la transforman en campesinos pobres y sin hogar". Este arrendamiento es tanto peor por ser a corto plazo, hecho por 1-3 años cada vez, de modo que el arrendador se apresura a obtener de él su ventaja sin tener en cuenta el agotamiento de la finca."

La emaciación de los campesinos era a veces aún peor: "varios terratenientes que arriendan el tráfico de bebidas alcohólicas en sus aldeas a los judíos, firman estipulaciones según las cuales los campesinos sólo pueden comprar sus productos de primera necesidad a estos arrendatarios [al triple de precio]; asimismo, los campesinos no pueden vender su producto a nadie, excepto al arrendatario judío, más barato que el precio de mercado." De este modo "hunden a los aldeanos en la miseria, y especialmente cuando distribuyen de nuevo su grano acaparado deben finalmente dar una doble porción; quien no lo hace es castigado. A los aldeanos les roban toda posibilidad de prosperar y ser plenos."

A continuación, desarrolla con más detalle el problema de la destilación del aguardiente.

El aguardiente era destilado por los terratenientes, la nobleza terrateniente [Szlachta] de la región, los sacerdotes, los monjes y los judíos. Del casi millón de judíos, dos o tres mil vivían en los pueblos y vivían principalmente del tráfico de aguardiente. Los campesinos, "después de traer la cosecha, son sudorosos y descuidados en lo que gastan; beben, comen, se divierten, pagan a los judíos sus viejas deudas y luego, lo que pidan de beber. Por esta razón la escasez ya se manifiesta en invierno... En cada asentamiento hay al menos una, y en varios asentamientos bastantes tabernas construidas por los terratenientes, donde para su provecho y el de los arrendatarios judíos, se vende licor día y noche... Allí los judíos los engañan no sólo con el grano que sustenta la vida, sino con lo que se siembra en el campo, los aperos de labranza, los enseres domésticos, la salud e incluso su vida." Y todo eso se agudiza con las costumbres de la koleda "... Los judíos recorren especialmente durante la cosecha en otoño los pueblos, y después de emborrachar al campesino junto con toda su familia, los endeudan y les quitan hasta lo último que necesitan para sobrevivir... En eso le encajonan las orejas al borracho y lo saquean, el aldeano queda sumido en la más profunda miseria." Enumera también otras razones del empobrecimiento de los campesinos.

Sin duda, detrás de estas fatídicas destilerías están los terratenientes polacos. Propietario y arrendatario actuaban en nombre del propietario y atendían a la obtención de beneficios:

"A esta clase" afirma Gessen "pertenecían no sólo los judíos sino también los cristianos" especialmente los sacerdotes. Pero los judíos eran un eslabón insustituible, activo y muy inventivo en la cadena de explotación de estos campesinos analfabetos y escuálidos que carecían de derechos propios. Si en el asentamiento de la Rusia Blanca no se hubieran introducido taberneros y arrendatarios judíos, el sistema de explotación generalizado no habría funcionado, y la eliminación de los eslabones judíos de la cadena habría acabado con él.

Después de esto Derzhavin recomendó medidas enérgicas, como por ejemplo para la expurgación de estas cargas de la vida campesina. Los terratenientes tendrían que ocuparse de este problema. Sólo a ellos, que son responsables de los campesinos, se les debería permitir destilar licor "bajo su propia... supervisión y no de lugares lejanos", y ocuparse de que "cada año hubiera un suministro de grano para ellos y para los campesinos", y de hecho tanto como fuera necesario para una buena nutrición. "Si surge el peligro de que esto no se haga, entonces la propiedad será confiscada para las arcas del Estado. La destilación de aguardiente no debe comenzar antes de mediados de septiembre y terminar a mediados de abril, es decir, todo el tiempo de cultivo de la tierra debe estar libre de consumo de licor. Además, no debe venderse licor durante los servicios religiosos ni por la noche. Las licorerías sólo deben permitirse en las calles principales, cerca de los mercados, molinos y establecimientos donde se reúnen los extranjeros".

Pero todas las licorerías superfluas y de nueva construcción, "cuyo número ha aumentado enormemente desde la anexión de la Rusia Blanca deben dejar de utilizarse inmediatamente para ese fin: la venta de licor en ellas debe prohibirse. En los pueblos y lugares apartados no debe haber ninguna, para que el campesino no se hunda en la embriaguez". Sin embargo, a los judíos "no se les debe permitir vender licor ni por copa ni por barril... ni deben ser maestros cerveceros en las destilerías", y "no se les debe permitir arrendar los almacenes de licor". También deben prohibirse las koledas; así como el arrendamiento a corto plazo de las operaciones. Mediante estipulaciones exigentes, "se evitará que el arrendatario arruine una operación". Se prohibirá el abuso del mercado bajo amenaza de castigo, por el cual los terratenientes no permiten a sus campesinos comprar lo que necesitan en otro lugar, o vender sus excedentes en otro lugar que no sea a su propietario. Aún había otras propuestas económicas: "de esta manera se puede prevenir en el futuro la escasez de alimentos en la Provincia Rusa Blanca".

En la segunda parte del *Memorándum*, Derzhavin, saliendo de la tarea encomendada por el Senado, presentó una sugerencia para la transformación de la vida de los judíos en el Reino Ruso- no de forma aislada, sino en el contexto de la miseria de la Rusia Blanca y con el objetivo de mejorar la situación. Pero aquí se impuso la tarea de hacer un breve repaso de la historia judía, especialmente del periodo polaco, para explicar las costumbres actuales de los judíos.

Entre otros, utilizó sus conversaciones con el médico judío ilustrado Ilya Frank, educado en Berlín, que puso por escrito sus pensamientos.

> "Los maestros populares judíos mezclan la pseudoexégesis místico-talmúdica de la Biblia con el verdadero espíritu de las enseñanzas... Exponen leyes estrictas con el objetivo de aislar a los judíos de otros pueblos e inculcar un odio profundo contra cualquier otra religión... En lugar de cultivar una virtud universal, inventan... una ceremonia vacía de honrar a Dios...". El carácter moral de los judíos ha cambiado en el último siglo en su perjuicio, y en consecuencia se han convertido en súbditos perniciosos... Para renovar a los judíos moral y políticamente, hay que llevarlos al punto de volver a la pureza original de su religión... La reforma judía en Rusia debe comenzar con la fundación de escuelas públicas, en las que se enseñen las lenguas rusa, alemana y judía."

¿Qué clase de prejuicio es creer que la asimilación del conocimiento secular equivale a una traición a la religión y al pueblo y que trabajar la tierra no es adecuado para un judío? Derzhavin rechazó en su *Memorándum* una sugerencia de Nota Chaimovitsh Notkin, un importante comerciante de Shklov, a quien también había conocido. Aunque Notkin discrepaba de las conclusiones y sugerencias más importantes de Derzhavin que tenían que ver con los judíos, al mismo tiempo estaba a favor, si era posible, de excluir a los judíos de la producción de licor; y veía necesario que obtuvieran una educación y siguieran una carrera productiva, preferiblemente trabajando con sus manos, por lo que también planteaba la posibilidad de emigrar "a la fructífera estepa con el fin de criar ovejas y cosechar".

Siguiendo la explicación de Frank, que rechazaba el poder de las Kehilot, Derzhavin partió de las mismas consecuencias generales: "Los principios originales del culto y la ética puros" de los judíos se habían transformado en "falsos conceptos", por los que el sencillo pueblo judío "es engañado, y constantemente es así conducido, hasta el punto de que entre ellos y los de otras creencias se ha construido un muro que no se puede traspasar, que se ha hecho firme, un muro que ata firmemente a los judíos y que, rodeado de oscuridad, los separa de sus conciudadanos". Así, en la educación de sus hijos "pagan mucho por la instrucción en el Talmud, y eso sin límite de tiempo... Mientras los estudiantes continúen en sus condiciones actuales, no hay perspectivas de que cambien sus costumbres... Se creen los verdaderos adoradores de Dios y desprecian a todo el que tenga una fe diferente...". Creen que su Mesías, derrocando todas las cosas terrenales, reinará sobre ellos en carne y hueso y les devolverá su antiguo reino, fama y gloria."

De los jóvenes escribió: "se casan todos demasiado jóvenes, a veces antes de cumplir los diez años, y aunque núbiles, no son lo bastante fuertes". En cuanto al sistema del Kahal: la recaudación interna de los judíos proporciona "al Kehilot cada año una envidiable suma de ingresos que es incomparablemente superior a los impuestos estatales que se recaudan de los individuos que figuran en las listas del censo. Los ancianos del Kahal no eximen a nadie de la contabilidad. Como resultado, sus masas pobres se encuentran en la condición de grave enflaquecimiento y gran pobreza, y son muchos... Por el contrario, los miembros del kahal son ricos y viven en la superfluidad; al gobernar ambos resortes del poder, el espiritual y el secular,... tienen un gran poder sobre el pueblo. De esta manera los mantienen... en gran pobreza y miedo". El Kehilot "emite al pueblo todas las órdenes posibles... que deben ser ejecutadas con tal exactitud y rapidez, que uno sólo puede maravillarse."

Derzhavin identificó el quid del problema de la siguiente manera: "el gran número de judíos en la Rusia Blanca... es en sí mismo una pesada carga para la tierra debido a la desproporción con la de los agricultores... Esta desproporción es la más destacada de varias razones importantes que producen aquí una escasez de grano y otras reservas comestibles... Ninguno de ellos era agricultor en aquel tiempo, y sin embargo cada uno poseía y engullía más grano que el campesino con su numerosa familia, que lo había cosechado con el sudor de su frente... Sobre todo, en las aldeas ellos... se ocupan de dar al campesino todas sus necesidades a crédito, a un tipo de interés extraordinario; y así el campesino, que en un momento u otro se convirtió en deudor de ellos, ya no puede librarse de ello." Por encima de esto están los "frívolos terratenientes que ponen sus aldeas en manos judías, no sólo temporal sino permanentemente". Los terratenientes, sin embargo, se alegran de poder traspasar todo a los judíos: "según sus propias palabras, consideran a los judíos como la única razón del despilfarro de los campesinos" y el terrateniente sólo en contadas ocasiones reconoce "que él, si fueran expulsados de sus explotaciones, sufriría no pocas pérdidas, ya que recibe de ellos no pocos ingresos por el arrendamiento."

Así, Derzhavin no dejó de examinar el asunto desde diversos ángulos: "Para ser justos con los judíos, debemos señalar también que durante esta escasez de grano se han ocupado de alimentar a no pocos aldeanos hambrientos, aunque todo el mundo sabe también que eso vino con una factura: cuando llegue la cosecha, se la devolverán multiplicada por cien". En un informe privado al Fiscal General, Derzhavin escribió: "Es difícil no equivocarse echando toda la culpa a un solo lado. Los campesinos beben su grano con los judíos y sufren su escasez. Los terratenientes no pueden prohibir la embriaguez, pues deben casi todos sus ingresos a la destilación de licor. Y ni siquiera se puede echar toda la culpa a los judíos, que le quitan el último bocado de pan al campesino para ganarse su propio sustento vital."

A Ilya Frank, Derzhavin le dijo una vez: "ya que la providencia de este pequeño pueblo disperso lo ha preservado hasta el presente, nosotros también debemos cuidar de su protección". Y en su informe escribió con la rectitud de aquel tiempo, "si la Altísima Providencia, con el fin de algún propósito desconocido, deja a causa de sus propósitos que este peligroso pueblo viva sobre la tierra, entonces los gobiernos bajo cuyo cetro han buscado protección deben soportarlo...".

De este modo, están obligados a extender su protección a los judíos, para que sean útiles tanto a sí mismos como a la sociedad en la que viven."

Por todas sus observaciones en la Rusia Blanca, y por su conclusión, y por todo lo que escribió en el Memorándum, y especialmente por todas estas líneas, y probablemente también porque "alabó la aguda visión de los grandes monarcas rusos que prohibieron la inmigración y el viaje de estos astutos ladrones a su reino", se habla de Derzhavin como un enemigo fanático de los judíos, un gran antisemita. Se le acusa -aunque injustamente, como hemos visto- de imputar la embriaguez y la pobreza del campesino ruso blanco exclusivamente a los judíos, y sus medidas positivas fueron caracterizadas como dadas sin pruebas, para servir a su ambición personal. Pero que en modo alguno tenía prejuicios contra los judíos, se indica en que (1) todo su Memorándum surgió en 1800 en respuesta a la miseria y el hambre reales de los campesinos, (2) el objetivo era hacer bien tanto al campesino ruso blanco como a los judíos, (3) los distinguía económicamente y (4) su deseo era orientar a los judíos hacia una actividad productiva real, de los cuales, como planeaba Catalina, una parte en primer lugar y ante todo debía haber sido reubicada en territorios que no estuvieran cerrados.

Derzhavin veía como una dificultad crítica la inestabilidad y transitoriedad de la población judía, de la que apenas 1/6 estaba incluida en el censo. "Sin un esfuerzo especial y extraordinario es difícil contarlos con exactitud, porque, al estar en ciudades, shtetl, cortes señoriales, aldeas y tabernas, van y vienen constantemente, no se identifican como residentes locales, sino como huéspedes que están aquí desde otro distrito o colonia". Además, "todos se parecen... y tienen el mismo nombre", y no tienen apellido; y "no sólo eso, todos visten las mismas ropas negras: no se les puede distinguir y se les identifica erróneamente cuando se les registra o identifica, especialmente en relación con denuncias e investigaciones judiciales." En este sentido, el Kehilot se cuida de "no revelar el número real, para no gravar indebidamente a sus ricos con impuestos por el número registrado."

Derzhavin buscaba, sin embargo, una solución global "para reducir el número de judíos en los pueblos de la Rusia Blanca... sin causar daño a nadie y facilitar así la alimentación de los residentes originales; pero al mismo tiempo, para los que debían quedarse, proporcionarles posibilidades mejores y menos degradantes de ganarse el sustento". Además, sondeó cómo "reducir su fanatismo y, sin retroceder lo más mínimo en la norma de tolerancia hacia las diferentes religiones, conducirlos por un camino apenas perceptible hacia la ilustración; y después de expurgar su odio hacia las personas de otras creencias, sobre todo llevarlos a abandonar su acuciante intención de robar bienes extranjeros."

El objetivo era encontrar una manera de separar la *libertad de conciencia religiosa de la libertad de castigo de las malas acciones.*

A continuación expuso por capas y explícitamente las medidas a recomendar, y al hacerlo dio pruebas de su competencia económica y de estadista. En primer lugar, "para que los judíos no tengan ocasión de ningún tipo de irritación, que les haga huir o incluso murmurar tranquilamente", se les asegurará protección y favor mediante un manifiesto del Zar, en el que se reforzará el principio de tolerancia hacia su fe y el mantenimiento de los privilegios concedidos por Catalina, "sólo con un pequeño cambio en los principios anteriores." (Pero a aquellos "que no se sometan a estos principios se les dará la libertad de emigrar" - una exigencia que superaba con creces en punto a libertad a la Unión Soviética del siglo 20).

Inmediatamente después declara: después de un intervalo de tiempo específico, tras el cual se prohíbe temporalmente todo nuevo crédito, todas las reclamaciones de deuda entre judíos y cristianos deben ser ordenadas, documentadas y compensadas "con el fin de restablecer la anterior relación de confianza para que en el futuro no se encuentre el más mínimo obstáculo para la transformación de los judíos a un modo de vida diferente... para la reubicación en otros distritos" o en los antiguos lugares, "para la asignación de unas nuevas condiciones de vida."

Libres de deudas, los judíos deben así convertirse lo antes posible en hombres libres. Todas las reformas "para la equiparación de la deuda de los pobres" deben aplicarse a los judíos pobres, para desviar el pago de las deudas del Kahal o para el mobiliario de los emigrantes.

De un grupo no se recaudarán impuestos durante tres años; del otro, durante seis años. En cambio, ese dinero debe dedicarse a la creación de fábricas y lugares de trabajo para estos judíos. Los terratenientes deben renunciar a obligar a los judíos de sus shtetls a establecer varias fábricas y, en su lugar, comenzar a cultivar grano en sus propiedades, "para que puedan ganarse el pan con sus propias manos", pero "bajo ninguna circunstancia se venderá licor en ninguna parte, secreta o abiertamente", o estos terratenientes perderían ellos mismos sus derechos a la producción de licor.

También era innegociable realizar un censo universal y exacto de la población bajo la responsabilidad de los ancianos del Kahal. Para aquellos que no tuvieran propiedades que declarar como mercader o citadino, debían crearse dos nuevas clases con judíos de menores ingresos: burgués de aldea y "colono" (donde no se utilizaría la denotación "krestyanin" o agricultor por su similitud con la palabra "cristiano"). Los colonos judíos tendrían que ser considerados como libres y no como siervos, pero "bajo ninguna condición o pretexto podrán atreverse a tomar siervos o siervas cristianos, no podrán poseer ni un solo campesino cristiano, ni extenderse en el dominio de los magistrados y de los padres de la ciudad, para que no obtengan ningún derecho especial sobre los cristianos. Después de haber declarado su deseo de ser inscritos en un estatus particular, "el número necesario de jóvenes" debe ser enviado a Petersburgo, Moscú o Riga - un grupo "para aprender a llevar los libros de los mercaderes", el segundo para aprender un oficio, el tercero para asistir a las escuelas de agricultura y gestión de la tierra.

Mientras tanto, "algunos judíos enérgicos y precisos deberían ser seleccionados como diputados... para todas estas áreas en las que se designan tierras para la colonización". (Siguen minucias sobre la ordenación de los planos, el levantamiento topográfico de las tierras, la construcción de viviendas, la orden de liberación de los diferentes grupos de colonos, sus derechos en tránsito, el período de gracia en el que permanecerían libres de impuestos... todos estos detalles que Derzhavin expuso con tanto cuidado los pasamos por alto). Sobre el ordenamiento interno de la congregación judía: "con el fin de colocar a los judíos... bajo las autoridades seculares... igual que todos los demás, las Kehilot no pueden continuar en ninguna forma". Junto con la abolición de la Kehilot se "suprimen asimismo todos los anteriores gravámenes especulativos, que la Kehilot recaudaba del pueblo judío... y al mismo tiempo, los impuestos seculares deben ser gravados... como los demás sujetos" (es decir, no duplicados), y las escuelas y sinagogas deben ser protegidas por la ley. "Los varones no podrán casarse antes de los 17 años ni las mujeres antes de los 15".

Luego hay una sección sobre la educación y la ilustración de los judíos. Las escuelas judías hasta el duodécimo año, y a partir de entonces las escuelas generales, deben parecerse más a las de otras religiones; "sin embargo, aquellos que se hayan distinguido en las altas ciencias deben ser recibidos en las academias y universidades como asociados honorarios, doctores, profesores" - pero "no deben... ser tomados en el rango de oficiales y oficiales de estado mayor", porque "aunque también pueden ser tomados en el servicio militar, no tomarán las armas contra el enemigo el sábado, lo que de hecho sucede a menudo". Se construirán prensas para libros judíos. Además de sinagogas, se construirán hospitales judíos, casas para pobres y orfanatos.

Así, Derzhavin concluía de forma bastante autoconsciente: "así, este pueblo cruzado [disperso] conocido como judíos... en esta su triste condición observará un ejemplo de orden". Especialmente en lo que respecta a la iluminación: "Este primer punto dará sus frutos - si no hoy e inmediatamente, definitivamente en los tiempos venideros, o en el peor de los casos después de varias generaciones, de forma inadvertida", y entonces los judíos se convertirían en "auténticos súbditos del trono ruso". Mientras Derzhavin redactaba su *Memorándum*, también dio a conocer lo que pensaban los Kehilot al respecto, y dejó claro que de ninguna manera se hacía su amigo.

En las respuestas oficiales su rechazo se formulaba con cautela. Decía: "los judíos no son competentes para el cultivo del grano ni están acostumbrados a él, y su fe es un obstáculo... No ven otras posibilidades que sus ocupaciones actuales, que les sirven de sustento, y no las necesitan, pero les gustaría permanecer en su condición actual". Los kehilot vieron, además, que el informe implicaba su propia obsolescencia, el fin de su fuente de ingresos, y por eso empezaron, en silencio, pero con obstinación y tenacidad, a trabajar contra toda la propuesta de Derzhavin.

Esta oposición se manifestó, según Derzhavin, mediante una denuncia presentada por una judía de Liosno al zar, en la que alegaba que, en una destilería de licores, Derzhavin "la golpeó horriblemente con un garrote, hasta que ella, estando embarazada, dio a luz a un niño muerto". El Senado inició una investigación. Derzhavin respondió: "Como estuve un cuarto de hora en esta fábrica, no sólo no golpeé a ninguna judía, sino que ni siquiera vi a ninguna". Pidió ser recibido personalmente por el Zar. "Déjenme ser encarcelado, pero yo revelaré la idiotez del hombre que ha hecho tales afirmaciones... ¿Cómo puede su Alteza... creer una queja tan tonta y falsa?". (El judío que había tomado la queja mentirosa fue condenado a un año en la penitenciaría, pero después de 2 o 3 meses Derzhavin "logró" que lo dejaran libre, esto ya bajo el reinado de Alejandro I).

El zar Pablo I fue asesinado en mayo de 1801 y no pudo llegar a ninguna resolución en relación con el *Memorándum* de Derzhavin. Como era de esperar, en aquel momento tuvo escasos resultados prácticos, ya que Derzhavin perdió su puesto en el cambio de corte.

No fue hasta finales de 1802 cuando se creó el "Comité para la Asimilación de los Judíos" para examinar el detallado *Memorándum de* Derzhavin y preparar las recomendaciones correspondientes. El comité estaba formado por dos magnates polacos cercanos a Alejandro I: el príncipe Adam [Jerzy] Czartoryski y el conde (Graf) Severin Potocki, así como el conde Valerian Subov. Derzhavin observó con respecto a los tres, que ellos también tenían grandes posesiones en Polonia, y notarían una importante pérdida de ingresos si los judíos fueran expulsados, y que "los intereses privados de los dignatarios mencionados pesarían más que los del Estado").

También formaban parte del comité el ministro del Interior, conde Kotshubey, y el ya mencionado ministro de Justicia, el primero en la historia de Rusia: el propio Derzhavin. Michael Speransky también colaboró con el comité. El comité se encargó de invitar a delegados judíos de las Kehiloth de cada provincia y éstos -en su mayoría comerciantes del Primer Gremio- acudieron. Además, los miembros del comité tenían derecho a convocar a judíos ilustrados y bienintencionados de su entorno. El ya conocido Nota Notkin, que se había trasladado de la Rusia Blanca a Moscú y luego a San Petersburgo; el recaudador de impuestos petersburgués Abram Perets, que era íntimo amigo de Speransky; Yehuda Leib Nevachovich y Mendel Satanaver, -ambos amigos de Perets- y otros. No todos participaron en las audiencias, pero ejercieron una influencia significativa sobre los miembros del comité. Digno de mención: Gregory, el hijo de Abram Perets, fue condenado en el proceso decembrista y exiliado -probablemente sólo porque había discutido la cuestión judía con Pavel Pestel, pero sin sospechar nada de la conspiración decembrista- y porque su nieto era el Secretario de Estado ruso, un cargo muy alto. Nevachovich, un humanista (pero no un cosmopolita) que estaba profundamente vinculado a la vida cultural rusa -entonces una rareza entre los judíos- publicó en ruso La *voz que llora de la hija de Judá* (1803) en el que instaba a la sociedad rusa a reflexionar sobre las restricciones de los derechos judíos, y amonestaba a los rusos a considerar a los judíos como sus compatriotas, y a acoger a los judíos entre ellos en la sociedad rusa.

El comité llegó a una resolución con un apoyo abrumador: "Los judíos deben ser guiados hacia la vida civil general y la educación... Para dirigirlos hacia el trabajo productivo" se les debe facilitar el empleo en oficios y comercio, se debe disminuir la constricción del derecho a la libre movilidad; deben acostumbrarse a usar ropa ordinaria, porque "la costumbre de usar ropa que es despreciada fortalece la costumbre de ser despreciado". Pero el problema más agudo era el hecho de que los judíos, debido al comercio de licores, vivieran en los pueblos. Notkin se esforzó por convencer al comité de que permitiera a los judíos seguir viviendo allí y se limitara a tomar medidas contra posibles abusos por su parte.

"La carta del comité provocó tumultos en la Kehiloth", escribió Gessen. Una convocatoria especial de sus diputados en 1803 en Minsk resolvió "solicitar a nuestro Zar, que su fama sea aún mayor, que ellos (los Dignos) no asuman innovaciones para nosotros". Decidieron enviar ciertos delegados a Petersburgo, explicaron que se había celebrado una asamblea con ese fin, e incluso convocaron un ayuno judío de tres días. El malestar se apoderó de todo el Pale of Settlement. Aparte de la amenaza de expulsión de los judíos de las aldeas, los Kehiloth adoptaron una postura negativa ante la cuestión cultural, preocupados por preservar su propio modo de vida. Como respuesta a los puntos principales de la Recomendación, las Kehiloth explicaron que la Reforma debía aplazarse en cualquier caso entre 15 y 20 años.

Derzhavin escribió "hubo por su parte varias refutaciones encaminadas a dejar todo como estaba". Además, Gurko, un terrateniente de la Rusia Blanca envió a Derzhavin una carta que había recibido: un judío de la Rusia Blanca le había escrito en relación con uno de sus plenipotenciarios en Petersburgo. Decía que, en nombre de todos los Kehilot del mundo, habían puesto el cherem o herem, (es decir, la prohibición) a Derzhavin como Perseguidor, y habían reunido un millón para utilizarlo como regalos (sobornos) por esta situación y lo habían remitido a San Petersburgo. Hicieron un llamamiento para que se aplicaran todos los esfuerzos para la destitución de Derzhavin como Procurador General, y si eso no fuera posible, que se buscara su vida. Sin embargo, lo que querían conseguir era que no se les prohibiera vender licor en la taberna del pueblo, y para facilitar el avance de este negocio, reunían opiniones de regiones extranjeras, de diferentes lugares y pueblos, sobre cómo se podía mejorar la situación de los judíos. De hecho, tales opiniones, a veces en francés, a veces en alemán, empezaron a ser enviadas al Comité.

Además, Nota Notkin se convirtió en la figura central que organizó la pequeña congregación judía de Petersburgo. En 1803 presentó un escrito al Comité en el que trataba de paralizar el efecto de la propuesta presentada por Derzhavin. Derzhavin escribe que Notkin se le acercó un día y le pidió, con "fingido buen deseo", que él, Derzhavin, no se posicionara solo contra sus colegas del Comité, que están todos del lado de los judíos; si no aceptaría 100.000 o, si eso era poco, 200.000 rublos, "sólo para poder estar de acuerdo con todos sus colegas del Comité". Derzhavin decidió revelar este intento de soborno al Zar y demostrárselo con la carta de Gurko. Pensó que pruebas tan contundentes resultarían eficaces y el Zar empezaría a recelar de la gente que le rodeaba y protegía a los judíos. Speransky también informó de ello al Zar, pero Speransky estaba totalmente comprometido con los judíos, y desde la primera reunión del Comité Judío se hizo evidente que todos los miembros representaban la opinión de que la destilación de licores debía continuar en manos de judíos como antes.

Derzhavin se opuso. Alejandro se mostró cada vez más frío con él y destituyó a su Ministro de Justicia poco después (1803). Aparte de esto, los papeles de Derzhavin indican que tanto en el servicio militar como en el civil había caído en desgracia. Se retiró de la vida pública en 1805.

Derzhavin previó mucho de lo que se desarrolló en la problemática relación ruso-judía a lo largo de todo el siglo 19, aunque no en la forma exacta e inesperada que adoptó en el hecho. Se expresaba con crudeza, como era habitual entonces, pero no pretendía oprimir a los judíos; al contrario, quería abrirles caminos hacia una vida más libre y productiva.

Capítulo 2
Durante el reinado de Alejandro I ˢᵗ

A finales de 1804, el Comité encargado de la organización de los judíos concluyó su trabajo redactando un "Reglamento sobre los judíos" (conocido como el "Reglamento de 1804"), la primera recopilación de leyes en Rusia relativas a los judíos.

El Comité explicó que su objetivo era mejorar la condición de los judíos, orientarlos hacia una actividad útil "abriendo este camino exclusivamente por su propio bien... y descartando todo lo que pudiera desviarlos de él, sin recurrir a medidas coercitivas". [85] El Reglamento establecía el principio de igualdad de derechos civiles para los judíos (artículo 42): "Todos los judíos que viven en Rusia, que se han establecido recientemente en ella o que han venido de países extranjeros para sus asuntos comerciales, son libres y están bajo la estricta protección de las leyes del mismo modo que los demás súbditos rusos". (En opinión del profesor Gradovsky, "no podemos dejar de ver en este artículo el deseo de asimilar a este pueblo a toda la población de Rusia".)[86]

El Reglamento daba a los judíos mayores oportunidades que las propuestas originales de Derzhavin; así, para crear fábricas textiles o de cuero, o para pasar a la economía agrícola en tierras vírgenes, proponía que se pagara directamente una subvención gubernamental. Se concedía a los judíos el derecho a adquirir tierras sin siervos, pero con la posibilidad de contratar trabajadores cristianos. Los judíos propietarios de fábricas, comerciantes y artesanos tenían derecho a abandonar el Pale of Settlement "durante un tiempo, por motivos de negocios", lo que facilitaba las fronteras de esta zona recién establecida. (Lo único que se prometió para la corriente del año siguiente fue la derogación del doble canon, [87] pero pronto desapareció). Se

---

[85] *Hessen*, Istoria evreïskogo naroda v Rossii (Historia del pueblo judío en Rusia), en 2 volúmenes, t. 1, Leningrado, 1925, p. 149.

[86] *M. Kovalevsky*, Ravnopravie evreev i ego vragi (La igualdad de los derechos de los judíos y sus adversarios), en Schit, colección literaria editada por L. Andréev, M. Gorky y F. Sologoub, 3ʳᵈ edición completa, Sociedad Rusa para el Estudio de la vida de los judíos, Moscú, 1916, p. 117.

[87] Doble impuesto instituido para los judíos por Catalina (a la que los "antiguos creyentes" habían estado sometidos durante mucho tiempo), pero que apenas se aplicó.

reafirmaron todos los derechos de los judíos: la inviolabilidad de sus propiedades, la libertad individual, la profesión de su religión, su organización comunitaria; en otras palabras, el sistema de los Kehalim quedó sin cambios significativos (lo que, de hecho, socavó la idea de una fusión del mundo judío dentro del Estado ruso): los *Kehalim* conservaron su antiguo derecho a recaudar regalías, lo que les confería una gran autoridad, pero sin la capacidad de aumentarlas; se prohibieron los castigos religiosos y los anatemas (*Herem*), lo que aseguró la libertad a los *jasidim*. De acuerdo con los deseos de los *Kehalim*, se abandonó el proyecto de establecer escuelas judías de educación general, pero "a todos los niños judíos se les permite estudiar con otros niños sin discriminación en todas las escuelas, colegios y todas las universidades rusas", y en estos establecimientos ningún niño "será bajo ningún pretexto desviado de su religión u obligado a estudiar lo que pueda ser contrario u opuesto a él." Los judíos "que, gracias a sus capacidades, alcancen un nivel meritorio en las universidades en medicina, cirugía, física, matemáticas y otras disciplinas, serán reconocidos como tales y promovidos a títulos universitarios." Se consideró esencial que los judíos aprendieran la lengua de su región, cambiaran su aspecto externo y adoptaran apellidos. En conclusión, el Comité señaló que en otros países "en ninguna parte se utilizaron medios tan liberales, tan mesurados y tan adecuados a las necesidades de los judíos." J. Hessen está de acuerdo en que el Reglamento de 1804 imponía menos restricciones a los judíos que el Reglamento prusiano de 1797. Sobre todo porque los judíos poseían y conservaban su libertad individual, de la que no gozaba una masa de varios millones de campesinos rusos sometidos a la servidumbre. "[88]El Reglamento de 1804 pertenece al número de actos imbuidos del espíritu de tolerancia".[89]

El Mensajero de Europa, uno de los diarios más leídos de la época, escribió: "Alexander sabe que los vicios que atribuimos a la nación judía son las consecuencias inevitables de la opresión que la ha agobiado durante muchos siglos. El objetivo de la nueva ley es dar al Estado ciudadanos útiles, y a los judíos una patria."[90]

Sin embargo, el Reglamento no resolvía el problema más agudo de acuerdo con los deseos de todos los judíos, es decir, la población judía, los diputados *Kehalim* y los colaboradores judíos del Comité. El Reglamento estipulaba que: "Nadie entre los judíos... en ningún pueblo o ciudad, puede poseer ninguna forma de mayordomía de posadas o cabarets, bajo su nombre o bajo el nombre de un tercero, ni se les permite vender alcohol o

---

[88] *Hessen*, t. 1, pp. 148-158; JE, t. 1, pp. 799-800.
[89] JE, t. 13, pp. 158-159.
[90] *Hessen*, t. 1, p. 158-159.

vivir en tales lugares"[91] y proponía que toda la población judía abandonara el campo en un plazo de tres años, a principios de 1808. (Recordemos que tal medida ya había sido preconizada por Pablo en 1797, incluso antes de que apareciera el proyecto Derzhavin: no es que todos los judíos sin excepción debieran ser alejados de las aldeas, sino que para que "por su masa, la población judía de las aldeas no supere las posibilidades económicas de los campesinos como clase productiva, se propone reducir su número en las aglomeraciones de los distritos." [92]Esta vez se propuso dirigir a la mayoría de los judíos al trabajo agrícola en las tierras vírgenes del Pale of Settlement, Nueva Rusia, pero también las provincias de Astracán y el Cáucaso, exonerándoles durante diez años de los cánones que hasta entonces tenían que pagar, "con el derecho a recibir un préstamo del Tesoro para sus empresas" a reembolsar progresivamente después de diez años de franquicia; a los más afortunados, se les proponía adquirir tierras en propiedad personal y hereditaria con la posibilidad de hacerlas explotar por trabajadores agrícolas."[93]

En su negativa a permitir la destilación, el Comité explicó: "Mientras les siga siendo accesible esta profesión... que, en definitiva, les expone a las recriminaciones, al desprecio e incluso al odio de los habitantes, no cesará el clamor general hacia ellos". [94] Además, "¿Podemos considerar esta medida [de expulsar a los judíos de los pueblos] como represiva cuando se les ofrecen tantos otros medios no sólo para vivir a gusto, sino también para enriquecerse en la agricultura, la industria, la artesanía; y que además se les da la posibilidad de poseer tierras en plena propiedad? ¿Cómo podría considerarse oprimido a este pueblo por la supresión de una sola rama de actividad en un Estado en el que se le ofrecen otras mil actividades en zonas fértiles, deshabitadas y aptas para el cultivo de cereales y otras producciones agrícolas?".[95]

Se trata de argumentos convincentes. Sin embargo, Hessen considera que el texto del Comité atestigua "una mirada ingenua... sobre la naturaleza de la vida económica de un pueblo [consistente en] creer que los fenómenos económicos pueden modificarse de forma puramente mecánica, por decreto". [96]Desde el lado judío, la proyectada reubicación de los judíos de

---

[91] JE, t. 3, p. 79.
[92] *Hessen*, t. 1, p. 128.
[93] *V. N. Nikitin*, Evrei i zemledeltsy: Istoritcheskoe. zakonodatelnoe. administra-tivnoc i byloyoc polojenie kolonii so vremeni ikh voznikniyenia do nachikh dneï (Los judíos en la agricultura: Historia, derecho, administración y práctica de las colonias desde su origen hasta nuestros días), 1807-1887, San Petersburgo, 1887, pp. 6-7.
[94] *Príncipe N. N. Golitsyn*, Istoria rousskogo zakonodatelstva o evreiakh (Historia de la legislación rusa para los judíos), San Petersburgo, t. 1, 1649-1825, p. 430.
[95] *Ibidem*, t. 1, pp. 439-440.
[96] Ibídem.

los pueblos y la prohibición que se les impuso de fabricar alcohol, la "ocupación secular" de los judíos, [97] fue percibida como una decisión terriblemente cruel. (Y en estos términos fue condenada por la historiografía judía cincuenta e incluso cien años después).

Dadas las opiniones liberales de Alejandro I, su benevolencia hacia los judíos, su carácter perturbado, su débil voluntad (sin duda quebrada para siempre por su acceso al trono a costa de la muerte violenta de su padre), es poco probable que la anunciada deportación de los judíos se hubiera llevado a cabo con energía; incluso si el reinado hubiera seguido un curso pacífico, sin duda se habría dilatado en el tiempo.

Pero poco después de la adopción del Reglamento de 1804, se perfiló la amenaza de guerra en Europa, seguida de la aplicación de medidas favorables a los judíos por parte de Napoleón, que reunió un sanedrín de diputados judíos en París. "Todo el problema judío dio entonces un giro inesperado. Bonaparte organizó en París una reunión de los judíos cuyo principal objetivo era ofrecer a la nación judía diversas ventajas y crear un vínculo entre los judíos dispersos por toda Europa. Así, en 1806, Alejandro I ordenó que se convocara un nuevo comité para "examinar si debían tomarse medidas especiales y aplazar el traslado de los judíos".[98]

Tal y como se anunció en 1804, los judíos debían abandonar las aldeas en 1808. Pero surgieron dificultades prácticas, y ya en 1807 Alejandro I recibió varios informes que ponían de relieve la necesidad de aplazar el traslado. Entonces se hizo público un decreto imperial que "requería a todas las sociedades judías... que eligieran diputados y propusieran a través de ellos los medios que considerasen más adecuados para llevar a buen término las medidas contenidas en el Reglamento de 9 de diciembre de, 1804". La elección de estos diputados judíos tuvo lugar en las provincias occidentales, y sus opiniones fueron transmitidas a San Petersburgo. "Por supuesto, estos diputados expresaron la opinión de que la salida de los judíos residentes en las aldeas debía posponerse a un momento muy posterior.

(Una de las razones aducidas era que, en los pueblos, los posaderos disponían de viviendas gratuitas, mientras que en las ciudades tendrían que pagar por ellas). El Ministro del Interior escribió en su informe que "la reubicación de los judíos que actualmente residen en aldeas en tierras pertenecientes al Estado llevará varias décadas, dado su abrumador número". [99] Hacia finales de 1808, el Emperador dio órdenes de suspender

---

[97] JE, t. 3. p. 79.
[98] *G. R. Derzhavin*, obras en 9 vol., 2ª ed., San Petersburgo, 1864-1883, t. 6, 1876, pp. 761-762.
[99] *Hessen*, t. 1, pp. 163-165.

el artículo que prohibía a los judíos alquilar y producir alcohol, y de dejar a los judíos donde vivían, "hasta una resolución posterior". [100]Inmediatamente después (1809) se instituyó un nuevo comité, dicho "del senador Popov", para el estudio de todos los problemas y el examen de las peticiones formuladas por los diputados judíos. Este Comité "consideró indispensable" poner fin "enérgicamente" al traslado de los judíos y conservar el derecho a la producción y al comercio del vodka.[101] El Comité trabajó durante tres años y presentó su informe al Emperador en 1812. Alejandro I no hizo suyo este informe: no deseaba menoscabar la importancia de la decisión anterior y no había perdido en absoluto su deseo de actuar en favor de los campesinos: "Estaba dispuesto a suavizar la medida de expulsión, pero no a renunciar a ella". [102]Entonces estalló la Gran Guerra con Napoleón, seguida de la guerra europea, y las preocupaciones de Alejandro cambiaron de propósito.

Desde entonces, el desplazamiento fuera de los pueblos nunca se inició como una medida global en todo el Pale of Settlement, sino como mucho en forma de decisiones específicas en determinados lugares.[103]

Durante la guerra, según cierta fuente, los judíos fueron los únicos habitantes que no huyeron ante el ejército francés, ni en los bosques ni en el interior; en los alrededores de Vilna, se negaron a obedecer la orden de Napoleón de unirse a su ejército, pero le suministraron forraje y provisiones sin un murmullo; no obstante, en ciertos lugares fue necesario recurrir a las requisas. [104]

Otra fuente informa de que "la población judía sufrió mucho a causa de los abusos cometidos por los soldados de Napoleón" y que "muchas sinagogas fueron incendiadas", pero va más allá al afirmar que "las tropas rusas se vieron muy ayudadas por lo que se llamó el "puesto judío", establecido por comerciantes judíos, que transmitían la información con una celeridad desconocida en la época (las posadas servían de "relevo")"; incluso "utilizaban a los judíos como correos para las conexiones entre los distintos destacamentos del ejército ruso". Cuando el ejército ruso retomó la posesión del territorio, "los judíos recibieron a las tropas rusas con admiración, llevando pan y alcohol a los soldados". El futuro Nicolás I, Gran Duque en aquella época, anotó en su diario: "Es asombroso que [los judíos] permanecieran sorprendentemente fieles a nosotros en 1812 e

---

[100] JE, t. 1. p. 801.
[101] *Ibídem.*
[102] *Hessen*, 1.1, p. 163-167.
[103] JE, t. 5, p. 859.
[104] S. *Pozner*, Evrei Litvy i Beloroussii 125 let lomou nazad (Los judíos de Lituania y Bielorrusia hace 125 años), en M.J., Directorio, 1939, pp. 60, 65-66.

incluso nos ayudaran donde podían, arriesgando sus vidas". [105] En el momento más crítico de la retirada de los franceses al paso de Berezina, los judíos locales comunicaron al mando ruso el presunto punto de paso; este episodio es bien conocido. Pero en realidad se trató de una artimaña exitosa del general Laurançay: se le convenció de que los judíos comunicarían esta información a los rusos, y los franceses, por supuesto, eligieron otro punto de paso.[106]

Después de 1814, la reunificación de Polonia central reunió a más de 400.000 judíos. El problema judío se presentó entonces al gobierno ruso con mayor agudeza y complejidad. En 1816, el Consejo de Gobierno del Reino de Polonia, que en muchas zonas gozaba de una existencia estatal separada, ordenó expulsar a los judíos de sus aldeas; también podían permanecer allí, pero sólo para trabajar la tierra, y ello sin la ayuda de trabajadores cristianos. Pero a petición del *Kahal* de Varsovia, tan pronto como fue transmitida al Emperador, Alejandro dio órdenes de dejar a los judíos en su lugar permitiéndoles dedicarse al comercio del vodka, con la única condición de que no lo vendieran *a crédito*.[107]

Es cierto que en el Reglamento publicado por el Senado en 1818, se vuelven a encontrar las siguientes disposiciones: "Poner fin a las medidas coercitivas de los propietarios, que son ruinosas para los campesinos, por el impago de sus deudas a los judíos, lo que les obliga a vender sus últimas posesiones... En cuanto a los judíos que regentan posadas, es necesario prohibirles que presten dinero a interés, que sirvan vodka a crédito, para luego privar a los campesinos de su ganado o de cualquier otra cosa que les sea indispensable." [108] Rasgo característico de todo el reinado de Alejandro: no hubo espíritu de continuidad en las medidas tomadas; se promulgaron los reglamentos pero no hubo un control efectivo para vigilar su aplicación. Lo mismo ocurre con el estatuto de 1817 relativo al impuesto sobre el alcohol: en las provincias de la Gran Rusia, la destilación estaba prohibida a los judíos ; sin embargo, ya en 1819, se levantó esta prohibición "hasta que los artesanos rusos se hayan perfeccionado suficientemente en este oficio".[109]

Por supuesto, los propietarios polacos, demasiado preocupados por sus beneficios, se opusieron a la erradicación de las destilerías judías en las zonas rurales de las provincias occidentales; y, en aquel momento, el Gobierno ruso no se atrevió a actuar contra ellos.

---

[105] PJE, t. 7. pp. 309-311.
[106] *Cf.* Rousskaïa Volia (La voluntad rusa), Petrogrado, 1917, 22 de abril, p. 3.
[107] Hessen, t. 1, pp. 222-223.
[108] JE*, t. 3, pp. 80-81.
[109] *Ibidem*, t. 5, pp. 609, 621.

Sin embargo, en la provincia de Chernigov, donde su establecimiento era aún reciente, se llevó a cabo en 1821 la supresión de las destilerías en manos de propietarios y judíos, después de que el gobernador informara, tras una mala cosecha, de que "los judíos mantienen en dura servidumbre a los campesinos de la Corona y a los cosacos".[110] Una medida similar se tomó en 1822 en la provincia de Poltava; en 1823 se extendió parcialmente a las provincias de Mogilev y Vitebsk. Pero su expansión fue detenida por los apremiantes esfuerzos de los *kehalim*.

Así, la lucha llevada a cabo durante los veinticinco años de reinado de Alejandro contra la producción de alcohol mediante el trasplante de los judíos fuera de las aldeas dio escasos resultados. Pero la destilación no era el único tipo de producción en el Pale of Settlement.

Los propietarios arrendaban diversos bienes en diferentes sectores de la economía, aquí un molino, allí la pesca, en otro lugar puentes, a veces una propiedad entera, y de esta forma no sólo se arrendaban siervos campesinos (estos casos se multiplicaron a partir de finales del siglo XVIII[111]), sino también las iglesias de los "siervos", es decir, iglesias ortodoxas, como señalan varios autores: N. I. Kostomarov, M. N. Katkov, V. V. Choulguine. Estas iglesias, al ser parte integrante de una finca, se consideraban como pertenecientes al propietario católico, y en su calidad de explotadores, los judíos se consideraban con derecho a cobrar dinero a los que frecuentaban estas iglesias y a los que celebraban oficios privados. Para el bautismo, el matrimonio o el funeral, era necesario recibir la autorización de "un judío a cambio de una cuota"; "los cantos épicos de la Pequeña Rusia estallan con amargas quejas contra los 'granjeros judíos' que oprimen a los habitantes".[112]

Los gobiernos rusos habían percibido este peligro desde hacía mucho tiempo: los derechos de los campesinos podían extenderse al campesino mismo y directamente a su trabajo, y "los judíos no deben disponer del trabajo personal de los campesinos, y por medio de un arrendamiento, aunque no sean cristianos, convertirse en propietarios de siervos campesinos", lo que fue prohibido en varias ocasiones tanto por el decreto de 1784 como por las ordenanzas del Senado de 1801 y 1813: "los judíos no pueden poseer aldeas ni campesinos, ni disponer de ellos bajo ningún nombre".[113]

---

[110] *Ibidem*, p. 612.
[111] JE, t. 11, p. 492.
[112] *V. V. Choulguine*, Tchto nam v nikh ne nravitsia...: Ob antisemitism v Rossii (Lo que no nos gusta de ellos: el antisemitismo en Rusia). París, 1929, p. 129.
[113] JE*, t. 3, p. 81.

Sin embargo, el ingenio de los judíos y de los propietarios consiguió burlar lo prohibido. En 1816, el Senado descubrió que "los judíos habían encontrado un medio de ejercer los derechos de propietarios bajo el nombre de *krestentsia*, es decir, previo acuerdo con los propietarios, cosechan el trigo y la cebada sembrados por los campesinos, estos mismos campesinos deben primero trillar y luego entregar a las destilerías arrendadas a estos mismos judíos; también deben vigilar los bueyes que se llevan a pastar a sus campos, proporcionar a los judíos trabajadores y carretas... Así, los judíos disponen de todas estas superficies... mientras que los terratenientes, recibiendo de ellos sustanciosas rentas denominadas *krestentsia*, venden a los judíos todas las cosechas venideras que se siembran en sus tierras: de lo que se puede concluir que condenan a sus campesinos al hambre."[114]

No son los campesinos los que, por así decirlo, se reivindican como tales, sino sólo la *krestentsia*, lo que no impide que el resultado sea el mismo.

A pesar de todas las prohibiciones, la práctica de la *krestentsia* continuó sus caminos torcidos. Su extrema intrincación resultaba del hecho de que muchos terratenientes se endeudaban con sus campesinos judíos, recibiendo de ellos dinero sobre sus propiedades, lo que permitía a los judíos disponer de la hacienda y del trabajo de los siervos. Pero cuando, en 1816, el Senado decretó que convenía "retirar los dominios a los judíos", les encargó que recuperaran por su cuenta las sumas que habían prestado. Los diputados de los *Kehalim* enviaron inmediatamente una humilde petición a Su Majestad, pidiéndole que anulara este decreto: el administrador general encargado de los asuntos de fe extranjera, el príncipe N.N. Golitsyn, convenció al Emperador de que "infligir el castigo a una sola categoría de infractores con excepción" de los propietarios y funcionarios. Los terratenientes "podrían seguir ganando si se niegan a devolver el capital recibido por la *krestentsia* y, además, conservan la *krestentsia* para su beneficio"; si han abandonado sus tierras a los judíos a pesar de la ley, ahora deben devolverles el dinero.[115]

El futuro decembrista P. I. Pestel, a la sazón oficial en las provincias occidentales, no era en absoluto un defensor de la autocracia, sino un ardiente republicano; dejó constancia de algunas de sus observaciones sobre los judíos de esta región, que fueron parcialmente incluidas en el preámbulo de su programa de gobierno ("Recomendaciones para el Gobierno Supremo Provisional"): "A la espera del Mesías, los judíos se consideran habitantes temporales del país en el que se encuentran, por lo que nunca, bajo ningún concepto, quieren ocuparse de la agricultura, tienden a despreciar incluso a los artesanos y sólo practican el comercio."

---

[114] *Ibidem**.
[115] *Ibidem**, p. 82; cf. igualmente *Hessen*, t. 1. pp. 185, 187.

"Los jefes espirituales de los judíos, que se llaman rabinos, mantienen al pueblo en una increíble dependencia prohibiéndole, en nombre de la fe, toda lectura que no sea la del Talmud... Un pueblo que no procura educarse permanecerá siempre prisionero de los prejuicios"; "la dependencia de los judíos con relación a los rabinos llega hasta tal punto que cualquier orden dada por estos últimos es ejecutada piadosamente, sin murmurar." "Los estrechos lazos que unen a los judíos les dan los medios de reunir grandes sumas de dinero... para sus necesidades comunes, en particular para incitar a las diferentes autoridades a la concesión y a toda clase de malversaciones que les son útiles a ellos, los judíos." Que acceden fácilmente a la condición de poseedores, "se ve ostensiblemente en las provincias donde han elegido domicilio. Todo el comercio está en sus manos, y pocos campesinos no están, mediante deudas, en su poder; por eso arruinan terriblemente las regiones donde residen." "El gobierno anterior [el de Catalina] les ha concedido derechos y privilegios excepcionales que acentúan el mal que hacen", por ejemplo el derecho a no proporcionar reclutas, el derecho a no anunciar las defunciones, el derecho a procedimientos judiciales distintos sometidos a las decisiones de los rabinos, y "gozan también de todos los demás derechos reconocidos a las demás etnias cristianas"; "Así, se ve claramente que los judíos forman dentro del Estado, un Estado aparte, y gozan de derechos más amplios que los propios cristianos."

"Tal situación no puede perpetuarse más, pues ha llevado a los judíos a mostrar una actitud hostil hacia los cristianos y los ha colocado en una situación contraria al orden público que debe prevalecer en el Estado.[116] "

En los últimos años del reinado de Alejandro I se reforzaron las prohibiciones económicas y de otro tipo contra las actividades judías. En 1818, un decreto del Senado prohibía que "nunca se pusieran cristianos al servicio de judíos por deudas". [117] En 1819, otro decreto pedía que se pusiera fin a "los trabajos y servicios que los campesinos y sirvientes realizan por cuenta de los judíos." [118] Golitsyn, siempre él, dijo al Consejo de Ministros que "quienes habitan en las casas de los judíos no sólo olvidan y dejan de cumplir las obligaciones de la fe cristiana, sino que adoptan costumbres y ritos judíos." Se [119] decidió entonces que "los judíos no emplearan más a cristianos para su servicio doméstico". Se [120] creía que "esto beneficiaría también a los judíos necesitados que podrían muy bien

---

[116] *P. I. Pestel*, Rousskaïa pravda (La verdad rusa), San Petersburgo, 1906, cap. 2, § 14, pp. 50-52.
[117] *Ibidem**, t. 11, p. 493.
[118] *Ibidem**, 1.1, p. 804.
[119] *Ibidem**, 1.11, p. 493.
[120] *Ibidem**, t. 1, p. 804.

reemplazar a los sirvientes cristianos." [121]Pero esta decisión no se aplicó. (Esto no es sorprendente: entre las masas judías urbanas había pobreza y miseria, "en su mayor parte, eran personas miserables que apenas podían alimentarse", [122]pero nunca se observó el fenómeno contrario: los judíos difícilmente trabajarían al servicio de los cristianos. Sin duda algunos factores se oponían, pero al parecer también disponían de medios de subsistencia procedentes de comunidades entre las que reinaba la solidaridad).

Sin embargo, ya en 1823 se permitió a los granjeros judíos contratar a cristianos. De hecho, "la estricta observancia de la decisión que prohibía" a los cristianos trabajar en tierras judías "era demasiado difícil de poner en práctica."[123]

En esos mismos años, para responder al rápido desarrollo de la secta de los *soubbotniki*[124] en las provincias de Voronezh, Samara, Tula y otras, se tomaron medidas para que se respetara con mayor severidad el Pale of Settlement.

Así, "en 1821, los judíos acusados de 'explotar fuertemente' a los campesinos y cosacos fueron expulsados de las zonas rurales de la provincia de Chernigov y en 1822 de los pueblos de la provincia de Poltava".[125]

En 1824, durante su viaje por los Urales, Alejandro I observó que un gran número de judíos en las fábricas, "comprando clandestinamente cantidades de metales preciosos, sobornaban a los habitantes en perjuicio del Tesoro y de los fabricantes", y ordenó "que no se tolerara más a los judíos en las fábricas privadas o públicas de la industria minera".[126]

El Tesoro también sufría las consecuencias del contrabando a lo largo de toda la frontera occidental de Rusia, ya que se transportaban y vendían mercancías y productos básicos en ambas capitales sin pasar por la aduana. Los gobernadores informaron de que el contrabando era practicado principalmente por judíos, especialmente numerosos en la zona fronteriza. En 1816 se dio la orden de expulsar a todos los judíos de una franja de sesenta kilómetros de ancho desde la frontera y que se hiciera en el plazo de tres semanas. La expulsión duró cinco años, fue sólo parcial y, ya en 1821, el nuevo gobierno autorizó a los judíos a regresar a su antiguo lugar

---

[121] *Ibidem*, t. 11, p. 493.
[122] *Hessen**. t. 1, pp. 206-207.
[123] JE, t. 11, p. 493.
[124] Sabatistas: secta cuya existencia está atestiguada desde finales del siglo XVII, que se caracterizaba por marcadas tendencias judaizantes.
[125] PJE, t. 7, p. 313; Kovalevski, en Schit [El carnicero], p. 17.
[126] JE, 1.1, p. 805.

de residencia. En 1825 se tomó una decisión más amplia pero mucho más moderada: Los únicos judíos susceptibles de ser deportados eran aquellos que no estuvieran vinculados a los *Kehalim locales* o que no tuvieran propiedades en la zona fronteriza. [127]En otras palabras, se propuso expulsar únicamente a los intrusos. Además, esta medida no se aplicó sistemáticamente.

El Reglamento de 1804 y su artículo que estipulaba la expulsión de los judíos de los pueblos de las provincias occidentales plantearon naturalmente un grave problema al gobierno: ¿adónde debían ser trasladados? Las ciudades y aldeas estaban densamente pobladas, y esta densidad se veía acentuada por la competencia reinante en los pequeños negocios, dado el escaso desarrollo de la mano de obra productiva. Sin embargo, en el sur de Ucrania se extendía la Nueva Rusia, vasta, fértil y escasamente poblada.

Evidentemente, el interés del Estado era incitar a la masa de judíos improductivos expulsados de las aldeas a ir a trabajar la tierra a Nueva Rusia. Diez años antes, Catalina había intentado asegurar el éxito de este incentivo gravando a los judíos con un doble canon, al tiempo que eximía totalmente a los que aceptaran ser injertados en Nueva Rusia. Pero esta doble imposición (los historiadores judíos la mencionan a menudo) no era real, ya que la población judía no estaba censada, y sólo el *Kahal* conocía la mano de obra, al tiempo que ocultaba las cifras a las autoridades en una proporción que posiblemente alcanzaba una buena mitad. (Ya en 1808 dejó de exigirse la regalía, y la exención concedida por Catalina ya no animaba a ningún judío a emigrar).

En esta ocasión, y sólo para los judíos, se asignaron en Nueva Rusia más de 30.000 hectáreas de tierra hereditaria (pero no privada), con 40 hectáreas de tierra estatal por familia (en Rusia el lote medio de los campesinos era de unas pocas hectáreas, raramente más de diez), préstamos en efectivo para el traslado y asentamiento (compra de ganado, equipamiento, etc., que debían devolverse tras un período de seis años, dentro de los diez años siguientes); se ofrecía a los colonos (en esta región, no sólo los campesinos, sino incluso algunos propietarios vivían en casas de adobe) la construcción previa de una casa de troncos de izba, para eximirles de derechos durante diez años con mantenimiento de la libertad individual (en estos tiempos de servidumbre) y la protección de las autoridades. [128](Como el Reglamento de 1804 eximía a los judíos del servicio militar, la compensación en metálico se incluía en el pago de los derechos reales). Los judíos ilustrados, pocos en aquella época (Notkine, Levinson), apoyaron la iniciativa

---

[127] JE, t. 12, p. 599.
[128] *Nikitin*, pp. 6-7.

gubernamental - "pero este resultado debe lograrse mediante incentivos, en modo alguno coercitivos"- y comprendieron muy bien la necesidad de que su pueblo se dedicara al trabajo productivo.

Los ochenta años de la difícil saga de la agricultura judía en Rusia están descritos en la voluminosa y meticulosa obra del judío V. N. Nikitin (de niño había sido confiado a los cantonistas, donde recibió su nombre), que dedicó muchos años al estudio de los archivos de la enorme correspondencia oficial inédita entre San Petersburgo y Nueva Rusia.

Una presentación abundante intercalada con documentos y cuadros estadísticos, con repeticiones incansables, posibles contradicciones en los informes realizados en momentos a veces muy distantes por inspectores de opiniones divergentes, todo ello acompañado de cuadros detallados y sin embargo incompletos: nada de esto se ha puesto en orden y ofrece, para nuestra breve exposición, un material demasiado denso. Intentemos, sin embargo, condensando las citas, dibujar un panorama que sea a la vez amplio y claro.

El objetivo del gobierno, admite Nikitin, además del programa de colonización de las tierras no ocupadas, era dar a los judíos más espacio del que tenían, acostumbrarlos al trabajo físico productivo, ayudarlos a protegerse de las "ocupaciones perjudiciales" con las que, "lo quisieran o no, muchos de ellos hacían la vida de los siervos campesinos aún más difícil de lo que ya era". "El gobierno... teniendo en cuenta la mejora de sus condiciones de vida, les propuso dedicarse a la agricultura...; El gobierno... no trató de atraer a los judíos con promesas; al contrario, se esforzó en que no hubiera más de trescientas familias trasladadas cada año"[129] ; aplazó el traslado mientras no se construyeran las casas en el lugar, e invitó a los judíos, mientras tanto, a enviar a algunos de sus hombres como exploradores. Inicialmente, la idea no era mala, pero no había tenido suficientemente en cuenta la mentalidad de los colonos judíos ni las escasas capacidades de la administración rusa. El proyecto estaba condenado de antemano por el hecho de que el trabajo de la tierra es un arte que exige generaciones de aprendizaje: no se puede vincular con éxito a la tierra a personas que no lo desean o que les son indiferentes.

Las 30.000 hectáreas asignadas a los judíos en Nueva Rusia permanecieron inalienables durante décadas. *A posteriori*, el periodista I.G. Orchansky consideraba que la agricultura judía podría haber sido un éxito, pero sólo si los judíos hubieran sido trasladados a las cercanas tierras de la Corona de Bielorrusia, donde el modo de vida campesino estaba bajo su control,

---

[129] *Ibidem*, pp. 7, 58, 154.

ante sus ojos. [130]Por desgracia, allí apenas había tierras (por ejemplo, en la provincia de Grodno sólo había 200 hectáreas, tierras marginales e infértiles "donde toda la población sufría por las malas cosechas". [131]Al principio sólo había tres docenas de familias dispuestas a emigrar.

Los judíos esperaban que se informara de las medidas de expulsión de las provincias occidentales; en 1804 se había previsto que su aplicación se prolongaría durante tres años, pero tardó en iniciarse. Al acercarse el fatídico plazo del 1 de enero dest, 1808, empezaron a salir de los pueblos escoltados; a partir de 1806 se produjo también entre los judíos un movimiento a favor de la emigración, tanto más cuanto que el rumor indicaba las ventajas que conllevaba. Las demandas de emigración inundaron entonces *en masa*: "Se precipitaron allí... como si se tratara de la Tierra Prometida...; como sus antepasados que abandonaron Caldea en Canaán, grupos enteros partieron subrepticiamente, sin autorización, y algunos incluso sin pasaporte. Algunos revendían el pasaporte que habían obtenido de otros grupos que partían, y luego exigían que se les sustituyera con el pretexto de que lo habían perdido. Los candidatos a la partida "eran cada día más numerosos", y todos "exigían insistentemente tierras, vivienda y subsistencia".[132]

La afluencia superaba las posibilidades de acogida de la Oficina de Apoyo a los Judíos creada en la provincia de Kherson: faltaba tiempo para construir casas, cavar pozos, y la organización sufría las grandes distancias en esta región de estepas, la falta de artesanos, médicos y veterinarios. El gobierno fue indiscriminado con el dinero, las buenas provisiones y la simpatía hacia los emigrantes, pero el gobernador Richelieu exigió en 1807 que se limitaran las entradas a 200, 300 familias al año, al tiempo que se recibía sin limitación a los que quisieran instalarse por su cuenta. "En caso de mala cosecha, habrá que alimentar a toda esta gente durante varios años seguidos". (A los colonos más pobres se les pagaban dietas diarias.) Sin embargo, los gobernadores de las provincias permitían partir a los que sobrepasaban la cuota y lo deseaban, sin saber el número exacto de los que se marchaban; de ahí las numerosas vicisitudes a lo largo del camino, debidas a la miseria, la enfermedad, la muerte. [133]Algunos simplemente desaparecieron durante el viaje.

Las distancias a través de la estepa (entre cien y trescientos kilómetros entre una colonia y la Oficina), la incapacidad de la administración para llevar un recuento exacto y establecer un reparto equitativo, hicieron que algunos

---

[130] *I. Orchansky*, Evrei v Rossii (Los judíos en Rusia), Ensayos y estudios, fasc. 1, San Petersburgo, 1872, pp. 174-175.
[131] *Nikitin*, pp. 3, 128.
[132] *Ibidem**, pp. 7, 13, 16, 19, 58.
[133] *Ibidem**, pp. 14, 15, 17, 19, 24, 50.

de los emigrantes recibieran más ayuda que otros; algunos se quejaron de no haber recibido ninguna compensación ni préstamo. Los inspectores de la colonia, demasiado escasos en número, no tuvieron tiempo de echar un vistazo más de cerca (recibían un salario miserable, no tenían caballos y caminaban a pie). Tras dos años de estancia, algunos colonos seguían sin tener granja, ni semillas, ni pan. A los más pobres se les permitió marcharse a donde quisieran, y "los que renunciaron a su condición de campesinos recuperaron su antigua condición de *burgueses*". Pero sólo una quinta parte de ellos regresó a su país de origen, y los demás vagaron (los préstamos concedidos a los que habían sido tachados de la lista de colonos debían considerarse definitivamente perdidos). Algunos reaparecieron durante un tiempo en las colonias, otros desaparecieron "sin mirar atrás ni dejar rastro", los demás golpearon el pavimento de las ciudades vecinas "comerciando, según su antigua costumbre".[134]

Los numerosos informes de la Oficina y de los inspectores permiten conocer el funcionamiento de los nuevos colonos. Para formar a los colonos que no sabían por dónde empezar ni cómo terminar, se solicitaron los servicios de campesinos de la Corona; los primeros arados se realizan en su mayor parte mediante rusos contratados. Se toma la costumbre de "corregir los defectos con mano de obra contratada". Siembran sólo una parte insignificante de la parcela que se les asigna, y utilizan semillas de mala calidad; uno ha recibido semillas específicas pero no ara ni siembra; otro, al sembrar, pierde muchas semillas, y lo mismo ocurre durante la cosecha. Por falta de experiencia, rompen las herramientas o simplemente las revenden. No saben cómo mantener el ganado.

"Matan ganado para comer y luego se quejan de que ya no tienen"; venden ganado para comprar cereales; no prevén estiércol seco, por lo que sus izbas, insuficientemente caldeadas, se humedecen; no arreglan sus casas, por lo que se derrumban; no cultivan huertos; calientan las casas con paja almacenada para alimentar al ganado. Como no saben cosechar, ni segar ni trillar, los colonos no pueden ser contratados en las aldeas vecinas: nadie los quiere. No mantienen la buena higiene de sus casas, lo que favorece las enfermedades. Ellos "no esperaban en absoluto ocuparse personalmente de las labores agrícolas, sin duda pensaban que el cultivo de la tierra estaría asegurado por otras manos; que una vez en posesión de grandes rebaños, irían a venderlos a las ferias." Los colonos "esperan seguir recibiendo ayudas públicas". Se quejan "de estar reducidos a una condición lamentable", y realmente es así; de haber "gastado sus ropas hasta la cuerda", y así es; pero la administración inspectora responde: "Si no tienen más ropa es por ociosidad, pues no crían ovejas, ni siembran lino ni cáñamo", y sus mujeres "ni hilan ni tejen". Por supuesto, concluía un

---

[134] *Ibídem*, pp. 26, 28, 41, 43-44, 47, 50, 52, 62-63, 142.

inspector en su informe, si los judíos no pueden ocuparse de sus explotaciones es "por el hábito de una vida relajada, por su reticencia a dedicarse a las labores agrícolas y por su inexperiencia", pero creía justo añadir: "la agricultura debe prepararse desde la más tierna juventud, y los judíos, que han vivido indolentemente hasta los 45 o 50 años, no están en condiciones de transformarse en agricultores en tan poco tiempo."[135]

El Tesoro se ve obligado a gastar en los colonos dos o tres veces más de lo previsto, y se siguen pidiendo prórrogas. Richelieu sostenía que "las quejas proceden de los judíos perezosos, no de los buenos agricultores"; Sin embargo, otro informe señala que "por desgracia para ellos, desde su llegada, nunca se han visto reconfortados por una cosecha ni remotamente sustanciosa."[136]

"En respuesta a los numerosos fragmentos comunicados a San Petersburgo para señalar cómo los judíos renunciaban deliberadamente a todo trabajo agrícola", el ministerio respondió de la siguiente manera: "El gobierno les ha concedido ayudas públicas con la esperanza de que se conviertan en agricultores no sólo de nombre, sino de hecho. Muchos inmigrantes corren el riesgo, si no se les incita a trabajar, de seguir siendo deudores del Estado durante mucho tiempo."[137] La llegada de colonos judíos a Nueva Rusia a expensas del Estado, incontrolada y mal apoyada por un programa de equipamiento, se suspendió en 1810. En 1811 el Senado concedió a los judíos el derecho a arrendar la producción de alcohol en las localidades pertenecientes a la Corona, pero dentro de los límites del Pale of Settlement. En cuanto se conoció la noticia en Nueva Rusia, la voluntad de permanecer en la agricultura se tambaleó para muchos colonos: aunque se les prohibió abandonar el país, algunos se marcharon sin documentos de identidad para convertirse en posaderos en las localidades dependientes de la Corona, así como en las pertenecientes a los terratenientes. En 1812, parecía que de las 848 familias asentadas sólo había en realidad 538; 88 se consideraban en excedencia (partes que se ganaban la vida en Kherson, Nikolayev, Odessa o incluso Polonia); en cuanto a las demás, simplemente habían desaparecido. Todo este programa - "la instalación autoritaria de familias en tierra"- era algo *sin precedentes* no sólo en Rusia, sino en toda Europa."[138]

El Gobierno consideraba ahora que "en vista del disgusto ya demostrado de los judíos por el trabajo de la tierra, viendo que no saben cómo hacerlo, dada la negligencia de los inspectores", parece que la emigración ha dado

---

[135] *Ibidem**, p. 72.
[136] *Ibídem*, pp. 24, 37-40, 47-50, 61, 65, 72-73, 93.
[137] *Ibidem*, pp. 29, 37-38.
[138] *Ibidem*, pp. 29, 49, 67, 73, 89, 189.

lugar a grandes disturbios; por lo tanto, "los judíos deben *ser juzgados con indulgencia*". Por otra parte, "¿cómo garantizar el reembolso de los préstamos públicos por parte de los que podrán abandonar su condición de agricultores, cómo paliar, sin perjudicar al Tesoro, las insuficiencias de los que se quedarán a cultivar la tierra, cómo aliviar la suerte de esas personas que soportaron tantas desgracias y viven al límite? [139] En cuanto a los inspectores, adolecían no sólo de falta de personal, falta de medios y otras deficiencias diversas, sino también de su negligencia, absentismo y retrasos en la entrega de grano y fondos; veían con indiferencia cómo los judíos vendían sus propiedades; también había abusos: a cambio de una remuneración, concedían permisos para ausencias prolongadas, incluso a los trabajadores más fiables de una familia, lo que podía conducir rápidamente a la ruina de la explotación.

Incluso después de 1810-1812, la situación de las colonias judías no mostraba signos de mejora: "herramientas perdidas, rotas o hipotecadas por los judíos"; "bueyes, de nuevo, sacrificados, robados o revendidos"; "campos sembrados demasiado tarde a la espera de calor"; uso de "semillas malas" y demasiado cerca de las casas, siempre en la misma parcela y ; ausencia de trabajo de suelo, "sembrando durante cinco años consecutivos en campos que sólo se habían arado una vez", sin alternar la siembra de trigo y patatas; cosecha insuficiente de un año para otro, "de nuevo, sin recoger las semillas". (Pero las malas cosechas también benefician a los inmigrantes: entonces tienen derecho a tiempo libre). Ganado abandonado, bueyes dados en alquiler o "asignados como carruajes... los desgastaban, no los alimentaban, los trocaban o los sacrificaban para alimentarse, sólo para decir después que habían muerto de enfermedad". Las autoridades les proporcionaban otros o les dejaban marchar en busca de un medio de vida. "No se preocupaban de construir corrales seguros para evitar que el ganado fuera robado durante la noche; ellos mismos pasaban las noches profundamente dormidos; por pastores, tomaban a niños u holgazanes que no se preocupaban por la integridad de los rebaños"; los días de fiesta o los sábados, los dejaban pastar sin ninguna vigilancia (además, ¡el sábado está prohibido atrapar a los ladrones!). Estaban resentidos con sus escasos correligionarios, que, con el sudor de su frente, obtenían cosechas notables. Estos últimos incurrirían en la maldición del Antiguo Testamento, el *Herem*, "pues si demuestran a las autoridades que los judíos son capaces de trabajar la tierra, acabarán por obligarles a hacerlo." "Pocos eran asiduos a trabajar la tierra... tenían la intención, mientras fingían trabajar, de demostrar a las autoridades, por sus continuas necesidades, su incapacidad general".

Querían "ante todo volver al comercio del alcohol, que se volvió a autorizar a sus correligionarios". Se les suministró varias veces ganado,

---

[139] *Ibidem**, pp. 87-88.

instrumentos, semillas, y se les concedieron sin cesar nuevos préstamos para su subsistencia. "Muchos, después de recibir un préstamo para establecerse, venían a las colonias sólo en el momento de la distribución de los fondos, para volver a marcharse... con ese dinero a las ciudades y localidades vecinas, en busca de otro trabajo"; "revendían la parcela que se les había asignado, vagabundeaban, vivían varios meses en las aglomeraciones rusas en los momentos más intensos del trabajo agrícola, y se ganaban la vida... engañando a los campesinos". Los cuadros de los inspectores muestran que la mitad de las familias estaban ausentes con o sin autorización, y que algunas habían desaparecido para siempre. (Un ejemplo era el desorden reinante en el pueblo de Izrae-levka, en la provincia de Kherson, donde "los habitantes, que habían venido por su cuenta, se consideraban con derecho a ejercer otros oficios: sólo estaban allí para aprovecharse de los privilegios; sólo 13 de las 32 familias eran residentes permanentes, y de nuevo sólo sembraban para parecer legítimos, mientras que los demás trabajaban como taberneros en los distritos vecinos."[140]

Los numerosos informes de los inspectores señalan en particular y en varias ocasiones que "el disgusto de las mujeres judías por la agricultura... fue un gran impedimento para el éxito de los colonos". Las mujeres judías que parecían haberse puesto a trabajar en el campo se desviaron posteriormente de él. "Con ocasión de los matrimonios, los padres de las mujeres judías se ponían de acuerdo con sus futuros yernos para que no obligaran a sus esposas a realizar trabajos agrícolas penosos, sino que contrataran trabajadores"; "Se ponían de acuerdo para preparar adornos, pieles de zorro y de liebre, pulseras, tocados, e incluso perlas, para los días de fiesta".

Estas condiciones llevan a los jóvenes a satisfacer los caprichos de sus esposas "hasta el punto de arruinar su explotación agrícola"; llegan a "darse el gusto de poseer efectos lujosos, sedas, objetos de plata u oro", mientras que otros inmigrantes ni siquiera tienen ropa para el invierno. Los matrimonios excesivamente precoces hacen que "los judíos se multipliquen mucho más rápido que los demás habitantes". Luego, por el éxodo de los jóvenes, las familias se vuelven demasiado poco provistas y son incapaces de asegurar el trabajo. El hacinamiento de varias familias en casas demasiado escasas genera suciedad y favorece el escorbuto. (Algunas mujeres toman maridos *burgueses* y luego abandonan las colonias para siempre.)[141]

A juzgar por los informes de la Oficina de Control, los judíos de las distintas colonias se quejaban continuamente de la tierra de las estepas, "tan

---

[140] *Ibidem**, pp. 64, 78-81, 85, 92-97, 112, 116-117, 142-145.
[141] *Ibídem*, pp. 79, 92, 131, 142, 146-149.

dura que hay que ararla con cuatro yuntas de bueyes". Las quejas incluían malas cosechas, escasez de agua, falta de combustible, mal tiempo, generación de enfermedades, granizo, saltamontes. También se quejaban de los inspectores, pero indebidamente, ya que al examinar las quejas se consideraban infundadas. Los inmigrantes "se quejan descaradamente de sus más mínimas molestias", "aumentan sin cesar sus demandas", "cuando está justificado, se les atiende a través de la Oficina". En cambio, tenían pocas razones para quejarse de las limitaciones al ejercicio de su piedad o del número de escuelas abiertas en las aglomeraciones (en 1829, para ocho colonias, había cuarenta maestros [142]).

Sin embargo, como señala Nikitin, en la misma estepa, durante el mismo período, en las mismas tierras vírgenes, amenazadas por las mismas langostas, se habían establecido cultivos de colonos alemanes, menonitas y búlgaros. También sufrían las mismas malas cosechas, las mismas enfermedades, pero, sin embargo, la mayoría de ellos siempre tenía suficiente pan y ganado, y vivían en hermosas casas con dependencias, sus huertos eran abundantes y sus viviendas estaban rodeadas de vegetación. (La diferencia era evidente, sobre todo cuando los colonos alemanes, a petición de las autoridades, venían a vivir a los asentamientos judíos para transmitir su experiencia y dar ejemplo: incluso desde lejos se podían distinguir sus propiedades).

En las colonias rusas las casas también eran mejores que las de los judíos. (Sin embargo, los rusos habían conseguido endeudarse con algunos judíos que eran más ricos que ellos y pagaban sus deudas mientras trabajaban en sus campos). Los campesinos rusos, explica Nikitin, "bajo la opresión de la servidumbre, estaban acostumbrados a todo... y soportaban estoicamente todas las desgracias". Así fue como los colonos judíos que habían sufrido pérdidas tras diversas indignidades fueron ayudados "por los vastos espacios de la estepa que atraían a los siervos fugitivos de todas las regiones...".

Perseguidos por los colonos sedentarios, éstos respondieron con el pillaje, el robo de ganado, el incendio de casas; bien recibidos, sin embargo, ofrecieron su trabajo y sus conocimientos. Como hombres reflexivos y prácticos, y por instinto de conservación, los cultivadores judíos preferían recibir a estos fugitivos con amabilidad y afán; a cambio, éstos les ayudaban de buen grado a arar, sembrar y cosechar"; Algunos de ellos, para ocultarse mejor, abrazaron la religión judía. "Estos casos salieron a la luz", en 1820 el gobierno prohibió a los judíos utilizar mano de obra cristiana.[143]

---

[142] *Ibidem**, pp. 36, 106, 145.
[143] *Ibidem*, pp. 13, 95, 109, 144, 505.

Mientras tanto, en 1817, habían pasado los diez años durante los cuales los colonos judíos estaban exentos del pago de derechos, y ahora debían pagar, como los campesinos de la Corona. Peticiones colectivas emanadas no sólo de los colonos, sino también de funcionarios públicos, exigían que el privilegio se prorrogara otros quince años.

Un amigo personal de Alejandro I, el príncipe Golitsyn, ministro de Educación y Asuntos Religiosos, también responsable de todos los problemas relativos a los judíos, tomó la decisión de eximirles del pago de derechos durante otros cinco años y de aplazar la devolución total de los préstamos hasta treinta años. "Es importante señalar, por el honor de las autoridades de San Petersburgo, que nunca se ha hecho caso omiso de ninguna petición de los judíos, ni antes ni ahora".[144]

Entre las reivindicaciones de los colonos judíos, Nikitin encontró una que le pareció particularmente característica: "La experiencia ha demostrado que, en la medida en que la agricultura es indispensable a la humanidad, es considerada como la más elemental de las ocupaciones, que exige más esfuerzo físico que ingenio e inteligencia; y, en todo el mundo, los afectados a esta ocupación son los incapaces de profesiones más serias, como los industriales y los comerciantes; es esta última categoría, en la medida en que exige más talento y educación, la que contribuye más que todas las demás a la prosperidad de las naciones, y en todas las épocas se le ha concedido mucha más estima y respeto que a la de los agricultores. Las calumniosas representaciones de los judíos ante el gobierno tuvieron como resultado privar a los judíos de la libertad de ejercer su oficio favorito -el comercio- y obligarles a cambiar su estatus convirtiéndose en agricultores, *la llamada plebe*. Entre 1807 y 1809, más de 120.000 personas fueron expulsadas de las aldeas [donde la mayoría vivía del comercio del alcohol], y se vieron obligadas a establecerse en lugares deshabitados". De ahí su reivindicación de: "devolverles la condición de burgueses con el derecho, atestiguado en el pasaporte, de poder marcharse sin trabas, según los deseos de cada uno". [145]Son fórmulas bien ponderadas e inequívocas. De 1814 a 1823, la agricultura de los judíos no prosperó. Las tablas estadísticas muestran que cada individuo registrado cultivaba menos de dos tercios de hectárea. Como "intentaron suprimir el trabajo más duro" (a ojos de los inspectores), encontraron compensación en el comercio y otros oficios varios.[146]

Medio siglo más tarde, el periodista judío I.G. Orchansky propuso la siguiente interpretación: "Qué más natural para los judíos trasplantados

---

[144] *Ibidem*, pp. 99-102, 105, 146.
[145] *Ibídem*, pp. 99-102, 105, 146.
[146] *Ibidem**, pp. 103-104.

aquí para dedicarse a la agricultura que haber visto un vasto campo virgen de actividad económica, y haberse precipitado allí con sus ocupaciones habituales y favoritas, que prometían en las ciudades una cosecha más abundante que la que podían esperar como agricultores. Por qué, entonces, exigirles que se ocuparan necesariamente en labores agrícolas, lo que, sin duda, no les saldría bien", considerando "la burbujeante actividad que atrae a los judíos en las ciudades en formación".[147]

Las autoridades rusas de la época veían las cosas de otro modo: con el tiempo, los judíos "podrían convertirse en cultivadores útiles", si retomaban "su condición de *burgueses*, sólo aumentarían el número de parásitos en las ciudades".[148] En el registro: 300.000 rublos gastados en nueve asentamientos judíos, una suma colosal teniendo en cuenta el valor de la moneda en aquella época.

En 1822 habían transcurrido los cinco años adicionales de exención de derechos, pero la condición de las granjas judías seguía requiriendo nuevas franquicias y nuevos subsidios: se constató "*el estado de extrema pobreza de los colonos*", ligado "a su inveterada pereza, enfermedades, mortalidad, malas cosechas e ignorancia de las labores agrícolas".[149]

Sin embargo, la joven generación judía fue adquiriendo experiencia en la agricultura. Reconociendo que las buenas cosechas regulares no estaban en el reino de lo imposible, los colonos invitaron a sus compatriotas de Bielorrusia y Lituania a unirse a ellos, tanto más cuanto que allí había habido malas cosechas; las familias judías acudieron *en masa*, con o sin autorización, ya que en 1824 temían la amenaza de una expulsión general en la parte occidental del país; En 1821, como ya hemos mencionado, se habían tomado medidas para poner fin a las destilerías judías en la provincia de Chernigov, seguidas de otras dos o tres regiones. Los gobernadores de las provincias occidentales dejaron marchar a todos los voluntarios sin indagar mucho sobre cuánta tierra quedaba en la Nueva Rusia para los judíos.

A partir de ahí, se anunció que las posibilidades de acogida no superaban las 200 familias al año, pero 1.800 familias ya habían emprendido el viaje (algunas extraviadas en la naturaleza, otras asentadas por el camino). A partir de entonces, se denegó a los colonos toda ayuda estatal (pero con diez años de exención de royalties); sin embargo, los *Kehalim* estaban interesados en que los más pobres se marcharan para tener menos royalties que pagar y, hasta cierto punto, proporcionaron a los que se marchaban fondos de la comunidad. (Alentaban la marcha de los ancianos, los

---

[147] *Orchansky*, pp. 170, 173-174.
[148] *Nikitin*, p. 114.
[149] *Ibidem**, p. 135.

enfermos y las familias numerosas con pocos adultos sanos útiles para la agricultura; y cuando las autoridades exigían un acuerdo escrito a los que se marchaban, les proporcionaban una lista de firmas carente de todo significado. De [150] las 453 familias que llegaron a los alrededores de Ekaterinoslav en 1823, sólo dos pudieron establecerse por sus propios medios. Lo que les había empujado allí era la loca esperanza de recibir ayudas públicas, que podrían haber dispensado a los recién llegados del trabajo. En 1822, 1.016 familias llegaron a Nueva Rusia procedentes de Bielorrusia: las colonias se llenaron rápidamente de inmigrantes a los que se ofreció hospitalidad provisional; el confinamiento y la suciedad engendraron enfermedades.[151]

Además, en 1825, Alejandro I prohibió el traslado de los judíos. En 1824 y 1825, tras nuevas malas cosechas, los judíos recibieron préstamos (pero, para no darles demasiadas esperanzas, se ocultó su origen: supuestamente procedían de la decisión personal de un inspector, o como recompensa por algún trabajo). Se volvieron a expedir pasaportes para que los judíos pudieran establecerse en las ciudades.

En cuanto al pago de cánones, ya no se hablaba ni siquiera de los que llevaban dieciocho años establecidos allí.[152]

Al mismo tiempo, en 1823, "un decreto de Su Majestad ordena... que en las provincias de Bielorrusia los judíos cesen todas sus actividades de destilería en 1824, abandonen las granjas y las estaciones de relevo" y se establezcan definitivamente "en las ciudades y aglomeraciones". El traslado se llevó a cabo. En enero de 1824, unas 20.000 personas ya habían sido desplazadas. El Emperador exigió que se velara para que los judíos fueran "provistos de actividades y subsistencia" durante este desplazamiento, "para que, sin hogar, no sufrieran, en estas condiciones, de necesidades más apremiantes como la de la alimentación." [153] La creación de un comité compuesto por cuatro ministros (el cuarto "gabinete ministerial" creado para los asuntos judíos) no produjo resultados tangibles ni en términos de financiación, ni en capacidades administrativas, ni en la estructura social de la comunidad judía, imposible de reconstruir desde el exterior.

En esto, como antes en muchos otros ámbitos, el emperador Alejandro I se nos muestra débil de impulsos, inconstante e inconsecuente con sus resoluciones (como podemos verle pasivo ante el fortalecimiento de las sociedades secretas que se preparaban para derrocar el trono). Pero en

---

[150] *Ibidem*, p. 118.
[151] *Ibidem**, pp. 110, 120-129, 132, 144, 471.
[152] *Ibidem*, pp. 138, 156.
[153] *Hessen*, 1.1. pp. 205-206.

ningún caso sus decisiones deben atribuirse a una falta de respeto hacia los judíos. Al contrario, estaba a la escucha de sus necesidades e, incluso durante la guerra de 1812-14, había mantenido en el Cuartel General a los delegados judíos Zindel Sonnenberg y Leisen Dillon que "defendían los intereses de los judíos." (Dillon, es cierto, pronto sería juzgado por haberse apropiado de 250.000 rublos de dinero público y por haber extorsionado a terratenientes). Sonnenberg, en cambio, siguió siendo durante mucho tiempo uno de los amigos íntimos de Alejandro. Por orden del zar, (1814) funcionó durante varios años en San Petersburgo una diputación judía permanente, para la que los propios judíos habían recaudado fondos, "pues había planes de grandes gastos secretos en los departamentos del gobierno". Estos diputados exigían que "en toda Rusia, los judíos tuvieran derecho a dedicarse al comercio, la agricultura y la destilación de licores", que se les concedieran "privilegios en materia de impuestos", que "se entregaran los atrasos", que "dejara de limitarse el número de judíos admitidos como miembros de la magistratura". El Emperador les escuchó con benevolencia, hizo promesas, pero no se tomaron medidas concretas.[154]

En 1817, la Sociedad Misionera Inglesa envió a Rusia al abogado Louis Weil, defensor de la igualdad de derechos de los judíos, con el propósito específico de informarse sobre la situación de los judíos de Rusia: se entrevistó con Alejandro I, a quien entregó una nota. "Profundamente convencido de que los judíos representaban una nación soberana, Weil afirmó que todos los pueblos cristianos, puesto que habían recibido la salvación de los judíos, debían rendirles el más alto homenaje y mostrarles su gratitud con beneficios". En este último periodo de su vida, marcado por disposiciones místicas, Alejandro tuvo que ser sensible a tales argumentos. Tanto él como su gobierno temían "tocar con mano imprudente las reglas religiosas" de los judíos. Alejandro sentía un gran respeto por el venerable pueblo de la Antigua Alianza y simpatizaba con su situación actual. De ahí su utópica búsqueda para que este pueblo accediera al Nuevo Testamento. Para ello, en 1817, con la ayuda del Emperador, se creó la Sociedad de Cristianos de Israel, es decir, judíos que se convertían al cristianismo (no necesariamente a la ortodoxia), y por ello gozaban de considerables privilegios: tenían derecho, en toda Rusia, "a comerciar y ejercer diversos oficios sin pertenecer a gremios ni talleres", y estaban "liberados, ellos y sus descendientes, para siempre, de todo servicio civil y militar". Sin embargo, esta sociedad no experimentó ninguna afluencia de judíos conversos y pronto dejó de existir.[155]

---

[154] *Ibidem*, pp. 176-181; JE, t. 7, pp. 103-104.
[155] *Hessen*, 1.1, pp. 180, 192-194.

Las buenas disposiciones de Alejandro I respecto a los judíos le hicieron expresar su convicción de poner fin a las acusaciones de asesinatos rituales que surgieron contra ellos. (Estas acusaciones eran desconocidas en Rusia hasta la división de Polonia, de donde procedían. En Polonia aparecieron en el siglo XVI, transmitidas desde Europa, donde nacieron en Inglaterra en 1144 antes de resurgir en los siglos XII-XIII en España, Francia, Alemania y Gran Bretaña. Papas y monarcas combatieron estas acusaciones sin que desaparecieran ni en el siglo XIV ni en el XV. El primer proceso en Rusia tuvo lugar en Senno, cerca de Vitebsk, en 1816, y no sólo fue detenido "por decisión de Su Majestad", sino que incitó al ministro de Asuntos Religiosos, Golitsyn, a enviar a las autoridades de todas las provincias el siguiente requerimiento: en adelante, no acusar a los judíos "de haber dado muerte a niños cristianos, apoyándose únicamente en prejuicios y sin pruebas." En [156]1822-1823 estalló otro asunto de este tipo en Velije, también en la provincia de Vitebsk. Sin embargo, el tribunal decretó en 1824: "Los judíos acusados en muchos testimonios cristianos inciertos de haber matado a este niño, supuestamente para recoger su sangre, deben ser exonerados de toda sospecha".[157]

Sin embargo, en los veinticinco años de su reinado, Alejandro I no estudió suficientemente la cuestión como para concebir y poner en práctica una solución metódica satisfactoria para todos, en relación con el problema judío tal y como se encontraba en Rusia en aquel momento.

Cómo actuar, qué hacer con este pueblo separado que aún no se ha injertado en Rusia, y que sigue creciendo en número, es también la pregunta a la que el decembrista Pestel, que se opuso al Emperador, buscó una respuesta para la Rusia del futuro, a la que se propuso dirigir. En *La verdad de Rusia* propuso dos soluciones. O bien hacer que los judíos se fundan definitivamente en la población cristiana de Rusia: "Ante todo, es necesario desviar el efecto, perjudicial para los cristianos, del estrecho vínculo que une a los judíos entre sí o que se dirige contra los cristianos, que aísla completamente a los judíos de todos los demás ciudadanos... Convoque a los rabinos y personalidades judías más entendidos, escuche sus propuestas y luego pase a la acción... Si Rusia no expulsa a los judíos, tanto más ellos no deberían adoptar actitudes inamistosas hacia los cristianos."

La segunda solución "consistiría en ayudar a los judíos a crear un Estado separado en una de las regiones de Asia Menor. Para ello, es necesario establecer un punto de reunión del pueblo judío y enviar varios ejércitos para apoyarlo" (no estamos muy lejos de la futura idea sionista). Los judíos rusos y polacos juntos formarán un pueblo de más de dos millones de

---

[156] PJE, t. 4, pp. 582-586; Hessen, 1.1, p 183.
[157] *Hessen**, t. 1, pp. 211-212.

almas. "Semejante masa de hombres en busca de un país no tendrá dificultad en superar obstáculos como la oposición de los turcos. Cruzando Turquía desde Europa, pasarán a la Turquía asiática y ocuparán allí lugar y tierra suficientes para crear un Estado específicamente judío". Sin embargo, Pestel reconoce que "una empresa tan enorme requiere circunstancias especiales y un espíritu empresarial de genio".[158]

Nikita Muravyov, otro decembrista, estipuló en su propuesta de Constitución que "los judíos pueden disfrutar de derechos civiles en los lugares donde viven, pero que la libertad de establecerse en otros lugares dependerá de las decisiones particulares de la Asamblea Suprema del Pueblo."[159]

Sin embargo, las instancias propias de la población judía, los *kehalim*, se opusieron con todas sus fuerzas a la injerencia del poder estatal y a toda influencia externa. Sobre este tema, las opiniones difieren. Desde el punto de vista religioso, como explican muchos escritores judíos, vivir en la diáspora es un castigo histórico que pesa sobre Israel por sus antiguos pecados. La dispersión debe asumirse para merecer el perdón de Dios y el regreso a Palestina. Para ello es necesario vivir sin faltar a la Ley y no mezclarse con los pueblos circundantes: ésa es la prueba. Pero para un historiador judío liberal de principios del siglo XX, "la clase dominante, incapaz de cualquier trabajo creativo, sorda a las influencias de su tiempo, dedicó todas sus energías a preservar de los ataques del tiempo, tanto externos como internos, una vida nacional y religiosa petrificada." El *Kahal* sofocó drásticamente las protestas de los más débiles. "La reforma cultural y educativa de 1804 se limitó a difundir ilusoriamente el carácter distintivo y extranjero de los judíos, sin recurrir a la coacción", ni siquiera "apiadarse de los prejuicios"; "estas decisiones sembraron una gran perturbación en el seno del *Kahal*... en la medida en que albergaban una amenaza para el poder que ejercía sobre la población"; en el Reglamento, el punto más sensible para el *Kahal* "era la prohibición de entregar a los díscolos al *Herem*", o, aún más grave, la observación de que "para mantener a la población en una sumisión servil a un orden social, como había sido durante siglos, estaba prohibido cambiar de atuendo."[160] Pero no se puede negar que los *Kehalim* también tenían requisitos reguladores razonables para la vida de los judíos, como la regla *Jasaki que* permitía o prohibía a los miembros de la comunidad dedicarse a un determinado tipo de agricultura u ocupación, lo que ponía fin a la excesiva competencia entre

---

[158] *Pestel*, pp. 52-53.
[159] *Hessen**, t. 2, p. 18.
[160] *Hessen*, I. 1. pp. 169-170.

los judíos. [161]"No traspasarás los límites de tu prójimo" (Deuteronomio, XIX, 14).

En 1808, un judío no identificado transmitió una nota anónima (por temor a las represalias del *Kahal*) al Ministro del Interior, titulada "Algunas observaciones relativas a la gestión de la vida de los judíos". Escribió: "Muchos no consideran sagrados los innumerables ritos y reglas... que desvían la atención de todo lo que es útil, esclavizan al pueblo a los prejuicios, toman por su multiplicación una enorme cantidad de tiempo y privan a los judíos de 'la ventaja de ser buenos ciudadanos'". Señaló que "los rabinos, persiguiendo sólo su interés, han encerrado la vida en un entrelazamiento de reglas", han concentrado en sus manos toda la autoridad policial, legal y espiritual; "más precisamente, el estudio del Talmud y la observancia de los ritos como único medio de distinguirse y adquirir opulencia se han convertido en 'el primer sueño y aspiración de los judíos'"; Y aunque el Reglamento gubernamental "limita las prerrogativas de los rabinos y *Kelahim*, "el espíritu del pueblo siguió siendo el mismo." El autor de esta nota consideraba "a los rabinos y al *Kahal* como los principales culpables de la ignorancia y la miseria del pueblo."[162]

Otro hombre público judío, Guiller Markevich, natural de Prusia, escribió que los miembros del *Kahal* de Vilna, con la ayuda de la administración local, ejercían una severa represión contra todos aquellos que denunciaban sus actos ilegales; ahora privados del derecho al *Herem*, mantenían a sus acusadores durante largos años en prisión, y si uno de ellos conseguía hacer llegar un mensaje desde su celda a las autoridades superiores, "lo enviaban sin más juicios al otro mundo." Cuando se revelaban este tipo de crímenes, "el *Kahal* gastaba grandes sumas para sofocar el asunto". [163] Otros historiadores judíos dan ejemplos de asesinatos encargados directamente por el *Kahal* judío.

En su oposición a las medidas gubernamentales, los *kehalim* se basaban esencialmente en el sentido religioso de su acción; así, "la unión del *Kahal* y los rabinos, deseosos de mantener su poder sobre las masas, hizo creer al gobierno que cada acto de un judío estaba sujeto a tal o cual prescripción religiosa; el papel de la religión se vio así incrementado. Como resultado, la gente de la administración no veía en los judíos a miembros de diferentes grupos sociales, sino a una sola entidad estrechamente unida; los vicios e infracciones de los judíos no se explicaban por motivos individuales, sino por "la supuesta amoralidad terrestre de la religión judía"."[164]

---

[161] *Ibidem*, p. 51; JE, t. 14, p. 491.
[162] *Hessen*, t. 1, pp. 171-173.
[163] *Hessen**, t. 2, pp. 11-13.
[164] *Ibidem*, t. 1, p. 195.

"La unión de *Kehalim* y rabinos no quería ver ni oír nada. Extendió su cubierta de plomo sobre las masas. El poder del *Kahal* no hizo más que aumentar, mientras que los derechos de los ancianos y rabinos fueron limitados por el Reglamento de 1804. "Esta pérdida se compensa por el hecho de que el *Kahal* adquirió -es cierto que sólo en cierta medida- el papel de administración representativa del que había gozado en Polonia. El *Kahal* debió este refuerzo de su autoridad a la institución de las diputaciones". Esta diputación de las comunidades judías establecidas en las provincias occidentales, encargada de debatir tranquilamente con el gobierno los problemas de la vida judía, fue elegida en 1807 y sesionó intermitentemente durante dieciocho años. Estos diputados se esforzaron, sobre todo, por devolver a los rabinos el derecho al *Herem*; declararon que privar a los rabinos del derecho a castigar a los desobedientes es contrario al respeto religioso que los judíos están obligados por ley a tener por los rabinos". Estos diputados consiguieron persuadir a los miembros del Comité (del senador Popov, 1809) de que la autoridad de los rabinos era un apoyo para el poder gubernamental ruso. "Los miembros del Comité no se resistieron ante la amenaza de que los judíos escaparían a la autoridad de los rabinos para adentrarse en la depravación"; el Comité estaba "dispuesto a mantener en su integridad toda esta estructura arcaica para evitar las terribles consecuencias evocadas por los diputados...". Sus miembros no trataban de saber quiénes eran los que los diputados consideraban 'violadores de la ley espiritual'; no sospechaban que eran los que aspiraban a la educación"; los diputados "ejercieron todos sus esfuerzos para reforzar la autoridad del *Kahal* y secar de raíz el movimiento hacia la cultura." [165] Consiguieron aplazar las limitaciones impuestas anteriormente al uso de la vestimenta judía tradicional, que se remontaba a la Edad Media y separaba tan descaradamente a los judíos del mundo circundante. Incluso en Riga, "la ley que ordenaba a los judíos llevar otra vestimenta no se aplicó en ninguna parte", y el propio Emperador informó -a la espera de una nueva legislación[166]...

Todas las peticiones de los diputados no fueron satisfechas, ni mucho menos. Necesitaban dinero y "para conseguirlo, los diputados atemorizaban a sus comunidades anunciando ominosamente las intenciones del gobierno y amplificando los rumores de la capital". En 1820, Markevitch acusó a los diputados "de difundir intencionadamente noticias falsas... para obligar a la población a pagar al *Kahal* las sumas exigidas".[167]

---

[165] *Ibidem*, pp. 173-175.
[166] *Ibidem**, pp. 191-192.
[167] *Ibidem*, p. 209.

En 1825 se suprimió la institución de los diputados judíos. Una de las fuentes de tensión entre las autoridades y *los Kehalim residía en el* hecho de que estos últimos, los únicos autorizados a imponer la capitación a la población judía, "ocultaban las 'almas' durante los censos" y escondían una gran cantidad de ellas. "El gobierno creía conocer el número exacto de la población judía para poder exigir el importe correspondiente de la capitación", pero era muy difícil establecerlo. [168] Por ejemplo, en Berdichev, "la población judía no registrada... representaba regularmente casi la mitad del número real de habitantes judíos". [169](Según los datos oficiales que el Gobierno había logrado establecer para 1818, los judíos eran 677.000, un número ya importante, pues, por ejemplo, en comparación con los datos de 1812, el número de individuos masculinos se había duplicado de repente... -pero seguía siendo una cifra infravalorada, pues había que añadir unos 40.000 judíos procedentes del reino de Polonia). Incluso con las cifras reducidas de los *Kehalim*, todos los años había impuestos no recuperados; y no sólo no se recuperaban, sino que aumentaban de año en año. Alejandro I manifestó personalmente a los representantes judíos su descontento al ver tantas ocultaciones y atrasos (por no hablar de la industria del contrabando). En 1817 se decretó la condonación de todas las multas y recargos, sanciones y atrasos, y se concedió el indulto a todos los que habían sido castigados por no registrar correctamente las "almas", pero con la condición de que los *kehalim* proporcionaran datos honestos a partir de entonces". [170]Pero "no se produjo ninguna mejora". En 1820, el ministro de Hacienda anunció que todas las medidas destinadas a mejorar la situación económica de los judíos habían fracasado... Muchos judíos deambulaban sin documentos de identidad; un nuevo censo informó de un número de almas dos o tres veces mayor (si no más) que los proporcionados anteriormente por las sociedades judías."[171]

Sin embargo, la población judía no dejaba de aumentar. La mayoría de los investigadores consideran que una de las principales razones de este crecimiento es la costumbre de los matrimonios precoces que prevalecía en aquella época entre los judíos: a partir de los 13 años en el caso de los niños y de los 12 en el de las niñas. En la nota anónima de 1808 citada anteriormente, el autor judío desconocido escribe que esta costumbre de las uniones tempranas "es la raíz de innumerables males" e impide a los judíos deshacerse "de costumbres y actividades inveteradas que atraen sobre ellos la indignación del público en general, y les perjudica tanto a ellos como a los demás". La tradición entre los judíos es que "se desprecia a quienes no

---

[168] *Ibidem*, p. 178.
[169] *Orchansky*, p. 32.
[170] *Hessen*, t. 1, pp. 178-179, 184, 186.
[171] *Ibidem*, I. 2, pp. 62-63.

se casan a una edad temprana e incluso los más indigentes recurren a sus últimos recursos para casar a sus hijos lo antes posible, aunque estos recién casados incurran en las vicisitudes de una existencia miserable". Los matrimonios precoces fueron introducidos por los rabinos, que se aprovecharon de ellos en. Y uno estará en mejores condiciones de contraer un matrimonio provechoso dedicándose al estudio del Talmud y a la estricta observancia de los ritos. Los que se casaron pronto, en efecto, sólo se ocuparon del estudio del Talmud, y cuando por fin llegó el momento de llevar una existencia autónoma, estos padres, mal preparados para el trabajo, ignorantes de la vida laboral, se dedican a la fabricación de alcohol y al pequeño comercio." Lo mismo ocurre con la artesanía: "Al casarse, el aprendiz de quince años ya no aprende su oficio, sino que se convierte en su propio jefe y sólo arruina el trabajo". A [172]mediados de los años veinte, "en las provincias de Grodno y Vilna corría el rumor de que estaría prohibido contraer matrimonio antes de alcanzar la mayoría de edad", por lo que "se celebraban precipitadamente matrimonios entre niños de poco más de nueve años".[173]

Estos matrimonios precoces debilitaron la vida de los judíos. ¿Cómo podía semejante enjambre, semejante densificación de la población, semejante competencia en ocupaciones similares, conducir a otra cosa que a la miseria? La política de los *Kehalim* contribuyó a "empeorar las condiciones materiales de los judíos".[174]

Menashe Ilier, distinguido talmudista pero también partidario del racionalismo del siglo de las Luces, publicó en 1807 un libro que envió a los rabinos (el rabinato lo retiró rápidamente de la circulación, y su segundo libro sería destinado a una quema masiva). Abordaba "los aspectos oscuros de la vida judía". Afirmó: "La miseria es inhumanamente grande, pero ¿puede ser de otro modo cuando los judíos tienen más bocas que alimentar que manos que trabajar? Es importante hacer comprender a las masas que es necesario ganarse la vida con el sudor de la frente... Los jóvenes, que carecen de ingresos, contraen matrimonio contando con la misericordia de Dios y con el monedero de su padre, y cuando falta este apoyo, cargados de familia, se lanzan a la primera ocupación que les llega, aunque sea deshonesta. En tropel se dedican al comercio, pero como éste no puede alimentarlos a todos, se ven obligados a recurrir al engaño. Por eso es deseable que los judíos se dediquen a la agricultura. Un ejército de holgazanes, bajo la apariencia de "gente educada", vive de la caridad y a expensas de la comunidad. Nadie cura al pueblo: los ricos sólo piensan en enriquecerse, los rabinos sólo piensan en las disputas entre *hasidim* y

---

[172] *Ibidem**, t. 1, pp. 171-172.
[173] *Ibidem*, t. 2, p. 56.
[174] *Ibidem*, t. 1, p. 210.

minagdes (judíos ortodoxos), y la única preocupación de los activistas judíos es cortocircuitar 'la desgracia presentada en forma de decretos gubernamentales, aunque contribuyan al bien del pueblo'."[175]

Así, "la gran mayoría de los judíos de Rusia vivían del pequeño comercio, la artesanía y las pequeñas industrias, o servían de intermediarios"; "han inundado las ciudades de fábricas y comercios".[176] ¿Cómo podía ser saludable la vida económica del pueblo judío en estas condiciones?

Sin embargo, un autor judío muy posterior, de mediados del siglo XX, pudo escribir recordando esta época "Es cierto que la masa judía vivía barata y pobremente. Pero la comunidad judía en su conjunto no era miserable".[177]

No faltan testimonios bastante inesperados sobre la vida de los judíos en las provincias occidentales, vistos por los participantes en la expedición napoleónica de 1812 que pasaron por esta región. En las afueras de Dochitsa, los judíos "son ricos y acomodados, comercian intensamente con la Polonia rusa e incluso van a la feria de Leipzig". En Gloubokie, "los judíos tenían derecho a destilar alcohol y fabricar vodka e hidromiel", "establecieron o poseían cabarets, posadas y relés situados en las carreteras". Los judíos de Mogilev son acomodados, se dedican al comercio a gran escala (aunque "en esa zona reina una terrible miseria"). "Casi todos los judíos de aquellos lugares tenían licencia para vender bebidas alcohólicas.

Allí se desarrollaron en gran medida las transacciones financieras". He aquí de nuevo el testimonio de un observador imparcial: "En Kiev, los judíos ya no se cuentan. La característica general de la vida judía es la facilidad, aunque no es la suerte de todos."[178]

En el plano de la psicología y de la vida cotidiana, los judíos rusos presentan los siguientes "rasgos específicos": "una preocupación constante por... su destino, su identidad... cómo luchar, defenderse...". "la *cohesión* proviene de las costumbres establecidas: la existencia de una estructura social autoritaria y poderosa encargada de preservar... la singularidad del modo de vida"; "la adaptación a las nuevas condiciones es en gran medida colectiva" y no individual.[179]

Debemos hacer justicia a esta unidad orgánica de la tierra, que en la primera mitad del siglo XIX "dio al pueblo judío de Rusia su aspecto original".

---

[175] *Ibidem*, pp. 170 171; -JE, t. 10, pp. 855-857.
[176] *Hessen*, t. 1, pp. 190, 208.
[177] B. C. Dinour, Religiozno-natsionalnyj oblik rousskoo cvreïstva (La fisionomía religiosa y nacional de los judíos rusos), en BJWR-1, p. 318.
[178] *Pozner*, en JW-1, pp. 61, 63-64.
[179] *Dinour*, BJWR-1, pp. 61, 63-64.

Este mundo era compacto, orgánico, sujeto a vejaciones, no exento de sufrimientos y privaciones, pero era un mundo en sí mismo. En él, el hombre no estaba asfixiado. En este mundo, uno podía experimentar la *alegría de vivir*, podía encontrar su alimento... podía construir su vida a su gusto y a su manera, tanto material como espiritualmente... Hecho central: la dimensión espiritual de la comunidad estaba vinculada al saber tradicional y a la lengua hebrea."[180]

Pero en el mismo libro dedicado al mundo judío ruso, otro escritor señala que "la falta de derechos, la miseria material y la humillación social apenas permitieron que se desarrollara el amor propio entre la gente."[181]

El panorama que hemos presentado de estos años es complejo, como lo es casi cualquier problema relacionado con el mundo judío. En adelante, a lo largo de nuestro desarrollo, no debemos perder de vista esta complejidad, sino tenerla constantemente presente, sin dejarnos perturbar por las aparentes contradicciones entre diversos autores.

"Hace mucho tiempo, antes de ser expulsados de España, los judíos [de Europa del Este] marchaban a la cabeza de otras naciones; hoy [en la primera mitad del siglo XVII], su empobrecimiento cultural es total. Privados de derechos, aislados del mundo circundante, se replegaron sobre sí mismos. El Renacimiento pasó sin preocuparse por ellos, al igual que el movimiento intelectual del siglo XVIII en Europa. Pero este mundo judío era fuerte en sí mismo. Constreñido por innumerables mandamientos y prohibiciones religiosas, el judío no sólo no sufría por ellos, sino que veía en ellos la fuente de infinitas alegrías. En ellas, el intelecto encontraba satisfacción en la sutil dialéctica del Talmud, el sentimiento en el misticismo de la Cábala. Incluso el estudio de la Biblia se dejaba de lado, y el conocimiento de la gramática se consideraba casi un crimen."[182]

La fuerte atracción de los judíos por la Ilustración comenzó en Prusia durante la segunda mitad del siglo XVIII y recibió el nombre de *Haskala* (Siglo de las Luces). Este despertar intelectual tradujo su deseo de iniciarse en la cultura europea, de realzar el prestigio del judaísmo, que había sido humillado por otros pueblos. Paralelamente al estudio crítico del pasado judío, los militantes de *la Haskala* (los *Maskilim*; los "ilustrados", los "educados") querían unir armoniosamente la cultura judía con el saber europeo.[183] Al principio, "pretendían permanecer fieles al judaísmo tradicional, pero en su camino empezaron a sacrificar la tradición judía y a

---

[180] *Ibidem*, p. 318.
[181] J. Mark, Literatoura na idich v Rossii (Literatura en lengua yiddish en Rusia), en BJWR-1, p. 520.
[182] JE, t. 6, p. 92.
[183] *Ibidem*, pp. 191-192.

tomar partido por la asimilación mostrando un desprecio cada vez mayor... por la lengua de su pueblo"[184] (es decir, el yiddish). En Prusia este movimiento duró el tiempo de una generación, pero rápidamente alcanzó las provincias eslavas del imperio, Bohemia y Galitzia. En Galitzia, los partidarios de *la Haskala,* aún más proclives a la asimilación, ya estaban dispuestos a introducir la Ilustración por la fuerza, e incluso "a menudo recurrieron a ella"[185] con la ayuda de las autoridades. La frontera entre Galitzia y las provincias occidentales de Rusia era permeable tanto a los individuos como a las influencias. Con un retraso de un siglo, el movimiento acabó penetrando en Rusia.

A principios del siglo XIX en Rusia, el gobierno "se esforzó precisamente por superar el 'particularismo' judío fuera de la religión y el culto", como especifica eufemísticamente un autor judío[186], confirmando que este gobierno no interfería en la religión ni en la vida religiosa de los judíos.

Ya hemos visto que el Reglamento de 1804 abrió las puertas de las escuelas primarias, secundarias y universitarias a todos los niños judíos, sin limitaciones ni reservas. Sin embargo,-"el objetivo de todos los esfuerzos de la clase dirigente judía era cortar de raíz esta reforma educativa y cultural"[187] ; "El *Kahal* se esforzó por apagar la más mínima luz de la Ilustración". [188]Para "preservar en su integridad el orden religioso y social establecido... el rabinato y el jasidismo se esforzaban por erradicar las semillas de la educación secular".[189]

Así, "las grandes masas del Pale of Settlement sentían horror y recelo por la escuela rusa y no querían oír hablar de ella". [190]En 1817, y de nuevo en 1821, en varias provincias se dieron casos en los que los *kehalim* impidieron a los niños judíos aprender la lengua rusa en cualquier escuela, fuera la que fuese. Los diputados judíos de San Petersburgo repitieron insistentemente que "no consideraban necesario abrir escuelas judías" en las que se enseñaran lenguas distintas del hebreo. [191]Sólo reconocían el *Heder* (escuela elemental de lengua judía) y la *Yeshiva* (escuela superior

---

[184] J. Kissine, Rasmychlenia o ousskom evreïstve i ego lileraloure (Reflexiones sobre el judaísmo ruso y su literatura), en Evreïskii mir. 2, Nueva York, ed. De la Unión Rusa Judía, 1944, p. 171.
[185] JE, t. 6, pp. 192-193.
[186] *Dinour,* LVJR-1, p. 314.
[187] *Hessen,* p. 160.
[188] *Ibidem,* p. 160.
[189] *Ibidem,* t. 2, p. 1.
[190] M. Troitsky, Evrei v rousskoï chkole (Los judíos en las escuelas rusas), en LVJR-1, p. 350.
[191] *Hessen*,* t. 1, pp. 188-189.

destinada a profundizar en el conocimiento del Talmud); "casi todas las comunidades importantes" tenían su *Yeshiva*.[192]

El cuerpo judío en Rusia se vio así obstaculizado y no pudo liberarse por sí mismo.

Pero de ella surgieron también los primeros protagonistas culturales, incapaces de mover las cosas sin la ayuda de las autoridades rusas. En primer lugar Isaac-Ber Levinson, un erudito que había vivido en Galitzia, donde había estado en contacto con los militantes de *la Haskala*, consideraba responsables de muchas desgracias populares no sólo al rabinato, sino también a los *jasidim*. Basándose en el propio Talmud y en la literatura rabínica, demostró en su libro *Instrucciones para Israel que a* los judíos no les estaba prohibido conocer lenguas extranjeras, sobre todo la lengua oficial del país donde vivían, si era necesario tanto en la vida privada como en la pública; que el conocimiento de las ciencias profanas no supone una amenaza para el sentimiento nacional y religioso; por último, que el predominio de las ocupaciones comerciales está en contradicción con la Torá como con la razón, y que es importante desarrollar el trabajo productivo. Pero para publicar su libro, Levinson tuvo que recurrir a una subvención del Ministerio de Educación; él mismo estaba convencido de que la reforma cultural dentro del judaísmo sólo podría lograrse con el apoyo de las autoridades superiores.[193]

Más tarde, fue Guesanovsky, un maestro de Varsovia, quien, en una nota a las autoridades, sin basarse en el Talmud, sino al contrario, oponiéndose a él, imputó al *Kahal* y al rabinato "el estancamiento espiritual que había petrificado al pueblo"; afirmó que sólo el debilitamiento de su poder permitiría introducir la escuela laica; que era necesario controlar a los *Melamed* (maestros de escuela primaria) y admitir como maestros sólo a los considerados pedagógica y moralmente aptos; que el *Kahal* tenía que ser destituido de la administración financiera; y que había que elevar la edad de los contratos nupciales. Mucho antes que ellos, en su nota al ministro de Finanzas, Guiller Markevitch, ya citada, escribió que para salvar al pueblo judío de la decadencia espiritual y económica era necesario abolir los *kahalim*, enseñar idiomas a los judíos, organizarles trabajo en las fábricas, pero también permitirles dedicarse libremente al comercio en todo el país y utilizar los servicios de los cristianos.

Más tarde, en la década de 1930, Litman Feiguine, comerciante de Chernigov y uno de los principales proveedores, retomó la mayoría de estos

---

[192] *Dinour*, LVJR-1, p. 315.
[193] *Hessen*, t. 2, pp. 4-7.

argumentos con mayor insistencia, y a través de Benkendorff [194]su nota acabó en manos de Nicolás I (Feiguine se benefició del apoyo de los círculos burocráticos). Defendía el Talmud pero reprochaba al *Melamed* ser "el más bajo de los incompetentes"... que enseñaba una teología "fundada en el fanatismo", inculcaba a los niños "el desprecio de otras disciplinas así como el odio a los heterodoxos". También consideraba esencial suprimir a los *Kehalim*. (Hessen, enemigo jurado del sistema *Kahal*, afirma que éste, "por su despotismo", despertaba entre los judíos "un oscuro resentimiento").[195]

Largo, muy largo, fue el camino que permitió a la educación laica penetrar en los círculos judíos. Mientras tanto, las únicas excepciones se encontraban en Vilna, donde, bajo la influencia de las relaciones con Alemania, el grupo intelectual *Maksilim* había cobrado fuerza, y en Odesa, la nueva capital de la Nueva Rusia, hogar de muchos judíos procedentes de Galitzia (debido a la permeabilidad de las fronteras), poblada por diversas nacionalidades y en plena efervescencia de una intensa actividad comercial, por lo que el *Kahal* no se sentía poderoso allí. La intelectualidad, por el contrario, tenía la sensación de su independencia y se mezclaba culturalmente (por la forma de vestir, por todos los aspectos externos) en la población circundante.[196] Aunque "la mayoría de los judíos de Odessa se oponían a la creación de un establecimiento educativo general"[197] principalmente debido a los esfuerzos de la administración local, en los años 30, en Odessa como en Kishinev se crearon escuelas laicas de tipo privado que tuvieron éxito."[198]

Luego, en el transcurso del siglo XIX, este avance de los judíos rusos hacia la educación se intensificó irresistiblemente y tendría consecuencias históricas para Rusia como para toda la humanidad durante el siglo XX. Gracias a un gran esfuerzo de voluntad, el judaísmo ruso consiguió liberarse del estado de estancamiento amenazador en el que se encontraba y acceder plenamente a una vida rica y diversificada. A mediados del siglo XIX, en se percibían claramente los signos de un renacimiento y desarrollo del judaísmo ruso, un movimiento de gran trascendencia histórica, que nadie había previsto hasta entonces.

---

[194] Conde Alexander Benkendorff (1783-1844), nombrado en 1814 por Nicolás I Comandante de los gendarmes y de la Sección 3rd (el servicio de inteligencia).
[195] *Hessen*, t. 2, pp. 8-10; JE, 1.15, p. 198.
[196] *Hessen*, t. 2, pp. 2-3.
[197] JE, t. 11, p. 713.
[198] *Troitsky*, en BJWR-1, p. 351.

Capítulo 3
Durante el reinado de Nicolás I[st]

Con respecto a los judíos, Nicolás I se mostró muy decidido. Fue durante su reinado, según las fuentes, cuando se publicaron más de la mitad de todos los actos jurídicos relativos a los judíos, desde Alexis Mijáilovich hasta la muerte de Alejandro II, [199]y el Emperador examinó personalmente esta labor legislativa para dirigirla.[200]

La historiografía judía ha juzgado que su política fue excepcionalmente cruel y sombría. Sin embargo, las intervenciones personales de Nicolás I no perjudicaron necesariamente a los judíos, ni mucho menos. Por ejemplo, uno de los primeros expedientes que recibió como herencia de Alejandro I fue la reapertura, en vísperas de su muerte (mientras se dirigía a Taganrog), del "asunto Velije", la acusación contra los judíos por haber perpetrado un asesinato ritual en la persona de un niño.

La Enciclopedia Judía escribe que "en gran medida, los judíos deben el veredicto de absolución al Emperador, que trató de conocer la verdad a pesar de la obstrucción por parte de las personas en las que confiaba". En otro caso muy conocido, relacionado con acusaciones contra los judíos (el "asesinato de Mstislavl"), el Emperador acudió voluntariamente a la verdad: después de haber infligido, en un momento de cólera, sanciones contra la población judía local, no se negó a reconocer su error. [201]Al firmar el veredicto de absolución en el caso Velije, Nicolás escribió que "la vaguedad de las requisas no había permitido tomar otra decisión", añadiendo sin embargo: "No tengo la certeza moral de que los judíos hayan podido cometer semejante crimen, ni de que no hayan podido hacerlo". "Los repetidos ejemplos de este tipo de asesinatos, con las mismas pistas", pero siempre sin pruebas suficientes, le sugieren que podría haber una secta fanática entre los judíos, pero "desgraciadamente, incluso entre nosotros,

---

[199] (1818-1881), Zar "libertador" cuyo nombre se asocia a las "grandes reformas" de la década de 1860 (abolición de la servidumbre, justicia, prensa, zemstvos, etc.) y al auge del movimiento revolucionario; asesinado el 13 de marzo de 1881 por un comando de *Voluntad Popular*.
[200] JE, t. 11, p. 709.
[201] *Ibidem*, pp. 709-710.

los cristianos, también existen sectas igual de terroríficas e incomprensibles." "[202] Nicolás I y sus estrechos colaboradores seguían creyendo que ciertos grupos judíos practicaban asesinatos rituales". [203] Durante varios años, el Emperador estuvo bajo el severo dominio de una calumnia que olía a sangre... por lo que se reforzó su prejuicio de que la doctrina religiosa judía suponía un peligro para la población cristiana".[204]

Nicolás comprendió este peligro en el hecho de que los judíos podían convertir a los cristianos al judaísmo. Desde el siglo XVIII, se tenía presente la sonada conversión al judaísmo de Voznitsyn, capitán del ejército imperial. "En Rusia, a partir de la segunda mitad del siglo XVII, se multiplicaron los grupos de 'judaizantes'. En 1823, el Ministro del Interior anunció en un informe "la amplia difusión de la herejía de los 'judaizantes' en Rusia, y estimó el número de sus seguidores en 20.000 personas".

Comenzaron las persecuciones, después de las cuales "muchos miembros de la secta pretendieron volver al seno de la Iglesia ortodoxa sin dejar de observar en secreto los ritos de su secta."[205]

"Una consecuencia de todo ello fue que la legislación sobre los judíos tomó, en tiempos de Nicolás I... un cariz religioso". [206] Las decisiones y acciones de Nicolás I con respecto a los judíos se vieron afectadas, como su insistencia en prohibirles recurrir a sirvientes cristianos, especialmente enfermeras cristianas, pues "el trabajo entre los judíos socava y debilita la fe cristiana en las mujeres."

De hecho, a pesar de las repetidas prohibiciones, esta disposición "nunca se aplicó plenamente... y los cristianos siguieron sirviendo" entre los judíos.[207]

La primera medida contra los judíos, que Nicolás consideró desde el principio de su reinado, fue equipararlos a la población rusa en cuanto al sometimiento al servicio obligatorio al Estado y, en particular, obligarlos a participar físicamente en la conscripción, a la que no habían estado sometidos desde su adhesión a Rusia. Los judíos *burgueses* no aportaron

---

[202] *Hessen*, Istoria evreïskogo naroda v Rossii (Historia del pueblo judío en Rusia), en 2 vol., t. 2, Leningrado, 1927, p. 27.
[203] LJE, t. 7, p. 322.
[204] JE, t. 11, pp. 709 710.
[205] LJE, t. 2, p. 509.
[206] JE, 1.11, p. 710.
[207] *Hessen*, t. 2, pp. 30 31.

reclutas, sino que absolvieron 500 rublos por cabeza. [208]Esta medida no venía dictada únicamente por consideraciones gubernamentales para normalizar las obligaciones de la población (las comunidades judías eran, en cualquier caso, muy lentas a la hora de pagar las regalías y, además, Rusia recibía muchos judíos de Galitzia, donde ya se les exigía realizar el servicio militar); tampoco por el hecho de que la obligación de proporcionar reclutas "reduciría el número de judíos que no se dedican a trabajos productivos"; más bien, la idea era que el recluta judío, aislado de su entorno cerrado, estaría en mejores condiciones para incorporarse al estilo de vida de la nación en su conjunto, y tal vez incluso a la ortodoxia. [209] Tomadas en cuenta, estas consideraciones endurecieron considerablemente las condiciones del reclutamiento aplicado a los judíos, lo que condujo a un aumento gradual del número de reclutas y a la reducción de la edad de los reclutas.

No se puede decir que Nicolás consiguiera hacer cumplir el decreto sobre el servicio militar de los judíos sin encontrar resistencia. Al contrario, todas las instancias de ejecución procedieron con lentitud. El Consejo de Ministros discutió largamente si era éticamente defendible tomar tal medida "para limitar el hacinamiento judío"; como declaró el ministro de Finanzas Georg von Cancrin, "todos reconocen que es inapropiado recaudar seres humanos en lugar de dinero." Los *Kehalim* no escatimaron esfuerzos para alejar esta amenaza de los judíos o aplazarla. Cuando, exasperado por tan lentos progresos, Nicolás ordenó que se le presentara un informe final en el plazo más breve posible, "esta orden, al parecer, sólo incitó a los *Kehalim* a intensificar su acción entre bastidores para retrasar el avance del asunto. Y al parecer consiguieron ganarse para su causa a uno de los altos funcionarios", por lo que "¡el informe nunca llegó a su destino"! En lo más alto del aparato imperial, "este misterioso episodio", concluye J. Hessen, "no podría haber ocurrido sin la participación del *Kahal*". Una recuperación posterior del informe tampoco se llevó a cabo, y Nicolás, sin esperar más, introdujo el reclutamiento para los judíos por decreto en 1827[210] (luego, en 1836, la igualdad en la obtención de medallas para los soldados judíos que se habían distinguido). [211]

Quedaban totalmente exentos del reclutamiento "los comerciantes de todos los gremios, los habitantes de las colonias agrícolas, los jefes de taller, los

---

[208] V. N. *Nikitin*, Evrei zemlevladeltsy: Istoritcheskoe. zakonodatelnoe, administrativnoe i bytovoe polojenie kolonij so vremeni ikh vozniknovenia do nachikh dneï [Agricultores judíos: situación histórica, legislativa, administrativa y concreta de las colonias desde su creación hasta nuestros días], 1807 1887, San Petersburgo, 1887, p. 263.
[209] JE, t. 13, p. 371.
[210] *Hessen**, t. 2, pp. 32 34.
[211] JE, t. 11, pp. 468 469.

mecánicos de las fábricas, los rabinos y todos los judíos con estudios secundarios o superiores." De [212]ahí el deseo de muchos *burgueses judíos* de intentar entrar en la clase de los comerciantes, la sociedad burg*uesa* rabiaba de ver a sus miembros obligados a ser reclutados para el servicio militar, "minando las fuerzas de la comunidad, ya sea bajo el efecto de los impuestos o del reclutamiento." Los comerciantes, por su parte, trataron de reducir su "exposición" visible para dejar el pago de impuestos a los *burgueses*.

Las relaciones entre comerciantes y *burgueses* judíos eran tensas, ya que "en aquella época, los comerciantes judíos, que se habían hecho más numerosos y ricos, habían establecido fuertes relaciones en las esferas gubernamentales". El *Kahal* de Grodno apeló a San Petersburgo para exigir que la población judía se dividiera en cuatro "clases" -comerciantes, *burgueses*, artesanos y cultivadores- y que cada una de ellas no tuviera que responder por las demás. [213](En esta idea propuesta a principios de los años 30 por los propios *kehalim* se puede ver el primer paso hacia la futura "categorización" llevada a cabo por Nicolas en 1840, que tan mala acogida tuvo entre los judíos).

A los kahalim se les encomendó también la tarea de reclutar entre la masa judía, de la que el gobierno no tenía ni cifras ni perfiles registrados. Los *Kahal* "cargaron todo el peso de esta exacción sobre las espaldas de los pobres", pues "parecía preferible que los más desfavorecidos abandonaran la comunidad, mientras que una reducción del número de sus miembros ricos podría conducir a la ruina general". Los *Kehalim de* solicitaron a las autoridades provinciales (pero les fue denegado) el derecho a prescindir de la facturación "para poder entregar al reclutamiento a los 'vagabundos', a los que no pagaban impuestos, a los alborotadores insufribles", de modo que "los propietarios... que asumen todas las obligaciones de la sociedad no tuvieran que proporcionar reclutas pertenecientes a sus familias"; y de este modo los *Kehalim tuvieron* la oportunidad de actuar contra determinados miembros de la comunidad.[214]

Sin embargo, con la introducción del servicio militar entre los judíos, los hombres que estaban sujetos a él empezaron a eludirlo y nunca se alcanzó el recuento completo.

La tributación en metálico de las comunidades judías había disminuido considerablemente, pero se observó que esto no impedía en absoluto que se siguiera reembolsando sólo muy parcialmente. Así, en 1829, Nicolás I accedió a la petición de Grodno de que en ciertas provincias se impusieran

---

[212] LJE, t. n7, p. 318.
[213] *Hessen*, t. 2, pp. 68 71.
[214] *Ibidem*, pp. 59-61.

reclutamientos judíos además de la tarifa impuesta para cubrir los impuestos atrasados. "En 1830 un decreto del Senado estipuló que el recurso de un recluta adicional reducía las sumas adeudadas por el *Kahal* de 1.000 rublos en el caso de un adulto, 500 rublos en el caso de un menor".[215] Es cierto que, a raíz del celo intempestivo de los gobernadores, esta medida fue pronto denunciada, mientras que "las propias comunidades judías pidieron al gobierno que alistara reclutas para cubrir sus atrasos." En círculos gubernamentales "esta propuesta fue acogida con frialdad, pues era fácil prever que abriría nuevas posibilidades de abuso para los *Kehalim*...".."[216] Sin embargo, como vemos, la idea maduró tanto por un lado como por otro. Evocando este mayor rigor en el reclutamiento de los judíos en comparación con el resto de la población, Hessen escribe que se trataba de una "anomalía flagrante" en la legislación rusa, pues en general, en Rusia, "la legislación aplicable a los judíos no tendía a imponer más obligaciones que la de los demás ciudadanos".[217]

La aguda inteligencia de Nicolás I, inclinado a trazar perspectivas claramente legibles (¡cuenta la leyenda que el ferrocarril San Petersburgo-Moscú fue, por ello, trazado con una regla!), en su tenaz determinación de transformar a los judíos particularistas en súbditos rusos ordinarios y, a ser posible, en cristianos ortodoxos, pasó de la idea del reclutamiento militar a la de los cantonistas judíos. Los cantonistas (el nombre se remonta a 1805) eran una institución que acogía a los hijos de los soldados (aligerando en favor de los padres la carga de un servicio que duraba... ¡veinticinco años!); debía prolongar las "secciones para huérfanos militares" creadas bajo Pedro el Grande, una especie de escuela para el gobierno que proporcionaba a los alumnos conocimientos técnicos útiles para su posterior servicio en el ejército (lo que, a ojos de los funcionarios, parece ahora bastante apropiado para los niños judíos de corta edad, o incluso muy deseable para mantenerlos desde pequeños y durante largos años apartados de su entorno. Como preparación a la institución cantonalista, un decreto de 1827 concedió a las "comunidades judías el derecho a reclutar a un menor en lugar de a un adulto", a partir de los 12 años (es decir, antes de la edad de la nupcialidad entre los judíos). La *Nueva Enciclopedia Judía* cree que esta medida fue "un golpe muy duro".

Pero esta facultad no significaba en absoluto la obligación de llamar a filas a la edad de 12 años[218], no tenía nada que ver con "la introducción de la conscripción obligatoria para los niños judíos", [219] como escribió

---

[215] LJE, t. 7, p. 317.
[216] *Hessen*, t. 2, pp. 64 65.
[217] *Ibidem*, p. 141.
[218] *Ibidem*, p. 34.
[219] LJE, t. 7, p. 317.

erróneamente la Enciclopedia, y como acabó acreditándose en la literatura dedicada a los judíos de Rusia, entonces en la memoria colectiva. Los *Kehalim* encontraron incluso en ello una sustitución rentable y la utilizaron reclutando "a los huérfanos, a los hijos de las viudas (saltándose a veces la ley que protegía sólo a los niños)", a menudo "en beneficio de la progenie de un hombre rico." [220]Después, a partir de los 18 años, los cantonales cumplían el servicio militar habitual, tan largo en aquella época, pero no olvidemos que no se limitaba a la vida cuartelaria; los soldados se casaban, vivían con sus familias, aprendían a ejercer otros oficios; recibían el derecho a establecerse en las provincias del interior del imperio, donde completaban su servicio. Pero, incuestionablemente, los soldados judíos que se mantenían fieles a la religión judía y a su ritual sufrían al no poder observar el Sabbat ni contravenir las normas sobre alimentación.

A los menores colocados con cantonistas, separados de su entorno familiar, les resultaba naturalmente difícil resistirse a la presión de sus educadores (que eran alentados mediante recompensas a convertir con éxito a sus alumnos) durante las lecciones de ruso, aritmética, pero sobre todo de catecismo; también eran recompensados por su conversión, además, ésta se veía facilitada por su resentimiento hacia una comunidad que los había entregado al reclutamiento. Pero, a la inversa, la tenacidad del carácter judío, la fidelidad a la religión inculcada a una edad temprana, hizo que muchos de ellos se mantuvieran firmes. Huelga decir que estos métodos de conversión al cristianismo no eran cristianos y no lograron su propósito.

En cambio, los relatos de conversiones obtenidas por crueldad, o por amenazas de muerte contra los cantonistas, supuestos ahogamientos colectivos en los ríos para los que se negaban al bautismo (tales historias recibieron la atención pública en las décadas siguientes), entran en el terreno de la pura ficción. Según la *Enciclopedia Judía* publicada antes de la Revolución, la "leyenda popular" de los pocos centenares de cantonistas supuestamente muertos por ahogamiento nació de la información publicada en un periódico alemán, según la cual "ochocientos cantonistas fueron llevados un buen día para ser bautizados en el agua de un río, dos de ellos perecieron ahogados...".[221]

Los datos estadísticos de los Archivos de la Inspección Militar al Estado Mayor [222]correspondientes a los años 1847 1854, cuando el reclutamiento de cantonistas judíos fue particularmente elevado, mostraban que éstos representaban por término medio sólo el 2,4% de los numerosos

---

[220] LJE. t. 4, pp. 75 76.
[221] JE, t. 9 (que abarca los años 1847 1854), p. 243.
[222] K. *Korobkov*, Evreïskaïa rekroutchina v tsarstvovanie Nikolaia 1 (El reclutamiento de judíos bajo el reinado de Nicolás I), en Evreïskaia starina, San Petersburgo, 1913, t. 6, pp. 79 80.

cantonistas de Rusia, es decir, que su proporción no superaba la de la población judía del país, incluso teniendo en cuenta los datos infravalorados proporcionados por los *Kehalim* durante los censos.

Sin duda, los bautizados tenían interés en exculparse de sus compatriotas al exagerar el grado de coacción que tuvieron que sufrir en su conversión al cristianismo, sobre todo porque como parte de esta conversión gozaban de ciertas ventajas en el cumplimiento de su servicio. Además, "muchos cantonistas convertidos permanecieron secretamente fieles a su religión original, y algunos de ellos volvieron más tarde al judaísmo."[223]

En los últimos años del reinado de Alejandro I, tras una nueva ola de hambruna en Bielorrusia (1822), un nuevo senador había sido enviado en misión: había regresado con las mismas conclusiones que Derzhavin un cuarto de siglo antes. El "Comité Judío" creado en 1823, compuesto por cuatro ministros, se había propuesto estudiar "sobre qué bases sería conveniente y provechoso organizar la participación de los judíos en el Estado" y "poner por escrito todo lo que pudiera contribuir a mejorar la situación civil de este pueblo". Pronto se dieron cuenta de que el problema así planteado superaba sus fuerzas, y en 1825 este "Comité Judío" a nivel ministerial fue sustituido por un "Comité de Directores" (el quinto), compuesto por los directores de sus ministerios, que se dedicaron a estudiar el problema durante otros ocho años.[224]

En su afán, Nicolás precedió el trabajo de este comité con sus decisiones. Así, como hemos visto, introdujo el servicio militar obligatorio para los judíos. Así fijó un plazo de tres años para expulsar a los judíos de todos los pueblos de las provincias occidentales y poner fin a su actividad de fabricación de alcohol, pero, al igual que bajo sus predecesores, esta medida experimentó ralentizaciones, parones y finalmente fue denunciada. Posteriormente, prohibió a los judíos tener tabernas y comedores, vivir en esos lugares y garantizar la venta al por menor de alcohol en persona, pero esta medida tampoco se aplicó.[225]

También se intentó negar a los judíos uno de sus trabajos favoritos: el mantenimiento de las casas de postas (con sus posadas y tabernas), pero de nuevo fue en vano porque, aparte de los judíos, no había suficientes candidatos para ocuparlas.[226]

En 1827, se introdujo en todo el imperio un sistema de arrendamiento de las actividades de destilación, pero se produjo una caída considerable de los precios obtenidos en las subastas cuando se descartó a los judíos y

---

[223] JE, t. 9, pp. 242 243.
[224] *Ibidem*, t. 7, pp. 443 444.
[225] *Hessen*, t. 2. p. 39.
[226] JE, i. 12, p. 787 ; Hessen, t. 2, p. 39.

"sucedió que no había ningún otro candidato para hacerse cargo de estas operaciones", por lo que hubo que autorizarlas a los judíos, ya fuera en las ciudades o en el campo, incluso más allá de la zona de residencia. De hecho, el gobierno liberaba a los judíos de la responsabilidad de organizar la recaudación de impuestos sobre el licor y recibir así un rendimiento regular. [227]"Mucho antes de que a los mercaderes del primer gremio se les permitiera residir en cualquier parte del imperio, todos los campesinos gozaban de libertad de movimiento y residían en capitales y otras ciudades fuera del Pale of Settlement... De entre los campesinos surgieron destacados hombres públicos judíos" como Litman Feiguine, ya mencionado, y Evsel Günzburg ("había tenido un arrendamiento para la fabricación de alcohol en una Sebastopol sitiada"); "en 1859 fundó en San Petersburgo un establecimiento bancario... uno de los más importantes de Rusia"; más tarde, "participó en la colocación de bonos del Tesoro ruso en Europa"; fue el fundador de la dinastía de los barones de Günzburg[228]). A partir de 1848, a todos "los comerciantes judíos del primer gremio se les permitió arrendar locales de bebidas incluso donde los judíos no tenían derecho a residir permanentemente".[229]

Los judíos también recibieron un derecho más amplio con respecto a la destilación de alcohol. Como recordamos, en 1819 se les permitió destilarlo en las provincias de la Gran Rusia "hasta que los artesanos rusos adquieran suficiente competencia". En 1826 Nicolás decidió repatriarlos al Pale of Settlement, pero en 1827 accedió a varias peticiones concretas para mantener a los destiladores en su lugar, por ejemplo en las fábricas estatales de Irkutsk.[230]

Vladimir Solvoyov cita las siguientes reflexiones del Sr. Katkov: "En las provincias occidentales es el judío quien se ocupa del alcohol, pero ¿es mejor la situación en las demás provincias de Rusia?... Los taberneros judíos que emborrachan a la gente, arruinan a los campesinos y provocan su perdición, ¿están presentes en toda Rusia? ¿Qué ocurre en otras partes de Rusia, donde no se admite a judíos y donde el flujo de licor lo lleva un tabernero ortodoxo o un kulak?" [231]

Escuchemos a Leskov, el gran conocedor de la vida popular rusa: "En las provincias de la Gran Rusia donde no residen judíos, el número de

---

[227] *Ibidem*, t. 5, p. 613.
[228] Enciclopedia judía rusa, 2nd ed. Revisada, corregida y aumentada, t. 1, Moscú, 1994, p. 317.
[229] JE, t. 12. p. 163.
[230] *Ibidem**, t. 11, p. 710.
[231] Carta de V. I. Soloviev a T. Gertz, en *V. Soloviev*, Evrcïskij vopros - khristianskij vopros (El problema judío es un problema cristiano), colección de artículos, Varsovia, 1906, p. 25.

acusados de embriaguez, o de delitos cometidos bajo sus efectos, es regular y significativamente mayor que dentro del Pale of Settlement. Lo mismo ocurre con el número de muertes debidas al alcoholismo... Y esto no es un fenómeno nuevo: ha sido así desde la antigüedad."[232]

Sin embargo, es cierto, las estadísticas nos dicen que en las provincias occidentales y meridionales del imperio había un local de bebidas alcohólicas por cada 297 habitantes, mientras que en las provincias orientales sólo había uno por cada 585. El periódico *The Voice*, que no carecía de influencia en aquella época, pudo afirmar que el comercio de alcohol de los judíos era "la herida de esta zona" -a saber, la región occidental - "y una herida intratable". En sus consideraciones teóricas, I.G. Orchansky intenta demostrar que cuanto mayor era la densidad en los lugares de bebida, menor era el alcoholismo (hay que entender que, según él, el campesino sucumbirá menos a la tentación si el flujo de bebidas se encuentra delante de sus narices y lo solicita las 24 horas del día - recordemos a Derzhavin: los cantineros comercian noche y día; pero ¿se dejará tentar el campesino por un cabaret lejano, cuando tendrá que atravesar varios campos embarrados para llegar a él? No, sabemos demasiado bien que el alcoholismo se mantiene no sólo por la demanda, sino también por la oferta de vodka. No obstante, Orchansky prosigue su demostración: cuando el judío se interpone entre el destilador y el campesino borracho, actúa objetivamente a favor del campesino porque vende el vodka a un precio más bajo, pero es cierto que lo hace empeñando los efectos del campesino. Ciertamente, escribe, algunos creen sin embargo que los arrendatarios judíos tienen "una mala influencia sobre la condición de los campesinos", pero es porque, "en el oficio de camarero, como en todas las demás ocupaciones, se diferencian por su saber hacer, su habilidad y su dinamismo". [233]Es cierto que en otra parte, en otro ensayo de la misma colección, reconoce la existencia de "transacciones fraudulentas con los campesinos"; "es justo señalar que el comercio judío es groseramente engañoso y que el comerciante, el tabernero y el usurero judíos explotan a una población miserable, sobre todo en el campo"; "frente a un propietario, el campesino se aferra firmemente a sus precios, pero es asombrosamente flexible y confiado cuando trata con un judío, sobre todo si éste tiene reservada una botella de vodka... el campesino se ve obligado a vender su trigo al judío a un precio muy bajo." [234]Sin embargo, a esta

---

[232] *Nicolas Leskov*, Evrei v Rossii: neskolko zametchanij po evreïskomou voprosou. (Los judíos en Rusia: algunas observaciones sobre el problema judío). Petrogrado, 1919 (reproducción de la ed. de 1884). p. 31.

[233] *I. Orchansky*, Evrei v Rossii (Los judíos en Rusia, ensayos y estudios), fasc. 1, San Petersburgo, 1872, pp. 192,195, 200,207.

[234] *Ibidem*, pp. 114,116, 124,125.

verdad cruda, flagrante, arrebatadora, Orchansky busca atenuantes. Pero este mal que carcome la voluntad de los campesinos, ¿cómo justificarlo?...

Debido a su insistente energía, Nicolás I, a lo largo de su reinado, no sólo se enfrentó a fracasos en sus esfuerzos por transformar la vida judía en sus diferentes aspectos. Tal fue el caso de la agricultura judía.

El "Reglamento sobre las obligaciones de reclutamiento y servicio militar de los judíos", fechado en 1827, estipulaba que los campesinos judíos "transferidos..." en parcelas privadas quedaban exentos, así como sus hijos, de la obligación de proporcionar reclutas durante un periodo de cincuenta años (exención que se producía desde el momento en que comenzaban a "dedicarse a las labores agrícolas"). En cuanto se hizo público este reglamento, regresaron a las colonias más judíos que los que se habían ausentado por iniciativa propia, que habían sido señalados como ausentes.[235]

En 1829 se publicó un reglamento más elaborado y detallado relativo a los cultivadores judíos: preveía su acceso a la clase *burguesa* a condición de que pagaran todas sus deudas; autorización para ausentarse hasta tres meses para buscarse la vida durante los períodos en que la tierra no requiriera su trabajo físico; sanciones contra los que se ausentaran sin autorización, y recompensas para los dirigentes agrícolas distinguidos. V. Nikitin admite: "Si se comparan las severas restricciones impuestas a los agricultores judíos, 'pero con derechos y privilegios concedidos exclusivamente a los judíos', con las de las demás clases imponibles, hay que observar que el gobierno trataba a los judíos con gran benevolencia."[236]

Y, de 1829 a 1833, "los judíos trabajan la tierra con celo, el destino les recompensa con buenas cosechas, están satisfechos con las autoridades, y viceversa, y la prosperidad general sólo se ve empañada por incidentes fortuitos, sin gran importancia." Después de la guerra con Turquía-1829- "los atrasos de impuestos se entregan enteramente a los residentes judíos como a todos los colonos... por 'haber sufrido el paso de los años'." Pero según el informe del comité de vigilancia, "la mala cosecha de 1833 hizo imposible retener [a los judíos] en las colonias, permitió a muchos que no tenían ni el deseo ni el valor de dedicarse a las labores agrícolas de no sembrar nada, o casi nada, de deshacerse del ganado, de irse de aquí y de allá, de exigir subsidios y no pagar derechos." En 1834, más de una vez vieron "la venta del grano que habían recibido, y el sacrificio del ganado", lo que también hacían los que no se veían empujados a ello por la necesidad; Los judíos recibían malas cosechas con más frecuencia que los demás campesinos, pues, a excepción de las siembras insuficientes,

---

[235] *Nikitin**, pp. 168-169, 171.
[236] *Ibidem*, pp. 179,181.

trabajaban la tierra al azar, a destiempo, lo que se debía al "hábito, transmitido de generación en generación, de practicar oficios fáciles, de administrar mal y de descuidar la vigilancia del ganado."[237]

Uno podría haber pensado que tres décadas de desafortunadas experiencias en la aplicación de la agricultura judía (en comparación con la experiencia universal) bastarían para que el gobierno renunciara a estos vanos y costosos intentos. Pero ¡no! ¿Acaso los reiterados informes no llegaron a Nicolás I? ¿O fueron embellecidos por los ministros? ¿O la inagotable energía y la irrefragable esperanza del soberano le impulsaron a renovar estos incesantes intentos?

En cualquier caso, la agricultura judía, en el nuevo Reglamento Judío fechado en 1835 y aprobado por el Emperador (fruto del trabajo del "Comité de Directores"), no se excluye en absoluto, sino que, por el contrario, se potencia: "organizar la vida de los judíos según reglas que les permitan ganarse decentemente la vida practicando la agricultura y la industria, impartiendo gradualmente a su juventud una instrucción que les impida dedicarse a la ociosidad o a ocupaciones ilícitas". Si antes se exigía a la comunidad judía el pago de 400 rublos por hogar, ahora "se permitía a todo judío convertirse en agricultor en cualquier momento, todos los impuestos atrasados se le entregaban inmediatamente a él y a su comunidad"; se les concedía el derecho a recibir tierras del Estado en usufructo sin límite de tiempo (pero dentro del Pale of Settlement), a adquirir parcelas de tierra, a venderlas, a alquilarlas. Los que se convertían en agricultores estaban exentos de impuestos durante veinticinco años, del impuesto sobre bienes inmuebles durante diez años y del reclutamiento durante cincuenta años. A la inversa, ningún judío "podía ser obligado a convertirse en agricultor". "También se les permitían las industrias y los oficios practicados en el marco de la vida aldeana." [238](Han pasado ciento cincuenta años. Olvidando el pasado, un eminente e ilustradísimo físico judío formula su visión de la vida judía en aquellos días: "Un Pale of Settlement unido a la prohibición (¡!) de practicar la agricultura".[239] "El historiador y pensador M. Guerchenson utiliza una formulación más general: "La agricultura está prohibida al judío por el espíritu de su pueblo

---

[237] *Ibidem**, pp. 185-186. 190 191.
[238] *Nikitin**, pp. 193-197.
[239] *E. Gliner*, Stikhia s tchelovctchcskim lilsom? (¿El elemento con rostro humano?), en "Vremia i my" (Revista internacional de literatura y problemas sociales). Nueva York, 1993, n° 122, p. 133.

porque, al apegarse a la tierra, el hombre arraiga más fácilmente en un lugar determinado."[240])

El influyente ministro de Finanzas, Cancrin, propuso poner las tierras desiertas de Siberia a disposición de la agricultura judía; Nicolas dio su aprobación a este proyecto a finales del mismo año 1835. Se proponía atribuir a los colonos judíos "hasta 15 hectáreas de buenas tierras por individuo de sexo masculino", con herramientas y caballos de trabajo facturados al Tesoro, y gastos de transporte pagados, incluida la alimentación. Parece que los judíos pobres, cargados de familias numerosas, se sintieron tentados de emprender este viaje a Siberia. Pero esta vez los *kehalim* estaban divididos en sus cálculos: estos judíos pobres eran, en efecto, necesarios para satisfacer las necesidades del reclutamiento (en lugar de las familias ricas); se les ocultó que todos los atrasos les habían sido entregados y que debían realizarlos de antemano. Pero el gobierno cambió de opinión, temiendo las dificultades de un traslado tan lejano, y que los judíos, sobre el terreno, faltos de ejemplos de saber hacer y de amor al trabajo, reanudaran su "comercio estéril, que descansaba esencialmente en operaciones deshonestas que tanto daño han hecho ya en las provincias occidentales del imperio", sus "ocupaciones de posaderos que arruinan a los habitantes satisfaciendo su inclinación a la bebida", etc. Así pues, en 1837 se suspendió el traslado a Siberia sin que se dieran a conocer los motivos. [241]Ese mismo año, la Inspección estimó que en Nueva Rusia "las parcelas de tierra reservadas a los colonos judíos contenían una tierra negra de la mejor calidad, que eran 'perfectamente aptas para el cultivo de cereales, que las estepas eran excelentes para la producción de heno y la ganadería'". (Sin embargo, las autoridades locales rebatieron esta afirmación).[242]

También en el mismo año de 1837, se creó un Ministerio de Bienes Públicos, dirigido por el conde P. Kiselyov, a quien se encomendó la medida de transición destinada a preparar la abolición de la servidumbre, la tarea de "proteger a los cultivadores libres" (los campesinos de la Corona) -había siete millones y medio de ellos registrados-, incluidos los campesinos judíos, pero sólo eran de 3.000 a 5.000 familias, o "una gota de agua en el mar, en relación con el número de campesinos de la Corona". Sin embargo, nada más crearse, este ministerio recibió numerosas peticiones y recriminaciones de todo tipo procedentes de judíos. "Seis meses después se hizo evidente que sería necesario prestar tanta atención a

---

[240] M. Guerchenson, Soudby evreïskogo naroda (Los destinos del pueblo judío), en 22, Revista literaria y política de la intelectualidad judía emigrada de la URSS a Israel, Tel-Aviv, n° 19, 1981, p. 111.
[241] *Nikitin*, pp. 197-199. 202, 205, 209, 216.
[242] *Ibidem*, pp. 229, 230.

los judíos que las principales tareas del ministerio se resentirían". [243]En 1840, sin embargo, Kiselyov también fue nombrado presidente de un comité recién creado (el sexto[244]) "para determinar las medidas a tomar para reorganizar la vida de los judíos en Rusia", lo que significa que también debía ocuparse del problema judío.

En 1839, Kiselyov hizo aprobar por el Consejo de Estado una ley que autorizaba a los judíos que figuraban en las listas de espera para el reclutamiento a convertirse en cultivadores (siempre que lo hicieran con toda su familia), lo que significaba que se beneficiarían de la gran ventaja de estar dispensados del servicio militar. En 1844, "un acuerdo aún más detallado relativo a los agricultores judíos" les concedió -incluso en el Pale of Settlement- el derecho a emplear durante tres años a cristianos que debían enseñarles a gestionar correctamente una granja. En 1840, "muchos judíos llegaron a Nueva Rusia supuestamente a sus expensas (presentaron in situ 'atestados' de que disponían de medios para hacerlo), de hecho, no tenían nada y dieron a conocer desde sus primeros días que sus recursos estaban agotados"; "había hasta 1.800 familias, de las cuales varios centenares no poseían ni papeles ni prueba alguna de su procedencia y de cómo se encontraban en Nueva Rusia"; y "no cesaban de llegar corriendo, suplicando que no se les dejara pudrirse en su miseria". Kiselyov ordenó recibirlos gravando los gastos a los "colonos en general, sin distinción de etnia". En otras palabras, les ayudó mucho más allá de las cantidades previstas. En 1847 se promulgaron "ordenanzas adicionales" para facilitar que los judíos se convirtieran en agricultores.[245]

A través de su ministerio, Kiselyov tenía la ambición de establecer colonias modelo y luego "asentar finalmente a este pueblo a gran escala": Para ello, estableció una tras otra colonias en la provincia de Ekaterinoslav, en suelos fértiles, bien irrigados por ríos y arroyos, con excelentes pastos y campos de heno, con la gran esperanza de que los nuevos colonos se beneficiaran de la notable experiencia ya adquirida por los colonos alemanes, (pero como era difícil encontrar voluntarios entre ellos para establecerse en medio de los asentamientos judíos, se decidió emplearlos como asalariados). Constantemente se concedieron nuevos créditos a estas futuras colonias modelo; se les condonaron todos los atrasos. En el segundo año de su asentamiento, las familias judías debían tener al menos un huerto y una hectárea sembrada, y garantizar un lento aumento de la superficie sembrada a lo largo de los años. En la medida en que no tenían experiencia en la selección del ganado, esta tarea se confiaba a los conservadores. Kiselyov trató de facilitar las condiciones de desplazamiento de las familias

---

[243] *Ibidem*, pp. 232, 234.
[244] JE, t. 9, pp. 488 489.
[245] *Nikitin*, pp. 239, 260, 263, 267, 355, 358.

(acompañadas por un pequeño número de jornaleros) y de encontrar la manera de impartir formación agrícola especializada a un cierto contingente de colonos. Pero en algunas familias aún había muy poco de qué preocuparse en materia agronómica: con frío extremo, ni siquiera salían a dar de comer a las bestias, ¡así que tenían que equiparlas con largos abrigos con capucha![246]

Mientras tanto, el flujo de judíos que emigraban a la agricultura no se agotaba, sobre todo porque las provincias occidentales sufrían malas cosechas. Las familias que no contaban con el número necesario de hombres sanos eran a menudo despachadas, "los *Kehalim* enviaban por la fuerza a los indigentes e inválidos, reteniendo a los ricos y sanos para tener la posibilidad de responder mejor a las colectas, pagar las regalías y mantener así sus instituciones." "Para evitar la afluencia de un gran número de indigentes necesitados", el ministerio tuvo que exigir a los gobernadores de las provincias occidentales un control estricto de las salidas; pero, in situ, las salidas de los contingentes se precipitaban sin esperar siquiera a saber si el alojamiento estaba listo; además, se retenían los créditos asignados a los que empezaban, lo que a veces comprometía todo un año de trabajo agrícola. En la provincia de Ekaterinoslav, ni siquiera hubo tiempo de repartir las tierras a los voluntarios: 250 familias partieron solas para instalarse en Odessa.[247]

Sin embargo, los informes de varios inspectores de diferentes lugares se funden en uno solo: "Sometiéndose a este fin, [los judíos] podrían llegar a ser buenos, o incluso excelentes, agricultores, pero aprovechan la primera ocasión para abandonar el arado, sacrificar sus granjas y volver al comercio de caballos y a sus ocupaciones favoritas." "Para el judío, el trabajo número uno es la industria, incluso la más humilde, de total insignificancia, pero a condición de que le proporcione el mayor margen de beneficio... Su mentalidad fundamentalmente industriosa no encontraba satisfacción en la apacible vida del cultivador", "no creaba en ellos el menor deseo de dedicarse a la agricultura; lo que les atraía allí era ante todo la abundancia de tierras, la escasez de la población judía, la proximidad de las fronteras, el comercio y la industria lucrativa, por no hablar de las franquicias que les eximían de los cánones y del servicio militar obligatorio." Pensaban que sólo se verían obligados a organizar sus casas; en cuanto a las tierras, esperaban "arrendarlas a un precio apreciable, para ocuparse, como en el pasado, del comercio y la industria." (Así lo declararon ingenuamente a los inspectores.) Y "abordaron con total disgusto el trabajo de la tierra". Además, "las reglas religiosas... no favorecían a los cultivadores judíos", les obligaban a largos periodos de inactividad, como, por ejemplo, durante

---

[246] *Ibidem*, pp. 269, 277, 282, 300, 309, 329,330, 346, 358, 367, 389,391, 436,443, 467.
[247] *Ibidem*, pp. 309, 314, 354,359, 364,369.

las siembras de primavera, la larga fiesta de Pascua; en septiembre, la de los Tabernáculos duraba catorce días "en la época en que es necesario un trabajo agrícola intensivo, como la preparación del suelo y la siembra, aunque, según la opinión de judíos que merecen toda confianza, las Escrituras exigen una estricta observancia durante los dos primeros y los dos últimos días de las celebraciones." Por otra parte, los líderes espirituales de los asentamientos judíos de (a veces había hasta dos casas de oración, una para los ortodoxos -o *mitnagdes*-, otra para los *jasidim*) albergaban la idea de que, como pueblo elegido, no estaban destinados al duro trabajo del agricultor, que es la amarga suerte de los *goyim*". "Se levantaban tarde, dedicaban una hora entera a la oración y se iban a trabajar cuando el sol ya estaba alto en el cielo"-a lo que se añadía el Sabbat, descansando desde la noche del viernes hasta la mañana del domingo.[248]

Desde el punto de vista judío, I. Orchansky llega de hecho a conclusiones similares a las de los inspectores: "Arrendar una granja y emplear asalariados... encuentra más simpatía entre los judíos que el paso, en todos los sentidos difícil, al trabajo agrícola... Se observa una tendencia creciente a que los judíos que se dedican a la actividad rural la ejerzan ante todo arrendando tierras y utilizándolas mediante la ayuda de asalariados". En la Nueva Rusia, los fracasos de la agricultura judía se deben a "su falta de costumbre al trabajo físico y a los beneficios que obtienen de los oficios urbanos en el sur de Rusia". Pero también a destacar el hecho de que en una colonia determinada los judíos "habían construido una sinagoga *con sus propias manos"*, y que en otras mantenían huertos "con sus propias manos".[249]

Sin embargo, los numerosos informes de los inspectores coincidían en que en los años 40 y en estas colonias "modelo", como en el pasado, "el nivel de vida de los colonos, sus actividades y sus empresas estaban muy por detrás de los de los campesinos de la Corona o de los terratenientes". En la provincia de Kherson, en 1845, entre los colonos judíos, "Las granjas se encuentran en un estado muy insatisfactorio, la mayoría de estos colonos son muy pobres: temen el trabajo de la tierra, y pocos la cultivan adecuadamente; además, incluso en años de buenas cosechas, sólo obtienen bajos rendimientos"; "En las parcelas apenas se remueve la tierra", las mujeres y los niños apenas trabajan la tierra y "un lote de 30 hectáreas apenas es suficiente para su subsistencia diaria." "El ejemplo de los colonos alemanes sólo es seguido por un número muy reducido de residentes judíos; la mayoría de ellos 'muestran una clara aversión' a la agricultura y 'cumplen las exigencias de las autoridades sólo para recibir un pasaporte que les permita marcharse...'.' Dejan mucha tierra en barbecho, trabajan la

---

[248] *Nikitin**, pp. 280-285, 307, 420, 421, 434, 451, 548.
[249] Orchansky, pp. 176, 182, 185, 191, 192.

tierra sólo en ciertos lugares, según la buena voluntad de cada uno... tratan al ganado con demasiada negligencia... acosan a los caballos hasta que mueren, los alimentan poco, sobre todo los días del Sabbat"; ordeñan vacas delicadas de raza alemana a cualquier hora del día, de modo que ya no dan leche. "A los judíos se les proporcionaban árboles frutales gratis, 'pero no plantaban huertos'. Se habían construido casas por adelantado para ellos - algunas eran 'elegantes, muy secas y cálidas, sólidas'; en otros lugares, habían sido mal construidas y caras, pero incluso donde habían sido construidas de forma fiable, con materiales de buena calidad... la negligencia de los judíos, su incapacidad para mantener sus alojamientos en buenas condiciones... las habían llevado a tal estado de degradación que ya no podían ser habitadas sin reparaciones urgentes"; estaban invadidas por la humedad, lo que provocaba su deterioro y favorecía las enfermedades ; muchas casas estaban abandonadas, otras eran ocupadas por varias familias al mismo tiempo "sin que existiera parentesco alguno entre ellas, y, en vista del carácter impetuoso de esta gente y de su propensión a las peleas", tal cohabitación daba lugar a quejas interminables."[250]

La responsabilidad de la falta de preparación para esta gran migración es evidente para ambas partes: mala coordinación y retrasos en las actuaciones de la administración; aquí y allá, el desarrollo de las casas, mal vigiladas, dejaba mucho que desear, dando lugar a muchos abusos y despilfarros. (Esto llevó al traslado de varios funcionarios y a juicios para algunos de ellos.) Pero en las aldeas judías, los ancianos también controlaban a regañadientes a los descuidados, cuya granja y equipamiento se deterioraban; de ahí el nombramiento de supervisores elegidos entre suboficiales retirados a los que los judíos emborrachaban y engatusaban con sobornos. De ahí también la imposibilidad de cobrar cánones a los colonos, bien por indigencia - "en cada comunidad sólo había una decena de campesinos que apenas eran capaces de pagarse a sí mismos"-, bien por la "inclinación natural de los judíos a eludir su pago"; con los años, los atrasos no hacían más que aumentar y se daban una y otra vez sin exigir ningún reembolso. Por cada día de ausencia sin autorización, el colono pagaba sólo 1 kopek, lo que apenas le pesaba, y lo compensaba fácilmente con las ganancias que obtenía en la ciudad. (A modo de comparación: en los pueblos el *Melamed* recibía de 3.000 a 10.000 rublos al año, y paralelamente al *Melamed se había intentado* introducir en las colonias, además del uso de la lengua judía, una educación general basada en el ruso y la aritmética, pero "la gente sencilla" tenía poca "confianza en las instituciones educativas fundadas por el gobierno".[251])

---

[250] *Nikitin*, pp. 259, 280, 283, 286. 301. 304,305, 321, 402,403. 416,419, 610.
[251] *Ibidem**, pp. 290, 301, 321,325, 349, 399, 408, 420,421, 475, 596.

"Cada vez era más indiscutible que las 'colonias modelo' tan ardientemente deseadas por Kiselyov no eran más que un sueño"; pero, aunque frenó (1849) el envío de nuevas familias, no perdió la esperanza y volvió a afirmarlo en 1852 en una de sus resoluciones: "Cuanto más arduo es un asunto, más firme hay que ser y no desanimarse por la primera falta de éxitos". Hasta entonces, el comisario no era el verdadero jefe de la colonia, "a veces tiene que soportar las burlas y la insolencia de los colonos que comprendían muy bien que no tenía ningún poder sobre ellos"; sólo tenía derecho a aconsejarles. Más de una vez, debido a la exasperación provocada por los fracasos, se propusieron proyectos que habrían consistido en dar a los colonos lecciones obligatorias de forma que tuvieran que ponerlas en práctica en un plazo de dos o tres días, con verificación de resultados; privarles de la libre disposición de sus tierras; suprimir radicalmente las excedencias; e incluso introducir castigos: hasta treinta latigazos la primera vez, el doble en caso de reincidencia, luego la cárcel y, según la gravedad del delito, el alistamiento en el ejército. (Nikitin afirma que este proyecto de instrucción, en cuanto se conoció, "ejerció tal terror sobre los cultivadores judíos, que redoblaron sus esfuerzos, y se apresuraron a procurarse ganado, a proveerse de herramientas agrícolas... y mostraron un celo asombroso en el trabajo de los campos y en el cuidado de su casa". Pero Kiselyov dio su aprobación a un proyecto suavizado (1853): "Las lecciones deben corresponder perfectamente a las capacidades y a la experiencia de aquellos a quienes van destinadas", el instructor encargado de organizar el trabajo agrícola sólo puede desviarse de él en el sentido de una reducción de tareas, y para la primera falta, ningún castigo, para la segunda y la tercera, de diez a veinte latigazos, nada más. (El alistamiento en el ejército nunca se aplicó, "nadie... ha sido jamás hecho soldado por sus faltas en el trabajo", y en 1860, la ley fue definitivamente derogada.)[252]

No olvidemos que aún estábamos en la época de la servidumbre. Pero medio siglo después de los concienzudos intentos del gobierno de atraer a los judíos para que proporcionaran mano de obra productiva en tierras vírgenes, empezaron a aparecer los contornos de los pueblos de Arakcheyev.[253]

Es sorprendente que el poder imperial no comprendiera, a estas alturas, la esterilidad de las medidas tomadas, el carácter desesperado de toda esta empresa de retorno a la tierra.

---

[252] *Ibidem**, p. 350-351, 382,385, 390, 425, 547, 679.
[253] El conde Alexis Araktchev (1769 1834), favorito de Alejandro I, creador de las "colonias militares" que debían alojar a los soldados con sus familias y sustituir a las guarniciones.

Además, el proceso no había terminado...

Tras la introducción del servicio militar obligatorio, se extendieron rumores alarmantes entre la población judía, anunciando una nueva y terrible legislación preparada especialmente por el "Comité Judío". Pero en 1835 se promulgó finalmente un Reglamento General relativo a los judíos (destinado a sustituir al de 1804), y, como señala discretamente la *Encyclopædia Judía*, "no imponía nuevas limitaciones a los judíos." [254]Si queremos saber más: este nuevo reglamento "preservaba para los judíos el derecho a adquirir todo tipo de bienes inmuebles excluyendo las zonas habitadas, a realizar todo tipo de comercio en pie de igualdad con los demás súbditos, pero sólo dentro del Pale of Settlement". [255]Este Reglamento de 1835 confirmó la protección de todos los derechos reconocidos a la fe judía, introdujo distinciones para los rabinos, confiriéndoles los derechos concedidos a los comerciantes del primer gremio; estableció una edad razonable para contraer matrimonio (18 y 16 años); adoptó medidas para que el atuendo judío no difiriera demasiado y no aislara a los judíos de la población circundante; orientó a los judíos hacia los medios de ganarse la vida mediante el trabajo productivo (sólo prohibió la venta de licores a crédito o garantizó sobre los efectos domésticos), autorizó todo tipo de actividades industriales (incluido el alquiler de destilerías). Tener cristianos a su servicio sólo se prohibía para el empleo regular, pero se autorizaba "para trabajos de corta duración" (sin especificar los plazos) y "para trabajos en fábricas y talleres", así como "como ayudante en las labores del campo, jardines y huertas"[256], lo que sonaba a burla de la idea misma de "agricultura judía". El Reglamento de 1835 instaba a la juventud judía a educarse; no restringía la matrícula judía a las escuelas secundarias o a la universidad. [257]Los judíos que hubieran recibido el grado de doctor en cualquier disciplina, una vez reconocidas (no sin formalidades) sus distinguidas cualidades, tenían derecho a entrar al servicio del Estado. (Los médicos judíos ya gozaban de este derecho.) Por lo que respecta a la administración local, el Reglamento derogó las limitaciones anteriores: a partir de ahora, los judíos podían ocupar cargos en ayuntamientos, magistraturas y municipios "en las mismas condiciones que si hubieran sido elegidos para un cargo miembros de otras confesiones." (Es cierto que algunas autoridades locales, sobre todo en Lituania, se opusieron a esta disposición: en determinadas circunstancias, el alcalde tiene que llevar a

---

[254] JE, 1.12, p. 695.
[255] M. *Kovalevsky*, Ravnopravie evreev i ego vragui (La igualdad de derechos de los judíos y sus enemigos), en Schit: literatournyj sbornik (Colección literaria), bajo la dirección de L. Andreyev, M. Gorky y F. Sologub, 3rd ed. aumentada, Moscú, Sociedad Rusa para el Estudio de la Vida Judía, 1916, p. 117.
[256] JE, t. 11, p. 494.
[257] *Kovalevsky*, en Schit, p. 117.

sus ciudadanos a la iglesia, ¿cómo podría hacerlo un judío? Además, ¿puede un judío sentarse entre los jueces cuando se jura sobre la cruz? Ante estas fuertes reservas, un decreto de 1836 estipuló que en las provincias occidentales los judíos sólo podían ocupar en la magistratura y los municipios un tercio de los cargos. [258]) Por último, en relación con el espinoso problema económico inherente al contrabando transfronterizo, tan perjudicial para los intereses del Estado, el Reglamento permitía que los judíos ya residentes permanecieran allí, pero prohibía cualquier nueva instalación.[259]

Para un Estado que aún mantenía a millones de sus súbditos en la servidumbre, todo lo que se acaba de mencionar podría no parecer un sistema de crueles limitaciones.

Durante el examen del Reglamento ante el Consejo de Estado, las discusiones versaron sobre la posibilidad de permitir a los judíos el libre acceso a las provincias interiores de la Gran Rusia, y las opiniones expresadas al respecto fueron tan numerosas como variadas. Algunos argumentaban que "para admitir a los judíos a establecerse en las provincias centrales, debían poder justificar ciertas cualidades morales y un nivel de educación suficiente"; otros respondían que "los judíos pueden ser de gran utilidad por su actividad comercial e industrial, y que no se puede impedir la competencia prohibiendo a nadie residir y ejercer el comercio"; "es necesario plantear el problema... dicho claramente: ¿se puede tolerar a los judíos en este país? Si se considera que no pueden serlo, entonces hay que expulsarlos a todos", en lugar de "dejar a esta categoría en medio de la nación en una situación susceptible de engendrar en ellos descontento y gruñidos continuos". Y "si es necesario tolerar su presencia en este país, entonces es importante liberarlos de cualquier limitación impuesta a sus derechos".[260]

Además, los "arcaicos privilegios polacos (abandonados por el Estado ruso desde el reinado de Catalina) que otorgaban a las comunidades urbanas el poder de introducir restricciones al derecho de residencia de los judíos" reaparecieron con mayor agudeza en Vilna primero, y luego en Kiev. En Vilna, se prohibió a los judíos establecerse en determinadas partes de la ciudad. En Kiev, los comerciantes locales se indignaron porque "los judíos, para gran disgusto de todos, se dedican al comercio y a los negocios entre los muros de los monasterios de Pechersk[261]... que se apoderan de todos los establecimientos comerciales de Pechersk" y excluyen a los "cristianos

---

[258] *Hessen**, t. 2, pp. 50 52, 105,106.
[259] JE, t. 12, p. 599.
[260] *Hessen*, t. 2. pp. 47, 48.
[261] O "las Grutas": un conjunto de monasterios cuyos orígenes se remontan a mediados del siglo XI y que siguen existiendo en la actualidad.

comerciantes"; instaron al Gobernador General a obtener la prohibición (1827) "de que los judíos vivan permanentemente en Kiev... Sólo algunas categorías de individuos podrían ir allí por un período de tiempo determinado". "Como siempre en tales circunstancias, el Gobierno se vio obligado a aplazar en varias ocasiones el plazo fijado para su expulsión". Las discusiones volvieron al "Comité Director", dividió al Consejo de Estado en dos bandos iguales, pero en virtud del Reglamento de 1835 Nicolás confirmó la expulsión de los judíos de Kiev. Sin embargo, poco después, "a ciertas categorías de judíos se les permitió de nuevo residir temporalmente en Kiev". (¿Pero por qué los judíos tenían tanta suerte en la competencia comercial? A menudo, vendían a precios más bajos que los cristianos, contentándose con un "beneficio menor" del que éstos exigían; pero en algunos casos, se consideró que sus mercancías procedían del contrabando, y el gobernador de Kiev, que había tomado la defensa de los judíos, observó que "si los cristianos estuvieran dispuestos a tomarse la molestia, podrían expulsar a los judíos sin estas medidas coercitivas".[262]) Así, "en Bielorrusia, los judíos sólo tenían derecho a residir en las ciudades; en la Pequeña Rusia, podían vivir en todas partes, con excepción de Kiev y ciertos pueblos; en la Nueva Rusia, en todos los lugares habitados con excepción de Nikoláyev y Sebastopol",[263] puertos militares de los que se había prohibido la entrada a los judíos por razones relacionadas con la seguridad del Estado.

"El Reglamento de 1835 permitía a los comerciantes y fabricantes [judíos] participar en las principales ferias de las provincias del interior para comerciar temporalmente en ellas, y les concedía el derecho a vender ciertas mercancías fuera del Pale of Settlement".[264] Del mismo modo, los artesanos no estaban totalmente privados del acceso a las provincias centrales, aunque sólo fuera temporalmente. Según el Reglamento de 1827, "las autoridades de las provincias situadas fuera del Pale of Settlement tenían derecho a autorizar a los judíos a permanecer allí durante seis meses".[265] Hessen señala que el Reglamento de 1835 "y las leyes posteriores ampliaron algo para los judíos la posibilidad de vivir temporalmente fuera del Pale of Settlement", sobre todo porque las autoridades locales hacían la vista gorda "cuando los judíos se saltaban las prohibiciones".[266] Leskov lo confirma en una nota que escribió a petición del comité gubernamental: "En los años 40", los judíos "aparecían en las aldeas de la Gran Rusia pertenecientes a los grandes terratenientes para ofrecer sus servicios... Durante todo el año, hacían visitas puntuales 'a los

---

[262] *Ibidem*, pp. 40-42.
[263] LJE, t. 7, p. 318.
[264] JE, t. 14, p. 944.
[265] *Ibidem*, t. 11, p. 332.
[266] *Hessen*, t. 2, pp. 46, 48.

señores de sus conocidos'" en las provincias vecinas de la Gran Rusia, y en todas partes comerciaban y se ocupaban del trabajo. "No sólo no se expulsaba a los judíos, sino que se les retenía". "Por lo general, la gente acogía y daba refugio a los artesanos judíos...; en todas partes las autoridades locales los trataban con amabilidad, ya que, al igual que para los demás habitantes, los judíos proporcionaban importantes ventajas". [267]"Con la ayuda de cristianos interesados, los judíos violaron los decretos limitadores. Y las autoridades fueron a su vez incitadas a derogar las leyes... En las provincias de Rusia Central se decidió fijar multas que se impondrían a los propietarios que permitieran a los judíos instalarse en su casa."[268]

Así es como, llevadas por consideraciones conservadoras (más concretamente religiosas) de no querer la fusión entre cristianos y judíos, las autoridades del Estado ruso, ante el empuje económico que atraía a los judíos más allá del Pale of Settlement, no fueron capaces ni de tomar una decisión clara ni de aplicarla claramente en la práctica. En cuanto al carácter dinámico y emprendedor de los judíos, adolecía de una excesiva concentración territorial y de una competencia interna demasiado fuerte; era natural que se desbordaran lo más ampliamente posible.

Como observó I. Orchansky: "Cuanto más se dispersan los judíos entre la población cristiana, más alto es su nivel de vida".[269]

Pero sería difícil negar que, incluso en su perímetro oficial, el Pale of Settlement para los judíos en Rusia era muy extenso: además de lo que se había heredado de la densa agrupación judía de Polonia, a las provincias de Vilna, Grodno, Kaunas, Vitebsk, Minsk, Mogilev, Volinia, Podolsk y Kiev (además de Polonia y Courlandia) se añadieron las vastas y fértiles provincias de Poltava, Ikaterinoslav, Chernigov, Tauride, Kherson y Besarabia, todas juntas más grandes que cualquier estado, o incluso grupo de estados europeos. (Poco después, desde 1804 hasta mediados de los años 30, se añadieron las ricas provincias de Astracán y el Cáucaso, pero los judíos apenas se establecieron allí; de nuevo en 1824, en Astracán, "ningún judío estaba registrado como sujeto a impuestos". [270]Esto hacía quince provincias dentro del Pale of Settlement, comparadas con las treinta y una de la "Rusia Profunda". Y pocas estaban más pobladas que las provincias de la Rusia central. En cuanto a la proporción de población judía, no superaba la de los musulmanes en las provincias de los Urales o el Volga. Así pues, la densidad de judíos en el Pale de Asentamiento no se debía a

---

[267] *Leskov*, pp. 45-48.
[268] *Hessen*, t. 2, p. 49.
[269] *Orchansky*, p. 30.
[270] JE. t. 3, p. 359.

su número, sino a la uniformidad de sus ocupaciones. Sólo en la inmensidad de Rusia una zona así podía parecer reducida.

Se objeta que la extensión de esta zona era ilusoria: excluía todas las zonas situadas fuera de las ciudades y otras aglomeraciones. Pero estos espacios eran zonas agrícolas o destinadas a la agricultura, y se entendía que este dominio, accesible a los judíos, no les atraía; todo su problema era más bien cómo utilizar estos espacios para el comercio del alcohol. Lo cual era una desviación.

Y si la gran masa judía no se hubiera trasladado de la estrecha Polonia a la vasta Rusia, el concepto mismo de Pale of Settlement nunca habría nacido.

En la estrecha Polonia, los judíos habrían vivido densamente amontonados, con mayor pobreza, creciendo rápidamente sin realizar ningún trabajo productivo, el 80% de la población practicando el pequeño comercio y el trapicheo de intermediarios.

En cualquier caso, en ningún lugar de las ciudades rusas se implantaron guetos obligatorios para los judíos, como todavía se conocía aquí y allá en Europa. (Si no el suburbio de Glebovo, en Moscú, para los que iban allí como visitantes).

Recordemos una vez más que este Pale of Settlement coexistió durante tres cuartos de siglo con la servidumbre de la mayor parte de la población rural rusa, por lo que, en comparación, el peso de estas limitaciones a la libertad de ir y venir era algo menor. En el Imperio ruso, muchos pueblos vivían por millones en zonas de alta densidad dentro de sus respectivas regiones. Dentro de las fronteras de un Estado multinacional, los pueblos a menudo vivían de forma compacta más o menos como entidades separadas. Así ocurría con el ejemplo de los caraítas y los judíos "de las montañas", estos últimos con libertad para elegir su lugar de residencia, pero que apenas utilizaban. No hay comparación posible con los límites territoriales, las "reservas" impuestas a las poblaciones autóctonas de los países conquistados por los colonizadores (anglosajones o españoles) venidos de otros lugares.

Precisamente la ausencia de un territorio nacional entre los judíos, dado el dinamismo que mostraban en sus movimientos, su sentido sumamente práctico, su celo en la esfera económica, prometía convertirse de forma inminente en un importante factor que influiría en la vida del país en su conjunto. Podemos decir que es, por una parte, la necesidad de la diáspora judía de acceder a todas las funciones existentes y, por otra, el temor a un desbordamiento de su actividad lo que alimentó las medidas limitadoras adoptadas por el gobierno ruso.

Sí, en conjunto, los judíos de Rusia se apartaron de la agricultura. En la artesanía, eran preferentemente sastres, zapateros, relojeros, joyeros. Sin embargo, a pesar de las limitaciones impuestas por el Pale, su actividad productiva no se limitaba a estos pequeños oficios.

La *Enciclopedia Judía* publicada antes de la Revolución escribe que para los judíos, antes del desarrollo de la industria pesada, "lo más importante era el comercio de dinero; independientemente de que el judío interviniera como prestamista o cambista, como agricultor de renta pública o privada, como arrendatario o inquilino, se dedicaba principalmente a las transacciones financieras." Pues incluso en el período de la economía rural en Rusia, "la demanda de dinero ya se hacía sentir en proporciones cada vez mayores." [271] De ahí la transferencia de capitales judíos a esta industria para que participaran en ella. Ya bajo Alejandro I se habían tomado enérgicas disposiciones para fomentar la participación de los judíos en la industria, especialmente en la pañería. Posteriormente desempeñó un papel importante en la acumulación de capital en manos de los judíos", y luego "no dejaron de utilizar este capital sucesivamente en fábricas y plantas, minería, transporte y banca". Así comenzó la formación de una baja y alta *burguesía* judía.[272] El Reglamento de 1835 "también preveía privilegios para los fabricantes judíos".[273]

En los años cuarenta del siglo XIX, la industria azucarera había crecido considerablemente en las provincias del suroeste. Primero, los capitalistas judíos empezaron concediendo subvenciones a las refinerías de los terratenientes, después asumiendo su administración, más tarde convirtiéndose en propietarios y, por último, construyendo sus propias fábricas. En Ucrania y Nueva Rusia, poderosos "reyes del azúcar", entre otros Lazare y Lev Brodski. "La mayoría de estos productores de azúcar judíos habían empezado en la destilería de alcohol... o como inquilinos de cabarets". Esta situación también se dio en la molienda de harina.[274]

En aquella época, ningún contemporáneo comprendió ni se molestó en prever el poder que allí se acumulaba, material primero, espiritual después. Por supuesto, Nicolás I fue el primero en no ver, ni entender. Tenía una opinión demasiado elevada de la omnipotencia del poder imperial y de la eficacia de los métodos administrativos de tipo militar.

Pero deseaba obstinadamente el éxito en la educación de los judíos para que éstos pudieran superar su extrañeza en relación con el resto de la

---

[271] JE, t. 13. p. 646.
[272] *J.M. Dijour*, Evrei v ekonomitcheskoï jizni Rossii (Los judíos en la vida económica rusa), en BJWR-1, pp. 164,165.
[273] JE, t. 15, p. 153.
[274] *Dijour*, en LJE-1, pp. 165,168.

población, situación en la que veía un gran peligro. Ya en 1831, señala al "Comité de Directores" que "entre las medidas susceptibles de mejorar la situación de los judíos, debe prestarse especial atención a su elevación por la vía de la educación... mediante la creación de fábricas, la prohibición de los matrimonios precoces, una mejor organización de los *Kehalim*..., un cambio en las costumbres de vestir." [275] Y en 1840, cuando se fundó el "Comité encargado de identificar las medidas para una transformación radical de la vida de los judíos en Rusia", uno de los primeros objetivos previstos por este comité era "promover el desarrollo moral de la nueva generación mediante la creación de escuelas judías con un espíritu contrario a la enseñanza talmúdica actualmente en vigor."[276]

Todos los judíos progresistas de la época también querían una educación general (sólo estaban divididos sobre si excluir totalmente el Talmud del programa o estudiarlo en los cursos superiores, "con la iluminación de un enfoque científico, liberado así de añadidos indeseables"[277]). Una escuela de educación general recién establecida en Riga estaba dirigida por un joven graduado de la Universidad de Munich, Max Lilienthal, que aspiraba a invertir en la "difusión de la educación entre los judíos rusos". En 1840, fue cordialmente recibido en San Petersburgo por los ministros del Interior y de Educación, y escribió al "Comité para la Transformación de la Vida de los Judíos" proponiendo el proyecto de un seminario consistorial y teológico con el objetivo de formar rabinos y maestros "según fundamentos éticos puros", en contraposición a los "talmudistas calcificados"; Sin embargo, "antes de adquirir los principios esenciales de la fe, no sería permisible estudiar materias profanas." Así se modificó el proyecto ministerial: se aumentó el número de horas dedicadas a la enseñanza de materias judías.[278] Lilienthal también intentó persuadir al gobierno para que tomara medidas preventivas contra los *jasidim*, pero sin éxito: el poder gubernamental "quería un frente que unificara a los diversos medios sociales judíos que hacían la guerra".[279] Lilienthal, que había desarrollado su escuela en Riga "con un éxito asombroso", fue invitado por el Ministerio a visitar las provincias del Pale of Settlement para contribuir a la labor educativa, mediante reuniones públicas y conferencias con personalidades judías. Su viaje, al menos externamente, fue un gran éxito; por regla general, se encontró con poca hostilidad abierta y parecía haber logrado convencer a los círculos influyentes del mundo judío. "Los enemigos... de la reforma... tuvieron que expresar su aprobación exteriormente". Pero la oposición oculta era, por supuesto, muy importante. Y cuando finalmente

---

[275] *Hessen**, t. 2, p. 77.
[276] *Ibidem*, p. 84; JE, t. 13. p. 47.
[277] *Hessen*, t. 2, p. 83.
[278] *Ibidem*, p. 84; JE, t. 13. p. 47.
[279] *Hessen*, t. 2. pp. 85, 86.

se aplicó la reforma escolar, Lilienthal renunció a su misión. En 1844, se marchó inesperadamente a Estados Unidos, para no volver jamás. "Su salida de Rusia -quizás una forma de escapar- permanece envuelta en el misterio."[280]

Así, bajo Nicolás I, las autoridades no sólo no se oponían a la asimilación de los judíos, sino que la propugnaban; sin embargo, las masas judías que permanecían bajo la influencia del *Kahal*, temían las medidas coercitivas en el ámbito religioso, por lo que no se prestaban a ello.

Sin embargo, la reforma escolar comenzó en 1844, a pesar de la extrema resistencia de los líderes de los *Kehalim*. (Y aunque "al crear estas escuelas judías no se intentó reducir el número de judíos en las escuelas generales, al contrario, se señaló que debían, como antes, estar abiertas a los judíos".[281]) Se crearon dos tipos de escuelas públicas judías ("siguiendo el modelo de las escuelas elementales judías de Austria"[282]): de dos años, correspondientes a las escuelas parroquiales rusas, y de cuatro años, correspondientes a las escuelas de distrito. Sólo las disciplinas judías eran impartidas por profesores judíos (y hebreos); las demás, por profesores rusos. (Como reconoce Lev Deitch, un revolucionario enloquecido: "El monstruo coronado les ordenó [a los niños judíos] que aprendieran ruso".[283]) Durante muchos años, estas escuelas estuvieron dirigidas por cristianos, y sólo fueron dirigidas por judíos mucho más tarde.

"Fieles al judaísmo tradicional, enterados o no del objetivo secreto de Uvarov [ministro de Educación], la mayoría de la población judía de vio en estas medidas gubernamentales de educación un medio de persecución como los demás". [284](Said Uvarov, que, por su parte, pretendía acercar a los judíos a la población cristiana erradicando los "prejuicios inspirados por los preceptos del Talmud", quería excluir por completo a este último del sistema educativo, considerándolo un compendio anticristiano[285]).

Al seguir desconfiando durante muchos años de las autoridades rusas, la población judía se alejó de estas escuelas y alimentó una verdadera fobia hacia ellas: "Al igual que la población buscaba escapar del reclutamiento, desconfiaba de estas escuelas, temiendo dejar a sus hijos en estos hogares de "librepensadores". Las familias judías acomodadas a menudo no enviaban a las escuelas públicas a sus propios hijos, sino a los de los pobres.

---

[280] *Ibidem*, pp. 84, 86 87.
[281] JE, 1.13, pp. 47, 48.
[282] *Ibidem*, t. 3, p. 334.
[283] *L Deitch*, Roi evreev v rousskom revolioutsionnom dvïjenii, (El papel de los judíos en el movimiento revolucionario ruso), t. 1, 2nd ed., Moscú-Leningrado, GIZ, 1925, p. 11.
[284] JE, t. 9, p. 111.
[285] *Hessen*, t. 2, p. 85.

[286]Así fue confiado a una escuela pública P. B. Axelrod[287] ; Luego fue a la universidad, y después obtuvo amplia notoriedad política como compañero de Plejánov y Deitch en la lucha dentro de la Liberación del Trabajo [288]). Si en 1855 sólo el *Heder*, debidamente registrado, contaba con 70.000 niños judíos, las escuelas públicas de ambos tipos sólo recibían a 3.200.[289]

Este miedo a la educación pública se perpetuó durante mucho tiempo en los círculos judíos. De este modo, Deitch recuerda los años 60, no en medio de ninguna parte, sino en Kiev: "Recuerdo la época en que mis compatriotas consideraban un pecado aprender ruso" y sólo toleraban su uso "en las relaciones con los *goyim*". [290]A. G. Sliozberg recuerda que, hasta los años 70, entrar en la universidad se consideraba una traición a la esencia de la judeidad, el uniforme universitario era un signo de apostasía. "Entre judíos y cristianos había un abismo que sólo unos pocos judíos podían cruzar, y sólo en las grandes ciudades donde la opinión pública judía no paralizaba la voluntad de todos". [291]Los jóvenes apegados a las tradiciones judías no aspiraban a estudiar en las universidades rusas, aunque el diploma final, según la Ley de Reclutamiento de 1827, dispensaba del servicio militar de por vida. Sin embargo, Hessen señala que entre los judíos rusos pertenecientes a "los círculos más acomodados", "crecía el deseo espontáneo de integrar... las escuelas públicas".[292]

Añade que en las escuelas públicas judías "no sólo los directores cristianos, sino también la mayoría de los profesores judíos que impartían las disciplinas judías en lengua alemana estaban muy lejos del nivel requerido". Así, "paralelamente a la creación de estas escuelas públicas, se decidió organizar una escuela superior destinada a la formación de profesores, para formar rabinos mejor educados y capaces de actuar progresivamente sobre las masas judías". Las escuelas rabínicas de este tipo se fundaron en Vilna y Zhytomir (1847)." "A pesar de sus deficiencias, estas escuelas fueron de alguna utilidad", según el testimonio del liberal J. Hessen, "la generación naciente se familiarizaba con la lengua rusa y su gramática." [293]El revolucionario Sr. Krol era de la misma opinión, pero también condenaba sin reservas al gobierno: "Las leyes de Nicolás I que instituían escuelas públicas primarias y escuelas rabínicas eran reaccionarias y hostiles a los judíos; las escuelas, de buena o mala gana,

---

[286] *Ibidem*, p. 120.
[287] Paul Axelrod (1850-1928), fundador en Ginebra del pequeñísimo grupo "Liberación del Trabajo", embrión del futuro Partido Socialdemócrata Ruso, fundado en 1898.
[288] *Deitch*, p. 12-13.
[289] I. M. Trotsky, Los judíos en las escuelas rusas, en BJWR-1, pp. 351, 354.
[290] *Deitch*, p. 10.
[291] JE, 1.11, p. 713.
[292] *Hessen*, t. 11, p. 112.
[293] *Ibidem*, p. 121.

permitían a un pequeño número de niños judíos aprender la educación laica". En cuanto a los intelectuales "ilustrados" (los *maskilim*) y los que ahora despreciaban las "supersticiones de las masas", "no tenían adónde ir", según Krol, y seguían siendo extraños entre los suyos. "Sin embargo, esta evolución desempeñó un enorme papel en el despertar espiritual de los judíos rusos durante la segunda mitad del siglo XIX", aunque los *Maskilim*, que querían iluminar a las masas judías, se encontraron con "la feroz oposición de los fanáticos creyentes judíos que veían en la ciencia profana una alienación del diablo".[294]

En 1850 se creó una especie de superestructura: un instituto de "eruditos judíos", así como un cuerpo de inspectores consultores entre los directores de academias.

Los que procedían de las escuelas rabínicas recién creadas ocupaban en 1857 las funciones de "rabinos públicos"; elegidos a regañadientes por su comunidad, su designación estaba sujeta a la aprobación de las autoridades de su provincia.

Pero su responsabilidad seguía siendo puramente administrativa: las comunidades judías los consideraban ignorantes en ciencias hebreas, y los rabinos tradicionales se mantenían como auténticos "rabinos espirituales". [295] (Numerosos graduados de las escuelas rabínicas, "no encontraron puestos, ni como rabinos ni como profesores", prosiguieron sus estudios en la universidad, [296]y luego se convirtieron en médicos o abogados). Nicolás I no aflojó su presión para regular la vida interna de la comunidad judía. El *Kahal*, que ya poseía un inmenso poder sobre la comunidad, se hizo aún más fuerte desde el momento en que se introdujo la conscripción: se le concedió el derecho de "dar por reclutado en cualquier momento a todo judío que no pagara sus derechos, que no tuviera domicilio fijo o cometiera faltas intolerables en la sociedad judía", y utilizó este derecho en beneficio de los ricos. "Todo esto alimentó la indignación de las masas hacia los gobernantes de los *Kehalim* y se convirtió en una de las causas de la irremediable decadencia del *Kahal*". Así, en 1844, los *Kehalim* "fueron disueltos en todas partes, y sus funciones fueron transmitidas a los municipios y ayuntamientos"[297] ; En otras palabras, las comunidades judías urbanas se encontraron sometidas a la legislación uniforme del Estado. Pero esta reforma tampoco se completó: la recaudación de los arduos y evanescentes atrasos y el levantamiento de los reclutas se confiaron de

---

[294] *M. Krol*, Natsionalism i assimiliatsia v evreïskoï islorii (Nacionalismo y asimilación en la historia judía), en JW, p. 188.
[295] LJE, t. 4, p. 34; B. C. *Dinour*. Religiosno-natsionalnyj oblik rousskogo evreïstva (El perfil religioso y nacional de los judíos rusos) en BJWR-1. p. 314.
[296] *Hessen*, t. 2, p. 179.
[297] LJE*, 1.4, pp. 20 21.

nuevo a la comunidad judía, cuyos "reclutadores" y recaudadores de impuestos fueron sustituidos por los antiguos de los *Kehalim*. En cuanto al registro de los nacimientos, y por tanto al recuento de la población, quedaron en manos de los rabinos.

El gobierno de Nicolás también se posicionó sobre el inextricable problema de la recaudación de impuestos internos de las comunidades judías, en primer lugar sobre el llamado "cofre" (impuesto indirecto sobre el consumo de carne kosher). Una disposición de 1844 especificaba que parte de la recaudación debía destinarse a cubrir los atrasos públicos de la comunidad, a financiar la organización de escuelas judías y a distribuir subsidios entre los judíos que se dedicaban a la agricultura. [298] Pero también hubo un embrollo inesperado: aunque los judíos "estaban sujetos a la capitación sobre la misma base que los *burgueses* cristianos", es decir, a un impuesto directo, "la población judía, gracias a la cuantía del "cofre", se encontraba, es un decir, en una posición privilegiada para pagar el canon"; de hecho, a partir de entonces "los judíos, incluidos los más ricos, sólo cubrían con pagos personales una parte insignificante de los impuestos debidos al fisco, convirtiendo el saldo en atrasos", y éstos no dejaron de acumularse: a mediados de los años 50, superaban los 8 millones de rublos.

Siguió un nuevo decreto imperial dictado por la exasperación: "por cada 2.000 rublos" de nuevos atrasos, "había que proporcionar un adulto como recluta".[299] En 1844 se hizo un nuevo y enérgico intento -otra vez abortado- de expulsar a los judíos de las aldeas.

Hessen escribe pictóricamente que "en las leyes rusas destinadas a normalizar la vida de los judíos, se oye como un grito de desesperación: a pesar de toda su autoridad, el gobierno no consigue extirpar la existencia de los judíos de las profundidades de la vida rusa".[300]

No, los dirigentes de Rusia aún no se habían dado cuenta de todo el peso e incluso de la "inasimilabilidad" del inmenso legado judío recibido como regalo bajo las sucesivas divisiones de Polonia: ¿qué hacer con este grupo intrínsecamente resistente y en rápida expansión en el cuerpo nacional ruso? No encontraban normas fiables y eran tanto más incapaces de prever el futuro. Las enérgicas medidas de Nicolás I se sucedían una tras otra, pero la situación no hacía más que complicarse.

Un fracaso similar, que fue en aumento, siguió a Nicolás I en su lucha contra los contrabandistas judíos en las fronteras. En 1843 ordenó categóricamente la expulsión de todos los judíos de una zona tampón de

---

[298] *Hessen*, t. 2, pp. 89 90.
[299] JE, t. 12, p. 640.
[300] *Hessen*, t. 2, p. 19.

cincuenta kilómetros de profundidad adyacente a Austria y Prusia, a pesar de que "en algunas aduanas fronterizas los mercaderes que comerciaban eran prácticamente todos judíos".[301] La medida se corrigió inmediatamente con numerosas exenciones: primero se concedió un plazo de dos años para la venta de las mercancías, luego se amplió la duración y se ofreció ayuda material a los expulsados para su nuevo asentamiento; además, se les eximió durante cinco años de todos los cánones. Durante varios años ni siquiera se inició el traslado, y pronto "el gobierno de Nicolás I dejó de insistir en la expulsión de los judíos de esta franja fronteriza de cincuenta kilómetros, lo que permitió a algunos de ellos quedarse donde vivían".[302]

Fue en esta ocasión cuando Nicolás recibió una nueva advertencia de la que no midió el alcance y las consecuencias para toda Rusia: esta formidable medida, pero aplicada muy parcialmente, destinada a expulsar a los judíos de la zona fronteriza, motivada por un contrabando que había asumido una extensión peligrosa para el Estado, había suscitado en Europa tal indignación que cabe preguntarse si no fue esta medida la que confundió drásticamente a la opinión pública europea con Rusia. Puede decirse que este decreto particular de 1843 debe datar del comienzo mismo de la época en que el mundo judío occidental, en defensa de sus correligionarios en Rusia, comenzó a ejercer una influencia decisiva que, a partir de entonces, ya no volvería a decaer.

Una de las manifestaciones de esta nueva atención fue la llegada a Rusia en 1846 de sir Moses Montefiore, portador de una carta de recomendación de la reina Victoria en la que se le encargaba que obtuviera la "mejora del destino de la población judía" de Rusia. Recorrió varias ciudades de gran densidad judía; luego, desde Inglaterra, envió una larga carta al emperador en la que recomendaba la emancipación de los judíos de toda legislación limitadora, concederles "igualdad de derechos con todos los demás súbditos" (con la excepción, por supuesto, de los siervos), "a corto plazo: abolir todas las limitaciones en el ejercicio del derecho a establecerse y circular entre los límites del Pale of Settlement", permitir a los comerciantes y artesanos visitar las provincias, "permitir a los cristianos emplearse al servicio de los judíos..., restaurar el *Kahal*...".[303]

Pero, por el contrario, Nicolás no renunció a su determinación de poner orden en la vida de los judíos de Rusia. Se parecía a Pedro el Grande en su resolución de estructurar por decreto todo el Estado y toda la sociedad según su plan, y de reducir la complejidad de la sociedad a categorías

---

[301] *Hessen*, 1.1, p. 203.
[302] LJE, t. 7. p. 321.
[303] *Hessen*, I. 2, pp. 107 108.

simples y fáciles de entender, como Pedro había "recortado" anteriormente todo lo que perturbaba la clara configuración de las clases tributarias.

Esta vez se trataba de diferenciar a la población judía de la *burguesa*. Este proyecto comenzó en 1840; cuando se quiso ir más allá de la singularidad nacional y religiosa de los judíos (se examinaron entonces las opiniones de Levinson, Feiguine y Gueseanovsky), se esforzaron por "estudiar la raíz de su obstinado aislamiento" en relación con "la ausencia en ellos de todo trabajo productivo", su "nociva práctica de pequeños oficios, acompañada de toda clase de fraudes y engaños". En cuanto a la "ociosidad" de muchos judíos, los círculos gubernamentales la achacaban a "hábitos inveterados"; consideraban que "la masa judía habría podido encontrar medios de subsistencia, pero tradicionalmente se negaba a ejercer ciertos tipos de empleo."[304]

El conde Kiselyov propuso al emperador la siguiente medida: sin afectar a los mercaderes judíos, perfectamente bien establecidos, preocuparse por los llamados judíos *burgueses*, más exactamente dividirlos en dos categorías: contar en la primera a los que se benefician de bienes y de un sólido sedentarismo, e incluir en la segunda a los que carecen de estos factores y fijarles un plazo de cinco años para que se hagan artesanos en talleres, o agricultores. (Se consideraba artesano al que se matriculaba para siempre en un taller: como *burgués sedentario*, al que se había matriculado en un taller durante cierto tiempo.)[305]

En cuanto a los que no cumplieran estas condiciones al final del período de cinco años y permanecieran confinados en su estado anterior, serían considerados "inútiles" y sometidos al servicio militar y a un período de trabajo de tipo particular: serían alistados en el ejército (los de 20 años en adelante) en número tres veces superior al exigido, no para los veinticinco años de servicio militar habituales, sino sólo para diez. Y, mientras tanto, "se les utilizaría en el ejército o en la marina inculcándoles, sobre todo, diferentes oficios y luego, con su consentimiento, se les haría artesanos o agricultores". En otras palabras, se les daría a la fuerza una formación profesional. Pero el gobierno no disponía de fondos para ello y se planteaba recurrir al impuesto "ataúd", ya que la sociedad judía sólo podía estar interesada en este esfuerzo por rehabilitar a sus miembros mediante el trabajo.[306]

En 1840, Nicolás I dio su aprobación al proyecto. (La expresión "judíos innecesarios" fue sustituida por "que no realizan un trabajo productivo"). Todas las medidas para transformar la vida de los judíos se redujeron a un

---

[304] *Ibidem**, pp. 79-80.
[305] JE, t. 13, p. 439.
[306] *Hessen**, t. 2. pp. 81, 82.

único decreto que preveía los siguientes pasos: 1) "regularización de la recogida del 'cofre' y supresión del *Kahal*"; 2) creación de escuelas de educación general para judíos; 3) institución de "rabinos parroquiales"; 4) "establecimiento de los judíos en tierras pertenecientes al Estado" con fines agrícolas; 5) categorización; 6) prohibición de llevar la prenda larga. Kiselyov pensaba introducir la categorización social en un futuro bastante lejano; Nicolás la anteponía a la agricultura, que durante un cuarto de siglo no había dejado de ser un fracaso.[307]

Sin embargo, la categorización preveía un periodo de cinco años para la elección de las ocupaciones, y la medida en sí no se anunció hasta 1846, por lo que no pudo hacerse realidad hasta enero de 1852. (En 1843, el gobernador general de Nueva Rusia, el conde Vorontsov, se levantó contra esta medida: escribió que las ocupaciones "de esta numerosa clase de comerciantes e intermediarios eran 'vilipendiadas' y que [el 80%] de la población judía se contaba como elementos 'inútiles'", lo que significaba que el 80% de los judíos se dedicaba principalmente al comercio, y Vorontsov esperaba que, dado el enorme potencial económico de Nueva Rusia, "se pudiera limitar cualquier forma de restricción", no creía necesario expulsar a los judíos de las aldeas, sino que pensaba que bastaba con intensificar su educación. Advirtió que la categorización probablemente despertaría indignación en Europa.)[308]

Escaldado por la forma en que Europa había reaccionado ante el intento de expulsar a los judíos de la zona fronteriza, el gobierno ruso redactó en 1846 una declaración detallada sobre la nueva medida: en Polonia, los judíos no tenían ni ciudadanía ni derecho a poseer bienes inmuebles, por lo que estaban restringidos al pequeño comercio y a la venta de alcohol; incorporados a Rusia, vieron ampliados los límites de su residencia, recibieron derechos civiles, acceso a la clase de comerciantes de las ciudades, derecho a poseer bienes inmuebles, a entrar en la categoría de agricultores, derecho a la educación, incluido el acceso a universidades y academias.[309]

Hay que admitir que los judíos recibieron todos estos derechos desde las primeras décadas de su presencia en la famosa "prisión de los pueblos". Sin embargo, un siglo más tarde, en una recopilación escrita por autores judíos, se encuentra la siguiente valoración: "Cuando se produjo la anexión a Rusia de las provincias polacas con su población judía, se hicieron *promesas* en materia de derechos e *intentos* de realizarlas [la cursiva es mía, A. S.; dichas promesas se cumplieron y los intentos no estuvieron exentos de

---

[307] *Ibidem*, pp. 82-83.
[308] *Ibidem*, pp. 100 103.
[309] *Ibidem*, p.103.

éxito]. Pero al mismo tiempo se iniciaron expulsiones masivas fuera de las aldeas (de hecho, se habían esbozado, pero nunca fueron efectivas), se implantó la doble imposición [que no se recaudó de forma sistemática, y finalmente se abandonó] y se emprendió la institución del Pale of Settlement" [310] [hemos visto que las fronteras de esta zona eran originalmente una herencia geográfica]. Si uno piensa que esta forma de exponer la historia es objetiva, entonces nunca llegará a la verdad.

Desgraciadamente, sin embargo, el comunicado gubernamental de 1846 señalaba que los judíos no aprovecharon muchas de estas medidas: "Desafiando constantemente la integración en la sociedad civil en la que viven, la mayoría mantuvo su antiguo modo de vida, aprovechándose del trabajo de los demás, lo que, por todas partes, conlleva legítimamente las quejas de los habitantes." "Con el fin [de elevar el nivel de vida de los judíos], es importante liberarlos de su dependencia de los ancianos de la comunidad, herederos de los antiguos dirigentes del *Kahal*, difundir la educación y los conocimientos prácticos en la población judía, crear escuelas judías de enseñanza general, proporcionar medios para su paso a la agricultura, difuminar las diferencias de vestimenta que son injustas para muchos judíos". En cuanto al gobierno, "se considera con derecho a esperar que los judíos abandonen todos sus reprobables modos de vida y se dediquen a un trabajo verdaderamente productivo y útil". Sólo aquellos que se nieguen a hacerlo serán objeto de "medidas incentivadoras para los miembros parasitarios que afectan a la sociedad y la perjudican".[311]

En su respuesta a este texto, Montefiore condenó la categorización insistiendo en que toda la desgracia procedía de las limitaciones impuestas a la libre circulación de los judíos y a su comercio. Nicolas replicó que si el paso de los judíos al trabajo productivo tenía éxito, el tiempo, "por sí mismo, mitigaría gradualmente estas limitaciones". Contaba [312] con la posibilidad de una reeducación a través del trabajo... Siendo frenado aquí y allá, y en otros lugares en sus esfuerzos por transformar el modo de vida de los judíos, tenía la ambición de romper la tendencia de los judíos a encerrarse en sí mismos y resolver el problema de su integración con la población circundante a través del trabajo, y el problema del trabajo reforzando drásticamente el servicio militar obligatorio. La reducción de la duración del servicio militar para los judíos (de 25 a diez años) y la intención de proporcionarles una formación profesional apenas estaban claras; lo que se percibía concretamente era la recaudación de reclutas, ahora proporcionalmente tres veces más numerosos que entre los

---

[310] *Dinour*, en BJWR-1. p. 319.
[311] *Hessen**. t. 2. pp. 103 104.
[312] *Ibidem*, pp. 107 110.

cristianos: "Diez reclutas al año por cada mil habitantes varones, y para los cristianos siete reclutas por cada mil una vez cada dos años".[313]

Ante este aumento del reclutamiento, más personas trataron de escapar. Los que fueron designados para el reclutamiento se escondieron. Como represalia, a finales de 1850, un decreto estipulaba que todos los reclutas que no fueran entregados a tiempo debían ser compensados con tres reclutas más, ¡además del moroso! Ahora las comunidades judías estaban interesadas en *capturar a los* fugitivos o sustituirlos por inocentes. (En 1853 se promulgó un decreto que permitía a las comunidades judías y a los particulares presentar como recluta a cualquier persona capturada sin papeles). Se vio que las comunidades judías pagaban a "tomadores" o "arrebatadores" que capturaban a su "presa"[314]; recibían de la comunidad un recibo que atestiguaba que ésta había recurrido a sus servicios al entregar a los que no respondían a la llamada, o que llevaban pasaportes caducados -aunque fueran de otra provincia- o adolescentes sin familia.

Pero eso no bastaba para compensar a los reclutas que faltaban. En 1852 se añadieron dos nuevos decretos: el primero disponía que por cada recluta proporcionado en exceso de la cuota impuesta, se liberara a la comunidad de 300 rublos de atrasos ;[315] el segundo "prohibía ocultar a los judíos que eludían el servicio militar y exigía castigos severos para los que habían huido del reclutamiento, imponía multas a las comunidades que los habían ocultado y, en lugar de los reclutas que faltaban, alistar a sus parientes o a los líderes de la comunidad responsables de la entrega de los reclutas dentro de los plazos prescritos. Buscando por todos los medios escapar al reclutamiento, muchos judíos huyeron al extranjero o se fueron a otras provincias."[316]

A partir de entonces, el reclutamiento dio lugar a una verdadera bacanal: los "arrebatadores" se volvieron cada vez más feroces; por el contrario, los hombres con buena salud y capaces de trabajar se escabulleron, se escondieron, y los atrasos de las comunidades aumentaron. La parte sedentaria y productiva profería protestas y exigencias: si el reclutamiento empezaba a golpear en igual medida a los "elementos útiles" y a los que no ejercen un trabajo productivo, entonces los vagabundos encontrarían siempre medios para esconderse y todo el peso del reclutamiento recaería sobre los "útiles", lo que extendería entre ellos el desorden y la ruina."[317]

---

[313] LJE. t. 4. p. 75.
[314] JE, t. 9. p. 243.
[315] *Hessen*, 1.2. p. 115.
[316] LJE, t. 7, p. 323.
[317] *Hessen*, t. 2, pp. 114-118.

Los desbordamientos administrativos pusieron de manifiesto lo absurdo de la situación por las dificultades que surgieron; se plantearon preguntas, por ejemplo, sobre los distintos tipos de actividad: ¿son "útiles" o no? Esto encendió a los ministerios de San Petersburgo. [318]El Consejo de Estado exigió que se retrasara la categorización social mientras no se elaborara el reglamento de los talleres. El Emperador, sin embargo, no quiso esperar. En 1851 se publicaron las "Normas provisionales para la categorización de los judíos" y las "Normas especiales para los talleres judíos". La población judía estaba profundamente preocupada, pero según el testimonio del Gobernador General del Sudoeste, ya no creía que esta categorización fuera a entrar en vigor."[319]

Y, de hecho, "... no tuvo lugar; la población judía no se dividió en categorías". [320] En 1855, Nicolás I murió repentinamente, y la categorización se abandonó para siempre.

A lo largo de los años 1850-1855, el soberano había hecho gala, en general, de un ilimitado sentido del orgullo y confianza en sí mismo, acumulando groseros errores que nos condujeron estúpidamente a la guerra de Crimea contra una coalición de Estados, antes de morir repentinamente mientras el conflicto hacía estragos.

La repentina muerte del Emperador salvó a los judíos de una situación difícil, del mismo modo que iban a ser salvados un siglo más tarde por la muerte de Stalin.

Así terminaron las primeras seis décadas de presencia masiva de judíos en Rusia. Hay que reconocer que ni su nivel ni su falta de claridad prepararon a las autoridades rusas de la época para enfrentarse a un problema tan arraigado, enquistado y complejo. Pero poner a estos dirigentes rusos el sello de "perseguidores de los judíos" equivale a distorsionar sus intenciones y agravar sus capacidades.

---

[318] *Ibidem*, p. 112.
[319] JE, 1.13, p. 274.
[320] *Hessen*, t. 2, p. 118.

Capítulo 4
En la era de las reformas

En el momento de la ascensión de Alejandro II al trono, la Cuestión Campesina en Rusia llevaba un siglo madurando y exigía una solución inmediata. De repente, surgió la cuestión judía, que también exigía una solución no menos urgente. En Rusia, la Cuestión Judía no era tan antigua como la arraigada y bárbara institución de la servidumbre y hasta ese momento no parecía asomar tanto en el país. Sin embargo, en lo sucesivo, durante el resto del siglo 19, y hasta el mismo año 1917 en la Duma Estatal, las cuestiones judía y campesina se cruzarían una y otra vez; contenderían entre sí y se entrelazarían así en su destino rival.

Alejandro II había subido al trono durante el difícil estancamiento de la guerra de Crimea contra una Europa unida. Esta situación exigía una difícil decisión: resistir o rendirse.

Tras su ascensión, "inmediatamente se alzaron voces en defensa de la población judía" - Después de varias semanas, Su Majestad dio órdenes de "igualar a los judíos con el resto de la población en lo que respecta al servicio militar, y poner fin a la aceptación de reclutas menores de edad". (Poco después, se canceló el reclutamiento por "categoría de destreza" de los judíos filisteos; esto significaba que "todas las clases de la población judía eran iguales con respecto al servicio militar obligatorio".[321])

Esta decisión fue confirmada en el Manifiesto de la Coronación de 1856: "Se admitirán reclutas judíos de la misma edad y cualidades que las definidas para los reclutas de otros grupos de población, mientras que se abolirá la aceptación de reclutas judíos menores de edad". [322]Justo entonces también se abolió por completo la institución de los cantonistas militares; los cantonistas judíos menores de 20 años eran devueltos a sus padres aunque ya hubieran sido convertidos en soldados. [Los cantonistas eran los

---

[321] *Evreyskaya Entsiklopediya* [La Enciclopedia Judía] (en adelante-EE [JE]): V 16 T. Sankt-San Petersburgo: Obshchestvo dlya Nauchnikh Evreyskikh Izdaniy I Izd-vo Brokrauz-Efron [Sociedad de publicaciones científicas judías y editorial Brokrauz-Efron], 1906-1913. T 13, p. 373-374.

[322] *EE** [JE], T 3, p. 163.

hijos de los reclutas rusos que, a partir de 1721, se educaban en "escuelas cantonales (de guarnición)" especiales para el futuro servicio militar].

Los rangos inferiores que habían cumplido todo su mandato (y sus descendientes) recibían el derecho a vivir en cualquier lugar del territorio del Imperio Ruso. (Normalmente se instalaban donde terminaban su servicio. Podían establecerse permanentemente en y a menudo se habían convertido en los fundadores de nuevas comunidades judías.[323]

En un giro del destino y como castigo histórico, Rusia y la dinastía Romanov obtuvieron a Yakov Sverdlov de los descendientes de uno de esos colonos cantonistas.)[324]

Según el mismo manifiesto, a la población judía "se le perdonaron todos los [considerables] impuestos atrasados" de años anteriores. ("Sin embargo, ya en el transcurso de los cinco años siguientes se acumularon nuevas obligaciones fiscales que ascendían al 22% de la suma total de impuestos prevista.)[325]

En términos más generales, Alejandro II expresó su intención de resolver la Cuestión Judía, y de la manera más favorable. Para ello, el planteamiento de la cuestión cambió drásticamente. Si durante el reinado de Nicolás I el gobierno consideraba que su tarea consistía en reformar primero la vida interna de los judíos, despejándola gradualmente mediante el trabajo productivo y la educación, con la consiguiente eliminación de las restricciones administrativas, durante el reinado de Alejandro II la política fue la contraria: comenzar "con la intención de integrar a esta población con los habitantes nativos del país", como se afirmaba en el Decreto Imperial de 1856.[326]

Así pues, el gobierno había comenzado a eliminar rápidamente las limitaciones y restricciones externas sin buscar las posibles causas internas de la reclusión y el morbo de los judíos; de este modo, esperaba que todos los problemas restantes se resolvieran por sí solos.

Con este fin, en 1856 se creó otro Comité para organizar el modo de vida judío. (Este era ya el séptimo comité sobre asuntos judíos, pero de ningún

---

[323] Ibid. T 11, p. 698; Yu Gessen*. *Istoriya evreyskogo naroda v Rossii* [Historia del pueblo judío en Rusia] (en adelante- Yu. *Gessen*): V 2 T. L., 1925-1927. T 2, p. 160.
[324] *Kratkaya Evreyskaya Entsiklopedia* [La breve enciclopedia judía] (en adelante *KEE* [SJE]): [V 10 T.] Jerusalén, 1976-2001. T 4, p. 79.
[325] *Yu. Gessen*. T 2, p. 183.
[326] M. Kovalevskiy*. *Ravnopravie evreyev i ego vragi* [La igualdad de derechos de los judíos y sus opositores]// *Shchit: Literaturniy sbornik* [Shchit: Antología literaria]/Bajo la dirección de L. Andreyev, M Gor'kiy y F. Sologub. 3ª edición, dop. M.: *Russkoe Obshchestvo dly izucheniya evreyskoy zhizni* [Sociedad rusa para el estudio de la vida judía], 1916, p. 117-118.

modo el último). Su presidente, el ya mencionado conde Kiselyov, informó a Su Majestad de que "el objetivo de integrar a los judíos con la población general" "se ve obstaculizado por diversas restricciones temporales que, consideradas en el contexto de las leyes generales, contienen muchas contradicciones y generan desconcierto". En respuesta, Su Majestad ordenó "una revisión de todos los estatutos existentes sobre los judíos para armonizarlos con la estrategia general dirigida a la integración de este pueblo con los habitantes nativos, en la medida en que lo permita la condición moral de los judíos"; es decir, "el fanatismo y la nocividad económica que se les atribuye."[327]

No en vano Herzen había luchado con su *Kolokol*, o Belinsky y Granovsky, o Gogol. (pues aunque no tenían tales objetivos, estos últimos actuaban en la misma dirección que los tres primeros). Bajo el caparazón del austero reinado de Nicolás I, se acumulaba la demanda de reformas decisivas y la voluntad de llevarlas a cabo, así como el pueblo, y, sorprendentemente, los nuevos proyectos eran asumidos por los altos dignatarios gubernamentales cultos con más entusiasmo que por el público culto en general. Y esto repercutió inmediatamente en la Cuestión Judía. Una y otra vez, los ministros del Interior (primero Lanskoi y luego Valuev) y los gobernadores generales de los Krais Occidental y Sudoccidental [divisiones administrativas de la Rusia zarista] compartían sus sugerencias con Su Majestad, que se interesaba bastante por ellas. "Mejoras parciales en la situación legal de los judíos fueron promulgadas por el gobierno por iniciativa propia, aunque bajo la supervisión directa de Su Majestad". [328] Estos cambios se sumaron a las reformas liberadoras generales que afectaron tanto a los judíos como al resto de la población.

En 1858, el gobernador general de Novorossiysk, Stroganov, sugirió la equiparación inmediata, instantánea y completa de los judíos en todos los derechos, pero el Comité, ahora bajo la presidencia de Bludov, se detuvo en seco, al no encontrarse preparado para tal medida. En 1859 señaló, a modo de comparación, que "mientras que los judíos de Europa occidental comenzaron a enviar a sus hijos a las escuelas públicas a la primera invitación del gobierno, dedicándose más o menos a ocupaciones útiles, el gobierno ruso tiene que luchar con los prejuicios y el fanatismo judíos"; por lo tanto, "la igualdad de derechos de los judíos con los habitantes nativos no puede producirse de otra manera que no sea un cambio gradual, siguiendo la difusión de la verdadera ilustración entre ellos, cambios en su vida interior y orientando su actividad hacia ocupaciones útiles".[329]

---

[327] *EE* [JE], T 1, p. 812-813.
[328] Ibid. p. 808.
[329] Ibid. p. 814-815; *Yu Gessen**, T 2, p. 147-148.

El Comité también desarrolló argumentos contra la igualdad de derechos. Sugirió que la cuestión que se estaba considerando no era tanto una cuestión judía como rusa; que sería precipitado conceder la igualdad de derechos a los judíos antes de elevar el nivel educativo y cultural de la población rusa, cuyas masas oscuras no podrían defenderse ante la presión económica de la solidaridad judía; que los judíos apenas aspiran a la integración con el resto de los ciudadanos del país, que se esfuerzan por conseguir todos los derechos civiles conservando su aislamiento y cohesión que los rusos no poseen entre sí.

Sin embargo, estas voces no alcanzaron influencia. Una tras otra, se fueron eliminando las restricciones. En 1859 se suprimió la Prohibición de 1835, que había prohibido a los judíos tomar en arrendamiento o administrar las tierras de terratenientes poblados. (Y, por tanto, el derecho a gobernar sobre los campesinos; aunque esa prohibición fue "en algunos casos... violada en secreto". Aunque después de 1861 las tierras que quedaban en propiedad de los terratenientes no eran formalmente "pobladas"). Los nuevos cambios tenían por objeto "facilitar a los terratenientes la posibilidad de recurrir a los judíos en caso de necesidad" en caso de deterioro de la economía señorial, pero también "ampliar algo el restringido campo de actividad económica de los judíos". Ahora los judíos podían arrendar estas tierras y establecerse en ellas, aunque no podían comprarlas.[330]

Mientras tanto, en el Krai del Sudoeste "el capital que podía destinarse a la compra de tierras estaba concentrado en manos de algunos judíos... sin embargo, los judíos se negaban a conceder créditos a los terratenientes contra la garantía de la finca porque las fincas no podían ser compradas por judíos". Poco después se concedió a los judíos el derecho a comprar tierras a los terratenientes dentro del Pale of Settlement.[331]

Con el desarrollo de los ferrocarriles y los barcos de vapor, los negocios judíos, como el mantenimiento de posadas y estaciones postales, habían disminuido. Además, debido a los nuevos aranceles aduaneros liberales introducidos en 1857 y 1868, que redujeron los derechos de aduana sobre las mercancías importadas a Rusia, los "beneficios del comercio de contrabando" habían disminuido inmediata y bruscamente.[332]

En 1861 se abolió la prohibición de que los judíos adquirieran derechos exclusivos sobre algunas fuentes de ingresos de las fincas. Ese mismo año se suprimieron los sistemas de agricultura fiscal y "vinicultura" [nota del traductor: concesiones del Estado a empresarios privados para vender vodka a la población en determinadas regiones]. Esto supuso un duro golpe

---

[330] *Yu Gessen*, T 2, p. 163.
[331] *Yu Gessen*, T 2, p. 164.
[332] Ibid. p. 161-162.

para una importante empresa judía. "Entre los judíos, 'recaudador de impuestos' y 'contratista' eran sinónimos de riqueza"; ahora, escribe Orshansky, sólo podían soñar con "la época de la guerra de Crimea, cuando los contratistas ganaban millones, gracias a la conciencia flexible y a la peculiar visión de Hacienda en ciertos círculos"; "miles de judíos vivían y se enriquecían bajo el ala benéfica de la recaudación de impuestos". Ahora los intereses del Estado habían empezado a imponerse y los contratos se habían vuelto mucho menos rentables. Y "el comercio de bebidas alcohólicas" se había vuelto "mucho menos rentable que... bajo... el sistema de agricultura fiscal". Sin [333]embargo, al introducirse el impuesto especial en la industria vinícola en lugar del sistema de cultivo de vino, no se impusieron restricciones especiales a los judíos, por lo que ahora podían vender y alquilar fábricas de destilación en régimen común en las provincias del Pale of Settlement. [334]Y habían ejercido con tanto éxito este derecho de alquiler y compra durante las dos décadas siguientes que en la década de 1880 entre el 32% y el 76% de todas las fábricas de destilación del Pale of Settlement judío pertenecían a judíos, y casi todas ellas entraban en la categoría de "empresa importante". En [335]1872, el 89% de las fábricas de destilación del Krai Sudoccidental estaban alquiladas por judíos. [336]A partir de 1863 se permitió a los judíos dirigir destilerías en Siberia Occidental y Oriental (ya que "los especialistas más notables en la industria de la destilación procedían casi exclusivamente de entre los judíos"), y a partir de 1865 se permitió a los destiladores judíos residir en todas partes.[337]

En cuanto al comercio de bebidas alcohólicas en las aldeas, a principios de la década de 1880 aproximadamente un tercio de toda la población judía de Pale vivía en aldeas, con dos o tres familias en cada aldea, [338]como vestigios del *korchemstvo* [de "taberna" - el negocio regulado por el estado de venta de bebidas alcohólicas al por menor]. En un informe oficial del gobierno de 1870 se afirmaba que "el negocio de la bebida en el Krai Occidental se concentra casi exclusivamente en manos de judíos, y los abusos encontrados en estos establecimientos sobrepasan cualquier límite

---

[333] I. Orshanskiy. *Evrei v Rossii: Ocherki i issledovaniya* [Los judíos en Rusia: ensayos e investigación]. Vip. 1 (en adelante- I. *Orshanskiy*). Sankt-San Petersburgo, 1872, p. 10-11.

[334] V.N. Nikitin. *Evrei zemledel'tsi: Istoricheskoe, zakonodatel'noe, administrativnoe i bitovoe polozhenie kolonii co vremeni ikh vozniknoveniya do nashikh dney 1807-1887* [Granjeros judíos: la condición histórica, jurídica, administrativa y cotidiana de las colonias, desde su origen hasta nuestros días. 1807-1887]. (en adelante V.N. *Nikitin*). Sankt-San Petersburgo, 1887, p. 557.

[335] *EE* [JE], T 5, p. 610-611.

[336] Ibid. T 13, p. 663.

[337] Ibid*, T 5, p. 622.

[338] Yu. Larin. *Evrei i antisemitizm v SSSR* [Los *judíos y el* antisemitismo en la URSS]. Moscú; Leningrado: GIZ, 1929, p. 49.

de tolerancia." [339]Por lo tanto, se exigió a los judíos que llevaran a cabo el negocio de la bebida sólo desde sus propios hogares. La lógica de esta exigencia fue explicada por G. B. Sliozberg: en los pueblos de la Pequeña Rusia [Ucrania], es decir, fuera de los límites legales de la autonomía polaca, los terratenientes no tenían derecho a comerciar con bebidas alcohólicas, y esto significaba que los judíos no podían comprar bebidas alcohólicas a los terratenientes para revenderlas. Pero, al mismo tiempo, los judíos no podían comprar ni siquiera una pequeña parcela de tierra campesina; por lo tanto, los judíos alquilaban casas campesinas y dirigían desde ellas el negocio de la bebida.

Cuando este tipo de comercio también estaba prohibido, a menudo se eludía la prohibición utilizando un negocio "pantalla": se expedía una patente ficticia sobre un negocio de bebidas alcohólicas a un cristiano en el que supuestamente un judío sólo servía de "ayudante".[340]

Además, la "cláusula punitiva" (tal como está redactada en la *Enciclopedia Judía*), es decir, un castigo que acompañaba a la prohibición de que los judíos contrataran a un cristiano como sirviente personal, fue derogada en 1865 por ser "incompatible con el espíritu general de la política oficial de tolerancia". Y así, "desde finales de la década de 1860, muchas familias judías empezaron a contratar sirvientes cristianos".[341]

Desgraciadamente, es muy típico que muchos eruditos que estudian la historia de los judíos en Rusia no tengan en cuenta las victorias duramente conseguidas: si ayer toda la fuerza y la atención se centraron en la lucha por algún derecho civil y hoy se consigue ese derecho, muy rápidamente después esa victoria se considera una nimiedad. Se habló tanto del "doble impuesto" a los judíos como si hubiera existido durante siglos y no durante muy pocos años, e incluso entonces nunca se aplicó realmente en la práctica. La ley de 1835, que en su momento fue recibida por los judíos con una sensación de alivio, fue, en el umbral del siglo 20 apodada por S. Dubnov como una "Carta de Arbitrariedad". Al futuro revolucionario Leo Deutsch, que en la década de 1860 era un joven y todavía fiel súbdito, le parecía que la administración "no [aplicaba] estrictamente algunas restricciones... esenciales sobre... los derechos" de los judíos, "hacían la vista gorda ante... las violaciones"; "en general, la vida de los judíos en Rusia en los años sesenta no era mala...". Entre mis compañeros judíos no vi a nadie que sufriera depresión, abatimiento o distanciamiento como

---

[339] I. Orshanskiy, p. 193.
[340] G.B. Sliozberg. *Dela minuvshikh dney: Zapiski russkogo evreya* [Asuntos del pasado: apuntes de un judío ruso] (en adelante- G.B. *Sliozberg*): V 3 T. París, 1933-1934. T 1, p. 95.
[341] *EE**, T 11, p. 495.

resultado de la opresión" de sus compañeros cristianos. [342]Pero de repente recuerda su deber revolucionario y califica todo lo que se dio a los judíos durante el reinado de Alejandro I de "en esencia, insignificantes alivios" y, sin perder un segundo, menciona "los crímenes de Alejandro II", aunque, en su opinión, el zar no debería haber sido asesinado. [343]Y desde mediados del siglo 20 ya parece que durante todo el siglo 19 se estaban creando varios comités y comisiones para la revisión de las restricciones legales judías "y llegaron a la conclusión de que las restricciones legales existentes no alcanzaban sus objetivos y debían ser... abolidas... Sin embargo, ni uno solo de los proyectos elaborados por los comités... se llevó a cabo".[344] Se eliminó, se olvidó y no se hizo ningún brindis.

Tras las primeras reformas judías de Alejandro II, la existencia del Pale of Settlement se había convertido en la cuestión más dolorosa. "Una vez surgió la esperanza sobre la posibilidad de futuras reformas estatales, y apenas aparecieron los primeros presagios de la esperada renovación de la vida pública, la intelectualidad judía empezó a contemplar el atrevido paso de plantear la cuestión de abolir por completo el Pale of Settlement judío". Sin [345] embargo, aún estaba fresca en la memoria judía la idea de la "selectividad": imponer obligaciones adicionales a los judíos no asentados permanentemente e improductivos. Así, en 1856 surgió la idea de presentar una petición a Su Majestad en el estrato social de "comerciantes judíos, ciudadanos de San Petersburgo y forasteros", que "por su posición social y por la naturaleza de su actividad, interactuaban más estrechamente con las autoridades centrales". [346] La petición pedía a Su Majestad "que no concediera privilegios a toda la población judía, sino sólo a ciertas categorías", a la generación joven "educada en el espíritu y bajo la supervisión del gobierno", "a la clase alta mercantil" y "a los buenos artesanos, que se ganan el pan con el sudor de su frente"; de modo que fueran "distinguidos por el gobierno con más derechos que aquellos que aún no exhibían nada especial en sus buenas intenciones, utilidad y laboriosidad... Nuestra petición es para que el Monarca Misericordioso, distinguiendo el trigo de la paja, tenga a bien conceder varios privilegios,

---

[342] L. Deych. *Rol' evreyev v russkom revolyutsionnom dvizhenii* [El papel de los judíos en el movimiento revolucionario ruso]. T 1. Segunda edición. Moscú,; Leningrado.: GIZ, 1925, p. 14, 21-22.

[343] Ibid. p. 28.

[344] A.A. Gal'denveyzer. *Pravovoe polozhenie evreyev v Rossii* // [Sb.] *Kniga o russkom evreystve: Ot 1860-kh godov do Revolyutsii 1917g* [La posición jurídica de los judíos en Rusia//[Antología] El libro de la judería rusa: de la década de 1860 a la Revolución de 1917]. (en adelante, KRE-1). Nueva York: *Soyuz Russkikh Evreyev* [Unión de judíos rusos], 1960, p. 119.

[345] *Yu Gessen*. T 2, p. 143.

[346] *EE* [JE], T 1, p. 813.

por modestos que sean, a los dignos y cultivados de entre nosotros, fomentando así las acciones buenas y loables." [347](Ni siquiera en todas sus ilusionadas esperanzas podían imaginar con qué rapidez se llevarían a la práctica los cambios en la posición de los judíos -ya en 1862 algunos de los autores de esta petición preguntarían "sobre la extensión de la igualdad de derechos a todos los graduados de las instituciones educativas secundarias," pues los graduados de la escuela de gramática "por supuesto, deben ser considerados personas con una educación europea."[348]

Y sí, "en principio, al zar no le importaban las violaciones de las leyes relativas al Pale of Settlement judío en favor de grupos individuales de la población judía". En 1859 se concedió a los comerciantes judíos del 1er Gremio el derecho de residencia en toda Rusia (y al 2º Gremio en Kiev a partir de 1861; y también a los tres gremios en Nikolayev, Sebastopol y Yalta) [349]con el derecho de concertar negocios manufactureros, contratos y adquirir bienes inmuebles. Anteriormente, los médicos y los titulares de maestrías en ciencias ya habían disfrutado del derecho de residencia universal (incluido el derecho a ocupar puestos en el servicio gubernamental; aquí debemos destacar al profesor de medicina G.A. Zakharyin, que en el futuro pronunciaría la sentencia fatal sobre la enfermedad de Alejandro III). A partir de 1861 este derecho se concedió a los "candidatos de las universidades", es decir, simplemente a los licenciados universitarios, [350]y también "a las personas de profesiones libres".[351]

Las restricciones del Pale of Settlement se levantaron incluso para las "personas que deseaban obtener una educación superior... es decir, para las personas que ingresaban en academias médicas, universidades e institutos técnicos". [352] Después, como resultado de las peticiones de ministros, gobernadores e influyentes comerciantes judíos (por ejemplo, Evzel Ginzburg), a partir de 1865 todo el territorio de Rusia, incluido San Petersburgo, se abrió a los artesanos judíos, aunque sólo durante el periodo de actividad profesional real. (La noción de artesanos se amplió entonces para incluir a todo tipo de técnicos, como tipógrafos y trabajadores tipográficos).[353]

Aquí conviene tener en cuenta que los comerciantes se trasladaban con sus dependientes, oficinistas, ayudantes varios y personal de servicio judío,

---

[347] *Yu. Gessen**, T 2, p. 144-145; *EE* [JE] T 1, p. 813.
[348] *Yu Gessen*, T 2, p. 158.
[349] *Yu Gessen*, T 2, p. 144, 154-155.
[350] *EE* [JE], T 1, p. 817.
[351] *KEE* [SJE], T 4, p. 255.
[352] Sm.: *M. Kovalevskiy* // Shchit, p. 118.
[353] *EE* [JE], T 1, p. 818; T 11, p. 458-459; T 14, p. 841.

artesanos y también con aprendices y alumnos. En conjunto, esto ya constituía un flujo notable. Así pues, un judío con derecho de residencia fuera de Pale era libre de trasladarse de Pale, y no sólo con su familia.

Sin embargo, las nuevas flexibilizaciones se vieron superadas por nuevas peticiones. En 1861, inmediatamente después de conceder privilegios a los "candidatos de las universidades", el gobernador general del Krai Sudoccidental había pedido que se permitiera salir de Pale a los que terminaban las escuelas profesionales estatales para judíos, es decir, los establecimientos de nivel secundario incompletos. Había descrito vívidamente la condición de tales graduados: "Los jóvenes graduados de tales escuelas se encuentran completamente aislados de la sociedad judía... Si no encuentran ocupaciones acordes con sus cualificaciones dentro de sus propios círculos, se acostumbran a la ociosidad y así, al ser indignos representantes de su profesión, a menudo desacreditan el prestigio de la educación a los ojos de las personas entre las que viven."[354]

Ese mismo año, los Ministros del Interior y de Educación declararon al unísono "que una causa primordial de la desastrosa condición de los judíos se oculta en la anormal proporción de judíos ocupados en el comercio y la industria frente al resto dedicados a la agricultura"; y debido a ello "el campesino es inevitablemente presa de los judíos como si estuviera obligado a ceder una parte de sus ingresos para su manutención." Sin embargo, la competencia interna entre los judíos crea una "situación casi imposible de mantenerse por medios legales." Y por lo tanto, es necesario "conceder el derecho de residencia universal a los comerciantes" de los gremios 2nd y 3rd, y también a los graduados de escuelas superiores o equivalentes.[355]

En 1862, el gobernador general de Novorossiysk volvió a pedir la "abolición completa del Pale of Settlement judío" solicitando "conceder el derecho de residencia universal a *todo el* pueblo [judío]".[356]

Los permisos específicos para la residencia universal de determinados grupos judíos se concedían a un ritmo más lento pero constante. A partir de 1865 se permitió la aceptación de judíos como médicos militares, y justo después (1866-1867) se permitió a los médicos judíos trabajar en los ministerios de Educación e Interior. [357]A partir de 1879 se les permitió ejercer como farmacéuticos y veterinarios; también se concedió permiso "a los que se preparan para el tipo de actividad correspondiente", [358]y también

---

[354] *Yu Gessen*, T 2, p. 150.
[355] Ibid*, p. 148.
[356] Ibid, p. 150.
[357] Ibid. p. 169.
[358] *Yu Gessen*, T 2, p. 208.

a comadronas y feldshers, y "a los que desean estudiar artes auxiliares de la medicina".[359]

Finalmente, el ministro del Interior Makov promulgó un decreto que permitía residir fuera de Pale a todos los judíos que ya se habían establecido ilegalmente allí.[360]

Aquí es apropiado añadir que en la década de 1860 "los abogados judíos... en ausencia del Colegio de Abogados oficial durante ese período pudieron conseguir trabajo en el servicio gubernamental sin ninguna dificultad".[361]

Las relajaciones también afectaron a los judíos que vivían en las regiones fronterizas. En 1856, cuando, según el Tratado de París, la frontera estatal rusa retrocedió cerca de Kishinev y Akkerman, los judíos no se vieron obligados a abandonar esta zona fronteriza recién formada. Y en 1858 "los decretos de Nicolás I, que ordenaban a los judíos abandonar la zona fronteriza de las cincuenta verstas [una medida rusa obsoleta, una versta es algo más de un kilómetro], fueron revocados de forma concluyente".[362] Y a partir de 1868 se permitió la circulación de judíos entre las provincias occidentales de Rusia y el Reino Polaco (donde antes estaba formalmente prohibida).[363]

Junto a las relajaciones oficiales de las restricciones legales, también hubo excepciones y lagunas en la normativa. Por ejemplo, en la capital, San Petersburgo, "a pesar de... las prohibiciones, los judíos se establecieron igualmente durante largos periodos"; y "con la ascensión de Alejandro II... el número de judíos en San Petersburgo comenzó a crecer rápidamente. Surgieron capitalistas judíos que empezaron a dedicar gran atención a la organización de la comunidad judía" allí; "el barón Goratsy Ginzburg, por ejemplo... L. Rozental, A Varshavsky, y otros".[364] Hacia el final del reinado de Alejandro II, E. A. Peretz (hijo del agricultor fiscal Abram Peretz) se convirtió en el Secretario de Estado ruso. En la década de 1860 "San Petersburgo empezó a atraer a bastantes miembros de los [círculos] comerciales, industriales e intelectuales de la judería".[365]

---

[359] *EE* [JE], T 15, p. 209; T 1, p. 824.
[360] Perezhitoe: Sbornik, posvyashchenniy obshchestvennoy i kul'turnoy istorii evreyev v Rossii [Experiencias pasadas: Antología dedicada a la historia social y cultural de los judíos en Rusia]. T 2, Sankt-San Petersburgo, 1910, p. 102.
[361] *G.B. Sliozberg*, T 1, p. 137.
[362] *KEE* [SJE], T 7, p. 327.
[363] *EE* [JE], T 1, p. 819.
[364] También, T 13, p. 943-944.
[365] *I.M. Trotskiy. Samodeyatel'nost i samopomoshch' evreyev v Rossii* [La iniciativa individual y la autoayuda de los judíos en Rusia] (OPE, ORT, EKO, OZE, EKOPO) // KRE-1, p. 471.

Según los datos de la Comisión para Arreglar el Modo de Vida Judío, en 1880-81 había 6.290 judíos registrados oficialmente en San Petersburgo, [366]mientras que según otras cifras oficiales, 8.993; y según un censo local de 1881, había 16.826 judíos en San Petersburgo, es decir, alrededor del 2% de la población total de la ciudad.[367]

En Moscú, en 1856 se derogó la obligación de los comerciantes judíos que llegaban de residir exclusivamente en el barrio Glebovsky; "se permitió a los judíos permanecer en cualquier parte de la ciudad. Durante el reinado de Alejandro II... la población judía de Moscú creció rápidamente"; en 1880 rondaba los 16.000".[368]

En Kiev la situación era similar. Después de 1861, "había comenzado un rápido crecimiento de la población judía de Kiev" (de 1.500 en 1862, a 81.000 en 1913). A partir de la década de 1880 se produjo una afluencia de judíos a Kiev. "A pesar de las frecuentes redadas policiales, por las que Kiev era famosa, el número de judíos superaba considerablemente las cifras oficiales... A finales del siglo XIX, los judíos representaban el 44% de los comerciantes de Kiev".[369]

Yu. I. Hessen califica de más importante "la concesión del derecho de residencia universal (1865) a los artesanos". Sin embargo, parece que los judíos no se apresuraron a salir de Pale. Pues bien, si estaban tan hacinados allí, tan constreñidos y tan privados con respecto a los mercados y los ingresos, ¿por qué entonces no hicieron "casi ningún uso del derecho a abandonar el Pale of Settlement"? En 1881, en treinta y una de las provincias del interior, los artesanos judíos eran 28.000 en total (y los judíos en general, 34.000). Hessen explica esta paradoja de la siguiente manera: los artesanos prósperos no necesitaban buscar nuevos lugares, mientras que los indigentes no tenían los medios para el traslado, y el grupo intermedio, "que de alguna manera se las arreglaba día a día sin soportar una pobreza particular", temía que tras su partida los ancianos de su comunidad se negaran a extenderles un pasaporte anual por consideraciones fiscales, o incluso "exigieran que los salientes regresaran a casa".[370]

Pero se puede dudar mucho de todas estas estadísticas. Acabamos de leer que sólo en San Petersburgo había al menos el doble de judíos que según los datos oficiales. ¿Podría realmente el lento aparato estatal ruso dar

---

[366] *Yu. Gessen*. T 2, p. 210.
[367] *EE* [JE], T 13, p. 947; *KEE* [SJE], T 4, p. 770.
[368] *KEE* [SJE], T 5, p. 473.
[369] También, T 4, p. 255.
[370] *Yu Gessen*. T 2, p. 159-160, 210.

cuenta de la mercuriosamente rápida población judía en un tiempo definido y en todos los lugares?

El crecimiento de la población judía de Rusia fue rápido y seguro. En 1864 ascendía a 1.500.000 sin contar los judíos de Polonia. [371] Y junto con Polonia en 1850 era de 2.350.000; y en 1860 ya era de 3.980.000. De la población inicial de alrededor de 1.000.000 de habitantes en el momento de las primeras particiones de Polonia, a 5.175.000 en el censo de 1897, es decir, después de un siglo, creció más de *cinco* veces. (A principios del siglo 19 los judíos rusos representaban el 30% de la población judía mundial, mientras que en 1880 ya eran el 51%).[372]

Fue un acontecimiento histórico de gran importancia. En aquel momento, ni la sociedad ni la administración rusas comprendieron su importancia. Este rápido crecimiento numérico por sí solo, sin todas las demás peculiaridades de la Cuestión Judía, ya había planteado un enorme problema de Estado para Rusia. Y aquí es necesario, como siempre en cualquier cuestión, intentar comprender ambos puntos de vista.

Con un crecimiento tan enorme de la judería rusa, dos necesidades nacionales chocaban cada vez con más fuerza. Por un lado estaba la necesidad de los judíos (y un rasgo distintivo de su dinámica existencia de 3.000 años) de extenderse y establecerse lo más ampliamente posible entre los no judíos, para que un mayor número de judíos pudiera dedicarse a la manufactura, el comercio y servir de intermediarios (e involucrarse en la cultura de la población circundante). Por otro lado estaba la necesidad de los rusos, tal como la entendía el gobierno, de tener el control sobre su vida económica (y luego cultural), y desarrollarla ellos mismos a su propio ritmo.

No olvidemos que simultáneamente a todas estas medidas de alivio para los judíos, se aplicaron una tras otra las reformas liberadoras universales de Alejandro II, que beneficiaron tanto a los judíos como a todos los demás pueblos de Rusia. Por ejemplo, en 1863 se derogó el impuesto de capitación de la población urbana, lo que supuso la desgravación fiscal de la mayor parte de las masas judías; después sólo quedaron los impuestos territoriales, que se pagaban con el impuesto kosher recaudado.[373]

Sin embargo, precisamente la más importante de estas reformas alejandrinas, el punto de inflexión históricamente más significativo de la historia rusa -la liberación de los campesinos y la abolición de la servidumbre en 1861- resultó ser muy poco rentable para los judíos rusos,

---

[371] También, p. 159.
[372] B.Ts. Dinur. *Religiozno-natsional'niy oblik russkogo evreystva* [El aspecto religioso-nacional de los judíos rusos] // KRE-1, p. 311-312.
[373] *EE* [JE], T 12, p. 640.

e incluso ruinosa para muchos. "Los cambios sociales y económicos generales resultantes de la abolición de la servidumbre campesina... habían empeorado significativamente la situación material de amplias masas judías durante ese período de transición ". [374]El *cambio social fue tal que* la multimillonaria clase campesina privada de derechos e inmóvil dejó de existir, reduciendo la ventaja relativa de la libertad personal judía. Y el cambio *económico fue tal que* "el campesino, liberado de la servidumbre,... tenía menos necesidad de los servicios del judío"; es decir, el campesino estaba ahora libre de la estricta prohibición de comerciar con sus productos y de adquirir bienes por sí mismo, es decir, a través de cualquiera que no fuera un intermediario preasignado (en las provincias occidentales, casi siempre un judío). Y ahora, como los terratenientes se veían privados de la mano de obra gratuita de los siervos, para no arruinarse, "se veían obligados a implicarse personalmente en la economía de sus fincas, una ocupación en la que antes los judíos desempeñaban un papel conspicuo como arrendatarios e intermediarios en todo tipo de tratos comerciales y manufactureros".[375]

Cabe destacar que el crédito a la tierra introducido en aquellos años fue desplazando al judío "como gestor financiero de la economía señorial".[376] El desarrollo de las asociaciones de consumidores y de crédito condujo a "la liberación del pueblo de la tiranía de la usura."[377]

Un inteligente contemporáneo nos transmite el estado de ánimo judío de la época. Aunque el acceso al servicio gubernamental y a las profesiones libres estaba abierto a los judíos y aunque "los derechos industriales de los judíos se ampliaron" y había "más oportunidades para la educación" y "en cada... esquina" el "acercamiento entre las poblaciones judía y cristiana era visible" y aunque las restantes "restricciones... estaban lejos de ser estrictamente aplicadas" y "los funcionarios trataban ahora a la población judía con mucho más respeto que antes", sin embargo la situación de los judíos en Rusia "en la actualidad... es muy sombría". "No sin razón", los judíos "expresan pesar... por los buenos viejos tiempos".

Por todas partes en el Pale of Settlement se oían "las lamentaciones judías sobre el pasado". Porque bajo la servidumbre se produjo un "extraordinario desarrollo de la mediación"; el perezoso terrateniente no podía dar un paso sin el "comerciante o agente judío", y el amedrentado campesino tampoco podía arreglárselas sin él; sólo podía vender la cosecha a través de él, y también le pedía prestado. Antes, la clase empresarial judía "obtenía

---

[374] *Yu Gessen*, T 2, p. 161.
[375] También.
[376] También.
[377] Yu. Orshanskiy, *p. 12.*

enormes beneficios de la impotencia, el despilfarro y la falta de sentido práctico de los terratenientes", pero ahora el terrateniente tenía que hacerlo todo él mismo. Además, el campesino se volvió "menos dócil y tímido"; ahora suele establecer él mismo contactos con comerciantes mayoristas y bebe menos; y esto "naturalmente tiene un efecto perjudicial en el comercio de bebidas alcohólicas, del que vive un enorme número de judíos." El autor concluye con el deseo de que los judíos, como ocurrió en Europa, "se pongan del lado de las clases productivas y no se vuelvan redundantes en la economía nacional."[378]

Ahora los judíos habían empezado a alquilar y comprar tierras. El Gobernador General de Novorossiysk (1869) solicitó en un informe de personal que se prohibiera a los judíos de su región comprar tierras, como ya estaba prohibido en nueve provincias occidentales. Luego, en 1872, hubo un memorando del Gobernador General del Krai Sudoccidental en el que se afirmaba que "los judíos alquilan tierras no para ocupaciones agrícolas, sino sólo con fines industriales; entregan las tierras alquiladas a los campesinos, no por dinero, sino por una cierta cantidad de trabajo, que supera el valor del alquiler habitual de esas tierras, y de ese modo "establecen una especie de forma propia de servidumbre." Y aunque "indudablemente revigorizan el campo con su capital y su comercio", el Gobernador General "consideraba inconducente la concentración de la manufactura y la agricultura en las mismas manos, ya que sólo bajo la libre competencia pueden las granjas y empresas campesinas evitar la "gravosa subordinación de su trabajo y sus tierras al capital judío, lo que equivale a su inevitable e inminente perdición material y moral." Sin embargo, pensando en limitar el arrendamiento de tierras a los judíos en su Krai, propuso "dar a los judíos la oportunidad de establecerse en todas las provincias de la Gran Rusia."[379]

El memorándum fue presentado a la recién creada Comisión para Arreglar el Modo de Vida Judío (la octava de las "Comisiones Judías", según el recuento), que entonces se mostraba muy comprensiva con la situación de los judíos. Recibió una crítica negativa que más tarde fue confirmada por el gobierno: prohibir el alquiler judío de tierras sería "una completa violación de los derechos" de... los terratenientes. Además, los intereses del principal arrendatario judío "se fusionan completamente con los de otros terratenientes... Es cierto que los proletarios judíos se agrupan en torno a los grandes arrendatarios [judíos] y viven del trabajo y de los medios de la población rural. Pero lo mismo ocurre también en las fincas administradas

---

[378] I. Orshanskiy, p. 1-15.
[379] Yu. Gessen, T 2, p. 224-225.

por los propios terratenientes que hasta ahora no pueden arreglárselas sin la ayuda de los judíos."[380]

Sin embargo, en las zonas habitadas por los cosacos del Don, el enérgico avance económico de los judíos se vio restringido por la prohibición de 1880 de poseer o alquilar bienes inmuebles. El gobierno provincial consideró que "en vista de la situación exclusiva de la provincia del Don, la población cosaca que está obligada al servicio militar a un hombre, [ésta] es la única forma fiable de salvar la economía cosaca de la ruina, de asegurar la fabricación y el comercio nacientes en la zona". Porque "una explotación demasiado precipitada de las riquezas de una región y un rápido desarrollo de la industria... suelen ir acompañados de una distribución extremadamente desigual del capital, y del rápido enriquecimiento de unos y el empobrecimiento de otros". Mientras tanto, los cosacos deben prosperar, ya que realizan su servicio militar en sus propios caballos y con su propio equipo".[381] Y así habían evitado una posible explosión cosaca.

Entonces, ¿qué ocurrió con el reclutamiento de judíos para el servicio militar después de todas aquellas medidas de socorro alejandrinas de 1856? Para la década de 1860, éste era el panorama: "Cuando los judíos consiguen enterarse del inminente Manifiesto Imperial sobre el alistamiento de reclutas antes de que se publique oficialmente... todos los miembros de las familias judías de aptos para el servicio militar huyen de sus casas en todas direcciones...". Debido a las peculiaridades de su fe y a "la falta de camaradería y el perpetuo aislamiento del soldado judío... el servicio militar para los judíos era el más amenazador, el más ruinoso y el más gravoso de los deberes".[382] Aunque a partir de 1860 se permitió el servicio judío en los Guardias, y a partir de 1861 los ascensos a rangos de suboficiales y el servicio como oficinistas,[383] seguía sin haber acceso a los rangos de oficiales.

I. G. Orshansky, testigo de la década de 1860, certifica: "Es cierto, hay muchos datos que apoyan la opinión de que en los últimos años los judíos de hecho no habían cumplido con sus obligaciones de reclutamiento en cuanto a número. Compran viejas bajas de reclutas y las presentan a las autoridades"; los campesinos a veces las conservan sin saber su valor desde 1812; así que ahora el ingenio judío les da uso. O bien, "contratan voluntarios" en su lugar y "pagan cierta suma al fisco". "También intentan dividir a sus familias en unidades más pequeñas", y con ello cada familia

---

[380] *EE* [JE], T 3, p. 83-84.
[381] *EE** [JE], T 7, p. 301-302.
[382] *G.B. Sliozberg*, T 2, p. 155-156.
[383] *EE* [JE], T 3, p. 164.

reclama el privilegio del "hijo único" (el hijo único estaba exento del servicio militar). Sin embargo, señala que "todos los trucos para evitar el reclutamiento... se encuentran de forma similar entre los rusos 'de sangre pura'" y proporciona cifras comparativas para Ekaterinoslav Guberniya. I. G. Orshansky incluso había expresado su sorpresa por el hecho de que los campesinos rusos prefirieran "volver a la ocupación favorita del pueblo ruso, la agricultura", en lugar de querer permanecer en el servicio militar, que está muy bien pagado.[384]

En 1874, un reglamento unificado sobre el servicio militar universal había sustituido a la antigua obligación de reclutamiento, dando a los judíos un "alivio significativo".

"El texto del reglamento no contenía ningún artículo que discriminara a los judíos".[385] Sin embargo, ahora no se permitía a los judíos permanecer en residencia en las provincias del interior una vez finalizado el servicio militar. Además, se introdujeron regulaciones especiales destinadas a "especificar la cifra de población judía masculina", ya que hasta ese momento permanecía en gran medida indeterminada y sin contabilizar."

Los gobernadores recibieron "información sobre abusos de la ley por parte de judíos que deseaban eludir el servicio militar"[386]. En 1876 se adoptaron las primeras "medidas para asegurar el correcto cumplimiento del deber militar por parte de los judíos"[387]. La *Enciclopedia Judía* vio en ellas "una pesada red de medidas represivas". "Se promulgaron reglamentos sobre el registro de los judíos en los distritos de reclutamiento y sobre la sustitución de los judíos no aptos para el servicio por judíos que sí lo fueran"; y sobre la verificación de la validez de las exenciones por condiciones familiares: por violación de estos reglamentos "se permitía el reclutamiento... sólo de los hijos".[388]

Un periódico contemporáneo y entonces influyente de San Petersburgo, *Golos* [La Voz] cita cifras bastante sorprendentes del "Informe sobre los resultados del reclutamiento en 1880..." oficial del gobierno Para todo [el Imperio Ruso] el déficit de reclutas fue de 3.309; de ellos, el déficit de judíos fue de 3.054, lo que equivale al 92%".[389]

Shmakov, un abogado prominente, no bien dispuesto hacia los judíos, cita tales estadísticas de la referencia, *Pravitelstvenniy Vestnik* [El Boletín del Gobierno]: para el período 1876-1883: "de 282.466 *judíos* sujetos a

---

[384] *I. Orshanskiy*, p. 65-68.
[385] *KEE* [SJE], T 7, p. 332.
[386] *EE* [JE], T 1, p. 824.
[387] También*, T 3, p. 164.
[388] También, T 1, p. 824; *KEE* [SJE], T 7, p. 332.
[389] *Golos* [La Voz], 1881, n° 46, 15 (27) de febrero, p. 1.

reclutamiento, 89.105 -es decir, el 31,6%- no se presentaron". (El déficit general para todo el Imperio fue del 0,19%.) La Administración no pudo evitar darse cuenta de esto, y se introdujeron una serie de "medidas para la eliminación de tal abuso". Esto tuvo efecto, pero sólo a corto plazo. En 1889 fueron llamados a filas 46.190 judíos, y 4.255 no se presentaron, es decir, el 9,2%. Pero en 1891 "de un número general de 51.248 judíos inscritos en la lista de reclutamiento, 7.658, es decir, el 14,94%, no se presentaron; en esa época el porcentaje de cristianos que no se presentaban era apenas del 2,67%. En 1892, el 16,38% de los judíos no se presentó frente al 3,18% de los cristianos. En 1894 6.289 judíos no se presentaron al servicio militar, es decir, el 13,6%. Compárese con la media rusa del 2,6%.[390]

Sin embargo, el mismo documento sobre el reclutamiento de 1894 afirma que "en total, 873.143 cristianos, 45.801 judíos, 27.424 mahometanos y 1.311 paganos" iban a ser reclutados. Se trata de cifras sorprendentes: en Rusia había un 8,7% de musulmanes (según el recuento de 1870), ¡pero su participación en el reclutamiento era sólo del 2,9%! Los judíos se encontraban en una posición desfavorable no sólo en comparación con los mahometanos, sino también con la población en general: su participación en el reclutamiento fue del 4,8%, aunque sólo constituían el 3,2% de la población rusa (en 1870). (La proporción de cristianos en el servicio militar era del 92% (87% de la población rusa).[391]

De todo lo dicho aquí no debe concluirse que en la época de la guerra ruso-turca de 1877-1878 los soldados judíos no hicieran gala de valor e ingenio durante el combate. En la revista *Russkiy Evrei* [*El judío* ruso] podemos encontrar ejemplos convincentes de ambas virtudes. Sin [392] embargo, durante esa guerra surgió mucha irritación contra los judíos en el ejército, principalmente a causa de los contratistas-cuarteleros deshonestos - y "éstos eran casi exclusivamente judíos, empezando por los principales contratistas de la compañía Horovits, Greger y Kagan".[393] Los intendentes suministraban (sin duda bajo la protección de los círculos superiores) equipo de mala calidad a precios excesivos, incluidas las famosas "suelas de cartón", debido a las cuales se congelaron los pies de los soldados rusos que luchaban en el paso de Shipka.

En la época de Alejandro II, la campaña oficial de medio siglo para acostumbrar a los judíos a la agricultura acababa en fracaso.

---

[390] *A. Shmakov. "Evreyskie" rechi* ["Cuestiones judías"]. Moscú, 1897, p. 101-103.

[391] *Entsiklopedicheskiy slovar'* [Diccionario enciclopédico]: V 82 T. Sankt-San Petersburgo.: Brokgauz i Efron, 1890-1904. T 54, p. 86.

[392] *EE* [JE], T 3, p. 164-167.

[393] *G.B. Sliozberg*, T 1, p. 116.

Tras la derogación del reclutamiento desproporcionado de judíos, la agricultura había "perdido inmediatamente todo su atractivo" para los judíos, o, en palabras de un funcionario del gobierno, se había producido una "falsa interpretación del Manifiesto por parte de ellos", "según la cual ahora se consideraban libres de la obligación de dedicarse a la agricultura", y que ahora podían emigrar libremente. "Las peticiones de los judíos sobre reasentarse con la intención de trabajar en la agricultura habían terminado casi por completo".[394]

Las condiciones en las colonias existentes seguían siendo las mismas, si no peores: "los campos... se araban y sembraban patéticamente, sólo para reírse, o sólo para guardar las apariencias". Por ejemplo, en 1859 "la producción de grano en varias colonias fue incluso menor que la cantidad sembrada." En las nuevas colonias "paradigmáticas" no sólo faltaban graneros, sino que ni siquiera había aleros ni corrales para el ganado. Los colonos judíos arrendaban la mayor parte de sus tierras a otros, a campesinos locales o a colonos alemanes. Muchos pidieron permiso para contratar a cristianos como trabajadores, pues de lo contrario amenazaban con reducir aún más la siembra, y se les concedió tal derecho, independientemente del tamaño de la cosecha real.[395]

Por supuesto, entre los colonos había agricultores judíos acomodados. La llegada de colonos alemanes también fue de gran ayuda, ya que ahora los judíos podían adoptar su experiencia. Y la joven generación nacida allí ya aceptaba mejor la agricultura y la experiencia alemana; estaban más "convencidos de las ventajas de la agricultura en comparación con su vida anterior en la congestión y la exasperante competencia de los shtetls y las ciudades".[396]

Sin embargo, la mayoría, incomparablemente mayor, intentaba alejarse de la agricultura. Poco a poco, los informes de los inspectores se volvieron invariablemente monótonos: "Lo que más llama la atención es la aversión general de los judíos por el trabajo agrícola y sus remordimientos por sus antiguas ocupaciones artesanales, el comercio y los negocios"; mostraban "un celo incansable en cualquier oportunidad de negocio", por ejemplo, "en el punto álgido del trabajo en el campo... podían abandonar los campos si descubrían que podían comprar o vender con provecho un caballo, un buey, o cualquier otra cosa, en las cercanías". [Tenían] predilección por el comercio a céntimo", exigiendo, según su "convicción, menos trabajo y dando más medios para vivir." "Ganar dinero era más fácil para los judíos en los pueblos alemanes, rusos o griegos cercanos, donde el colono judío

---

[394] *V.N. Nikitin**, p. 448, 483, 529.
[395] También*, p 473, 490, 501, 506-507, 530-531, 537-538, 547-548, 667.
[396] También, p. 474-475, 502, 547.

se dedicaba a la taberna y al pequeño comercio". Sin embargo, más perjudiciales para la tierra cultivable eran las largas ausencias de los trabajadores que abandonaban la zona hacia lugares lejanos, dejando en las colonias sólo a uno o dos miembros de la familia en casa, mientras que el resto se iba a ganar dinero en los corretajes. En la década de 1860 (medio siglo después de la fundación de las colonias) se permitía esa salida a las familias enteras o a muchos miembros de la familia simultáneamente; en las colonias figuraban bastantes personas que nunca habían vivido allí. Tras abandonar las colonias, a menudo eludían registrarse en su gremio en el nuevo lugar, y "muchos permanecían allí durante varios años consecutivos, con la familia, sin estar registrados en ningún gremio y, por tanto, sin estar sujetos a ningún tipo de impuesto u obligación". Y en las colonias, las casas construidas para ellos permanecían vacías y en mal estado. En 1861 se permitió a los judíos mantener casas de bebidas en las colonias.[397]

Por último, la situación de la agricultura judía había llegado a oídos de las autoridades de San Petersburgo en toda su cruda y sombría realidad. Los impuestos atrasados (perdonados en numerosas ocasiones, como un matrimonio imperial) crecían, y cada amnistía había animado a los judíos a no pagar impuestos ni devolver préstamos en adelante. (En 1857, cuando expiraron los diez años concedidos para cobrar los impuestos atrasados, se añadieron cinco años más. Pero incluso en 1863 la deuda seguía sin cobrarse). Entonces, ¿para qué sirvieron todos esos reasentamientos, privilegios y préstamos? Por un lado, todo el épico proyecto de 60 años había proporcionado temporalmente a los judíos medios "para eludir sus obligaciones ante el Estado", al tiempo que no había logrado inculcar el amor por la agricultura entre los colonos". "Los fines no eran dignos de los medios". Por otro lado, "el simple permiso para vivir fuera de Pale, incluso sin ningún privilegio, atrajo a un gran número de agricultores judíos" que no se detuvieron ante nada para llegar allí.[398]

Si en 1858 había oficialmente 64.000 colonos judíos, es decir, entre ocho y diez mil familias, en 1880 el Ministerio sólo había encontrado 14.000, es decir, menos de dos mil familias. Por [399] ejemplo, en todo el Krai Sudoccidental en 1872 la comisión encargada de verificar si la tierra está en uso o yace desatendida había encontrado menos de 800 familias de colonos judíos.[400]

Las autoridades rusas habían visto claramente ahora que todo el asunto de convertir a los judíos en agricultores había fracasado. Ya no creían que "su

---

[397] *V.N. Nikitin**, p. 502-505, 519, 542, 558, 632, 656, 667.
[398] También*, p. 473, 510, 514, 529-533, 550, 572.
[399] También, p. 447, 647.
[400] *EE* [JE], T 7, p. 756.

acariciada esperanza de prosperidad de las colonias pudiera hacerse realidad". Al ministro Kiselyov le resultó especialmente difícil desprenderse de este sueño, pero se retiró en 1856. Los documentos oficiales admitían el fracaso, uno tras otro: "el reasentamiento de los judíos para la ocupación agrícola 'no ha ido acompañado de resultados favorables'".

Mientras tanto, "enormes áreas de rica y productiva tierra negra permanecen en manos de los judíos sin explotar". Después de todo, la mejor tierra fue seleccionada y reservada para la colonización judía. Esa porción, que se alquilaba temporalmente a quienes lo desearan, proporcionaba grandes ingresos (las colonias judías vivían de ella) a medida que la población del Sur crecía y todo el mundo pedía tierras. Y ahora incluso las peores tierras de la reserva, más allá de las asignadas para la colonización judía, también habían subido rápidamente de valor.[401] El Krai de Novorossiysk ya había absorbido a muchos colonos activos y "ya no necesitaba ninguna colonización promovida por el Estado".[402]

Así que la colonización judía se había vuelto irrelevante para los fines del Estado. Y en 1866 Alejandro II había ordenado poner fin a la aplicación de varias leyes destinadas a convertir a los judíos en agricultores. Ahora la tarea consistía en igualar a los agricultores judíos con el resto de los agricultores del Imperio. En todas partes, las colonias judías resultaron ser incapaces de una existencia independiente en la nueva situación de libertad. Así que ahora era necesario proporcionar medios legales para que los judíos abandonaran la agricultura, incluso individualmente y no en familias enteras (1868), para que pudieran convertirse en artesanos y comerciantes. Se les había permitido rescatar sus parcelas de tierra; y así las rescataron y revendieron con beneficio.[403]

Sin embargo, en la disputa sobre diversos proyectos en el Ministerio de Propiedad Estatal, la cuestión sobre la reforma de las colonias judías se alargó e incluso se detuvo por completo en 1880. Mientras tanto, con un nuevo estatuto de reclutamiento de 1874, los judíos fueron despojados de sus privilegios de reclutamiento, y con ello se perdió definitivamente cualquier vestigio de su interés por la agricultura. Para 1881 "en las colonias 'había una preponderancia de granjas con una sola casa de apartamentos, alrededor de las cuales no había signos de asentamiento; es decir, ni valla, ni alojamiento para el ganado, ni edificios agrícolas, ni

---

[401] *V.N. Nikitin**, p. 478-479, 524, 529-533, 550-551.
[402] *EE* [JE], T 7, p. 756.
[403] *V.N. Nikitin*, p. 534, 540, 555, 571, 611-616, 659.

camas para hortalizas, ni siquiera un solo árbol o arbusto; había muy pocas excepciones'".[404]

El consejero estatal Ivashintsev, un funcionario con 40 años de experiencia en agricultura, fue enviado en 1880 a investigar la situación con las colonias. Había informado de que en toda Rusia "ninguna otra comunidad campesina disfrutaba de beneficios tan generosos como los que se habían concedido [a los judíos]" y "estos beneficios no eran un secreto para los demás campesinos, y no podían sino despertar en ellos sentimientos hostiles". Los campesinos adyacentes a las colonias judías "'estaban indignados... porque debido a la escasez de tierras tenían que alquilar la tierra a los judíos por un precio caro, la tierra que el Estado daba barata a los judíos en cantidades que de hecho excedían las necesidades judías reales'. Fue precisamente esta circunstancia la que explicó en parte... 'la hostilidad de los campesinos hacia los agricultores judíos, que se manifestó en la destrucción de varios asentamientos judíos'" (en 1881-82).[405]

En aquellos años, había comisiones que asignaban tierras a los campesinos a partir de las tierras sobrantes de los asentamientos judíos. Los sectores no utilizados o descuidados eran recuperados por el gobierno. "En las guberniyas de Volynsk, Podolsk y Kiev, de 39.000 desyatins [un desyatin = 2,7 acres] sólo quedaban 4.082 [bajo cultivo judío]".[406] Sin embargo, quedaron varios asentamientos agrícolas judíos bastante extensos: Yakshitsa en la Guberniya de Minsk, no conocida por sus ricas tierras, tenía 740 desyatins para 46 familias [judías];[407] es decir, una media de 16 desyatins por familia, algo que raramente se encuentra entre los campesinos de Rusia Central; en 1848 en Annengof de Mogilyov Guberniya, tampoco muy extensa en tierras, veinte familias judías recibieron 20 desyatins de tierra estatal cada una, pero en 1872 se descubrió que sólo quedaban diez familias, y una gran parte de la tierra no estaba cultivada y estaba ahogada por la maleza.[408] En Vishenki de Mogilyov Guberniya, tenían 16 desyatins por familia;[409] y en Ordynovshchina de Grodno Guberniya 12 desyatins por familia [judía]. En las guberniyas del sur, más espaciosas, en los asentamientos originales quedaban 17 desyatins por familia [judía] en Bolshoi Nagartav; 16 desyatins por familia [judía] en Seidemenukh; y 17 desyatins por familia en Novo-Berislav. En el asentamiento de Roskoshnaya en Ekaterinoslav Guberniya tenían 15 desyatins por familia, pero si se tiene en cuenta el terreno total de la

---

[404] V.N. Nikitin, p. 635, 660-666.
[405] También*, p. 658-661.
[406] EE [JE], T 7, p. 756.
[407] También, T 16, p. 399.
[408] También, T 2, p. 596.
[409] También, T 5, p. 650.

colonia, entonces 42 desyatins por familia. [410]En Veselaya (hacia 1897) había 28 desyatins por familia. En Sagaidak había 9 desyatins, lo que se consideraba una pequeña asignación. [411]Y en Elyuvka, en la provincia de Kiev, había 6 familias judías con 400 desyatins entre ellas, es decir, ¡67 desyatins por familia! Y la tierra se alquilaba a los alemanes".[412]

Sin embargo, de un autor soviético de los años veinte leemos una afirmación categórica: "El zarismo había prohibido casi por completo a los judíos dedicarse a la agricultura."[413]

En las páginas que resumen su minucioso trabajo, el investigador de la agricultura judía V. N. Nikitin concluye: "Los reproches contra los judíos por su escasa diligencia en la agricultura, por marcharse sin permiso oficial a las ciudades para dedicarse a ocupaciones comerciales y artesanales, están totalmente justificados... No negamos en absoluto la responsabilidad judía de que un número tan reducido de ellos trabaje realmente en la agricultura después de los últimos 80 años". Sin embargo, les pone varias excusas: "[Las autoridades] no tenían fe en los judíos; las reglas de la colonización se cambiaron repetidamente"; a veces "se enviaron funcionarios que no sabían nada de agricultura o que eran completamente indiferentes a los judíos para regular sus vidas...". Judíos que solían ser habitantes independientes de la ciudad se transformaron en aldeanos sin ninguna preparación para la vida en el campo".[414]

Aproximadamente en la misma época, en 1884, N. S. Leskov, en un memorándum destinado a otra comisión gubernamental sobre asuntos judíos encabezada por Palen, había sugerido que la "falta de habituación a la vida agrícola de los judíos se había desarrollado a lo largo de generaciones" y que es "tan fuerte, que equivale a la pérdida de habilidad en la agricultura", y que el judío no volvería a ser labrador a menos que el hábito se reavivara gradualmente.[415]

(Lev Tolstoi supuestamente había reflexionado: ¿quiénes son los que "confinan a toda la nación a la apretada vida de la ciudad, y no le dan la oportunidad de asentarse en la tierra y empezar a hacer la única ocupación natural del hombre, la agricultura. Después de todo, es lo mismo que no dar a la gente aire para respirar... ¿Qué hay de malo en que los judíos se

---

[410] También, T 13, p. 606.
[411] También, T 5, p. 518; T 13, p. 808.
[412] También, T 16, p. 251.
[413] *Yu Larin. Evrei i antisemitizm v SSSR* [Los *judíos y el* antisemitismo en la URSS], p. 36.
[414] *V.N. Nikitin*, p. xii-xiii.
[415] *N.S. Leskov. Evrei v Rossii: Neskol'ko zamechaniy po evreyskomu voprosu* [Los judíos en Rusia: varias observaciones sobre la cuestión judía]. Pg., 1919 [reimpresión s izd. 1884], p. 61, 63.

establezcan en aldeas y comiencen a vivir una vida puramente laboral, que, probablemente, este antiguo, inteligente y maravilloso pueblo ya ha anhelado? ..."[416] - ¿En qué planeta vivía? ¿Qué sabía él de los 80 años de experiencia práctica con la colonización agrícola [judía])?

Y, sin embargo, la experiencia del desarrollo de Palestina, donde los colonos judíos se sentían como en casa, había demostrado su excelente capacidad para trabajar la tierra; además, lo hacían en condiciones mucho más desfavorables que en Novorossiya. Aun así, todos los intentos de persuadir u obligar a los judíos a dedicarse a la agricultura en Rusia (y después en la URSS) habían fracasado (y de ahí surgió la degradante leyenda de que los judíos en general son incapaces de cultivar la tierra).

Y así, después de 80 años de esfuerzos por parte del gobierno ruso, resultó que toda esa colonización agrícola fue un asunto grandioso pero vacío; todo el esfuerzo, todos los gastos masivos, el retraso del desarrollo de Novorossiya - todo fue en vano. La experiencia resultante demuestra que no debería haberse emprendido en absoluto.

Examinando en general el espíritu empresarial comercial e industrial judío, I. G. Orshansky escribió con razón a principios de la década de 1870 que la cuestión sobre la actividad empresarial judía es "la esencia de la cuestión judía", de la que "depende el destino del pueblo judío en cualquier país". "[Un empresario] de la rápida, mercantil e ingeniosa tribu judía" gira un rublo cinco veces "mientras que un ruso lo gira dos veces". Hay estancamiento, somnolencia y monopolio entre los comerciantes rusos. (Por ejemplo, tras la expulsión de los judíos de Kiev, la vida allí se había encarecido). El lado fuerte de la participación judía en la vida comercial reside en la aceleración de la rotación del capital, incluso del capital circulante más insignificante. Desmintiendo la opinión de que el llamado espíritu corporativo judío les da una ventaja crucial en cualquier competición, que "los [comerciantes] judíos siempre se apoyan unos a otros, teniendo sus banqueros, contratistas y transportistas", Orshansky atribuyó el espíritu corporativo judío sólo a los asuntos sociales y religiosos, y no al comercio, donde, según él, los judíos compiten ferozmente entre sí (lo que está en contradicción con la Hazaka que prescribe la separación de las esferas de actividad, que, según él, "había desaparecido gradualmente tras el cambio de la situación jurídica de los judíos"[417]). También había rebatido la opinión de que cualquier comercio judío no enriquece al país, que "consiste exclusivamente en la explotación de las clases productivas y trabajadoras", y que "el beneficio de los judíos

---

[416] *L.N. Tolstoi o evreyakh/Predisl. O.Ya.* Pergamenta [L.N. Tolstoi sobre los judíos/Predisl. O.Ya. Pergamenta], Sankt-PeterburgSt: *Vremya* [Tiempo], 1908, p. 15.
[417] *EE* [JE], T 15, p. 492.

es una pura pérdida para la nación". No estaba de acuerdo y sugería que los judíos buscaban y encontraban constantemente nuevos mercados de venta y así "abrían también nuevas fuentes de ganancias para la pobre población cristiana."[418]

El empresariado comercial e industrial judío en Rusia se había recuperado rápidamente de los dos golpes notables de 1861, la abolición de la servidumbre y la supresión de la viticultura. "El papel financiero de los judíos había cobrado especial importancia en la década de 1860, cuando las actividades anteriores amasaron capital en sus manos, mientras que la liberación de los campesinos y el empobrecimiento asociado de los terratenientes crearon una enorme demanda de dinero por parte de los terratenientes de todo el estado. Los capitalistas judíos desempeñaron un papel destacado en la organización de los bancos de tierras". [419]Toda la vida económica del país cambió rápidamente en muchas direcciones y la invariable determinación, inventiva y capital judíos siguieron el ritmo de los cambios e incluso se adelantaron a ellos. El capital judío afluyó, por ejemplo, a la industria azucarera del sudoeste (de modo que en 1872 una cuarta parte de todas las fábricas de azúcar tenían un propietario judío, así como un tercio de las sociedades anónimas azucareras), [420]y a la industria harinera y otras industrias fabriles tanto en el Pale of Settlement como fuera de él. Después de la guerra de Crimea se puso en marcha "una intensa construcción de ferrocarriles"; "surgieron todo tipo de empresas industriales y comerciales, sociedades anónimas y bancos" y "muchos judíos... encontraron una amplia aplicación para sus fuerzas y talentos en esas empresas... y algunos de ellos se enriquecieron increíblemente rápido".[421]

"Los judíos participaron en el negocio de los cereales durante mucho tiempo, pero su papel adquirió especial importancia tras la liberación campesina y desde el inicio de la construcción de ferrocarriles a gran escala." "Ya en 1878, el 60% de la exportación de grano estaba en manos de judíos y después fue controlada casi por completo por judíos". Y "gracias a los industriales judíos, la madera se había convertido en el segundo artículo más importante de la exportación rusa (después del grano)." Los contratos de explotación maderera y la adquisición de fincas forestales por parte de judíos no estaban prohibidos desde 1835. "La industria maderera y el comercio de madera fueron desarrollados por judíos. Además, los judíos habían establecido la exportación de madera".

---

[418] I. Orshanskiy, p. 71-72, 95-98, 106-107, 158-160.
[419] *EE* [JE], T 13, p. 646.
[420] *I.M. Dizhur. Evrei v ekonomicheskoy zhizni Rossii* [Los judíos en la vida económica de Rusia] // KRE-1, p. 168; *EE* [JE], T 13, p.662.
[421] *L. Deych. Rol' evreyev...*[El papel de los judíos..], T 1, p. 14-15.

"El comercio de la madera es uno de los principales aspectos del comercio judío y, al mismo tiempo, una importante área de concentración de capital... El crecimiento intensivo del comercio judío de madera comenzó en los años 1860-1870, cuando, como resultado de la abolición de la servidumbre, los terratenientes descargaron en el mercado un gran número de fincas y bosques." "La década de 1870 fue la de la primera irrupción masiva de judíos en industrias" como la manufacturera, la del lino, la alimentaria, la del cuero, la ebanistería y la del mueble, mientras que "la industria del tabaco hacía tiempo que se había concentrado en manos de judíos."[422]

En palabras de autores judíos: "En la época de Alejandro II, la rica burguesía judía era... completamente leal... a la monarquía. La gran riqueza de los Gintsburgs, los Polyakovs, los Brodskys, los Zaitsevs, los Balakhovskys y los Ashkenazis se amasó exactamente en esa época". Como ya se ha mencionado, "el recaudador de impuestos Evzel Gintsburg había fundado su propio banco en San Petersburgo". Samuil Polyakov había construido seis líneas de ferrocarril; a los tres hermanos Polyakov se les concedieron títulos nobiliarios hereditarios. "[423] Gracias a la construcción del ferrocarril, garantizada y en gran medida subvencionada por el gobierno, se creó el destacado capital de los Polyakov, I. Bliokh, A. Varshavsky y otros". Ni que decir tiene que también se crearon muchas otras fortunas más pequeñas, como la de A. I. Zaks, el antiguo ayudante de E. Gintsburg en la agricultura fiscal, que se había trasladado a San Petersburgo y había creado allí el Banco de Ahorros y Préstamos; "consiguió puestos de trabajo para sus numerosos parientes y los de su esposa en las empresas que dirigía."[424]

No sólo la economía, toda la vida pública se había transformado en el curso de las reformas alejandrinas, abriendo nuevas oportunidades para la judería mercurial.

"En las resoluciones gubernamentales que permitían a ciertos grupos de judíos con educación superior entrar en el servicio gubernamental, no había ninguna restricción en cuanto al ascenso en la escala laboral. Con la obtención del rango de Consejero de Estado, un judío podía ser elevado a la categoría de nobleza hereditaria por motivos comunes."[425]

En 1864 comenzó la reforma agraria. Afectaba a todas las clases y estratos sociales. Su estatuto... no restringía en modo alguno la elegibilidad de los

---

[422] *EE* [JE], T 13, p. 647, 656-658, 663-664; *G.B. Sliozberg*, T 3, p. 93; *KEE* [SJE], T 7, p. 337.
[423] *M.A. Aldanov. Russkie evrei v 70-80-kh godakh: Istoricheskiy etyud* [Los judíos rusos en los años 1870-1880: ensayo histórico] // KRE-1, p. 45-46.
[424] *G.B. Sliozberg*, T 1, p. 141-142.
[425] *KEE* [SJE], T 7, p. 328, 331.

judíos para votar en las elecciones administrativas del país u ocupar cargos electos en el país. En el transcurso de veintiséis años de vigencia del estatuto, se pudo ver a judíos en muchos lugares entre los concejales y en los consejos ejecutivos municipales."[426]

Del mismo modo, los estatutos judiciales de 1864 no estipulaban ninguna restricción para los judíos. Como resultado de la reforma judicial, se creó una autoridad judicial independiente y, en lugar de los mediadores privados, se estableció el gremio de abogados como clase independiente con una estructura corporativa especial (y, en particular, incluso con el derecho inapelable de denegar la asistencia jurídica a un solicitante "sobre la base de la evaluación moral de su persona", incluida la evaluación de sus opiniones políticas).

Y no había restricciones para que los judíos entraran en esta clase. Gessen escribió: "Aparte de la profesión de abogado, en la que los judíos habían adquirido prominencia, empezamos a notarlos en los registros de los tribunales entre los funcionarios de investigación y en las filas de los fiscales; en algunos lugares ya vemos judíos en las oficinas de los magistrados y los tribunales de distrito"; también servían como jurados"[427] sin ninguna restricción de cuotas (durante las primeras décadas después de la reforma). (Sorprendentemente, durante los juicios civiles los judíos prestaban el juramento convencional de jurado sin que se estableciera ninguna disposición sobre la religión judía).

Al mismo tiempo se estaba llevando a cabo la reforma municipal. Inicialmente se propuso restringir la representación judía entre los concejales y en los consejos ejecutivos municipales en un cincuenta por ciento, pero debido a las objeciones del ministro del Interior, el Estatuto Municipal de 1870 redujo la cuota máxima a un tercio; además, se prohibió a los judíos ocupar el cargo de alcalde. Se [428]temía "que, de otro modo, la cohesión interna y la autosegregación judías les permitieran obtener un papel destacado en las instituciones de la ciudad y les dieran ventaja en la resolución de los asuntos públicos". [429]Por otro lado, se igualaron los derechos electorales de los judíos (antes sólo podían votar como facción), lo que condujo a "una mayor influencia de los judíos en todos los asuntos de gobierno de la ciudad (aunque en la ciudad libre de Odessa estas normas se aplicaron desde el principio; más tarde, se adoptó también en Kishinev. "En general, en el sur de Rusia la atmósfera social no estaba impregnada

---

[426] *EE* [JE], T 7, p. 762.
[427] *Yu. Gessen*, T 2, p. 168.
[428] También, p. 168.
[429] También, p. 206.

de desprecio hacia los judíos, a diferencia de Polonia, donde se cultivaba con diligencia".[430])

Así prosiguió "quizás... el mejor periodo de la historia rusa para los judíos". "Se abrió el acceso a la función pública para los judíos... La relajación de las restricciones legales y la atmósfera general de 'la Era de las Grandes Reformas' habían afectado beneficiosamente al espíritu del pueblo judío".[431] Parecía que bajo la influencia de la Era de las Grandes Reformas "la vida cotidiana tradicional de la población judía se había vuelto hacia el mundo circundante" y que los judíos "habían empezado a participar en la medida de lo posible en la lucha por los derechos y la libertad...". No había un solo ámbito en la vida económica, pública y espiritual de Rusia que no se viera afectado por las energías creativas de los judíos rusos".[432]

Y recuerden que desde principios de siglo las puertas de la educación general rusa se abrieron de par en par para los judíos, aunque los judíos reacios tardaron mucho en entrar.

Más tarde, un conocido abogado y figura pública, Ya. L. Teytel recordaba así la escuela de gramática de Mozyr de la década de 1860: "El director de la escuela... a menudo... apelaba a los judíos de Mozyr, hablándoles de los beneficios de la educación y del deseo del gobierno de ver más judíos en las escuelas de gramática.

Desgraciadamente, tales súplicas cayeron en saco roto".[433] Así que no se mostraron entusiastas a la hora de matricularse durante los primeros años tras la reforma, incluso cuando se les ofreció educación gratuita pagada por el Estado y cuando los estatutos escolares (1864) declararon que las escuelas estaban abiertas a todo el mundo independientemente de su confesión. "[434]El Ministerio de Educación Nacional... intentó facilitar la admisión de los judíos en los centros de enseñanza general"; mostró "benevolencia hacia los jóvenes estudiantes judíos ". [435](Aquí L. Deutsch había distinguido especialmente al famoso cirujano N. I. Pirogov, entonces administrador del distrito escolar de Novorossiysk, sugiriendo que había "contribuido fuertemente a aliviar la hostilidad entre los miembros de mi tribu hacia las escuelas y ciencias 'goyish'".[436]) Poco después de la ascensión de Alejandro II, el ministro de Educación formuló así el plan

---

[430] *EE* [JE], T 6, p. 712, 715-716.
[431] También, T 13, p. 618.
[432] KRE-1, *Predislovie* [Prólogo], p. iii-iv.
[433] *Y.L. Teytel'. Iz moey zhizni za 40 let* [De mi vida de 40 años]. París: Y. Povolotskiy y Cía., 1925, p. 15.
[434] *I.M. Trotskiy. Evrei v russkoy shkole* [Los judíos en la escuela rusa] // KRE-1, p. 354.
[435] *Yu. Gessen.* T 2, p. 179.
[436] L. Deych. Rol' evreyev..., *T 1, p. 14.*

gubernamental: "Es necesario difundir, por todos los medios, la enseñanza de las materias de educación general, evitando al mismo tiempo interferir en la educación religiosa de los niños, permitiendo a los padres ocuparse de ella sin restricciones ni trabas por parte del gobierno." La [437]educación en las escuelas públicas estatales se hizo obligatoria para los hijos de comerciantes judíos y ciudadanos honorarios.[438]

Sin embargo, todas estas medidas, privilegios e invitaciones, no condujeron a un aumento drástico de las admisiones de judíos. En 1863, el porcentaje de alumnos judíos en las escuelas rusas alcanzaba el 3,2%, [439]es decir, igual a su porcentaje en la población del imperio. Aparte del rechazo de la educación rusa por parte de los judíos, hubo una cierta influencia de los líderes públicos judíos que ahora veían su tarea de otra manera: "Con el advenimiento de la Era de las Grandes Reformas, 'los amigos de la ilustración' habían fusionado la cuestión de la educación de masas con la cuestión de la situación legal de los judíos", [440]es decir, comenzaron a luchar por la eliminación inmediata de todas las restricciones restantes. Tras la conmoción de la Guerra de Crimea, tal posibilidad liberal parecía bastante realista.

Pero después de 1874, tras la promulgación del nuevo estatuto militar que "otorgaba privilegios de servicio militar a individuos educados", ocurrió casi un cambio mágico con la educación judía. Los judíos empezaron a ingresar en masa en las escuelas públicas. "[441]Tras la reforma militar de 1874, incluso las familias judías ortodoxas empezaron a enviar a sus hijos a institutos e instituciones de enseñanza superior para reducir su tiempo de servicio militar". [442] Entre estos privilegios se encontraban no sólo el aplazamiento del reclutamiento y la flexibilización del servicio, sino también, según los recuerdos de Mark Aldanov, la posibilidad de presentarse al examen de oficial "y recibir el grado de oficial". "A veces alcanzaban títulos nobiliarios".[443]

En la década de 1870 se produjo "un enorme aumento del número de estudiantes judíos en las instituciones educativas públicas", lo que condujo a la creación de una numerosa intelligentsia judía titulada". En 1881, los judíos representaban alrededor del 9% de todos los estudiantes universitarios; en 1887, su porcentaje había aumentado hasta el 13,5%, es decir, uno de cada siete estudiantes. En algunas universidades la

---

[437] *EE* [JE]*, T 13, p. 48.
[438] También, p. 49.
[439] *Yu. Gessen*, T 2, p. 179.
[440] *EE* [JE], T 13, p. 48.
[441] *Yu. Gessen*, T 2, p. 208.
[442] *KEE* [SJE], T 7, p. 333.
[443] *M.A. Aldanov* // KRE-1, p. 45.

representación judía era mucho mayor: en el Departamento de Medicina de la Universidad de Kharkov los judíos constituían el 42% del alumnado; en el Departamento de Medicina de la Universidad de Odessa, el 31%, y en la Facultad de Derecho, el 41%. [444] En todas las facultades del país, el porcentaje de judíos se duplicó hasta el 12% de 1870 a 1880 (y en comparación con 1865, se había cuadruplicado).

En el distrito escolar de Odessa alcanzó el 32% en 1886, y en algunas escuelas era del 75% e incluso más. [445](Cuando D. A. Tolstoi, ministro de Educación desde 1866, había iniciado las reformas escolares en 1871 introduciendo el estándar de educación clásica con énfasis en la antigüedad, la intelligentsia étnica rusa hirvió, mientras que a los judíos no les importó).

Sin embargo, durante un tiempo, estos avances educativos sólo afectaron a "la burguesía y la intelectualidad judías. Las amplias masas permanecieron fieles... a sus cheders y yeshivas", ya que la escuela elemental rusa no ofrecía ningún privilegio". "Las masas [446]judías permanecieron aisladas como antes debido a las condiciones específicas de su vida interior y exterior". La [447] propagación de la cultura universal moderna fue extremadamente lenta y las novedades arraigaron con gran dificultad entre las masas que vivían en los shtetls y pueblos del Pale of Settlement en un ambiente de tradiciones y disciplina religiosas muy estrictas." [448]"Concentradas dentro del Pale of Settlement, las masas judías no sentían ninguna necesidad de la lengua rusa en su vida cotidiana... Como antes, las masas seguían confinadas al dominio familiar de la educación primitiva del cheder". [449] Y quien acababa de aprender a leer tenía que pasar inmediatamente a leer la Biblia en hebreo.[450]

Desde el punto de vista del gobierno, la apertura de la educación general a los judíos hacía innecesarias las escuelas judías estatales. A partir de 1862 se permitió a los judíos ocupar puestos de supervisores superiores en dichas escuelas, por lo que "el personal de estas escuelas se fue reponiendo gradualmente con pedagogos judíos comprometidos, que, actuando con el

---

[444] *I.M. Trotskiy. Evrei v russkoy shkole* [Los judíos en las escuelas rusas] // KRE-1, p. 355-356.
[445] *EE* [JE], T 13, p. 50.
[446] *I.M. Trotskiy. Evrei v russkoy shkole* [Los judíos en las escuelas rusas] // KRE-1, p. 355-356.
[447] *EE* [JE], T 13, p. 618.
[448] G.Ya. Aronson. *V bor'be za grazhdanskie i natsional'nie prava: Obshchestvennie techeniya v russkom evreystve* [En la lucha por los derechos civiles y nacionales: Corrientes sociales en la judería rusa]. // KRE-1, p. 207.
[449] *Yu. Gessen.* T 2, p. 178, 180.
[450] Ya.G. Frumkin. *Iz istorii russkogo evreystva: Vospominaniya, materiali, dokumenti* [De la historia de la judería rusa: Memorias, materiales y documentos] // KRE-1, p. 51.

espíritu de la época, trabajaron para mejorar el dominio de la lengua rusa y reducir la enseñanza de materias específicamente judías". [451]En 1873 estas escuelas especializadas fueron parcialmente abolidas y parcialmente transformadas, algunas en escuelas judías primarias especializadas de nivel general, con cursos de estudio de 3 o 6 años, y dos escuelas rabínicas especializadas en Vilna y Zhitomir fueron transformadas en escuelas de magisterio. [452]El gobierno... intentó superar la alienación judía mediante la educación integrada; sin embargo, la Comisión para Arreglar el Estilo de Vida Judío recibía informes tanto de los defensores de los judíos, a menudo de alto rango, como de los opositores a la reforma que insistían en que "los judíos nunca deben ser tratados... de la misma manera que otros grupos étnicos del Imperio, que no se les debía permitir la residencia sin restricciones en todo el país; sólo se podría permitir después de que se hubieran intentado todas las medidas posibles para convertir a los judíos en ciudadanos productivos útiles en los lugares en los que viven ahora y cuando estas medidas demostraran su éxito más allá de toda duda."[453]

Mientras tanto, a través del choque de las reformas en curso, especialmente de la abolición de la onerosa obligación de reclutamiento en 1856 (y a través de ella la negación del correspondiente poder de los líderes judíos sobre sus comunidades), y luego de la derogación del impuesto especial asociado en 1863, "el poder administrativo de los líderes comunitarios se debilitó significativamente en comparación con su autoridad casi ilimitada en el pasado" heredada del Qahal (abolido en 1844), ese árbitro omnipotente de la vida judía.[454]

Fue entonces, a finales de la década de 1850 y durante la de 1860, cuando el judío bautizado Yakov Brafman se presentó ante el gobierno y más tarde salió públicamente en un enérgico intento de reforma radical del modo de vida judío.

Había solicitado al Zar un memorándum y fue convocado a San Petersburgo para consultas en el Sínodo. Se dispuso a exponer y explicar el sistema del Qahal (aunque un poco tarde, pues el Qahal ya había sido abolido). Para ello hizo traducir al ruso las resoluciones del Qahal de Minsk emitidas en el periodo comprendido entre finales del siglo 18 y principios del 19. Al principio publicó los documentos por partes y más tarde (en 1869 y 1875) como compilación, *El libro del Qahal*, que revelaba la absoluta impotencia personal y material del miembro de la comunidad. El libro "adquirió un peso excepcional a los ojos de las autoridades y fue aceptado

---

[451] *Yu. Gessen*, T 2, p. 180.
[452] *EE* [JE], T 1, p. 823.
[453] *Yu Gessen**, T 2, p. 205.
[454] También, p. 170.

como guía oficial; se ganó el reconocimiento (a menudo de oídas) de amplios círculos de la sociedad rusa"; fue calificado de "triunfo de Brafman" y alabado como un "éxito extraordinario".[455] (Más tarde el libro se tradujo al francés, alemán y polaco.)[456] *El Libro de Qahal* consiguió inculcar en un gran número de individuos un odio fanático hacia los judíos como 'enemigo mundial de los cristianos'; había logrado difundir ideas erróneas sobre el modo de vida judío".[457]

La "misión" de Brafman, la recopilación y traducción de las actas emitidas por el Qahal había "alarmado a la comunidad judía"; a petición de ésta, se creó una comisión gubernamental en la que participaron representantes de la comunidad judía para verificar el trabajo de Brafman. Algunos "escritores judíos se apresuraron a presentar pruebas de que Brafman distorsionaba algunos de los documentos del Qahal e interpretaba erróneamente otros"; un detractor había llegado a dudar de su autenticidad".[458](Un siglo después, en 1976, *la Enciclopedia Judía Breve* confirmó la autenticidad de los documentos de Brafman y la buena calidad de su traducción, pero le reprochó falsas interpretaciones.[459] *La Enciclopedia Judía Rusa* (1994) señaló que "los documentos publicados por Brafman son una fuente valiosa para estudiar la historia de los judíos en Rusia a finales del siglo 18 y principios del 19 ".[460] (A propósito, el poeta Jodasevich era sobrino nieto de Brafman).

Brafman afirmaba "que las leyes gubernamentales no pueden destruir la fuerza maliciosa que acecha en el autogobierno judío... Según él, el autogobierno judío no se limita a los Qahals... sino que supuestamente implica a todo el pueblo judío en todo el mundo... y por eso los pueblos cristianos no pueden deshacerse de la explotación judía hasta que se elimine todo lo que permite la autosegregación judía". Además, Brafman "view[ed] the Talmud not as a national and religious code but as a 'civil and political code' going 'against the political and moral development of Christian nations'"[461] y creando una 'república talmúdica'. Insistió en que "los judíos forman una nación dentro de otra nación"; que "no se consideran sujetos a las leyes nacionales"; [462]que uno de los principales objetivos de la comunidad judía es confundir a los cristianos para convertir a estos

---

[455] También, p. 200-201.
[456] *KEE* [JEE], T 1, p. 532.
[457] *Yu. Gessen*, T 2, p. 200-201.
[458] *EE* [JE], T 4, p. 918.
[459] *KEE* [SJE], T 1, p. 532.
[460] *Rossiyskaya Evreyskaya Entsiklopediya* [Enciclopedia Judía Rusa] (en adelante REE). Moscú, 1994-...T 1, p. 164.
[461] *Yu. Gessen*. T 2, p. 200-201.
[462] *EE* [JE], T 4, p. 918, 920.

últimos en no más que propietarios ficticios de sus bienes".[463] A mayor escala, "acusó a la Sociedad para el Avance de la Ilustración entre los Judíos de Rusia y a la Alliance Israélite Universelle por su papel en la 'conspiración mundial judía'". [464]Según Yu. Gessen, "la única exigencia de *El Libro de Qahal...* era el exterminio radical del autogobierno judío" a pesar de toda su impotencia civil.[465]

El Consejo de Estado, "tras mitigar el estilo intransigente de *El Libro de Qahal*, declaró que aunque las medidas administrativas lograran borrar las diferencias externas entre los judíos y el resto de la población, "no eliminarán en absoluto las actitudes de reclusión y casi la hostilidad absoluta hacia los cristianos que prosperan en las comunidades judías". Esta separación judía, perjudicial para el país, puede destruirse, por un lado, mediante el debilitamiento de las conexiones sociales entre los judíos y la reducción del poder abusivo de los ancianos judíos en la medida de lo posible, y, por otro lado, mediante la difusión de la educación entre los judíos, que en realidad es más importante."[466]

Y precisamente este último proceso -la educación- ya estaba en marcha en la comunidad judía. La Ilustración judía anterior, el movimiento *Haskalah* de la década de 1840, se basaba predominantemente en la cultura alemana; desconocían por completo la cultura rusa (estaban familiarizados con Goethe y Schiller, pero no conocían a Pushkin y Lermontov) [467]"Hasta mediados del siglo XIX, incluso los judíos cultos, con raras excepciones, habiendo dominado la lengua alemana, desconocían al mismo tiempo la lengua y la literatura rusas." [468]

Sin embargo, como aquellos maskilim buscaban la autoilustración y no la educación masiva del pueblo judío, el movimiento se extinguió en la década de 1860. [469]"En la década de 1860, las influencias rusas irrumpieron en la sociedad judía. Hasta entonces los judíos no vivían sino que residían en Rusia, [470]percibían sus problemas como completamente ajenos a la vida rusa circundante. Antes de la guerra de Crimea, la intelectualidad judía de

---

[463] *KEE* [SJE], T 1, p. 532.
[464] *REE* [RJE], T 1, p. 164.
[465] *Yu. Gessen*, T 2, p. 202.
[466] También*, p. 202-203.
[467] S.M. Sliozberg. O russko-evreyskoy intelligentsia *[Sobre la intelectualidad ruso-judía] // Evreyskiy mir: Ezhegodnik na 1939g.* [Mundo judío: Anuario de 1939] (en adelante-*EM-1* [JW-1]). París: Ob'edinenie russko-evreyskoy intelligentsia [*Asociación de* la intelligentsia ruso-judía], p. 34.
[468] *EE* [JE], T 3, p. 334.
[469] Yudl. Mark. Literatura na idish v Rossii [Literatura en ídish en Rusia] // KRE-1, p. 521; G.Ya. Aronson. Russko-Evreyskaya pechat' [Prensa ruso-judía] // También, p. 548.
[470] B. Orlov. Ne te vi uchili alfaviti // Vremya i mi: Mezhdunarodniy zhurnal literature i obshchestvennikh problem *(en adelante-VM). Tel'-Aviv, 1975*, No1, p. 130.

Rusia reconocía exclusivamente la cultura alemana, pero después de las reformas empezó a gravitar hacia la cultura rusa.

El dominio de la lengua rusa "aumenta... la autoestima". [471]En adelante, la Ilustración judía se desarrolló bajo la fuerte influencia de la cultura rusa. "Los mejores... intelectuales judíos rusos ya no abandonaron a su pueblo"; no se apartaron al "ámbito de los intereses exclusivamente personales", sino que se preocuparon "por facilitar la suerte de su pueblo". Al fin y al cabo, la literatura rusa enseñaba que los fuertes debían dedicarse a los débiles.[472]

Sin embargo, esta nueva ilustración de las masas judías se vio enormemente complicada por la fuerte religiosidad de dichas masas, que a ojos de los progresistas era sin duda un factor regresivo, [473]mientras que el emergente movimiento de la Ilustración judía era bastante secular para la época. La secularización de la conciencia pública judía "fue particularmente difícil debido al papel excepcional que desempeñó la religión en la diáspora como fundamento de la conciencia nacional judía en el transcurso de muchos siglos". Y así, "el amplio desarrollo de la conciencia nacional judía secular" comenzó, en esencia, sólo a finales de siglo. "[474]No fue por inercia, sino debido a una postura completamente deliberada, ya que el judío no quería arriesgarse a separarse de su Dios".[475]

Así pues, la intelectualidad judía rusa se encontró con la cultura rusa en el momento de su nacimiento. Además, ocurrió en el momento en que la intelectualidad rusa también se desarrollaba expansivamente y en el momento en que la cultura occidental irrumpió a borbotones en la vida rusa (Buckle, Hegel, Heine, Hugo, Comte y Spencer). Se señaló que varias figuras destacadas de la primera generación de la intelectualidad judía rusa (S. Dubnov, M. Krol, G. Sliozberg, O. Gruzenberg y Saul Ginzburg) nacieron en ese periodo, 1860-1866 [476] (aunque sus compañeros revolucionarios judíos igualmente distinguidos -M. Gots, G. Gershuni, F.

---

[471] M. Osherovich. *Russkie evrei v Soedinennikh Shtatakh Ameriki* [Judíos rusos en los Estados Unidos de América] // KRE-1, p. 289-290.

[472] *S.M. Sliozberg//EM-1*, p. 35.

[473] *G.Ya. Aronson*. V bor'be za...* [En la lucha por...] // KRE-1, p 210.

[474] S. Shvarts. *Evrei v Sovetskom Soyuze c nachala Vtoroy mirovoy voyni. 1939-1965* [Los judíos en la Unión Soviética desde el comienzo de la Segunda Guerra Mundial. 1939-1965]. Nueva York: *Amerikanskiy evreyskiy rabochiy komitet* [Comité Americano de Trabajadores Judíos], 1966, p. 290.

[475] I.M. Bikerman. *K samopoznaniyu evreya: Chem mi bili, chem mi stali, chem mi dolzhni bit'. [Lo que fuimos, lo que llegamos a ser y lo que deberíamos ser".] París*, 1939, p. 48.

[476] K. Leytes. *Pamyati M.A. Krolya* [Memorias de M.A. Krol'] // *Evreyskiy mir* [Mundo judío]: Antología 2 (en adelante *EM-2* [JW-2]). Nueva York: *Soyuz russkikh evreyev v N'yu Yorke* [Unión de judíos rusos en Nueva York], 1944, p. 408-411.

Dan, Azef y L. Akselrod - nacieron también durante esos años y muchos otros revolucionarios judíos, como P. Akselrod y L. Deych, nacieron aún antes, en la década de 1850).

En San Petersburgo, en 1863, las autoridades permitieron la creación de la Sociedad para la Difusión de la Ilustración entre los Judíos de Rusia (SSE), apoyada por los acaudalados Evzel Gintsburg y A. M. Brodsky. Al principio, durante la primera década de su existencia, sus miembros y actividades fueron limitados; la Sociedad se ocupaba de actividades editoriales y no de la educación escolar; aun así, sus actividades provocaron una violenta reacción por parte de los conservadores judíos[477] (que también protestaron contra la publicación del Pentateuco en ruso por considerarlo una intromisión blasfema en la santidad de la Torá). A partir de la década de 1870, la ESS prestó apoyo financiero a las escuelas judías. Su labor cultural se llevaba a cabo en ruso, con una concesión para el hebreo, pero no para el yiddish, que entonces se reconocía universalmente como una "jerga". [478] En opinión de Osip Rabinovich, un belletrista, la '"jerga consentida' utilizada por los judíos en Rusia no puede 'facilitar la ilustración, porque no sólo es imposible expresar nociones abstractas en ella, sino que ni siquiera se puede expresar un pensamiento decente con ella'". "En [479]lugar de dominar la maravillosa lengua rusa, los judíos de Rusia nos ceñimos a nuestra malcriada, cacofónica, errática y pobre jerga." [480](En su día, los Maskilim alemanes ridiculizaron la *jerga de* forma aún más aguda).

Y así "surgió una nueva fuerza social en el judaísmo ruso, que no dudó en entrar en la lucha contra la unión... del capital y la sinagoga", como expresó el liberal Yu. I. Gessen. Esa fuerza, naciente y por el momento débil, era la prensa periódica judía en lengua rusa.[481]

Su primogénito fue la revista de Odessa *Rassvet* [Amanecer], publicada durante dos años, de 1859 a 1861, por el ya mencionado O. Rabinovich. La revista debía servir "como medio de difusión de 'conocimientos útiles, verdadera religiosidad, reglas de vida comunal y moralidad'; se suponía que predisponía a los judíos a aprender la lengua rusa y a 'hacerse amigos de la erudición nacional '".[482] *Rassvet* también informaba sobre política, expresando el "amor a la Patria" y la intención de promover "los puntos de vista del gobierno"[483] con el objetivo "de la vida en común con otros

---

[477] *EE* [JE], T 13, p. 59.
[478] I.M. Trotskiy. *Samodeyatel'nost'*...[Iniciativa individual...] // KRE-1, p. 471-474.
[479] *Yu. Gessen*, T 2, p. 172.
[480] *EE* [JE]*, T 3, p. 335.
[481] *Yu. Gessen*, T 2, p. 170.
[482] También, p. 171.
[483] G.Ya. Aronson*. *Russko-Evreyskaya pechat'* [Prensa ruso-judía] // KRE-1, p. 562.

pueblos, participando en su educación y compartiendo sus éxitos, al tiempo que preservamos, desarrollamos y perfeccionamos nuestro patrimonio nacional distintivo". El [484] principal publicista de *Rassvet*, L. Levanda, definió el objetivo de la revista como doble: "actuar defensiva y ofensivamente: defensivamente contra los ataques del exterior, cuando hay que defender nuestros derechos humanos e intereses confesionales (religiosos), y ofensivamente contra nuestro enemigo interno: el oscurantismo, la cotidianidad, los problemas de la vida social y nuestros vicios y debilidades tribales."[485]

Esta última dirección, "revelar los lugares enfermizos de la vida judía interior", despertó el temor en los círculos judíos de que "pudiera conducir a nuevas represiones legislativas". Así que los periódicos judíos existentes (en yiddish) "vieron la dirección del *Rassvet* como extremadamente radical". Sin embargo, estos mismos periódicos moderados, con su mera aparición, ya habían sacudido "'la estructura patriarcal' de la vida comunitaria [judía] mantenida por el silencio del pueblo." [486]Ni que decir tiene que la lucha entre el rabinato y el judaísmo jasídico continuó sin tregua durante ese periodo y que esta nueva lucha de los publicistas más destacados de 1860 contra los anquilosados cimientos de la vida cotidiana se había sumado a ella. Gessen señaló que "en la década de 1860, el sistema de medidas represivas contra los oponentes ideológicos no parecía ofensivo ni siquiera para la conciencia de las personas inteligentes". Por ejemplo, el publicista A. Kovner, "el judío Pisarev" [escritor y crítico social radical ruso], no pudo abstenerse de avisar al gobernador general de Novorossiysk de la existencia de un periódico judío. [487](En la década de 1870, Pisarev "era extremadamente popular entre los intelectuales judíos").[488]

M. Aldanov opina que la participación judía en la vida cultural y política rusa había comenzado efectivamente a finales de la década de 1870 (y posiblemente una década antes en el movimiento revolucionario).[489]

En la década de 1870 nuevos publicistas judíos (L. Levanda, el crítico S. Vengerov, el poeta N. Minsky) empezaron a colaborar con la prensa general rusa. (Según G. Aronson, Minsky expresó su deseo de ir a la guerra ruso-turca para luchar por sus hermanos eslavos). El ministro de Educación, el conde Ignatiev, expresó entonces su fe en la lealtad de los judíos a Rusia. Después de la guerra ruso-turca de 1877-1878, empezaron a circular entre los judíos rumores sobre grandes reformas auspiciosas.

---

[484] *S.M. Ginzburg* // EM-1* [JW-1], p. 36.
[485] *Yu. Gessen**, T 2, p. 173.
[486] También*, p. 174.
[487] También, p. 174-175.
[488] *EE* [JE], T 3, p. 480.
[489] *M.A. Aldanov//KRE-1*, p. 44.

Mientras tanto, el centro de la vida intelectual judía se trasladó de Odesa a San Petersburgo, donde nuevos escritores y abogados ganaron prominencia como líderes de la opinión pública. En ese ambiente esperanzador, en 1879 se reanudó en San Petersburgo la publicación de *Rassvet*. En el editorial de apertura, M. I. Kulisher escribió: "Nuestra misión es ser un órgano de expresión de las necesidades de los judíos rusos... para promover el despertar de la enorme masa de judíos rusos de la hibernación mental... también es en interés de Rusia...". En ese objetivo la intelectualidad judía rusa no se separa del resto de los ciudadanos rusos".[490]

Paralelamente al desarrollo de la prensa judía, la literatura judía no podía dejar de avanzar, primero en hebreo, luego en yiddish y más tarde en ruso, inspirada por lo mejor de la literatura rusa. [491]Bajo Alejandro II, "hubo bastantes autores judíos que persuadieron a sus correligionarios para que estudiaran la lengua rusa y consideraran Rusia como su patria".[492]

Naturalmente, en las condiciones de los años 1860-1870, los educadores judíos, todavía pocos en número e inmersos en la cultura rusa, no podían evitar avanzar hacia la asimilación, en la misma dirección "que en condiciones análogas llevó a los judíos inteligentes de Europa occidental a la asimilación unilateral con el pueblo dominante". [493]Sin embargo, había una diferencia: en Europa el nivel cultural general de los pueblos nativos era sistemáticamente superior, por lo que en Rusia estos judíos no podían asimilarse con el pueblo ruso, aún débilmente tocado por la cultura, ni con la clase dirigente rusa (que los rechazaba); sólo podían asimilarse con la intelligentsia rusa, entonces muy reducida en número pero ya completamente secular, que rechazaba, entre otras cosas, a su Dios. Ahora los educadores judíos también se alejaban de la religiosidad judía y, "al no poder encontrar un vínculo alternativo con su pueblo, se alejaban completamente de él y espiritualmente se consideraban únicamente ciudadanos rusos."[494]

Se estaba desarrollando un "acercamiento mundano entre las intelectualidades rusa y judía". [495]Se vio facilitado por la revitalización general de la vida judía, ya que ahora se permitía a varias categorías de judíos vivir fuera del Pale of Settlement. El desarrollo de las

---

[490] G.Ya. Aronson*. *Russko-evreyskaya pechat'* [Prensa ruso-judía] // KRE-1, p. 558-561.
[491] M. Krol'. *Natsionalizm i assimilyatsiya v evreyskoy istorii* [Nacionalismo y asimilación en la historia judía] // EM-1 [JW-1], p. 188-189.
[492] James Parkes. El judío y su prójimo: estudio de las causas del antisemitismo. París: YMCA-Press, 1932, p. 41.
[493] Yu Gessen, T 2, p. 198.
[494] También.
[495] También, p. 177.

comunicaciones por ferrocarril y las posibilidades de viajar al extranjero - "todo esto contribuyó a un contacto más estrecho del gueto judío con el mundo circundante". [496]Además, en la década de 1860 "hasta un tercio... de los judíos de Odessa podían hablar ruso". La [497]población allí creció rápidamente, "debido al reasentamiento masivo en Odesa tanto de judíos rusos como extranjeros, estos últimos principalmente de Alemania y Galitzia." [498]El florecimiento de Odessa a mediados del siglo 19 presagiaba la prosperidad de toda la judería rusa hacia finales del siglo 19 - a principios del siglo 20. La Odesa libre se desarrolló según sus propias leyes especiales, que diferían de los estatutos de toda Rusia desde principios del siglo 19. Era un puerto libre e incluso estuvo abierto a los barcos turcos durante la guerra con Turquía. "La principal ocupación de los judíos de Odesa en este periodo era el comercio de cereales. Muchos judíos eran pequeños comerciantes e intermediarios (principalmente entre los terratenientes y los exportadores), así como agentes de destacadas empresas extranjeras y locales (sobre todo griegas) de comercio de trigo.

En la bolsa de grano, los judíos trabajaban como corredores de bolsa, tasadores, cajeros, escaladores y cargadores"; "los judíos ocupaban una posición dominante en el comercio de grano: en 1870 la mayor parte de la exportación de grano estaba en sus manos. En 1910... el 89,2% de las exportaciones de grano estaba bajo su control". [499]En comparación con otras ciudades del Pale of Settlement, en Odesa vivían más judíos de profesiones independientes y tenían mejores relaciones con los círculos rusos cultos, y eran vistos con buenos ojos y protegidos por la alta administración de la ciudad... N. Pirogov [destacado científico y cirujano ruso], administrador del distrito escolar de Odesa entre 1856 y 1858, patrocinó especialmente a los judíos". [500]Un observador contemporáneo había descrito vívidamente este desorden de Odesa con una feroz competencia entre comerciantes judíos y griegos, donde "en algunos años, media ciudad, desde los principales peces gordos del pan, hasta los propietarios de tiendas de segunda mano, vivían de la venta de productos del grano." En Odessa, con su incesante alboroto comercial unido al idioma ruso, "era imposible trazar una línea, separar claramente a un comerciante de 'trigo' o a un banquero de un hombre de profesión intelectual".[501]

---

[496] *EE* [JE], T 13, p. 638.
[497] *G.Ya. Aronson. Russko-Evreyskaya pechat'* [Prensa ruso-judía]//KRE-1, p. 551.
[498] *KEE* [SJE], T 6, p. 117.
[499] También, p. 117-118.
[500] También, p. 118.
[501] *K. Itskovich. Odessa-khlebniy gorod* [Odessa-Ciudad del pan]//*Novoe russkoe slovo* [La nueva palabra rusa], Nueva York, 1984, 21 de marzo, p. 6.

Así, en general, "entre los judíos cultos... el proceso de adopción de todo lo ruso... se había acelerado". "[502]La educación europea y el conocimiento de la lengua rusa se habían convertido en necesidades"; "todos se apresuraban a aprender la lengua rusa y la literatura rusa; sólo pensaban en acelerar la integración y la mezcla completa con su entorno social"; aspiraban no sólo al dominio de la lengua rusa, sino a "la rusificación completa y la adopción del 'espíritu ruso', de modo que "el judío no se diferenciara del resto de los ciudadanos en nada excepto en la religión". El observador contemporáneo M. G. Morgulis escribió: "Todos habían empezado a pensar en sí mismos como ciudadanos de su patria; todos tenían ahora una nueva Patria."[503]

"Los miembros de la intelectualidad judía creían que 'por el bien estatal y público tenían que deshacerse de sus rasgos étnicos y... fusionarse con la nacionalidad dominante'. Un progresista judío contemporáneo escribió que 'los judíos, como nación, no existen', que 'se consideran rusos de la fe mosaica...' 'Los judíos reconocen que su salvación reside en la fusión con el pueblo ruso'".[504]

Quizás merezca la pena nombrar aquí a Veniamin Portugalov, médico y publicista. En su juventud albergaba sentimientos revolucionarios y por ello llegó a pasar algún tiempo como prisionero en la Fortaleza de Pedro y Pablo. Desde 1871 vivió en Samara. Desempeñó un papel destacado en el desarrollo de la sanidad rural y la ciencia de la salud pública. Fue uno de los pioneros de la terapia del alcoholismo y de la lucha contra el abuso del alcohol en Rusia". También organizó conferencias públicas. "Desde muy joven compartió las ideas de *los narodniks* [un segmento de la *intelectualidad* rusa que abandonaba las ciudades y se dirigía al pueblo ('narod') en las aldeas, predicando sobre el derecho moral a rebelarse contra el orden establecido] sobre el papel pernicioso de los judíos en la vida económica del campesinado ruso. Estas ideas sentaron las bases de los dogmas del movimiento judeocristiano de la década de 1880" (La Hermandad Bíblica Espiritual).

Portugalov consideraba necesario liberar la vida judía del ritualismo, y creía que "la judería sólo podría existir y desarrollar una cultura y una civilización después de disolverse en los pueblos europeos" (se había referido al [pueblo] ruso).[505]

Durante el reinado de Alejandro II se observó una reducción sustancial del número de conversiones de judíos al cristianismo, ya que se hizo

---

[502] *EE* [JE], T 3, p. 334-335.
[503] También*, T 13, p. 638.
[504] G.Ya. Aronson. *V bor'be za...*[En la lucha por...]//KRE-1, p. 207.
[505] *KEE* [SJE], T 6, p. 692-693.

innecesario tras la abolición de la institución de los cantonales militares y la ampliación de los derechos de los judíos. [506]Y a partir de este momento también comenzó a profesarse abiertamente la secta del judío Skhariya.[507]

Tal actitud por parte de los judíos acomodados, especialmente los que vivían fuera del Pale of Settlement y los que tenían educación rusa, hacia Rusia como patria innegable es digna de mención. Y así debía notarse y así fue. "En vista de las grandes reformas, todos los judíos rusos responsables eran, sin exagerar, patriotas y monárquicos y adoraban a Alejandro II. M. N. Muraviov, entonces gobernador general del Krai del Noroeste, famoso por su crueldad con los polacos [que se rebelaron en 1863], patrocinó a los judíos en la consecución del sano objetivo de ganarse la lealtad de una parte importante de la población judía al Estado ruso." [508]Aunque durante el levantamiento polaco de 1863 la judería polaca estuvo principalmente del lado de los polacos;[509] "un sano instinto nacional impulsó" a los judíos de las guberniyas de Vilna, Kaunas y Grodno "a ponerse del lado de Rusia porque esperaban más justicia y trato humano de los rusos que de los polacos, quienes, aunque históricamente toleraban a los judíos, siempre los habían tratado como a una raza inferior".[510] (Así lo describió Ya. Teitel lo describió: "Los judíos polacos siempre estuvieron desvinculados de los judíos rusos "; miraban a los judíos rusos desde la perspectiva polaca. Por otra parte, los polacos compartían en privado su opinión sobre los judíos rusos en Polonia: "Los mejores de estos judíos son nuestro verdadero enemigo. Los judíos rusos, que habían infestado Varsovia, Lodz y otros centros importantes de Polonia, trajeron consigo la cultura rusa, que no nos gusta").[511]

En aquellos años, la rusificación de los judíos en su territorio era "altamente deseable" para el gobierno zarista. [512]Las autoridades rusas reconocían "la socialización con la juventud rusa... como un método seguro de reeducación de la juventud judía para erradicar su 'hostilidad hacia los cristianos'".[513]

---

[506] *EE*, T 11, p. 894.
[507] *KEE* [SJE], T 2, p. 510.
[508] V.S. Mandel'. Konservativnie i razrushitel'nie elemente v evreystve [*Elementos conservadores y destructivos en la judería*] // *Rossiya i evrei: Sb. 1* [*Rusia y los judíos*: Antología 1 (en adelante *RiE* [RandJ])/*Otechestvennoe obedinenie russkikh evreyev za granitsey* [*La Unión Patriótica de los Judíos Rusos en el Extranjero*]. París: YMCA-Press, 1978 [1st Publicación-Berlín: Osnova, 1924], p. 195.
[509] I.M. Trotskiy. Evrei v russkoy shkole [Los judíos en las escuelas rusas] // KRE-1, p. 356.
[510] *V.S. Mandel"* // *RiE* [RandJ], p. 195.
[511] Ya. Teytel'. *Iz moey zhizni...* [De mi vida...], p. 239.
[512] Ver.: *EE* [JE], T 3, p. 335; y otros.
[513] *Yu. Gessen*, T 2, p. 208.

Aun así, este recién nacido patriotismo ruso entre los judíos tenía límites claros. El abogado y publicista I. G. Orshansky especificó que para acelerar el proceso "era necesario crear condiciones para los judíos tales que pudieran considerarse ciudadanos libres de un país civilizado libre".[514] El mencionado Levanda, "un erudito judío" que vivía bajo la jurisdicción del Gobernador de Vilna, escribió entonces: "Me convertiré en patriota ruso sólo cuando la Cuestión Judía se resuelva de forma concluyente y satisfactoria." Un autor judío moderno que vivió el largo y amargo siglo 20 y que finalmente emigró a Israel, le contestó mirando hacia atrás a través del abismo de un siglo: "Levanda no se da cuenta de que no se pueden poner condiciones a la Madre Patria. Hay que amarla incondicionalmente, sin condiciones ni condiciones previas; se la ama simplemente porque es la Madre. Esta estipulación -el amor bajo condiciones- fue mantenida con extrema coherencia por la intelectualidad judeo-rusa durante cien años, aunque en todos los demás aspectos eran rusos ideales."[515]

Y, sin embargo, en el período descrito "sólo pequeños y aislados grupos de judíos se integraron en la 'sociedad civil rusa; además, esto ocurría en los centros comerciales e industriales más grandes... dando lugar a la aparición de una noción exagerada sobre el avance victorioso de la lengua rusa en lo más profundo de la vida judía", todo ello mientras "las amplias masas judías permanecían ajenas a las nuevas tendencias... aisladas no sólo de la sociedad rusa, sino también de la intelectualidad judía". En las décadas de [516]1860 y 1870, el pueblo judío *en masa* seguía sin verse afectado por la asimilación, y el peligro de que la intelectualidad judía se separara de las masas judías era real. (En Alemania, la asimilación judía fue más suave, ya que allí no había "masas populares judías": los judíos estaban mejor situados socialmente y no vivían históricamente en enclaves tan hacinados).[517]

Sin embargo, ya a finales de la década de 1860, algunos miembros de la intelectualidad judía empezaron a expresar su oposición a tal conversión de los intelectuales judíos en simples patriotas rusos. Perets Smolensky fue el primero en hablar de esto en 1868: que la asimilación con el carácter ruso está cargada de "peligro nacional" para los judíos; que aunque no se debe temer a la educación, es necesario aferrarse al pasado histórico judío; que la aceptación de la cultura nacional circundante aún requiere la

---

[514] *EE* [JE], T 3, p. 335.
[515] B. Orlov // VM, 1975, n° 1, p. 132.
[516] Yu. Gessen, T 2, p. 181.
[517] G.Ya. Aronson. *V bor'be za...* [En la lucha por...] // KRE-1, p. 208-209.

preservación del carácter nacional judío[518]; y que los judíos no son una secta religiosa, sino una nación".[519]

Por eso, si la intelectualidad judía se retira de su pueblo, éste nunca se liberará de la opresión administrativa y del estupor espiritual. (El poeta I. Gordon lo había dicho así: "Sé un hombre en la calle y un judío en casa"). Las revistas de San Petersburgo *Rassvet* (1879-1882) y *Russkiy Evrei* [Judío ruso] ya habían seguido esta dirección. [520]Promovían con éxito el estudio de la historia judía y la vida contemporánea entre la juventud judía. A finales de la década de 1870 y principios de la de 1880, las direcciones cosmopolita y nacional del judaísmo ruso se hicieron distintas. "[521]En esencia, los propietarios de *Rassvet* ya habían abandonado la creencia en la verdad de la asimilación... *Rassvet* siguió inconscientemente el camino... del despertar de la identidad étnica... expresaba claramente un sesgo nacional judío... Las ilusiones de rusificación... estaban desapareciendo".[522]

La situación general europea de la segunda mitad del siglo 19 facilitó el desarrollo de la identidad nacional. Hubo un violento levantamiento polaco, la guerra por la unificación de Italia, y luego de Alemania, y más tarde de los eslavos balcánicos. La idea nacional resplandeció y triunfó en todas partes. Obviamente, esta evolución continuaría entre la intelectualidad judía incluso sin los acontecimientos de 1881-1882.

Mientras tanto, en la década de 1870, las actitudes generalmente favorables de los rusos hacia los judíos, que se habían desarrollado durante las reformas alejandrinas, comenzaron a cambiar. La sociedad rusa se preocupó por las publicaciones de Brafman, que se tomaron bastante en serio.

Todo esto coincidió con la ruidosa creación de la Alliance Israélite Universelle en París en 1860; su objetivo era "defender los intereses de los judíos" en todo el mundo; su Comité Central estaba presidido por Adolphe Cremieux.[523]

"Insuficientemente informada... sobre la situación de los judíos en Rusia", la Alianza "se interesó por los judíos rusos" y pronto "empezó a trabajar sistemáticamente en favor de los judíos rusos". La Alianza no tenía

---

[518] *Yu. Gessen*, T 2, p. 198-199.
[519] *EE* [JE], T 3, p. 336.
[520] *Yu. Gessen*, T 2, p. 232-233.
[521] S.M. Ginzburg. Nastroeniya evreyskoy molodezhi v 80-kh godakh proshlogo stoletiya. //*EM-2*, p. 380.
[522] G.Ya. Aronson. *Russko-evreyskaya pechat'* [Prensa ruso-judía] // KRE-1, p. 561-562.
[523] *EE* [JE], T 1, p. 932; *KEE* [SJE], T 1, p. 103.

sucursales rusas y no funcionaba dentro de Rusia. Aparte del trabajo caritativo y educativo, la Alianza, al defender a los judíos rusos, se dirigió varias veces directamente al gobierno ruso, aunque a menudo de forma inapropiada. (Por ejemplo, en 1866 la Alianza hizo un llamamiento para evitar la ejecución de Itska Borodai, condenado por incendio provocado por motivos políticos. Sin embargo, no fue condenado a muerte, y otros judíos implicados en el asunto fueron absueltos incluso sin la petición.

En otro caso, Cremieux protestó contra el reasentamiento de judíos en el Cáucaso y la región de Amur, aunque no existía tal plan del gobierno ruso. En 1869 volvió a protestar, esta vez contra la inexistente persecución de judíos en San Petersburgo.[524] Cremieux también se había quejado al Presidente de los Estados Unidos de persecuciones igualmente inexistentes contra la religión judía por parte del gobierno ruso).

Sin embargo, según el informe del embajador ruso en París, la recién formada Alianza (con las Tablas de Mosaico sobre la Tierra en su emblema) ya gozaba de "extraordinaria influencia en las sociedades judías de todos los países." Todo esto alarmó tanto al gobierno ruso como a la opinión pública rusa.

Yakov Brafman hizo campaña activamente contra la Alianza Judía Universal. Afirmó que la Alianza, "como todas las sociedades judías, tiene una doble cara (sus documentos oficiales proclaman una cosa mientras que los secretos dicen otra)" y que la tarea de la Alianza es "proteger a la judería de la peligrosa influencia de la civilización cristiana". En [525]consecuencia, también se acusó a la Sociedad para la Difusión de la Ilustración entre los Judíos de Rusia de tener como misión "lograr y fomentar la solidaridad judía universal y la reclusión en castas".[526])

Los temores a la Alianza también se vieron alimentados por la emotiva proclamación inicial de sus fundadores "a los judíos de todas las naciones" y por la difusión de documentos falsos de la Alianza. Con respecto a la unidad judía, la proclamación contenía el siguiente texto: "¡Judíos!... Si creéis que la Alianza es buena para vosotros, que siendo partes de diferentes naciones podéis, sin embargo, tener sentimientos, deseos y esperanzas comunes... si pensáis que vuestros esfuerzos dispares, vuestras buenas aspiraciones y vuestras ambiciones individuales podrían convertirse en una fuerza importante cuando se unan y se muevan en una dirección y hacia un objetivo... entonces, por favor, apoyadnos con vuestra simpatía y ayuda".[527]

---

[524] *EE* [JE], T 1, p. 945-950.
[525] También, p. 948-950.
[526] También*, T 2, p. 742.
[527] También, T 1, p. 933-936.

Más tarde apareció en Francia un documento que contenía una supuesta proclama "A los judíos del universo" del propio Aldolphe Cremieux. Muy probablemente se trataba de una falsificación. Tal vez fuera uno de los borradores de la proclama inaugural no aceptada por los fundadores de la Alianza. Sin embargo, había resonado bien con las acusaciones de Brafman de que la Alianza tenía objetivos ocultos: "Vivimos en tierras extrañas y no podemos interesarnos por las preocupaciones variables de esas naciones hasta que nuestros propios intereses morales y materiales estén en peligro... las enseñanzas judías deben llenar todo el mundo...". En la prensa rusa se intercambiaron acaloradas discusiones a este respecto. I. S. Aksakov concluyó en su periódico *Rus* que "la cuestión de que el documento en discusión sea... una falsedad es más bien irrelevante en este caso debido a la veracidad de las opiniones y aspiraciones judías aquí expresadas."[528]

La Enciclopedia Judía prerrevolucionaria escribe que a partir de la década de 1870 "se oyeron menos voces en defensa de los judíos" en la prensa rusa. "La noción de judíos supuestamente unidos bajo la égida de una poderosa organización política administrada por la Alliance Israélite Universelle estaba arraigando en la sociedad rusa". [529] Así pues, la fundación de la Alianza produjo en Rusia (y posiblemente no sólo en Rusia) una reacción contraproducente para los objetivos que la Alianza había especificado.

Si los fundadores de la Alianza hubieran podido prever la magnitud de las condenas contra la idea de la solidaridad judía mundial e incluso las acusaciones de conspiración que estallaron tras la creación de la organización, tal vez se habrían abstenido de seguir ese camino, sobre todo teniendo en cuenta que la Alianza no alteró el curso de la historia judía.

Después de 1874, cuando entró en vigor una nueva carta militar que introducía la obligación del servicio militar universal en Rusia, "numerosas noticias sobre la evasión del servicio militar obligatorio por parte de los judíos comenzaron a alimentar el resentimiento contra los judíos en la sociedad rusa". [530]Se acusó a la Alliance Israélite Universelle de pretender "preocuparse de que los jóvenes judíos abandonaran Rusia para eludir el servicio militar obligatorio impuesto por la nueva ley", de modo que "utilizando el apoyo del extranjero, los judíos tendrían más oportunidades que otros súbditos para salir del país". (Esta cuestión volvería a plantearse precisamente un siglo después, en los años setenta). Cremieux respondió que la misión de la Alianza era "la lucha contra la persecución religiosa" y

---

[528] *EE* [JE], T 1, p. 950-951; *I.S. Aksakov. Soch.* [Ensayos].: V7 T Moscú, 1886-1887. T 3, p. 843-844.
[529] *EE* [JE], T 2, p. 738.
[530] También, p. 738-739.

que la Alianza había decidido "en lo sucesivo no ayudar a los judíos que trataran de eludir su obligación militar en Rusia". En su lugar, haría "un llamamiento a nuestros correligionarios en Rusia para motivarles a cumplir todos los requisitos de la nueva ley".[531]

Además de cruzar la frontera, otra forma de eludir el servicio militar era la automutilación. El general Denikin (que era bastante liberal antes e incluso durante la revolución) describió cientos de amargos casos de automutilación que vio personalmente durante varios años de servicio en la junta de reconocimiento médico militar de Volyn Guberniya. Tan numerosas y desesperadas automutilaciones resultan aún más sorprendentes si se tiene en cuenta que ya era principios del siglo 20.[532]

Como se mencionó anteriormente, la afluencia de judíos a las escuelas públicas, escuelas profesionales e instituciones de enseñanza superior había aumentado bruscamente después de 1874, cuando entró en vigor una nueva carta militar que estipulaba privilegios educativos. Este aumento fue espectacular. Aunque ya desde antes se oían llamamientos para restringir la inscripción de judíos en las instituciones educativas públicas, en 1875 el Ministerio de Educación Pública informó al gobierno de que era imposible admitir a todos los judíos que intentaban entrar en las instituciones educativas públicas sin restringir a la población cristiana".[533]

Merece la pena mencionar aquí la lamentable nota de G. Aronson de que incluso D. Mendeleev de la Universidad de San Petersburgo "mostró antisemitismo".[534] La *Enciclopedia Judía* resume todo el período de la década de 1870 como "un giro en las actitudes de una parte de la intelectualidad rusa... que rechazaba los ideales de la década anterior especialmente en lo que respecta a... la cuestión judía."[535]

Una característica interesante de aquella época era que era la prensa (la de derechas, por supuesto) y no los círculos gubernamentales la que se mostraba muy escéptica (y en ningún caso hostil) hacia el proyecto de la plena emancipación legal de los judíos. Las siguientes citas son típicas. ¿Cómo pueden "concederse todos los derechos de ciudadanía a esta tribu... obstinadamente fanática, permitiéndoles ocupar los más altos cargos administrativos?... Sólo la educación... y el progreso social pueden unir verdaderamente a judíos y cristianos... Introdúzcanlos en la familia universal de la civilización, y seremos los primeros en decirles palabras de

---

[531] También, T 1, p. 948-949.
[532] *A.I. Denikin. Put' russkogo ofitsera* [La trayectoria de un oficial ruso]. Nueva York: Editorial-Chekov, 1953, p. 284.
[533] *EE* [JE], T 13, p. 50-51.
[534] *G.Ya. Aronson. Russko-evreyskaya pechet'* [Prensa ruso-judía] // KRE-1, p. 558.
[535] *EE* [JE], T 12, p. 525-526.

amor y reconciliación." "La civilización se beneficiará en general de tal acercamiento, ya que la tribu inteligente y enérgica contribuirá mucho a ella. Los judíos... se darán cuenta de que ha llegado el momento de deshacerse del yugo de la intolerancia que se origina en las interpretaciones demasiado estrictas del Talmud." "Hasta que la educación no lleve a los judíos al pensamiento de que es necesario vivir no sólo a expensas de la sociedad rusa, sino también por el bien de esta sociedad, no se podrá hablar de concederles más derechos que los que tienen ahora." "Incluso si fuera posible conceder a los judíos todos los derechos civiles, entonces, en cualquier caso, no se les puede permitir ocupar ningún puesto oficial 'en el que los cristianos estarían sometidos a su autoridad y en el que podrían tener influencia sobre la administración y la legislación de un país cristiano'."[536]

La actitud de la prensa rusa de la época queda bien reflejada en las palabras del destacado periódico de San Petersburgo *Golos*: "Los judíos rusos no tienen derecho a quejarse de que la prensa rusa es parcial en contra de sus intereses. La mayoría de las publicaciones periódicas rusas están a favor de la igualdad de derechos civiles para los judíos"; es comprensible "que los judíos se esfuercen por ampliar sus derechos hacia la igualdad con el resto de los ciudadanos rusos"; sin embargo... "algunas fuerzas oscuras empujan a la juventud judía a la locura de la agitación política". ¿Por qué sólo en unos pocos juicios políticos no figuran judíos entre los acusados y, lo que es más importante, entre los acusados más destacados?... Eso y la práctica judía común de eludir el servicio militar son contraproducentes para la causa de la ampliación de los derechos civiles de los judíos"; "quien aspire a conseguir derechos debe demostrar de antemano su capacidad para cumplir los deberes que conllevan esos derechos" y "evitar colocarse en una posición extremadamente desfavorable y funesta con respecto a los intereses del Estado y la sociedad".[537]

Sin embargo, señala *la Enciclopedia*, "a pesar de toda esta propaganda, en los círculos burocráticos dominaba la idea de que la cuestión judía sólo podía resolverse mediante la emancipación. Por ejemplo, en marzo de 1881 la mayoría de los miembros de la Comisión para Arreglar el Modo de Vida Judío tendía a pensar que era necesario igualar a los judíos en derechos con el resto de la población." Criados [538] durante las dos décadas de reformas alejandrinas, los burócratas de la época estaban en muchos aspectos prendados de los avances triunfantes de las reformas. Así, los gobernadores

---

[536] *EE* [JE]*, T 2, p. 736, 740.
[537] *Golos* [La Voz], 1881, n° 46, 15 (27) de febrero, p. 1.
[538] *EE* [JE], T 2, p. 740.

generales de las regiones que constituían el Pale of Settlement presentaron en varias ocasiones propuestas bastante radicales y favorables a los judíos.

No pasemos por alto las nuevas iniciativas del influyente sir Moses Montefiore, que realizó otra visita a Rusia en 1872; y la presión tanto de Benjamin Disraeli como de Bismarck sobre el canciller de Estado ruso Gorchakov en el Congreso de Berlín de 1878. Gorchakov tuvo que explicar incómodamente que Rusia no estaba en absoluto en contra de la libertad religiosa y que la concedía plenamente, pero "la libertad religiosa no debe confundirse con que los judíos tengan los mismos derechos políticos y civiles".[539]

Sin embargo, la situación en Rusia evolucionó hacia la emancipación. Y cuando en 1880 el Conde Loris-Melikov fue nombrado Ministro del Interior con poderes excepcionales, las esperanzas de emancipación de los judíos rusos se habían hecho realmente grandes y fundadas. La emancipación parecía inminente e inevitable.

Y en ese mismo momento los miembros de Narodnaya Volya asesinaron a Alejandro II, destruyendo así de raíz muchos avances liberales en Rusia, entre ellos las esperanzas de plena igualdad civil de los judíos.

Sliozberg observó que el zar fue asesinado la víspera de Purim. Tras una serie de intentos, los judíos no se sorprendieron por esta coincidencia, pero se inquietaron por el futuro.[540]

---

[539] También, T 4, p. 246, 594.
[540] *G.B. Sliozberg*, T 1, p. 99.

Capítulo 5
Tras el asesinato de Alejandro II

El asesinato del zar-liberador Alejandro II conmocionó la conciencia del pueblo, algo que los *narodovol'tsi* pretendían, pero que los historiadores han ignorado, voluntaria o involuntariamente, con el paso de las décadas. Las muertes de los herederos o zares del siglo anterior -Alekséi Petróvich, Iván Antónovich, Pedro III y Pablo- fueron violentas, pero eso lo desconocía el pueblo. El asesinato del 1 de marzo de[st], 1881, causó pánico en las mentes de todo el país. Para el pueblo llano, y en particular para las masas campesinas, fue como si se tambalearan los cimientos mismos de sus vidas. Una vez más, como calculó el Narodovol'tsi, esto no podía sino invitar a alguna explosión. Y se produjo una explosión, pero impredecible: Pogromos judíos en Novorossiya y Ucrania.

Seis semanas después del regicidio, los pogromos de tiendas, instituciones y hogares judíos "envolvieron de repente un vasto territorio, con una fuerza tremenda y epidémica."[541]

"De hecho, fue más bien espontáneo... La gente del lugar, que por las razones más diversas deseaba vengarse de los judíos, pegó carteles incendiarios y organizó cuadros básicos de pogromistas, a los que rápidamente se unieron cientos de voluntarios, que se unieron sin ninguna exhortación, atrapados por el ambiente generalmente salvaje y la promesa de dinero fácil. En esto había algo de espontáneo. Sin embargo,... incluso las multitudes, alimentadas por el alcohol, mientras cometían robos y actos violentos, dirigían sus golpes en una sola dirección: en dirección a los judíos - el desenfreno sólo se detenía en los umbrales de los hogares cristianos."[542]

El primer pogromo tuvo lugar en Elizavetgrad, el 15 de abril. "El desorden se intensificó, cuando llegaron campesinos de los asentamientos vecinos,

---

[541] *Evreyskaya Entsiklopediya* (dalee - EE). [La Enciclopedia Judía (de aquí - JE)]. V 16 T. Sankt-Peterburg: *Obshchestvo dlya Nauchnikh Evreyskikh Izdaniy i Izdatel'stvo Brokgauz-Efron*, 1906-1913. T. 12, s. 611. Sociedad de Publicaciones Científicas Judías y Editorial Brokgauz-Efron.
[542] Yu. Gessen. Istoriya evreyskogo naroda v Rossii *(dalee - Yu. Gessen): V2 T. L., 1925-1927. T2.*, s. 215-216. Historia del pueblo judío de Rusia (de aquí - Yu. Gessen).

para aprovecharse de los bienes de los judíos". Al principio los militares no actuaron, debido a la incertidumbre; finalmente "importantes fuerzas de caballería consiguieron acabar con el pogromo". "[543]La llegada de fuerzas frescas puso fin al pogromo". [544]"En no hubo violaciones ni asesinatos en este pogromo". [545] Según otras fuentes: "un judío fue asesinado. El pogromo fue sofocado el 17 de abril por las tropas, que dispararon contra la multitud de matones". Sin [546]embargo, "desde Elizavetgrad la agitación se extendió a los asentamientos vecinos; en la mayoría de los casos, los desórdenes se limitaron al saqueo de tabernas." Y al cabo de una semana, se produjo un pogromo en el Anan'evskiy Uezd [distrito] de Odessa Guberniya [provincia], y luego en el propio Anan'ev, "donde fue causado por algunos pequeños burgueses, que difundieron el rumor de que el zar había sido asesinado por judíos, y que existía una orden oficial para la masacre de judíos, pero las autoridades lo ocultaban." [547]El 23 de abril hubo un breve pogromo en Kiev, pero pronto fue detenido con fuerzas militares. Sin embargo, el 26 de abril estalló en Kiev un nuevo pogromo, y al día siguiente se había extendido a los suburbios de Kiev, y éste fue el pogromo más grande de toda la cadena de ellos; pero terminaron sin víctimas humanas". [548](Otro tomo de la misma *Enciclopedia* informa de lo contrario, que "varios judíos fueron asesinados".[549])

Después de Kiev, volvieron a producirse pogromos en aproximadamente cincuenta asentamientos de la Guberniya de Kiev, durante los cuales "las propiedades de los judíos fueron objeto de saqueo, y en casos aislados se produjeron baterías". A finales del mismo mes de abril tuvo lugar un pogromo en Konotop, "causado principalmente por obreros y ferroviarios, acompañado de una víctima mortal; en Konotop hubo casos de autodefensa por parte judía." Todavía había ecos del pogromo de Kiev en Zhmerinka, en "varios asentamientos de Chernigov Guberniya"; a principios de mayo, en la pequeña ciudad de Smel, donde "fue reprimido con la llegada de tropas al día siguiente" ("una tienda de ropa fue saqueada"). Con ecos en el transcurso de mayo, a principios de verano siguieron estallando pogromos en zonas separadas de las guberniyas de Ekaterinoslav y Poltava

---

[543] Ibid. Páginas 216-217.
[544] EE, T 12, página 612.
[545] L. Praysman [Priceman]. *Pogromi i samooborona*. [Pogroms and Self-defense] //"22": Obshchestvenno-politicheskiy i literaturniy zhurnal evreyskoy intelligentsii iz SSSR v Izraile [Revista público-política y literaria de la intelligentsia judía de la URSS en Israel]. Tel-Aviv, 1986/87, n° 51, p. 174.
[546] *Kratkaya Evreyskaya Entsiklopediya* (*dale - KEE*) [La breve enciclopedia judía (de aquí - SJE)]: [V10 T.] Jerusalén, 1976-2001. T 6, p. 562.
[547] *EE* [JE], T 12, p. 612.
[548] *KEE* [SJE], T 4, p.256.
[549] Ibid. T 6, p. 562.

(Aleksandrovsk, Romni, Nezhin, Pereyaslavl y Borisov). En algún lugar de la Uezd de Melitopol se produjeron desórdenes insignificantes. Hubo casos en los que los campesinos compensaron inmediatamente a los judíos por sus pérdidas".[550]

"El movimiento de pogromos en Kishinev, que comenzó el 20 de abril, fue cortado de raíz". [551]No hubo pogromos en toda Bielorrusia -ni en ese año, ni en los siguientes, [552]aunque en Minsk cundió el pánico entre los judíos ante los rumores de pogromos en el Krai Sudoccidental- a causa de un suceso totalmente inesperado.[553] Y a continuación en Odessa. Sólo Odessa ya conoció pogromos judíos en el siglo 19 - en 1821, 1859 y 1871. "Fueron sucesos esporádicos, causados principalmente por la hostilidad hacia los judíos por parte de la población griega local",[554] , es decir, por la competencia comercial entre judíos y griegos; en 1871 hubo un pogromo de tres días en cientos de tabernas, tiendas y hogares judíos, pero sin víctimas humanas.

I.G. Orshanskiy escribe con más detalle sobre este pogromo, y afirma que la propiedad judía fue destruida intencionadamente: montones de relojes de los joyeros - no los robaron, sino que los llevaron a la calzada y los destrozaron. Está de acuerdo en que el "centro neurálgico" del pogromo fue la hostilidad hacia los judíos por parte de los comerciantes griegos, especialmente debido al hecho de que, tras la guerra de Crimea, los judíos de Odessa arrebataron a los griegos el comercio de comestibles y los productos coloniales. Pero había "una aversión general hacia los judíos por parte de la población cristiana de Odesa... Esta hostilidad se manifestaba de forma mucho más consciente y prominente entre la clase inteligente y acomodada que entre el pueblo trabajador común". Se ve, sin embargo, que diferentes pueblos se llevan bien en Odesa; "¿por qué entonces sólo los judíos despertaron una antipatía general hacia ellos, que a veces se convierte en odio severo?". Un profesor de instituto explicó a su clase: "Los judíos mantienen relaciones económicas incorrectas con el resto de la población". Orshanskiy objeta que tal explicación elimina "la pesada carga de la responsabilidad moral". Ve la misma razón en la influencia psicológica de la legislación rusa, que señala a los judíos, a saber, y sólo

---

[550] *EE* [JE], T 12, p 612-613.
[551] Ibídem, p. 612.
[552] *KEE* [SJE], T 1, p. 325.
[553] S. Ginzburg. *Nastroeniya evreyskoy molodezhi v 80-kh godakh proshlogo stoletiya.* [Las actitudes de la juventud judía en los años 80 del siglo anterior] // *Evreyskiy mir* [Mundo judío]: Sb 2 [Antología 2] (*dalee - EM-2*) [desde aquí - JW-2]. Nueva York: *Soyuz russkikh evreyev v N'yu Yorke* [Unión de judíos rusos en Nueva York], 1944, p. 383.
[554] *EE* [EJ], T 12, p 611.

para imponerles restricciones. Y en el intento de los judíos de liberarse de las restricciones, la gente ve "descaro, insaciabilidad y acaparamiento".[555]

Como resultado, en 1881 la administración de Odesa, que ya tenía experiencia con los pogromos -que otras autoridades locales no tenían- sofocó inmediatamente los desórdenes que se reavivaron varias veces, y "las masas de matones fueron colocadas en barcos y arrastradas lejos de la orilla" [556] - un método muy ingenioso. (En contradicción con la prerrevolucionaria, la *Enciclopedia* moderna escribe, que esta vez el pogromo en Odessa continuó durante tres días).[557]

La Enciclopedia prerrevolucionaria reconoce, que "el gobierno consideró necesario sofocar con decisión los intentos violentos contra los judíos"; [558]por lo que fue el nuevo Ministro del Interior, el conde N.P. Ignatiev, (que sustituyó a Loris-Melikov en mayo de 1881), quien reprimió con firmeza los pogromos; aunque no fue fácil hacer frente a los crecientes disturbios de "fuerza epidémica" - en vista de lo completamente inesperado de los acontecimientos, el número extremadamente pequeño de la policía rusa en ese momento (la fuerza policial de Rusia era entonces incomparablemente más pequeña que las fuerzas policiales de los estados de Europa Occidental, mucho menos que las de la Unión Soviética), y el raro estacionamiento de guarniciones militares en esas áreas. "Se utilizaron armas de fuego para defender a los judíos de los pogromistas". [559]Hubo disparos entre la multitud, y [la gente] murió a tiros". Por ejemplo, en Borisov "los soldados dispararon y mataron a varios campesinos". También[560], en Nezhin "las tropas detuvieron un pogromo, abriendo fuego contra la multitud de campesinos pogromistas; varias personas resultaron muertas y heridas." [561]En Kiev fueron detenidas 1.400 personas.[562]

Todo ello indica un panorama muy enérgico en materia de aplicación de la ley. Pero el gobierno reconoció su insuficiente preparación. Una declaración oficial decía que durante el pogromo de Kiev "las medidas para contener a las multitudes no se tomaron con la suficiente oportunidad y energía". En [563]un informe a Su Majestad en junio de 1881, el director del

---

[555] I. Orshanskiy. *Evrei v Rossii: Ocherki i issledovaniya* [Los judíos en Rusia: ensayos e investigación]. Vip. 1. Sankt-Peterburg, 1872, p 212-222.
[556] *EE* [EJ] T 12, p.613.
[557] *KEE* [SJE], T 6, p. 562.
[558] *EE* [JE] T 1, p. 826.
[559] *Yu. Gessen*, T 12, p. 222.
[560] *EE* [JE], T 12, p. 613.
[561] *KEE* [SJE], T 6, p 562-563.
[562] S.M. Dubnov. *Noveyshaya Istoriya: Ot frantsuzkoy revolutsii 1789 goda do mirovoy voyni 1914 goda* [Una nueva historia: de la Revolución Francesa de 1789 a la Primera Guerra Mundial de 1914]: V3 T. Berlín: Grani, 1923. T3 (1881-1914), p. 107.
[563] *EE* [JE], T 6, p. 612.

Departamento de Policía, V.K. Plehve, mencionó el hecho de que los consejos de guerra "trataran a los acusados con extrema indulgencia y, en general, trataran el asunto con bastante superficialidad" como "una de las razones del desarrollo y la supresión insuficientemente rápida de los desórdenes'"

Alejandro III hizo una nota en el informe: "Esto es inexcusable".[564] Pero inmediatamente y más tarde no terminó sin acusaciones, que los pogromos fueron organizados por el propio gobierno - una acusación completamente infundada, y mucho menos absurda, ya que en abril de 1881 el mismo reformador liberal Loris Melikov encabezó el gobierno, y toda su gente estaba en el poder en la alta administración. Después de 1917, un grupo de investigadores - S. Dubnov, G. Krasniy-Admoni y S. Lozinskiy - buscaron a fondo las pruebas en todos los archivos gubernamentales abiertos - y sólo encontraron lo contrario, empezando por el hecho de que, el propio Alejandro III exigió una enérgica investigación. (Pero para arruinar por completo la reputación del zar Alejandro III, alguien sin nombre inventó la calumnia maliciosa: que el zar - sin que nadie lo supiera, cuándo y en qué circunstancias - dijo: "¡Y admito que yo mismo me alegro cuando pegan a los judíos!". Y esto fue aceptado e impreso en folletos de liberación de emigrantes, pasó al folclore liberal, e incluso hasta ahora, después de 100 años, ha aparecido en publicaciones como históricamente fiable. [565] E incluso en la *breve enciclopedia judía* : "Las autoridades actuaban en estrecho contacto con los llegados",[566] es decir, con los forasteros. Y para Tolstoi en Yasnaya Polyana era "evidente": todos los asuntos estaban en manos de las autoridades. Si "querían - podían provocar un pogromo; si no querían - no habría pogromo").[567]

De hecho, no sólo no hubo incitación por parte del gobierno, sino que, como señala Gessen: "el surgimiento de numerosas brigadas de pogromos en poco tiempo en una vasta zona y el carácter mismo de sus acciones, elimina la idea de la presencia de un único centro organizativo."[568]

Y he aquí otro testimonio contemporáneo, vivo, procedente de un lugar bastante inesperado: *del Folleto Obrero* de la Repartición Negra; es decir, una proclama al pueblo, en junio de 1881. El panfleto revolucionario

---

[564] R. Kantor*. *Aleksandr III o evreyskikh pogromakh 1881-1883 gg.* [Aleksandr III on the Jewish Pogroms, 1881-1883]// *Evreyskaya letopis'* [Crónica judía]: Sb. [Antología] 1. M.; Pg: Paduga, 1923, p. 154.

[565] A. L'vov//*Novaya gazeta* [Nueva *gaceta*], Nueva York, 1981, n° 70, 5-11 de septiembre, p. 26.

[566] *KEE* [SJE], T 6, p. 563.

[567] *Mezhdunarodnaya evreyskaya gazeta* [Gaceta Judía Internacional], 1992, marzo, n° 6 (70), p. 7.

[568] *Yu. Gessen*, T 2, p. 215.

describía así el panorama: "No sólo todos los gobernadores, sino todos los demás funcionarios, policía, tropas, sacerdotes, zemstvo [consejos de distrito elegidos] y periodistas - se pusieron de pie en favor de los kulak-judíos... El gobierno protege la persona y la propiedad de los judíos"; se anuncian amenazas por parte de los gobernadores "de que los autores de los disturbios serán tratados con todo el peso de la ley...".La policía buscó a las personas que se encontraban entre la multitud [de pogromistas], las detuvo, las arrastró a la comisaría... Los soldados y cosacos utilizaron la culata del fusil y el látigo... golpearon a la gente con fusiles y látigos... algunos fueron procesados y encerrados en la cárcel o enviados a realizar trabajos forzados, y otros fueron azotados con abedules en el acto por la policía."[569]

Al año siguiente, en la primavera de 1881, "se reanudaron los pogromos, pero ya no en el mismo número ni en la misma escala que el año anterior". "[570] Los judíos de la ciudad de Balta experimentaron un pogromo particularmente fuerte", también se produjeron disturbios en el Baltskiy Uezd y aún en algunos otros. "Sin embargo, según el número de incidentes, y según su carácter, los disturbios de 1882 fueron significativamente inferiores al movimiento de 1881 - la destrucción de la propiedad de los judíos no fue un fenómeno tan frecuente". La [571]*Enciclopedia Judía* pre-revolucionaria informa, que en el momento del pogromo en Balta, un judío fue asesinado.[572]

Un famoso judío contemporáneo escribió: en los pogromos de la década de 1880, "robaron a judíos desafortunados y los golpearon, pero no los mataron".[573] (Según otras fuentes, se registraron entre 6 y 7 muertes.) En la época de 1880-1890, nadie recordaba los asesinatos y violaciones en masa. Sin embargo, pasó más de medio siglo, y muchos publicistas, sin necesidad de profundizar en los antiguos hechos [oficiales] rusos, pero contando entonces con un público amplio y crédulo, empezaron a escribir sobre atrocidades masivas y premeditadas. Por ejemplo, leemos en el libro frecuentemente publicado de Max Raisin: que los pogromos de 1881 llevaron a la "violación de mujeres, asesinato y mutilación de miles de hombres, mujeres y niños". Más tarde se reveló que estos disturbios fueron

---

[569] *Zerno: Rabochiy listok* [La Verdad, (Grano de)]: Worker's Leaflet, June 1881, No3//*Istoriko-Revolyutsioniy Sbornik* (dalee - IPC) [Antología histórico-revolucionaria (de aquí - HRA)]/Bajo la dirección de V.I. Nevskiy: V 3 T.M.; L.: GIZ, 1924-1926. T 2, p. 360-361.
[570] *Yu. Gessen*, T 2, p. 217.
[571] *EE* [JE], T 12, p. 614.
[572] Ibid. T 3, p. 723.
[573] *M. Krol'. Kishinevskiy pogrom 1903 goda i Kishinevskiy pogromniy protsess* [El pogromo de Kishinev de 1903 y el proceso del pogromo de Kishinev] // EM-2, p. 370.

inspirados y pensados por el mismo gobierno que había incitado a los pogromistas y obstaculizado la autodefensa de los judíos..."..."[574]

Un tal G.B. Sliozberg, tan racionalmente familiarizado con el funcionamiento del aparato estatal ruso, declaró repentinamente fuera del país en 1933 que los pogromos de 1881 no se originaron desde abajo, sino desde arriba, con el ministro Ignatiev (que en ese momento todavía no era ministro, la memoria del viejo le fallaba), y que "no había duda de que los hilos del trabajo de los pogromos podían encontrarse en el Departamento de Policía" [575]- de este modo, el experimentado jurista se permitió una peligrosa y fea falta de fundamento.

Y sí, aquí en una seria revista judía actual - de un autor judío moderno encontramos que, contrariamente a todos los hechos y sin aportar nuevos documentos: que en Odessa en 1881 tuvo lugar un "pogromo de tres días"; y que en el pogromo de Balta hubo "participación directa de soldados y policías"; "40 judíos fueron asesinados y gravemente heridos, 170 heridos leves". [576](Acabamos de leer en la antigua Enciclopedia Judía: en Balta fue asesinado *un* judío, y heridos - varios. Pero en la nueva *Enciclopedia Judía*, después de un siglo de los hechos, leemos: en Balta "los soldados se unieron a los pogromistas... Varios judíos fueron asesinados, cientos heridos, muchas mujeres fueron violadas".[577]) Los pogromos son una forma de represalia demasiado salvaje y horrible como para manipular tan a la ligera las cifras de víctimas.

Allí -salpicados, hilvanados- ¿es necesario volver a empezar las excavaciones?

Las causas de aquellos primeros pogromos fueron constantemente examinadas y discutidas por los contemporáneos. Ya en 1872, después del pogromo de Odessa, el Gobernador General del Krai del Sudoeste advirtió en un informe que acontecimientos similares podrían ocurrir también en su Krai, porque "aquí el odio y la hostilidad hacia los judíos tienen una base histórica, y sólo la dependencia material de los campesinos respecto a los judíos, junto con las medidas de la administración, frenan actualmente una explosión de indignación de la población rusa contra la tribu judía". El General-Gobernador redujo la esencia del asunto a la economía, ya que "calculó y evaluó la propiedad comercial y manufacturera en manos judías en el Krai Sudoccidental, y señaló el hecho de que, dedicándose cada vez

---

[574] *Max Raisin*. A History of the Jews in Modern Times. 2nd ed., Nueva York: Hebrew Publishing Company, 1923, p. 163.
[575] *G.B. Sliozberg. Dela minuvshikh dney: Zapiski russkogo evreya* [Cosas de días pasados: Notas de un judío ruso]: V 3 T. París, 1933-1934. T 1, p. 118; T 3, p.53.
[576] *L. Praysman//*"22", 1986, n° 51, p. 175.
[577] *KEE* [SJE] T 6, p. 562-563.

más al alquiler de fincas, los judíos han realquilado y traspasado esta tierra a los campesinos en condiciones muy difíciles." Y tal causalidad "recibió amplio reconocimiento en 1881 que estuvo lleno de pogromos".[578]

En la primavera de 1881, Loris-Melikov también informó a Su Majestad: "El profundo odio de la población local hacia los judíos que la esclavizan está en la base de los desórdenes actuales, pero personas malintencionadas han explotado sin duda esta oportunidad."[579]

Y así lo explicaban los periódicos de la época "Examinando las causas que provocaron los pogromos, sólo unos pocos órganos de la prensa periódica se refieren al odio tribal y religioso; el resto piensa que el movimiento de los pogromos surgió por motivos económicos; al hacerlo, algunos ven una protesta en los comportamientos revoltosos dirigidos especialmente contra los judíos, a la luz de su dominio económico sobre la población rusa". Otros, en cambio, sostienen que la masa del pueblo, en general exprimida económicamente, "buscaba con quien descargar su ira" y los judíos encajaban en este propósito por sus escasos derechos. [580] Un contemporáneo de estos pogromos, el citado educador V. Portugalov, también dijo: "En los pogromos judíos de la década de 1880, vi una expresión de protesta de los campesinos y los pobres de las ciudades contra la injusticia social".[581]

Diez años más tarde, Yu. I. Gessen subrayó que "la población judía de las guberniyas del sur" en general pudo "encontrar fuentes de sustento entre los capitalistas judíos, mientras que el campesinado local atravesó tiempos extremadamente difíciles", ya que no disponía de tierras suficientes, "a lo que contribuyeron en parte los judíos ricos, realquilando las tierras de los terratenientes y elevando el canon de arrendamiento por encima de las posibilidades de los campesinos".[582]

No dejemos de mencionar a otro testigo, conocido por su imparcialidad y ponderación, al que nadie acusó de "reaccionario" o de "antisemita": Gleb Uspenskiy. A principios de la década de 1980, escribió: "Los judíos fueron apaleados, concretamente porque amasaron una fortuna con las necesidades de otras personas, con el trabajo de otras personas, y no se ganaron el pan con sus propias manos"; "bajo bastones y latigazos... ya ven,

---

[578] *Yu. Gessen*. T 2, p. 216, 220.
[579] *R. Kantor** // Evreyskaya letopis' [La chónica judía]: Sb. [Antología] 1, M.; Pg: Raduga, 1923, p. 152.
[580] *Yu. Gessen*. T 2, p 218.
[581] *KEE* [SJE], T 6, p. 692.
[582] *Yu. Gessen*, T 2, p 219-220.

el pueblo soportó el dominio de los tártaros y los alemanes, pero cuando el yid empezó a acosar al pueblo por un rublo... ¡no lo aceptaron!".[583]

Pero hay que señalar que cuando poco después de los pogromos una diputación de destacados judíos de la capital, encabezada por el barón G. Gintsburg, se presentó ante Alejandro III a principios de mayo de 1881, Su Majestad estimó con seguridad que "en los desórdenes criminales del sur de Rusia, los judíos servían sólo de pretexto, que este asunto era mano de los anarquistas". [584]Y en esos mismos días, el hermano del Zar, el Gran Príncipe Vladimir Alexandrovich, anunció al mismo Gintsburg, que: "los desórdenes, como ahora sabe el gobierno, tienen sus fuentes no exclusivamente en la agitación contra los judíos, sino en la aspiración a la obra de la sedición en general". Y el General-Gobernador del Krai del Sudoeste también informó, que "el estado de excitación general de la población es responsabilidad de los propagandistas." [585] Y en esto las autoridades resultaron estar bien informadas. Tales declaraciones rápidas de ellos revelan que las autoridades no perdieron el tiempo en la investigación. Pero debido a la habitual incomprensión de la administración rusa de la época, y a su incomprensión del papel de la publicidad, no informaron al público de los resultados de la investigación. Sliozberg culpa de ello a la autoridad central, ya que ni siquiera hizo "intentos de vindicarse de las acusaciones de permitir los pogromos". [586](Cierto, pero después de todo, acusó al gobierno, como vimos, de instigar y guiar deliberadamente los pogromos. Es absurdo empezar por demostrar que no se es un criminal).

Sin embargo, no todos querían creer que las incitaciones procedían de los revolucionarios. Así lo recuerda un memorialista judío de Minsk: para los judíos, Alejandro II no fue un "Libertador" - no eliminó el Pale of Settlement judío, y aunque los judíos lloraron sinceramente su muerte, no dijeron ni una sola mala palabra contra los revolucionarios; hablaban con respeto de ellos, de que les impulsaba el heroísmo y la pureza de pensamiento. Y durante los pogromos de primavera y verano de 1881, no creían en absoluto que los socialistas incitaran contra ellos: todo se debía al nuevo zar y a su gobierno. "El gobierno deseaba los pogromos, tenía que tener un chivo expiatorio". Y ahora, cuando testigos fidedignos del Sur confirmaron más tarde que los socialistas los habían provocado, seguían creyendo que era culpa del gobierno.[587]

---

[583] *Gleb Uspenskiy*. Vlast' zemli [La autoridad de la tierra]. L.: Khudozh. Lit., 1967, p. 67, 88.
[584] *EE** [JE], T 1, p. 826.
[585] Ibid*, T 12, p. 614.
[586] *G.B. Sliozberg. Dela minuvshikh dney...* [Cosas de antaño], T 1, p. 106.
[587] *A. Lesin. Epizodi iz moey zhizni* [Episodios de mi vida] // EM-2, p. 385-387.

Sin embargo, a principios del siglo 20, los autores admitieron a fondo: "En la prensa hay información sobre la participación de miembros separados del partido, *Narodnaya Vol'ya* [Voluntad Popular] en los pogromos; pero el alcance de esta participación aún no está claro... A juzgar por el órgano del partido, los miembros del partido consideraban los pogromos como una especie de actividad revolucionaria, sugiriendo que los pogromos estaban entrenando al pueblo para la acción revolucionaria"; [588]"que la acción que ahora era más fácil de dirigir contra los judíos, podría, en su desarrollo posterior, caer sobre los nobles y funcionarios. En consecuencia, se prepararon proclamas llamando a atacar a los judíos". [589]Hoy en día, sólo se habla superficialmente de ello, como algo generalmente conocido: "la activa propaganda de los *narodniks* (tanto los miembros de Narodnaya Vol'ya como los de la Repartición Negra estaba preparada para atizar la rebelión en cualquier terreno fértil, incluido el antisemitismo."[590] Desde la emigración, Tkachev, irrefrenable predecesor de Lenin en tácticas conspirativas, dio la bienvenida al creciente movimiento de los pogromos.

De hecho, los narodovol'tsi (y los más débiles chernoperedel'tsi [miembros de la Repartición Negra]) no pudieron esperar mucho más tras el asesinato del zar, que no provocó la revolución de masas instantánea que habían predicho y esperado. Con semejante estado de desconcierto general de las mentes tras el asesinato del Zar-Liberador, sólo se necesitaba un ligero empujón para que las mentes tambaleantes volvieran a inclinarse en cualquier dirección.

En aquella época, en general poco ilustrada, esa reinclinación probablemente podría haber ocurrido de diferentes maneras. (Por ejemplo, existía entonces la concepción popular de que el zar fue asesinado por nobles, en venganza por la liberación de los campesinos). En Ucrania existían motivos antijudíos. Aún así, es posible que los primeros movimientos de la primavera de 1881 anticiparan el complot de los narodovol'tsi -pero justo en ese momento sugirieron hacia dónde soplaría el viento: iba contra los judíos- ¡nunca pierdas el contacto con el pueblo! Un movimiento desde el corazón de las masas - ¡Por supuesto! ¿Por qué no utilizarlo? Golpear a los judíos, ¡y más tarde llegaremos a los terratenientes! Y ahora los infructuosos pogromos de Odessa y Ekaterinoslav fueron muy probablemente exagerados por los narodniks. Y el movimiento de los pogromistas a lo largo de los ferrocarriles, y la participación de los trabajadores del ferrocarril en los pogromos - todo apunta a la instigación de los pogromos por agitadores fácilmente móviles, especialmente con ese rumor particularmente incitador de que "están

---

[588] *EE* [JE], T 12, p. 617-618.
[589] *Yu. Gessen*, T 2, p. 218.
[590] *L. Praisman*//"22", 1986, n° 51, p. 173.

escondiendo la orden del Zar", es decir, golpear a los judíos por el asesinato de su padre. (Así, el fiscal de la Oficina Judicial de Odessa subrayó "que, al perpetrar los pogromos judíos, la gente estaba completamente convencida de la legalidad de sus acciones, creyendo firmemente en la existencia de un decreto del Zar, que permitía e incluso autorizaba la destrucción de la propiedad judía." [591] Y según Gessen, "la comprensión que había arraigado en el pueblo, de que los judíos estaban fuera de la ley, y de que las autoridades que defendían a los judíos no podían salir contra el pueblo"[592] - había surtido efecto. Los narodovol'tsi querían utilizar esta noción imaginaria). Se han conservado para la historia algunos folletos revolucionarios de este tipo. Una de ellas, del 30 de agosto de 1881, está firmada por el Comité Ejecutivo de la Narodnaya Vol'ya y reza directamente en ucraniano "¿Quién se apoderó de la tierra, los bosques y las tabernas? - El yid - ¿A quién, muzhik [campesino], tienes que pedir acceso a tu tierra, a veces escondiendo las lágrimas?... Al yid. - Mires donde mires, preguntes donde preguntes, los yids están por todas partes. El yid insulta a la gente y la engaña; se bebe su sangre"... y concluye con el llamamiento: "¡Trabajadores honrados! Liberaos!..." [593] Y más tarde, en el periódico Narodnaya Vol'ya, n° 6: "Toda la atención del pueblo defensor se concentra ahora, apresurada y apasionadamente, en los comerciantes, taberneros y prestamistas; en una palabra, en los judíos, en esta "burguesía" local, que roba avariciosamente al pueblo trabajador como en ninguna otra parte." Y después, en el prólogo de un folleto del Narodnaya Vol'ya (ya en 1883), algunas "correcciones": "los pogromos comenzaron como un movimiento nacional, 'pero no contra los judíos como judíos, sino contra *los yids*; es decir, los pueblos explotadores'". [594] Y en dicho folleto, *Zerno*, el Chernoperedel'tsi: "El pueblo trabajador ya no puede resistir el robo judío. Dondequiera que uno vaya, casi en todas partes se topa con el judío-kulak. El judío es dueño de las tabernas y los bares; el judío alquila la tierra a los terratenientes, y luego la vuelve a alquilar tres veces más cara al campesino; compra las cosechas al por mayor y se dedica a la usura, y en el proceso cobra tales tipos de interés, que la gente los llama abiertamente "[tipos de interés] yiddish"... "¡Esta es nuestra sangre!", decían los campesinos a los oficiales de policía, que venían a confiscarles la propiedad judía." Pero la misma "corrección" está en *Zerno*: "...y no todos entre los judíos son ricos...no todos son kulaks...Descarta con la hostilidad hacia los

---

[591] *EE* [JE]*, T 1, p. 826.
[592] *Yu. Gessen*, T 2, p. 215.
[593] *Katorga i ssilka: Istoriko-revolyutsioniy vestnik* [Trabajos forzados y exilio: Boletín histórico-revolucionario] Libro 48, Moscú, 1928, p. 50-52.
[594] *D. Shub. Evrei v russkoy revolyutsii* [Los judíos en la Revolución Rusa] // EM-2, p. 129-130.

pueblos diferentes y las creencias diferentes" - y únete con ellos "contra el enemigo común": el Zar, la policía, los terratenientes y los capitalistas.[595]

Sin embargo, estas "correcciones" ya llegaban tarde. Tales panfletos fueron reproducidos más tarde en Elizavetgrad y otras ciudades del Sur; y en el "Soviet Obrero de Rusia del Sur" en Kiev, donde los pogromos ya habían terminado, los narodniks trataron de agitarlos de nuevo en 1883, con la esperanza de renovar, y a través de ellos - difundir la revolución en toda Rusia.

Por supuesto, la ola de pogromos en el Sur fue ampliamente cubierta en la prensa contemporánea de la capital. En el "reaccionario" *Moskovskiye Vedomosti*, M.N. Katkov, que siempre defendió a los judíos, tachó los pogromos de tener su origen en "intrigantes malintencionados", "que oscurecieron intencionadamente la conciencia popular, obligando a la gente a resolver la Cuestión Judía, aunque no por el camino del estudio minucioso, sino con la ayuda de "puños en alto"".[596]

Destacan los artículos de destacados escritores. I.S. Aksakov, firme opositor a la completa libertad civil de los judíos, ya a finales de la década de 1850 intentó advertir al gobierno "contra pasos demasiado atrevidos" en este camino. Cuando se promulgó una ley que permitía a los judíos con títulos superiores trabajar en la administración, se opuso (1862) diciendo que los judíos eran "un grupo de gente que rechaza completamente las enseñanzas cristianas, el ideal cristiano y el código de moralidad (y, por tanto, todo el fundamento de la sociedad rusa), y practica una fe hostil y antagónica". Estaba en contra de la emancipación política de los judíos, aunque no rechazaba su equiparación en derechos puramente civiles, con el fin de que se pudiera proporcionar al pueblo judío una completa libertad en la vida cotidiana, la autogestión, el desarrollo, la ilustración, el comercio, e incluso permitirles residir en toda Rusia". En 1867 escribió, que económicamente hablando "no deberíamos hablar de la emancipación de los judíos, sino más bien de la emancipación de los rusos de los judíos". Señaló la indiferencia de la prensa liberal ante las condiciones de vida de los campesinos y sus necesidades. Y ahora Aksakov explicó la oleada de pogromos de 1881 como una manifestación de la ira popular contra "el yugo judío sobre la población local rusa"; por eso durante los pogromos hubo "ausencia de robos", sólo destrucción de propiedades y "una especie de convicción de corazón sencillo en la justicia de sus acciones"; y repitió que valía la pena plantear la cuestión "no de que los judíos gozaran de los mismos derechos que los cristianos, sino de que los cristianos gozaran de

---

[595] *IPC* [IRS], T 2, p. 360-361.
[596] *EE* [JE], T 9, p. 381.

los mismos derechos que los judíos, de que se aboliera la desigualdad de hecho de la población rusa frente a los judíos"."[597]

Por otro lado, un artículo de M.E. Saltykov-Shchedrin estaba lleno de indignación: "La historia nunca ha dibujado en sus páginas una cuestión más difícil, más desprovista de humanidad y más tortuosa que la cuestión judía... No hay leyenda más inhumana y loca que la que sale de los oscuros barrancos del pasado lejano... llevando la marca de la desgracia, la alienación y el odio... Emprenda lo que emprenda el judío, siempre queda estigmatizado".[598] Shchedrin no negó "que un importante contingente de prestamistas y explotadores de diversa índole se alistan entre los judíos", pero preguntó: ¿podemos realmente culpar a toda la tribu judía por culpa de un tipo?[599]

Examinando toda la discusión de la época, un autor judío actual escribe: "la prensa liberal, y condicionalmente progresista, defendía a los matones".[600] Y la Enciclopedia Judía prerrevolucionaria llega a una conclusión similar: "Sin embargo, en los círculos progresistas, las simpatías hacia los males del pueblo judío no se manifestaban lo suficiente... contemplaban esta catástrofe desde el punto de vista del agresor, presentándolo como un campesino indigente, e ignorando por completo los sufrimientos morales y la situación material del pueblo judío acosado." E incluso las *Notas Patrióticas* radicales lo evaluaron así: el pueblo se sublevó contra los judíos porque "asumieron el papel de pioneros del Capitalismo, porque viven de acuerdo con la nueva *verdad* y extraen confiadamente su propia y cómoda prosperidad de esa nueva fuente a expensas de la comunidad circundante", y por lo tanto, "era necesario que 'el pueblo esté protegido del judío, y el judío del pueblo', y para ello es necesario mejorar la condición del campesino."[601]

En *Una carta de un cristiano sobre la cuestión judía*, publicada en la revista judía *Rassvet*, D. Mordovtsev, escritor que simpatizaba con los judíos, instaba pesimistamente a los judíos "a emigrar a Palestina y América, viendo sólo en esto una solución a la cuestión judía en Rusia".[602]

El periodismo sociopolítico judío y las memorias de este periodo expresaron su agravio porque las publicaciones impresas *contra* los judíos,

---

[597] *I.S. Aksakov. Sochineniya* [Ensayos]: V 7 T. Moscú, 1886-1887. T 3, p. 690, 693, 708, 716, 717, 719, 722.

[598] *M.E. Saltykov-Shchedrin. Iyul'skoe veyanie* [El espíritu de julio]//Otechestvennie zapiski [Notas de la patria], 1882, n° 8.

[599] *EE* [JE], T 16, p. 142.

[600] *Sh. Markish. O evreyskoy nenavisti k Rossii* [Sobre el odio judío hacia Rusia]//"22", 1984, n° 38, p. 216.

[601] *EE* [JE], T 2, p. 741.

[602] *KEE* [SJE], T 5, p. 463.

tanto de la derecha como de la izquierda revolucionaria, siguieron inmediatamente a los pogromos. Pronto (y con mayor energía debido a los pogromos) el gobierno reforzaría las medidas restrictivas *contra los judíos*. Es necesario tomar nota y comprender este insulto.

Es necesario examinar a fondo la posición del gobierno. Las soluciones generales al problema se buscaban en discusiones en las esferas gubernamental y administrativa. En un informe a Su Majestad, N.P. Ignatiev, el nuevo ministro del Interior, esbozó el alcance del problema durante todo el reinado anterior: "Reconociendo el perjuicio que suponía para la población cristiana la actividad económica de los judíos, su exclusivismo tribal y su fanatismo religioso, en los últimos 20 años el gobierno ha intentado mezclar a los judíos con el resto de la población mediante toda una serie de iniciativas, y casi ha conseguido que los judíos tengan los mismos derechos que los habitantes nativos." Sin embargo, el actual movimiento antijudío "demuestra incontrovertiblemente que, a pesar de todos los esfuerzos del gobierno, las relaciones entre los judíos y la población nativa de estas regiones siguen siendo anormales como en el pasado", debido a las cuestiones económicas: tras la relajación de las restricciones civiles, los judíos no sólo se han apoderado del comercio y los negocios, sino que han adquirido importantes propiedades inmobiliarias. "Además, debido a su cohesión y solidaridad, han dirigido todos sus esfuerzos, con pocas excepciones, no hacia el aumento de la fuerza productiva del Estado, sino principalmente hacia la explotación de las clases más pobres de la población circundante." Y ahora, después de haber aplastado los desórdenes y defendido a los judíos de la violencia, "parece 'justo y urgente adoptar medidas no menos enérgicas para la eliminación de estas condiciones anormales... entre los habitantes nativos y los judíos, y para proteger a la población de esa actividad nociva de los judíos'."[603]

Y de acuerdo con ello, en noviembre de 1881, las comisiones gubernamentales, compuestas por "representantes de todos los estratos y grupos sociales (incluidos los judíos), se establecieron en 15 guberniyas del Pale of Settlement judío, y también en la guberniya de Járkov. Las comisiones deben [604]examinar la Cuestión Judía y proponer sus ideas sobre su resolución". [605] Se esperaba que las comisiones proporcionaran respuestas sobre muchas cuestiones de hecho, tales como: "En general, ¿qué aspectos de la actividad económica judía son más perjudiciales para el modo de vida de la población nativa de la región?". ¿Qué dificultades obstaculizan la aplicación de las leyes que regulan la compra y alquiler de

---

[603] *Yu. Gessen**, T 2, p. 220-221.
[604] *EE* [JE], T 1, p. 827.
[605] *Yu. Gessen*, T 2, p. 221.

tierras, el comercio de bebidas alcohólicas y la usura por parte de los judíos? ¿Qué cambios son necesarios para eliminar la evasión de estas leyes por parte de los judíos? "¿Qué medidas legislativas y administrativas en general son necesarias para anular la influencia perjudicial de los judíos" en diversos tipos de actividad económica? [606] La "Alta Comisión" interministerial liberal "Palenskaya", creada dos años más tarde para la revisión de las leyes sobre los judíos, observó que "el daño de los judíos, sus malas cualidades y rasgos" estaban en cierto modo reconocidos a priori en el programa que se entregaba a las comisiones provinciales.[607]

Sin embargo, muchos administradores de esas comisiones eran bastante liberales, ya que se habían criado en la época tormentosa de las reformas del zar Alejandro II, y además también participaban delegados públicos. Y el ministerio de Ignatiev recibió respuestas bastante incoherentes. Varias comisiones se mostraron favorables a la abolición del asentamiento judío. "Algunos miembros [de las comisiones] -y no eran pocos- declararon que la única solución justa a la cuestión judía era la derogación general de todas las restricciones. [608] Por otra parte, la Comisión de Vilna declaró que "debido a la noción erróneamente entendida de igualdad humana universal aplicada erróneamente al judaísmo en detrimento de los nativos, los judíos consiguieron "apoderarse de la supremacía económica"; que la ley judía les permite "aprovecharse de cualquier debilidad y credulidad de los gentiles". "Que los judíos renuncien a su reclusión y aislamiento, que revelen los secretos de su organización social permitiendo la luz donde sólo la oscuridad aparecía a los forasteros; y sólo entonces se podrá pensar en abrir nuevas esferas de actividad a los judíos, sin temor a que los judíos deseen utilizar los beneficios de la nación, [mientras] no son miembros de la nación, y no toman sobre sí una parte de la carga nacional."[609]

"En cuanto a la residencia en los pueblos y aldeas, las comisiones consideraron necesario restringir los derechos de los judíos": prohibirles por completo vivir allí o condicionarlo al acuerdo de las comunidades de los pueblos. Algunas comisiones recomendaron privar completamente a los judíos del derecho a poseer bienes inmuebles fuera de las ciudades y pueblos pequeños, y otras propusieron establecer restricciones. Las comisiones mostraron la mayor unanimidad a la hora de prohibir cualquier monopolio judío sobre la venta de alcohol en los pueblos. El Ministerio recabó las opiniones de los gobernadores, y "salvo raras excepciones, los comentarios de las autoridades regionales no fueron favorables a los

---

[606] *EE* [JE], T 1, p. 827.
[607] *Yu. Gessen*, T 2, p. 221.
[608] *EE* [JE], T 1, p. 827-828.
[609] Ibid*. T 2, p. 742-743.

judíos": proteger a la población cristiana "de una tribu tan altiva como la judía"; "nunca se puede esperar que la tribu judía dedique sus talentos... al beneficio de la patria"; "la moral talmúdica no pone obstáculos a los judíos si se trata de ganar dinero a costa de alguien ajeno a la tribu".

Sin embargo, el gobernador general de Járkov no consideraba posible tomar medidas restrictivas contra toda la población judía, "sin distinguir a los legales de los culpables"; proponía "ampliar el derecho de circulación de los judíos y difundir entre ellos la ilustración".[610]

Ese mismo otoño, por iniciativa de Ignatiev, se creó una "Comisión sobre los judíos" especial (la novena por recuento ya, con tres miembros permanentes, dos de ellos catedráticos), con la tarea de analizar los materiales de las comisiones provinciales y para redactar un proyecto de ley. [611](La anterior "Comisión para la Organización de la Vida de los Judíos" -es decir, la octava comisión sobre los judíos, que existía desde 1872- fue pronto abolida, "debido a la inadecuación entre su propósito y el estado actual de la Cuestión Judía"). El nuevo Comité partió de la convicción de que el objetivo de integrar a los judíos con el resto de la población, por el que el gobierno se había esforzado durante los últimos 25 años, había resultado inalcanzable. [612]Por lo tanto, "la dificultad de resolver la complicada Cuestión Judía nos obliga a volver para instruirnos a los viejos tiempos, cuando varias novedades todavía no penetraban ni en nuestra legislación ni en la extranjera, y no traían consigo las lamentables consecuencias que suelen aparecer cuando se adoptan cosas nuevas que son contrarias al espíritu nacional del país".

Desde tiempos inmemoriales los judíos fueron considerados extranjeros, y deben ser considerados como tales.[613] Gessen comenta: "el reaccionario no podía ir más lejos". Y si tanto le preocupaban los fundamentos nacionales, ¿por qué no se preocupó de la auténtica emancipación del campesinado durante los últimos 20 años? Y también es cierto que la emancipación de los campesinos del zar Alejandro II se llevó a cabo en un ambiente confuso, malsano y corrupto.

Sin embargo: "en los círculos gubernamentales todavía había personas que no consideraban posible, en general, cambiar la política del reinado anterior"[614] - y ocupaban puestos importantes y fuertes. Y algunos ministros se opusieron a las propuestas de Ignatiev. Viendo la resistencia, dividió las medidas propuestas en *fundamentales* (para cuya aprobación

---

[610] Ibid*, T 1, p. 827-828.
[611] Ibid, T 9, p. 690-691.
[612] *EE* [JE], T 2, p. 744.
[613] *Yu. Gessen**, T 2, p. 222.
[614] *EE* [JE] T 2, p. 744.

por la vía ordinaria era necesario pasar por el gobierno y el Consejo de Estado) y *provisionales*, que podían adoptarse por ley mediante un proceso acelerado y simplificado. "Para convencer a la población rural de que el gobierno la protege de la explotación de los judíos, se prohibió la residencia permanente de los judíos fuera de sus pueblos y shtetls (ya que el "gobierno era impotente para protegerlos de los pogromos en los pueblos dispersos"), así como la compra y el alquiler de bienes inmuebles en ellos, y también el comercio de bebidas alcohólicas. Y respecto a los judíos que ya vivían allí: concedía a las comunidades rurales el derecho "a desalojar a los judíos de los pueblos, basándose en un veredicto de la asamblea del pueblo". Pero otros ministros -en particular el ministro de Finanzas, N. Kh. Bunge, y el ministro de Justicia, D. N. Nabokov, no dejaron que Ignatiev aplicara estas medidas: rechazaron el proyecto de ley, alegando que era imposible adoptar medidas prohibitivas tan amplias, "sin debatirlas dentro del proceso legislativo habitual".[615] Hasta aquí la ilimitada y maliciosa arbitrariedad de la autocracia rusa.

Las medidas fundamentales de Ignatiev no se aprobaron, y las provisionales sólo se aprobaron en una forma muy truncada. Se rechazaron las disposiciones para desalojar a los judíos que ya vivían en los pueblos, para prohibirles el comercio de alcohol o el alquiler y compra de tierras en los pueblos. Y sólo por temor a que los pogromos volvieran a repetirse en torno a la Pascua de 1882, se aprobó una medida temporal (hasta la aprobación de una legislación integral sobre los judíos) que prohibía a los judíos *volver a* residir y entrar en propiedad o hacer uso de bienes inmuebles fuera de sus ciudades y shtetls (es decir, en los pueblos), y también les prohibía "comerciar los domingos y fiestas cristianas".[616] En cuanto a la propiedad judía de bienes inmuebles locales, el gobierno actuó "para suspender temporalmente la realización de contratos de compraventa y préstamos en nombre de los judíos... la notarización... de contratos de alquiler de bienes inmuebles... y la gestión y enajenación apoderada de propiedades por parte de ellos".[617] Esta mera reliquia de las medidas propuestas por Ignatiev fue aprobada el 3 de mayo de 1882, bajo el título de *Reglamento Temporal* (conocido como *Reglamento de Mayo*). Y el propio Ignatiev se retiró al cabo de un mes y su "Comité sobre los judíos" puso fin a su breve existencia, y un nuevo ministro del Interior, el conde D.A. Tolstoi, emitió una severa directiva contra posibles nuevos pogromos, haciendo recaer toda la responsabilidad en las autoridades provinciales para la prevención oportuna de los desórdenes.[618]

---

[615] Ibid. T 1, p. 829-830.
[616] *Yu. Gessen*, T 2, p. 226-227; *KEE* [SJE], T 7, p. 341.
[617] *EE* [JE], T 5, p. 815-817.
[618] Ibid. T 12, p. 616.

Así, según las *Regulaciones Temporales* de 1882, los judíos que se habían asentado en regiones rurales antes del 3rd de mayo, no fueron desalojados; su actividad económica allí estaba esencialmente sin restricciones. Además, estas regulaciones sólo se aplicaban a las "guberniyas de asentamiento judío permanente", no a las guberniyas del interior de Rusia. Y estas restricciones no se extendían a médicos, abogados e ingenieros, es decir, personas con "derecho de residencia universal según los requisitos educativos". Estas restricciones tampoco afectaban a las "colonias judías existentes dedicadas a la agricultura"; y seguía existiendo una considerable (y posteriormente creciente) lista de asentamientos rurales, según la cual, "como excepción" al *Reglamento Temporal, se* permitía el asentamiento de judíos.[619]

Tras la publicación del "Reglamento", empezaron a llegar consultas de las regiones y se emitieron explicaciones del Senado en respuesta. Por ejemplo: que "los viajes por regiones rurales, las paradas temporales e incluso las estancias temporales de personas sin derecho de residencia permanente no están prohibidas por la Ley de 3 de mayo de 1882"; que "sólo está prohibido el alquiler de bienes inmuebles y tierras agrarias, mientras que no está prohibido el alquiler de todos los demás tipos de bienes inmuebles, como plantas de destilación,... edificios para el comercio y la industria, y viviendas". Asimismo, "el Senado considera permisible la protocolización de acuerdos de explotación forestal con los judíos, incluso si la tala de un bosque estaba programada para un periodo prolongado, e incluso si al comprador del bosque se le permitía el uso de la tierra del sotobosque"; y, por último, que las violaciones de la Ley de 3rd de mayo no serían objeto de persecución penal.[620]

Es necesario reconocer estas aclaraciones del Senado como atenuantes y, en muchos aspectos, bondadosas; "en la década de 1880 el Senado luchó contra... la interpretación arbitraria de las leyes". Sin [621] embargo, las regulaciones que prohibían a los judíos establecerse "fuera de las ciudades y shtetls" y/o poseer "bienes inmuebles"... "restringían extremadamente el negocio de la destilación de alcohol por parte de los judíos", ya que "la participación judía en la destilación antes de las Regulaciones del 3 de mayo derd era muy significativa."[622]

Fue precisamente esta medida para restringir a los judíos en el comercio rural del vino (propuesta por primera vez ya en 1804) la que despertó la indignación universal por la "extraordinaria severidad" "de las *Ordenanzas*

---

[619] *EE** [JE], T 5, p 815-817.
[620] Ibid. p. 816-819.
[621] *KEE* [SJE], T 7, p. 342.
[622] *EE* [JE], T 5, p. 610-611.

de Mayo", aunque sólo se aplicó, y de forma incompleta, en 1882. El gobierno se encontraba ante una difícil disyuntiva: expandir la industria vinícola frente a la propensión de los campesinos [a la embriaguez] y así profundizar la pobreza campesina, o restringir el libre crecimiento de este comercio dejando que los judíos que ya vivían en los pueblos permanecieran mientras se impedía la llegada de otros. Y esa opción -la restricción- fue considerada cruel.

Sin embargo, ¿cuántos judíos vivían en regiones rurales en 1882? Ya hemos encontrado estimaciones posrevolucionarias de los archivos estatales: un *tercio* de toda la población judía de "la Pale" vivía en aldeas, otro tercio vivía en shtetls, el 29% vivía en ciudades medianas y el 5% en las grandes ciudades. [623]¿Así que el *Reglamento* impedía ahora que el tercio de los "pueblos" siguiera creciendo?

Hoy en día, este *Reglamento de Mayo se presenta* como un límite decisivo e irrevocablemente represivo de la historia rusa. Un autor judío escribe: ¡fue el primer impulso hacia la emigración! - primero la emigración "interna", luego la emigración masiva al extranjero. [624]-La primera causa de la emigración judía fue el "Reglamento *Temporal* Ignatiev, que expulsó violentamente a cerca de un millón de judíos de las aldeas y pueblos, y los arrojó a las ciudades y shtetls del Pale Judío".[625]

Un momento, ¿cómo *echaron a los judíos*, y a todo un millón? ¿No *impidieron* aparentemente sólo las nuevas llegadas? ¡No, no! Ya estaba recogido y enviado rodando: que a partir de 1882 no sólo se *prohibió a* los judíos *vivir en los pueblos de todas partes,* sino también en todas las *ciudades,* excepto en las 13 gubernias; que *se les trasladó de nuevo* a los shtetls de "el Pale" - ¡por eso comenzó la emigración masiva de judíos de Rusia![626]

Bueno, aclarar las cosas. La primera vez que se planteó la idea de la emigración judía de Rusia a América fue ya en 1869, en la Conferencia de la Alianza (de la Unión Judía Mundial), con la idea de que los primeros que se establecieran allí con la ayuda de la Alianza y de los judíos locales

---

[623] Yu. Larin. *Evrei i antisemitizm v SSSR* [Judíos *y antisemitismo* en la URSS]. M.; L.: GIZ, 1929, p. 49-50.

[624] I.M. Dizhur. Evrei v ekonomicheskoy zhizni Rossii [Los *judíos en la vida económica de Rusia]* // *[Sankt-Peterburg.]* Kniga o russkom evreystve: Ot 1860-kh godov do Revolyutsii 1917 g. [El libro de la judería rusa: de la década de 1860 a la Revolución de 1917]. *(dalee - KRE-1)* [en adelante - KRE-1]. Nueva York: *Soyuz Russkikh Evreyev* [Unión de judíos rusos], 1960, p. 160.

[625] *I.M. Dizhur. Itogi i perspektivi evreyskoy emigratsii [Resultados y* perspectivas de la emigración judía] // EM-2, p. 34.

[626] Yu. *Larin.* Los judíos y el antisemitismo en la URSS, p. 52-53.

"se convertirían en un imán para sus correligionarios rusos". [627]Además, "el comienzo de la emigración [de judíos de Rusia] se remonta a mediados del siglo XIX y cobra un impulso significativo... tras los pogromos de 1881. Pero sólo desde mediados de la década de 1890 la emigración se convierte en un fenómeno importante de la vida económica judía, asumiendo una escala masiva"[628] - nótese que dice vida *económica*, no política.

Desde un punto de vista global, la inmigración judía a Estados Unidos en el siglo 19 formó parte de un enorme proceso histórico centenario y mundial. Hubo tres oleadas sucesivas de emigración judía a América: primero la oleada hispano-portuguesa (sefardí), luego la alemana (desde Alemania y Austria-Hungría), y sólo después la procedente de Europa del Este y Rusia (asquenazí). Por [629]razones que no se abordan aquí, en el siglo 19 se produjo un importante movimiento histórico de emigración judía a Estados Unidos, y no sólo desde Rusia. A la luz de la larguísima historia judía, es difícil sobrestimar la importancia de esta emigración.

Y del Imperio ruso "un río de emigración judía salió de todas las guberniyas que formaban el Pale of Settlement judío; pero Polonia, Lituania y Bielorrusia dieron el mayor número de emigrantes"; [630]lo que significa que no venían de Ucrania, que acababa de experimentar los pogromos. El motivo de esta emigración era el mismo en todas partes: el hacinamiento, que creaba una competencia económica interjudía. Además, basándose en las estadísticas estatales rusas, V. Tel'nikov dirige nuestra atención a las dos últimas décadas del siglo 19 ; justo después de los pogromos de 1881-1882, comparando el reasentamiento de judíos desde el Krai Occidental, donde no hubo pogromos, al Sudoeste, donde sí los hubo. Este último no fue numéricamente menor y posiblemente fue mayor que la salida de judíos de Rusia. [631]Además, en 1880, según datos oficiales, vivían 34.000 judíos en las guberniyas interiores, mientras que diecisiete años después (según el censo de 1897) ya eran 315.000, es decir, se habían multiplicado por nueve.[632]

---

[627] *EE* [JE] T 1, p. 947.
[628] Ibid. T 16, p. 264.
[629] M. Osherovich. Russkie evrei v Soedinenikh Shtatakh Ameriki [Judíos rusos en los Estados Unidos de América] // KRE-1, p. 287.
[630] Ya. D. Leshchinskiy. *Evreyskoe naselenie Rossii i evreyskii trud*. La población judía de Rusia y los problemas judíos]//KRE-1, p. 190.
[631] *Sbornik materialov ob ekonomicheskom polozheniya evreyev v Rossii* [Antología de materiales sobre la condición económica de los judíos en Rusia]. Sankt-Peterburgo: *Evreyskoe Kolonizatsionnoe Obshchestvo* [Sociedad de Colonización Judía], 1904. T 1. p. xxxiii-xxxv, xiv-xvi.
[632] *Yu. Gessen, T* 2, p. 210; *EE* [JE], T 11, p. 534-539.

Por supuesto, los pogromos de 1881-1882 causaron conmoción, pero ¿fue realmente una conmoción para toda Ucrania? Por ejemplo, Sliozberg escribe: "Los pogromos de 1881 no alarmaron a los judíos de Poltava, y pronto se olvidaron de ellos".

En la década de 1880 en Poltava "la juventud judía no sabía de la existencia de la Cuestión Judía y, en general, no se sentía aislada de la juventud rusa". [633]Los pogromos de 1881 - 82, en su total brusquedad, podían parecer irrepetibles, y prevalecía la invariable atracción económica judía: ve a instalarte aquí, donde viven menos judíos. Pero indudable e indiscutiblemente, en 1881 comenzó un giro decisivo del judaísmo progresista y culto, alejándose de las esperanzas de una integración completa con la nación de "Rusia" y la población rusa. G. Aronson llegó a la apresurada conclusión de que "el pogromo de Odessa de 1871" "hizo añicos las ilusiones de asimilación". [634]No, ¡todavía no era así! Pero si, por ejemplo, seguimos las biografías de judíos rusos prominentes y educados, hacia 1881-1882 notaremos en muchos de ellos un cambio drástico en sus actitudes hacia Rusia y sobre las posibilidades de una asimilación completa. Para entonces ya estaba claro y no se discutía que la oleada de pogromos fue indudablemente espontánea, sin que hubiera pruebas de la complicidad de las autoridades. Por el contrario, estaba probada la implicación de los *narodniks* revolucionarios. Sin embargo, los judíos no perdonaron al Gobierno ruso por estos pogromos, y nunca lo han hecho desde entonces.

Y aunque los pogromos se originaron principalmente entre la población ucraniana, los rusos no han sido perdonados y los pogromos siempre han estado ligados al nombre de Rusia.

"Los pogromos de la década de 1880... hicieron que muchos [de los defensores] de la asimilación se pusieran sobrios" (pero no todos: la idea de la asimilación seguía viva). Y aquí, otros publicistas judíos se pasaron al otro extremo: en general, era imposible que los judíos vivieran entre otros pueblos, [pues] siempre se les considerará extranjeros. Y el "Movimiento Palestino... comenzó... a crecer rápidamente".[635]

Fue bajo la influencia de los pogromos de 1881 cuando el médico de Odessa, Lev Pinsker, publicó su folleto *Autoemancipación*. *El llamamiento*

---

[633] G.B. Sliozberg. Dela minuvshikh dney... T 1, p. 98, 105.

[634] *G.Ya. Aronson. V bor'be za grazhdanskie i natsional'nie prava: Obshchestvennie techeniya v russkom evreystve* [En la lucha por los derechos civiles y nacionales: Corrientes sociales en la judería rusa]. // KRE-1, p. 208.

[635] *Gershon Svet. Russkie evrei v sionizme i v stroitel'stve Palestini i Izrailya* [Los judíos rusos en el sionismo y en la construcción de Palestina e Israel] // KRE-1, p. 241-242.

de un judío ruso a sus compañeros de tribu (en Berlín en 1882, y de forma anónima). "Causó una gran impresión en el judaísmo ruso y de Europa Occidental". Se trataba de un llamamiento sobre la extranjería inerradicable de los judíos a los ojos de los pueblos circundantes. [636]Hablaremos de ello con más detalle en el capítulo 7. P. Aksel'rod afirma que fue entonces cuando los jóvenes judíos radicales descubrieron que la sociedad rusa no los aceptaría como suyos y, por tanto, comenzaron a apartarse del movimiento revolucionario. Sin embargo, esta afirmación parece demasiado exagerada. En los círculos revolucionarios, excepto en el Narodnaya Vol'ya, siempre pensaron en los judíos como propios.

Sin embargo, a pesar del enfriamiento de las actitudes de la intelectualidad judía hacia la asimilación, el gobierno, como resultado de la inercia del reinado de Alejandro II, mantuvo durante un tiempo una actitud comprensiva hacia el problema judío y no la sustituyó del todo por un enfoque duramente restrictivo. Después de un año de actividades ministeriales del conde Ignatiev, que experimentó una persistente oposición a la cuestión judía por parte de las fuerzas liberales en las altas esferas gubernamentales, a principios de 1883 se estableció una "Alta Comisión Imperial para la Revisión de las Leyes Activas sobre los Judíos en el Imperio", o como fue bautizada por su presidente, el conde Palen, "La Comisión Palenskaya" (de modo que para entonces se convirtió en el décimo "Comité Judío" de este tipo). Estaba formada por entre quince y veinte personas de la alta administración, miembros de consejos ministeriales, directores de departamentos (algunos eran miembros de grandes familias, como Bestuzhev-Ryumin, Golytsin y Speranskiy), y también incluía a siete "expertos judíos": influyentes financieros, como el barón Goratsiy Gintsburg y Samuil Polyakov, y destacadas figuras públicas, como Ya. Gal'pern, el fisiólogo y publicista N. Bakst ("es muy probable que la actitud favorable de la mayoría de los miembros de la Comisión hacia la resolución de la cuestión judía se debiera, en cierta medida, a la influencia" de Bakst), y el rabino A. Drabkin. [637]En gran parte, fueron estos expertos judíos los que prepararon el material para someterlo a la consideración de la Comisión.

La mayoría de la Comisión Palenskaya expresó la convicción de que "el objetivo final de la legislación relativa a los judíos [no debería ser] otro que su abolición", que "sólo hay un resultado y un camino: el camino de la liberación y la unificación de los judíos con toda la población, bajo la protección de las mismas leyes". [638] (De hecho, pocas veces en la legislación rusa se acumularon leyes tan complicadas y contradictorias

---

[636] *EE* [JE], T 12, p. 526.
[637] Ibid. T 5, p. 862, T 3, p. 700.
[638] Ibid*, T 1, p. 832-833.

como las leyes sobre los judíos que se fueron acumulando a lo largo de las décadas: ¡626 estatutos para 1885! Y aún se añadieron más tarde y en el Senado se investigaba e interpretaba constantemente su redacción...). E incluso si los judíos no cumplían sus deberes como ciudadanos en igual medida que los demás, sin embargo era imposible "privar al judío de aquellos fundamentos en los que se basaba su existencia: su igualdad de derechos como súbdito." Estando de acuerdo "en que varios aspectos de la vida judía interna requieren una reforma y que ciertas actividades judías constituyen una explotación de la población circundante", la mayoría de la Comisión condenó el sistema de "medidas represivas y excluyentes". La Comisión fijó como objetivo legislativo "equiparar los derechos de los judíos a los de todos los demás sujetos", aunque recomendó "la máxima cautela y gradualidad" al respecto.[639]

En la práctica, sin embargo, la Comisión sólo consiguió llevar a cabo una mitigación parcial de las leyes restrictivas. Sus mayores esfuerzos se dirigieron al *Reglamento Temporal* de 1882, especialmente en lo relativo al arrendamiento de tierras por parte de los judíos. La Comisión argumentó como si defendiera a los terratenientes, no a los judíos: prohibir a los judíos arrendar tierras señoriales no sólo impide el desarrollo de la agricultura, sino que conduce a una situación en la que ciertos tipos de agricultura permanecen en completa ociosidad en el Krai Occidental, con la consiguiente pérdida para los terratenientes al no haber nadie a quien arrendárselas. Sin embargo, el ministro del Interior, D.A. Tolstoi, se mostró de acuerdo con la minoría de la Comisión: no se derogará la prohibición de nuevas operaciones de arrendamiento de tierras.[640]

La Comisión Palenskaya duró cinco años, hasta 1888, y en sus trabajos siempre chocaron la mayoría liberal con la minoría conservadora. Desde el principio, "el conde Tolstói ciertamente no tenía intención de revisar las leyes para aumentar las medidas represivas", y los cinco años de existencia de la Comisión Palenskaya lo confirman. En ese momento "Su Majestad [tampoco] deseaba influir en las decisiones de su gobierno sobre la cuestión del aumento de las represiones contra los judíos." Al subir al trono en un momento tan dramático, Alejandro III no se apresuró ni a sustituir a los funcionarios liberales, ni a elegir un rumbo político duro: durante mucho tiempo examinó cuidadosamente las cosas. "Durante todo el reinado de Alejandro III, la cuestión de una revisión general de la legislación sobre los judíos permaneció abierta". [641]Pero en 1886-87, la opinión de Su Majestad ya se inclinaba hacia el endurecimiento de las restricciones parciales sobre

---

[639] *Yu. Gessen**, T2, p. 227-228.
[640] *EE* [JE], T 3, p. 85.
[641] Ibid. T 1, p. 832-834.

los judíos, por lo que el trabajo de la Comisión no produjo ningún resultado visible.

Una de las primeras motivaciones para ejercer un control más estricto o imponer más restricciones a los judíos que durante el reinado de su padre fue la constante escasez de reclutas judíos para el servicio militar; era especialmente notable cuando se comparaba con el reclutamiento de cristianos. Según la Carta de 1874, que abolía el reclutamiento, el servicio militar obligatorio se imponía ahora a todos los ciudadanos, sin diferencia de posición social, pero con la estipulación de que los no aptos para el servicio serían reemplazados: Cristianos con cristianos y judíos con judíos. En el caso de los judíos hubo dificultades en la aplicación de esa norma, ya que tanto la emigración directa de los reclutas como su evasión se beneficiaron de una gran confusión y negligencia en los registros oficiales sobre la población judía, en el mantenimiento de las estadísticas vitales, en la fiabilidad de la información sobre la situación familiar y el lugar exacto de residencia de los reclutas. (La tradición de todas estas incertidumbres se remontaba a los tiempos de los *Qahals* (una estructura organizativa teocrática originaria de la antigua sociedad israelita), y se mantenía conscientemente para aliviar la carga fiscal). "En 1883 y 1884, hubo muchas ocasiones en las que se detuvo a reclutas judíos, en contra de la ley, simplemente por la sospecha de que podían desaparecer". [642](Este método se aplicó primero a los reclutas cristianos, pero de forma esporádica). En algunos lugares empezaron a exigir fotografías a los reclutas judíos, un requisito muy inusual para la época. Y en 1886 se promulgó una ley "muy restrictiva", "sobre varias medidas para asegurar el cumplimiento regular del servicio militar obligatorio por parte de los judíos", que establecía una "multa de 300 rublos a los familiares de cada judío que eludiera la llamada a filas". "[643]A partir de 1887 dejaron de permitir a los judíos presentarse al examen para el grado de oficial [los soldados instruidos tenían privilegios a la hora de elegir especialidad militar en el curso del servicio]". ([644]Durante el reinado de Alejandro II, los judíos podían servir en las filas de oficiales). Pero los puestos de oficial en medicina militar siempre permanecieron abiertos a los judíos.

Sin embargo, si consideramos que en el mismo periodo hasta 20 millones de otros "extranjeros" del Imperio fueron completamente liberados del servicio militar obligatorio, ¿no sería mejor liberar a los judíos de él por completo, compensando así sus otras limitaciones con tal privilegio?... ¿O era el legado de la idea de Nicolás I que continuaba aquí: injertar a los

---

[642] Ibid, T 3, p. 167.
[643] Ibid. T 1, p. 836.
[644] Ibid. T 3, p. 167.

judíos en la sociedad rusa a través del servicio militar? ¿Para ocupar a los ociosos?".

Al mismo tiempo, los judíos acudían en masa a las instituciones de enseñanza. De 1876 a 1883, el número de judíos en gimnasios y escuelas preparatorias de gimnasios casi se duplicó, y de 1878 a 1886 -durante un periodo de 8 años- el número de estudiantes judíos en las universidades se multiplicó por seis y alcanzó el 14,5%. [645] A finales del reinado de Alejandro II se recibieron quejas alarmantes de las autoridades regionales al respecto. Así, en 1878 el gobernador de la guberniya de Minsk informó de que "al ser más ricos, los judíos pueden educar a sus hijos mejor que los rusos; que la condición material de los alumnos judíos es mejor que la de los cristianos y, por lo tanto, para que el elemento judío no abrume al resto de la población, es necesario introducir un sistema de cuotas para la admisión de judíos en las escuelas secundarias." [646] A continuación, tras los disturbios ocurridos en varios gimnasios del sur en 1880, el síndico del distrito escolar de Odessa expuso públicamente una idea similar. Y en 1883 y 1885 dos sucesivos Gobernadores Generales de Novorossiysk (Odessa) declararon que allí se estaba produciendo un "llenado excesivo de las instituciones de enseñanza con judíos", y que era necesario "limitar el número de judíos en los gimnasios y escuelas preparatorias de los gimnasios" al 15% "del número general de alumnos", o "a una norma más justa, igual a la proporción de la población judía con respecto al total". [647] (En 1881, los judíos representaban el 75% del número general de alumnos de en varios gimnasios del distrito de Odessa. [648]) En 1886, el gobernador de Kharkov Guberniya presentó un informe "quejándose de la afluencia de judíos a las escuelas comunes".[649] En todos estos casos, los ministros no consideraron posible adoptar soluciones restrictivas generales, y se limitaron a remitir los informes para su examen a la Comisión Palenskaya, donde no recibieron apoyo.

A partir de la década de 1870 los estudiantes se convierten en los principales participantes de la efervescencia revolucionaria. Tras el asesinato de Alejandro II, la intención general de acabar con el movimiento revolucionario no pudo evitar los "nidos revolucionarios" estudiantiles (y las clases superiores de los gimnasios ya los suministraban). Dentro del gobierno surgió la alarmante conexión de que, junto con el aumento de judíos entre los estudiantes, aumentó notablemente la participación de éstos en el movimiento revolucionario. Entre las instituciones superiores

---

[645] *Yu. Gessen*, T 2, p. 230.
[646] *Yu. Gessen*, T 2, p. 229.
[647] *EE* [JE], T 13, p. 51; T 1, p. 834-835.
[648] *Yu. Gessen*, T 2, p. 231.
[649] *EE* [JE], T 1, p. 835.

de enseñanza, la Academia Médico-Quirúrgica (más tarde Academia Médico-Militar) se revolucionó especialmente. Los judíos estaban muy deseosos de ingresar en ella y los nombres de estudiantes judíos de esta academia empezaron a aparecer ya en los juicios de la década de 1870.

Y así, la primera medida restrictiva especial de 1882 restringió las admisiones judías en la Academia Médico-Militar a un límite máximo del 5%. En 1883, una orden similar siguió con respecto al Instituto de Minería; y en 1884 se estableció una cuota similar en el Instituto de Comunicaciones. En [650] 1885, la admisión de judíos en el Instituto Tecnológico de Járkov se limitó al 10%, y en 1886 se suprimió por completo su admisión en el Instituto Veterinario de Járkov, ya que "la ciudad de Járkov fue siempre un centro de agitación política, y la residencia de judíos allí en número más o menos significativo es generalmente indeseable e incluso peligrosa".[651] De este modo, pensaban debilitar el crescendo de las oleadas revolucionarias.

---

[650] Ibid. p. 834.
[651] Ibid*, T 13, p. 51.

Capítulo 6
En el Movimiento Revolucionario Ruso

En la Rusia de los años 60-70 del siglo XIX, cuando las reformas avanzaban rápidamente, no había motivos económicos ni sociales para un movimiento revolucionario de gran alcance. Sin embargo, fue efectivamente bajo Alejandro II, desde el comienzo de su obra reformadora, cuando nació este movimiento, como fruto prematuramente maduro de la ideología: en 1861 hubo manifestaciones estudiantiles en San Petersburgo; en 1862, violentos incendios de origen criminal también en San Petersburgo, y la sanguinaria proclamación de la Joven Rusia[652] (*Molodaia Rossiia*); en 1866, el disparo de Karakozov[653], los pródromos de la era terrorista, con medio siglo de antelación.

Y fue también bajo Alejandro II, cuando se relajaron tanto las restricciones a los derechos de los judíos, cuando aparecieron nombres judíos entre los revolucionarios. Ni en los círculos de Stankyevich, [654]Herzen [655]y Ogariov [656]ni en el de Petrachevsky, había habido un solo judío. (No hablamos aquí de Polonia.) Pero en las manifestaciones estudiantiles de 1861 participarán

---

[652] *Molodaia Rossiia*: Proclama revolucionaria de los jacobinos rusos de mayo de 1862, redactada por P. G. Zaychnevsky.

[653] Dmitri Vladimirovich Karakozov (1840 1866) disparó contra Alejandro II el 16 de abril de 1866: el primero de una larga serie de atentados. Condenado a muerte y ejecutado.

[654] Nikolai Vladimirovich Stankevich (1813 1840): filósofo y poeta, humanista. Funda en 1831 el "círculo Stankevich", donde se reúnen grandes intelectuales como Bielinsky, Aksakov, Granovsky, Katkov, etc. Emigró en 1837.

[655] Alexander Ivanovich Herzen (1812-1870): escritor, filósofo y revolucionario ruso "occidentalista". Pasó seis años en el exilio. Emigró en 1847 y fundó el primer periódico antibelicista publicado en el extranjero, *Kolokol* (La Campana). Autor de Memorias de su tiempo, *Pasado y Pensamientos*.

[656] Nikolai Platonovich Ogariov (1813 1877): poeta, publicista revolucionario ruso. Amigo y compañero de armas de Herzen. Emigró en 1856. Participó en la fundación de Tierra y Libertad.

Mikhoels, Outine [657] y Guen. Y encontraremos a Outine en el círculo de Nechayev[658].

La participación de los judíos en el movimiento revolucionario ruso debe llamar nuestra atención; de hecho, la acción revolucionaria radical se convirtió en una forma de actividad cada vez más extendida entre la juventud judía. El movimiento revolucionario judío es un componente cualitativamente importante del movimiento revolucionario ruso en general. En cuanto a la proporción de revolucionarios judíos y rusos a lo largo de los años, nos sorprende. Por supuesto, si en las páginas siguientes hablamos principalmente de judíos, esto no implica en absoluto que no hubiera un gran número de revolucionarios influyentes entre los rusos: nuestro enfoque está justificado por el tema de nuestro estudio.

De hecho, hasta principios de los años 70, sólo un número muy reducido de judíos se había unido al movimiento revolucionario, y en papeles secundarios. (En parte, sin duda, porque todavía había muy pocos judíos entre los estudiantes). Se sabe, por ejemplo, que Leon Deutsch, a los diez años, se indignó por el disparo de Karakozov porque se sentía "patriota". Del mismo modo, pocos judíos se adhirieron al nihilismo ruso de los años 60 que, sin embargo, por su racionalismo, asimilaron fácilmente. "El nihilismo ha desempeñado un papel aún más beneficioso en la juventud estudiantil judía que en la cristiana".[659]

Sin embargo, ya a principios de los años 70, el círculo de jóvenes judíos de la escuela rabínica de Vilna empezó a desempeñar un papel importante. (Entre ellos, V. Yokhelson, a quien mencionaremos más adelante, y el conocido terrorista A. Zundelevich -ambos alumnos brillantes, destinados a ser excelentes rabinos-, A. Liebermann, futuro redactor de *La Pravda* de Viena, y Anna Einstein, Maxim Romm, Finkelstein). Este círculo era influyente porque estaba en estrecho contacto con los "contrabandistas"[660]

---

[657] Nikolai Isaakovich Outine (1841 1883): revolucionario, miembro destacado de Tierra y Libertad. Condenado a muerte *en rebeldía*. Emigró en 1863, regresó a Rusia en 1878.

[658] Sergei Gennadyevich Nechayev (1847 1882): revolucionario y conspirador ruso, autor del famoso *Catecismo del Revolucionario*. Organiza en 1869 el asesinato del estudiante Ivanov, supuesto traidor a la Causa (que inspiró *Los demonios* de Dostoievski). Sale al extranjero. Entregado por Suiza a Rusia, condenado a veinte años de prisión. Muere en prisión.

[659] L. *Deutsch*, King evreiev v rousskom revolioutsionnom dvijenii (El papel de los judíos en el movimiento revolucionario ruso), vol. 1, 2nd ed., M.L., GIZ, 1925, pp. 20 22.

[660] Las personas que consiguen pasar, ilegalmente por las fronteras, escritos revolucionarios prohibidos en Rusia.

y permitía cruzar la frontera tanto a la literatura clandestina como a los propios inmigrantes ilegales.[661]

Fue en 1868, después del bachillerato, cuando Mark Natanson ingresó en la Academia de Medicina y Cirugía (que se convertiría en la Academia de Medicina Militar). Será organizador y figura destacada del movimiento revolucionario. Pronto, con la joven estudiante Olga Schleisner, su futura esposa (a la que Tikhomirov llama "la segunda Sophia Perovskaya", aunque entonces era más bien la primera **), sentó las bases de un sistema de círculos llamados "pedagógicos", es decir de propaganda ("trabajo *preparatorio*, cultural y revolucionario con la juventud intelectual"[662]) en varias grandes ciudades. (Estos círculos fueron apodados erróneamente "tchaikovskystas", por el nombre de uno de sus miembros menos influyentes, N.V. Tchaikovsky). Natanson se distinguió muy rápida y decididamente del círculo de Nechayev (y no dudó, posteriormente, en exponer sus puntos de vista al juez de instrucción). En 1872 fue a Zurich con Pierre Lavrov, principal representante de la "corriente de propaganda pacífica"[663], que rechazaba la rebelión; Natanson quería establecer allí un órgano revolucionario permanente. Ese mismo año fue enviado a Shenkursk en estrecho exilio y, por intercesión de su suegro, el padre de Olga Schleiser, fue trasladado a Voronezh, luego a Finlandia y finalmente liberado en San Petersburgo. Allí no encontró más que desánimo, dilapidación, inercia. Se esforzó por visitar a los grupos desunidos, conectarlos, soldarlos, y así fundó la primera organización Tierra y Libertad y gastó cientos de miles de rublos.

Entre los principales organizadores del populismo ruso, Natanson es el revolucionario más eminente. En su estela apareció el famoso León Deutsch; en cuanto al férreo populista Alexander Mijailov, fue discípulo de "Marcos el Sabio". Natanson conoció personalmente a muchos revolucionarios. Ni orador ni escritor, era un organizador nato, dotado de una cualidad asombrosa: no tenía en cuenta las opiniones ni la ideología, no entraba en discusiones teóricas con nadie, estaba de acuerdo con todas las tendencias (a excepción de las posiciones extremistas de Tkachev, predecesor de Lenin), colocaba a todos y cada uno donde podían ser útiles. En aquellos años en que los partidarios de Bakunin y los de Lavrov eran irreconciliables, Natanson propuso poner fin a las "discusiones sobre la

---

[661] D. *Schub*, Evro vrousskoï revolyutsii (Los judíos en la Revolución Rusa). JW-2; Hessen, t. 2, p. 213.

[662] O. V. *Aptekman*, Dvc doroguiie teni (Dos sombras queridas); Byloie: periódico Posviaschionnyi istorii osvoboditclnogo dvijeniia (Pasado: reseña de la historia del movimiento de liberación), M. 1921, núm. 16, p. 9.

[663] Piotr Lavrovich Lavrov (1823-1900): famoso teórico del populismo. Emigró en 1870. Publicó la revista *Vperiod* (Adelante).

música del futuro" y centrarse en cambio en las necesidades reales de la causa. Fue él quien, en el verano de 1876, organizó la sensacional fuga de Piotr Kropotkin * en el "Bárbaro", ese mestizo del que se hablaría a menudo. En diciembre del mismo año, concibió y organizó la primera reunión pública delante de la catedral de Nuestra Señora de Kazán, al final de la misa, el día de San Nicolás: todos los revolucionarios se reunieron allí y, por primera vez, se desplegó la bandera roja de Tierra y Libertad. Natanson fue detenido en 1877, condenado a tres años de prisión, luego relegado a Yakutia y apartado de la acción revolucionaria hasta 1890.[664]

Había varios judíos en el círculo de "tchaikovskystas" de San Petersburgo, así como en sus sucursales de Moscú, Kiev y Odesa. (En Kiev, en particular, P.B. Axelrod, a quien ya hemos mencionado, el futuro editor y diplomático danés Grigori Gurevitch, los futuros profesores Semion Lourie y Leiser Lœwenthal, su hermano Nahman Lœwenthal, y las dos hermanas Kaminer). En cuanto al primer círculo nihilista de Leon Deutsch en Kiev, estaba "constituido exclusivamente por jóvenes estudiantes judíos"[665]. Tras la manifestación ante la catedral de Nuestra Señora de Kazán, tres judíos fueron juzgados, pero no el propio Natanson. En el juicio de los "cincuenta"[666] que tuvo lugar en el verano de 1877 en Moscú, varios judíos fueron acusados de difundir propaganda entre los trabajadores de las fábricas. En el juicio de los "ciento noventa y tres[667]", hubo trece judíos acusados. Entre los primeros populistas, podemos citar también a Lossif Aptekman y Alexander Khotinsky, que ejercieron una gran influencia.[668]

La idea de Natanson era que los revolucionarios debían involucrar al pueblo (campesinos) y ser para ellos como guías espirituales laicos. Esta "marcha hacia el pueblo", tan famosa desde entonces, comenzó en 1873 en el círculo "dolgushiniano" (Dolgushin, Dmojovsky, Gamov, etc.), donde no se contaba con ningún judío.

Más tarde, los judíos también "fueron al pueblo". (También ocurrió lo contrario: en Odessa, P. Axelrod intentó atraer a Jeliabov [669] en una organización revolucionaria secreta, pero él se negó: entonces, aún era un

---

[664] *L. Deutsch*, pp. 97, 108, 164, 169, 174, 196.
[665] *Ibidem*, pp. 20, 130, 139.
[666] Celebrada en marzo de 1877, también dijo que el juicio de "moscovitas", de los cuales dieciséis mujeres.
[667] Celebrado de octubre de 1877 a febrero de 1878: el juicio político más importante de Rusia antes de 1917 (hubo cuatro mil detenciones entre los populistas de la "marcha hacia el pueblo").
[668] *Ibidem*, pp. 33, 86 88, 185.
[669] Andrei Ivanovich Jeliabov (1851 1881): uno de los fundadores de La Voluntad del Pueblo. Llamado el "Robespierre ruso". Organizador de los atentados contra Alejandro II. Ejecutado en abril de 1881.

Kulturtrasser). A mediados de los años 70, sólo había una veintena de estos "populistas", todos o casi todos Lavrov y no Bakunin. (Sólo los más extremistas hacían caso a los llamamientos a la insurrección de Bakunin, como Deutsch, que, con la ayuda de Stefanovitch, había levantado la "revuelta tchiguirina[670]" haciendo creer a los campesinos que el zar, rodeado por el enemigo, tenía al pueblo diciendo: ¡haced retroceder a todas estas autoridades, apoderaos de la tierra e instaurad un régimen de libertad!) Es interesante observar que casi ningún revolucionario judío se lanzó a la revolución a causa de la pobreza, sino que la mayoría procedía de familias acomodadas. (En los tres volúmenes de la *Russian Jewish Encyclopædia* no faltan ejemplos). Sólo Paul Axelrod procedía de una familia muy pobre y, como ya hemos dicho, había sido enviado por el *Kahal* a una institución únicamente para completar la cuota establecida. (De allí, muy naturalmente, ingresó en el gimnasio de Mogilev, y luego en el liceo de Nejine). Procedían de ambientes mercantiles acomodados: Natanson, Deutsch, Aptekman (en cuya familia había muchos talmudistas, doctores en derecho -incluidos todos sus tíos. Khotinsky, Gurevitch, Semion Lourie (cuya familia, incluso en este medio, era considerada "aristocrática", "el pequeño Simón también estaba destinado a ser rabino", pero bajo la influencia de la Ilustración, su padre, Gerts Lourie, había confiado a su hijo la universidad para que se convirtiera en profesor); la primera marxista italiana, Anne Rosenstein (rodeada desde su infancia de institutrices que hablaban varios idiomas), las trágicas figuras de Moses Rabinovitch y Betty Kaminskaya, Felicie Cheftel, Joseph Guetsov, miembro de la Repartición Negra, entre muchos otros. Y también Khrystyna (Khasia) Grinberg, "de una acomodada familia de comerciantes tradicionalistas", que en 1880 se unió a la Voluntad del Pueblo: su vivienda albergaba reuniones clandestinas, fue cómplice de los atentados contra Alejandro II, e incluso se convirtió en 1882 en propietaria de una fábrica clandestina de dinamita -luego fue condenada a la deportación. [671] Tampoco Fanny Moreinis procedía de una familia pobre; también "participó en los preparativos de atentados contra el emperador Alejandro II", y pasó dos años en la prisión de Kara. [672]Algunos procedían de familias de rabinos, como el futuro doctor en filosofía Lioubov Axelrod o Ida Axelrod. También había familias de la pequeña *burguesía*, pero lo suficientemente ricas como para que sus hijos fueran a la universidad, como Aizik Aronchik (después de la universidad, ingresó en la Escuela de Ingenieros de San Petersburgo, que pronto abandonó para embarcarse en actividades revolucionarias), Alexander Bibergal, Vladimir Bogoraz,

---

[670] En 1876-77. Un grupo de populistas revolucionarios intenta levantar una insurrección campesina en el distrito de Tchiguirine, en Ucrania.
[671] RJE, t. 1, M. 1994, p. 377.
[672] RJE, t. 2, p. 309.

Lazarus Goldenberg, los hermanos Lœwenthal. A menudo, en las biografías de los citados, se hace mención de la Academia de Medicina Militar, especialmente en las de Natanson, Bibergal, Isaac Pavlovsky (futuro contrarrevolucionario)[673], M. Rabinovitch, A. Khotinsky, Solomon Chudnovsky, Solomon Aronson (que casualmente participaba en estos círculos), entre otros.[674]

Por tanto, no era la necesidad material lo que les impulsaba, sino la fuerza de sus convicciones. No deja de ser interesante observar que en estas familias judías la adhesión de los jóvenes a la revolución rara vez -o nunca- provocó una ruptura entre "padres e hijos", entre padres e hijos. Los "padres" no perseguían mucho a los "hijos", como ocurría entonces en las familias cristianas.

(Aunque Gesya Gelfman tuvo que abandonar en secreto a su familia, una familia tradicional de la Vieja Alianza). Los "padres" estaban a menudo muy lejos de oponerse a sus hijos. Así Guerz Lourie, al igual que Isaac Kaminer, médico de Kiev: toda la familia participó en el movimiento revolucionario de los años 70, y él mismo, como "simpatizante..., prestó grandes servicios"[675] a los revolucionarios; tres de ellos se convirtieron en maridos de sus hijas. (En los años 90, se unió al movimiento sionista y se hizo amigo de Achad-Haam.)[676]

Tampoco podemos atribuir motivaciones antirrusas a estos primeros revolucionarios judíos, como algunos hacen hoy en Rusia. De ninguna manera.

Todo empezó con el mismo "nihilismo" de los años 60. "Habiéndose iniciado en la educación rusa y en la cultura 'goy'", habiéndose impregnado de la literatura rusa, "la juventud judía no tardó en unirse al movimiento más progresista de la época", el nihilismo, y con una facilidad tanto mayor cuanto que rompía con las prescripciones del pasado. Incluso "el más fanático de los estudiantes de una *yeshiva*, inmerso en el estudio del Talmud", tras "dos o tres minutos de conversación con un nihilista", rompía con el "modo patriarcal de pensamiento". "Él [el judío, incluso piadoso] apenas había rozado la superficie de la cultura 'goy', sólo había llevado a cabo una brecha en su visión del mundo tradicional, pero ya era capaz de llegar lejos, muy lejos, a los extremos". Aquellos jóvenes se

---

[673] Isaac Yakovlevich Pavlovsky, conocido como I. Yakovlev: periodista, uno de los acusados del proceso de los ciento noventa y tres. Emigrado, protegido por Turguéniev, llegó a ser corresponsal en París del *New Times*.

[674] *Deutsch*, pp. 77-79, 85, 89,112, 140, 21X: V. I. Iohelsohn, Daliokoie prochloie (Un pasado lejano); Byloie, 1918, n° 13, pp. 54 55.

[675] *Deutsch*, pp. 18, 149, 151, 154.

[676] Ahad-Haam (es decir, "Uno de los suyos"), según Asher Finzberg: Escritor yiddish muy implicado en el movimiento sionista.

vieron de pronto atrapados por los grandes ideales universales, soñando con ver a todos los hombres convertidos en hermanos y a todos disfrutando de la misma prosperidad. La tarea era sublime: ¡liberar a la humanidad de la miseria y la esclavitud![677]

Y ahí jugó el papel de la literatura rusa. Pavel Axelrod, en el instituto, tuvo como profesores a Turguéniev, Bielinski, Dobrolyubov (y más tarde a Lassalle [678]que le haría pasarse a la revolución). A Aptekman le gustaban Chernyshevsky, Dobrolyubov, Pissarev (y también Bukle). También Lazare Goldenberg había leído y releído a Dobrolyubov, Chernyshevsky, Pissarev, Nekrasov, y Rudin, [679]que murió en las barricadas, era su héroe. Salomón Tchudnovsky, gran admirador de Pissarev, lloró cuando murió. El nihilismo de Semion Lourie había nacido de la literatura rusa, se había alimentado de ella. Este fue el caso de un gran número de personas; la lista sería demasiado larga.

Pero hoy, un siglo después, son pocos los que recuerdan el ambiente de aquellos años. En la "calle de los judíos", como se la llamaba entonces, no se desarrollaba ninguna acción política seria, mientras que, en la "calle de los rusos", el populismo iba en aumento. ¡Era muy sencillo: bastaba con "hundirse, y fundirse en el movimiento de liberación de Rusia"[680] ! Ahora esta fusión era más fácilmente facilitada, acelerada por la literatura rusa y los escritos de los publicistas radicales.

Al volverse hacia el mundo ruso, estos jóvenes se alejaron del mundo judío. "Muchos de ellos concibieron hostilidad y desprecio hacia el judaísmo de sus padres, como hacia una anomalía parasitaria".[681] En los años 70 "hubo pequeños grupos de jóvenes judíos radicales que, en nombre de los ideales del populismo, se alejaron cada vez más de su pueblo..., empezaron a asimilarse vigorosamente y a apropiarse del espíritu nacional ruso". [682]Hasta mediados de los años 70, los judíos socialistas no consideraban necesario hacer trabajo político con sus semejantes, porque, pensaban, los

---

[677] *Ibidem*, pp. 17-18.
[678] Ferdinand Lassalle (1825 1864): filósofo, economista, jurista y famoso socialista alemán.
[679] *Rudin*, el héroe de la novela de Turguéniev, *Rudin* (1856), a quien el autor dio muerte en las barricadas de París en 1848.
[680] K. *Leites*, Pamiati M. A. Krolia (La memoria de M. A. Krol), JW-2, p. 410.
[681] B. *Frumkin*. Iz istorii revolioutsionnogo dvijeniia sredi evreiev v 1870-x godakh (Páginas de la historia del movimiento revolucionario entre los judíos en los años 70) Sb. Soblazn Sotsializma: Revolutionsiia v Rossii i evrei (Rec. La tentación de la revolución socialista en Rusia y los judíos), compuesto por A. Serebrennikov, París, YMCA Press; Rousskii Put (La vía rusa), 1995. p. 49.
[682] JE, L 3, p. 336.

judíos nunca han poseído tierras y, por tanto, no pueden asimilar las ideas socialistas. Los judíos nunca tuvieron campesinos propios.

"Ninguno de los revolucionarios judíos de los años 70 podía concebir la idea de actuar sólo para la propia nación". Estaba claro que sólo se actuaba en la lengua dominante y sólo para los campesinos rusos. "Para nosotros... no había trabajadores judíos. Los mirábamos con ojos de rusos: el judío debe asimilarse completamente a la población nativa"; incluso los artesanos eran considerados explotadores potenciales, ya que tenían aprendices y empleados. De hecho, a los obreros y artesanos rusos no se les concedía ninguna importancia como clase autónoma: sólo existían como futuros socialistas que facilitarían el trabajo en el mundo campesino.[683]

Una vez aceptada la asimilación, estos jóvenes, por su situación, tendían naturalmente al radicalismo, al haber perdido en este nuevo suelo las sólidas raíces conservadoras de su antiguo entorno.

"Nos preparábamos para ir al pueblo y, por supuesto, al pueblo ruso. Negábamos la religión judía, como cualquier otra religión; considerábamos nuestra jerga una lengua artificial, y el hebreo una lengua muerta... Éramos sinceros asimiladores y veíamos en la educación y la cultura rusas la salvación para los judíos... ¿Por qué entonces buscábamos actuar entre el pueblo ruso y no entre el pueblo judío? Se debe a que nos habíamos vuelto extraños a la cultura espiritual de los judíos de Rusia y a que rechazábamos a sus pensadores, que pertenecían a una *burguesía* tradicionalista... de cuyas filas nos habíamos salido... Pensábamos que, cuando el pueblo ruso se liberara del despotismo y del yugo de las clases dominantes, surgiría la libertad económica y política de todos los pueblos de Rusia, incluido el pueblo judío. Y hay que admitir que la literatura rusa también ha inculcado en cierta medida la idea de que el pueblo judío no era un pueblo, sino una clase parasitaria."[684]

También entró en juego el sentimiento de *deuda* con el pueblo de la Gran Rusia, así como "la fe de los rebeldes populistas en la inminencia de una insurrección popular".[685] En los años 70, "la juventud intelectual judía... 'fue al pueblo' con la esperanza de lanzar, con sus débiles manos, la revolución campesina en Rusia". [686]Como escribe Aptekman, Natanson, "como el héroe del *Mtsyri* de Lermontov,

---

[683] *Deutsch*, pp. 56, 67-68.
[684] *Iohelson*, Byloie, 1918, n° 13, pp. 56 57.
[685] *Ibidem*, pp. 61, 66.
[686] G. J. *Aronson*, V. borbe za grajdanskiie i nalsionalnyie prava: obschcstvcnnyie tetcheniia v rousskom evreistve (En la lucha por los derechos civiles nacionales: las corrientes sociales entre los judíos de Rusia), UR-1, p. 210.

Conocía el asidero de un solo pensamiento, vivía *una sola*, pero ardiente pasión.

Este pensamiento era la felicidad del pueblo; esta pasión, la lucha por la liberación". [687] El propio Aptekman, tal como lo describe Deutsch, era "escuálido, de baja estatura, tez pálida", "con rasgos nacionales muy marcados"; convertido en enfermero del pueblo, anunciaba el socialismo a los campesinos a través del Evangelio.[688]

Fue un poco bajo la influencia de sus predecesores, los miembros del círculo de Dolgouchin, que inscribieron en las ramas del crucifijo: "En el nombre de Cristo, Libertad, Igualdad, Fraternidad", y casi todos predicaban el Evangelio, que los primeros populistas judíos se volvieron hacia el cristianismo, al que utilizaron como punto de apoyo y como instrumento. Aptekman escribe sobre sí mismo "Me he convertido al cristianismo por un movimiento del corazón y amor a Cristo".[689]

(No confundir con los motivos de Tan Bogoraz, que en los años 80 se había convertido al cristianismo "para escapar a las vejaciones de su origen judío". [690] Ni con la finta de Deutsch, que fue a predicar los molokanes [691] presentándose como un "buen ortodoxo"). Pero, añade Aptekman, "para entregarse al pueblo no hace falta arrepentirse": con respecto al pueblo ruso, "no tenía ni rastro de arrepentimiento. Es más, ¿de dónde podía venir? ¿No me corresponde más bien a mí, descendiente de una nación oprimida, exigir el arreglo de este trato, en lugar de pagar la devolución de algún, no sé cuál, fantástico préstamo? Tampoco he observado este sentimiento de arrepentimiento entre mis camaradas de la nobleza que caminaban conmigo por la misma senda."[692]

Señalemos a este respecto que la idea de un acercamiento entre el socialismo deseado y el cristianismo histórico no era ajena a muchos revolucionarios rusos de la época, como justificación de su acción y como procedimiento táctico conveniente. V. V. Flerovsky [693]escribió: "Siempre tuve en mente la comparación entre esta juventud que se preparaba para la

---

[687] *Aptekman*. Byloie, 1921, n° 16, pp. 11 12.
[688] *Deutsch*, pp. 183-185.
[689] O. V. *Aptekman*, Flerovski-Bervi i kroujok Dolgouchina (Bervi-Flerovsky y el círculo de Dolgouchine), Byloie, 1922, n° 18, p. 63.
[690] JE, t. 4, p. 714.
[691] Los molokanes o "bebedores de leche" (consumen leche durante la Cuaresma) son una secta rusa que se remonta al siglo XVIII. Fueron perseguidos, se exiliaron en 1800 al norte del mar de Azov y algunos emigraron a Estados Unidos.
[692] *Aptekman,* Byloie, 1922, n° 18, p. 63.
[693] Vassili Vasilievich Bervi-Flerovsky (1829 1918): Publicista, sociólogo y economista ruso. Participó en el populismo de los años 60. Exiliado de 1862 a 1887. Escribió los *Apuntes de un utópico revolucionario.*

acción y los primeros cristianos." E, inmediatamente después, el siguiente paso: "Dando vueltas constantemente a esta idea en mi cabeza, he llegado a la convicción de que alcanzaremos nuestro objetivo sólo por un medio: *creando una nueva religión*... Es necesario enseñar al pueblo a dedicar todas sus fuerzas a uno mismo exclusivamente... Yo quería crear *la religión de la fraternidad*"- y los jóvenes discípulos de Flerovski intentaron "dirigir el experimento preguntándose cómo sería recibida por el pueblo una religión que no tendría ni Dios ni santos."

Su discípulo Gamov, del círculo de Dolgouchine, escribió aún más crudamente: "Debemos inventar una religión que esté en contra del zar y del gobierno... Debemos escribir un catecismo y oraciones con este espíritu."[694]

La acción revolucionaria de los judíos en Rusia se explica también de otra manera. La encontramos expuesta y luego refutada por A. Srebrennikov: "Existe la opinión de que si, mediante las reformas de los años 1860-1863, se hubiera abolido el "Pale of Settlement", toda nuestra historia se habría desarrollado de otra manera... ¡Si Alejandro II hubiera abolido el "Pale of Settlement", no habría existido ni el Bund [695] ni el trotskismo!". Luego mencionó las ideas internacionalistas y socialistas que fluían de Occidente, y escribió: "Si la supresión del Pale of Settlement hubiera tenido una importancia capital para ellos, toda su lucha se habría extendido hacia ella. Ahora estaban ocupados con todo lo demás: ¡soñaban con derrocar al zarismo!".[696]

Y, uno tras otro, impulsados por la misma pasión, abandonaron sus estudios (en particular la Academia de Medicina Militar) para "ir al pueblo". Cada diploma llevaba el sello de la infamia como medio de explotación del pueblo. Renunciaron a cualquier carrera y algunos rompieron con sus familias. Para ellos, "cada día no aprovechado [constituye] una pérdida irreparable, criminal para la realización del bienestar y la felicidad de las masas desheredadas."[697]

Pero para "ir al pueblo" había que "hacerse el simple", tanto internamente, para uno mismo, como prácticamente, "para inspirar confianza a las masas del pueblo, había que infiltrarse en él bajo la apariencia de un obrero o un *moujik*".[698] Sin embargo, escribe Deutsch, ¿cómo dirigirse al pueblo, ser

---

[694] *Ibídem*.
[695] *El Bund* (en yiddish: la Unión): la "Unión General de Trabajadores Judíos de Lituania, Polonia y Rusia", fundada en Vilna en 1897, relacionada con el partido SD en 1898 1903; de nuevo en 1906-1918 cercana a los mencheviques. Se disolvió en 1921.
[696] Obschaia gazela (*Gaceta General*), n° 35, 31 de agosto 6 de septiembre de 1995, p. 11.
[697] *Deutsch*, pp. 106, 205 206.
[698] *Iohelson*, Byloie, 1918, n° 13, p. 74.

escuchado y creído, cuando te traicionan tu lenguaje, tu aspecto y tus modales? Y aún así, para seducir a los oyentes, ¡hay que lanzar chistes y buenas palabras en lenguaje popular! Y también hay que ser hábil en el trabajo del campo, tan penoso para la gente del pueblo. Por esta razón, Khotinsky trabajaba en la granja con su hermano, y trabajaba allí como labrador. Los hermanos Lœwenthal aprendieron zapatería y carpintería. Betty Kamenskaya entró como obrera en una hilandería a un puesto muy duro. Muchos se convirtieron en cuidadores. (Deutsch escribe que, en general, otras actividades eran más adecuadas para estos judíos revolucionarios: trabajo dentro de las facciones, conspiración, comunicaciones, tipografía, cruce de fronteras).[699]

La "marcha hacia el pueblo" comenzó con visitas cortas, estancias de unos meses, una marcha "fluida". Al principio, se basaban únicamente en el trabajo de agitación. Se pensó que bastaría con convencer a los campesinos de que abrieran los ojos ante el régimen en el poder y la explotación de las masas, y con prometerles que la tierra y los instrumentos de producción pasarían a ser propiedad de todos.

De hecho, toda esta "marcha hacia el pueblo" de los populistas acabó en fracaso. Y no sólo por algún disparo inadvertido dirigido contra el zar (Solovyov, 1879), que les obligó a todos a huir del campo y a esconderse muy lejos de las ciudades. Pero sobre todo porque los campesinos, perfectamente sordos a sus prédicas, estaban incluso a veces dispuestos a entregarlos a las autoridades. Los populistas, los rusos (apenas más afortunados) como los judíos, perdieron "la fe... en una voluntad revolucionaria espontánea y en los instintos socialistas del campesinado", y "se transformaron en pesimistas impenitentes."[700]

La acción clandestina, sin embargo, funcionó mejor. Tres residentes de Minsk, Lossif Guetsov, Saul Levkov y Saul Grinfest, consiguieron crear en su ciudad una prensa clandestina que serviría a todo el país. Sobrevivió hasta 1881. Fue allí donde se imprimió en letras de oro el folleto sobre "la ejecución de Alejandro II". En ella se imprimió el periódico *La Repartición Negra*[701], y después las proclamas de La Voluntad del Pueblo. Deutsche se refirió a ellos como "propagandistas pacíficos". Al parecer, el término "pacífico" abarcaba todo lo que no fueran bombardeos: contrabando, cruce ilegal de fronteras e incluso el llamamiento a no pagar impuestos (llamamiento a los campesinos de Lazare Goldenberg).

---

[699] *Deutsch*, pp. 34-37, 183.
[700] *Ibidem*, pp. 194 y ss. ; *Iohelson*, Byloie, 1918, nº 13, p. 69.
[701] *La Repartición Negra*, periódico clandestino con el mismo nombre que la organización, que conoció cinco números en 1880 1881 Minsk-Ginebra.

Muchos de estos revolucionarios judíos fueron duramente condenados (duramente, incluso según las medidas de nuestra época). Algunos se beneficiaron de una reducción de su pena, como Semion Lourie, gracias a que su padre obtuvo para él un régimen menos severo en la cárcel. También estaba la opinión pública, que se inclinaba por la indulgencia. Aptekman nos cuenta que en 1881 -tras el asesinato de Alejandro II- "vivían con relativa libertad en la prisión de Krasnoyarsk", donde "el director de la prisión, una auténtica fiera, fue de repente domado y nos dio todo tipo de permisos para contactar con los deportados y nuestros amigos". Luego "nos recibieron en las prisiones de tránsito no como detenidos, sino como nobles cautivos"; "entró el director de la prisión, acompañado de soldados que llevaban bandejas con té, galletas, mermelada para todos y, como gratificación, un vasito de vodka". ¿No era idílico? Estábamos conmovidos".[702]

Las biografías de estos primeros populistas revelan cierta exaltación, cierta falta de equilibrio mental. Leo Deutsch lo atestigua: Leon Zlatopolsky, terrorista, "no era una persona mentalmente equilibrada". El propio Aptekman, en su celda, tras su detención, "no estaba lejos de la locura, ya que sus nervios estaban alterados". Betty Kamenskaya, "... a partir del segundo mes de detención... perdió la razón"; fue trasladada al hospital, luego su padre, comerciante, la recuperó bajo fianza. Tras leer en el acta de acusación que no comparecería ante el tribunal, quiso decir al fiscal que se encontraba bien de salud y podía comparecer, pero poco después ingirió veneno y murió. [703]Moisés Rabinovitch, en su celda, "tenía alucinaciones... sus nervios estaban agotados"; resolvió fingir arrepentimiento, *nombrar a* aquellos que la instrucción seguramente ya conocía, para ser liberado. Redactó una declaración en la que prometía decir todo lo que sabía e incluso, al salir de la cárcel, buscar y transmitir información. El resultado fue que lo confesó todo sin ser liberado y que fue enviado a la provincia de Irkutsk, donde enloqueció y murió "apenas superados los 20 años". Ejemplos de este tipo no faltan. Leiser Tsukerman, emigró a Nueva York y puso fin a su vida. Nahman Lœwenthal, después de haber emigrado a Berlín, "fue enviado a la vertiginosa espiral descendente de una crisis nerviosa", a la que se añadió un amor desdichado; "tragó ácido sulfúrico y se arrojó al río" -a la edad de unos 19 años. [704]Estos jóvenes individuos se habían lanzado al vacío por sobrestimar su fuerza y la resistencia de sus nervios.

E incluso Grigori Goldenberg, que, a sangre fría, había derrotado al gobernador de Kharkov y pedido a sus camaradas, como honor supremo,

---

[702] *Aptekman*, Byloie. 1922, n° 18. pp. 73, 75.
[703] *Deutsch*, pp. 38, 41, 94, 189.
[704] *Ibidem*, pp. 78-79, 156,157.

matar por su propia mano al Zar (pero sus camaradas, temiendo la cólera popular, le habían descalificado, al parecer, por judío; por lo visto, este argumento incitaba a menudo a los populistas a designar, la mayoría de las veces rusos, para perpetrar atentados): tras ser detenido mientras llevaba una carga de dinamita, fue presa de una angustia insoportable en su celda del bastión de Troubetskoy, su espíritu se quebró, hizo una confesión completa que afectó a todo el movimiento, pidió que Aarón Zundelevich compartiera su celda (quien se mostró más indulgente que otros con sus acciones). Al negársele, se suicidó.[705]

Otros, que no estaban directamente implicados, sufrieron, como Moisés Edelstein, que no era en absoluto un ideólogo, que había "colado", por un precio, literatura clandestina; sufrió mucho en la cárcel, rezó a Yahvé por él y por su familia: se arrepintió durante el juicio: "No imaginaba que pudieran existir libros tan malos". O S. Aronson que, tras el juicio de los "ciento noventa y tres", desapareció completamente de la escena revolucionaria.[706]

Otro punto digno de mención fue la facilidad con la que muchos de ellos abandonaron esa Rusia que hacía tiempo se habían propuesto salvar. De hecho, en los años 70 la emigración se consideraba deserción en los círculos revolucionarios: ¡aunque te busque la policía, pasa a la clandestinidad, pero no huyas![707] -Tan Bogoraz se fue a vivir veinte años a Nueva York.-Lazar Goldenberg-Getroitman también "se marchó a Nueva York en 1885, donde dio clases sobre la historia del movimiento revolucionario en Rusia"; regresó a Rusia en 1906, después de la amnistía, para marcharse de nuevo con bastante rapidez a Gran Bretaña, donde permaneció hasta su muerte."[708] -En Londres, uno de los hermanos Vayner se convirtió en propietario de un taller de muebles y los señores Aronson y Romm se convirtieron en médicos clínicos en Nueva York.-Después de unos años en Suiza, I. Guetsov se fue a vivir a América, habiendo roto radicalmente con el movimiento socialista.-Leiser Lœwenthal, emigró a Suiza, completó sus estudios de medicina en Ginebra, se convirtió en ayudante de un gran fisiólogo antes de obtener una cátedra de histología en Lausana.-Semion Lourie también terminó sus estudios en una facultad de medicina en Italia, pero murió poco después.-Liubov Axelrod ("el

---

[705] Grigori Goldenberg v Petropavolvskoi kreposti (Grigori Goldenberg en la prisión de Saint-Pierre-el-Saint-Paul); Krasnyi arkhiv: istorilcheskii journal Tsentrarkhiva RSFSR (Los archivos rojos: revista histórica del Centro de Archivos de la FSSR), M., 1922 1941, t. 10; 1925, pp. 328-331.
[706] *Deutsch**, pp. 85-86.
[707] *Ibidem*, p.132.
[708] RJE, t. 1. p. 344.

ortodoxo"[709]) permaneció largo tiempo en la inmigración, donde obtuvo el título de Doctor en Filosofía por la Universidad de Berlín (más tarde inculcó el materialismo dialéctico a los estudiantes de las escuelas de postgrado soviéticas). A. Khotinsky también ingresó en la Facultad de Medicina de Berna (pero murió al año siguiente de una tisis galopante). Grigori Gurayev hizo una buena carrera en Dinamarca; regresó a Rusia como embajador del país en Kiev, donde permaneció hasta 1918.[710]

Todo esto demuestra también cuántos hombres de talento había entre estos revolucionarios. Hombres como éstos, dotados de una inteligencia tan viva, cuando se encontraron en Siberia, lejos de malgastar o perder la razón, abrieron los ojos a las tribus que les rodeaban, estudiaron sus lenguas y sus costumbres, y escribieron estudios etnográficos sobre ellas: Leon Sternberg sobre los Ghiliaks,[711], Tan-Bogoraz sobre los tchouktches,[712], Vladimir Yokhelson sobre los Yukaghirs,[713], y Naoum Guekker sobre el tipo físico de los Iakuts.[714], [715]

Algunos estudios sobre los buriatos se [716]deben a Moses Krohl. Algunos de estos revolucionarios judíos se unieron voluntariamente al movimiento socialista en Occidente. Así, V. Yokhelson y A. Zundelevich, durante las elecciones al Reichstag en Alemania, hicieron campaña del lado de los socialdemócratas. Zundelevich fue incluso detenido por haber utilizado métodos fraudulentos.

Anne Rosenstein, en Francia, fue condenada por organizar una manifestación callejera desafiando las normas que regulaban el tráfico en la calle; Turguéniev intervino por ella y fue expulsada a Italia, donde fue condenada dos veces por agitación anarquista (más tarde se casó con F. Turati, [717]lo convirtió al socialismo y se convirtió ella misma en la primera marxista de Italia). Abram Valt-Lessine, natural de Minsk, publicó

---

[709] Liubov Issaakovna Axelrod: filósofa, escritora, miembro del partido menchevique. Su seudónimo es "la Ortodoxa" (en el sentido no confesional de la palabra).
[710] *Deutsch*, pp. 61-62, 198 201, 203 216.
[711] Los ghiliaks son una tribu del norte de la isla de Sajalín y del valle del bajo Amur.
[712] Los tchouktches, tribu de Siberia oriental que ocupa un territorio que va desde el mar de Behring hasta el Kolyma. Nómadas y sedentarios. Se opusieron a la conquista rusa.
[713] Los yukaghires son una tribu del noreste de Siberia, muy poco numerosa.
[714] JE, t. 6, p. 284.
[715] Los Iakuts son un pueblo del noreste de Siberia que ocupa ambas orillas del Lena, se extiende al este hasta el río Kolyma, al norte hasta el océano Ártico y al sur hasta las montañas Yablovoi.
[716] Los buriatos, pueblo de Siberia en torno al lago Baikal, en parte replegado hacia Mongolia.
[717] Filippo Turati (1857 1932): uno de los fundadores del Partido Socialista Italiano. Emigró en 1926.

artículos durante diecisiete años en Nueva York en el órgano socialista de América *Vorwarts* y ejerció una gran influencia en la formación del movimiento obrero estadounidense. [718](Ese camino iba a ser tomado por muchos otros de nuestros socialistas...)

A veces ocurría que los emigrantes revolucionarios se veían decepcionados por la revolución. Así, Moses Veller, tras haberse distanciado del movimiento, consiguió, gracias a la intervención de Turguéniev ante Loris-Melikov, regresar a Rusia. Más extravagante fue el periplo de Isaac Pavlovski: viviendo en París, como "ilustre revolucionario", se relacionó con Turguéniev, que le hizo conocer a Émile Zola y a Alphonse Daudet; escribió una novela sobre los nihilistas rusos que Turguéniev publicó en el *Vestnik Evropy*[719] (El Mensajero de Europa), y luego se convirtió en corresponsal en París de *Novoye Vremia*[720] "el Nuevo Tiempo" bajo el seudónimo de I. Iakovlev, e incluso, como escribe Deutsch, se retrató como "antisemita", envió una petición a las altas esferas, fue indultado y regresó a Rusia.[721]

Dicho esto, la mayoría de los revolucionarios judíos se mezclaron, al igual que los rusos, y se perdió su pista. "A excepción de dos o tres figuras destacadas... todos mis demás compatriotas eran actores secundarios", escribe Deutsch. [722]Una colección soviética, publicada al día siguiente de la revolución bajo el título de "Colección histórica y revolucionaria", [723] cita muchos nombres de humildes soldados desconocidos para la revolución. Encontramos allí docenas, incluso cientos de nombres judíos. ¿Quién se acuerda ahora de ellos? Sin embargo, todos han pasado a la acción, todos han aportado su contribución, todos han sacudido con más o menos fuerza el edificio del Estado.

Añadamos: este primer contingente de revolucionarios judíos no se unió plenamente a las filas de la revolución rusa, todos no renegaron de su judaísmo. A. Liebermann, gran conocedor del Talmud, algo mayor que sus compañeros populistas, se propuso en 1875 llevar a cabo una campaña específica en favor del socialismo entre la población judía. Con la ayuda

---

[718] RJE, t. 2, p. 166; t. l, p. 205.
[719] El Mensajero de Europa: 1) revista fundada por Karamzin y publicada de 1802 a 1830; 2) revista mensual de orientación liberal, aparecida de 1866 a 1918 en San Petersburgo.
[720] *The New Times*: diario ultraconservador petersburgués fundado por el publicista Suvorin. Apareció de 1868 a 1917.
[721] *Deutsch, pp.* 84-85; Lohelsohn. Byloe, 1918, n. 13, pp. 53 75; L. Goumtch. Pervyie evreiskiie rabotchiie kroujki (Los primeros círculos obreros judíos), Byloie, 1907, n. 6/18, p. 68.
[722] *Deutsch*, p. 231.
[723] RHC, t. 1, 2.

de G. Gurevich, publicó en Viena en 1877 una revista socialista en yiddish llamada *Emes* (*Pravda* = Verdad). Poco antes, en los años 70, A. Zundelevich "emprendió una publicación en lengua hebrea", también titulada *Verdad*. (L. Shapiro plantea la hipótesis de que esta publicación fue "el antepasado lejano de *La Pravda* de Trotsky". [724]La tradición de esta denominación fue duradera). Algunos, como Valt-Lessine, insistían en la convergencia del internacionalismo con el nacionalismo judaico. "En sus conferencias y sermones improvisados, el profeta Isaías y Karl Marx figuraban como autoridades de igual importancia". [725]En Ginebra se fundó la Tipografía Libre Judía, [726]destinada a imprimir folletos dirigidos a la población obrera judía.

En algunas ciudades se formaron círculos específicamente judíos. Un "Estatuto para la organización de una Unión Social-Revolucionaria de los Judíos de Rusia", formulado a principios de 1876, mostraba la necesidad de hacer propaganda en lengua hebrea e incluso de organizar entre los judíos de la región occidental "una red de secciones social-revolucionarias, federadas entre sí y con otras secciones del mismo tipo que se encontraran en el extranjero". "Los socialistas de todo el mundo formaban una sola hermandad", y esta organización debía llamarse Sección Judía del Partido Social-Revolucionario Ruso.[727]

Hessen comenta: la acción de esta Unión entre las masas judías "no ha encontrado suficientes simpatías", y por eso estos socialistas judíos, en su mayoría, "echaron una mano a la causa común", es decir, a la causa rusa. De [728]hecho, se crearon círculos en Vilna, Grodno, Minsk, Dvinsk, Odesa, pero también, por ejemplo, en Elts, Sarátov, Rostov del Don.

En el acta fundacional, muy detallada, de esta "Unión Social-Revolucionaria de todos los judíos de Rusia", se pueden leer ideas sorprendentes, afirmaciones como: "*Nada ordinario tiene derecho a existir si no tiene una justificación racional*"[729] (!) A finales de los años 70, el movimiento revolucionario ruso se deslizaba ya hacia el terrorismo. La apelación a la revuelta de Bakunin había prevalecido definitivamente sobre la preocupación por la instrucción de las masas de Lavrov. A partir de 1879, la idea de la presencia populista entre los campesinos -la idea que dominaba en La voluntad del pueblo- se impuso al rechazo del terror de La

---

[724] *Leonard Schapiro*, The Role of the Jews in the Russian Revolutionary Movement, The Slavonic and East European Review, Vol. 40, Londres, Athlone Press, 1961 62, p. 157.
[725] JW.-2, p. 392.
[726] JE, t. 13, p. 644.
[727] *Hessen*, t. 2, pp. 213 214.
[728] *Ibidem*, p. 214.
[729] RHC, 1.1, p. 45.

Repartición Negra. Terror, ¡nada más que terror! -mucho más: ¡un terror sistemático! (Que el pueblo no tuviera voz en el asunto, que las filas de la intelectualidad fueran tan escasas, no les perturbaba). Los actos terroristas -incluso contra el zar en persona- se sucedieron.

Según la evaluación de Leo Deutsch, sólo entre diez y doce judíos participaron en este terror creciente, empezando por Aron Gobst (ejecutado), Solomon Wittenberg (preparó un atentado contra Alejandro II en 1878, ejecutado en 1879), Aizik Aronchik (participó en la explosión del tren imperial, condenado a una colonia penal de por vida) y Gregory Goldenberg, ya nombrado. Al igual que Goldenberg, A. Zundelevich - brillante organizador del terror, pero al que no le dio tiempo a participar en el asesinato del zar- fue detenido muy pronto. También hubo otro terrorista bastante activo: Mlodetsky. En cuanto a Rosa Grossman, Krystyna Grinberg y los hermanos Leo y Saveli Zlatopolsky, desempeñaron un papel secundario. (De hecho, Saveli, a partir del 1 de marzo de 1881 [730], era miembro del Comité Ejecutivo); En cuanto a Gesya Gelfman, formaba parte del grupo básico de los "actores del 1 de marzo st."[731]

Luego fueron los años 80 los que vieron el declive y la disolución del populismo. El poder gubernamental tomó el relevo; pertenecer a una organización revolucionaria costaba de ocho a diez años de cárcel. Pero si el movimiento revolucionario se vio atrapado por la inercia, sus miembros siguieron existiendo. Se puede citar aquí a Sofía Ginzburg: no se comprometió en la acción revolucionaria hasta 1877; intentó restaurar la Voluntad del Pueblo, diezmada por las detenciones; preparó, justo después del grupo de Uliánov[732], un atentado contra Alejandro III. [733]Otro estaba olvidado en la deportación, otro volvía de ella, un tercero sólo salía para ella, pero continuaron la batalla.

Así fue una famosa deflagración descrita por los memorialistas: la rebelión en la prisión de Yakutsk en 1889. A un importante contingente de presos políticos se les había comunicado que iban a ser trasladados a Verkhoyansk y, desde allí, aún más lejos, a Srednie-Kolymsk, lo que querían evitar a toda costa. La mayoría del grupo eran reclusos judíos. Además, se les informó de que se había reducido la cantidad de equipaje permitido: en lugar de cinco poods[734] de libros, ropa, lino, cinco poods también de pan y

---

[730] 1 de marzo st, 1881: día del asesinato de Alejandro II.
[731] *Deutsch*, pp. 38-39, Protses dvadtsati narodovoltsev v 1882 g. (El juicio de los miembros de La Voluntad del Pueblo en 1882), Byloie, 1906, nº 1, pp. 227 234.
[732] El "grupo Ulianov", llamado así por Alexander Ilich Ulianov, hermano mayor de Lenin. Facción de la Voluntad del Pueblo. Alexander Ulianov preparó un atentado contra Alejandro III en 1887. Fue condenado a muerte y ejecutado.
[733] RJE, t. 1, p. 314.
[734] Un pood equivale a 16,38 kilos.

harina, dos poods de carne, además de aceite, azúcar y té (todo ello, por supuesto, cargado en caballos o renos), una reducción de cinco poods en total. Los deportados decidieron resistir. De hecho, hacía ya seis meses que andaban libremente por la ciudad de Yakutsk, y algunos habían conseguido armas de los habitantes. "¡Ya que están en esto, mejor que perezcan así, y que el pueblo descubra toda la abominación del gobierno ruso, perezcan para que el espíritu de combate se reavive entre los vivos!". Cuando los detuvieron para llevarlos a la comisaría, abrieron fuego primero contra los oficiales, y los soldados respondieron con una salva. Fueron condenados a muerte, junto con N. Zotov, los que dispararon primero contra el vicegobernador: L. Kogan-Bernstein y A. Gausman.

Fueron condenados a trabajos forzados a perpetuidad: el propio memorialista, O. Minor, el célebre M. Gotz, [735]y también "A. Gurevitch y M. Orlov, el Sr. Bramson, el Sr. Braguinsky, el Sr. Fundaminsky, el Sr. Ufland, S. Ratine, O. Estrovitch, Sofia Gurevitch, Vera Gotz, Pauline Perly, A. Bolotina, N. Kogan-Bernstein". La *Jewish Encyclopædia* nos informa de que por este motín fueron juzgados veintiséis judíos y seis rusos.[736]

Ese mismo año, 1889, Mark Natanson regresó del exilio y se comprometió a forjar, en lugar de las antiguas organizaciones populistas desmanteladas, una nueva organización llamada El Derecho del Pueblo (*Narodnoie Pravo*). Natanson ya había sido testigo de la aparición del marxismo en Rusia, importado de Europa, y de su competencia con el populismo. Hizo todo lo posible por salvar de la decadencia al movimiento revolucionario y mantener los lazos con los liberales ("los mejores liberales son también semisocialistas"). No se fijó más que antes en los matices de las convicciones: lo que le importaba era que todos se unieran para derrocar a la autocracia, y cuando Rusia fuera democrática, entonces se arreglaría. Pero la organización que creó esta vez resultó ser amorfa, apática y efímera. Además, respetar las reglas de la conspiración ya no era necesario. Como señaló muy elocuentemente Isaac Gurvitch, "debido a la ausencia de conspiración, una masa de gente cae en las garras de la policía, pero los revolucionarios son ahora tan numerosos que estas pérdidas no cuentan: ¡los árboles se derriban y las fichas salen volando!".[737]

La fractura que se había producido en la conciencia judía después de 1881-1882 no podía sino reflejarse de algún modo en la conciencia de los revolucionarios judíos de Rusia. Estos jóvenes habían comenzado

---

[735] Mijaíl Rafaelovich Gotz (1866 1906): miembro del partido S.-R. Emigró en 1900.
[736] *O. S. Minor*, Iakutskaia drama 22 marta 1889 goda (El drama de Yakutia del 22 de marzo de 1889), Byloie, 1906, núm. 9, pp. 138,141, 144; JE, t. 5, p. 599.
[737] *Gounitch*, Byloie. 1907, n° 6/18, p. 68.

alejándose del judaísmo, y muchos habían vuelto a él. Habían "abandonado la 'calle de los judíos' y luego regresado a su pueblo": "Todo nuestro destino histórico está ligado al gueto judío, a partir de él se forja nuestra esencia nacional". [738]Hasta los pogromos de 1881 1882, - "absolutamente ninguno de nosotros, revolucionarios, pensó ni por un momento" que debíamos explicar públicamente la participación de los judíos en el movimiento revolucionario. Pero entonces llegaron los pogromos, que provocaron "entre... la mayoría de nuestros compatriotas una explosión de indignación". Y ahora "no fueron sólo los judíos cultivados, sino algunos revolucionarios judíos que no tenían ninguna afinidad con su nación, los que de repente se sintieron obligados a dedicar sus fuerzas y talentos a sus hermanos injustamente perseguidos." [739]"Los pogromos han despertado sentimientos dormidos, han hecho a los jóvenes más susceptibles a los sufrimientos de su pueblo, y al pueblo más receptivo a las ideas revolucionarias.

Que esto sirva de base para una acción autónoma de la masa judía": "Perseguimos obstinadamente nuestro objetivo: la destrucción del actual régimen político".[740]

Pero ¡he aquí el inesperado apoyo a los pogromos antijudíos que aportan los folletos de La Voluntad del Pueblo! Leo Deutsch expresa su perplejidad en una carta a Axelrod, quien también se pregunta: "La cuestión judía es ahora, en la práctica, realmente insoluble para un revolucionario. ¿Qué haría uno, por ejemplo, en Balta, donde los judíos están siendo atacados? Defenderlos equivale a "despertar el odio contra los revolucionarios que no sólo mataron al zar, sino que también apoyan a los judíos"... La propaganda de reconciliación es ahora extremadamente difícil para el partido".[741]

Esta perplejidad, el propio P. L. Lavrov, el venerado jefe, la expresa a su vez: "Reconozco que la cuestión judía es extremadamente compleja, y para el partido, que pretende acercarse al pueblo y levantarlo contra el gobierno, es difícil en grado sumo... debido al apasionado estado en que se encuentra el pueblo y a la necesidad de tenerlo de *nuestro lado.*"[742]

No fue el único de los revolucionarios rusos que razonó de este modo. En los años 80, reapareció entre los socialistas una corriente que abogaba por dirigir la atención y la propaganda a los círculos específicamente judíos, y

---

[738] *I. Mark*, Pamiati I. M. Tcherikover (En memoria de I. M. Tcherikover), JW-2, pp. 424, 425.
[739] *Deutsch,* pp. 3-4.
[740] *I. Iliacheviich* (I. Rubinovilch), Chto delay evreiam v Rossii? (¿Qué pueden hacer los judíos en Rusia?), Soblazn Sotsializma (La tentación del socialismo), pp. 185,186.
[741] *Schub*, JW-2*, p. 134.
[742] *Ibidem*, pp. 133,134.

preferentemente a los de los obreros. Pero, como proletariado, no había mucha gente entre los judíos -algunos carpinteros, encuadernadores, zapateros-. Lo más fácil era, sin duda, actuar entre los tipógrafos más cultos. Isaac Gurvitch cuenta: con Moses Khourguine, Leon Rogaller, Joseph Reznik, "en Minsk nos habíamos propuesto crear un núcleo de obreros instruidos". Pero si tomamos, por ejemplo, Belostok o Grodno, "no encontramos clase obrera": el reclutamiento era demasiado débil.

La creación de estos círculos no se hacía abiertamente; era necesario conspirar para organizar la reunión fuera de la ciudad, o para celebrarla en un apartamento privado de la ciudad, pero entonces comenzando sistemáticamente con lecciones de gramática rusa o de ciencias naturales... y después sólo reclutando voluntarios para predicarles el socialismo. Como explica I. Martar: eran estas lecciones preliminares las que atraían a la gente a los círculos revolucionarios. "Hábiles y sabios", capaces de convertirse en sus propios amos, "los que habían asistido a nuestras reuniones habían recibido allí instrucción, y sobre todo el dominio del ruso, pues la lengua es un arma preciosa en la lucha competitiva del pequeño comercio y de la industria"; Después, nuestros "afortunados", liberados del papel de jornaleros y jurando a sus grandes dioses que ellos mismos nunca emplearían mano de obra contratada, tuvieron que recurrir a ella, debido a las exigencias del mercado". [743] O, una vez formado en estos círculos, "el trabajador abandonaba su oficio y se marchaba a examinarse 'externamente'".[744]

A la *burguesía* judía local le disgustaba la participación de los jóvenes en los círculos revolucionarios, pues había comprendido -más rápido y mejor que la policía- adónde conduciría todo aquello.[745]

Aquí y allá, sin embargo, las cosas avanzaron; con la ayuda de panfletos y proclamas socialistas proporcionados por la imprenta de Londres, los propios jóvenes revolucionarios redactaron "formulaciones socialdemócratas sobre todas las cuestiones programáticas". Así, durante diez años, una lenta propaganda condujo poco a poco a la creación del Bund.

Pero, "incluso más que la persecución policial, fue la incipiente inmigración a América lo que dificultó nuestro trabajo. De hecho, formamos a trabajadores socialistas para América". Los concisos recuerdos

---

[743] *I. Martov*, Zapiski sotsial-demokrata (Cuadernos de un socialdemócrata), Berlín, ed. Grjebine. Grjebine, 1922, pp. 187, 189.
[744] *N. A. Buchbinder*, Rabotchiie o propagandistskikh kroujkakh (Los trabajadores en relación con los círculos de propagandistas), Soblazn sotsializma (La tentación del socialismo), p. 230.
[745] *Gurvitch*, Byloie, op. cit., pp. 65 68, 74.

de Isaac Gurvitch sobre los primeros círculos obreros judíos están esmaltados por obiter dicta como: Schwartz, un estudiante que participó en la agitación revolucionaria, "emigró posteriormente a América; vive en Nueva York".-así como, en una reunión en el apartamento de Joseph Reznik: "Había dos obreros presentes, un carpintero y un carpintero: ambos están ahora en América". Y, dos páginas después, nos enteramos de que el propio Reznik, tras su regreso del exilio, "se fue a vivir a América". Por el contrario, un joven llamado Guirchfeld, que vino de América para hacer trabajo revolucionario, "es actualmente médico en Minneapolis" y fue candidato socialista al puesto de gobernador.

- "Uno de los miembros más activos del primer círculo Abramovich, un tal Jacob Zvirine..., tras cumplir sus doce meses en la prisión de Kresty... emigró a América y ahora vive en Nueva York."-"Shmulevich ("Kivel")... en 1889... se vio obligado a huir de Rusia; vivió hasta 1896 en Suiza, donde fue miembro activo de las organizaciones socialdemócratas", luego "se trasladó a América... y vive en Chicago". Por último, el propio narrador:

"En 1890 yo mismo abandoné Rusia", aunque unos años antes "considerábamos las cosas de otra manera". Dirigir una propaganda socialista entre los obreros es *la obligación* de todo hombre honesto y culto: es nuestra manera de pagar nuestra "deuda histórica" con el pueblo. Y puesto que tengo la obligación de hacer propaganda, se deduce muy obviamente que tengo derecho a exigir que se me dé la oportunidad de cumplir esta obligación." Al llegar a Nueva York en 1890, Gurvich encontró allí una "asociación obrera rusa de autodesarrollo", formada casi exclusivamente por artesanos de Minsk, y para celebrar el Año Nuevo ruso organizaron en Nueva York "El baile de los socialistas de Minsk". En Nueva York[746], "el movimiento socialista local... era predominantemente judío".[747]

Como vemos, a partir de ese momento el océano no constituyó un obstáculo importante para la cohesión y la prosecución de la acción revolucionaria llevada a cabo por los judíos. Este vínculo vivo tendría efectos tan sorprendentes en Rusia.

Sin embargo, no todos los jóvenes judíos habían abandonado la tradición revolucionaria rusa, ni mucho menos; muchos incluso se mantuvieron en ella en los años ochenta y noventa. Como muestra D. Schub, los pogromos y las medidas restrictivas de Alejandro III no hicieron sino excitarlos aún más para el combate.

---

[746] Ibídem, pp. 66-68, 72-77.
[747] J. Krepliak, Poslesloviie k statie Lessina (Posfacio al artículo de Lessine), JW-2, p. 392.

Entonces se hizo necesario explicar lo mejor posible al pequeño pueblo ruso por qué tantos judíos participaron en el movimiento revolucionario.

Dirigiéndose a la gente inculta, los panfletos populares fueron forjando poco a poco toda una fraseología que tuvo sus efectos hasta 1917. Es un folleto de este tipo el que nos permite reconstruir sus argumentos.

Duro es el destino del ruso, súbdito del Zar; el gobierno lo sujeta con su puño de hierro. Pero "aún más amarga es la suerte del judío indigente": "el gobierno se burla de él, le presiona hasta la muerte. Su existencia es sólo una vida de hambre, una larga agonía", y "sus hermanos de miseria y trabajo, los campesinos y los obreros rusos..., mientras estén en la ignorancia, lo tratan como a un extranjero". Siguieron, una tras otra, preguntas didácticas: "¿Son los capitalistas judíos enemigos del pueblo trabajador de Rusia?". Los enemigos son todos los capitalistas sin distinción, y poco importa al pueblo trabajador ser saqueado por tal o cual: no hay que concentrar su cólera en los que son judíos.-"El judío no tiene tierra... no tiene medios para prosperar. Si los judíos no se dedican al trabajo de la tierra es porque "el gobierno ruso no les ha permitido residir en el campo"; pero en sus colonias son "excelentes cultivadores". Los campos están magníficamente mejorados... por el trabajo de sus brazos. No utilizan mano de obra ajena, ni practican ningún comercio extra... les gusta el duro trabajo de la tierra"-"¿Los judíos indigentes perjudican los intereses económicos de los trabajadores rusos? Si los judíos hacen negocios, "es por necesidad, no por gusto; todos los demás caminos están cerrados para ellos, y hay que vivir"; "dejarían con alegría de comerciar si se les permitiera salir de su jaula." Y si hay ladrones entre ellos, hay que acusar al gobierno zarista. "Los obreros judíos iniciaron la lucha por la mejora de su condición en el momento en que el pueblo trabajador ruso estaba sometido". Los obreros judíos "antes que todos los demás han perdido la paciencia"; "E incluso ahora decenas de miles de judíos son miembros de los partidos socialistas rusos. Difunden el odio al sistema capitalista y al gobierno zarista por todo el país"; han prestado "un orgulloso servicio al pueblo trabajador ruso", y por eso los capitalistas rusos los odian. El gobierno, a través de la policía, colaboró en la preparación de los pogromos; envió a la policía y al ejército a echar una mano a los saqueadores"; "Afortunadamente, muy pocos obreros y campesinos se encontraban entre ellos"; "Sí, las masas judías odian a este irresponsable gobierno zarista", porque "fue voluntad del gobierno que los cráneos de los niños judíos fueran aplastados contra las paredes... que las mujeres judías, ancianas y niños por igual, fueran violadas en las calles". Y sin embargo, "miente descaradamente quien trata a los judíos como enemigos del pueblo ruso... Y además, ¿cómo podrían odiar a Rusia? ¿Podrían tener otro país?"[748]

Hay resurgimientos sorprendentes de la tradición revolucionaria. En 1876, A. Biebergal había sido condenado por participar en la manifestación de la plaza de Nuestra Señora de Kazán. Y fue allí donde su hija mayor, estudiante de postgrado de San Petersburgo, fue apresada en el mismo lugar de Kazán en el aniversario de esta manifestación, veinticinco años más tarde, en 1901. (En 1908, miembro de un grupo S.-R.[749], fue condenada a las colonias penales por el atentado contra el Gran Duque Vladimir Alexandrovich.)[750]

De hecho, con el paso de los años, los revolucionarios rusos necesitaron cada vez más la aportación de los judíos; comprendieron cada vez más la ventaja que obtenían de ellos -de su doble lucha: contra las vejaciones en el plano de la nacionalidad y contra las de orden económico- como detonante de la revolución.

En 1883, en Ginebra, aparece lo que puede considerarse la cabeza de la socialdemocracia emergente: el grupo "Liberación del Trabajo". Sus fundadores fueron, junto a Plejánov y Vera Zasúlich, L. Deutsch y P. Axelrod.[751] (Cuando Ignatov murió en 1885, fue sustituido por Ingerman).

En Rusia cobra vida una corriente que los apoya. Constituida por antiguos miembros de la desmantelada Repartición Negra (superaban considerablemente a los de Voluntad Popular), se llamarán "liberacionistas" (*osvobojdentsy*).

Entre ellos hay una serie de jóvenes judíos, entre los que podemos nombrar a los dos más conocidos: Israel Guelfand (el futuro y famoso Parvus) y Raphael Soloveitchik. En 1889 Soloveitchik, que había viajado por Rusia para establecer una acción revolucionaria en varias ciudades, fue detenido y juzgado con otros miembros del grupo Liberación del Trabajo, en el que figuraban varios nombres judíos. [752]

Otros que pertenecían a esta tendencia social revolucionaria eran David Goldendach, el futuro y conocido bolchevique "Riazanov" (que había

---

[748] *Abramova*, Vragi li trudovomou narodou evrei? (¿Son los judíos enemigos del pueblo trabajador?), Tiflis, Izdatelskaia Komissiia Kraicvogo Soveta Kavkazskoi armii (Comisión Editorial del Soviet Regional del Ejército del Cáucaso), 1917, pp. 331.
[749] S.-R.: Partido Social-Revolucionario. Nacido en 1901, predicaba el terror. Sufrió escisiones tras la revolución de 1905. Siguió siendo poderoso entre la intelectualidad.
[750] Gran Duque Vladimir Alexandrovich (1847 1909): hermano de Alejandro III, padre del Gran Duque Cirilo.
[751] *Deutsch*, p. 136.
[752] RHC, t. 2, pp. 36, 38 40.

huido de Odessa en 1889 y se había refugiado en el extranjero para escapar del servicio militar [753]).

No obstante, lo que quedó de Voluntad Popular tras su colapso fue un grupo bastante numeroso. Entre ellos estaban Dembo, Rudevitch, Mandelstam, Boris Reinchtein, Ludwig Nagel, Bek, Sofia Chentsis, Filippeo, Leventis, Cheftel, Barnejovsky, etc.[754]

De este modo se había conservado cierta energía para alimentar las rivalidades entre pequeños grupos -La Voluntad del Pueblo, La Repartición Negra, Liberación del Trabajo- y los debates teóricos. Los tres volúmenes de la "Colección Histórica y Revolucionaria" publicados en los años 20 (soviéticos), que utilizamos aquí, nos ofrecen, en una interminable y tediosa logorrea, un relato de los debates de corte, supuestamente mucho más importantes y sublimes que todas las cuestiones del pensamiento y de la historia universales. El detalle de estos debates constituye un material mortífero sobre el tejido espiritual de los revolucionarios rusos de los años 80 90, y aún espera a su historiador.

Pero a partir de los años treinta de la era soviética, ya no fue posible enumerar con orgullo y detalle a todos aquellos que habían tenido su parte en la revolución; una especie de tabú se instaló en las publicaciones históricas y políticas, el papel y el nombre de los judíos en el movimiento revolucionario ruso dejaron de ser evocados -e incluso ahora, este tipo de evocación crea malestar. Ahora bien, nada es más inmoral y peligroso que silenciar algo cuando se está escribiendo la Historia: sólo crea una distorsión de sentido contrario.

Si, como se puede leer en la *Jewish Encyclopædia*, "dar cuenta de la verdadera importancia del componente judío en el movimiento de liberación ruso, expresarlo en cifras precisas, no parece posible",[755] se puede sin embargo, basándose en diversas fuentes, dar una imagen aproximada.

Hessen nos informa de que "de los 376 acusados de crímenes contra el Estado en la primera mitad de 1879, sólo había un 4% de judíos", y "de las 1.054 personas juzgadas ante el Senado durante el año 1880..., había un 6,5% de judíos".[756] Estimaciones similares se encuentran entre otros autores.

Sin embargo, de década en década, el número de judíos que participan en el movimiento revolucionario aumenta, su papel se hace más influyente,

---

[753] *Ibidem*, t. 2, pp. 198, 199.
[754] *Ibidem*, p. 36.
[755] JE, t. 13, p. 645.
[756] *Hessen*, t. 2, p. 212.

más reconocido. En los primeros años del régimen soviético, cuando aún era motivo de orgullo, un destacado comunista, Lourie-Larine, dijo: "En las cárceles zaristas y en el exilio, los judíos constituían por lo general casi una cuarta parte de todos los presos y exiliados". El [757]historiador marxista M. N. Pokrovsky, basándose en la mano de obra de los diversos congresos, concluye que "los judíos representan entre una cuarta y una tercera parte de las organizaciones de todos los partidos revolucionarios." [758] (*La moderna Jewish Encyclopædia* tiene algunas reservas sobre esta estimación).

En 1903, en una reunión con Herzl, Witte se esforzó por demostrar que, aunque sólo representaban el 5% de la población de Rusia, es decir, 6 millones de 136 millones, los judíos tenían en su seno no menos del 50% de revolucionarios.[759]

[st]El general N. Sukhotin, comandante en jefe de la región de Siberia, elaboró el 1 de enero de 1905 una estadística de los presos políticos bajo vigilancia en toda Siberia y por nacionalidades. Resultaron 1.898 rusos (42%), 1.678 judíos (37%), 624 polacos (14%), 167 caucásicos, 85 bálticos y 94 de otras nacionalidades. (Sólo se cuentan allí los exiliados, no se tienen en cuenta las prisiones ni los convictos de las colonias penales, y las cifras sólo son válidas para el año 1904, pero esto, sin embargo, da una cierta visión de conjunto). Hay, además, una precisión interesante en relación con los que "pasaron a la clandestinidad": 17% de rusos, 64% de judíos, 19% de otras nacionalidades.[760]

He aquí el testimonio de V. Choulguine: en 1889, las noticias relativas a las manifestaciones estudiantiles de San Petersburgo llegaron a Kiev. "Los largos pasillos de la universidad rebosaban de una multitud de jóvenes en efervescencia. Me llamó la atención el predominio de los judíos. No sabría decir si eran más o menos numerosos que los rusos, pero 'predominaban' incontestablemente, pues eran ellos quienes dirigían aquel tumultuoso tumulto de chaquetas. Algún tiempo después, los profesores y los estudiantes no huelguistas empezaron a ser expulsados de las aulas. Entonces esta "juventud pura y santa" tomó fotografías falsas de los cosacos golpeando a los estudiantes; se dijo que estas fotografías habían sido tomadas "sobre la marcha" cuando se hicieron a partir de dibujos: "No todos los estudiantes judíos son de izquierdas, algunos estaban de nuestro

---

[757] *I. Larme*, Evrei i Anti-Semitism v SSSR (Los judíos y el antisemitismo en la URSS), ML, 1929, p. 31.
[758] SJE, t. 7*, 1994, p. 258.
[759] *G. Svet*, Rousskiie evrei v sionizme i v stroitelstve Palestiny i Izrailia (Los judíos rusos en el sionismo y la edificación de Israel), p. 258.
[760] Iz islorii borby s revolioutsici v 1905 g. (Fragmentos de la historia de la lucha con la Revolución de 1905), Krasnyi arkhiv (Archivos Rojos), 1929, vol. 32, p. 229.

lado, pero esos sufrieron mucho después, fueron acosados por la sociedad". Choulguine añade: "El papel de los judíos en la efervescencia revolucionaria de dentro de las universidades era notorio y no guardaba relación con su número en todo el país".[761]

Milyukov describió todo esto como "leyendas sobre el espíritu revolucionario de los judíos... Ellos [los funcionarios del gobierno] necesitan leyendas, igual que el hombre primitivo necesita prosa rimada". Por el [762] contrario, G. P. Fedotov escribió: "La nación judía, liberada moralmente a partir de los años 80, al igual que la intelectualidad rusa bajo Pedro el Grande, es en grado sumo desarraigada, internacionalista y activa... Asumió inmediatamente el papel dirigente en la revolución rusa... Marcó el perfil moral del revolucionario ruso con su carácter incisivo y sombrío."[763] A partir de los años 80, las élites rusas y judías se fusionaron no sólo en una acción revolucionaria común, sino también en todas las modas espirituales, y especialmente en la pasión por el desarraigo.

A los ojos de una contemporánea, simple testigo de los hechos (Zinaida Altanskaya, que mantuvo correspondencia desde la ciudad de Orel con Fiódor Kryukov),[764] esta juventud judía de principios de siglo se presentaba de la siguiente manera: "... con ellos existe el arte y el amor a la lucha. Y qué proyectos! -¡vastos, audaces!

Tienen algo propio, un halo de sufrimiento, algo precioso. Les envidiamos, nos disgusta" (que la juventud rusa no sea la misma).

M. Agursky plantea la siguiente hipótesis: "La participación en el movimiento revolucionario era, por así decirlo, una forma de asimilación [más] 'adecuada' que la asimilación común mediante el bautismo"; y parece tanto más digna cuanto que también significaba una especie de revuelta contra la propia *burguesía judía* [765]-y contra la propia religión, que no contaba nada para los revolucionarios.

---

[761] V. V. Choulguine, "Chto nam v nikh ne nravitsa...": Ob antisemitizme v Rossii. ("Lo que no nos gusta de ellos": el antisemitismo en Rusia), París, 1929, pp. 53 54, 191.

[762] Duma Estatal, 4 Legislatura, Transcripciones de las reuniones, Sesión 5, Reunión 18, 16 dic. 1916, p. 1174.

[763] G. P. Fedotov, Litso Rossii; Sbornik stratei (El rostro de Rusia, colección de artículos) (1918-1931), París, YMCA Press, 1967, pp. 113, 114.

[764] Fiodor Dmitrievich Kryukov (1870 1920): escritor del Don, populista, murió de tifus durante la guerra civil. Se le atribuye la verdadera paternidad del Don *pacífico del* premio Nobel Cholokov.

[765] M. Agursky, Sovmcslimy li sionizm i sotsializm? (¿Son compatibles el sionismo y el socialismo?), "22", Obschestvenno-polititchcskii i literaturnyi journal evreiskoi intellignntsii iz SSSR V Izrail ("22": revista social y política de intelectuales judíos emigrados de la URSS en Israel), Tel-Aviv, 1984, n° 36. p. 130.

Sin embargo, esta asimilación "propiamente dicha" no fue completa ni siquiera real: muchos de estos jóvenes, en su precipitación, se arrancaron de su propio suelo sin arraigar realmente en suelo ruso, y se quedaron fuera de estas dos naciones y de estas dos culturas, para no ser más que ese material del que tanto habla el *internacionalismo*.

Pero como la igualdad de derechos de los judíos seguía siendo una de las principales reivindicaciones del movimiento revolucionario ruso, estos jóvenes, al embarcarse en la revolución, mantenían en su corazón y en su mente la idea de que seguían sirviendo a los intereses de su pueblo. Esta era la tesis que Parvus había adoptado como curso de acción durante toda su vida, que había formulado, defendido e inculcado a los jóvenes: la liberación de los judíos de Rusia sólo puede hacerse derrocando el régimen zarista.

Esta tesis encontró un apoyo significativo en una capa particular de la sociedad judía: personas de mediana edad, acomodadas, establecidas, increíblemente alejadas del espíritu de aventura, pero que, desde finales del siglo XIX, alimentaban una irritación permanente contra el modo de gobierno ruso. En este campo ideológico crecieron sus hijos, antes incluso de recibir la savia del judaísmo para subsistir. Un influyente miembro del Bund, el Sr. Raies, señala que a la vuelta de los siglos XIX y XX "la *burguesía* judía no ocultaba las esperanzas y expectativas que depositaba en el progreso del movimiento revolucionario... éste, que antes rechazaba, contaba ahora con *los* favores *de la burguesía*".[766]

G. Gershuni explicó a sus jueces: "Son *vuestras* persecuciones las que nos han empujado a la revolución". De hecho, la explicación se encuentra tanto en la historia judía como en la historia rusa, en su intersección.

Escuchemos a G. A. Landau, un famoso publicista judío. Escribió después de 1917: "Había muchas familias judías, pequeñas y de clase media, en las que los padres, *burgueses* ellos mismos, veían con sus ojos benévolos, a veces orgullosos, siempre tranquilos, a sus vástagos marcados por el sello de moda de una de las ideologías social-revolucionarias en boga." También, de hecho, "se inclinaban vagamente a favor de esta ideología que protestaba contra los perseguidores, pero sin preguntarse cuál era la naturaleza de esta protesta ni cuáles eran estas persecuciones." Y fue así como "poco a poco, la hegemonía del socialismo arraigó en la sociedad judía..." -la negación de la sociedad civil y del Estado, el desprecio de la cultura *burguesa* y de la herencia de los siglos pasados, herencia de la que los judíos tenían menos dificultades para desprenderse puesto que ya habían renunciado, al europeizarse, a su propia herencia". Las ideas

---

[766] M. *Rafes*, Natsionalistitcheskii "ouklon" Bunda (La "tendencia" nacionalista del Bund), Soblazn Sotsializma (La tentación del socialismo), p. 276.

revolucionarias "en el medio judío... eran... doblemente destructivas", para Rusia y para ellos mismos. Pero penetraron en el medio judío mucho más profundamente que en el ruso".[767]

Un joyero de Kiev, Marchak (que incluso creó algunas piezas para decorar las iglesias de la ciudad), atestigua que "mientras frecuentaba a la *burguesía*, me contaminé [del espíritu revolucionario]". [768]Además, esto es lo que vemos en el joven Bogrov : [769]esa energía, esa pasión que crece en él durante su juventud pasada en el seno de una familia muy rica. Su padre, un rico liberal, dio plena libertad a su joven hijo terrorista.-Y los hermanos Gotz, también terroristas, tuvieron por abuelos a dos moscovitas ricos como Creso, Gotz por un lado, y por otro, Vyssotsky, un multimillonario fabricante de té, y éstos, lejos de retener a sus nietos, pagaron a la S.-R. cientos de miles de rublos.

"Muchos judíos han venido a engrosar las filas de los socialistas", continúa Landau. [770]En uno de sus discursos en la Duma (1909), A. I. Guchkov cita el testimonio de una joven S.-R.: entre otras causas de su desencanto, "decía que el movimiento revolucionario estaba enteramente monopolizado por los judíos y que éstos veían en el triunfo de la revolución su propio triunfo."[771]

El entusiasmo por la revolución se ha apoderado de la sociedad judía de abajo arriba, dice I. O. Levin: "No sólo las capas más bajas de la población judía de Rusia se han entregado a la pasión revolucionaria", sino que este movimiento "no podía dejar de atrapar a una gran parte de los intelectuales y semi-intelectuales del pueblo judío" (semi-intelectuales que, en los años 20, constituían los ejecutivos activos del régimen soviético). "Eran aún más numerosos entre las profesiones liberales, desde los dentistas hasta los

---

[767] G. A. Landau, Rcvolioutsionnyie idei v evreiskoi obschestvennosti (Ideas revolucionarias en la opinión pública judía), Rossiia i evrei: Sb. 1 (Rusia y los judíos, colección 1). Otetchestvennoie obiedineniie ruskikh evreiev zagranitsei (Unión patriótica de los judíos rusos en el extranjero), París, YMCA Press, 1978 (Berlín, Osnova, 1924), pp. 106 109.

[768] A. O. *Marchak*, Inlerviou radiostanlsii "Svoboda" (Entrevista en "Radio Liberty"), Vospominaniia o revolioutsii 1917 goda (Recuerdos sobre la Revolución de 1917), Int. No. 17, Munich, 1965, p. 9.

[769] Dmitry Grigoryevich Bogrov: joven agente de los servicios secretos. Mató a tiros al ministro A. Stolypine en Kiev (1911). Condenado a muerte y ejecutado.

[770] Landau, op. cit., p. 109.

[771] A. *Guchkov*, Retch v Gosoudarstvennoi Doume 16 dek. 1909; Po zaprosou o vzryvc na Astrakhanskoi oulitse (Discurso a la Duma Estatal del 16 de diciembre de 1909, investigación sobre la explosión de la calle Astracán), A. I. Goutchkov v Tretei Gosoudarstvennoi Doume (1907-1912 Gg.): Cb. Retchei (A. I. Guchkov a la tercera Duma estatal) (1907 1912), Colección de discursos, San Petersburgo, 1912, pp. 143,144.

profesores universitarios, aquellos que podían establecerse fuera del Pale of Settlement.

Habiendo perdido la herencia cultural del judaísmo tradicional, estas personas eran, sin embargo, ajenas a la cultura rusa y a cualquier otra cultura nacional. Este vacío espiritual, oculto bajo una cultura europea superficialmente asimilada, hizo a los judíos, ya inclinados al materialismo, por sus oficios de comerciantes o artesanos, muy receptivos a las teorías políticas materialistas... El modo de pensamiento racionalista peculiar de los judíos... les predispone a adherirse a doctrinas como la del marxismo revolucionario."[772]

El coautor de esta colección, V. S. Mandel, observa: "El marxismo ruso en su estado más puro, copiado del original alemán, nunca fue un movimiento nacional ruso, y los judíos de Rusia, animados por un espíritu revolucionario, para el que nada podía ser más fácil que asimilar una doctrina expuesta en libros en alemán, se vieron naturalmente inducidos a tomar parte importante en la labor de trasplantar este fruto extranjero en suelo ruso." [773] F. A. Stepun lo expresó así: "La juventud judía discutía audazmente, citando a Marx en su apoyo, la cuestión de la forma en que el *moujik ruso* debía poseer la tierra. El movimiento marxista comenzó en Rusia con la juventud judía dentro del Pale of Settlement."

Desarrollando esta idea, V. S. Mandel recuerda "Los Protocolos de los Sabios de Sión"..., esta falsedad estúpida y odiosa". Pues bien, "estos judíos ven en los delirios de los 'Protocolos' la intención maliciosa de los antisemitas de erradicar el judaísmo", pero ellos mismos están "dispuestos, en diversos grados, a organizar el mundo según nuevos principios, y creen que la revolución marca un paso adelante hacia el establecimiento del Reino celestial en la tierra, y atribuyen al pueblo judío, para su mayor gloria, el papel de líder de los movimientos populares por la libertad, la igualdad y la justicia, un líder que, por supuesto, no duda en derribar el régimen político y social existente." Y pone como ejemplo una cita del libro de Fritz Kahn, *Los hebreos como raza y pueblo de cultura*: "Moisés, mil doscientos cincuenta años antes de Jesucristo, proclamó los derechos del hombre... Cristo pagó con su vida la predicación de *manifiestos comunistas* en un Estado capitalista", luego "en 1848, la estrella de Belén se elevó por segunda vez... y volvió a elevarse sobre los tejados de Judea: Marx".[774]

---

[772] *I. O. Levin*, Evrei u revolioutsi (*Los judíos y la Revolución*), Rossia i evrei (*Rusia y los judíos*), op. cit., pp. 130,132.
[773] *V. S. Mandel*, Konservativnyiee i razrouchitelnyie idei v evreistve (Ideas conservadoras e ideas destructivas en la sociedad judía), *ibidem*, p 199.
[774] *Mandel, ibidem*, pp. 172-173.

Así, "de esta común veneración por la revolución surgen y se distinguen ciertas corrientes de opinión en la sociedad judía, todas desesperadamente irreales, infantilmente pretenciosas, que aspiran irresistiblemente a una época turbulenta, y no sólo en Rusia, sino que abarcan todo el siglo".[775]

¡Con qué desenfado y qué gravedad al mismo tiempo, con qué hermosas promesas penetra el marxismo en la conciencia de la Rusia cultivada! ¡Por fin, la revolución ha encontrado su fundamento científico con su cortejo de deducciones infalibles y de predicciones inevitables!

Entre los jóvenes marxistas, está Julius Tsederbaum; Mártov, el futuro gran líder de los mencheviques, quien, junto con su mejor amigo Lenin, fundará primero la "Unión para la Lucha por la Liberación de la Clase Obrera" (de toda Rusia) -sólo que no gozará de la misma protección que Lenin, exiliado en el misericordioso país de Minousine: tendrá que cumplir sus tres años en la dura región de Tourukhan. También fue él quien, junto con Lenin, diseñó la *Iskra*[776] y creó toda una red para su difusión.

Pero incluso antes de colaborar con Lenin para fundar el Partido Socialdemócrata Panruso, Martov, entonces exiliado en Vilna, había sentado las bases ideológicas y organizativas de una "Unión Obrera Conjunta Judía para Lituania, Polonia y Rusia". La idea de Martov era que, en adelante, la propaganda entre las masas debía ser favorecida como el trabajo dentro de los círculos y, para ello, hacerla "más específicamente judía" y, en particular, traducirla al yiddish. En su conferencia, Mártov describió los principios de la nueva Unión: "Esperábamos todo del movimiento de la clase obrera rusa y nos considerábamos un apéndice del movimiento obrero panruso... nos habíamos olvidado de mantener el vínculo con la masa judía que no sabe ruso". Pero al mismo tiempo, "sin sospecharlo, elevamos el movimiento judío a una altura inigualada por los rusos". Ha llegado el momento de liberar al movimiento judío "de la opresión mental a la que lo ha sometido la *burguesía* [judía]", que es "la *burguesía* más baja e inferior del mundo", "de crear una organización obrera específicamente judía, que sirva de guía e instructora al proletariado judío." En el "carácter nacional del movimiento", Mártov veía una victoria sobre la *burguesía*, y con ello "estamos perfectamente a salvo... del nacionalismo". Al [777] año siguiente, Plejánov, en el Congreso de la

---

[775] I. M. Biekerman, Rossiya i rouskoie evreistvo (Rusia y los judíos de Rusia), *ibidem*, p. 34.

[776] *La Iskra* (La Chispa) es el primer periódico marxista creado por Lenin en el extranjero. Se publicó de 1900 a 1903. Fue reanudado por los mencheviques y se publicó hasta 1905.

[777] I. Martov, Povorotnyi punkt v istorii evreiskogo rabotchego dvijeniia (Un punto de inflexión en la historia del movimiento obrero Soblazn Sotsializma (La tentación del socialismo), pp. 249, 259-264, JE, t. 5, p. 94.

Internacional Socialista, describió al movimiento socialdemócrata judío como "la vanguardia del ejército obrero en Rusia." [778]Fue este último el que se convirtió en el Bund (Vilna, 1897), seis meses antes de la creación del Partido Socialdemócrata de Rusia. La siguiente etapa es el Primer Congreso del Partido Socialdemócrata de Rusia, que tiene lugar en Minsk (donde se encontraba el Comité Central del Bund) en 1898. La *Jewish Encyclopædia* nos dice que "de los ocho delegados, cinco eran judíos: los enviados de un periódico de Kiev, *La Gaceta Obrera*, B. Eidelman, N. Vigdorchik, y los del Bund: A. Kremer, A. Mutnik, S. Katz [también estaban presentes Radchenko, Petruyvitch y Vannovsky]. En el Comité Central del partido (de tres miembros) que se constituyó en este Congreso entraron A. Kremer y B. Eidelman". [779] Así nació el Partido Obrero Socialdemócrata de Rusia, en estrecha relación con el Bund. (Añadamos: ya antes de la creación de *Iskra*, se había propuesto a Lenin la dirección del periódico del Bund.)[780]

El hecho de que el Bund se creara en Vilna no es sorprendente: Vilna era "la Jerusalén lituana", una ciudad habitada por toda una culta élite judía, y por la que transitaba, en procedencia de Occidente, toda la literatura ilegal con destino a San Petersburgo y Moscú.[781]

Pero el Bund, a pesar de su ideología internacionalista, "se convirtió en un factor de unidad nacional de la vida judía", a pesar de que "sus líderes se protegían del nacionalismo como si fuera la peste" (como los socialdemócratas rusos, que lograron cuidarse de él hasta el final). Mientras las subvenciones fluían desde el extranjero, consentidas por los medios judíos ricos, el Bund defendía el principio de que no existe un único pueblo judío, y rechazaba la idea de una "nación judía universal", [782]afirmando, por el contrario, que existen dos clases antagónicas dentro del pueblo judío (el Bund temía que las disposiciones nacionalistas pudieran "oscurecer la conciencia de clase del proletariado").

Sin embargo, apenas había proletariado judío en el sentido estricto del término: los judíos rara vez entraban en las fábricas, como explica F. Kohn, "consideraban vergonzoso no ser su propio amo", aunque muy modestamente, como un artesano o incluso un aprendiz, cuando uno puede alimentar la esperanza de abrir su propio taller. "Ser contratado en una

---

[778] G. V. Plejánov o sotsialstitcheskom dvijenii sredi evreiev (G. V. Plejánov sobre el movimiento socialista entre los judíos), Soblazn Sotsializma (La tentación del socialismo), p. 266.
[779] SJE, t. 7, p. 396.
[780] *V. I. Lenin*, Sotchincniia (Obras en 45 vols., 4ª ed.), Gospolitizdat, 1941 1967, vol. 5, pp. 463-464, 518.
[781] *Schub*, JW-2, p. 137.
[782] *Aronson*, V borbe za... (En la lucha por...), BJWR-1, p. 222.

fábrica era perder toda ilusión en cuanto a la posibilidad de convertirse un día en su propio amo, y por eso trabajar en una fábrica era una humillación, una desgracia". [783](Otro obstáculo era la reticencia de los empresarios a contratar trabajadores cuyo día de descanso era el sábado y no el domingo). En consecuencia, el Bund declaró "proletariado judío" tanto a los artesanos, como a los pequeños comerciantes y a los oficinistas (¿no era todo trabajador asalariado un proletario, según Marx?), e incluso a los intermediarios comerciales. A todos estos individuos se les podía inculcar el espíritu revolucionario y había que unirlos a la lucha contra la autocracia. El Bund llegó a declarar que los judíos "son el mejor proletariado del mundo". (El Bund [784]nunca renunció a la idea de "reforzar su labor entre los obreros cristianos").

Nada sospechoso de simpatizar con el socialismo, G. B. Sliosberg escribe al respecto que la enorme propaganda desplegada por el Bund y algunas de sus intervenciones "han hecho daño, y en particular un daño inmediato al comercio judío y a sus industrias incipientes." El Bund se volvía contra los instructores que empleaban a aprendices muy jóvenes, chavales de 14-15 años; sus miembros rompían las baldosas de "casas judías más o menos opulentas". Además, "en Yom-Kippur, jóvenes del Bund entraron en la gran sinagoga [de Vilna], interrumpieron el rezo y montaron una fiesta increíble, en la que corría abundante cerveza..."[785]

Pero, a pesar de su fanatismo de clase, el Bund se basaba cada vez más en una corriente universal igualmente característica del liberalismo *burgués*: "En el mundo culto se comprendía cada vez más que la idea nacional desempeña un papel esencial en el despertar de la conciencia de sí en cada hombre, lo que obligó a los teóricos de los propios círculos proletarios a plantear más ampliamente la cuestión nacional"; así, en el Bund, "las tendencias asimilacionistas fueron suplantadas gradualmente por las tendencias nacionales".[786] -Esto, Jabotinsky lo confirma: "A medida que crece, el Bund sustituye la ideología nacional por el cosmopolitismo".

---

[783] Revolioutsionnoie dvijeniie sredi evreiev (El movimiento revolucionario entre los judíos) Sb. 1, M.; Vsesoiouznoie Obschestvo Politkatorjan i Ssylno-poselentsev (Colección 1, M., Asociación para la Unión Soviética de Prisioneros y Exiliados Políticos), 1930, p. 25.

[784] S. *Dimanstein*, Revolioutsionnoie dvijeniie sredi evreiev (El movimiento revolucionario entre los judíos), Sb. 1905: Istoriia rcvolioutsionnogo dvijeniia v otdelnykh otcherkakh (Colección 1905: Historia del Movimiento Revolucionario, algunos estudios separados), dirigida por N. Pokrovsky, T. 3, Libro 1, M-L., 1927, pp. 127, 138, 156.

[785] *G. B. Sliosberg*, Dela minouvehikh dnei: Zapiski ruskogo evreia (Cosas del pasado: notas de un judío ruso), 3 vols., París, 1933 1934, vol. 3, pp. 136 137.

[786] JE, t. 3, p. 337.

[787] Abram Amsterdam, "uno de los primeros dirigentes importantes del Bund", que murió prematuramente, "intentó conciliar la doctrina marxista con las ideas del nacionalismo."[788] -En 1901, en un congreso del Bund, uno de los futuros dirigentes del año Diecisiete, Mark Lieber (M. I. Goldman), que era entonces un joven de 20 años, declaró: "hasta ahora hemos sido creyentes cosmopolitas.

Debemos convertirnos en nacionales. No tengas miedo de la palabra. Nacional no significa nacionalista". (¡Que lo entendamos, aunque sea con noventa años de retraso!) Y, aunque este congreso había aprobado una resolución contra "la exaltación del sentimiento nacional que conduce al chovinismo", también se pronunció por la autonomía nacional de los judíos "independientemente del territorio habitado por ellos."[789]

Esta consigna de autonomía nacional, el Bund la desarrolló durante algunos años, tanto en su propaganda como en su campaña de banquetes políticos de 1904... aunque nadie sabía exactamente qué podía significar autonomía sin territorio.

Así, se concedió a todo judío el derecho a utilizar únicamente su propia lengua en sus relaciones con la administración local y los órganos del Estado... pero ¿cómo? (Pues ¿no debería concederse este derecho también a los nacionales de otras naciones?).

También hay que señalar que, a pesar de sus tendencias socialistas, el Bund, "en su programa socialdemócrata", se pronunció "contra la reivindicación de la restauración de Polonia... y contra las asambleas constituyentes para las marchas de Rusia". [790] Nacionalismo, sí, ¿pero sólo para uno mismo?

Así, el Bund sólo admitía en su seno a judíos. Y una vez tomada esta orientación, y aunque era radicalmente anticlerical, no aceptaba a los judíos que habían renegado de su religión. Las organizaciones socialdemócratas rusas paralelas, el Bund, los llaman "cristianos" y, además, ¿cómo podrían representarse de otro modo? Pero ¡qué cruel ofensa para Lenin [791] ser catalogado así entre los "cristianos"!

El Bund encarna así el intento de defender los intereses judíos, en particular frente a los intereses rusos. Aquí también lo reconoce Sliosberg: "La acción

---

[787] V. Jabotinski, Vvdeniie (Prefacio) a Kh. N. Bialik, Pesni i poemy (Canciones y poemas), San Petersburgo, ed. Zaltsman. Zaltsman, 1914, p. 36.
[788] JE, t. 2, p. 354.
[789] Aronson, V borbe za... (En la lucha por...), BJWR-1*, pp. 220-222.
[790] JE, t. 5, p. 99.
[791] Lenin, 4ª ed., vol. 6, p. 298.

del Bund ha dado lugar a un sentimiento de dignidad y de conciencia de los derechos de los trabajadores judíos".[792]

Posteriormente, las relaciones del Bund con el Partido Socialdemócrata Ruso no fueron fáciles. Al igual que con el Partido Socialista Polaco, que en el momento del nacimiento del Bund tenía una actitud "extremadamente recelosa" hacia él y declaró que "el aislacionismo del Bund lo coloca en una posición adversa en relación con nosotros".[793] Dadas sus tendencias cada vez más nacionalistas, el Bund sólo podía mantener relaciones conflictivas con las demás ramas de la socialdemocracia rusa.

Lenin describe así la discusión que él y Mártov mantuvieron con Plejánov en Ginebra en septiembre de 1900: "G. V.[794] muestra una intolerancia fenomenal al declarar que [es decir. el Bund] no es en modo alguno una organización socialdemócrata, sino que es simplemente una organización explotadora que se aprovecha de los rusos; dice que nuestro objetivo es expulsar a este Bund del Partido, que los judíos son todos sin excepción chovinistas y nacionalistas, que el partido ruso debe ser ruso y no entregarse "atado de pies y manos" a la tribu de Gad[795]... G. V. se ha aferrado a sus posiciones sin querer reconsiderarlas, diciendo que simplemente nos falta conocimiento del mundo judío y experiencia en el trato con él." [796](¡¿De qué oído debió oír esta diatriba Martov, el primer iniciador del Bund?!)

En 1898 el Bund, a pesar de su mayor antigüedad, aceptó unirse al Partido Socialdemócrata Ruso, pero como *un todo*, con plena autonomía sobre los asuntos judíos. Por lo tanto, aceptó ser miembro del partido ruso, pero con la condición de no interferir en sus asuntos. Tal fue el acuerdo entre ellos.

Sin embargo, a principios de 1902, el Bund consideró que la autonomía, tan fácilmente obtenida en el I Congreso del Partido Socialdemócrata, ya no le bastaba y que ahora quería unirse al partido sobre una base federal, beneficiándose de una total independencia, incluso en cuestiones programáticas. Para ello publicó un panfleto contra *la Iskra*.[797] El argumento central, explica Lenin, era que el proletariado judío "es una parte del pueblo judío, que ocupa un lugar especial entre las naciones".[798]

---

[792] *Sliosberg*, t. 2, p. 258.
[793] JE*, t. 5, p. 95.
[794] G. V.: Georgiy Valentinovich Plekhanov (1856 1918). Socialdemócrata, marxista, miembro destacado de La Voluntad del Pueblo. Emigró en 1880. Líder del partido menchevique.
[795] Gad. Uno de los doce hijos de Jacob. Una de las doce tribus de Israel.
[796] *Lenin*, 4 ed., Vol. 4, p. 311.
[797] JE, t. 5, pp. 96, 97.
[798] *Lenin*, 4 ed., t.7, p.77.

En esta etapa, Lenin ve rojo y se siente obligado a chocar con el propio Bund. Ya no sólo llama a "mantener la presión [contra la autocracia] evitando una fragmentación del partido en varias formaciones independientes",[799] sino que se embarca en una apasionada argumentación para demostrar (siguiendo, hay que reconocerlo, a Kautsky) que los judíos no son en absoluto una nación: no tienen ni lengua ni territorio comunes (un juicio rotundamente materialista: los judíos son una de las naciones más auténticas, más unidas que se encuentran en la tierra. Unida, eso sí, en espíritu. En su internacionalismo superficial y vulgar, Lenin no podía comprender la profundidad ni las raíces históricas de la cuestión judía). "La idea de un pueblo judío separado es políticamente reaccionaria", [800]justifica el particularismo judío. (¡Y tanto más "reaccionarios" eran para él los sionistas!) Lenin veía una solución para los judíos sólo en su total asimilación -lo que equivale a decir, de hecho, que dejen de ser judíos.

En el verano de 1903, en el 2nd Congreso del Partido Socialdemócrata de Rusia en Bruselas, de 43 delegados, sólo había cinco del Bund (sin embargo, "muchos judíos participaron"). Y Martov, "apoyado por doce judíos" (entre ellos Trotsky, Deutsch, Martynov, Liadov, por nombrar sólo algunos), habló en nombre del partido contra el principio "federal" exigido por el Bund. Los miembros del Bund abandonaron entonces el Congreso (que permitió que prevalecieran los estatutos propuestos por Lenin en el párrafo 1), y luego también abandonaron el partido. [801](Tras la escisión del Partido Socialdemócrata en bolcheviques y mencheviques, "los dirigentes de los mencheviques eran A. Axelrod, A. Deutsch, L. Martov, M. Lieber, L. Trotsky", [802], así como F. Dan, R. Abramovich-Plejánov que se quedaron al margen).

En la "calle de los judíos", como se la llamaba entonces, el Bund se convirtió rápidamente en una organización poderosa y activa. "Hasta la víspera de los acontecimientos de 1905, el Bund era la organización socialdemócrata más poderosa de Rusia, con un aparato bien establecido, buena disciplina, miembros unidos, flexibilidad y gran experiencia en conspirar". En ningún otro lugar existe una disciplina como en el Bund. El "bastión" del Bund era la región del Noroeste.[803]

Sin embargo, surgió una formidable competencia con el "Partido Obrero Judío Independiente", creado en 1901 bajo la influencia y las exhortaciones

---

[799] *Ibidem*, t. 6, p. 300.
[800] *Ibidem*, t. 7, pp. 83 84.
[801] JE, t. 5, p. 97; SJE, I. 7, p. 397.
[802] SJE, t. 7, p. 397.
[803] *Dimanstein*, "1905", vol. 3, Libro I, pp. 127, 138, 156.

de Zubatov : [804]persuadió a los obreros judíos y a todos los que quisieran escucharle de que lo que necesitaban no era la ideología socialdemócrata, sino luchar contra la *burguesía* defendiendo sus intereses económicos: el gobierno estaba interesado en su éxito, podían actuar legalmente, su autoridad sería un árbitro benévolo. La cabeza de este movimiento era la hija de un molinero, la intrépida Maria Vilbouchevitch. "Los partidarios de Zubatov... tuvieron un gran éxito en Minsk con los obreros (judíos)"; se opusieron apasionadamente a los miembros del Bund y obtuvieron mucho organizando huelgas económicas. También actuaron, no sin éxito, en Odessa (Khuna Shayevich). Pero al igual que, en todo el país, el gobierno atemorizado (y Plehve) [805]frustró el proyecto de Zubatov, lo mismo ocurrió con los "independientes": Shayevich fue detenido en 1903, condenado a una pena bastante corta, pero entonces llegó la noticia del pogromo de Kishinev, y los "independientes" tuvieron las manos atadas.[806]

Mientras tanto, "el Bund recibía ayuda de grupos extranjeros" de Suiza primero y luego de París, Londres, Estados Unidos, donde "los grupos de acción... habían alcanzado proporciones considerables". Se organizaron "clubes, grupos de acción rotarios, asociaciones de ayuda al trabajo del Bund en Rusia. Esta ayuda era principalmente financiera".[807]

A partir de 1901, el Bund renunció al "terror económico" (arremeter contra los empresarios, vigilar las fábricas), porque "oscurecía la conciencia socialdemócrata de los trabajadores", y pretendieron igualmente condenar el terror político". [808]Esto no impidió que Guirsh Lekkert, un zapatero miembro del Bund, disparara contra el gobernador de Vilna y fuera ahorcado por ello. El joven Mendel Deutsch, todavía menor de edad, también hizo disparos cuyo significado marcó "el apogeo del movimiento de las masas judías". [809]Y ya el Bund se preguntaba si no debería volver al terror. En 1902, la Conferencia de Berdichev aprobó una resolución sobre la "venganza organizada". Pero estalló un debate en el Bund, y al año siguiente el Congreso anuló formalmente esta decisión de la Conferencia.

---

[804] Sergei Vasilyevich Zubatov (1864 1917): Jefe de la Policía de Moscú y del Departamento Especial de Policía (1902-1905).

[805] Viatcheslav Konstantinovich Plehve (1846 1904): astuto Ministro del Interior, asesinado por el terrorista S. R. Sozonov.

[806] *N. A. Buchbinder*, Nezavissimaia evreiskaia rabolchaia partiia (El Partido Obrero Judío Independiente). Krasnaia letopis: lstoritcheskii journal (Crónica roja: revista histórica), 1922, núm. 2-3, pp. 208,241.

[807] JE, t. 5, p. 101; SJE, t. 1, pp. 559,560.

[808] JE, t.5, p.96.

[809] *Dimanstein*, "1905", T. 3, Libro I, pp. 149,150.

[810]Según Lenin, el Bund, en 1903, pasó por "tentaciones terroristas, que luego superó".[811]

El terror, que ya se había manifestado más de una vez en Rusia, gozaba de una indulgencia general, una indulgencia que estaba en el aire de la época y que, con la costumbre cada vez más extendida de poseer, "por si acaso", un arma de fuego (y era fácil obtenerla mediante el contrabando) no podía dejar de suscitar, en la mente de los jóvenes del Pale of Settlement, la idea de formar sus propios regimientos de combate.

Pero el Bund tenía competidores activos y peligrosos. ¿Es una coincidencia histórica o simplemente había llegado el momento de que renaciera la conciencia nacional judía? En cualquier caso, en 1897, el año de la creación del Bund, apenas un mes antes tuvo lugar el Primer Congreso Universal del Sionismo. Y fue a principios del siglo XX cuando jóvenes judíos abrieron un nuevo camino, "un camino de servicio público... en la encrucijada entre *Iskra* y *Bne Moshe*" ("los hijos de Moisés"), unos girando a la derecha, los otros hacia la izquierda". "[812]En los programas de todas nuestras agrupaciones aparecidas entre 1904 y 1906, el tema nacional ocupó el lugar que le correspondía". [813]Hemos visto que el Bund Socialista no lo había cortado, y ahora sólo tenía que condenar el sionismo con mayor firmeza para excitar el sentimiento nacional en detrimento de la conciencia de clase.

Es cierto que "el número de los círculos sionistas entre la juventud dio paso al número de jóvenes adheridos a los partidos socialistas revolucionarios."[814]

(Aunque había contraejemplos: así, el editor del periódico socialista judío *La Pravda* de Ginebra, G. Gurevitch, se había reconvertido para dedicarse por entero a la cuestión del asentamiento de los judíos en Palestina). La zanja cavada entre el sionismo y el Bund fue llenada gradualmente por tal o cual nuevo partido, luego otro, luego un tercero -Poalei-Tsion, Zeirei-Tsion, los "sionistas-socialistas", los *serpovtsy* (*seimovtsy*)-, cada uno combinando a su manera sionismo y socialismo.

Es comprensible que entre partidos tan próximos se desarrollara una lucha encarnizada, lo que no facilitó la tarea del Bund. Tampoco la emigración de los judíos de Rusia a Israel, que cobró impulso en aquellos años: ¿por

---

[810] JE*, t. 5, p. 97.
[811] *Lenin*, 4 ed. 6, p. 288.
[812] I. Ben-Tsvi.
[813] *S. M. Ginzburg*, O roussko-evreiskoi intelligentsii (De la inteligencia ruso-judía), Sb. Evreiski mir; Ejegodnik na 1939 g. (Rcc. El mundo judío, Anuario del año 1939), París, Asociación de la Inteligencia Ruso-Judía, p. 39.
[814] *Sliosberg*, t. 3, p. 133.

qué emigrar? ¿Qué sentido tiene esto cuando el proletariado judío debe luchar por el socialismo codo con codo con la clase obrera de todos los países..., lo que resolvería automáticamente la cuestión judía en todas partes?

Los judíos han sido a menudo criticados a lo largo de la historia por el hecho de que muchos de ellos eran usureros, banqueros, comerciantes. Sí, los judíos formaban un destacamento importante, creador del mundo del capital -y principalmente en sus formas financieras. Así lo describió con pluma vigorosa y convincente el gran economista político Werner Sombart. En los primeros años de la Revolución esta circunstancia fue, por el contrario, atribuida a los judíos, como una *formación* inevitable en el camino hacia el socialismo. Y en una de sus acusaciones, en 1919, Krylenko se vio en la necesidad de subrayar que "el pueblo judío, desde la Edad Media, ha sacado de sus filas a los poseedores de una nueva influencia, la del capital... precipitaron... la disolución de formas económicas de otra época".[815] Sí, por supuesto, el sistema capitalista en el ámbito económico y comercial, el sistema democrático en el ámbito político son en gran parte deudores de la contribución constructiva de los judíos, y estos sistemas son a su vez los más favorables al desarrollo de la vida y la cultura judías.

Pero -y este es un enigma histórico insondable- estos sistemas no fueron los únicos que favorecieron los judíos. Como nos recuerda V. S. Mandel, si nos remitimos a la Biblia, descubrimos que "la idea misma de monarquía no fue inventada por otro pueblo que el hebreo, y éste la transmitió al mundo cristiano. El monarca no es elegido por el pueblo, es el elegido por Dios. De ahí el rito que los pueblos cristianos han heredado de la coronación y unción de los reyes".[816](Se podría rectificar recordando que los faraones de antaño también fueron ungidos, y también portadores de la voluntad divina). Por su parte, el antiguo revolucionario ruso A. Valt-Lessine recuerda: "Los judíos no concedían gran importancia al movimiento revolucionario. Ponían todas sus esperanzas en las peticiones dirigidas a San Petersburgo, o incluso en los sobornos pagados a los funcionarios de los ministerios, pero en absoluto en la revolución".[817]Este tipo de acercamiento a las esferas influyentes recibió, por parte de la impaciente juventud judía, el sobrenombre, conocido desde la Edad Media y ahora infame, de *chtadlan*. Alguien como G. B. Sliosberg, que trabajó

---

[815] N. V. *Krylenko*, Za piat lct. 1918-1922: Obvinitelnyie retchi po naibolee kroupnym protsessam, zaslouchannym v Moskovskom i Verkhovnom Revolioutsionnykh Tribounalakh (Durante cinco años, 1918 1922: Alegatos en los juicios más importantes ante el Tribunal Supremo y el Tribunal Revolucionario de Moscú), 1923, p. 353.
[816] *Mandel*, Rossia i evrei (Rusia y los judíos), op. cit., p. 177.
[817] A. *Lessine*, Epizody iz moei jizni (Episodios de mi vida), JW-2, p. 388.

durante muchos años en el Senado y en el Ministerio del Interior, y que tuvo que resolver pacientemente problemas judíos de carácter privado, pensó que esta vía era la más segura, con el futuro más rico para los judíos, y se ulceró al comprobar la impaciencia de estos jóvenes.

Sí, era perfectamente irrazonable, por parte de los judíos, unirse al movimiento revolucionario, que había arruinado el curso de la vida normal en Rusia y, en consecuencia, el de los judíos de Rusia. Sin embargo, en la destrucción de la monarquía y en la destrucción del orden *burgués* -como, algún tiempo antes, en el reforzamiento de éste- los judíos se encontraron en la vanguardia. Tal es la movilidad innata del carácter judío, su extrema sensibilidad a las tendencias sociales y al avance del futuro.

No será la primera vez en la historia de la humanidad que los impulsos más naturales de los hombres desemboquen de repente en las monstruosidades más contrarias a su naturaleza.

Capítulo 7

El nacimiento del sionismo

¿Cómo evolucionó la conciencia judía en Rusia durante la segunda mitad del siglo XIX? Hacia 1910, Vladimir Jabotinsky describe esta evolución a su manera un tanto apasionada: al principio, la masa de los judíos se oponía a la Ilustración, "al prejuicio fanático de una especificidad sobrevalorada". Pero el tiempo hizo su trabajo, y "tanto huyeron los judíos, históricamente, de la cultura humanista, tanto aspiran a ella ahora... y esta sed de conocimiento está tan extendida que quizá nos convierta a nosotros, judíos de Rusia, en la primera nación del mundo". Sin embargo, "corriendo hacia la meta, la sobrepasamos. Nuestra meta era formar un judío que, permaneciendo judío, pudiera vivir una vida que fuera la del hombre universal", y "ahora hemos olvidado totalmente que debemos permanecer judíos", "dejamos de poner precio a nuestra esencia judía, y empezó a pesarnos". Debemos "extirpar esta mentalidad del autodesprecio y revivir la mentalidad del respeto a nosotros mismos... Nos quejamos de que nos desprecian, pero no estamos lejos de despreciarnos a nosotros mismos".[818]

Esta descripción refleja la tendencia general a la asimilación, pero no todos los aspectos del cuadro. Como ya hemos visto (capítulo 4), a finales de los años sesenta del siglo XIX, el publicista y hombre de letras Smolenskin se había pronunciado enérgicamente contra la tendencia a la asimilación de los intelectuales judíos, tal como la había observado en Odessa o como se había extendido en Alemania. Y enseguida declaró la guerra tanto a los "fanáticos como a los falsos devotos que quieren expulsar todo conocimiento de la casa de Israel". ¡No! No hay que avergonzarse de sus orígenes, hay que apreciar su lengua nacional y su dignidad; sin embargo, la cultura nacional sólo puede preservarse a través de la lengua, el hebreo antiguo. Esto es tanto más importante cuanto que el "judaísmo privado de territorio" es un fenómeno particular, "una nación espiritual". [819]Los judíos

---

[818] V. Jabotinsky, O natsionalnom vospitanii (De la educación del sentimiento nacional), Sb. Felietony (Colección de publicaciones seriadas). San Petersburgo. Tipografía "Herold", 1913, pág. 57.
[819] JE*, t. 14, pp. 403 404.

son, en efecto, una nación, no una congregación religiosa. Smolenskin avanzó la doctrina del "nacionalismo judío progresista".[820]

A lo largo de los años 70, la voz de Smolenskin permaneció prácticamente inédita. Al final de este periodo, sin embargo, la liberación de los eslavos de los Balcanes contribuyó al despertar nacional de los propios judíos de Rusia. Pero los pogromos de de 1881 1882 hicieron que se derrumbaran los ideales de *la Haskala*; "La convicción de que la civilización iba a poner fin a las persecuciones de otra época contra los judíos y que éstos, gracias a la Ilustración, podrían acercarse a los pueblos europeos, esta convicción se tambaleó considerablemente".[821] (La experiencia de los pogromos en el sur de Ucrania se extrapola así a todos los judíos de Europa...). Entre los judíos de Rusia "apareció el tipo del 'intelectual arrepentido', de los que aspiraban a volver al judaísmo tradicional".[822]

Fue entonces cuando Lev Pinsker, conocido médico y publicista, ya sexagenario, hizo a los judíos de Rusia y Alemania un enérgico llamamiento a la *autoemancipación*. [823]Pinsker escribió que la fe en la emancipación se había derrumbado, que ahora era necesario sofocar todo atisbo de esperanza en la fraternidad entre los pueblos. Hoy, "los judíos no constituyen una nación viva; son extraños en todas partes; soportan la opresión y el desprecio de los pueblos que los rodean". El pueblo judío es "el espectro de un muerto que vaga entre los vivos". Hay que estar ciego para no ver que los judíos son el "pueblo elegido" del odio universal". Los judíos no pueden "asimilarse a ninguna nación y, en consecuencia, no pueden ser tolerados por ninguna nación". "Al querer mezclarse con otros pueblos, han sacrificado frívolamente su propia nacionalidad", pero "en ninguna parte han conseguido que los demás los reconozcan como habitantes nativos iguales a ellos". El destino del pueblo judío no puede depender de la benevolencia de otros pueblos. La conclusión práctica es, pues, la creación de "un pueblo en su propio territorio". Lo que hace falta, por tanto, es encontrar un territorio apropiado, "no importa dónde, en qué parte del mundo", [824]y que los judíos vengan a poblarlo.

Además, la creación en 1860 de la Alianza [Israelita Universal] no fue sino la primera señal del rechazo judío a una única opción: la asimilación. Ya existía entre los judíos de Rusia un movimiento de *palestinofilia*, la

---

[820] *I.L. Klauzner*, Literatura na ivril v Rossii (Literatura en hebreo moderno en Rusia). BJWR, p. 506.
[821] JE, 1.12, p. 259.
[822] *Ibidem*, t. 13, p. 639.
[823] Título de su famosa obra.
[824] *Ibidem*, t. 12, pp. 526,527; *Hessen**, t. 2, pp. 233 234; *G. Svet*, Rousskiie evrei v sionizme i v stroilelstve Palestiny i Izrailia (*Los judíos de Rusia en el sionismo y la edificación de Palestina e Israel*). BJWR-1 *, pp. 244 245.

aspiración a regresar a Palestina. (Conforme, en esencia, al saludo religioso tradicional: "El año que viene en Jerusalén"). Este movimiento cobró impulso a partir de 1881 1882.

"Estirando sus esfuerzos para colonizar Palestina... para que dentro de un siglo los judíos puedan abandonar por fin la inhóspita tierra de Europa"... Las consignas que antes había difundido la Ilustración, incitando a combatir "el tradicionalismo, el jasidismo y los prejuicios religiosos, dieron paso a un llamamiento a la reconciliación y a la unión de todas las capas de la sociedad judía para la realización de los ideales" de Palestina, "para el retorno al judaísmo de nuestros padres". "En muchas ciudades de Rusia se formaron círculos, llamados círculos de los 'Amantes de Sión'-Khovevei-Tsion. [825][826]

Y fue así como una idea se unió a otra para rectificar. Irse a vivir a otra parte, sí, pero no a cualquier parte: a Palestina. Pero, ¿qué había pasado en Palestina? "La primera cruzada provocó la práctica desaparición de los pocos hebreos que quedaban en Palestina".

No obstante, "una minúscula comunidad religiosa judía había logrado sobrevivir al colapso del Estado de las Cruzadas, a la conquista del país por los mamelucos y a la invasión de las hordas mongolas". A lo largo de los siglos siguientes, la población judía se repobló en cierta medida gracias a un modesto flujo migratorio de "creyentes procedentes de distintos países". A finales del siglo XVIII, cierto número de jasidim emigraron de Rusia. "A mediados del siglo XIX había doce mil judíos en Palestina", mientras que a finales del siglo XI había veinticinco mil.

"Estas ciudades judías en la tierra de Israel constituían lo que se llamaba el *Yishuv*. Todos sus habitantes (hombres) sólo estudiaban judaísmo, y nada más. Vivían de *Haluka-subsidios* enviados por las comunidades judías de Europa.

Estos fondos eran distribuidos por los rabinos, de ahí la autoridad absoluta de los rabinos. Los líderes del *Yishuv* "rechazaban cualquier intento de crear en el país siquiera un embrión de trabajo productivo de origen judío". Estudiaban exclusivamente el Talmud, nada más, y a un nivel bastante elemental. "El gran historiador judío G. Gretz, que visitó Palestina en 1872", comprobó que "sólo una minoría estudiaba de verdad, los demás preferían pasear por las calles, permanecían ociosos, se dedicaban a chismorrear y calumniar". Creía que "este sistema favorece el

---

[825] JE*, t. 12, pp. 259 260.
[826] Movimiento sionista pionero fundado antes de Herzl.

oscurantismo, la pobreza y la degeneración de la población judía de Palestina" -y por ello él mismo "tuvo que someterse a *Herem*[827]."[828]

En 1882, en Kharkov, estudiantes palestinófilos fundaron el círculo Biluim. Se proponían "crear en Palestina una colonia agrícola modelo", para dar "el tono a la colonización general de Palestina por los judíos"; se comprometieron a fundar círculos en varias ciudades de Rusia. (Más tarde crearon un primer asentamiento en Palestina, pero se encontraron con la hostilidad y la oposición del *Yishuv* tradicional: los rabinos exigieron que, según la antigua costumbre, se suspendiera el cultivo de la tierra un año de cada siete.)[829]

Pinsker apoyó a los partidarios del retorno a Palestina: en 1887 convocó el primer Congreso de Palestinófilos en Katovice, luego en Druskeniki, y el segundo en 1887. Los propagandistas comenzaron a cubrir el Pale of Settlement, hablando en sinagogas y reuniones públicas. (Deutsch atestigua que después de 1882 el propio P. Axelrod contribuyó a la palestinofilia...[830])

Por supuesto, Smolenskin es uno de los apasionados apóstoles del retorno a Palestina: burbujeante y vivaz, conecta con los actores políticos anglo-judíos, pero choca con la oposición de la Alianza, que no quiere promover la colonización de Palestina, sino dirigir la ola migratoria hacia América. Califica entonces la táctica de la Alianza de "traición a la causa del pueblo". Su muerte prematura truncó sus esfuerzos.[831]

Observamos, sin embargo, que este movimiento hacia Palestina fue bastante débilmente recibido por los judíos de Rusia; incluso fue frustrado. "La idea de un renacimiento político del pueblo judío contaba entonces con el apoyo de un pequeño puñado de intelectuales, y pronto tropezó con feroces adversarios". [832] Los círculos conservadores, el rabinato y los *tzadikim*[833] veían en esta corriente hacia Palestina un ataque a la voluntad divina, "un ataque a la fe en el Mesías que es el único que debe devolver a

---

[827] Herem (palabra hebrea): estado de quien está apartado de la comunidad por impureza o consagración. El individuo en estado de Herem es un proscrito. Una especie de excomunión.

[828] M. *Wartburg*, Plata za sionism (El salario del sionismo), en "22": Obschestvenno-politicianski i liieratournyi journal evreiskoi intligenlsii iz SSSR V Izraile ("22": revista político-social y literaria de la intelectualidad judía emigrada de la URSS a Israel), Tel Aviv, 1987, n° 56, pp. 112,114; *Svet*, SJE-1, pp. 235,243.

[829] JE, t. 4, pp. 577, 579; *Warthurg*, en "22", 1987, no. 56, p. 115.

[830] L. *Deulsch*, King evreiev v rousskom revolioutsionnom dvijenii (El papel de los judíos en el movimiento revolucionario ruso), t. 1, 2ª ed., ML., 1925, pp. 5, 161.

[831] JE, t. 14, pp. 406 407.

[832] *Hessen*, t. 2, p. 234.

[833] Tzadikim (palabra hebrea): los justos.

los judíos a Palestina". En cuanto a los asimilacionistas progresistas, veían en esta corriente un deseo reaccionario de aislar a los judíos del resto de la humanidad ilustrada."[834]

Los judíos de Europa tampoco apoyaron el movimiento. Mientras tanto, in situ, el éxito del retorno se revelaba "demasiado mitigado": "muchos colonos descubrieron su incompetencia en el trabajo de la tierra"; "el ideal de renacimiento del antiguo país se desmoronaba en mezquinos actos de pura benevolencia"; "las colonias sólo sobrevivieron gracias a las subvenciones enviadas por el barón Rothschild". Y a principios de los años 90, "la colonización atravesó... una grave crisis debido a un sistema anárquico de compra de tierras" y a la decisión de Turquía (propietaria de Palestina) de prohibir a los judíos de Rusia desembarcar en los puertos palestinos.[835]

Fue en esta época cuando se dio a conocer el publicista, pensador y organizador Asher Ginzberg, bajo el elocuente seudónimo de Ahad Haam ("Uno de los suyos"). Criticó duramente la palestinofilia práctica tal como se había constituido; lo que propugnaba era, "antes de esforzarse por un renacimiento en un territorio", preocuparse por "un 'renacimiento de los corazones', una mejora intelectual y moral del pueblo": "instalar en el centro de la vida judía, una aspiración viva y espiritual, un deseo de cohesión nacional, de renacimiento y de libre desarrollo en un espíritu nacional, pero sobre la base de todos los hombres". [836]Esto se llamará más tarde "sionismo espiritual" (pero no "religioso", y esto es importante).

Ese mismo año, 1889, con el fin de unir entre ellos a los que apreciaban la idea de un renacimiento del sentimiento nacional, Ahad Haam fundó una liga -o, como se llama - una *orden*: Bne-Moshe [837]("Los hijos de Moisés"), cuyo estatuto "se asemejaba mucho al de las logias masónicas; el aspirante hacía la solemne promesa de cumplir estrictamente todas las exigencias del orden; los nuevos miembros eran iniciados por un maestro, el "hermano mayor"; el neófito se comprometía a servir sin reservas al ideal del renacimiento nacional, aunque hubiera pocas esperanzas de que este ideal se realizara pronto". [838]En el manifiesto de orden se estipulaba que "la conciencia nacional tiene prioridad sobre la conciencia religiosa, los intereses personales están sujetos a los intereses nacionales", y se recomendaba que un sentimiento de amor sin reservas por el judaísmo, se situara por encima de todos los demás objetivos del movimiento. Así se

---

[834] JE, t. 12, p. 261.
[835] *Ibidem*, pp. 261,262.
[836] JE*, t. 3, pp. 480, 482.
[837] Asociación fundada por Ahad Haam en Odessa.
[838] *Ibidem*, t. 4, pp. 683, 684.

preparó "el terreno para la recepción del sionismo político" de Herzl[839]... del que Ahad Haam no quería absolutamente nada.

Realizó varios viajes a Palestina: en 1891, 1893 y 1900. En cuanto a la colonización, denunció un carácter anárquico y un insuficiente arraigo en la tradición. [840] Criticó "severamente la conducta dictatorial de los emisarios del barón Rothschild".[841]

Así nació el sionismo en Europa, con una década de retraso respecto a Rusia. El primer líder del sionismo, Theodor Herzl, había sido, hasta los treinta y seis años (sólo vivió hasta los cuarenta y cuatro), escritor, dramaturgo y periodista. Nunca se había interesado por la historia judía ni, *a fortiori*, por la lengua hebrea y, característicamente, como buen liberal austriaco, consideraba *reaccionarias* las aspiraciones de las diversas "minorías étnicas" del Imperio austrohúngaro a la autodeterminación y la existencia nacional, y le parecía normal reprimirlas. [842] Como escribe Stefan Zweig, Herzl acariciaba el sueño de ver a los judíos de Viena entrar en la catedral para ser bautizados y ver la cuestión judía resuelta de una vez por todas mediante la fusión del judaísmo y el cristianismo. Pero los sentimientos antijudíos se desarrollaron en Austria-Hungría paralelamente al auge del pangermanismo, mientras que en París, donde Herzl residía entonces, estallaba el asunto Dreyfus. Herzl tuvo la oportunidad de presenciar la "degradación pública del capitán Dreyfus"; convencido de su inocencia, se sintió profundamente conmocionado y cambió de rumbo. "Si la separación es inevitable", dijo, "¡pues que sea radical!

... Si sufrimos por estar sin patria, ¡construyámonos una patria!".[843] Herzl tuvo entonces una revelación: ¡era necesario crear un Estado judío! "Como alcanzado por un rayo, Herzl fue iluminado por esta nueva idea: el antisemitismo no es un fenómeno fortuito sujeto a condiciones particulares, es un mal permanente, es el eterno compañero del eterno errante", y "'la única solución posible a la cuestión judía', es un Estado judío soberano". [844](Para concebir semejante proyecto tras casi dos mil años de diáspora, ¡qué fuerza imaginativa se necesitaba, qué audacia excepcional!). Sin embargo, según S. Zweig, el panfleto de Herzl titulado *Un Estado judío* recibió de la *burguesía* vienesa una acogida "perpleja e irritada... ¿Qué le pasa a este escritor, tan inteligente, tan culto y espiritual? Nuestra lengua es el alemán y no el hebreo, nuestra patria, la bella Austria", Herzl, "¿no da

---

[839] *Svet*, op. cit., pp. 250 251.
[840] JE, t. 3, p. 481.
[841] SJE, t. 1, pp. 248,249.
[842] JE, t. 6, pp. 407 409.
[843] *Stefan Zweig*, Vtchrachnii mir. Vospominaniia evropeitsa (*El mundo de ayer: recuerdos de un europeo*), en "22", 1994, n° 92, pp. 215,216.
[844] JE, t. 6, p. 409.

argumentos contra nosotros a nuestros peores enemigos: quiere aislarnos?". En consecuencia, "Viena... le abandonó y se rió de él. Pero la respuesta le vino de otra parte; estalló como un rayo, tan repentina, cargada de tal peso de pasión y de tal éxtasis que casi se asustó de haber despertado, en todo el mundo, un movimiento con sus docenas de páginas, un movimiento tan poderoso y por el que se encontró abrumado. Su respuesta no le llegó, es cierto, de los judíos de Occidente... sino de las formidables masas de Oriente. Herzl, con su panfleto, había inflamado este núcleo del judaísmo, que humeaba bajo las cenizas del extranjero."[845]

En adelante, Herzl se entrega en cuerpo y alma a su nueva idea. Rompe con sus más allegados, sólo frecuenta al pueblo judío... Aquel que, incluso hace poco, despreciaba la política, funda ahora un movimiento político; le introduce un espíritu y una disciplina de partido, forma el armazón de un futuro ejército y transforma los congresos [sionistas] en un verdadero parlamento del pueblo judío". En el primer Congreso de Basilea, en 1897, produce una impresión muy fuerte "en los judíos que se reúnen por primera vez en función parlamentaria", y "durante su primer discurso, es proclamado unánime y entusiastamente... líder y jefe del movimiento sionista". Muestra "un arte consumado para encontrar las fórmulas de la conciliación", y, por el contrario, "el que critica su objetivo... o simplemente reprocha ciertas medidas tomadas por él..., ése es enemigo no sólo del sionismo, sino de todo el pueblo judío".[846]

El enérgico escritor Max Nordau (Suedfeld) le apoyó expresando la idea de que la emancipación es falaz, ya que ha introducido semillas de discordia en el mundo judío: el judío emancipado cree que realmente ha encontrado una patria, cuando "todo lo que hay de vivo y vital en el judaísmo, lo que representa el ideal judío, el valor y la capacidad de avanzar, todo esto no es otra cosa que el sionismo."[847]

En este 1st Congreso, los delegados del sionismo ruso "constituían un tercio de los participantes... 66 de 197". A los ojos de algunos, su presencia podía considerarse un gesto de oposición al gobierno ruso. Al sionismo se había adherido todo el Khovevei-Tsion ruso, "contribuyendo así al establecimiento del sionismo global".[848] Así, "el sionismo extrajo su fuerza de las comunidades de judíos oprimidos de Oriente, habiendo encontrado sólo un apoyo limitado entre los judíos de Europa Occidental."[849] Pero

---

[845] *Zweig*, en "22", op. cil., pp. 216,217.
[846] JE, t. 6, pp. 410 411.
[847] JE, 1.11, pp. 788 792.
[848] SJE, t. 7, p. 940.
[849] *J. Parks*, Evrei sredi narodov: Obzor pritchin anti-semitima (*Los judíos entre los pueblos: una visión general de las causas del antisemitismo*), París, YMCA Press, 1932, p. 45.

también se deducía que los sionistas rusos representaban para Herzl una oposición de lo más seria. Ahad Haam libró una feroz lucha contra el sionismo político de Herzl (junto con la mayoría de los palestinófilos), criticando duramente el pragmatismo de Herzl y Nordau, y denunciando lo que él llamaba "su indiferencia hacia los valores espirituales de la cultura y la tradición judaicas". [850]Encontraba quimérica la esperanza del sionismo político de fundar un *Estado* judío autónomo *en un futuro próximo*; consideraba todo este movimiento extremadamente perjudicial para la causa del renacimiento espiritual de la nación... "No les importa la salvación del judaísmo en la perdición porque no les importa nada la herencia espiritual y cultural; no aspiran al *renacimiento* de la antigua nación, sino a la *creación* de un nuevo pueblo a partir de las partículas dispersas de la materia antigua." [851](Si utiliza e incluso subraya la palabra "judaísmo", es casi evidente que no es en el sentido de la religión judaica, sino en el sentido del sistema espiritual heredado de los antepasados. La *Jewish Encyclopædia* nos dice sobre Ahad Haam que en los años 70 "se imbuyó cada vez más del racionalismo y se desvió de la religión". [852]Si la única vocación de Palestina es "convertirse en el centro espiritual que podría unir, por lazos nacionales y espirituales, a las naciones dispersas",[853] un centro que "derramaría su 'luz' sobre los judíos del mundo entero", crearía "un nuevo vínculo espiritual entre los miembros dispersos del pueblo", sería menos un "Estado de los judíos" que "una comunidad espiritual de élite."[854]

Las discusiones agitaron a los sionistas. Ahad Haam criticó duramente a Herzl a quien Nordau apoyaba acusando a Ahad Haam de "sionista encubierto". Cada año se celebraban congresos sionistas mundiales; en 1902 tuvo lugar el de los sionistas rusos en Minsk, y se reanudaron las discusiones. Allí Ahad Haam leyó su famosa exposición: Un renacimiento espiritual.[855]

El sionismo ya no encontraba amenidad en el exterior. Herzl lo esperaba: tan pronto como el programa de los sionistas tomara una forma concreta y tan pronto como comenzara la partida real hacia Palestina, el antisemitismo en todas partes terminaría.

Pero mucho antes de que se alcanzara este resultado, "más fuerte que otras, la voz de aquellos que... temían que la toma de una posición pública en el sentido nacionalista de un judío asimilado daría a los antisemitas la

---

[850] SJE, t. 1, p. 249.
[851] JE, t. 3, p. 482.
[852] SJE, I. 1, p. 248.
[853] JE, 1.12, p. 262.
[854] *Wartburg*, en "22", 1987, n°. 56, pp. 116, 117.
[855] JE, t. 3, p. 482.

oportunidad de decir que todo judío asimilado esconde bajo su máscara a un judío auténtico... incapaz de mezclarse con la población local". [856]Y tan pronto como se creó un Estado independiente, los judíos fueron por todas partes sospechosos y acusados de deslealtad cívica, aislacionismo ideológico -de lo que sus enemigos siempre habían sospechado y les habían acusado.

En respuesta, en el Segundo Congreso Sionista (1898), Nordau declaró: "Rechazamos con desdén el nombre de 'partido'; los sionistas no son un partido, son el propio pueblo judío... Aquellos que, por el contrario, se sienten a gusto en la servidumbre y el desprecio, se mantienen cuidadosamente apartados, a menos que nos combatan ferozmente."[857]

Como observa un historiador inglés Sí, "el sionismo ha prestado un gran servicio a los judíos al devolverles el sentido de la dignidad" y, sin embargo, "deja sin resolver la cuestión de su actitud hacia los países en los que viven".[858]

En Austria, un compatriota de Herzl, Otto Weininger, discutió con él: "El sionismo y el judaísmo son incompatibles con el hecho de que el sionismo pretenda obligar a los judíos a asumir la responsabilidad de un Estado propio, lo que contradice la esencia misma de todo judío".[859] Y predijo el fracaso del sionismo.

En Rusia, en 1899, I. M. Biekerman argumentó enérgicamente contra el sionismo, por considerarlo una idea "estrafalaria, inspirada en el antisemitismo, de inspiración reaccionaria y nociva por naturaleza"; es necesario "rechazar las ilusiones de los sionistas y, sin renunciar en absoluto al particularismo espiritual de los judíos, luchar mano a mano con las fuerzas culturales y progresistas de Rusia en nombre de la regeneración de la patria común."[860]

A principios de siglo, el poeta N. Minsky había lanzado esta crítica: El sionismo marca la pérdida de la noción de hombre universal, rebaja las dimensiones cosmopolitas, la vocación universal del judaísmo al nivel de un nacionalismo ordinario. "Los sionistas, hablando incansablemente de nacionalismo, se apartan del rostro genuinamente nacional del judaísmo y, de hecho, sólo buscan ser como los demás, no peores que los demás".[861]

---

[856] *Ibidem*, t. 6, p. 409.
[857] *Ibidem**, t. 11, p. 792.
[858] *Parks*, p. 186.
[859] *N. Goulina*, Kto boilsa Otto Veiningcra? (¿Quién teme a Otto Weininger?). En "22"*, 1983, n° 31, p. 206.
[860] JE, t. 4, p. 556.
[861] *N. Minsky*, Natsionalnyi lik i patriotism (El rostro nacional y el patriotismo), Slovo, San Petersburgo, 1909, 28 de marzo (10 de abril), p. 2.

Es interesante comparar estas frases con la observación que hizo antes de la revolución el pensador ortodoxo S. Bulgakov: "La mayor dificultad para el sionismo es que no es capaz de recuperar la fe perdida de los padres, y se ve obligado a confiar en un principio que es nacional, cultural o étnico, un principio en el que ninguna gran nación genuina puede confiar exclusivamente."[862]

Pero los primeros sionistas rusos - "es de Rusia de donde salieron la mayoría de los fundadores del Estado de Israel y los pioneros del Estado de Israel", [863] y fue en ruso donde "se escribieron las mejores páginas del periodismo sionista "[864] - estaban llenos de un entusiasmo irrefrenable por la idea de devolver a su pueblo la patria perdida, la antigua tierra de la Biblia y de sus antepasados, de crear un Estado de calidad sin parangón y de hacer crecer en él hombres de calidad excepcional.

Y este impulso, este llamamiento dirigido a todos para que se vuelvan hacia el trabajo físico, el trabajo de la tierra: ¿no se hace eco este llamamiento de las exhortaciones de un Tolstoi, de la doctrina del *ascetismo*?[865] Todos los arroyos conducen al mar. Pero, a fin de cuentas, ¿cómo puede comportarse un sionista con el país en el que reside por el momento?

Para los sionistas rusos, que dedicaban todas sus fuerzas al sueño palestino, era necesario excluirse de los asuntos que agitaban a Rusia como tal. Sus estatutos estipulaban: "No participar en política, ni interna ni externa". Sólo podían participar débilmente, sin convicción, en la lucha por la igualdad de derechos en Rusia. En cuanto a participar en el movimiento de liberación nacional... ¡pero eso sería sacarles las castañas del fuego a los demás![866]

Tales tácticas atrajeron los encendidos reproches de Jabotinsky: "Incluso los viajeros de paso tienen interés en que la posada esté limpia y ordenada".[867] Y entonces, ¿en *qué idioma* debían los sionistas desplegar su propaganda? No sabían hebreo y, de todos modos, ¿quién lo habría

---

[862] *Prou S. Bulgakov*, Khristianstvo i evreiskij vopros (El cristianismo y la cuestión judía), París. YMCA Press, 1991, p. 11.

[863] *F. Kolker*, Novyj plan pomoschi sovietskomou cvrcistvou (*Un nuevo plan de ayuda a los judíos de Rusia*), en "22", 1983, nº 31, p. 149.

[864] *N. Goulina*, V poiskakh outratchennoi samoidenlilikatsii (*En busca de la identidad propia perdida*), en "22", 1983, nº 29, p. 216.

[865] *Amos Oz*, Spischaia krasaviisa: griozy i pruboujdeniia (La *Bella Durmiente: sueños y despertar*), en "22", 1985, nº 42. p. 117.

[866] *G. J. Iaronson*, V borbe za granjdanskiie i nalsionalnyie prava: Obschestvennyie tetcheniia v rousskom evreistve (En la lucha por los derechos civiles y nacionales: las corrientes sociales entre los judíos de Rusia), BJWR-1, pp. 218, 219.

[867] *Ibidem**, p. 219.

entendido? En consecuencia: o en ruso o en yiddish. Y esto acercó una vez más a los radicales de Rusia [868]y a los revolucionarios judíos.

Evidentemente, la juventud revolucionaria judía polemizó con los sionistas: ¡no y no! La solución de la cuestión judía no está en la salida de Rusia, ¡está en la lucha política por la igualdad de derechos aquí! En lugar de ir a establecernos allende los mares, debemos aprovechar la posibilidad de afirmarnos aquí, en este país. Y sus argumentos no pudieron evitar estremecer a más de uno por su claridad.

En los círculos bolcheviques, los sionistas eran denunciados como "reaccionarios"; eran tratados como "el partido del pesimismo más oscuro y desesperado".[869]

Inevitablemente, iban a surgir corrientes intermedias. Así, el partido sionista de izquierda Poalei-Tsion ("Trabajadores de Sión"). Fue fundado en Rusia en 1899; combinaba "la ideología socialista con el sionismo político". Era un intento de encontrar una línea media entre los preocupados exclusivamente por los problemas de clase y los preocupados sólo por los problemas nacionales. "Existían profundos desacuerdos en el seno de Poalei-Tsion sobre la cuestión de la participación en la acción revolucionaria en Rusia". [870] (Y los propios revolucionarios estaban divididos, unos se inclinaban hacia los socialdemócratas, otros hacia los socialrevolucionarios).

"Otros grupos Tseirei-Tsion, ideológicamente próximos al sionismo socialista no marxista, comenzaron a formarse a partir de 1905". En [871]1904, una escisión en el seno de Poalei-Tsion dio nacimiento a un nuevo partido, los "Sionistas Socialistas", rompiendo con el ideal de Palestina: ¡la extensión del yiddish como lengua hablada a todas las masas judías, eso es suficiente, y despreciamos la idea de autonomía nacional!

El sionismo empieza a adquirir un tinte *burgués* y reaccionario. Lo que hace falta es crear a partir de él un movimiento socialista, despertar instintos políticos revolucionarios en las masas judías. El partido "apoya firmemente" el "contenido social y económico" del sionismo, pero niega la necesidad de "revivir la tierra de Judea, la cultura, las tradiciones hebreas". De acuerdo, la emigración judía es demasiado caótica, debe orientarse hacia un territorio concreto, pero "no hay ningún vínculo esencial entre el

---

[868] *Ibidem* pp. 219-220.
[869] S. Dimanstein. Revolioulsionnyie dvijeniia sredi evreiev (La revolución entre los judíos), Sb. 1905: Istoriia revolioutsionnogo dvijeniia v otdclnykh otcherkakh (Colección 1905: Historia del movimiento revolucionario en ensayos separados), dirigida por N. Pokrovsky, vol. 3, libro 1, M.L., 1927, pp. 107, 116.
[870] SJE, t. 6, p. 551.
[871] *Ibidem*, t. 7, p. 941.

sionismo y Palestina". El Estado hebreo debe basarse en fundamentos socialistas y no capitalistas. Esta emigración es un proceso histórico a largo plazo; el grueso de las masas judías permanecerá hasta bien entrado el futuro en sus actuales lugares de residencia. "El partido ha aprobado la participación de los judíos en la lucha política en Rusia"[872] -es decir, en la lucha por sus derechos en este país. En cuanto al judaísmo y la fe, los despreciaban.

Todo este batiburrillo tuvo que generar un grupo "judío socialista" llamado "Renacimiento", que "creía que el factor nacional es progresista por naturaleza", y en 1906 los miembros de este grupo que habían roto con el Partido Socialista Sionista constituyeron el Partido Socialista Obrero Soviético, el SERP. (Se les llamaba *serpoviys* o *seymovtsy*, porque exigían la elección de un Sejm nacional judío -Seim- destinado a ser el "órgano supremo del autogobierno nacional judío".[873]) Para ellos, el ruso y el hebreo eran, en su calidad de lenguas de uso, iguales. Y al propugnar el "autonomismo" dentro del Estado ruso, el SERP, socialista, se distinguía del Bund, también socialista.[874]

A pesar de los desacuerdos que dividían a los sionistas entre sí, en Rusia se produjo un giro general del sionismo hacia el socialismo, lo que atrajo la atención del gobierno ruso. Hasta entonces, no había interferido en la propaganda sionista, pero en 1903 el ministro del Interior Plehve dirigió a los gobernadores de las provincias y a los alcaldes de las grandes ciudades un boletín en el que declaraba que los sionistas habían relegado a un segundo plano la idea de abandonar Palestina y se habían concentrado en la organización de la vida judía en sus lugares de residencia, que tal orientación no podía tolerarse y que, en consecuencia, a partir de ahora se prohibiría toda propaganda pública en favor del sionismo, así como las reuniones, conferencias, etc.[875]

Enterado de ello, Herzl (que ya había solicitado una audiencia con Nicolás II en 1899) se dirigió inmediatamente a San Petersburgo para pedir ser recibido por Plehve. (Era justo después del pogromo de Kichinev, ocurrido en primavera, del que Plehve había sido fuertemente acusado y que, por tanto, le había atraído las culpas e invectivas de los sionistas rusos).

Plehve hizo comprender a Herzl (según las notas de éste) que la cuestión judía para Rusia es grave, si no vital, y "nos esforzamos por resolverla

---

[872] *Ibidem**, pp. 1021-1022.
[873] *Aronson*, SJE-1, pp. 226, 229.
[874] SJE, 1.1, p. 705, t. 7, p. 1021.
[875] S. *Ginzburg*, Poezdka Teodora Gertzla v Petersburg (*El viaje de Theodor Herzl a San Petersburgo*), JW, Nueva York, Unión de Judíos Rusos en Nueva York, 1944, p. 199.

correctamente... el Estado ruso desea tener una población homogénea", y exige una actitud patriótica por parte de todos... "Queremos asimilar [a los judíos], pero la asimilación... es lenta... No soy enemigo de los judíos. Los conozco bien, pasé mi juventud en Varsovia y, de niño, siempre jugaba con niños judíos.

Me gustaría mucho hacer algo por ellos. No quiero negar que la situación de los judíos de Rusia no es feliz. Si yo fuera judío, probablemente también me opondría al gobierno". "La formación de un Estado judío [que acoja] a varios millones de inmigrantes sería extremadamente deseable para nosotros. Eso no significa, sin embargo, que queramos perder a todos nuestros ciudadanos judíos.

A los educados y ricos, nos los quedaríamos con gusto. A los indigentes sin educación, los dejaríamos marchar con mucho gusto. No teníamos nada en contra del sionismo mientras predicaba la emigración, pero ahora "notamos grandes cambios" [876]

en sus objetivos. El gobierno ruso ve con buenos ojos la inmigración de sionistas a Palestina, y si los sionistas vuelven a sus planes iniciales, está dispuesto a apoyarlos frente al Imperio Otomano. Pero no puede tolerar la propagación del sionismo, que propugna un separatismo de inspiración nacional dentro de la propia Rusia[877] : esto supondría la formación de un grupo de ciudadanos a los que el patriotismo, que es el fundamento mismo del Estado, les sería ajeno. (Según N. D. Lyubimov, que era entonces director del gabinete del ministro, Plehve le dijo que Herzl, durante la entrevista, había reconocido que los banqueros occidentales ayudaban a los partidos revolucionarios de Rusia. Sliosberg, sin embargo, cree que esto es poco probable.)[878]

Plehve hizo su informe al Emperador, el informe fue aprobado, y Herzl recibió una carta de confirmación en el mismo sentido. Sintió que su visita a Plehve había sido un éxito. Ninguno de los dos sospechaba que sólo les quedaban once meses de vida... Turquía no tenía intención de hacer ninguna concesión a los sionistas, y el Gobierno británico, en ese mismo año de 1905, propuso que no se colonizara Palestina, sino Uganda.

En agosto de 1903, en el Sexto Congreso de los Sionistas celebrado en Basilea, Herzl fue el portavoz de esta variante "que, por supuesto, no es

---

[876] *Ibidem**, pp. 202-203.
[877] SJE, t. 6, p. 533.
[878] *G. B. Sliosberg*, Dela minouvehikh dnei: Zapiski ruskogo evreia (Notas de un judío de Rusia) en 3 vols., París, 1933, 1934, t. 2, p. 301

Sión", pero que podría aceptarse con carácter provisional, a fin de crear un Estado judío lo antes posible.[879]

Este proyecto provocó debates tormentosos. Parece que encontró cierto apoyo, en el *Yishuv,* entre los nuevos inmigrantes, desalentados por las duras condiciones de vida en Palestina. Los sionistas rusos -que afirmaban tener más que toda la necesidad de encontrar rápidamente un refugio- se opusieron ferozmente al proyecto. Encabezados por M. M. Oussychkine (fundador del grupo Biluim y, más tarde, mano derecha de Ahad Haam en la Liga Bne-Moshe), ¡recordaban que el sionismo era inseparable de Sión y que nada podía sustituirlo![880]

No obstante, el Congreso constituyó una comisión que viajó a Uganda para estudiar el terreno. [881]El Séptimo Congreso, en 1905, escuchó su informe, y la variante ugandesa fue rechazada. [882] Superado por todos estos obstáculos, Herzl sucumbió a un ataque al corazón antes de conocer la decisión final.[883]

Pero este nuevo dilema provocó una nueva ruptura en el sionismo: se escindieron los llamados "territorialistas", liderados por Israel Zangwill, a los que se unieron los delegados ingleses. Crearon su Consejo Internacional; éste celebró sus reuniones recibiendo subvenciones de Jacob Schiff y del barón Rothschild. Habían renunciado a exigir "Palestina y nada más". Sí, era necesario llevar a cabo una colonización masiva por parte de los judíos, pero donde fuera. Año tras año, en sus investigaciones, pasaron revista a una docena de países. Estuvieron a punto de elegir Angola, pero "Portugal es demasiado débil, no podrá defender a los judíos", y por tanto "los judíos corren el riesgo de convertirse en víctimas de las tribus vecinas".[884] Incluso estaban dispuestos a aceptar un territorio dentro de Rusia aunque pudieran crear una entidad autónoma con una administración independiente.

Este argumento: un país fuerte debe ser capaz de defender a los inmigrantes en el lugar de su nueva residencia, reforzó a quienes insistían en la necesidad de establecer *rápidamente* un Estado independiente capaz de acoger una inmigración masiva.

Así lo sugirió -y sugeriría más tarde- Max Nordau cuando dijo que no temía la "falta de preparación económica del país [es decir, de Palestina] para la

---

[879] JE*, t. 6, p. 412.
[880] *Ibidem*, t. 15, p. 135.
[881] *Ibidem*, t. 3, p. 679.
[882] *Ibidem*, pp. 680, 681.
[883] JE, t. 6, p. 407.
[884] *Ibidem*, t. 14, pp. 827, 829.

acogida de los recién llegados". [885]Sin embargo, para ello era necesario superar a Turquía y encontrar también una solución al problema árabe. Los partidarios de este programa comprendieron que, para ponerlo en práctica era necesario recurrir a la ayuda de poderosos aliados. Ahora bien, esta ayuda, ningún país, por el momento, la propuso. Para llegar a la creación del Estado de Israel, hay que pasar por dos guerras mundiales más.

---

[885] SJE, t. 7, pp. 861, 892.

Capítulo 8

A principios del siglo XX

Al parecer, tras seis años de reflexión y vacilación, el zar Alejandro III optó irrevocablemente, a partir de 1887, por contener a los judíos de Rusia mediante restricciones de carácter civil y político, y mantuvo esta postura hasta su muerte.

Las razones fueron probablemente, por un lado, el evidente papel desempeñado por los judíos en el movimiento revolucionario, por otro, el hecho no menos evidente de que muchos jóvenes judíos rehuyeron el servicio militar: "sólo tres cuartas partes de los que deberían haberse alistado sirvieron en el ejército". [886] Se observaba "el número cada vez mayor de judíos que no respondían al llamamiento", así como la cantidad creciente de multas impagadas relacionadas con estas ausencias: sólo 3 millones de rublos de los 30 millones eran devueltos anualmente a los fondos del Estado. (De hecho, el gobierno seguía sin disponer de estadísticas precisas sobre la población judía, su tasa de natalidad, su tasa de mortalidad antes de los 21 años. Recordemos que en 1876 [véase el capítulo 4], debido a este absentismo, se había restringido el "favor concedido a ciertas personas en virtud de su situación familiar", lo que significaba que los hijos únicos de familias judías estaban ahora sujetos, como los demás, al reclutamiento general, y como resultado la proporción de reclutas judíos había llegado a ser mayor que la de no judíos. Esta situación no se corrigió hasta principios del siglo XX bajo Nicolás II.)[887]

En cuanto a la educación pública, el deseo del zar, que había formulado en 1885, era que el número de judíos admitidos en instituciones fuera del Pale of Settlement guardara la misma proporción que el número de judíos en la población total. Pero las autoridades perseguían dos objetivos simultáneamente: no sólo frenar el creciente flujo de judíos hacia la educación, sino también luchar contra la revolución, hacer de la escuela, como se decía, "no una cantera de revolucionarios, sino un semillero de

---

[886] *J. Larine*, Evrei i antisemitizm v SSSR (Los judíos y el antisemitismo en la URSS), M.L., 1929, p. 140.
[887] *G.V. Sliosberg*, Diela minouvchikh dniei: Zapiski ruskogo evreia (Notas de un judío de Rusia), 3 vols., París, 1933, 1934, vol. 2, pp. 206 209.

ciencia". [888]En las cancillerías preparaban una medida más radical que consistía en prohibir el acceso a la enseñanza a los elementos susceptibles de servir a la revolución, una medida contraria al espíritu de Lomonosov [889]y profundamente viciosa, perjudicial para el propio Estado: se trataba de negar la admisión en las escuelas superiores a los hijos de las capas desfavorecidas de la población en general (los "hijos de los cocineros"). La formulación, falsamente razonable, falsamente decente, era: "Dejar a los directores de los colegios la libertad de admitir sólo a los niños que estén al cuidado de personas que puedan garantizarles una buena vigilancia en casa y proporcionarles todo lo necesario para la prosecución de sus estudios"; además, en los centros de enseñanza superior, se preveía aumentar el derecho de acceso a las clases.[890]

Esta medida provocó una fuerte indignación en los círculos liberales, pero menos violenta y duradera que la que suscitó en 1887 una nueva medida: la reducción del número de judíos admitidos en los liceos y universidades. En un principio estaba previsto publicar estas dos disposiciones en el marco de la misma ley. Pero el Consejo de Ministros se opuso, argumentando que "la publicación de una decisión general acompañada de restricciones para los judíos podría ser malinterpretada". En junio de 1887, por tanto, sólo se promulgó una parte, la que afectaba a los no judíos: "Medidas destinadas a regular el contingente de alumnos en la enseñanza secundaria y superior", medidas dirigidas de hecho contra el pueblo llano... En cuanto a la reducción del contingente de los judíos, fue confiada al ministro de Educación, Delianov, que la puso en práctica en julio de 1887 mediante un boletín dirigido a los rectores de los consejos escolares. Fijó para las escuelas secundarias y superiores el *numerus clausus de los judíos* en un 10% para el Pale of Settlement, un 5% fuera de él y un 3% en las dos capitales.

"Siguiendo el ejemplo del Ministerio de Instrucción Pública", otras organizaciones comenzaron a introducir "cuotas de admisión en sus instituciones, y algunas fueron cerradas a los judíos". (Como la Escuela Superior de Electricidad, la Escuela de Comunicación de San Petersburgo y, lo que es más llamativo, la Academia de Medicina Militar, que prohibió temporalmente, pero "durante muchos años", el acceso a los judíos.)[891]

Esta ley *numerus clausus*, que no se había establecido durante los noventa y tres años de presencia masiva de judíos en Rusia y que iba a prolongarse

---

[888] *Hessen*, t. 2, p. 231.
[889] Mijaíl Vasílievich Lomonósov (1711-1765): gran erudito y poeta ruso, representante de la Ilustración en Rusia. De origen modesto, es el prototipo del genio nacido en el seno del pueblo. La Universidad de Moscú lleva su nombre.
[890] JE*, t. 13, p. 52.
[891] *Ibidem*, t. 13, pp. 52, 53.

durante veintinueve años (prácticamente hasta 1916) golpeó tanto más dolorosamente a la sociedad judía de Rusia cuanto que en los años 1870-1880 se había producido un "notable impulso de los judíos a ingresar en escuelas y colegios", fenómeno que Sliosberg en particular explica que "no se debe a la toma de conciencia por parte de las masas de la necesidad de la educación... sino más bien al hecho de que, para un judío sin capital, resultaba muy difícil desplegar sus fuerzas en el campo económico, y al hecho de que el servicio militar obligatorio se hizo obligatorio para todos, pero había dispensas para los estudiantes." Así, si antes sólo estudiaban los jóvenes judíos acomodados, ahora se creaba un "proletariado estudiantil judío"; si entre los rusos, ahora como antes, eran las clases sociales favorecidas las que recibían educación superior, entre los judíos, además de los ricos, empezaban a estudiar jóvenes de las clases desfavorecidas.[892]

Quisiéramos añadir que en aquellos años se había producido en todo el mundo y en todos los ámbitos de la cultura un giro hacia una educación ya no elitista, sino generalizada, y los judíos, particularmente intuitivos y receptivos, habían sido los primeros en sentirlo, al menos instintivamente. Pero, ¿cómo encontrar la manera de satisfacer, sin provocar fricciones, sin choques, la aspiración constante y creciente de los judíos a la educación? Teniendo en cuenta que la población autóctona, en su masa, permanecía bastante dormida y atrasada, ¿cómo evitar perjuicios al desarrollo de una y otra parte?

Por supuesto, el objetivo del gobierno ruso era la lucha contra la revolución, pues entre la juventud estudiantil muchos judíos se habían hecho notar por su activismo y su total rechazo al régimen vigente. Sin embargo, cuando conocemos la enorme influencia ejercida por Pobedonostsev [893] durante el reinado de Alejandro III, hay que admitir que el objetivo era también defender a la nación rusa contra el desequilibrio que se iba a producir en el campo de la educación. Así lo atestigua el barón Morits von Hirsch, un gran banquero judío que visitó Rusia y a quien Pobedonostsev expresó su punto de vista: la política del gobierno no se inspira en la idea de que los judíos sean una "amenaza", sino en el hecho de que, ricos en su cultura multimilenaria, son más poderosos espiritual e intelectualmente que el pueblo ruso, todavía ignorante y poco pulido; por eso había que tomar medidas para equilibrar la "escasa capacidad de resistencia de la población local." (Y Pobedonostsev pidió a Hirsch, conocido por su filantropía, que promoviera la educación del pueblo ruso para hacer realidad la igualdad de derechos de los judíos de Rusia. Según

---

[892] *Sliosberg*, t. 1, p. 92; t. 2, p. 89.
[893] Konstantin Petrovich Pobedonostsev (1827-1907) Estadista, miembro del Consejo del Imperio desde 1872, procurador general del Santo Sínodo, preceptor de Nicolás II. Ejerció gran influencia sobre Alejandro III.

Sliosberg, el barón Hirsch destinó un millón de rublos a escuelas privadas.)[894]

Como todo fenómeno histórico, esta medida puede contemplarse desde diversos ángulos, en particular desde los dos ángulos diferentes que se exponen a continuación. Para un joven estudiante judío, la equidad más elemental parecía burlada: había demostrado capacidades, solicitud, debía ser admitido... ¡Pero no lo fue!

Evidentemente, para estos jóvenes dotados y dinámicos, toparse con semejante barrera era más que mortificante; la brutalidad de tal medida les indignaba. A los que hasta entonces se habían limitado a los oficios del comercio y la artesanía se les impedía ahora acceder a unos estudios ardientemente deseados que les conducirían a una vida mejor.

Por el contrario, la "población autóctona" no veía en estas cuotas una violación del principio de igualdad, sino todo lo contrario. Las instituciones en cuestión eran financiadas por el erario público y, por tanto, por toda la población, y si los judíos eran más numerosos, significaba que era a costa de todos; y se sabía que, más adelante, las personas instruidas gozarían de una posición privilegiada en la sociedad. Y los demás grupos étnicos, ¿tenían que tener también una representación proporcional dentro de la "capa culta"? A diferencia de todos los demás pueblos del imperio, los judíos aspiraban ahora casi *exclusivamente a la* educación, y en algunos lugares esto podía significar que el contingente judío en las escuelas superaba el 50%. Sin duda, el *numerus clausus* se instituyó para proteger los intereses de los rusos y las minorías étnicas, no para intimidar a los judíos. (En los años 20 del siglo XX, en Estados Unidos se buscó un enfoque similar para limitar el contingente judío en las universidades, y también se establecieron cuotas de inmigración, pero volveremos sobre esto. Además, la cuestión de las cuotas, planteada hoy en términos de "no menos de"[895], se ha convertido en un tema candente en Estados Unidos). En la práctica, ha habido muchas excepciones a la aplicación del *numerus clausus* en Rusia. Los primeros en evitarlo fueron *los institutos femeninos*: "En la mayoría de los liceos para señoritas, las cuotas no estaban vigentes, ni tampoco en varios establecimientos públicos de enseñanza superior: los conservatorios de San Petersburgo y Moscú, la Escuela de Pintura, Escultura y Arquitectura de Moscú, la Escuela de Comercio de Kiev, etc.".[896] *A fortiori* no se aplicaban cuotas en ningún establecimiento

---

[894] *Ibidem*, t. 2, p. 33.
[895] Una alusión a la *discriminación positiva* que establece unos mínimos para la admisión de minorías étnicas en Estados Unidos.
[896] SJE, t. 6, p. 854.

privado; y éstos eran numerosos y de gran calidad. (Por [897]ejemplo, en el Instituto Kirpitchnikova, uno de los mejores de Moscú, una cuarta parte de los alumnos eran judíos. Eran numerosos [898] en el famoso instituto Polivanovskaya de Moscú, y en el instituto femenino Androyeva de Rostov, donde mi madre fue alumna, había en su clase más de la mitad de chicas judías). Las escuelas comerciales (dependientes del Ministerio de Hacienda), en las que los niños judíos ansiaban matricularse, se abrieron inicialmente a ellos sin ninguna restricción, y las que tuvieron lugar después de 1895 fueron relativamente poco numerosas (por ejemplo: en las escuelas comerciales del Pale of Settlement, financiadas con fondos privados, el número de judíos admitidos dependía de la cantidad de dinero asignada por los comerciantes judíos para el mantenimiento de estas escuelas, y en muchas de ellas el porcentaje de alumnos judíos era del 50% o más).

Si la norma oficial se respetaba estrictamente en el momento de la admisión a las clases de secundaria, a menudo se sobrepasaba ampliamente en las clases más numerosas.

Sliosberg lo explica especialmente por el hecho de que los niños judíos que entraban en el instituto lo seguían hasta el final, mientras que los no judíos solían abandonar sus estudios antes de terminarlos. Por eso, en las clases grandes, a menudo había mucho más de un 10% de alumnos judíos. [899]Confirmó que eran numerosos, por ejemplo, en el instituto de Poltava. De 80 chicos, ocho eran judíos. En las [900]escuelas masculinas de Mariupol, en la época en que ya existía una Duma local, entre el 14 y el 15% de los alumnos eran judíos, y en los institutos femeninos, la proporción era aún mayor. [901] En Odessa, donde los judíos constituían un tercio de la población,[902] eran en 1894, el 14% en el prestigioso instituto Richelieu, más del 10% en el gimnasio n°2, el 37% en el gimnasio n° 3; en los institutos femeninos la proporción era del 40%; en las escuelas de comercio, del 72%, y en la universidad, del 19%.[903]

En la medida en que los medios económicos lo permitían, ningún obstáculo impedía esta sed de educación. "En varias escuelas secundarias de las

---

[897] *I. M. Troitsky*, Evrei v rousskoi chkole (Los judíos en la escuela rusa), BJWR-1, p. 359.
[898] *P. D. Ilinsky*, Vospominaniya (Memorias), Biblioteka-fund "Ruskie Zarubejnie" (Biblioteca y Archivos), "Emigración rusa" (BFER), colección 1, A-90, p. 2.
[899] *Sliosberg*, t. 2, p. 90.
[900] *N. V. Volkov-Mouromtsev*, Iounost. Ot Viazmy do Feodosii (Juventud, de Viazma a Feodosiia), 2nd ed., M., Rousski Pout, Graal, 1997, p. 101.
[901] *I. E. Temirov*, Vospominaniia (Memorias). BFER, colección 1, A-29, p. 24.
[902] JE, t. 12, p. 58.
[903] *A. Lvov*, Novaia gazeta, Nueva York, 5-11 de septiembre de 1981, n° 70, p. 26.

provincias centrales rusas había pocos alumnos judíos en aquella época, y los padres aprovechaban la oportunidad para enviar allí a sus hijos... Los padres más ricos hacían que sus hijos estudiaran en casa: se preparaban para los exámenes de acceso al curso siguiente y así llegaban al último año".[904] En el periodo comprendido entre 1887 y 1909, los niños judíos podían pasar libremente los exámenes de fin de estudios, y "se graduaban como iguales los que habían seguido el plan de estudios." [905]La mayoría de los alumnos "externos" eran judíos. Una familia como la de Jacob Marchak (un joyero sin gran fortuna, padre del poeta [906]), cuyos cinco hijos cursaron estudios superiores, no era infrecuente antes de la revolución.

Además, "por todas partes se abrieron establecimientos privados, mixtos para judíos y cristianos, o sólo para judíos... Algunos de estos establecimientos gozaban de los mismos derechos que los establecimientos públicos; los otros estaban autorizados a expedir certificados que daban derecho a matricularse en los establecimientos de enseñanza superior." "[907]Se estableció una red de asentamientos judíos privados, que constituyó la base de una educación de tipo nacional", [908]. "Los judíos también se orientaron hacia los establecimientos de enseñanza superior en el extranjero: una gran parte de ellos, a su regreso a Rusia, aprobaron exámenes ante las Comisiones Estatales." El [909]propio Sliosberg observó que en los años 80, en la Universidad de Heidelberg que "la mayoría de los oyentes rusos eran judíos" y que algunos, entre ellos, no tenían el título de bachiller.[910]

Cabe preguntarse con razón si las restricciones, dictadas por el miedo ante los ánimos revolucionarios de los estudiantes, no contribuyeron a alimentar dichos ánimos. Si éstos no se vieron agravados por la indignación ante el *numerus clausus* y por los contactos mantenidos en el extranjero con los emigrados políticos.

¿Qué ocurrió en las universidades rusas tras la publicación del boletín? No hubo una caída brusca, pero el número de judíos disminuyó casi todos los años, del 13,8% en 1893 al 7% en 1902. La proporción de judíos que estudiaban en las universidades de San Petersburgo y Moscú no fue inferior

---

[904] JE, t. 13, pp. 54 55.
[905] *Ibidem*, t. 16, p. 205.
[906] Samufi Yakovlevich Marchak (1887-1964) Hombre de letras ruso de la era soviética.
[907] *Ibidem*, t. 13, p. 55.
[908] SJE, t. 6, p. 854.
[909] JE, t. 13, p. 55.
[910] *Sliosberg*, t. 1, p. 161.

a la norma impuesta del 3% durante todo el período de vigencia de dicha norma.[911]

El ministro Delianov accedió más de una vez a las peticiones que se le presentaron y autorizó la admisión en la universidad más allá del *numerus clausus*.[912]

Así fue como se admitió a "cientos de estudiantes". (La flexibilidad de Delianov sucederá más tarde a la rigidez del ministro Bogolepov, y no se excluye que esto haya contribuido a convertirlo en objetivo de los terroristas[913]. [914]) Sliosberg ofrece este panorama: el porcentaje de mujeres en los tribunales superiores de medicina superaba al de la Academia de Medicina Militar y al de la universidad, y "todas las muchachas judías del imperio acudían en masa". Varios centenares de judías se matricularon en la Escuela de Psiconeuropatología de San Petersburgo, donde podían ingresar sin bachillerato, y así fueron miles a lo largo de los años. Se llamaba Escuela de Neuropatología, pero también albergaba una facultad de Derecho. El Conservatorio Imperial de San Petersburgo estaba "lleno de estudiantes judíos de ambos sexos". En 1911 se abrió en Ekaterinoslav una escuela minera privada.[915]

La admisión en escuelas especializadas, como la de oficiales sanitarios, se hacía con gran libertad. J. Teitel cuenta que en la escuela de enfermeras de Saratov (de gran calidad, muy bien equipada) se admitía a judíos del Pale of Settlement sin ninguna limitación y sin autorización previa expedida por la policía para el desplazamiento. Los admitidos recibían así plenos derechos. Esta práctica fue confirmada por el entonces gobernador de Saratov, Stolypin. De este modo, la proporción de estudiantes judíos podía ascender al 70%. En las demás escuelas técnicas superiores de Sarátov se admitía sin norma alguna a judíos procedentes del Pale de Asentamiento, y muchos de ellos continuaban sus estudios superiores...

---

[911] *S. V. Pozner*, Evrei v obschei chkole K istorii zakonodatelstva i pravitelstvennoi politiki v oblasti evreiskogo voprosa (*Los judíos en la escuela común. Para la historia de la legislación y la política estatal en el ámbito de la cuestión judía*), San Petersburgo, Razum, 1914, pp. 54-55.
[912] *Cf. Sliosberg*, t. 2, p. 93.
[913] Nikolai Pavlovich Bogolepov (1847-1901) abogado, ministro de Educación Nacional. Herido mortalmente en el atentado perpetrado por P. Karpovitch.
[914] A. *Goldenweiser*, Pravovoie polojeniie evreiev v rossii (La situación jurídica de los judíos en Rusia), LMJR-1, p. 149.
[915] *Sliosberg*, t. 1, pp. 127, 128; t. 3, pp. 290, 292, 301.

Del Pale of Settlement también llegaba "una masa de alumnos externos que no encontraban su sitio en la universidad, y para los que la comunidad judía de la ciudad luchaba por encontrar trabajo".[916]

A todo esto hay que añadir que el número de establecimientos donde la enseñanza se impartía en hebreo no era limitado. En el último cuarto del siglo XIX había 25.000 escuelas primarias (*Heder*) con 363.000 alumnos en el Pale of Settlement (el 64% de todos los niños judíos). Es [917]cierto que en 1883 se cerraron los antiguos "establecimientos judíos del Estado" por no tener ninguna utilidad : ya nadie iba allí. (Pero nótese: la apertura de estos establecimientos fue interpretada en su día por los publicistas judíos como un acto y una artimaña de la "reacción adversa", ¡y hoy su cierre fue también el "acto de la reacción adversa"!)

En resumen: las cuotas de admisión no obstaculizaron la aspiración de los judíos a la educación. Tampoco contribuyeron a elevar el nivel educativo de los pueblos no judíos del imperio; sólo despertaron amargura y rabia entre la juventud judía. Pero ésta, a pesar de las prohibiciones, iba a constituir una intelectualidad de vanguardia. Fueron los inmigrantes de Rusia quienes formaron el núcleo de la primera élite intelectual del futuro Estado de Israel. (¿Cuántas veces leemos en la *Encyclopædia judía rusa* las menciones "hijo de pequeño artesano", "hijo de pequeño comerciante", "hijo de comerciante" y, más adelante, "terminó la universidad")?

El diploma universitario confería inicialmente el derecho a residir en todo el imperio y a servir en la administración (más tarde se limitó de nuevo el acceso a la enseñanza en academias, universidades y escuelas públicas). Los graduados de la Facultad de Medicina -médicos y farmacéuticos- podían "residir en cualquier lugar, ejercieran o no su profesión" y, como todos los que habían obtenido un título superior, podían incluso "dedicarse al comercio o a otros oficios", "ser miembros del cuerpo de mercaderes sin haber pasado previamente cinco años en el primer gremio del Pale of Settlement", como se exigía a los demás comerciantes. "Los judíos con el título de doctor en medicina" podían ejercer su profesión en cualquier distrito del imperio, contratar un secretario médico y dos ayudantes entre sus correligionarios trayéndolos desde el Pale of Settlement. El derecho a residir en cualquier lugar, así como el derecho a comerciar, se atribuyó a todos aquellos que ejercían profesiones paramédicas sin haber completado una educación superior: dentistas, enfermeras, comadronas. A partir de

---

[916] *J. L. Teitel*, Iz moiei jizni za 40 let (Historias de mi vida a lo largo de cuarenta años), París, J. Povolotsky y Co, 1925, pp. 170-176.
[917] *J. M. Troitsky*, Evrei v rousskoi chkole (Los judíos en la escuela rusa), *op. cit.*, p. 358.

1903, se añadió un requisito: que estas personas ejercieran obligatoriamente su especialidad.[918]

Las restricciones también afectaron al colegio de abogados, el cuerpo independiente de abogados creado en 1864. Esta profesión allanaba el camino para una carrera de éxito, tanto económico como personal, y para transmitir las propias ideas: los alegatos de los abogados ante los tribunales no estaban sujetos a censura alguna, se publicaban en la prensa, de modo que los oradores gozaban de mayor libertad de expresión que los propios periódicos. La explotaban ampliamente para la crítica social y para la "edificación" de la sociedad. La clase de los procuradores se había transformado en un cuarto de siglo en una poderosa fuerza de oposición: cabe recordar la triunfal absolución de Vera Zasulich en 1878. [919](La laxitud moral de la argumentación de los abogados en aquella época preocupaba mucho a Dostoievski: lo explicó en sus escritos. [920]) Dentro de esta influyente cofradía, los judíos ocuparon rápidamente un lugar preponderante, revelándose como los más dotados de todos.

Cuando, en 1889, el Consejo de Abogados Jurados de San Petersburgo publicó "por primera vez en su informe los datos relativos al número de judíos en este oficio", el gran abogado de San Petersburgo A. J. Passover "renunció al título de miembro del Consejo y dejó de ser candidato a las elecciones".[921]

En el mismo año 1889, el ministro de Justicia, Manasseine, presentó un informe al zar Alejandro III; se afirmaba que "el colegio de abogados está invadido por los judíos, que suplantan a los rusos; aplican sus propios métodos y violan el código deontológico al que deben obedecer los abogados jurados". (El documento no aporta ninguna aclaración. [922]) En noviembre de 1889, por orden del zar, se adoptó una disposición, supuestamente provisional (y por consiguiente capaz de escapar al procedimiento legal), que exigía que "la admisión en los números de aquellas autoridades declaradas y delegadas de confesión no cristiana... sólo será posible en lo sucesivo, y hasta la promulgación de una ley especial al respecto, con la autorización del ministro de Justicia." [923]Pero como aparentemente ni los musulmanes ni los budistas se acogieron en gran

---

[918] JE, t. 10, pp. 780-781.
[919] Vera Ivanovna Zasulich (1849-1919): populista revolucionaria vinculada a Netchayev. Fusilada por el comandante de la plaza de San Petersburgo (1873). Absuelta. Convertida en marxista, fue una de las dirigentes del partido menchevique.
[920] En el *Diario de un escritor del* mes de febrero de 1876.
[921] JE, t. 6, p. 118.
[922] S. L. Kutcherov, Evrei v rousskoi advokatoure (*Los judíos en el colegio de abogados ruso*), BJWR-1, p. 402.
[923] JE*, t. 1, pp. 469, 470.

número al título de abogado, esta disposición resultó estar dirigida *de facto* contra los judíos.

A partir de ese año, y durante otros quince, prácticamente ningún judío no bautizado recibió esta autorización del ministro, ni siquiera personalidades tan brillantes -y futuros grandes abogados- como M. M. Winaver [924] u O. O. Gruzenberg: permanecieron confinados durante década y media en el papel de "asistentes jurídicos". (Winaver incluso alegó más de una vez en el Senado, y fue muy escuchado). De hecho, los "pasantes" abogaban con la misma libertad y éxito que los propios abogados: aquí no había restricciones.[925]

En 1894, el nuevo ministro de Justicia, N. V. Muraviev, quiso dar a esta prohibición temporal el valor de ley permanente. Su argumento era el siguiente:

"El verdadero peligro no es la presencia en el cuerpo de abogados de un cierto número de personas de fe judía que hayan rechazado en gran medida las nociones contrarias a las normas cristianas propias de su nación, sino el hecho de que el número de tales personas llegue a ser tan grande que puedan adquirir una importancia preponderante y ejercer una influencia adversa en el nivel general de moralidad y en las actividades de dicha corporación."[926] En el proyecto de ley se abogaba por limitar al 10% la proporción de procuradores no cristianos en cada jurisdicción de. El gobierno del zar rechazó este proyecto, pero, como dice el Sr. Krohl, "esta idea... no encontró la condena que merecía en la opinión pública rusa", y en el seno de la Sociedad de Juristas de San Petersburgo, "sólo unas pocas personas protestaron enérgicamente...; el resto, la gran mayoría, estaba claramente a favor del proyecto en el momento de su discusión".[927] Esto da una idea inesperada del estado de ánimo de la intelectualidad de la capital a mediados de los 90. (En la jurisdicción de San Petersburgo, el 13,5% de los abogados eran judíos, mientras que en Moscú, menos del 5%.)[928]

La prohibición de que los empleados de los procuradores se declarasen se sintió tanto más dolorosamente cuanto que seguía a las limitaciones en las carreras científicas y al servicio del Estado. [929] No se levantaría antes de 1904.

---

[924] Maxime Moiseyevich Winaver (1862-1926): abogado nacido en Varsovia, uno de los fundadores del Partido Constitucional-Demócrata, del partido de los Cadetes (1905), diputado en la Duma (1906). Emigró a Francia en 1919.
[925] *Goldenweizer*, BJWR-1, p. 131.
[926] *Kurcherov*, BJWR-1*, p. 404.
[927] JE, t. 1, pp. 471-472.
[928] Kurcherov, Ibidem, *p. 405.*
[929] Ibídem.

En los años 80, se introdujo una limitación del número de jurados judíos en las provincias del Pale of Settlement, para que no tuvieran mayoría en los jurados.

También a partir de los años 80 cesó la contratación de judíos en la administración judicial. Sin embargo, hubo excepciones: así, J. Teitel, que había sido nombrado poco después de sus estudios universitarios, permaneció allí veinticinco años. Terminó su carrera ennoblecido con el grado civil de general.

(Hay que añadir que, más tarde, Cheglovitov [930]le obligó a retirarse "por voluntad propia"). En el ejercicio de sus funciones, a menudo tuvo, él, el israelita, que prestar juramento a testigos ortodoxos, y nunca encontró objeción alguna por parte del clero. J. M. Halpern, también funcionario de la administración judicial, había accedido al alto cargo de Subdirector del Ministerio de Justicia y al rango de Consejero Secreto. Halpern formó [931]parte de la Comisión Pahlen en calidad de experto. (Antes, el primer fiscal del Senado había sido G. I. Trahtenberg, y su adjunto G. B. Sliosberg se había iniciado en la defensa de los derechos de los judíos). También fue primer fiscal del Senado S. J. Outine, pero fue bautizado y, en consecuencia, no se le tuvo en cuenta.

El criterio religioso nunca ha sido un falso pretexto para el gobierno zarista, sino que siempre ha sido un motivo real. Fue por ello que los viejos creyentes, [932]étnicamente rusos, fueron ferozmente perseguidos durante dos siglos y medio, así como, más tarde, los dukhobors [933]y los molokanes, [934]también rusos.

Los judíos bautizados eran numerosos al servicio del Estado ruso; no hablaremos de ello en este libro. Citemos, bajo Nicolás I, al conde K. Nesselrod, que hizo una larga carrera al frente del Ministerio de Asuntos Exteriores; Ludwig Chtiglits, que recibió la baronía en Rusia ; [935]Maximilian Heine, hermano del poeta y médico militar, que terminó su carrera con el rango de consejero de Estado; el gobernador general Bezak, general de la suite de Su Majestad Adelberto, el coronel de la Guardia de

---

[930] Ivan Grigorievich Cheglovitov (1861-1918) Ministro de Justicia en 1906-1915, Presidente del Consejo del Imperio. Fusilado sin juicio por los bolcheviques en represalia por el fallido asesinato de Fanny Kaplan contra Lenin.
[931] JE, t. 6, p. 118.
[932] Los viejos creyentes son adeptos de la "antigua fe", la anterior a las reformas impuestas por el Patriarca Nikon en el siglo XVII. Fueron perseguidos.
[933] Los doukhobors son "combatientes del espíritu", una secta religiosa del siglo XVII que reniega de la Iglesia como institución, del Estado y profesa una especie de espiritualismo racionalista.
[934] Véase *supra* (p. 245).
[935] JE, t. 16, p. 116.

Caballería Meves, los diplomáticos Hirs, uno de los cuales fue ministro bajo Alejandro III. Más tarde, el Secretario de Estado Perets (nieto del recaudador de impuestos Abram Perets)[936], los generales Kaufman-Turkestansky y Khrulyov; el escudero Salomon, director del liceo Alexandrovsky; los senadores Gredinger, Posen; en el Departamento de Policía, Gurovich, Vissarionov, entre muchos otros.

¿La conversión al cristianismo, especialmente al luteranismo, fue considerada fácil por algunos? ¿Se abren de golpe todas las vías? Sliosberg observó en un momento dado una "negación casi masiva" por parte de los jóvenes.[937]

Pero, por supuesto, visto desde el lado judío, esto parecía una grave traición, "un plus a la abjuración de su fe... Cuando pensamos en el número de judíos que resisten la tentación de bautizarse, uno adquiere un gran respeto por este infeliz pueblo."[938]

Antes era con candor: dividíamos a la gente en dos categorías, "los nuestros" y "los otros", según el criterio de la fe exclusivamente. Este estado de ánimo, el Estado ruso, aún lo reflejaba en sus disposiciones. Pero, en los albores del siglo XX, ¿no podría haber reflexionado un poco y preguntarse si tal procedimiento era moralmente admisible y prácticamente eficaz? ¿Podíamos seguir ofreciendo a los judíos bienestar material a costa de negar su fe?

Y entonces, ¿qué ventaja podía derivarse del cristianismo? Muchas de estas conversiones fueron por pura conveniencia. (Algunos se justificaban diciendo: "Así puedo ser mucho más útil a mi pueblo".[939])

Para quienes habían obtenido la igualdad de derechos al servicio del Estado, "ya no existía restricción de ningún tipo que les impidiera acceder a la nobleza hereditaria" y recibir las más altas recompensas.

"Los judíos se inscribían comúnmente sin dificultad en los registros genealógicos".[940] E incluso, como vemos en el censo de 1897, 196 miembros de la nobleza hereditaria contaban el *hebreo* como lengua materna (entre la nobleza a título personal y los funcionarios, eran 3.371

---

[936] *Ibidem*, t. 12, pp. 394-395.
[937] *Sliosberg*, t. 2, p. 94.
[938] V. *Posse*, Evreiskoi zassiliie (La violencia judía), Slovo, San Petersburgo, 1909, 14 (27) de marzo, p. 2.
[939] *Sliosberg*, t. 1, p. 198.
[940] JE, t. 7, p.34.

en el mismo caso [941]). Hubo incluso, entre los Brodsky, una familia de modestos artesanos, mariscales de la nobleza de la provincia de Ekaterinoslav.

Pero a partir de los años 70 del siglo XIX, los judíos que buscaban puestos en la administración del Estado empezaron a encontrar obstáculos (y esto se agravó a partir de 1896); hay que decir que pocos eran los que aspiraban a este tipo de actividad rutinaria y mal pagada. Además, a partir de los años 90, los obstáculos afectaron también a las funciones electivas.

En 1890 se promulgó una nueva Ordenanza del Zemstvo, según la cual los judíos quedaban excluidos de la autogestión del Zemstvo, es decir, fuera de las zonas urbanas de las provincias y distritos. Estaba previsto "no permitir [a los judíos] participar en las reuniones y asambleas electorales de los Zemstvos"[942] (éstos aún no existían en las provincias occidentales). La motivación era que "los judíos, que normalmente persiguen sus intereses particulares, no satisfacen la demanda de una conexión real, viva y social con la vida local." [943] Al mismo tiempo, trabajar en el Zemstvo como contratista independiente, a título de lo que se denominaba "elemento extraño" (elemento que introduciría en el Zemstvo, con varios años de antelación, la explosiva carga del radicalismo), no estaba prohibido a los judíos -y allí eran muchos.

Las restricciones de los zemstvos no afectaron a los judíos de las provincias centrales rusas porque la gran mayoría de ellos residían en las ciudades y estaban más interesados en la administración urbana. Pero en 1892 apareció esta vez una nueva disposición para las ciudades: los judíos perdieron el derecho a elegir y ser elegidos delegados a las Dumas y a los cargos municipales, así como a ocupar cualquier cargo de responsabilidad, o dirigir allí servicios económicos y administrativos.

Esto representaba una limitación más que sensata. Como delegados, los judíos sólo eran admitidos en las ciudades del Pale of Settlement, pero también aquí sujetos a una restricción: no más de una décima parte del número de la duma municipal, y de nuevo "por encargo" de la administración local que seleccionaba a los candidatos judíos -un procedimiento molesto, como mínimo. (Especialmente para los hombres de familia burgueses, como bien señala Sliosberg: qué humillación para ellos en relación con sus hijos... ¿cómo, después de eso, pueden permanecer

---

[941] Obschii svod po Imperii rezoultatov razrabotki dannykh pervoi vseobschei perepisi naseleniia, proizvedionnoi 28 ianvaria 1897 g. (Corpus general de resultados para el Imperio de los datos del primer censo general de población realizado el 28 de enero de 1897), t. 2, San Petersburgo, 1905, pp. 374-386.
[942] JE*, t. 7, p. 763.
[943] *Ibidem*, t. 1, p. 836.

leales a un gobierno así? [944]). "No ha habido una época más dura en la historia de los judíos rusos en Rusia. Fueron expulsados de todas las posiciones que habían conquistado". [945] En otro pasaje, el mismo autor habla sin ambages de los sobornos recibidos por los funcionarios del Ministerio del Interior para que actuaran a favor de los judíos.[946] (Eso suavizaba un poco el rigor de la época).

Sí, los judíos de Rusia fueron sin duda intimidados, víctimas de la desigualdad en los derechos civiles. Pero esto es lo que nos recuerda el eminente cadete V. A. Maklakov, que se encontró en la emigración después de la revolución: "La 'desigualdad en los derechos' de los judíos perdió naturalmente su agudeza en un estado en el que la enorme masa de la población (82%), aquella de la que dependía la prosperidad del país, el campesinado -sordo, mudo, sumiso-, estaba también *excluida* del derecho común, igual para todos"[947] -y permaneció en la misma situación tras la abolición de la servidumbre; Para ella también, el servicio militar era ineludible, la educación secundaria y superior inaccesible, y no obtuvo esa autoadministración, ese Zemstvo rural que tanto necesitaba. Otro emigrante, D. O. Linsky, judío, llegó incluso a la amarga conclusión de que, en comparación con la nivelación de los soviets, cuando toda la población de Rusia fue privada de todos los derechos, "la desigualdad en los derechos de la población judía antes de la revolución aparece como un ideal inaccesible."[948]

Nos hemos acostumbrado a decir: la *persecución* de los judíos en Rusia. Pero la palabra no es justa. No fue una persecución, estrictamente hablando. Fue toda una serie de restricciones, de intimidaciones. Exasperante, es cierto, doloroso, incluso escandaloso.

Sin embargo, con el paso de los años, el Pale of Settlement se fue haciendo cada vez más permeable.

Según el censo de 1897, 315.000 judíos residían ya *fuera de* sus fronteras, es decir, en dieciséis años, un aumento de nueve veces (y esto representaba el 9% de la población judía total de Rusia aparte del reino de Polonia. [949] Comparemos: había 115.000 judíos en Francia y 200.000 en Gran

---

[944] *Sliosberg*, t. 3, p. 220.
[945] *Ibidem*, t. 1, p. 259.
[946] *Ibidem*, t. 2, pp. 177-178.
[947] V. A. *Maklakov* (1905-1906), Sb. M. M. Winaver i rousskaia obschestvennost natchala XX veka (Colección M. M. Winaver y la sociedad civil rusa a principios del siglo XX), París, 1937, p. 63.
[948] D. O. *Linsky,* O natsionalnom samosoznanii ruskogo evreia-Rossia i evrei (Sobre la conciencia nacional del judío de Rusia), en RaJ, p. 145.
[949] *Hessen*, t. 2, p. 210; JE, t. 11, pp. 537, 538.

Bretaña) [950]. Consideremos también que el censo arrojaba cifras infravaloradas, en vista de que en muchas ciudades de Rusia muchos artesanos, muchos criados al servicio de judíos "autorizados" no tenían una existencia oficial, al estar protegidos del registro.

Ni la cúpula de las finanzas ni la élite culta estaban sujetas a las restricciones del "Pale", y ambas se establecían libremente en las provincias centrales y en las capitales. Es bien sabido que el 14% de la población judía ejercía "profesiones liberales"[951] -no necesariamente de tipo intelectual. Una cosa, sin embargo, es cierta: en la Rusia prerrevolucionaria, los judíos "ocupaban un lugar destacado en estas ocupaciones intelectuales". El famoso Pale de asentamiento en sí no impidió en modo alguno que una gran fracción de los judíos penetrara cada vez más en las provincias de la Rusia central".[952]

Los oficios llamados "artesanales" donde los judíos eran más numerosos eran los dentistas, los sastres, las enfermeras, los boticarios y algunos otros, oficios de gran utilidad en todas partes, donde siempre eran bienvenidos. "En 1905, en Rusia, más de 1.300.000 judíos trabajaban en actividades artesanales",.[953]

lo que significaba que podían vivir fuera del "Pale". Y tampoco hay que olvidar que "en ninguna parte de las leyes se estipulaba, por ejemplo, que el artesano que ejerce un oficio no tiene derecho a dedicarse al comercio al mismo tiempo"; además, "la noción de "hacer negocios" no está definida por la ley": por ejemplo, "vender depósitos" con comisión, ¿es comercio? Así, para ejercer cualquier forma de comercio (incluso a gran escala), para dedicarse a la compra de inmuebles, al desarrollo de fábricas, había que pasar por "artesano" (¡o "dentista"!) Por ejemplo, el "artesano" Neimark poseía una fábrica de sesenta obreros; los tipógrafos abrieron así su propia imprenta.[954] Y aún existía otra forma: varias personas se reagrupan, y sólo una paga la cuota del primer gremio, los demás se hacen pasar por sus "empleados". O incluso, ser "adoptado" en una provincia central por soldados judíos retirados (el padre "adoptado" recibía a cambio una pensión)[955]. En Riga, miles de familias judías vivieron del comercio de la madera hasta que fueron expulsadas por falsos atestados. [956]En los albores

---

[950] SJE, t. 2, pp. 313-314.
[951] *Larine*, p. 71.
[952] *V. S. Mandel*, Konservativnyie i razrouchitelnyie elementy v evreistve (Elementos conservadores y elementos destructivos entre los judíos), RaJ, p. 202.
[953] *Goldenweiser*, RaJ, p. 148.
[954] *Sliosberg*, t. 2, pp. 51, 197, 188, 193, 195.
[955] *Ibidem*, pp. 22-24.
[956] *Ibidem*, pp. 183 185.

del siglo XX, había asentamientos judíos en todas las ciudades rusas de cierta importancia.

J. Teitel testificó que "la construcción de la línea de ferrocarril Samara-Orenburg provocó la afluencia de un gran número de judíos a Samara. Los supervisores de este ferrocarril eran judíos: Varchavsky, Gorvitch. Durante mucho tiempo fueron también los propietarios. Ocupaban los puestos de control, así como un gran número de puestos subordinados. Trajeron a sus familias desde el Pale of Settlement, y así se formó una colonia judía muy numerosa. También se encargaban de la exportación del trigo de la rica provincia de Samara al extranjero. Cabe señalar que fueron los primeros en exportar huevos de Rusia a Europa Occidental. Todas estas actividades fueron llevadas a cabo por los llamados 'artesanos'". Y Teitel enumera a tres sucesivos gobernadores de la provincia de Samara, así como a un jefe de policía (que, anteriormente, en 1863, había sido "excluido de la Universidad de San Petersburgo por haber participado en desórdenes estudiantiles" que "cerraron los ojos ante estos llamados artesanos." Así, hacia 1889, vivían en Samara "más de 300 familias judías, sin permiso de residencia"[957],-lo que significa que en Samara, además de las cifras oficiales, había de hecho unos 2.000 judíos.

Nos llegan historias de otro extremo de Rusia: en Viazma, "los tres farmacéuticos, los seis dentistas, varios médicos, notarios, muchos tenderos, casi todos los peluqueros, sastres, zapateros eran judíos. Todos los que aparecían como tales no eran dentistas ni sastres, muchos comerciaban y nadie se lo impedía. De sus 35.000 habitantes, Viazma contaba también con unos dos mil judíos.[958]

En la región del Ejército del Don, donde en 1880 se impusieron severas restricciones a los judíos y donde se les prohibió residir en las aldeas cosacas y en los suburbios de las ciudades, había sin embargo 25.000 encargados de posadas y bufetes, barberos, relojeros, sastres. Y de ellos dependía cualquier entrega de una cantidad de mercancías, fuera cual fuera su tamaño.

El sistema de restricciones a los derechos de los judíos, con toda la gama de correcciones, reservas y enmiendas al mismo, se había ido construyendo estrato tras estrato a lo largo de los años. Las disposiciones dirigidas a los judíos estaban dispersas en las diversas colecciones de leyes promulgadas en diferentes épocas, mal armonizadas entre sí, mal amalgamadas con las leyes comunes del imperio.

---

[957] *Teirel*, pp. 36-37, 47.
[958] *Volkov-Mouromrsev*, pp. 98, 101.

Los gobernadores se quejaron de ello. [959]Hay que intentar penetrar en los misterios de las innumerables derogaciones, casos especiales, excepciones de excepciones, que pululaban en la legislación sobre los judíos, para comprender qué viaje del combatiente representaba esto para el judío ordinario, y qué rompecabezas para la administración. Tanta complejidad sólo podía engendrar formalismo, con su sucesión de crueldades; así, cuando un cabeza de familia domiciliado en una provincia del centro de Rusia perdía su derecho de residencia (tras su muerte o como consecuencia de un cambio de profesión), toda su familia lo perdía con él. Así, las familias eran expulsadas tras la muerte del cabeza de familia (a excepción de los solteros mayores de 70 años).

Sin embargo, la complejidad no siempre jugó en contra de los judíos; a veces jugó a su favor. Los autores escriben que "eran los comisarios de policía y sus adjuntos quienes se encargaban de resolver las interminables vacilaciones en la aplicación de las medidas restrictivas", lo que se traducía en el uso de sobornos y en la elusión de la ley[960] -siempre favorable a los judíos. También había vías legales perfectamente viables. "La naturaleza contradictoria de las innumerables leyes y disposiciones sobre los judíos ofrece al Senado un amplio espectro de interpretaciones de la legislación... En los años 90, la mayoría de las disposiciones recurridas por los judíos fueron anuladas" por el Senado. [961]Los más altos dignatarios a menudo cerraban los ojos ante el incumplimiento de las restricciones antijudías, como testificó, por ejemplo, G. Sliosberg: "En última instancia, los asuntos judíos dependían del jefe del departamento de policía, Pyotr Nikolayevich Dumovo... Éste siempre estaba abierto a los argumentos de los denunciantes y debo decir, para ser sincero, que si la aplicación de alguna norma restrictiva era contraria a la caridad humana, [Dournovo] examinaba el asunto y lo resolvía favorablemente."[962]

"Más que las nuevas leyes, fueron las disposiciones tendentes a una aplicación más dura de las antiguas las que sintieron más dolorosamente los amplios sectores de la población judía". [963]El proceso, discreto pero irreversible, por el que los judíos penetraron gradualmente en las provincias de la Rusia central fue detenido en ocasiones por la administración, y algunos episodios debidamente orquestados pasaron a la historia.

---

[959] S. *Dimanstein*, Revolioutsionnoie dvijeniie sredi evreiev (El movimiento revolucionario entre los judíos), *op. cit.*, p. 108.
[960] *Goldenweiser*, BJWR-1, p. 114.
[961] JE, t. 14, p. 157.
[962] *Sliosberg*, t. 2, pp. 175 176.
[963] *Hessen*, t. 2, p. 232.

Así ocurrió en Moscú tras la jubilación del todopoderoso y casi inamovible gobernador general V. A. Dolgorukov, que había visto con gran benevolencia la llegada de los judíos a la ciudad y su actividad económica.

(La clave de esta actitud reside, evidentemente, en la persona del gran banquero Lazar Solomonovich Poliakov, "con quien el príncipe Dolgorukov mantenía lazos de amistad y quien, según afirmaban las malas lenguas, le había abierto en su banco una línea de crédito ilimitada. Que el príncipe tenía necesidad de dinero, no cabía duda", pues había cedido toda su fortuna a su yerno, mientras que a él mismo "le encantaba vivir a lo grande, y también tenía grandes dispendios." En consecuencia, L. Poliakov "se cubría año tras año de honores y distinciones". Gracias a ello, los judíos de Moscú sentían un suelo firme bajo sus pies: "Todo judío podía recibir el derecho de residencia en la capital" sin ponerse "al servicio de uno de sus correligionarios, comerciante del primer gremio".[964])

G. Sliosberg nos informa de que "Dolgorukov fue acusado de ceder demasiado a la influencia de Poliakov". Y explica: Poliakov era el dueño del préstamo hipotecario de Moscú, por lo que ni en la provincia de Moscú ni en ninguna provincia vecina podía operar ningún otro banco hipotecario (es decir, que concediera anticipos sobre fondos hipotecarios de propiedades). Ahora, "no había noble poseedor de tierras que no hipotecara sus posesiones". (Tal fue la derrota de la nobleza rusa a finales del siglo XIX: y, después de eso, ¿de qué podía seguir siendo útil para Rusia?...) Estos nobles se encontraban "en cierta dependencia de los bancos"; para obtener grandes préstamos, todos buscaban los favores de Lazar Poliakov.[965]

Bajo la magistratura de Dolgorukov, en torno a los años 90, "hubo muchos reclutamientos de judíos en el cuerpo de mercaderes del primer gremio. Esto se explicaba por la reticencia de los comerciantes moscovitas de confesión cristiana a pagar las elevadas cuotas de entrada de este primer gremio. Antes de la llegada de los judíos, la industria moscovita trabajaba sólo para la parte oriental del país, para Siberia, y sus mercancías no corrían hacia el oeste. Fueron los comerciantes e industriales judíos quienes proporcionaron el enlace entre Moscú y los mercados de la parte occidental del país. (Teitel confirma que los judíos de Moscú eran considerados los más ricos e influyentes de Rusia). Amenazados por la competencia, los comerciantes alemanes se indignaron y acusaron a Dolgorukov de favoritismo hacia los judíos.[966]

---

[964] *Príncipe B. A. Chetinine*, Khoziaine Moskvy (El Maestro de Moscú), Istoritcheski vestnik (El Mensajero Histórico), 1917, t. 148, p. 459.
[965] *Sliosberg*, t. 2, pp. 44, 45.
[966] *Ibidem*, pp. 43-44.

Pero la situación cambió radicalmente en 1891. El nuevo gobernador general de Moscú, el gran duque Serguéi Alexándrovich, [967] hombre todopoderoso por su posición y que no dependía de nadie por su fortuna, tomó la decisión de expulsar de Moscú a todos los artesanos judíos, sin ninguna investigación previa sobre quién era verdaderamente artesano y quién pretendía serlo. Barrios enteros -Zariadie, Marina Roscha- fueron vaciados de sus habitantes.

Se calcula que hasta 20.000 judíos fueron expulsados. Se les concedió un plazo máximo de seis meses para liquidar sus bienes y organizar su salida, y los que declararon no disponer de medios para asegurar su desplazamiento fueron enviados en furgones-prisión. (En el momento álgido de las expulsiones y para controlar cómo se ejecutaban, una comisión del gobierno estadounidense -el coronel Weber, el Dr. Kamster- viajó a Rusia. Lo asombroso es que Sliosberg los llevó a Moscú, donde investigaron lo que estaba ocurriendo, cómo se aplicaban las medidas para frenar la "afluencia de judíos", donde incluso visitaron de incógnito la prisión de Butyrka, donde les ofrecieron unos pares de esposas, donde les dieron las fotografías de las personas que habían sido enviadas en los furgones... ¡y la policía rusa no se dio cuenta de nada! (¡Estos eran los "Krylov mores"[968]!) Volvieron a visitar, durante muchas semanas más, otras ciudades rusas. El informe de esta comisión fue publicado en 1892 en los documentos del Congreso Americano... para mayor vergüenza de Rusia y para más vivo alivio de la inmigración judía a los Estados Unidos. [969]Debido a este acoso, los círculos financieros judíos, con el barón de Rothschild a la cabeza, se negaron en 1892 a apoyar los empréstitos rusos en el extranjero. [970]Ya en 1891 había habido intentos en Europa de detener la expulsión de los judíos de Moscú. El banquero judío-americano Seligman, por ejemplo, acudió al Vaticano para pedir al Papa que intercediera ante Alejandro III y le exhortara a una mayor moderación. [971]En 1891, "una parte de los judíos expulsados se instaló sin permiso en los suburbios de Moscú". Pero en el otoño de 1892, a raíz de las medidas tomadas, se ordenó "expulsar de Moscú a los antiguos soldados del contingente retirado y a los miembros de sus familias no inscritos en las comunidades." [972](Hay que señalar que en 1893 las grandes empresas

---

[967] Serguéi Alexándrovich: gran duque, hermano de Alejandro III, gobernador general de Moscú. Asesinado en febrero de 1905.
[968] Ivan Andreyevich Krylov (1769-1844): famoso publicista y fabulista ruso que denuncia en sus escritos los defectos de la sociedad y la negligencia de los gobernantes.
[969] *Ibídem*, pp. 31, 42, 50, 60, 63.
[970] *Ibidem*, pp. 7, 174.
[971] Doneseniie ruskogo posla Izvolskogo iz Vatikana (Informe del embajador ruso en el Vaticano, Lzvolski), 7 (19) de abril de 1892, Izvestia, 1930, 23 de mayo, p. 2.
[972] SJE, t. 5, p. 474.

comerciales e industriales rusas intervinieron para suavizar estas medidas). Luego, a partir de 1899, casi no hubo nuevas inscripciones de judíos en el primer gremio de comerciantes de Moscú.[973]

En 1893 se produjo un nuevo agravamiento de la suerte de los judíos: el Senado advirtió por primera vez la existencia de un boletín emitido por el Ministerio del Interior, en vigor desde 1880 (la "Carta de Libertad Judía") que permitía a los judíos que ya se habían establecido fuera del Pale of Settlement, ilegalmente sin embargo, permanecer donde estaban. Este boletín fue derogado (excepto en Courlandia y Livonia, donde se mantuvo). El número de familias que se habían instalado en los últimos doce años ascendía a ¡70.000! Afortunadamente, gracias a Dournovo, "se promulgaron artículos salvavidas que, al final, impidieron la inmensa catástrofe que amenazaba".[974]

En 1893, "ciertas categorías de judíos" fueron expulsadas a su vez de Yalta, ya que la residencia de verano de la familia imperial no estaba lejos, y se les prohibió cualquier nuevo asentamiento allí: "La afluencia siempre creciente en número de judíos a la ciudad de Yalta, el apetito inmobiliario, amenaza a este lugar de veraneo de convertirse, pura y simplemente, en una ciudad judía". [975](Aquí podría haber estado en juego, después de todos los atentados terroristas en Rusia, la seguridad de la familia imperial en su residencia de Livadia. Alejandro III tenía todos los motivos para creer -sólo le faltaba un año para morir- que era cordialmente odiado por los judíos. No es posible excluir como motivo la idea de vengar la persecución de los judíos, como se deduce de la elección de los objetivos terroristas - Sipiagin, Plehve, el Gran Duque Serge). Esto no impidió que muchos judíos permanecieran en la región de Yalta, a juzgar por lo que escribieron los habitantes de Alushta en 1909, quejándose de que los judíos, compradores de viñedos y huertos, "explotan 'para fomentar su desarrollo' el trabajo de la población local", aprovechándose de la precaria situación de dicha población y concediendo préstamos "a tipos exorbitantes" que arruinan a los tártaros, habitantes del lugar.[976]

Pero también hubo otra cosa a favor de la incansable lucha contra el contrabando, el derecho de residencia de los judíos en la zona fronteriza occidental fue limitado. De hecho, no hubo más expulsiones, con la excepción de los individuos sorprendidos en el acto del contrabando. (Según los memorialistas, este contrabando, que consistía en pasar la frontera a los revolucionarios y sus obras impresas, continuó hasta la

---

[973] JE, t. 11, pp. 336, 338.
[974] *Sliosberg*, t. 2, pp. 180, 182.
[975] JE*, t. 7, p. 594.
[976] Novoie Vremia, 1909, 9 (22) dic., p. 6.

Primera Guerra Mundial). En 1903-1904, se produce un debate: el Senado dispone que el Reglamento Provisional de 1882 no se aplique a la zona fronteriza y que, en consecuencia, los judíos residentes en dicha zona puedan "instalarse libremente en las zonas rurales". El Consejo de la Provincia de Besarabia emitió entonces una protesta, informando al Senado de que "toda la población judía"" de la zona fronteriza, incluidos aquellos donde los judíos se habían asentado ilegalmente, pretendía ahora acceder al campo, donde ya había "más judíos de los necesarios", y que la zona fronteriza "corría ahora el riesgo de convertirse para los judíos en la 'Zona Prometida'". La protesta pasó ante el Consejo de Estado, que, teniendo en cuenta el caso particular de las localidades rurales, abolió de plano el régimen especial de la zona fronteriza, reconduciéndola al régimen general del Pale of Settlement.[977]

Esta suavización, sin embargo, no encontró eco significativo en la prensa ni en la sociedad. No más que el levantamiento, en 1887, de la prohibición a los judíos de contratar sirvientes cristianos. Tampoco la ley de 1891 que introdujo en el Código Penal un nuevo artículo sobre "la responsabilidad en caso de ataque abierto a una parte de la población por parte de otra", un artículo que las circunstancias de la vida en Rusia nunca habían requerido, pero que había hecho mucha falta durante los pogromos de 1881. Para mayor cautela se introdujo ahora.

Y de nuevo, repitámoslo: las limitaciones de los derechos de los judíos nunca asumieron un carácter racial en Rusia. No se aplicaron ni a los caraítas,[978] ni a los judíos de las montañas, ni a los judíos de Asia Central, que, dispersos y fusionados con la población local, siempre habían elegido libremente su tipo de actividad.

Los autores más diversos nos explican, cada uno más que el otro, que las causas profundas de las restricciones sufridas por los judíos en Rusia son de naturaleza económica. El inglés J. Parks, gran defensor de estas restricciones, expresa sin embargo esta reserva: "Antes de la guerra [del 14 al 18], algunos judíos habían concentrado en sus manos considerables riquezas... Esto había hecho temer que la abolición de estas limitaciones permitiría a los judíos convertirse en amos del país". [979] El profesor V. Leontovitch, un liberal perfectamente coherente, señala: "Hasta hace poco,

---

[977] JE, t. 12, pp. 601, 602.
[978] Los caraítas o karaïmes (palabra que significa "apegados" a la letra): secta judía que rechaza la doctrina ortodoxa de los rabinos y sólo admite el Antiguo Testamento y algunas tradiciones orales. Los caraítas sobreviven en pequeños asentamientos en Crimea, Odessa, el sur de Rusia, así como en Polonia y Lituania.
[979] J. Parks, Evrei sredi narodov Obzor pritchin antisemitima (*Los judíos entre los pueblos: una visión general de las causas del antisemitismo*), París, YMCA Press, 1932, p. 182.

parecíamos ignorar que las medidas restrictivas impuestas a los judíos procedían mucho más de tendencias anticapitalistas que de la discriminación racial. El concepto de raza no interesaba a Rusia en aquellos años, salvo a los especialistas en etnología... Lo decisivo era el temor al fortalecimiento de los elementos capitalistas, que podía agravar la explotación de los campesinos y de todos los trabajadores. Muchas fuentes lo demuestran". [980] No olvidemos que el campesinado ruso acababa de sufrir el choque de una mutación repentina: el paso de las relaciones feudales a las relaciones de mercado, un tránsito para el que no estaba en absoluto preparado y que lo arrojaría a una vorágine económica a veces más despiadada que la propia servidumbre.

V. Choulguine escribe a este respecto lo siguiente: "La limitación de los derechos de los judíos en Rusia se sustentaba en un 'pensamiento humanista'... Se suponía que el pueblo ruso, tomado globalmente (o al menos algunos de sus estratos sociales) era, en cierto modo, inmaduro, afeminado..., que se dejaba explotar fácilmente..., que por esta razón debía ser protegido por medidas estatales contra elementos extranjeros más fuertes que él. La Rusia del Norte empezó a mirar a los judíos con los ojos de la Rusia del Sur. Los Pequeños Rusos siempre habían visto a los judíos, a los que conocían bien en los días de su coexistencia con Polonia, bajo el disfraz de los "prestamistas" que chupan la sangre del desafortunado ruso."[981]

Las restricciones fueron diseñadas por el gobierno para combatir la enorme presión económica que ponía en peligro los cimientos del Estado. Parks también detecta en esta visión de las cosas una parte de verdad; observa "el efecto desastroso que puede tener la facultad de explotar al prójimo" y "el papel excesivo de posaderos y usureros en las zonas rurales de Europa del Este", aunque percibe las razones de tal estado de cosas "en la naturaleza del campesino más que en los propios judíos". En su opinión, el comercio del vodka, como "principal actividad de los judíos" en Europa del Este, suscitó el odio, y entre los campesinos aún más que entre los demás. Fue él quien alimentó más de un pogromo, dejando una profunda y amplia cicatriz en la conciencia de los pueblos ucraniano y bielorruso, así como en la memoria del pueblo judío.[982]

Leemos en muchos autores que los posaderos judíos vivían muy duramente, sin un céntimo, que se veían casi reducidos a la mendicidad.

---

[980] *V. V. Leontovitch*, Istoriia liberalizma v Rossii 1762-1914 (Historia del liberalismo en Rusia: 1762-1914), trad. del alemán, 2nd ed., M., Rousski Pout, 1995, pp. 251, 252. Traducción francesa a la ed. Fayard, París, 1987.
[981] *V. V. Choulguine*, "Chto nam v nikh ne nravitsa": Ob anti-Semiticism v Rossii ("Lo que no nos gusta de ellos": Sobre el antisemitismo en Rusia), París, 1929, pp. 185, 186.
[982] *Parks*, pp. 153, 155, 233.

Pero, ¿era tan estrecho el mercado del alcohol? Mucha gente engordó con la intemperancia del pueblo ruso, y los terratenientes de Rusia occidental, y los destiladores, y los taberneros... ¡y el gobierno! La cuantía de los ingresos puede calcularse a partir del momento en que se contabilizaron como ingresos nacionales. Tras la introducción del monopolio estatal sobre los licores en Rusia en 1896, con la abolición de todos los débitos privados y la venta de bebidas mediante impuestos especiales, el Tesoro recaudó 285 millones de rublos en el año siguiente, para informar a los 98 millones del impuesto directo aplicado a la población. Esto confirma que no sólo la fabricación de bebidas espirituosas era "una fuente importante de contribuciones indirectas", sino también que los ingresos de la industria de bebidas espirituosas, que hasta 1896 sólo pagaba "4 kopeks de impuesto especial por grado de alcohol producido", eran muy superiores a los ingresos directos del imperio.[983]

Pero, ¿cuál era en aquel momento la participación judía en este sector? En 1886, durante los trabajos de la Comisión Pahlen, se publicaron estadísticas al respecto. Según estas cifras, los judíos poseían el 27% (los decimales no aparecen aquí: las cifras se han redondeado en todas partes) de todas las destilerías de la Rusia europea, el 53% en el Pale of Settlement (en particular, el 83% en la provincia de Podolsk, el 76% en la de Grodno, el 72% en la de Kherson). Poseían el 41% de las cervecerías en la Rusia europea, el 71% en la Pale de Asentamiento (94% en la provincia de Minsk, 91% en la de Vilna, 85% en la de Grodno). La proporción de puntos de fabricación y venta en el comercio judío es del 29% en la Rusia europea, 61% en el Pale de Asentamiento (95% en la provincia de Grodno, 93% en Mogilev, 91% en la provincia de Minsk).[984]

Es comprensible que la reforma que estableció el monopolio estatal de los licores fuera "recibida con horror... por los judíos del Pale of Settlement".[985]

Es incontestable: el establecimiento de un monopolio estatal sobre las bebidas espirituosas asestó un golpe muy duro a la actividad económica de los judíos de Rusia. Y hasta la Primera Guerra Mundial (terminó en esa época), este monopolio siguió siendo el blanco favorito de la indignación general, ya que se limitaba a instituir un control riguroso de la cantidad de alcohol producido en el país, y de su calidad. Olvidando que llegaba de la

---

[983] Sbornik materalov ob ekonomitcheskom polojenii evreiev v Rossii (Colección de materiales sobre la situación económica de los judíos en Rusia), vol. 2, St., Evreiskoie Kolonizatsionnoie Obschestvo (Asociación Colonizadora Judía), 1904, p. 64.
[984] Evreiskaia piteïnaia torgovlia v Rossii. Statistitcheski Vremennik Rossiiskoy Imperii (*El comercio judío de bebidas espirituosas en Rusia, Anuario estadístico del Imperio ruso*), Serie III, Libro 9, San Petersburgo, 1886, p. V-X.
[985] *Sliosberg*, t. 2, p. 230.

misma manera a los arrendatarios cristianos (véanse las estadísticas más arriba), se presenta siempre como una medida antijudía: "La introducción a finales de los años 90 de la venta de alcohol por el Estado en el Pale of Settlement ha privado a más de 100.000 judíos de su medio de vida"; "El poder significaba... obligar a los judíos a abandonar las zonas rurales", y desde entonces "este comercio ha perdido para los judíos la importancia que tenía antaño".[986]

De hecho, fue el momento -desde finales del siglo XIX- en que la emigración judía de Rusia creció notablemente. ¿Existe alguna relación entre esta emigración y el establecimiento del monopolio estatal sobre la venta de bebidas alcohólicas?

Es difícil saberlo, pero la cifra de 100.000 citada anteriormente así lo sugiere. El hecho es que la emigración judía (en América) se mantuvo baja hasta 1886 1887; experimentó un breve repunte en 1891 1892, pero sólo a partir de 1897 se hizo masiva y continua.[987]

El "Reglamento provisional" de 1882 no había impedido nuevas infiltraciones de bebidas espirituosas judías en el campo. Al igual que, en los años 70, habían encontrado un resquicio contra la prohibición de vender en otro lugar que no fuera el domicilio inventando el comercio "ambulante". Había sido ideado para burlar la ley del 3 de mayo de 1882 (que prohibía también el comercio de vodka por contrato expedido con un judío), arrendando "a escondidas": para montar una posada se alquilaba un terreno por contrato verbal y no escrito, a fin de que los impuestos fueran cubiertos por el propietario, y el producto de la venta de bebidas iba a parar al judío.[988] Fue a través de este y otros medios que la implantación de los judíos en el campo pudo continuar tras la prohibición categórica de 1882. Como escribe Sliosberg, fue a partir de 1889 cuando comenzó la "oleada de expulsiones" de los judíos fuera de los pueblos del Pale of Settlement, que dio lugar a "una competencia despiadada, generadora de un terrible mal: la delación" (en otras palabras, los judíos comenzaron a denunciar a aquellos de entre ellos que vivían ilegalmente). Pero he aquí las cifras presentadas por P. N. Miliukov: si en 1881 había 580.000 judíos viviendo en aldeas, en 1897 había 711.000 judíos, lo que significa que la tasa de nuevas llegadas y nacimientos superaba con creces a las de desalojos y muertes. En 1899 se creó un nuevo Comité de Asuntos Judíos, el undécimo de este nombre, con el barón Lexhull von Hildebrandt a la cabeza, para revisar el Reglamento Provisional. Este Comité, escribió Miliukov,

---

[986] Evreiskaya piteinaia torgovlia v Rossii (*Comercio judío de bebidas espirituosas en Rusia*), op. cit.
[987] JE, t. 2, pp. 235, 238.
[988] *Cf. Sliosberg*, t. 2, p. 55.

rechazó la propuesta de expulsar del campo a los judíos que se establecieran ilegalmente en él y suavizó la ley de 1882.[989]

Aunque "reconoce que el campesinado, poco desarrollado, sin espíritu empresarial y sin medios de desarrollo, debe ser protegido de todo contacto con los judíos", el Comité insiste en que "los propietarios de tierras no necesitan la tutela del gobierno; la limitación del derecho de los propietarios a administrar su propiedad como mejor les parezca deprecia dicha propiedad y obliga a los propietarios a emplear, de común acuerdo con los judíos, todo tipo de expedientes para eludir la ley"; el levantamiento de las prohibiciones impuestas a los judíos permitirá a los propietarios obtener mayores beneficios de sus activos. [990]Pero los propietarios ya no tenían el prestigio que podría haber dado peso a este argumento a los ojos de la administración.

Fue en 1903-1904 cuando se emprendió seriamente la revisión del Reglamento de 1882. Llegaron informes de las provincias (sobre todo de Sviatopolk Mirsky, que era gobernador general y pronto se convertiría en ministro liberal del Interior), en los que se decía que el Reglamento no había demostrado su eficacia, que era imperativo que los judíos abandonaran las ciudades y pueblos donde su concentración era demasiado elevada y que, gracias al establecimiento del monopolio estatal de las bebidas, desaparecía la amenaza de la explotación judía de la población rural. Estas propuestas fueron aprobadas por el ministro Sipyagin (que pronto sería abatido por un terrorista) y, en 1908, refrendadas por Plehve (pronto asesinado a su vez). Se había elaborado y publicado una lista de ciento una aldeas, a las que pronto se añadirían otras cincuenta y siete, en las que los judíos adquirían el derecho a establecerse y comprar bienes inmuebles, así como a arrendarlos. (En la *Enciclopedia Judía*, anterior a la revolución, leemos los nombres de estas localidades, algunas de las cuales, ya bastante importantes, iban a extenderse rápidamente: Yuzovka, Lozovaya, Ienakievo, Krivoy Rog, Sinelnikovo, Slavgorod, Kakhovka, Zhmerynka, Chepetovka, Zdolbuniv, Novye Senjary, entre otras). Fuera de esta lista y de los asentamientos agrícolas judíos, los judíos no tenían derecho a adquirir tierras. Sin embargo, pronto se derogó el Reglamento para determinadas categorías: licenciados en estudios superiores, farmacéuticos, artesanos y antiguos soldados retirados. A estas personas se

---

[989] P. Miliukov, Evreiski vopros v rossii (La cuestión judía en Rusia), Schit: Literatourny sbornik (El escudo: colección literaria), editado por L. Andreev, M. Gorky y F. Sologoub, 3ª ed., M. Rousskoie Obschestvo dlia izoutcheniia evreiskoi jizni (Asociación rusa para el estudio de la vida judía), 1916, p. 170.
[990] JE, t. 5, pp. 821-822.

les concedió el derecho a residir en el campo, a dedicarse al comercio y a otros oficios diversos.[991]

Aunque la venta de bebidas alcohólicas y los diversos tipos de agricultura -incluida la de la tierra- eran las principales fuentes de ingresos de los judíos, había otras, entre las que destacaba la propiedad de la tierra. Entre los judíos, "la aspiración a poseer la tierra se expresaba mediante la adquisición de grandes extensiones capaces de albergar varios tipos de actividades, más que mediante el uso de pequeñas parcelas que el propio propietario debe desarrollar". [992]Cuando la tierra, que da vida al campesino, alcanza un precio superior al de una propiedad puramente agrícola, no era raro que un empresario judío la adquiriera.

Como hemos visto, el arrendamiento y la compra directa de la tierra por parte de los judíos no se prohibió hasta 1881, y los compradores no se vieron privados de sus derechos por las nuevas prohibiciones. Así es como, por ejemplo, el padre de Trotsky, David Bronstein, poseía en la provincia de Kherson, no lejos de Elizabethgrad, y mantuvo en su poder hasta la revolución un importante negocio (una "economía", como la llamaban en el Sur). También poseyó, más tarde, la mina "Nadejda" en el suburbio de Krivoi Rog. [993]Basándose en lo que había observado en la explotación de su padre -y, según oyó, "en todas las granjas es lo mismo"-, Trotsky cuenta que los trabajadores temporeros, que habían venido a pie desde las provincias centrales para ser contratados, estaban muy malnutridos: nunca carne ni tocino, aceite pero muy poco, verduras y avena, eso es todo, y esto, durante el duro trabajo de verano, desde el alba hasta el crepúsculo, e incluso, "un verano, se declaró una epidemia de hemeralopía [994]entre los obreros." [995]Por mi parte, argumentaré que en una "economía" del mismo tipo, en Kuban, con mi abuelo Scherbak (él mismo miembro de una familia de trabajadores agrícolas), a los jornaleros se les servía, durante la cosecha, carne tres veces al día.

Pero una nueva prohibición cayó en 1903: "Una disposición del Consejo de Ministros privó a todos los judíos del derecho a adquirir bienes inmuebles en todo el imperio, fuera de las zonas urbanas, es decir, en las zonas rurales".[996] Esto limitó en cierta medida la actividad industrial de los

---

[991] *Ibidem*, t. 5, pp. 821-822.

[992] *Ibidem*, t. 1, p. 422.

[993] Fabritchno-zavodskie predpriatia Rossiskoi Imperii (Fábricas y plantas del Imperio ruso), 2nd ed., Consejo de Congresos de Industria y Comercio, 1914, núm. 590.

[994] Hemeralopía (en ruso: kourinaïa slepota = ceguera de las gallinas) debilitamiento o pérdida de visión con poca luz, especialmente al anochecer.

[995] *L. Trotsky*, Moia jizn: Opyt avtobiografii (Mi vida: autobiográfica), t. 1, Berlín, Granit, 1930, pp. 42-43.

[996] JE, t. 7, p. 734.

judíos, pero, como señala la *Jewish Encyclopædia*, en absoluto su actividad agrícola; en cualquier caso, "para hacer uso del derecho a adquirir tierras, los judíos habrían delegado sin duda menos cultivadores que propietarios y arrendatarios". Parece dudoso que una población tan urbana como la judía pudiera suministrar un gran número de agricultores."[997]

En los primeros años del siglo XX, el panorama era el siguiente: "Alrededor de dos millones de hectáreas que ahora son propiedad o están arrendadas por judíos en el imperio y el Reino de Polonia... sólo 113.000... albergan asentamientos agrícolas judíos".[998]

Aunque el Reglamento Provisional de 1882 prohibía a los judíos comprar o arrendar fuera de las ciudades y pueblos, también se encontraban medios tortuosos, sobre todo para la adquisición de tierras destinadas a la industria azucarera.

Así, los judíos que poseían grandes extensiones de tierra se opusieron a la reforma agraria de Stolypin, que concedía tierras a los campesinos a título personal. (No fueron los únicos: uno se asombra de la hostilidad con que esta reforma fue recibida por la *prensa* de aquellos años, y no sólo por la de extrema derecha, sino por la prensa perfectamente liberal, por no hablar de la revolucionaria). La *Enciclopedia Judía* argumenta: "Las reformas agrarias que planeaban ceder la tierra exclusivamente a quienes la cultivaban habrían perjudicado los intereses de una parte de la población judía, la que trabajaba en las grandes explotaciones de propietarios judíos".[999] Hubo que esperar a la Revolución para que un autor judío echara la vista atrás y, hirviendo ya de indignación proletaria, escribiera: "Los terratenientes judíos poseían bajo el régimen zarista más de dos millones de hectáreas de tierra (principalmente en torno a las azucareras ucranianas, así como grandes fincas en Crimea y Bielorrusia)", y, además, "poseían más de dos millones de hectáreas de la mejor tierra, la tierra negra." Así, el barón Ginzburg poseía en el distrito de Dzhankoy 87.000 hectáreas; el industrial Brodsky, decenas de miles de hectáreas para sus ingenios azucareros, y otros poseían fincas similares, de modo que en total los capitalistas judíos sumaban 872.000 hectáreas de tierra cultivable.[1000]

Después de la propiedad de la tierra vino el *comercio del trigo* y los *cereales*. (Recordemos que la exportación de cereales "era realizada principalmente por judíos".[1001] "Del total de la población judía de la URSS, no menos del 18%, antes de la revolución (¡es decir, más de un millón de

---

[997] JE, t. 1, p. 423.
[998] *Ibídem*.
[999] *Ibídem*.
[1000] *Larine*, pp. 27, 68, 69, 170.
[1001] SJE, t. 7, p. 337.

personas!) se dedicaban al comercio del trigo, tanto los jefes como los miembros de sus familias, lo que provocó una verdadera animadversión de los campesinos hacia la población judía" (porque los grandes compradores hacían todo lo posible para bajar el precio del trigo con el fin de revenderlo para obtener más beneficios. [1002]) En las provincias occidentales y en Ucrania, los judíos compraban al por mayor otros productos agrícolas. (Además, ¿cómo no señalar que en lugares como Klintsy, Zlynka, Starodub, Ielenovka, Novozybkov, los viejos creyentes, trabajadores y laboriosos, nunca dejaron que el comercio pasara por otras manos?). Biekerman cree que la prohibición a los comerciantes judíos de operar en todo el territorio de Rusia fomentó la apatía, el inmovilismo, la dominación de los kulaks. Sin embargo, "si el comercio ruso de trigo se ha convertido en parte integrante del comercio mundial, Rusia se lo debe a los judíos". Como ya hemos visto, "ya en 1878, el 60% de las exportaciones de trigo desde el puerto de Odesa correspondían a los judíos. Fueron los primeros en desarrollar el comercio de trigo en Nikolayev", Kherson, Rostov-on-Don, así como en las provincias de Orel, Kursk y Chernigov. Estaban "bien representados en el comercio del trigo en San Petersburgo". Y en la región del Noroeste, de 1.000 comerciantes de productos cerealistas había 930 judíos".[1003]

Sin embargo, la mayoría de nuestras fuentes no arrojan luz sobre cómo se comportaban estos mercaderes judíos con sus socios comerciales. De hecho, a menudo eran muy duros y practicaban procedimientos que hoy consideraríamos ilícitos; podían, por ejemplo, ponerse de acuerdo entre ellos y negarse a comprar la cosecha para hacer bajar los precios. Es comprensible que en los años 90 se crearan cooperativas de agricultores (bajo la dirección del conde Heiden y Bekhteyev) en las provincias del sur, por primera vez en Rusia y un paso por delante de Europa. Su misión era frustrar estas compras masivas y monopolísticas de trigo campesino.

Recordemos otra forma de comercio en manos de los judíos: la "exportación de madera ocupaba el segundo lugar después del trigo". [1004]De 1813 a 1913, ¡estas exportaciones se multiplicaron por 140! Y el comunista Larinus fulminó: "Los propietarios judíos poseían... grandes superficies forestales, y arrendaban una parte de ellas, incluso en las provincias donde normalmente no se permitía residir a los judíos". [1005]

La Jewish Encyclopædia lo confirma: "Los judíos adquirieron las tierras, sobre todo en las provincias centrales, principalmente para explotar la

---

[1002] *Larine*, p. 70.
[1003] *I. M. Dijour*, Evrei v ekonomitchesköjizni Rossii (Los judíos en la vida económica de Rusia), BJWR-l *, p. 172.
[1004] *Ibidem*, p. 173.
[1005] *Larine,* p.69.

riqueza forestal". [1006] Sin embargo, como no tenían derecho a instalar aserraderos en algunos lugares, la madera salía al extranjero en estado bruto, con la consiguiente pérdida para el país. (Existían otras prohibiciones: el acceso para la exportación de madera en los puertos de Riga, Revel, Petersburgo; la instalación de almacenes a lo largo de los ferrocarriles).[1007]

Así es la imagen. Todo está ahí. Y el dinamismo incansable del comercio judío, que impulsa Estados enteros. Y las prohibiciones de una burocracia timorata y esclerótica que sólo obstaculiza el progreso. Y la irritación cada vez mayor que estas prohibiciones provocan entre los judíos. Y la venta del bosque ruso, exportado al extranjero en estado bruto, como materia prima. Y el pequeño agricultor, el pequeño operador, que, atrapado en una tenaza despiadada, no tiene ni las relaciones ni las aptitudes para inventar otras formas de comercio. Y no olvidemos al Ministerio de Hacienda, que vuelca sus subvenciones en la industria y el ferrocarril y abandona la agricultura, mientras que la carga fiscal la soporta la clase de los agricultores, no la de los comerciantes. Uno se pregunta: en las condiciones de la nueva dinámica económica que vino a llenar el Tesoro y que se debió en gran parte a los judíos, ¿hubo alguien que se preocupara por el daño causado al pueblo llano, por la conmoción sufrida por éste, por la ruptura de su modo de vida, de su propio ser?

Durante medio siglo, Rusia ha sido acusada -tanto desde dentro como desde fuera- de haber esclavizado económicamente a los judíos y de haberlos forzado a la miseria. Era necesario que pasaran los años, que esta abominable Rusia desapareciera de la superficie de la tierra, será necesario atravesar la agitación revolucionaria para que un autor judío de los años 30 mire al pasado, por encima del muro sangriento de la Revolución, y reconozca: "El gobierno zarista no ha llevado a cabo una política de desalojo total de los judíos de la vida económica. Aparte de las conocidas limitaciones... en el campo..., en conjunto, el gobierno zarista toleró la actividad económica de los judíos." Las tensiones de la lucha nacional, "los judíos no las sintieron en su actividad económica. La nación dominante no quería tomar partido por un grupo étnico determinado, sólo intentaba desempeñar el papel de árbitro o mediador."[1008]

Además, sucedió que el gobierno se inmiscuyó en la economía por motivos nacionales. Entonces tomó medidas que, la mayoría de las veces, estaban condenadas al fracaso. Así, "en 1890, se difundió un boletín en virtud del

---

[1006] JE, t. 1, p. 423.
[1007] *Dijour*, SJE-1, p. 173.
[1008] A. *Menes*, Evreiski vopros v Vostotchnoï Evrope (La cuestión judía en Europa Oriental), JW-1, p. 146.

cual los judíos perdían el derecho a ser directores de sociedades que pretendieran comprar o arrendar tierras". [1009]Pero fue la infancia del arte de burlar esta ley: permanecer en el anonimato. Este tipo de prohibición no impidió en absoluto la actividad de los empresarios judíos. "El papel de los judíos era especialmente importante en el comercio exterior, donde su hegemonía estaba asegurada y su situación geográfica (cerca de las fronteras) y por sus contactos en el extranjero, así como por sus habilidades como intermediarios comerciales."[1010]

En cuanto a la industria azucarera, más de un tercio de las fábricas eran judías a finales de siglo. [1011]Hemos visto en capítulos anteriores cómo la industria se había desarrollado bajo el liderazgo de Israel Brodsky y sus hijos Lazar y Leon ("a principios del siglo XX, controlaban directa o indirectamente diecisiete fábricas de azúcar"[1012]). Galperine Moses, "a principios del siglo XX tenía ocho fábricas y tres refinerías... También poseía 50.000 hectáreas de cultivo de remolacha azucarera".[1013]

"Cientos de miles de familias judías vivían de la industria azucarera, actuando como intermediarios, vendedores, etc.". Cuando apareció la competencia, al empezar a bajar el precio del azúcar, un sindicato de productores de azúcar de Kiev pidió el control de la producción y la venta, para que no bajaran los precios. Los [1014]hermanos Brodsky fueron los fundadores del Sindicato de Refinadores en 1903.[1015]

Además del comercio de cereales, el comercio de madera y la industria azucarera, donde ocupaban una posición predominante, hay que citar otras áreas en las que los judíos contribuyeron en gran medida al desarrollo: la molienda de harina, el comercio de pieles, las hilanderías, la confitería, la industria del tabaco, la cervecería. En [1016] 1835 también estuvieron presentes en las grandes ferias de Nizhni Nóvgorod. [1017]En Transbaikalia pusieron en marcha un comercio de ganado que despegó en los años 90, y lo mismo ocurrió en Siberia con la producción de carbón -hulla de Andjero-Soudji- y la extracción de oro, donde desempeñaron un papel importante. Después de 1892, los Ginzburg "se dedicaron casi exclusivamente a la extracción de oro". La empresa más próspera fue la Compañía Minera de Oro de Lena, que "estuvo controlada de hecho (desde 1896 hasta su muerte

---

[1009] SJE, t. 7, p. 368.
[1010] JE, t. 13, p. 646.
[1011] *Ibidem*, p. 662.
[1012] RJE, t. 1, p. 171.
[1013] *Ibidem*, p. 264.
[1014] *Sliosberg*, t. 2, p. 231.
[1015] RJE, t. 1, p. 171.
[1016] *Dijour*, BJWR-1, pp. 163, 174.
[1017] JE, t. 11, p. 697.

en 1909) por el barón Horace Ginzburg, hijo de Evzel Ginzburg, fundador del Banco del mismo nombre y presidente de su sucursal en San Petersburgo". (El hijo de Horace, David, también barón, permaneció al frente de la comunidad judía de San Petersburgo hasta su muerte en 1910. Sus hijos Alexander y Alfred formaron parte del consejo de administración de la empresa minera de oro Lena.

Otro hijo, Vladimir, se casó con la hija del propietario de la fábrica de azúcar de Kiev, L. I. Brodsky). Horace Ginzburg fue también "el fundador de... las empresas de extracción de oro de Transbaikalia, Miias, Berezovka, Altai y algunas otras". [1018]En 1912 estalló un gran escándalo en torno a las minas de Lena que causó un gran revuelo en todo el país: las condiciones de explotación eran pésimas, los trabajadores habían sido engañados... Como correspondía, el gobierno zarista fue acusado de todo y demonizado. Nadie, en la furiosa prensa liberal, mencionó a los principales accionistas, en particular a los hijos de Ginzburg.

A principios del siglo XX, los judíos representaban el 35% de la clase mercantil de Rusia. [1019]Choulguine nos cuenta lo que observó en la región suroccidental: "¿Dónde se han ido los comerciantes rusos, dónde está el tercer estado ruso?... Con el tiempo, tuvimos una *burguesía rusa fuerte... ¿Adónde se han ido*?". "Fueron expulsados por los judíos, rebajados en la escala social, al estado de *moujiks*". [1020]Los rusos de la región suroeste han elegido su propio destino: está claro. Y a principios de siglo, el eminente político V. I. Gourko [1021]observó: "El lugar del comerciante ruso lo ocupa cada vez con más frecuencia un judío".[1022]

Los judíos también ganaron influencia y autoridad en el floreciente sector del sistema cooperativo. Más de la mitad de las Sociedades Mutuas de Crédito y Ahorro y Préstamo se encontraban en el Pale of Settlement (el 86% de sus miembros en 1911 eran judíos).[1023]

Ya hemos hablado de la construcción y explotación de los ferrocarriles rusos por los hermanos Poliakov, Bliokh y Varshavsky. Con excepción de las primeras líneas (la línea Tsarskoselskaya y la línea Nikolaevskaya), casi todos los ferrocarriles que se construyeron posteriormente fueron

---

[1018] SJE, t. 7, p. 369; RJE, t. 1, pp. 315 316; JE, t. 6, p. 527.
[1019] M. *Vernatsky*, Evrei i rousskoie narodnoie khoziaistvo (Los judíos y la economía rusa), p. 30.
[1020] *Choulguine*, pp. 128-129.
[1021] Vladimir Yossifovich Gourko (1863-1917): Viceministro del Interior en 1906, elegido miembro del Consejo del Imperio desde 1912. Emigró tras la Guerra Civil.
[1022] Vf Gourko, Oustoi narodnogo khoziastva v Rossii: Agrarno-ekonomitcheskie etiudy (Los fundamentos de la economía nacional en Rusia: Estudios agrarios y económicos), San Petersburgo, 1902, p. 199.
[1023] *Dijour*, BJWR-1, p. 176.

realizados por empresas concesionarias en las que los judíos ocupaban los puestos de mando; "Pero, a partir de la década de 1890, el Estado fue el primer constructor". Por otra parte, bajo la dirección de David Margoline se creó en 1883 la gran compañía naviera "del Dniéper y sus afluentes", cuyos principales accionistas eran judíos. En 1911, la compañía poseía una flota de 78 buques y representaba el 71% del tráfico en el Dniéper. [1024]Otras compañías operaban en el Dvina occidental, el Niemen, se unieron al canal Mariinsky y el Volga.

También había unas diez compañías petroleras pertenecientes a judíos de Bakú. "Las más grandes eran la compañía petrolera de los hermanos S. y M. Poliak y la de Rothschild, y la sociedad anónima del Caspio-Mar Negro, detrás de la cual también se encontraba el nombre de Rothschild". Estas empresas no podían extraer petróleo; estaban especializadas en el refinado y la exportación.[1025]

Pero fue en las finanzas donde la actividad económica de los judíos fue más brillante. "El crédito es un área en la que los judíos se han sentido como en casa desde hace mucho tiempo. Han creado nuevas formas y han perfeccionado las antiguas. Desempeñaron un papel destacado en manos de unos pocos grandes capitalistas y en la organización de bancos comerciales de inversión. Los judíos sacaron de sus filas no sólo a la aristocracia bancaria, sino también a la masa de empleados".[1026] El banco de Evzel Ginzburg, fundado en 1859 en San Petersburgo, creció y se fortaleció gracias a sus vínculos con el Mendelssohn de Berlín, el Warburg de Hamburgo, el Rothschild de París y Viena. Pero cuando estalló la crisis financiera de 1892, y "debido a la negativa del gobierno a apoyar a su banco con préstamos", como había sucedido dos veces antes, E. Ginzburg se retiró del negocio. [1027]En los años 70 existía una red de bancos fundada por los tres hermanos Poliakov, Jacob, Samuel y Lazar. Se trata del Banco Comercial Azov-Don (que más tarde dirigiría B. Kaminka), el Préstamo Hipotecario de Moscú, el Banco de Tierras del Don, el Banco Poliakov, el Banco Internacional y "algunas otras casas que más tarde formarán el Banco Unificado": el Banco de Siberia tenía a A. Soloveitchik a la cabeza, el Banco Comercial de Varsovia estaba dirigido por I. Bliokh. En otros grandes establecimientos, los judíos ocupaban puestos importantes (Zak, Outine, Khesine, A. Dobryi, Vavelberg, Landau, Epstein, Krongold). "Sólo en dos grandes bancos, el Banco Comercial de Moscú y el del Volga-Kama, no había judíos ni en la dirección ni entre el personal". [1028]Todos los

---

[1024] SJE, t. 7, p. 369.
[1025] *Dijour*, BJWR-1, pp. 178, 179; JE, t. 13, p. 660; SJE, t. 7, p. 369.
[1026] JE, t. 13, pp. 651, 652.
[1027] JE, t. 6, p. 527.
[1028] *Dijour*, BJWR-1, pp. 174, 175; SJE, t. 6, pp. 670-671.

hermanos Poliakov tenían el rango de consejeros secretos y, como hemos dicho, a los tres se les concedió la nobleza hereditaria.[1029]

Así, en los albores del siglo XX, el Pale of Settlement ya se había vaciado completamente de contenido. No había impedido a los judíos ocupar posiciones sólidas en los sectores vitales de la vida del país, desde la economía y las finanzas hasta la esfera intelectual. El "Pale" ya no tenía ninguna utilidad práctica; su finalidad económica y política había quedado obsoleta. Sólo había llenado a los judíos de amargura y resentimiento contra el gobierno; había echado aceite al fuego del descontento social y había marcado al gobierno ruso con el sello de la infamia a los ojos de Occidente.

Pero seamos claros: este Imperio ruso, con la lentitud y esclerosis de su burocracia, la mentalidad de sus dirigentes, ¿dónde y de qué manera se quedó atrás durante todo el siglo XIX y décadas antes de la revolución? Había sido incapaz de resolver una docena de problemas importantes que afectaban a la vida del país. No había sido capaz de organizar el autogobierno civil local, de instalar zemstvos en los distritos rurales, de llevar a cabo la reforma agraria, de remediar el estado de perniciosa humillación de la Iglesia, ni de comunicarse con la sociedad civil y hacer comprender su acción. No había conseguido ni el auge de la educación de masas ni el desarrollo de la cultura ucraniana. A esta lista añadamos otro punto en el que el retraso resultó catastrófico: la revisión de las condiciones reales del Pale of Settlement, la toma de conciencia de su influencia en todos los posicionamientos del Estado. Las autoridades rusas han tenido cien años y más para resolver los problemas de la población judía, y no han sido capaces de hacerlo, ni en el sentido de una asimilación abierta ni permitiendo a los judíos permanecer en un aislamiento voluntario, el que ya les correspondía un siglo antes.

Mientras tanto, durante las décadas comprendidas entre los años setenta y principios del siglo XX, el judaísmo ruso experimentó un rápido desarrollo, un innegable florecimiento de su élite, que ya se sentía encorsetada, no sólo dentro de los límites del Pale of Settlement, sino en los del imperio.

Al analizar los aspectos concretos de la desigualdad de derechos de los judíos en Rusia, el Pale of Settlement y el *numerus clausus*, no debemos perder de vista este panorama general. Porque si el judaísmo americano creció en importancia, los judíos de Rusia a principios del siglo XX seguían constituyendo casi la mitad de la población judía del planeta. [1030]Esto debe recordarse como un hecho importante en la historia del judaísmo. Y sigue siendo el Sr. Biekerman quien, mirando a sus espaldas sobre el foso de la

---

[1029] JE, t. 12, p. 734; SJE, t. 6, pp. 670-671.
[1030] SJE, t. 2, pp. 313-314.

revolución, escribió en 1924: "En la Rusia zarista vivía más de la mitad del pueblo judío. Es natural, en consecuencia, que la historia judía de las generaciones más cercanas a nosotros sea principalmente la historia de los judíos de Rusia." Y aunque en el siglo XIX "los judíos de Occidente habían sido más ricos, más influyentes y más cultos que nosotros, la vitalidad del judaísmo estaba sin embargo en Rusia. Y esta vitalidad se hizo cada vez más fuerte al mismo tiempo que florecía el Imperio ruso... Sólo cuando las provincias pobladas por judíos se unieron a Rusia comenzó este renacimiento. La población judía creció rápidamente en número, hasta tal punto que pudo dejar una colonia muy numerosa en ultramar; había amasado y poseía un importante capital en sus manos; una clase media había crecido y adquirido autoridad; el nivel de vida de los estratos inferiores también había crecido sin cesar. Mediante diversos esfuerzos, los judíos de Rusia habían podido superar la abyección física y moral que habían traído de Polonia; la cultura y la educación europeas llegaron a los círculos judíos... y llegamos tan lejos en esta dirección, que hemos amasado tal riqueza espiritual que hemos podido permitirnos el lujo de tener una literatura en tres idiomas..." Toda esta cultura, toda esta riqueza, es en Rusia donde los judíos de Europa del Este las han recibido. El judaísmo ruso, "por su número y por el verdor de las energías que contenía, demostró ser la columna vertebral de todo el pueblo judío."[1031]

Un autor más reciente, contemporáneo nuestro, confirma en 1989 la exactitud de este cuadro pincelado por su mayor, testigo de la época. Escribió: "La vida pública de los judíos de Rusia había alcanzado, a la vuelta de los dos siglos, un grado de madurez y amplitud que muchos pequeños pueblos de Europa habrían podido envidiar."[1032]

Si hay un reproche que no se le puede hacer a la "cárcel del pueblo", es el de haber desnacionalizado al pueblo, ya sean los judíos u otros. Ciertos autores judíos, es cierto, deploran el hecho de que en los años 80 "los judíos cultivados de la capital apenas se habían implicado en la defensa de los intereses judíos", que sólo el barón Ginzburg y algunos otros judíos ricos con buenas relaciones. "[1033] Los judíos de Petersburgo (entre 30.000 y 40.000 en 1900) vivían desconectados entre sí, y la intelectualidad judía, en su mayoría, permanecía distante, indiferente a las necesidades e

---

[1031] *I. M. Bickerman*, Rossiia i rousskoie evreistvo (Rusia y el judaísmo ruso), RJE, pp. 84-85, 87.
[1032] *E. Finkelstein*, Evrei v SSSR. Pout v XXI vek (Los judíos en la URSS. Entrada en el siglo XXI), Strana i mir: Obschetv. Polititcheski, ekonomitcheski i koultournofilosfski journal (El país y el mundo: Revista sociopolítica, económica, cultural y filosófica), Munich, 1989, n° 1 (49), p. 70.
[1033] *Sliosberg*, t. 1, p. 145.

intereses de la comunidad en su conjunto." Sin [1034]embargo, también fue la época en la que "el espíritu santo del Renacimiento... se cernió sobre el Pale of Settlement y despertó en las generaciones más jóvenes las fuerzas que habían permanecido dormidas durante muchos siglos entre el pueblo judío...".

Fue una verdadera revolución espiritual". Entre las muchachas judías, "la sed de instrucción mostraba signos literariamente religiosos". Y ya, incluso en San Petersburgo, "un gran número de estudiantes judíos frecuentaban las instituciones de enseñanza superior." A principios del siglo XX, "una gran parte de la intelectualidad judía... sentía... que era su deber volver a su pueblo."[1035]

Gracias a este despertar espiritual de finales del siglo XIX, surgieron en el judaísmo ruso tendencias muy diversas y a veces contradictorias. Algunas de ellas serán llamadas a determinar en gran medida los destinos de nuestra tierra a lo largo del siglo XX.

En aquella época, los judíos de Rusia contemplaban al menos seis orientaciones posibles, aunque incompatibles entre sí. A saber:

- la salvaguarda de su identidad religiosa mediante el aislamiento, como se había practicado durante siglos (pero esta vía se hizo cada vez más impopular);

- asimilación;

- la lucha por la autonomía nacional y cultural, la presencia activa del judaísmo en Rusia como elemento distintivo;

- emigración;

- adhesión al sionismo;

- adhesión a la revolución.

De hecho, los defensores de estas diferentes tendencias se unían a menudo en la labor de aculturación de las masas judías en tres lenguas -hebreo, yiddish y ruso- y en obras de bienestar, en el espíritu de la teoría de los "pequeños gestos" en boga en Rusia en los años 80.

La ayuda mutua se plasmó en asociaciones judías, algunas de las cuales, después de la revolución, pudieron continuar su acción en la emigración. Este fue el caso de la Sociedad para la Difusión de la Educación entre los Judíos de Rusia, que había sido fundada en 1863. A mediados de los años

---

[1034] M.A. Krol, Stranitsy moeï jizni (Páginas de mi vida), t. 1, Nueva York, Unión de judíos rusos en Nueva York, 1944, p. 267.
[1035] Krol, op. cit., pp. 260-261, 267, 299.

90, esta Sociedad ya estaba abriendo sus propias escuelas, con, además de educación en ruso, cursos de hebreo. Convocaba conferencias panrusas sobre el tema de la educación popular judía.[1036]

En 1891 comenzaron los trabajos de una Comisión de Historia y Etnografía Judías, que en 1908 se convirtió en la Sociedad de Historia y Etnografía Judías. Coordinaba el estudio de la historia judía a través de Rusia y la recopilación de archivos.[1037]

En 1880, el "Rey de los Ferrocarriles", Samuel Poliakov, fundó la Sociedad de Artesanía y Trabajo Agrícola entre los Judíos (SCAL). Esta última recaudó una buena cantidad de dinero y "dedicó la mayor parte de sus esfuerzos, al principio, al traslado de artesanos judíos fuera del Pale of Settlement a las provincias centrales".[1038] Hemos visto que, tras la autorización inicial dada (en 1865) a este traslado, los artesanos sólo se desplazaron en pequeño número. ¿Qué ocurrió después de los pogromos de 1881-1882? Podríamos pensar: ahora sí que se irán, tienen la ayuda del SCAL, además de una subvención del gobierno para el desplazamiento, no se quedarán allí, deprimidos, confinados en este maldito Pale donde uno estaba condenado a una muerte miserable, pero no: después de más de diez años de esfuerzos por parte del SCAL, ¡sólo se trasladaron 170 artesanos! El SCAL decidió entonces ayudar a los artesanos del interior del Pale mediante la compra de herramientas, la instalación de talleres y la creación de escuelas profesionales.[1039]

La emigración fue asumida por la Sociedad para la Colonización por los Judíos (SCJ), cuya creación siguió el curso inverso: primero en el extranjero, luego en Rusia.

Fue fundada en Londres en 1891 por el barón Moritz von Hirsch, que hizo para ello una donación de 2.000.000 de libras esterlinas. Su idea era la siguiente: sustituir la caótica emigración de los judíos de Europa del Este por una colonización bien ordenada, orientada hacia los países que necesitan cultivadores, y devolver así al menos a una parte de los judíos al cultivo de la tierra, para liberarlos de esta "anomalía... que suscita la animosidad de los pueblos europeos".[1040] "Buscar para los judíos que abandonan Rusia "una nueva patria y tratar de desviarlos de su actividad habitual, el comercio, convertirlos en agricultores y contribuir así a la obra de renacimiento del pueblo judío"".[1041]

[1036] JE, t. 1, pp. 60-61.
[1037] *Ibidem*, t. 8, p. 466.
[1038] *Ibidem*, t. 11, p. 924.
[1039] *Ibidem*, pp. 924-925.
[1040] *Sliosberg*, t. 2, pp. 32, 96-102.
[1041] JE, t. 7, p. 504.

Esta nueva patria, sería Argentina. (Otro objetivo era desviar la ola de inmigración judía de las costas de los Estados Unidos, donde, debido a la afluencia de inmigrantes y al descenso salarial inducido por su competencia, surgía el fantasma del antisemitismo). Como se proponía poblar estas tierras con judíos de Rusia, en 1892 se abrió en San Petersburgo una oficina de la Sociedad de Colonización. En ella "se crearon 450 oficinas de información y 20 comités de barrio. Recibían a los candidatos a la emigración para ayudarles a obtener sus papeles de salida del territorio, negociaban con los mensajeros marítimos, procuraban a los viajeros billetes a precios reducidos, publicaban folletos" sobre los países susceptibles de acoger a nuevos colonos.[1042]

(Sliosberg denuncia de pasada el hecho de que "ninguna persona que no ostentara un doble título de banquero o millonario tenía acceso a su dirección".)[1043]

Desde finales del siglo XIX, la emigración de judíos de Rusia no había dejado de crecer por diversas razones, algunas de las cuales ya se han mencionado aquí. Una de las más graves era el servicio militar obligatorio: si tantos jóvenes (es Denikin quien lo escribe) optaban por mutilarse, ¿no era mejor emigrar? ¡Sobre todo cuando sabemos que el servicio militar obligatorio sencillamente no existía en Estados Unidos! (Los autores judíos guardan silencio sobre este motivo, y la propia *Jewish Encyclopædia*, en el artículo "La emigración de los judíos de Rusia", no dice una sola palabra al respecto.[1044] Es cierto que este motivo no explica por sí solo el auge de la emigración en los años 90). Otra razón, también de importancia: el Reglamento Provisional de 1882. La tercera gran conmoción fue la expulsión de los artesanos judíos de Moscú en 1891.

Y también esta otra, muy violenta: el establecimiento del monopolio estatal de las bebidas espirituosas en Rusia en 1896, que privó de sus ingresos a todos los arrendatarios de locales de bebidas y redujo los ingresos de los destiladores. (Sliosberg: los expulsados de los pueblos o provincias del interior eran voluntarios para la emigración). G. Aronson señala que en los años 80 emigraban una media de 15.000 judíos al año, y que llegaron a ser 30.000 en los años 90.[1045]

La actitud de las autoridades rusas ante esta creciente emigración -una auténtica bendición para el Estado- fue benévola. El Gobierno ruso aceptó

[1042] SJE, t. 2, p. 365.
[1043] *Sliosberg*, t. 2, pp. 29, 98, 100.
[1044] JE, t. 16, pp. 264, 268.
[1045] G. I. *Aronson*, V borbe za natsionalnye i granjdanskie prava: Obschestvennye telchénia v rousskom evreistve (En la lucha por los derechos civiles y nacionales: Corrientes sociales entre los judíos de Rusia), BJWR-1, p. 212.

de buen grado el establecimiento del SCJ en San Petersburgo y las medidas que éste adoptó para promover la emigración; no interfirió en ninguna de sus acciones, autorizando a la franja de edad de los reclutas a emigrar con sus familias; expidió visados de salida gratuitos y concedió tarifas especiales en los trenes, pero con una condición: una vez fuera, los emigrantes no debían volver nunca más a Rusia.[1046]

Para cruzar el océano, en aquella época era necesario pasar por Inglaterra, lo que significaba que en las ciudades portuarias inglesas había provisionalmente una multitud de emigrantes judíos, algunos de los cuales se quedaron y se establecieron en Gran Bretaña, mientras que otros regresaron allí después de intentar establecerse en Estados Unidos. Ya en 1890, la opinión pública inglesa se rebeló contra la política del gobierno ruso: "La cuestión judía ocupa constantemente las columnas de los periódicos británicos... También en América la cuestión de la situación de los judíos en Rusia sigue siendo día tras día de actualidad".[1047] Una vez evaluadas las proporciones que podía tomar este flujo migratorio, Gran Bretaña no tardó en cerrar sus puertas.[1048]

La inmigración a Argentina también se había detenido en 1894. La *Jewish Encyclopædia* describió esto como una "crisis melancólica... en la cuestión argentina".[1049] Sliosberg habló del "desencanto de los inmigrantes en Argentina" (los descontentos se rebelaron y enviaron peticiones colectivas a la administración del barón Hirsch). Los debates de la Duma pusieron de manifiesto una situación similar a la vivida en la Nueva Rusia: "La inmigración en Argentina ofrece ejemplos que confirman que en muchos casos las personas han recibido tierras en condiciones muy ventajosas, pero las han abandonado para dedicarse a otros oficios más acordes con sus capacidades."[1050]

Después, aunque su vocación seguía siendo la de impulsar a los judíos a convertirse en "colonos" agrícolas, la Sociedad de Colonización renunció a este objetivo. Se fijó la tarea de ayudar "a la emigración excesivamente desordenada de judíos de Rusia", "se ocupó de proporcionar información a los emigrantes, defender sus intereses, ser la conexión con los países de acogida", y tuvo que modificar sus estatutos, que habían sido legados por el barón Hirsch.

[1046] JE, t. 7, p. 507; *Sliosberg*, t. 2, pp. 34-41; SJE, t. 7, p. 366.
[1047] *Sliosberg*, t. 2, pp. 27, 30.
[1048] JE, t. 2, pp. 534 535.
[1049] *Ibidem*, t. 7, p. 504.
[1050] Gosudarslvcnnaia Duma-Vtoroi sozyv (Duma Estatal, 2nd Legislatura), Stenogramme, Sesión 2, San Petersburgo, 1907, Reunión 24, 9 de abril de 1907, p. 1814.

Se asignaron grandes sumas "para elevar el nivel de vida de los judíos en sus lugares de residencia"; a partir de 1898, "se tomaron medidas entre la población dentro de la propia Rusia", y en las colonias agrícolas judías existentes la "introducción de herramientas y métodos de cultivo más modernos", "la concesión de un crédito ventajoso para la mejora del suelo". Sin embargo, de nuevo, "a pesar de las grandes sumas invertidas en este sector, la actividad agrícola permaneció relativamente estancada." [1051]Por el contrario, los flujos migratorios fuera de Rusia siguieron aumentando, "en relación directa con la crisis artesanal y la eliminación gradual del pequeño comercio y las fábricas"; este flujo "alcanzó su punto álgido... en 1906", pero no fue "capaz de absorber el excedente anual de la población" judía. Cabe señalar que "la gran masa de emigrantes tenía como destino los Estados Unidos"; por ejemplo, en 1910, eran el 73%."[1052]De 1881 a 1914, el 78,6% de los emigrantes procedentes de Rusia desembarcaron en Estados Unidos".[1053] De este período se desprende, pues, cuál será el movimiento general de nuestro siglo. (Téngase en cuenta que a la entrada en territorio americano no se exigía ningún papel que certificara la artesanía, y de ello se siguió que durante los seis primeros años del siglo el 63% de los emigrantes rusos "se dedicaban a la industria". ¿Esto significaba que los que salían de Rusia hacia América eran exclusivamente artesanos? Esto podría ofrecer una explicación a la pregunta de por qué los artesanos no fueron a las provincias centrales, que ahora estaban abiertas para ellos. Pero también hay que tener en cuenta que para muchos inmigrantes, y especialmente para los que no tenían ni recursos ni oficio, no había otra respuesta posible que la de reconocerse como parte de la "categoría notoriamente bien aceptada por los americanos".[1054])

Llama la atención cuán pocos de los emigrantes son los individuos pertenecientes al estrato cultivado, el supuestamente más perseguido en Rusia. Estas personas no emigraron. De 1899 a 1907, apenas lo hizo el 1%.[1055]

La intelectualidad judía no tendía en modo alguno a emigrar: era, a sus ojos, una forma de escapar de los problemas y el destino de Rusia en el preciso momento en que se abrían oportunidades de acción. Ya en 1882, la resolución de un congreso de personalidades judías "llamaba a rechazar definitivamente la idea de organizar una emigración, pues esta idea

---

[1051] JE, t. 7, p. 505, 509; *I. M. Troilsky*, Samodeiatelnost i samopomosch evreiev v Rossii (Actividad autónoma y asistencia mutua de los judíos en Rusia), BJWR-1, pp. 491, 495.
[1052] JE, t. 16, p. 265.
[1053] SJE, t. 7, p. 366.
[1054] JE, t. 2, pp. 246 248.
[1055] *Ibidem*, pp. 247-248.

contradice la dignidad del Estado ruso".[1056] En los últimos años del siglo XIX, "la nueva generación quería participar activamente en la historia... y en general, tanto desde fuera como desde dentro, ha pasado de la defensiva a la ofensiva... Los jóvenes judíos quieren ahora escribir su propia historia, estampar el sello de su voluntad en su destino, y también, en justa medida, en el destino del país en el que viven."[1057]

El ala religiosa del judaísmo ruso también denunció la emigración, por considerarla una ruptura con las raíces vivificantes del judaísmo de Europa Oriental.

Los esfuerzos seculares de la nueva generación se centraron principalmente en un vasto programa de instrucción, cultura y literatura específicamente judías en yiddish, las únicas capaces de crear un vínculo con la masa del pueblo. (Según el censo de 1897, sólo el 3% de los judíos rusos reconocían el ruso como lengua materna, mientras que el hebreo parecía olvidado y nadie pensaba que pudiera renacer). Se propuso crear una red de bibliotecas especialmente diseñadas para los judíos, periódicos en yiddish (el diario *Der Freynd* apareció en 1903; y se vendía como churros en los pueblos; sin pertenecer a ningún partido político, pretendía sin embargo dar formación política [1058]). Fue en los años 90 cuando tomó forma "la grandiosa metamorfosis de la amorfa masa judía en una nación, el Renacimiento judío".[1059]

Uno tras otro, los autores que escribían en yiddish se hicieron muy populares: Mendele Mocher-Sefarim, Scholom-Aleichem, Itzhak-Leibush Peretz. Y el poeta Bialik, para seguir el movimiento, tradujo sus propios poemas al yiddish. En 1908, esta tendencia alcanzó su punto álgido en la Conferencia de Tchernovtsy, que proclamó el yiddish como "lengua nacional del pueblo judío" y abogó por la traducción al yiddish de todos los textos impresos.[1060]

Al mismo tiempo, se realizaron esfuerzos considerables en favor de la cultura judía en lengua rusa. Así, los diez volúmenes de la *Biblioteca Judía*, de contenido histórico y literario[1061]; las revistas petersburguesas nacidas a partir de 1881, *Rassvet* ("La Aurora"), luego *Rousski Evrei ("*El judío ruso"). (Pronto dejaron de aparecer: "estas publicaciones no encontraron el

---

[1056] SJE, t. 7, p. 365.
[1057] *V. Jabotinsky*, Vvedenie (Prefacio a K. N. Bialik, Pesni i poemy (Canciones y poemas), San Petersburgo, ed. Zaltsman. Zaltsman, 1914, p. 36.
[1058] *I. Mark*, Literatoura na idish v Rossii (Literatura en yiddish en Rusia), BJWR-1, pp. 537-539.
[1059] *Aronson, op. cit.,* BJWR-1, p. 216.
[1060] *Mark*, LJE-1, pp. 519, 541.
[1061] *G. I. Aronson*, Roussko-evreiskaïa pclchat (La prensa ruso-judía), BJWR-1, p. 563.

apoyo del propio público judío"[1062]). La revista *Voskhod ("La* ruptura del día") abrió sus páginas a todos los autores judíos, traduciendo todas las novedades, ofreciendo un lugar de elección para los estudios sobre la historia judía, [1063](¡Que nosotros, rusos, mostremos el mismo interés por nuestra propia historia!). Por el momento, "el papel dominante en la vida pública del judaísmo ruso" lo desempeñaba el "Petersburgo judío": "hacia mediados de los años 90, [es en Petersburgo donde] se formó casi toda la alta dirección, la aristocracia intelectual judía"; todos los talentos están en Petersburgo. [1064]Según un cálculo aproximado, en 1897 sólo 67.000 judíos hablaban ruso con fluidez, pero se trataba de la élite culta. Y ya "toda la generación joven" en Ucrania en los años 90 se educó en ruso, y los que fueron a estudiar a los institutos perdieron completamente el contacto con la educación judía.[1065]

No había, estrictamente hablando, un eslogan del tipo: ¡*Asimilación*! ¡Debemos mezclarnos con el elemento ruso! Ni un llamamiento a renunciar a la propia nacionalidad. La asimilación era un fenómeno corriente, pero creaba un vínculo entre el judaísmo ruso y el futuro de Rusia. [1066]Además, Sliosberg refuta el término *asimilación*: "Nada se oponía más a la verdad" que decir que "los asimilados se consideraban... rusos según la Ley mosaica". Por el contrario, "el apetito por la cultura rusa no excluía confesar las tradiciones de la cultura hebrea". Sin [1067]embargo, tras la desilusión de los años 80, "ciertos intelectuales judíos, profundamente imbuidos de la idea de la asimilación, sintieron una ruptura en su concepción de la vida pública." [1068]Pronto, "sólo quedó una organización judía, un partido defensor de la asimilación". Sin embargo... aunque había renunciado a las armas como teoría, seguía siendo una parte muy real de la vida de los judíos de Rusia, al menos entre los que vivían en las grandes ciudades." [1069]Pero se decidió "romper el vínculo entre emancipación... y... asimilación", es decir: obtener una y no la otra, ganar igualdad pero sin la

---

[1062] *Sliosberg*, t. 1, pp. 105, 260.
[1063] *Aronson*, The Russian-Jewish Press, *op. cit.,* pp. 563-568.
[1064] S. M. *Ginzburg*, O roussko-evriskoï intelligentsii (De l'intelligentsia russo-juive), JW-1. pp. 35-36.
[1065] I. *Ben-Tvi*, Iz istorii rabotchego sionizma v Rossii (Sobre la historia del sionismo obrero en Rusia). BJWR-1, p. 272.
[1066] *Ginzburg*, About Russian-Jewish Intelligentsia, *op. cit.*, pp. 37-39.
[1067] *Sliosberg*, t. 2, pp. 301, 302.
[1068] *Hessen*, t. 2, p. 232.
[1069] JE, t. 3, p. 232.

pérdida de la judeidad. [1070]En los años 90, el principal objetivo de *Voskhod* era luchar por la igualdad de derechos de los judíos en Rusia.[1071]

A principios de siglo se había formado en San Petersburgo una "Oficina de Defensa" para los judíos de Rusia, cuyos miembros eran eminentes abogados y hombres de letras. (Antes de ellos, el barón Hirsch había sido el único en trabajar como ellos: a él iban a parar todas las quejas de los judíos). Sliosberg nos habla con detalle de sus fundadores.[1072]

Durante esos años, "el espíritu judío se despertó para la lucha", los judíos fueron asistidos a "un fuerte empuje de su conciencia de sí mismos, pública y nacional" -pero una conciencia ahora desprovista de toda forma religiosa: "Las aldeas abandonadas por los más afortunados..., las aldeas abandonadas por los jóvenes, que se fueron a la ciudad..., la urbanización galopante" minó la religión "en amplios sectores de la población judía a partir de los años 90", e hizo caer la autoridad de los rabinos. Los propios eruditos de las escuelas talmúdicas se vieron seducidos por la secularización. [1073] (Dicho esto, las notas biográficas de la *Jewish Encyclopædia* relativas a la generación que creció a finales del siglo XIX y principios del XX incluyen a menudo las palabras "recibió una educación religiosa tradicional").

Por otra parte, como hemos señalado, lo que se desarrolló con fuerza imprevisible y de forma inesperada fue *la palestinofilia*.

Los acontecimientos en Rusia no podían sino ser percibidos por los judíos de Rusia y por los rusos implicados en la vida pública a la luz de lo que ocurría al mismo tiempo en Europa: los contactos eran entonces libres y frecuentes entre personas cultas y las fronteras eran permeables a ideas y acontecimientos.

Los historiadores europeos señalan un "antisemitismo decimonónico... una animadversión creciente hacia los judíos en Europa Occidental, donde, sin embargo, parecía que se avanzaba a grandes pasos hacia su desaparición".[1074] Hasta Suiza, donde los judíos, a mediados de siglo, no habían podido obtener la libertad de residencia en los municipios, la libertad de comerciar o de ejercer la artesanía. En Francia, fue el estallido del asunto Dreyfus. En Hungría, "la vieja aristocracia terrateniente... acusaba a los judíos... de haberla arruinado"; En Austria y en la actual República Checa, a finales del siglo XIX, se extendía un "movimiento

---

[1070] *I. Mark*, Pamiati I. M. Tcherkover (A la memoria de I. M. Tcherkover), JW-2, Nueva York, 1944, p. 425.
[1071] *Aronson*, The Russian-Jewish Press, *op. cit.*, pp. 564-568.
[1072] *Sliosberg*, L 3, pp. 110-135.
[1073] *Aronson*, The Russian-Jewish Press, *op. cit.*, pp. 213-215.
[1074] *Parks*, p. 161.

antisemita", y "la pequeña *burguesía*... combatía al proletariado socialdemócrata con consignas antijudías". [1075] En 1898 se produjeron sangrientos pogromos en Galitzia. El ascenso en todos los países de la *burguesía* "aumentó la influencia de los judíos, agrupados en gran número en las capitales y centros industriales... En ciudades como Viena y Budapest..., la prensa, el teatro, la abogacía, la profesión médica, encontraron en sus filas un porcentaje de judíos muy superior a su proporción en el conjunto de la población". Esos años marcan el comienzo de las grandes fortunas de ciertos comerciantes y banqueros judíos."[1076]

Pero fue en Alemania donde las tendencias antijudías se manifestaron con mayor insistencia. Nombremos en primer lugar a Richard Wagner (ya en 1869). En los años 70, los círculos conservadores y clericales exigieron que se restringieran los derechos de los judíos alemanes y que se prohibiera toda nueva inmigración judía. Desde finales de los años 70, los "propios círculos intelectuales", cuyo portavoz era el historiador prusiano Heinrich von Treitschke, decían: "Los agitadores de hoy han percibido bien la mentalidad de la sociedad que considera a los judíos como nuestra desgracia nacional"; "Los judíos nunca consiguen fusionarse con los pueblos de Europa occidental", y muestran odio hacia el germanismo. Luego viene Karl Eugen Duhring, que se hizo famoso por su polémica con Marx y Engels[1077] : "La cuestión judía es una simple cuestión de raza, y los judíos son una raza no sólo extranjera sino irremediable y ontológicamente mala". Luego viene el filósofo Edward Hartman. En el ámbito político, este movimiento desembocó en el primer congreso internacional antijudío de 1882 (en Dresde), que adoptó el "Manifiesto dirigido a los pueblos y gobiernos cristianos que se mueren de judaísmo", y exigió la expulsión de los judíos de Alemania.[1078]

Francia fue también el escenario, si no de la aparición de una teoría racial igualmente agresiva, al menos de una amplia propaganda política antijudía: la difundida por Edouard Drumont en su *Libre Parole* de 1892. Vino entonces "una verdadera competición entre socialismo y antisemitismo"; "Los socialistas no dudaron en embellecer sus discursos de salidas contra los judíos y rebajarse hasta la demagogia antisemita... Una niebla social

---

[1075] Istoria XIX veka v 8-mi t. (Traducción rusa de la Historia del siglo XIX en 8 volúmenes, de Lavisse y Rambaud, t. 7), M., 139, pp. 186, 203.
[1076] *Parks*, p. 164.
[1077] Karl Eugen Dühring (1833-1921): Filósofo alemán. Sus tesis, opuestas a las teorías económicas y sociales de Marx y Engels, fueron duramente criticadas por este último en la obra titulada precisamente el Anti-Dühring.
[1078] JE*, t. 2, pp. 696 708.

antisemita envolvió toda Francia".[1079] (Muy similar a la propaganda de los populistas en Rusia en los años 1881-1882).

Y fue entonces cuando, en 1894, estalló el estruendoso Asunto Dreyfus. "En 1898, [el antisemitismo] alcanzó su clímax en toda Europa occidental: en Alemania, Francia, Gran Bretaña y Estados Unidos".[1080]

La prensa rusa de los años 1870-1890 también emitió algunas declaraciones antijudías, pero sin el fuerte colorido teórico que tuvieron en Alemania, ni la exacerbada violencia social de Austria-Hungría y Francia. Recordemos los relatos de Vsevolod Krestovsky (*Tinieblas egipcias*, entre otros) y algunos crudos artículos periodísticos.

Conviene dejar aparte el periódico *Novoïe Vremia* ("Los nuevos tiempos"), que debió su éxito a sus posiciones comprometidas con el "movimiento eslavo" vinculado a la guerra ruso-turca por la defensa de los Balcanes. Pero cuando "desde el teatro de operaciones se recibieron informes sobre actos de pillaje perpetrados por intendentes y proveedores, estos proveedores "de origen judío" aparecieron como la encarnación de todo el judaísmo ruso, y *Novoïe Vremia* adoptó una postura francamente antisemita". A partir de los años 80, el periódico hizo algo más que "entrar en el campo de los reaccionarios", "sobrepasó todos los límites del odio y la improbidad en la cuestión judía. El grito de advertencia '¡Cuidado con el judío!' resonó por primera vez en las columnas de *Novoïe Vremia*. El periódico insistía en la necesidad de tomar medidas firmes contra el 'dominio' de los judíos sobre la ciencia, la literatura y el arte rusos...". No perdió ocasión de denunciar el hecho de "retirarse del servicio militar".[1081]

Estos ataques a los judíos, tanto en el extranjero como en Rusia, conmovieron a Vladimir Solovyov, y en 1884 los criticó enérgicamente: "Los judíos siempre se han comportado con nosotros a la manera de los judíos, y nosotros, los cristianos, aún no hemos aprendido a comportarnos con el judaísmo a la manera cristiana"; "Con respecto al judaísmo, el mundo cristiano *en su masa* sólo ha mostrado hasta ahora unos celos irracionales o una débil indiferencia". No, "no es la Europa cristiana la que es tolerante con los judíos, es la Europa de los infieles".[1082]

La creciente importancia de la cuestión judía para Rusia, la sociedad rusa la comprendió sólo medio siglo después que su gobierno. Sólo después de

---

[1079] *Ibidem*, pp. 676-677.

[1080] R. *Noudelman*, Prizrak brodit po Evrope (Un espectro acecha a Europa), en "22", Tel-Aviv, 1992, n° 84, p. 128.

[1081] JE, t. 11, p. 758-759.

[1082] V. S. *Solovyov*, Evreistvo i khristianski vopros (El judaísmo y la cuestión cristiana), Obras completas en 10 vols., 2nd ed., San Petersburgo, 1911-1914, vol. 4, pp. 135, 136, 138.

la guerra de Crimea "la emergente opinión pública rusa empezó a concebir la existencia de un problema judío en Rusia". [1083] Pero tuvieron que transcurrir algunas décadas más antes de que comprendiera la *primacía* de esta cuestión. "La Providencia ha traído a nuestro país a la mayor parte del pueblo judío, y al más fuerte", escribió Vladimir Solovyov en 1891.[1084]

El año anterior, con el apoyo de algunos simpatizantes, Solovyov escribió una "Protesta" en la que se decía que "la única causa de la llamada cuestión judía" era el abandono de toda rectitud y humanidad, "una insensata manía de ciego egoísmo nacional". "Atizar el odio racial y religioso, tan contrario al espíritu del cristianismo..., pervierte profundamente la sociedad y puede conducir a un retorno a la barbarie...". "Debemos denunciar enérgicamente el movimiento antisemita, "aunque sólo sea por instinto de supervivencia nacional"".[1085]

Según el relato que le hizo M. Doubnov, Solovyov recogió más de cien firmas, entre ellas las de Tolstoi y Korolenko. [1086]

Pero los directores de todos los periódicos habían recibido la orden de no publicar esta protesta. Solovyov escribió una carta mordaz al zar Alejandro III, pero le dijeron que si persistía sería castigado con una medida administrativa. Se dio por vencido.[1087]

Al igual que en Europa, el polifacético empuje de las ambiciones judías no podía dejar de suscitar aquí inquietud entre los actores de la vida pública rusa, allí una feroz oposición y allí, por el contrario, simpatía. Y, en algunos, un cálculo político. Al igual que la Voluntad del Pueblo en 1881, que comprendió el provecho que se podía sacar de la cuestión judía (en aquel momento, iba en el sentido de la persecución), los círculos radicales y liberales de la época, es decir, el ala izquierda de la sociedad, concibieron e hicieron suya durante mucho tiempo todavía la idea de que la cuestión

---

[1083] *Aronson*, The Russian-Jewish Press, *op. cit.*, p. 549.
[1084] Carta de V. Solovyov a F. Hetz, en V. S. Solovyov. Evreiski vopros-Khristianski vopros/Sobranie statei (*La cuestión judía-La cuestión cristiana-Recopilación de artículos*), Varsovia, Pravda, 1906. p. 34.
[1085] Neopoublikovannyi protest protiv antisemitizma (Protesta contra el antisemitismo, inédita [editada por Vladimir Solovyov]), BJWR-1, pp. 574-575. El texto de esta protesta se publicó originalmente en el libro de F. Hetz, Ob otnoshenii V. Solovyova k evreiskomou voprosou (La actitud de V. Solovyov ante la cuestión judía) (M., 1920), donde figura bajo el título "Ob antisemititcheskom dvijenii v petchati: Neizdannaïa statia V. Solovyova" (Sobre el movimiento antisemita en la prensa: un artículo inédito de V. Solovyov), luego fue reimpreso en el folleto "gratuito" de Varsovia antes citado.
[1086] Vladimir Galaktionovich Korolenko (1853-1921) célebre escritor ruso, gran demócrata. Exiliado político, pasa diez años en Siberia Oriental. Denuncia la violencia policial y el antisemitismo. Se horroriza ante el terror y el despotismo de los bolcheviques.
[1087] *Cf.* BJWR-1*, p. 565.

judía podía utilizarse como mapa político de la lucha contra la autocracia : había que repetir una y otra vez que la única manera de obtener la igualdad de derechos para los judíos era el derrocamiento definitivo del poder de los zares. De los liberales a los bolcheviques. Pasando por el S.-R., todos no han dejado de implicar a los judíos -algunos con verdadera simpatía- para utilizarlos como una baza conveniente en el combate antimonárquico. Esta baza, los revolucionarios nunca la dejaron escapar, la explotaron sin el menor escrúpulo hasta 1917.

Sin embargo, estas diversas tendencias y debates en los periódicos no afectaron a la actitud de la *gente* hacia los judíos en la *Gran Rusia*. Muchos testimonios lo confirman.

Así, J. Teitel, hombre que vivió largo tiempo en la Rusia profunda y frecuentó a la gente común, afirma que "toda hostilidad racial o nacional es ajena al pueblo llano."[1088] O, en memorias dejadas por los príncipes Viazemsky, este episodio: había en el hospital de Korobovka, distrito de Ousmansky, un médico ruso algo desconsiderado, el doctor Smirnov; los campesinos no le querían, y su sucesor, el abnegado doctor Szafran, se benefició inmediatamente del afecto y la gratitud de todos los campesinos de la vecindad. Otra confirmación, inspirada en la experiencia de los prisioneros de los años 1880-1890: P. F. Iakoubovitch-Melchine escribe: "Sería una tarea ingrata buscar, incluso en la escoria de nuestro pueblo, el menor rastro de antisemitismo".[1089] Y fue precisamente porque lo intuían por lo que los judíos de una pequeña ciudad de Bielorrusia dirigieron un telegrama a principios del siglo XX a la señora F. Morozova, esposa de un rico comerciante, que se encargaba de la caridad: "Danos esto. La sinagoga se quemó. Sabes que tenemos el mismo Dios". Y ella envió la suma solicitada.

En el fondo, ni la prensa liberal rusa ni la prensa judía han acusado nunca al pueblo ruso de antisemitismo terrestre. Lo que ambos repetían sin descanso era que el antisemitismo en la masa popular, había sido completamente fabricado y alimentado por el gobierno. La propia fórmula "Autocracia, Ortodoxia, Nacionalidad" era sentida en los círculos judíos como una fórmula dirigida contra los judíos.

A mediados del siglo XX, podemos leer a un escritor judío:

"En la Rusia zarista, el antisemitismo no tenía raíces profundas entre el pueblo... En las amplias masas populares, prácticamente no había antisemitismo; es más, la cuestión misma de las relaciones con el judaísmo no se planteaba... Fue sólo en ciertas partes de lo que se llamó el Pale of

---

[1088] *Teitel*, p. 176.
[1089] JE, t. 10, p. 827.

Settlement, y principalmente en Ucrania desde la época de la dominación polaca, donde, debido a ciertas circunstancias sobre las que no es necesario detenerse aquí, se manifestó en el campesinado cierta tendencia al antisemitismo", [1090] que es perfectamente cierto. Y se podría añadir: Besarabia.

(Se puede juzgar de la antigüedad de estos sentimientos y circunstancias leyendo Karamzin : [1091]los cosacos que rodeaban al falso Dmitry[1092] -de los cosacos del Don, obviamente- trataban a los rusos de *jidy* (judíos)[1093], lo que significa que en las provincias occidentales esta palabra era un insulto).

¿Y el folclore ruso? El diccionario Dahl abarca la Gran Rusia, las provincias occidentales y Ucrania. Las ediciones anteriores a la revolución contienen un gran número de palabras y expresiones formadas a partir de la raíz *jid*-(judeo-). (Detalle significativo: en la edición soviética de 1955, toda la tipografía de la página que contiene estas palabras fue revisada,[1094] y todo el "nicho" léxico entre *jidkii* y *jigalo* ha sido completamente suprimido). Sin embargo, entre estas expresiones citadas por Dahl, hay algunas que son herencia de la Iglesia eslava, donde la palabra *jid* no era en absoluto peyorativa: era el nombre de un pueblo. También hay algunas que proceden de la práctica polaca y postpolaca dentro del Pale of Settlement. Otras se introdujeron en la lengua en la época de los disturbios, en el siglo XVII, en un momento en el que, en la Gran Rusia, casi no había contacto con los judíos. Estas herencias también se reflejan en los dicta que menciona Dahl en su forma rusa, pero podemos adivinar en esta última la forma meridional. (¡Y lo que es seguro es que no salieron de las entrañas del Ministerio del Interior!...) Y luego, comparemos estos dichos con otros: ¡oh cómo la gente creó adagios maliciosos contra el clero ortodoxo! ¡Ni uno, casi, le es favorable!

Un testigo de Mariupol [1095](y no es el único, es un hecho bien conocido) nos cuenta que entre ellos, antes de la revolución, existía una clara distinción entre las dos palabras *evrei* (hebreo) y *jid* (judío). El *evrei era*

[1090] S. M. *Schwartz*, Antisemitizm v Sovetskom Soiouze (Antisemitismo en la Unión Soviética), Nueva York, ed. Chekhov, 1952, p. 13. Chekhov, 1952, p. 13.

[1091] Nikolái Mijáilovich Karamzin (1766-1826): Escritor ruso. Su gran Historia del Estado ruso hizo que Pushkin dijera de él que era el "Cristóbal Colón de la antigua Rusia".

[1092] El Falso-Dmitri, dicho el Usurpador: en 1601, este personaje apareció en Polonia haciéndose pasar por hijo de Iván IV. Marchó sobre Moscú y ocupó el trono de 1905 a 1906. Fue asesinado por boyardos conspiradores.

[1093] N. M. Karamzin, Istoria Gosudarsva Rossiiskogo (Historia del Estado ruso), 12 vols., 5 ed., San Petersburgo, Einerling, 1842-1844, t. 11, p. 143.

[1094] *Dahl*, Toljovyi slovar jivogo velokorousskogo iazyka (*Diccionario de la lengua granrusa viva*), t. 1, 1955, p. 541.

[1095] I. E. *Temirov*, Vospominania (Recuerdos), BFRZ, f. 1, A-29, p. 23.

un ciudadano respetuoso de la ley, cuya moral, conducta y comportamiento hacia los demás no difería en nada del entorno. Mientras que el *jid era* el *jivoder* (el estafador). Y no era raro oír: "No soy un *Jid*, soy un *Evrei* honesto, no pretendo embaucarte". (Tales palabras puestas en boca de judíos, las encontramos en la literatura, y también las hemos leído en los panfletos de los populistas).

Esta diferenciación semántica, nunca debemos perderla de vista a la hora de interpretar los refranes. Todo esto es la huella de una antigua querella nacional en el territorio del Oeste y del Suroeste.

Pues ni en Rusia Central ni en el Norte y el Este, ni siquiera durante la conmoción general de octubre de 1905, no hubo pogromos antijudíos (si hubo indignación, fue contra los intelectuales revolucionarios en general, contra su júbilo y ridiculización del Manifiesto del 17 de octubre). Pero esto no impide que, a los ojos del mundo entero, la Rusia prerrevolucionaria -no el imperio, sino *Rusia*- lleve para siempre el sello de la infamia, el de los pogromos y los Cien Negros. Y es indeleble, incrustado en las mentes durante ¿cuántos siglos?

Los pogromos antijudíos han estallado siempre y exclusivamente en el suroeste de Rusia, como ocurrió en 1881. Y el pogromo de Kichinev de 1903 fue de la misma naturaleza.

No olvidemos que en aquella época la población de Besarabia era en gran parte analfabeta, que en Kishinev había 50.000 judíos, 50.000 moldavos, 8.000 rusos (en realidad, principalmente ucranianos, pero no se notó la diferencia) y algunos miles más. ¿Cuáles fueron las principales fuerzas responsables de los pogromos? "Los delincuentes de los pogromos eran principalmente moldavos".[1096]

El pogromo de Kishinev comenzó el 6 de abril, el último día de la Pascua judía y el primero de la Pascua ortodoxa. (No es la primera vez que observamos este trágico vínculo entre los pogromos antijudíos y la Pascua de los cristianos: en 1881, 1882 y 1899 en Nikolaev[1097] -y nos llena de extremo dolor y ansiedad).

Utilicemos el único documento que se basa en una investigación rigurosa llevada a cabo justo después de los hechos. Se trata de la acusación emitida por el fiscal del tribunal local, V. N. Goremykine, que "no llamó a ningún judío como acusado, por lo que fue duramente vilipendiado por la prensa reaccionaria".[1098] (Como veremos, el tribunal se reunió primero a puerta

---

[1096] SJE, t. 4, p. 327.
[1097] L. Praisman, Pogromy i samooborona (Pogromos y autodefensa), en "22", 1986-1987, no. 51, p. 176.
[1098] JE, t. 9, p. 507.

cerrada para "no exacerbar las pasiones", y la acusación se publicó originalmente en el extranjero en el órgano de prensa emigrado de Stuttgart *Osvobojdenie* ["Liberación"].)[1099]

El documento comienza con un relato de "los habituales enfrentamientos entre judíos y cristianos, como ha ocurrido en los últimos años en Pascua" y "la animadversión de la población local hacia los judíos". Dice que "dos semanas antes de la Pascua... circularon rumores en la ciudad, anunciando que habría, durante las próximas fiestas, agresiones contra los judíos". Un periódico, el *Bessarabets* ("el Besarabio"), había desempeñado un papel de dinamitero al publicar "día tras día, a lo largo de las últimas semanas, artículos incendiarios, fuertemente antijudíos, que no pasaron desapercibidos entre los pequeños oficinistas, los chupatintas, la gente menuda de Besarabia". Entre los últimos artículos provocadores del periódico estaba el del asesinato de un niño cristiano en el pueblo de Doubossary, supuestamente llevado a cabo por judíos con fines rituales" (y corrió otro rumor de que un judío había asesinado a su sirvienta cristiana cuando en realidad se había suicidado [1100]).

Y la policía de Kishinev, ¿qué hizo? "No prestó especial atención a los rumores", y a pesar de que "en los últimos años ha habido regularmente enfrentamientos entre judíos y cristianos, la policía de Kishinev no tomó ninguna medida preventiva seria", sólo reforzó las patrullas "para las fiestas, en los lugares donde la multitud iba a ser más densa", añadiendo hombres reclutados de la guarnición local. [1101]El jefe de policía no dio ninguna instrucción clara a sus agentes.

Esto es claramente lo más imperdonable: reyertas repetidas todos los años con motivo de la Pascua, rumores de tal contenido... y la policía se cruza de brazos. Una señal más del estado de decadencia de la maquinaria gubernamental. Porque hay dos cosas, una: o nos desprendemos del imperio (cuántas guerras, cuántos esfuerzos se han hecho para unir, por oscuras razones, Moldavia con Rusia), o salvaguardamos el buen orden que debe reinar en todo su territorio.

En la tarde del 6 de abril, las calles de la ciudad se ven invadidas por "gente en fiesta", con "muchos adolescentes" deambulando entre la multitud, así como gente enfadada. Los chicos empiezan a tirar piedras contra las casas

---

[1099] Kichinevski pogrom: Obvinitelnyi akt (*El pogromo de Kichinev: la acusación*), Osvobojdenie, Stuttgart, 19 de octubre de 1903, núm. 9 (33), suplemento, pág. 14.
[1100] I. G. Froumkine, Iz istorii rousskogo evreistva: vospominaniia, materialy, dokoumenty (Sobre la historia de los judíos de Rusia: memorias, materiales, documentos), BJWR-1, p. 59.
[1101] Kichinevski pogrom: Obvinitelnyi akt (El pogromo de Kichinev: la acusación), Osvobojdenie, *op. cit.*, p. 1.

judías cercanas, lanzándolas cada vez con más fuerza, y cuando el comisario y sus inspectores intentan detener a uno de ellos, "reciben piedras a su vez". Los adultos intervienen entonces. "La policía no tomó ninguna medida firme para detener los desórdenes" y éstos desembocaron en el saqueo de dos tiendas judías y algunos cobertizos. Por la noche, los desórdenes amainan, "ese día no se había perpetrado ninguna agresión contra los judíos"; la policía había detenido a sesenta personas durante el día.

Sin embargo, "en la madrugada del 7 de abril, la población cristiana, muy agitada, empezó a reunirse en diversos lugares de la ciudad y en los suburbios, en pequeños grupos que provocaron a los judíos enfrentamientos cada vez más violentos". Asimismo, desde primera hora, en el Mercado Nuevo, "se habían reunido más de un centenar de judíos, armados con estacas y piquetes, fusiles incluso aquí y allá, que dispararon algunos tiros. Los cristianos no tenían armas de fuego. Los judíos decían: 'Ayer no dispersasteis a los rusos, hoy nos defenderemos'. Y algunos llevaban botellas de vitriolo en la mano, que arrojaban a los cristianos que encontraban".

(Las farmacias estaban tradicionalmente en manos de los judíos.) "Los rumores se extienden por toda la ciudad, informando de que los cristianos están siendo asaltados por los judíos; corren de boca en boca y exasperan a la población cristiana": se transforma "fueron apaleados" en "fueron masacrados", se lleva que los judíos han saqueado la catedral y asesinado al cura. Y ahora, "en varias partes de la ciudad, pequeños grupos de quince a veinte personas cada uno, principalmente obreros, con adolescentes a la cabeza que tiran piedras a los cristales de las ventanas, comienzan a saquear las tiendas, los locales, las viviendas de los judíos, destrozando todo lo que hay dentro.

Estos grupos se amplían gradualmente por los transeúntes". Hacia las dos, tres de la madrugada, "los disturbios se extienden en un radio cada vez más amplio"; "las casas donde se han expuesto iconos o cruces en las ventanas no se ven afectadas." "En los locales saqueados, todo quedó totalmente destrozado, las mercancías expulsadas de las tiendas para ser pisoteadas o robadas por individuos que escoltaban a los atacantes". Llegaron incluso a "saquear las casas de oración de los judíos y arrojar los rollos sagrados [la Torá] a la calle". Los lugares de bebida, por supuesto, fueron saqueados; "El vino fue vertido a la calle o bebido in situ por los bandidos".

La inercia de la policía, debida a la ausencia de un mando adecuado, hizo que estos crímenes se perpetraran impunemente, lo que no dejó de alentar y excitar a los malhechores. Las fuerzas policiales, abandonadas a su suerte, lejos de unir sus esfuerzos, actuaron según su instinto... "y los policías subordinados fueron en su mayoría mudos espectadores del pogromo". Sin embargo, se hizo una llamada telefónica a la guarnición local para pedir refuerzos, pero "cada vez que los soldados se dirigían a un punto determinado, no encontraban a nadie allí", y "a falta de nuevas instrucciones, permanecían inactivos"; "estaban dispersos por la ciudad en grupos aislados, sin un objetivo claro y sin coordinación entre sí"; "se limitaban a dispersar a las multitudes enardecidas". (Esta guarnición no era la más eficiente y, además, era justo después de Pascua: muchos oficiales y soldados estaban de permiso. [1102]) "La inercia de la policía... engendró nuevos rumores, diciendo que el gobierno habría permitido atacar a los judíos, ya que son enemigos del país", y el pogromo, desatado, ebrio, se envenenó. "Los judíos, temiendo por sus posesiones y por sus vidas, perdieron toda compostura, el miedo les hizo enloquecer.

Varios de ellos, armados con revólveres, procedieron a contraatacar para defenderse. Emboscados en las esquinas de las calles, detrás de las vallas, en los balcones, empezaron a disparar a los saqueadores, pero torpemente, sin apuntar a sus objetivos, de modo que no les sirvió de nada y sólo despertó en los alborotadores del pogromo una terrible explosión de rabia. "La multitud de saqueadores se apoderó de la rabia, y allí donde habían resonado los disparos, acudió enseguida a destrozarlo todo y a ensañarse con los judíos que allí se encontraban. "Un disparo fue particularmente fatal para los judíos: el que arrebató a un joven ruso, el pequeño Ostapov". "A partir de la una, las dos de la tarde, los golpes de los judíos se hicieron cada vez más violentos", y hacia las cinco fueron acompañados de "una serie de asesinatos".

A las tres y media de la tarde, el gobernador Von Raaben, completamente abrumado, dio una orden al jefe de la guarnición, el general Bekman, autorizando el "uso de las armas". Bekman hizo sondear inmediatamente la ciudad, y las tropas, que se habían "aventurado", caminaron en buen orden a partir de ese momento.

"A partir de ese momento, las tropas pudieron llevar a cabo detenciones masivas", y se tomaron medidas enérgicas. Al anochecer, el pogromo estaba bajo control.

El acta estipula el número de muertos: "Hubo 42 muertos, entre ellos 38 judíos"; "todos los cuerpos presentaban huellas de golpes con objetos contundentes -porras, palas, piedras- y algunos, golpes de hacha"; "casi todos estaban heridos en la cabeza, algunos también en el pecho. No había rastros de balas, ni tampoco indicios de tortura o violación (esto fue confirmado por los dictámenes periciales de los médicos y las autopsias,

---

[1102] Materialy dlia istorii antievreiskikh pogromov v Rossii (Materiales para la historia 12 vols., 5 ed., San Petersburgo, Einerling, 1842-1844, 11, pp. 143, S. M. Dubnov y G. I. Krasnyi-Admoni, t. 1, Pág. 1919 (Materiales...), p. 340.

así como por el informe del Departamento Médico-Legal de la Administración Central de Besarabia); "hubo 456 heridos, 62 de ellos entre los cristianos...; ocho fueron heridos de bala... de los 394 heridos judíos, sólo cinco estaban gravemente heridos. Ni rastro de abusos... salvo un tuerto al que habían arrancado el ojo sano... tres cuartas partes de los hombres agredidos eran adultos; hubo tres denuncias por violación, dos de las cuales fueron procesadas". Siete soldados resultaron heridos, entre ellos uno al que "le quemaron la cara con vitriolo"; 68 policías recibieron heridas leves. "Hubo 1.350 casas saqueadas, casi un tercio de las casas de Kishinev: una cifra enorme, el equivalente a un bombardeo"... en cuanto a las detenciones, "hubo 816 en la mañana del 9 de abril", y además de las investigaciones sobre los asesinatos, 664 personas comparecieron ante los tribunales.

En algunos autores, las cifras de las víctimas entre los judíos difieren de las estadísticas oficiales, pero la diferencia no es muy grande. El *Libro de los judíos de Rusia* estima que hubo 45 judíos muertos, 86 heridos graves, 1.500 casas y tiendas saqueadas o destruidas. [1103] Biekerman da la cifra de 53 muertos, pero quizá no todos los judíos. [1104] La reciente *Jewish Encyclopædia* (1988) afirma: "49 muertos, 586 heridos, más de 1.500 casas y comercios saqueados".[1105]

Esta es la descripción oficial. Pero intuimos lo que se esconde tras ella. Se nos dice: "Sólo a una persona, un judío con un ojo" le han arrancado el otro.

Aprendemos un poco más de Korolenko en su ensayo *Dom no 13* ("Casa n° 13"). [1106] Este pobre hombre se llamaba Meer Weisman: "A mi pregunta, escribió Korolenko -¿sabía quién lo había hecho?-, respondió con perfecta serenidad que no lo sabía, pero que 'un chaval', el hijo de sus vecinos, se había jactado de haberlo hecho con un peso de plomo atado a una cuerda". Vemos pues que autores y víctimas se conocían bastante bien... Korolenko reanudó: "Es cierto que lo que adelanto lo sostengo de los propios judíos, pero no hay razón para no creer sus dichos... ¿Por qué habrían inventado estos detalles?..."

Y, de hecho, ¿por qué la familia de Bentsion Galanter, golpeado mortalmente en la cabeza, inventaría que los asesinos le habían plantado clavos por todo el cuerpo? ¿No estaba la familia del contable Nisenson

---

[1103] *Froumkine*, BJWR-1, p. 59.
[1104] *Biekerman*, RJE, p. 57.
[1105] SJE, t. 4, p. 327.
[1106] V. G. *Korolenko*, Dom no 13, Sobr. sotch. (Obras completas), t. 9, M. 1995, pp. 406-422.

suficientemente probada, por qué iba a añadir que lo habían "enjuagado" en un charco antes de masacrarlo? Estos detalles no son ficción.

Pero a los que estaban lejos de los acontecimientos, a los agitadores de la opinión pública, estos horrores *no les bastaban*. Lo que recordaban no era la tragedia, la desgracia, los muertos, sino más bien: ¿cómo explotarlos para golpear al poder zarista? Y recurrieron a exageraciones aterradoras. Superar las reacciones de horror, intentar ver claro en las versiones construidas en los meses y años siguientes, ¿no sería minimizar la tragedia? ¿Y atraer muchos insultos?

Pero verlo claramente es un deber, porque aprovechamos el pogromo de Kishinev para ennegrecer a Rusia y marcarla para siempre con el sello de la infamia. Hoy, todo trabajo histórico honesto sobre el tema exige distinguir entre la horrible verdad y las mentiras traicioneras. La conclusión de la acusación es la siguiente: los desórdenes "han alcanzado la magnitud descrita sólo por la inercia de la policía, privada de un mando adecuado... La investigación preliminar no encontró pruebas de que los desórdenes hubieran sido premeditados".[1107]

Estas pistas, ninguna investigación posterior las encontró tampoco. Pero que así sea: la Oficina para la Defensa de los Judíos, que ya hemos mencionado, (a la que asistieron personas tan eminentes como el Sr. Winaver, el Sr. G. Sliosberg, el Sr. Bramson, el Sr. Koulicher, el Sr. A. Braoudo, el Sr. S. Pozner, Krohl)[1108], en cuanto le llegó la noticia del pogromo de Kishinev, excluyó de entrada todas las causas posibles, salvo la de una conspiración fomentada desde arriba: "¿Quién dio la orden de organizar el pogromo, quién tomó la dirección de las fuerzas oscuras que lo perpetraron?".[1109] "En cuanto nos enteramos del clima en que se desarrollaron las matanzas de Kishinev, no dudamos de que esta diabólica empresa había sido urdida por el Departamento de Policía y llevada a cabo bajo sus órdenes". Aunque, por supuesto, "los miserables mantuvieron en secreto su proyecto", escribió Krohl en los años 40 del siglo XX. "[1110]Pero, tan convencidos como estamos de que los asesinatos de Kishinev fueron premeditados en las altas esferas, con el acuerdo tácito y tal vez por iniciativa de Plehve, podemos desenmascarar a estos asesinos de alto rango y exponerlos a la luz del mundo sólo con una condición: si tenemos las pruebas más indiscutibles contra ellos".

[1107] The Kichinev pogrom: The indictment, *op. cit.*, pp. 3, 202.
[1108] *Krohl*, Stranitsy... (Páginas...), p. 299.
[1109] *Sliosberg*, t. 3, p. 49.
[1110] M. *Krohl*, Kishinevski pogrom 1903 goda i Kishinevski pogromnyi protses (El pogromo de Kichinev de 1903 y el juicio del pogromo de Kichinev), Mi-2, p. 372.

Por eso decidimos enviar al famoso abogado Zaroudny a Kishinev".[1111]

"Era la persona más adecuada para la misión que le habíamos encomendado", "se comprometió a desvelar los resortes ocultos de la masacre de Kishinev, tras la cual la policía, para desviar la atención, detuvo a unas decenas de ladrones y saqueadores".[1112] (Recordemos que tras el pogromo fueron detenidas 816 personas). Zaroudny reunió información y trajo "material de excepcional importancia".

Es decir, que "el principal responsable, el organizador del pogromo, había sido el jefe de la seguridad local, K. Lewendal", un oficial de la gendarmería que había sido destinado a Kishinev poco antes del pogromo. Fue "bajo su mando que la policía y las tropas echaron abiertamente una mano a los asesinos y a los saqueadores".[1113] Él habría "paralizado totalmente la acción del gobernador".[1114] (Se sabe, sin embargo, que en Rusia ni la policía ni las tropas estaban bajo las órdenes de la Okhrana).

Dicho material "excepcionalmente importante", que denunciaba a los culpables "con absoluta certeza", nunca se publicó ni en su momento ni posteriormente. ¿Por qué?

Pero, si hubiera sido así, ¿cómo podrían Lewendal y sus cómplices escapar al castigo y a la deshonra? Este material sólo se conoce de oídas: un comerciante llamado Pronine y un notario llamado Pissarjevsky se habrían encontrado varias veces en cierto café y, siguiendo instrucciones de Lewendal, habrían planeado el pogromo.[1115] Y fue después de estas reuniones cuando toda la policía y las tropas optaron por el pogromo. El fiscal Goremykine examinó los cargos contra Lowendal y los declaró infundados.[1116] (El periodista Kruchevane, cuyos incendiarios artículos habían favorecido realmente el pogromo, fue apuñalado en Petersburgo dos meses después por Pinhas Dachevsky, que quería matarlo.)[1117]

Las autoridades, durante este tiempo, continuaron la investigación. El director del departamento de policía, A. A. Lopoukhine (con sus simpatías liberales, era insospechado a los ojos del público) fue enviado rápidamente a Kishinev.

El gobernador Von Raaden fue destituido, junto con varios otros altos funcionarios de Besarabia; se nombró un nuevo gobernador, el príncipe S.

[1111] *Ibidem*, pp. 372-373.
[1112] *Krohl*, Stranitsy... (Páginas...), *op. cit.*, pp. 301, 303.
[1113] *Ibidem*, pp. 301-304.
[1114] *Krohl, op. cit.*, Mi-2, p. 374.
[1115] Ibídem.
[1116] Informe al fiscal n° 1392 de 20 nov. 1903; Informe al fiscal n° 1437 de 1 dic. 1903, en Materialy... [Materiales...], *op. cit.*, pp. 319, 322-323.
[1117] RJE, t. 1, p. 417.

Urusov (pronto sería un destacado K. D., y firmaría el llamamiento a la rebelión llamado "Llamamiento de Vyborg"). Un boletín del ministro del Interior, Plehve, fue publicado en *El Mensajero del Gobierno* del 29 de abril: en él manifestaba su indignación por la inacción de las autoridades de Kishinev; llamaba a todos los gobernadores provinciales, a los gobernadores de las ciudades y a los jefes de policía a detener enérgicamente toda violencia tomando todas las medidas posibles.[1118]

La Iglesia Ortodoxa también se manifestó. El Santo Sínodo emitió un boletín invitando al clero a tomar medidas para extirpar los sentimientos de hostilidad hacia los judíos. Algunos jerarcas, en particular el padre Juan de Kronstadt, muy escuchado y venerado por los fieles, se dirigieron al pueblo cristiano expresando su desaprobación, sus exhortaciones, sus llamamientos al apaciguamiento. "Han sustituido la fiesta cristiana por una orgía sanguinaria y satánica".[1119] Y el obispo Antonio (Krapovitsky) declaró: "El castigo de Dios caerá sobre los miserables que han derramado sangre emparentada con la del Hombre-Dios, con la de su Madre pura, la de los apóstoles y la de los profetas... para que sepáis cuánto aprecia el Espíritu Divino al pueblo judío, aún hoy rechazado, y sepáis cuál es su cólera contra los que quisieran ofenderle."[1120] Se distribuyó al pueblo un texto sobre el tema. (Las largas exhortaciones y explicaciones de la Iglesia, sin embargo, no eran ajenas a un estado de ánimo arcaico, congelado durante siglos y que sería superado por las formidables evoluciones en curso).

En los primeros días de mayo, un mes después de los hechos, estalló una campaña de información, pero también de intoxicación sobre el pogromo, tanto en la prensa rusa como en la europea y americana. En Petersburgo, artículos fanáticos hablaban de asesinatos de madres e infantes, de violaciones -a veces de niñas menores de edad, a veces de mujeres ante los ojos de sus maridos o de su padre y su madre-; se hablaba de "lenguas desgarradas; un hombre fue desgarrado, la cabeza de una mujer fue atravesada con clavos clavados por las fosas nasales".[1121] Había transcurrido menos de una semana cuando estos horripilantes detalles aparecieron en los periódicos del Oeste.

[1118] En Materialy... [Materiales...], *op. cit.*, pp. 333-335; Pravitelstvennyi vestnik (Mensajero del Gobierno). San Petersburgo, nº 97, 1903, 29 de abril (12 de mayo).

[1119] *J. de Cronstadt*: My thoughts about the violence perpetrated by Christians against the Jews in Kishinev, en Materialy... [Materiales...], *op. cit.*, pp. 354, 356.

[1120] Homilía de Mons. Antoine del 30 de abril de 1903, en Materialy... [Materiales...], *op. cit.*, pp. 354, 356.

[1121] Sankt-Petersburgskie vedomosti (*Noticias de San Petersburgo*), 24 de abril (7 de mayo de 1903), p. 5.

La opinión pública occidental le dio plena credibilidad. Los judíos influyentes de Inglaterra se basaron en estas invenciones y las incluyeron palabra por palabra en su protesta pública. [1122]Hay que repetir: "*No se observaron pruebas de abuso o violación en* los cuerpos". Debido a una nueva oleada de artículos periodísticos, se pidió a los patólogos forenses que presentaran informes suplementarios. El médico del Servicio de Salud de la Ciudad, llamado Frenkel (que había examinado los cadáveres en el cementerio judío), y otro llamado Tchorba (que había recibido a los muertos y heridos en el hospital del Zemstvo de Kishinev entre las 17 horas, el segundo día después de la Pascua, y el mediodía, el tercer día, y luego en el hospital judío), y el médico Vassiliev (que había realizado la autopsia de treinta y cinco cadáveres), todos atestiguaron la ausencia de huellas de tortura o violencia en los cuerpos descritos en los periódicos. [1123]Más tarde, en el juicio, se supo que el doctor Dorochevsky -quien, según se creía, había proporcionado estos aterradores informes- no había visto nada de estas atrocidades, y declinó toda responsabilidad por la publicación de los tabloides. En [1124]cuanto al fiscal de la Cámara Penal de Odessa, había, en respuesta a una pregunta de Lopoukhine sobre las violaciones, "realizado en secreto su propia investigación": los relatos de las propias familias de las víctimas no confirmaban ningún caso de violación; los casos concretos, en la pericia, están positivamente excluidos. [1125]Pero, ¿quién prestó atención a los exámenes y conclusiones de los médicos? ¿A quién le importa la investigación específica del fiscal? ¡Todos estos documentos pueden permanecer, amarilleando, en los archivos de los armarios!

Todo lo que los testigos no habían confirmado, todo lo que Korolenko no había relatado, las autoridades no tuvieron la presencia de ánimo para refutarlo. Y todos estos *detalles* se difundieron por todo el mundo, y tomaron la forma de un *hecho* en la opinión pública, que permanecerían durante todo el siglo XX, y que probablemente seguirán siendo durante todo el siglo XXI: fríos, congelados, guardados para siempre en el nombre de Rusia.

Sin embargo, Rusia, desde hace muchos años, pero cada vez con mayor agudeza, conoció una loca y mortal distorsión entre la "sociedad civil" y el gobierno. Era una lucha a muerte: para los círculos liberales y radicales, y más aún para los revolucionarios, cualquier incidente (verdadero o falso) que desacreditara al gobierno era una bendición, y para ellos todo estaba

---

[1122] Baltimore Sun, 16 de mayo de 1903, p. 2; The Jewish Chronicle, 15 de mayo de 1903, p. 2; Protest by the Board of Deputies and the Anglo-Jewish Association, Times, 18 de mayo de 1903, p. 10.
[1123] En Materialy... [Materiales...], *op. cit.*, pp. 174-175.
[1124] *Ibidem*, p. 279.
[1125] *Ibidem*, pp. 172-173.

permitido: cualquier exageración, cualquier tergiversación, cualquier maquillaje de los hechos; lo importante era humillar al poder lo más gravemente posible. Para los radicales rusos, ¡un pogromo de esta gravedad era una *oportunidad* en su lucha!

El gobierno decidió prohibir toda publicación en los periódicos sobre el pogromo, pero fue un error garrafal, ya que la prensa europea y estadounidense se hizo eco de los rumores con mayor fuerza; todos los desplantes se intensificaron con mayor impunidad, exactamente como si nunca hubiera habido ningún informe policial.

Y aquí estaba, la gran ofensiva lanzada contra el gobierno del zar. La Oficina de Defensa de los Judíos envió telegramas a todas las capitales: ¡organizad reuniones de protesta en todas partes! [1126]Un miembro de la Oficina escribió: "Hemos comunicado los detalles de las atrocidades... en Alemania, Francia, Inglaterra, Estados Unidos... La impresión que causó nuestra información fue estremecedora; en París, Berlín, Londres y Nueva York se celebraron reuniones de protesta en las que los oradores pintaron un cuadro espantoso de los crímenes cometidos por el gobierno zarista." [1127]Aquí está, pensaron, ¡el oso ruso tal como ha sido desde los albores de los tiempos! "Estas atrocidades conmocionaron al mundo. Y ahora, sin ningún freno, la policía y los soldados han *ayudado* por todos los medios a *los asesinos y a los saqueadores* a perpetrar sus actos inhumanos." [1128]La "maldita autocracia" se ha marcado con un estigma indeleble. En las reuniones, estigmatizaron el nuevo plan del zarismo, "premeditado por él". En las sinagogas de Londres, acusaron... al Santo Sínodo de haber cometido esta matanza por inspiración religiosa. Algunos jerarcas de la Iglesia Católica también declararon su desaprobación. Pero fue con mucho la prensa europea y americana la que se mostró más virulenta (en particular el magnate de la prensa William Hearst): "Acusamos al poder zarista de ser responsable de la masacre de Kishinev. Declaramos que su culpabilidad en este holocausto es total. Es ante su puerta y ante cualquier otra donde se exponen las víctimas de esta violencia. "Que el Dios de la Justicia descienda aquí abajo para acabar con Rusia como ha acabado con Sodoma y Gomorra... y que evacue este foco pestilente de la faz de la tierra". "La matanza de Kishinev supera en crueldad insolente todo lo que se ha registrado en cualquier nación civilizada" [1129]... (incluyendo, hay que creerlo, el exterminio de los judíos en la Europa medieval...).

[1126] *Krohl, op. cit.*, RW-2, pp. 376-377.
[1127] *Krohl*, Stranitsy... (Páginas...), *op. cit.*, p. 302.
[1128] *Krohl, op. cit.*, RW-2, pp. 371-372.
[1129] "Remember Kichineff" (editorial), *The Jewish Chronicle*, 15 de mayo de 1903, p. 21; 22 de mayo de 1903, p. 10; *Baltimore Sun*, 16 de mayo de 1903, p. 4.

Desgraciadamente, judíos más o menos circunspectos, más o menos aturdidos, se sumaron a la misma valoración de los hechos. Y no menos de treinta años después de los hechos, el respetable jurista G. Sliosberg conserva los mismos detalles en publicaciones de emigración -(aunque él mismo nunca fue a Kishinev, ni entonces ni después): los clavos plantados en la cabeza de la víctima (¡llega a atribuir esta información al relato de Korolenko!), y las violaciones, y la presencia de "varios miles de soldados" (¡la modesta guarnición de Kishinev nunca había visto tantos!) que "parecían estar allí para proteger a los autores del pogromo".[1130]

Pero Rusia, en el campo de la comunicación, era inexperta, incapaz de justificarse coherentemente al desconocer aún los métodos utilizados para ello.

Mientras tanto, la supuesta "fría premeditación" del pogromo no estaba respaldada por ninguna prueba sólida, ninguna que estuviera a la altura de la furiosa campaña. Y aunque el abogado Zaroudny ya había "cerrado su investigación y... establecido firmemente que el principal organizador y el patrocinador del pogromo no era otro que el jefe de la Okhrana local, el barón Lewendal"[1131]"-eunque en esta variante, el personaje de Lewendal no llegaba suficientemente al gobierno, era necesario sacar un poco más para llegar al poder central.

Pero ¡aquí estamos!-seis semanas después del pogromo, para atizar aún más la indignación general y deshonrar a la figura clave del poder, se "descubrió" (nadie sabe por quién, pero muy apropiadamente) una "carta ultrasecreta" del ministro del Interior Plehve al gobernador de Kishinev, Von Raaben (no un boletín dirigido a todos los gobernadores del Pale of Settlement, no, sino una carta dirigida sólo a él diez días antes del pogromo), en la que el ministro, en términos bastante evasivos, daba un consejo si se producen disturbios graves en la provincia de Besarabia, no reprimirlos por las armas, sino utilizar sólo la persuasión. Y ahora un particular, muy oportuno también allí, transmitió el texto de esta carta a un corresponsal inglés en San Petersburgo, D. D. Braham, y éste se apresuró a publicarla en Londres en el *Times* del 18 de mayo de 1903.[1132]

A priori: ¿qué peso tiene una sola publicación en un solo periódico, que nada corrobora, ni in situ ni posteriormente? ¡Pero pesa todo lo que usted quiera! ¡Enormemente, incluso! Y en este caso, la publicación *del Times*

[1130] *Sliosberg*, vol. 3, pp. 48 49, 61, 64.
[1131] *Ibídem*.
[1132] *Times*, 18 de mayo de 1903, p. 10.

fue apoyada por la protesta de destacados judíos británicos, con Montefiore a la cabeza (de una familia internacionalmente conocida).[1133]

Gracias al clima que reinaba en todo el mundo, esta carta tuvo un éxito colosal: las sanguinarias intenciones contra los judíos del universalmente aborrecido zarismo, que aún no habían sido probadas, se vieron de pronto "atestiguadas con documentos probatorios". Los artículos y las reuniones tuvieron un nuevo auge en todo el mundo. Al tercer día de la publicación, el *New York Times* señalaba que "hace ya tres días que la carta fue divulgada, y no se ha producido ningún desmentido", y la prensa británica ya la ha declarado auténtica. "¿Qué podemos decir del nivel de civilización de un país, del que un ministro puede dar su firma a tales exacciones?".[1134] El gobierno ruso, en su torpeza e incomprensión de la gravedad del asunto, no encontró nada mejor que hacer que abandonar negligentemente un lacónico desmentido firmado por el jefe del Departamento de Policía, A. Lopoukhine, y sólo el noveno día después de la escandalosa publicación del *Times*,[1135] pero en lugar de investigar la falsificación, se limitó a expulsar a Braham del territorio.

Se puede afirmar con certeza que se trata efectivamente de una falsificación, por varias razones. No sólo porque Braham nunca exhibió prueba alguna de la autenticidad de la carta. No sólo porque Lopoukhine, enemigo declarado de Plehve, había negado él mismo este texto. No sólo porque el príncipe Urusov, el gran simpatizante judío que había sucedido a Von Raaben y controlaba los archivos de la gobernación, no encontró ninguna "carta de Plehve". No sólo porque el pobre Von Raaben, destituido, con su vida y su carrera destrozadas, nunca, en sus desesperados esfuerzos por restaurar su reputación, se quejó de haber recibido instrucciones "de arriba", lo que habría restaurado inmediatamente su carrera y le habría convertido en el ídolo de la sociedad liberal. La razón principal radica en el hecho de que los archivos estatales de Rusia no tenían nada en común con los archivos amañados de la época soviética, cuando cualquier documento se inventaba a petición de los interesados o se quemaba en secreto. No, en los archivos rusos todo se conservaba, inviolablemente y para siempre. Inmediatamente después de la Revolución de Febrero, una comisión extraordinaria de investigación del Gobierno Provisional y, con más celo aún, la "Comisión Especial para el Estudio de la Historia de los Pogromos", con investigadores tan serios como S. Dubnov, Krasny-Admoni, no encontraron el documento ni en Petersburgo ni en Kishinev, ni su registro a la entrada o a la salida; sólo encontraron la

---

[1133] "Protest by the Board of Deputies and the Anglo-Jewish Association", *Times*, 18 de mayo de 1903, p. 10.
[1134] *New York Times*, 19 de mayo de 1903, p. 10; 21 de mayo de 1903, p. 8.
[1135] *Times*, 27 de mayo de 1903, p. 7.

traducción al inglés del texto inglés de Braham (así como papeles que contenían "indicaciones de castigos severos y despidos... sancionando cualquier acción ilegal de los agentes responsables de la cuestión judía").[1136]

Después de 1917, ¿qué había que temer todavía? Pero ni un solo testigo, ni un solo memorialista, fue capaz de contar la historia de dónde había caído ese telegrama inmortal, ni de jactarse de haber actuado como intermediario. Y el propio Braham -ni entonces ni después- no dijo una sola palabra al respecto.

Pero esto no impidió que el periódico constitucional-demócrata *Retch* ("La Palabra") escribiera con confianza, el 19 de marzo de 1917: "El baño de sangre de Kishinev, los pogromos contrarrevolucionarios de 1905 fueron organizados, como quedó definitivamente establecido en, por el Departamento de Policía". Y, en agosto de 1917, en la Conferencia Estatal de Moscú, el presidente de la Comisión Especial de Investigación declaró públicamente que "pronto presentaría los documentos del Departamento de Policía relativos a la organización de los pogromos antijudíos" -pero ni pronto ni después, ni la Comisión, ni, posteriormente, los bolcheviques exhibieron ningún documento de este tipo. Así se enquistó la mentira, ¡prácticamente hasta ahora!... (En mi *16 de noviembre*, uno de los personajes evoca el pogromo de Kishinev, y en 1986 el editor alemán añade una nota explicativa al respecto que dice: "Pogromo antijudío, cuidadosamente preparado, que duró dos días.

El ministro del Interior Plehve había conjurado al gobernador de Besarabia para que, en caso de pogromo, no utilizara armas de fuego."[1137]) En la reciente *Jewish Encyclopædia* (1996) leemos esta afirmación: "En abril de 1903, el nuevo ministro del Interior, Plehve, organizó con sus agentes un pogromo en Kishinev".[1138]

(Paradójicamente, leemos en el tomo anterior: "El texto del telegrama de Plehve publicado en el *Times* de Londres... es considerado por la mayoría de los estudiosos como falso"[1139]). Y aquí: la falsa historia del pogromo de Kishinev hizo mucho más ruido que la verdadera, cruel y auténtica. ¿Quedará claro algún día? ¿O habrá que esperar otros cien años?

La incompetencia del gobierno zarista, la decrepitud de su poder, se habían manifestado en varias ocasiones, en Transcaucasia, por ejemplo, durante la

---

[1136] *P. P. Zavarsine*, Rabota taino politsii (El trabajo de su policía secreta), París, 1924, pp. 68-69.
[1137] November sechzehn, München-Zürich, Piper, 1986, p. 1149. Trans. francesa, ed. Fayard, París, 1985.
[1138] SJE, t. 7, p. 347.
[1139] *Ibidem*, t. 6, p. 533.

matanza entre armenios y azeríes, pero el gobierno sólo fue declarado culpable en el asunto de Kishinev.

"Los judíos", escribió D. Pasmanik, "nunca han imputado el pogromo al pueblo, siempre han acusado exclusivamente al poder y a la administración... Ningún hecho podría jamás hacer tambalear esta opinión, una opinión además perfectamente superficial". [1140]Y Biekerman subrayó que era de dominio público que los pogromos eran para el gobierno una forma de lucha contra la revolución. Mentes más circunspectas razonaban así: si en los recientes pogromos no se atestigua ninguna preparación técnica por parte del poder, "el estado de ánimo que reina en San Petersburgo es tal que cualquier judeófobo virulento encontrará entre las autoridades, desde el ministro hasta el último sargento de la ciudad, una actitud benévola hacia él." Sin embargo, el juicio de Kishinev, que tuvo lugar en el otoño de 1903, demostró exactamente lo contrario.

Para la oposición liberal y radical, este juicio debía transformarse en una batalla contra la autocracia. Fueron enviados como "parte civil" eminentes abogados, judíos y cristianos: Karabchevsky, O. Gruzenberg, S. Kalmanovitch, A. Zaroudny, N. Sokolov. El "brillante abogado de izquierdas" P. Pereverzev y algunos otros se unieron como *defensores* de los acusados "para que no tuvieran miedo de decir al tribunal... quién les había incitado a iniciar la carnicería"[1141] -para aclarar: decir que había sido el poder el que les había armado. Las "partes civiles" exigieron que se siguiera investigando y que se sentara en el banquillo a los "verdaderos culpables". Las autoridades no publicaron las transcripciones para no exacerbar las pasiones en la ciudad de Kishinev, ni las ya encendidas de la opinión mundial. Todo fue más fácil: el pelotón de activistas que rodeaba a las "partes civiles" elaboró sus propios informes y los envió a todo el mundo, a través de Rumanía, para su publicación. Esto, sin embargo, no modificó el curso del juicio.

Se escrutaron los rostros de los asesinos, pero los culpables fueron sin duda las autoridades, culpables únicamente, es cierto, de no haber intervenido a tiempo.

En ese momento, el grupo de abogados emitió una declaración colectiva en la que afirmaba que "si el tribunal se niega a llevar ante la justicia y castigar a los principales culpables del pogromo" -es decir, no a un vulgar gobernador Von Raaben (ya no interesaba a nadie), sino al propio ministro Plehve y al gobierno central de Rusia- "ellos [los defensores] no tendrán nada más que hacer en este juicio". Pues "encontraron tal hostilidad por

---

[1140] D. S. Pasmanik, Rousskaïa revolioutisiia i evreistvo (Bolchevisme i ioudaïsme) (La revolución rusa y el judaísmo [El bolchevismo y el judaísmo]), París, 1923, p. 142.
[1141] Krohl, Stranitsy... (Páginas...) *op. cit.*, p. 303.

parte del tribunal que no les dio ninguna posibilidad... de defender libremente y en conciencia los intereses de sus clientes, así como los de la justicia". [1142] Esta nueva táctica de los abogados, que constituía un planteamiento puramente político, resultó bastante fértil y prometedora; causó una gran impresión en todo el mundo. "La acción de los abogados ha sido aprobada por todas las mejores mentes de Rusia".[1143]

El juicio ante la Sala de lo Penal de Odesa se desarrollaba ahora en orden. Los pronósticos de los periódicos occidentales de que "el juicio de Kishinev sólo será una mascarada, una parodia de la justicia",[1144] no se confirmaron en absoluto. Los acusados, en vista de su número, tuvieron que ser divididos en varios grupos según la gravedad de la acusación. Como ya se ha dicho, no había judíos entre los acusados. [1145]El jefe de la gendarmería de la provincia ya había anunciado en abril que, de las 816 personas detenidas, 250 habían sido sobreseídas por inconsistencia de los cargos que se les imputaban, 446 habían sido inmediatamente objeto de decisiones judiciales (como demuestra el *Times*), y "las personas declaradas culpables por el tribunal han sido condenadas a las penas más severas"; un centenar estaban gravemente acusadas, entre ellas 36 acusadas de asesinato y violación (en noviembre serán 37). En diciembre, el mismo jefe de la gendarmería anunció los resultados del juicio: privación de derechos, bienes y colonia penal (siete años o cinco años), privación de derechos y batallón disciplinario (un año y año y medio). En total, 25 condenas y 12 absoluciones. Fueron [1146] condenados los verdaderos culpables de crímenes reales, los que hemos descrito. Las condenas, sin embargo, no fueron tiernas: "el drama de Kishinev termina en una contradicción habitual en Rusia: en Kishinev, los criminales parecen estar sometidos a una rigurosa represión judicial", afirmaba, asombrado, el *American Jewish Yearbook*.[1147]

En la primavera de 1904 se hicieron públicos los procedimientos de Casación en Petersburgo. [1148]Y en 1905 el pogromo de Kishinev volvió a examinarse en el Senado; Winaver tomó la palabra para demostrar que no había nada nuevo.

En realidad, el asunto del pogromo de Kishinev había infligido una dura lección al gobierno zarista al revelarle que un Estado que tolera semejante

---

[1142] *Krohl, op. cit.,* JW2*, pp. 379-380.
[1143] *Sliosberg*, t. 3, p. 69.
[1144] *Times*, 10 de noviembre de 1903, p. 4.
[1145] JE, t. 9, p. 507.
[1146] Materialy... (Materiales...), *op. cit.*, p. 147; *Times*, 18 de mayo de 1903, p. 8; Materialy..., *op. cit.*, p. 294.
[1147] *The American Jewish Year Book*, 5664 (1903-1904), Filadelfia, 1903, p. 22.
[1148] *Froumkine*, BJWR-1, pp. 60, 61.

infamia es un Estado escandalosamente impotente. Pero la lección habría sido igualmente clara sin venenosas falsificaciones o falsos añadidos. ¿Por qué la simple verdad sobre el pogromo de Kichinev parecía insuficiente? Presumiblemente porque esta verdad habría reflejado la verdadera naturaleza del gobierno: una organización esclerótica, culpable de intimidar a los judíos, pero que seguía siendo inestable e incoherente. Sin embargo, con la ayuda de la mentira, fue representado como un sabio perseguidor, infinitamente seguro de sí mismo, y malvado. Un *enemigo así* sólo podía merecer la aniquilación.

El gobierno ruso, que durante mucho tiempo se había visto ya ampliamente superado en la escena internacional, no comprendió, ni en el acto ni después, la estremecedora derrota que acababa de aniquilar allí. Este pogromo ensució con una mancha hedionda *toda la* historia rusa, todas las ideas que el mundo tenía de Rusia *en su conjunto; el* siniestro resplandor de fuego que proyectó anunció y precipitó las convulsiones que pronto iban a sacudir el país.

Capítulo 9

Durante la Revolución de 1905

El pogromo de Kishinev produjo un efecto devastador e indeleble en la comunidad judía de Rusia. Jabotinsky: Kishinev traza "la frontera entre dos épocas, dos psicologías". Los judíos de Rusia no sólo han experimentado un profundo dolor, sino, lo que es más profundo, "algo que casi hacía olvidar el dolor: la vergüenza." "[1149]Si la carnicería de Kishinev desempeñó un papel importante en la toma de conciencia de nuestra situación, fue porque entonces nos dimos cuenta de que los judíos eran cobardes".[1150]

Ya hemos mencionado el fracaso de la policía y la torpeza de las autoridades, por lo que era natural que los judíos se plantearan la siguiente pregunta: ¿debemos seguir confiando en la protección de las autoridades públicas?

¿Por qué no crear nuestras propias milicias armadas y defendernos armas en mano? Fueron incitados por un grupo de prominentes hombres públicos y escritores-Doubnov, Ahad Haam, Rovnitsky, Ben-Ami, Bialik: "Hermanos... dejad de llorar y suplicar clemencia. No esperen ayuda de sus enemigos. Confiad sólo en vuestras propias armas".[1151]

Estas llamadas "produjeron en la juventud judía el efecto de una descarga eléctrica".[1152] Y en el caldeado ambiente que empezó a reinar tras el pogromo de Kishinev, rápidamente vieron la luz "grupos armados de autodefensa" en diversos lugares del Pale of Settlement. Generalmente estaban financiados "por la comunidad judía"[1153], y la introducción ilegal

---

[1149] V. *Jabotinsky*, Vvedenie (Prefacio a Kh. N. Bialik, Pesni i poemy (Canciones y poemas), San Petersburgo, ed. Zalzman, 1914, pp. 42 43.

[1150] V. *Jabotinsky*, V traournye dni (Días de luto), Felietony, San Petersburgo, Tipografia "Guerold", 1913, p. 25.

[1151] M. *Krohl*, Kishinovsky pogrom 1903 goda Kishinëvskiy pogromnyi protsess (El pogromo de Kishinev de 1903), BJWR-2, Nueva York, 1944, p. 377.

[1152] *Ibídem*.

[1153] S. *Dimanstein*, Revoloutsionnoïe dvijenie sredi ievreyev (La revolución-San Petersburgo, 1905: Istoria rcvoloutsionnovo dvijenia v otdelnykh otcherkakh (Historia del movimiento revolucionario - abreviado: "1905") / pod redaktskiei M. N. Pokrovskovo, vol. 3, vyp. 1, M. L., 1927, p. 150.

de armas procedentes del extranjero no supuso ningún problema para los judíos. No era raro que estas armas cayeran en manos de gente muy joven.

Los informes oficiales no indican la existencia de grupos armados entre la población cristiana. El gobierno luchó como pudo contra las bombas de los terroristas. Cuando empezaron a surgir milicias armadas, vio en ellas -es natural- manifestaciones totalmente ilegales, premisas de la guerra civil, y las prohibió con los medios y la información de que disponía. (También hoy, el mundo entero condena y prohíbe las "formaciones paramilitares ilegales"). En Gomel se formó un grupo armado altamente operativo bajo la dirección del comité local del Bund. El 1 de marzo de 1903, este último había organizado "festejos" por el aniversario de la "ejecución de Alejandro II".[1154]

En esta ciudad, donde cristianos y judíos eran casi iguales en número [1155], y los judíos socialistas estaban más que decididos, el establecimiento de grupos armados de autodefensa fue particularmente fuerte. Esto se hizo notar durante los sucesos del 29 de agosto y el 1 de septiembre[st] de 1903, el pogromo de Gomel.

Según las conclusiones de la investigación oficial, la responsabilidad del pogromo de Gomel es compartida: Cristianos y judíos se atacaron mutuamente.

Veamos más de cerca los documentos oficiales de la época, en este caso la acusación del asunto Gomel, basada en los informes policiales redactados sobre el terreno. (Los informes policiales, que datan de principios del siglo XX en Rusia, han demostrado repetidamente su exactitud y su precisión irreprochable, y esto hasta el ajetreo de los días de febrero de 1917, hasta el momento en que las comisarías de Petrogrado fueron tomadas por los insurgentes, incendiadas -desde entonces, este flujo de información minuciosamente registrada se cortó, y así permaneció para nosotros).

En el juicio de Gomel, la acusación afirma: "La población judía... comenzó a procurarse armas y a organizar círculos de autodefensa en caso de problemas dirigidos contra los judíos... Algunos residentes de Gomel tuvieron la oportunidad de asistir a sesiones de entrenamiento de la juventud judía fuera de la ciudad y en las que se reunieron hasta cien personas practicando el tiro con armas de fuego."[1156]

[1154] *N. A. Buchbinder*, Ivrevskoye rabotchee dvijenie v Gomele (1890-1905) (El movimiento obrero judío en Gomel [1890-1905]), Krasnaya lelopis: Istoritcheskii journal, Pg., 1922, n° 2-3, pág. 659.
[1155] *Ibidem*, p. 38.
[1156] Kievskaya soudebnaya palata: Delo o gomelskom pogrom (Juzgado de Kiev: el caso del pogromo de Gomel), Pravo, San Petersburgo, 1904, no. 44, pp. 3041, 3042.

"La generalización de la posesión de armas, por un lado, la conciencia de la propia superioridad numérica y la cohesión, por otro, han envalentonado a la población judía hasta el punto de que, entre sus jóvenes, se hablaba no sólo de autodefensa, sino de la indispensable venganza por el pogromo de Kishinev". Así, el odio expresado en un lugar se refleja en otro, distante, y contra los inocentes.

"Desde hace algún tiempo, la actitud de los judíos de Gomel se ha vuelto no sólo despectiva, sino francamente provocadora; las agresiones -tanto verbales como físicas- a campesinos y obreros se han convertido en moneda corriente, y los judíos manifiestan su desprecio de todo tipo incluso contra los rusos pertenecientes a estratos sociales superiores, por ejemplo, obligando a los soldados a cambiar de acera." El 29 de agosto de, 1903, todo empezó con un incidente banal en un mercado: un altercado entre la comerciante de arenques Malitskaya y su cliente Chalykov; ella le escupió en la cara a, la disputa se convirtió en una reyerta, "inmediatamente varios judíos se abalanzaron sobre Chalykov, lo tiraron al suelo y empezaron a golpearle con todo lo que tenían a mano. Una docena de campesinos quisieron defender a Chalykov, pero los judíos emitieron inmediatamente silbidos previamente acordados, provocando una afluencia considerable de otros judíos... Sin duda estos silbidos eran una llamada de socorro... así que movilizaron inmediatamente a toda la población judía de la ciudad"; "a pie, en coche, armados como podían, los judíos acudieron al mercado por todas partes. Muy pronto, la calle del Mercado, el propio mercado y todas las calles adyacentes estaban abarrotadas de gente; los judíos iban armados con piedras, palos, martillos, garrotes especialmente fabricados o incluso simplemente barras de hierro. Por todas partes se oían gritos: "¡Vamos, judíos! ¡Al mercado! Es el pogromo de los rusos' Y toda esta masa se agrupaba en pequeños grupos para perseguir a los campesinos y golpearlos" -y estos últimos eran numerosos, en un día de mercado. "Dejando allí sus compras, los campesinos -cuando tenían tiempo- se subían a sus carros y se apresuraban a abandonar la ciudad... Los testigos cuentan que cuando atrapaban a los rusos, los judíos les pegaban sin piedad, golpeaban a ancianos, mujeres e incluso niños. Por ejemplo, a una niña la sacaron de un carro y la arrastraron por el pelo por la calzada". "Un campesino llamado Silkov se había colocado a cierta distancia para disfrutar del espectáculo mientras mordisqueaba un trozo de pan. En ese momento, un judío que corría detrás de él le asestó una cuchillada mortal en la garganta y luego desapareció entre la multitud." Se enumeran otros episodios. Un oficial sólo se salvó gracias a la intervención del rabino Maiants y del propietario de la casa vecina, Rudzievsky. Al llegar al lugar de los hechos, la policía fue recibida "por parte de los judíos, con una lluvia de piedras y disparos de revólver... que partieron no sólo de la multitud, sino también de los balcones de los edificios vecinos"; "la violencia contra la población cristiana continuó casi hasta la noche, y sólo con la llegada de un destacamento del ejército se dispersó a la turba de judíos"; "los judíos golpearon a los rusos, y especialmente a los campesinos, que... eran incapaces de oponer resistencia, bien por su escaso número en comparación con el de los judíos, bien por su falta de defensas... Ese día, todas las víctimas fueron rusos... muchos heridos, gente molida a palos." [1157] La acusación concluye con respecto a los sucesos del 29 de agosto que "tuvieron innegablemente el carácter de un 'pogromo antirruso'".[1158]

Estos hechos provocaron "una profunda indignación entre la población cristiana", que reforzó "el estado de ánimo eufórico" de los judíos, su "entusiasmo"...: "¡Ya no estamos en Kishinev!". El 1 de septiembre[st], después de la sirena del mediodía, los obreros ferroviarios salieron de los talleres anormalmente ruidosos, se oyeron gritos y exclamaciones, y el jefe de policía ordenó bloquear el puente que conducía a la ciudad. Entonces los obreros se extendieron a las calles vecinas y "las piedras volaron hacia las ventanas de las casas habitadas por judíos", mientras "en la ciudad empezaban a formarse grandes concentraciones de judíos" que "lanzaban desde lejos trozos de madera y piedras sobre la multitud de obreros"; "dos adoquines lanzados por la multitud judía" hirieron en la espalda a un comisario de policía que cayó inconsciente. La muchedumbre rusa empezó a gritar: "¡Los judíos han matado al comisario!" y se dedicó a saquear casas y tiendas judías. La intervención de la tropa, que separó a los adversarios y se desplegó frente a ambos, impidió el derramamiento de sangre. Por parte de los judíos se lanzaron piedras y se dispararon revólveres contra los soldados "con una lluvia de insultos". El comandante pidió al rabino Maiants y al doctor Zalkind que intervinieran ante los judíos, pero "sus llamamientos a la calma no surtieron efecto y la multitud continuó su agitación"; sólo fue posible hacerla retroceder apuntando con las bayonetas. El principal éxito del ejército fue impedir que "los disidentes llegaran al centro de la ciudad, donde se encontraban las tiendas y las casas de los judíos ricos". Entonces el pogromo se trasladó a las afueras de la ciudad. El jefe de la policía intentó aún exhortar a la multitud, pero ésta gritó: "¡Estáis con los judíos, nos habéis traicionado! Las salvas lanzadas por las tropas tanto sobre los rusos como sobre los judíos frenaron el pogromo, pero dos horas más tarde se reanudó en los suburbios: de nuevo disparos sobre la multitud, varios muertos y heridos, y entonces cesó el pogromo. Sin embargo, el acta de acusación hace referencia a la presencia en el centro de la ciudad de "grupos de judíos que se comportaban de forma muy provocadora y se oponían al ejército y a la policía... Como el 29 de agosto, todos iban armados... muchos blandían revólveres y puñales",

---

[1157] *Ibidem*, pp. 3041-3043.
[1158] *Ibidem*, p. 3041.

"llegando incluso a disparar o lanzar piedras contra las tropas encargadas de proteger sus bienes"; "atacaban a los rusos que se aventuraban solos por las calles, incluidos los soldados": un campesino y un mendigo resultaron muertos. Durante ese día, tres judíos de clase media sucumbieron a "heridas mortales". Hacia la noche cesaron los desórdenes. Cinco judíos y cuatro cristianos habían sido asesinados. "Cerca de 250 locales comerciales o residenciales pertenecientes a judíos se habían visto afectados por el pogromo". En el bando judío, "la inmensa mayoría de los participantes activos en los acontecimientos consistía exclusivamente en... jóvenes", pero muchas personas "más maduras", así como niños, les habían entregado piedras, tablas y troncos".[1159]

Ningún escritor judío describe estos hechos.

"El pogromo de Gomel no había cogido desprevenidos a sus organizadores. Se había preparado durante mucho tiempo, la formación de autodefensa se había puesto en marcha poco después de los sucesos de Kishinev". [1160]Pocos meses después de Kishinev, los judíos ya no podían despreciarse a sí mismos por la actitud resignada de la que les acusaba, entre otros, el poeta Bialik. Y, como siempre ocurre con los grupos armados de este tipo, la frontera entre defensa y ataque se difuminó. La primera se nutrió del pogromo de Kishinev, la segunda del espíritu revolucionario de los organizadores.

(El activismo de la juventud judía ya se había manifestado antes. Así, en 1899, se destapó el "asunto Chklov": en esta ciudad donde había nueve judíos por un ruso, soldados rusos desarmados -estaban desmovilizados- fueron duramente golpeados por judíos. Tras examinar este episodio, el Senado lo consideró una manifestación de odio étnico y religioso de los judíos hacia los rusos, en virtud del mismo artículo del Código Penal que se había aplicado al juicio de los responsables del pogromo de Kishinev).

Este activismo no debe atribuirse únicamente al Bund. "A la cabeza de este proceso [de creación, a un ritmo constante, de organizaciones de autodefensa] se encuentran los sionistas y los partidos próximos al sionismo: los sionistas-socialistas y el 'Poalei Zion'". Así es como en Gomel, en 1903, "la mayoría de los destacamentos estaban organizados por el partido 'Poalei Zion'".[1161] (Lo que contradice a Buchbinder, ferviente admirador del Bund; en realidad, no sé a quién creer).

[1159] *Ibidem*, pp. 3043-3046.
[1160] Buchbinder, op. cit., *p. 69*.
[1161] L. *Praisman*, Pogromy i samooborona (Los pogromos y la autodefensa), "22": Obchtchestvenno-polititcheskii literatoumyi newspaper Ivreiskoi intelligentsii iz SSSR v Izraele, Tel Aviv, 1986-1987, no. 51, p. 178.

Cuando la noticia del pogromo de Gomel llegó a San Petersburgo, la Oficina de Defensa Judía envió a dos abogados -Zaroudny y N. D. Sokolov- para que procedieran a una investigación privada lo antes posible. Zaroudny volvió a reunir "pruebas irrefutables" de que el pogromo había sido organizado por el Departamento de Seguridad, [1162], pero tampoco en este caso se hicieron públicas. (Treinta años más tarde, incluso Sliosberg, que participó en los juicios de Gomel, siguió su ejemplo en sus Memorias en tres volúmenes, afirmando, sin ninguna prueba -lo que parece incomprensible por parte de un abogado-, equivocando las fechas -y los errores que pueden atribuirse a la edad, no encontró a nadie que los corrigiera-, que el pogromo de Gomel había sido organizado deliberadamente por la policía. Excluye también toda acción ofensiva por parte de los destacamentos de autodefensa del Bund y del Poalei Zion. (Habla de ello de forma incoherente y confusa, por ejemplo: "Los jóvenes de los grupos de autodefensa pusieron fin rápidamente al mal comportamiento y expulsaron a los campesinos", "los jóvenes judíos se reunieron con prontitud y, en más de una ocasión, pudieron repeler a los alborotadores", [1163]sin más, sin utilizar armas?...) La investigación oficial avanzaba seriamente, paso a paso, y durante ese tiempo Rusia se sumergía en la guerra japonesa. Y no fue hasta octubre de 1904 cuando tuvo lugar el juicio de Gomel, en un ambiente político al rojo vivo.

Cuarenta y cuatro cristianos y 36 judíos comparecieron ante el tribunal; cerca de mil personas fueron llamadas al estrado. [1164]La defensa estuvo representada por varios abogados: Sliosberg, Kupernik, Mandelstam, Kalmanovich, Ratner, Krohl. Desde su punto de vista, era injusto que se incluyera a un solo judío en el banquillo de los acusados: para toda la comunidad judía de Rusia "era como una advertencia contra el recurso a la autodefensa". Desde [1165]el punto de vista del gobierno, no se trataba de "autodefensa".

Pero los abogados de los acusados judíos no se ocuparon de los detalles, ni de las propiedades judías que realmente habían sido saqueadas; sólo se centraron en una cosa: descubrir los "motivos políticos" del pogromo, por ejemplo, señalar que la juventud judía, en medio de la refriega, gritaba: "¡Abajo la autocracia!". De hecho, poco después, decidieron abandonar a

---

[1162] Del minouvehikh dnei: Zapiski ruskovo ievreia (Cosas del pasado: recuerdos de un judío ruso), V 3-kh t. París, 1933 1934. t. 3, pp. 78 79.
[1163] *Ibidem*, p. 77.
[1164] Delo o gomelskom pogrom (Tribunal de Kiev: el caso del pogromo de Gomel), *op. cit.*, p. 3040.
[1165] JE, t. 6, p. 666.

sus clientes y salir colectivamente de la sala para enviar un mensaje aún más contundente: repetir el precedente del juicio de Kishinev.[1166]

Este método, tan hábil como revolucionario, estaba totalmente en el aire de la época en diciembre de 1904: ¡estos defensores liberales querían hacer estallar el propio sistema judicial!

Después de su partida, "el juicio llegó rápidamente a su fin" en la medida en que ahora era posible examinar los hechos. Algunos de los judíos fueron absueltos, los otros condenados a penas que no excedían de cinco meses; "Las condenas que cayeron sobre los cristianos fueron iguales a las de los judíos".[1167] Al final, hubo tantas condenas de un lado como del otro.[1168]

Al sumergirse en la guerra japonesa, al adoptar una postura rígida y perspicaz en el conflicto sobre Corea, ni el emperador Nicolás II ni los altos dignatarios que le rodeaban se dieron cuenta de hasta qué punto, en el plano internacional, Rusia era vulnerable a Occidente y, especialmente, a la "tradicionalmente amistosa" América.

Tampoco tuvieron en cuenta el auge de los financieros occidentales, que ya influían en la política de las grandes potencias, cada vez más dependientes del crédito. En el siglo XIX las cosas aún no sucedían así, y el gobierno ruso, siempre lento para reaccionar, no supo percibir estos cambios.

Sin embargo, después del pogromo de Kishinev, la opinión occidental se había instalado firmemente en una actitud de repulsa hacia Rusia, considerada como un viejo espantapájaros, un país asiático y despótico donde reina el oscurantismo, donde se explota al pueblo, donde los revolucionarios son tratados sin piedad, sometidos a sufrimientos y privaciones inhumanas, y ahora están masacrando a los judíos "por millares", ¡y detrás de todo esto está la mano del gobierno! (Como hemos visto, el gobierno fue incapaz de rectificar a tiempo, con energía y eficacia, esta versión distorsionada de los hechos). Así que, en Occidente, la gente empezó a considerar apropiado, incluso digno de consideración, esperar que la revolución estallara en Rusia lo antes posible: sería algo bueno para todo el mundo, y para los judíos de Rusia en particular.

Y, sobre todo, la incompetencia, la incapacidad, la falta de preparación para llevar a cabo operaciones militares lejanas contra un país que en aquel

---

[1166] *Sliosberg*, t. 3, pp. 78-87.
[1167] JE, t. 6, p. 667.
[1168] *I. G. Froumkine*, Iz istorii ruskovo ievreïstva-(Sb.) Kniga o rousskom cvrcïve: Ot 1860 godov do Revolutsii 1917 g. (Aspectos de la historia de los judíos rusos), en BJWR-1, p. 61.

momento parecía pequeño y débil, en el contexto de una opinión pública agitada, abiertamente hostil, que ansiaba la derrota de su propio país.

La simpatía de Estados Unidos por Japón se expresó abundantemente en la prensa norteamericana. Ésta "aclamaba cada victoria japonesa y no ocultaba su deseo de ver a Rusia sufrir un revés rápido y decisivo". [1169]Witte menciona dos veces en sus Memorias que el presidente Theodore Roosevelt estaba del lado de Japón y lo apoyaba. [1170]Y el propio Roosevelt: "Tan pronto como estalló esta guerra hice saber a Alemania y Francia, con la mayor cortesía y discreción, que en caso de un acuerdo antijaponés" con Rusia "me pondría inmediatamente del lado de Japón y haría todo lo posible en el futuro para servir a sus intereses." [1171]Cabe suponer que las intenciones de Roosevelt no eran desconocidas para Japón.

Y fue allí donde apareció el poderosísimo banquero Jakob Schiff, uno de los más grandes de los judíos, el que pudo realizar sus ideales gracias a su excepcional posición en la esfera económica".[1172] "Desde su más tierna edad, Schiff se ocupó de los asuntos de negocios"; emigró de Alemania a Nueva York y pronto se convirtió en jefe del banco Kuhn, Loeb & Co. En 1912, "es en América el rey del ferrocarril, propietario de veintidós mil millas de vías férreas"; "también tiene fama de filántropo enérgico y generoso; es especialmente sensible a las necesidades de la comunidad judía." [1173] Schiff estaba especialmente interesado en el destino de los judíos rusos, de ahí su hostilidad hacia Rusia hasta 1917.

Según la *Encyclopædia Judaica* (en inglés), "Schiff contribuyó notablemente a la concesión de créditos a su propio gobierno y al de otros países, destacando un préstamo de 200 millones de dólares a Japón durante el conflicto que lo enfrentó a Rusia en 1904 1905.

Indignado por la política antisemita del régimen zarista en Rusia, apoyó con entusiasmo el esfuerzo bélico japonés. Se negó constantemente a participar en la concesión de préstamos a Rusia y utilizó su influencia para disuadir a otras instituciones de hacerlo, al tiempo que concedía ayuda financiera a los grupos de autodefensa de los judíos rusos." [1174]Pero si bien es cierto que este dinero permitió al Bund y al Poalei Zion abastecerse de

---

[1169] F. R. Dulles, *The Road to Tehran: The Story of Russia and America*, 1781 1943, Princeton, NJ, Princeton University Press, 1944, pp. 88 89.

[1170] S. I. Witte, Vospominania. Tsarstvovanie Nikolaïa (Memorias, El reinado de Nicolás II). En 2 vols., Berlín, Slovo, 1922, t. 1, pp. 376, 393.

[1171] T. Dennett, Roosevelt and the Russo-Japanese War, Doubleday, Page and Company, 1925 (reimpresión: Gloucester, Mass., Peter Smith, 1959), p. 2.

[1172] *Sliosberg*, t. 3, p. 155.

[1173] JE, t. 16, p. 41.

[1174] *Encyclopædia Judaica*, vol. 14, Jerusalén, Keter Publishing House, Ltd., 1971, p. 961.

armas, no es menos probable que también se beneficiaran de él otras organizaciones revolucionarias de Rusia (incluida la S.-R. que, en aquella época, practicaba el terrorismo). Hay pruebas de que Schiff, en una entrevista con un funcionario del Ministerio de Finanzas de Rusia, G. A. Vilenkine, que era también uno de sus parientes lejanos, "reconoció que había contribuido a la financiación del movimiento revolucionario en Rusia" y que "las cosas habían ido demasiado lejos"[1175] para ponerle fin.

Sin embargo, en Rusia, el barón G. O. Ginzburg siguió interviniendo en favor de la igualdad de derechos de los judíos. Con este fin, en 1903 visitó a Witte a la cabeza de una delegación judía. Éste (que ya se había ocupado de la cuestión judía cuando era secretario general del gobierno) les respondió entonces: que la igualdad de derechos de los judíos sólo debía concederse gradualmente, pero "para que la cuestión se plantee, los judíos deben adoptar 'un comportamiento completamente distinto'", es decir, abstenerse de interferir en la vida política del país. "No es asunto suyo, déjelo en manos de los que son rusos por sangre y estado civil, no le corresponde a usted darnos lecciones, más bien debería ocuparse de sí mismo".

Ginzburg, Sliosberg y Koulicher estaban de acuerdo con esta opinión, otros participantes no, en particular Winaver, que se opuso: "Ha llegado el momento de conceder la igualdad de derechos a todos los súbditos [del imperio]... Los judíos deben apoyar con todas sus fuerzas a aquellos de los rusos que luchan por ello y, por tanto, contra el poder establecido."[1176]

Desde la guerra de Japón, desde principios de 1904, el gobierno ruso buscó el apoyo financiero de Occidente y, para obtenerlo, estaba dispuesto a prometer una ampliación de los derechos de los judíos. A petición de Plehve, altas personalidades entraron en contacto con el barón Ginzburg sobre este tema, y Sliosberg fue enviado al extranjero para sondear la opinión de los mayores financieros judíos. Por principio, Schiff "declinó toda negociación sobre el número y la naturaleza de los derechos concedidos a los judíos". Sólo podía "entablar relaciones financieras con un gobierno que reconociera a todos sus ciudadanos la igualdad de derechos cívicos y políticos... 'Sólo se pueden mantener relaciones financieras con países civilizados'". En París, el barón de Rothschild también se negó:

"No estoy dispuesto a montar ninguna operación financiera de ningún tipo, ni siquiera si el gobierno ruso aporta mejoras al destino de los judíos".[1177]

[1175] A. *Davydov*, Vospominania, 1881-1955 (Memorias, 1881-1955), París, 1982.
[1176] *Witte*, Memorias, op. cit., t. 2, pp. 286, 287.
[1177] *Sliosberg*, t. 3, pp. 97, 100-101.

Witte logró obtener un gran préstamo sin la ayuda de los círculos financieros judíos. Mientras tanto, en 1903 1904, el gobierno ruso se había comprometido a levantar ciertas disposiciones que limitaban los derechos de los judíos (ya las hemos mencionado en parte). El primer paso en esta dirección, y el más importante, había sido, en vida de Plehve, y como derogación del Reglamento de 1882, el levantamiento de la prohibición de que los judíos se establecieran en 101 localidades densamente pobladas que no se consideraban ciudades a pesar de la importante actividad industrial y comercial, sobre todo en el comercio de cereales. [1178]En segundo lugar, la decisión de ascender a un grupo de judíos al rango de abogados declarados, lo que no se había hecho desde 1889. [1179]Tras el asesinato de Plehve y la era de "confianza" inaugurada por el efímero ministro del Interior Sviatopolk-Mirsky, este proceso continuó. Así, para los judíos con estudios superiores se produjo el levantamiento de las medidas restrictivas adoptadas en 1882, incluido el derecho a establecerse en zonas que antes les estaban prohibidas, como las del Ejército del Don, de Kuban, de Terek. También se levantó la prohibición de residir en la franja fronteriza de 50 verstas; se restableció el derecho (abolido bajo Alejandro II después de 1874) a residir en todo el territorio del imperio para "los brutos del ejército de origen judío... con hojas de servicios ejemplares". [1180]Con motivo del nacimiento del heredero al trono, en 1904, se decretó la amnistía de las multas, que habían recaído sobre los judíos que habían eludido sus obligaciones militares.

Pero todas estas concesiones llegaron demasiado tarde. En el nódulo de la guerra japonesa que rodeaba a Rusia, no fueron aceptadas en adelante, como hemos visto, ni por los financieros judíos occidentales, ni por la mayoría de los políticos judíos de Rusia, ni, con poderosas razones, por la juventud judía. Y en respuesta a las declaraciones hechas por Sviatopolk-Mirsky cuando asumió el cargo -prometiendo alivio tanto en el Pale of Settlement como en la elección de una actividad- una declaración de "más de seis mil personas" (Las firmas habían sido recogidas por el Grupo Democrático Judío): "Consideramos inútiles todos los esfuerzos por satisfacer y apaciguar a la población judía mediante mejoras parciales de su condición. Consideramos nula toda política de levantamiento gradual de las prohibiciones que pesan sobre nosotros... Esperamos la igualdad de derechos... hacemos de ello una cuestión de honor y justicia".[1181]

Se había vuelto más fácil pesar sobre un gobierno enredado en la guerra.

[1178] JE, t. 5, p. 863.
[1179] *Sliosberg*, t. 2, p. 190.
[1180] JE, t. 5, pp. 671, 864.
[1181] *Frumkin*, op. cit., BJWR-1, pp. 64, 109,110.

Ni que decir tiene que, en un contexto en el que la culta sociedad rusa sólo sentía desprecio por el poder, era difícil esperar que la juventud judía manifestara masivamente su entusiasmo patriótico. Según los datos proporcionados por el general Kushropkin, entonces ministro de la Guerra y luego comandante en jefe del frente oriental, "en 1904 el número de insubordinados entre los reclutas judíos se duplicó en comparación con el año 1903; más de 20.000 de ellos han eludido sus obligaciones militares sin causa justificada. De cada 1.000 reclutas, faltaban más de 300, mientras que entre los reclutas rusos este número descendió a sólo 2 por cada 1.000. En cuanto a los reservistas judíos, desertaron en masa de camino a la zona de operaciones militares."[1182]

Una estadística estadounidense sugiere indirectamente que desde el comienzo de la guerra japonesa se produjo una oleada de emigración masiva de judíos en edad de hacer el servicio militar. Durante los dos años de guerra, las cifras de inmigración judía a Estados Unidos aumentaron muy bruscamente para las personas en edad de trabajar (14-44 años) y los hombres: los primeros fueron 29.000 más de lo que se esperaba, (en comparación con otras categorías de inmigrantes); los segundos, 28.000 más (en comparación con las mujeres). Después de la guerra, se encontraron las proporciones habituales. [1183](El periódico *Kievian* informó entonces de que "de 20.000 a 30.000 soldados judíos y reservistas de... se han escondido o han huido al extranjero". En el [1184]artículo "El servicio militar en Rusia" de la *Jewish Encyclopædia*, podemos ver un cuadro comparativo de la insubordinación entre judíos y cristianos, según las cifras oficiales, la proporción de los primeros frente a los segundos es de 30 a uno en 1902 y de 34 a uno en 1903. La *Jewish Encyclopædia* indica que estas cifras también pueden explicarse por la emigración, las muertes no tenidas en cuenta o los errores de cálculo, pero la inexplicable ausencia en esta tabla de datos estadísticos para 1904 y 1905, no deja posibilidad de obtener una idea precisa de la magnitud de la insubordinación durante la guerra.[1185]

En cuanto a los combatientes judíos, la *Jewish Encyclopædia* afirma que hubo entre 20.000 y 30.000 durante la guerra, por no hablar de los 3.000 judíos que sirvieron como médicos; y señala que incluso el periódico *Novoïe Vremia*, aunque hostil a los judíos, reconoció su valeroso comportamiento en combate. [1186]Estas afirmaciones se ven corroboradas

---

[1182] A. N. *Kouropatkine*, Zadatchi ruskko armii (Los problemas del ejército ruso), San Petersburgo, 1910, t. 3, pp. 344-345.
[1183] JE, t. 2, pp. 239-240.
[1184] Kievlianine, 16 dic. 1905- V. V. *Choulguine*, "Chto nam v nikh ne nravitsa..." Ob Antisemilizm v Rossii ("Lo que no nos gusta de ellos..." Sobre el antisemitismo en Rusia), París, 1929, anexos, p. 308.
[1185] JE, t. 5, pp. 705-707.
[1186] *Ibidem*, t. 3, pp. 168-169.

por el testimonio del general Denikin: "En el ejército ruso, los soldados judíos, ingeniosos y concienzudos, se adaptaban bien, incluso en tiempos de paz. Pero en tiempos de guerra se limaban todas las diferencias y se reconocían también el valor y la inteligencia individuales." [1187]Un hecho histórico: el heroísmo de Iossif Troumpeldor que, habiendo perdido una mano, pidió permanecer en filas. De hecho, no fue el único que se distinguió.[1188]

Al final de esta guerra perdida por Rusia, el Presidente Theodore Roosevelt aceptó mediar en las conversaciones con Japón (Portsmouth, EE.UU.). Witte, que encabezaba la delegación rusa, evoca "esta delegación de peces gordos judíos que vinieron a verme dos veces a Estados Unidos para hablarme de la cuestión judía". Se trataba, entre otros, de Jakob Schiff, el eminente abogado Louis Marshall y Oscar Strauss.

La posición de Rusia se había vuelto bastante incómoda, lo que impuso al ministro ruso un tono más conciliador que en 1903. Los argumentos de Witte "suscitaron violentas objeciones por parte de Schiff". [1189]Quince años más tarde, Kraus, uno de los miembros de esta delegación, que en 1920 llegó a ser presidente de la logia B'nai B'rith, dijo: "Si el zar no concede a su pueblo las libertades a las que tiene derecho, la revolución podrá establecer una república que permita acceder a esas libertades".[1190]

Durante esas mismas semanas, un nuevo peligro empezó a minar las relaciones ruso-estadounidenses. De regreso a Witte, T. Roosevelt le pidió que informara al Emperador de que el acuerdo comercial que vinculaba desde hacía tiempo (1832) a su país con Rusia se resentiría si éste aplicaba restricciones confesionales a los hombres de negocios estadounidenses que se dirigían a su territorio. [1191]Esta protesta, que, por supuesto, era una cuestión de principios, afectaba, en la práctica, a un importante número de judíos rusos que habían emigrado a Estados Unidos y se habían convertido en ciudadanos estadounidenses.

Regresaron a Rusia -a menudo para participar en actividades revolucionarias- en calidad de comerciantes que no estaban sujetos a ninguna limitación profesional o geográfica. Esta mina terrestre sólo pudo explotar unos años más tarde.

[1187] A. I. Denikine, Pout rousskovo ofitsera (*La rutina de un oficial ruso*), Nueva York, ed. Imeni Chéjov, 1953, p. 285.
[1188] JE, t. 3, p. 169.
[1189] *Witte, op. cit.*, t. 1, pp. 394-395.
[1190] *B'nai B'rith News*, mayo de 1920, vol. XII, n° 9.
[1191] *Witte, op. cit.*, p. 401.

Desde hacía varios años, Stuttgart publicaba la revista *Osvoboj-denie*[1192], y la gran masa de rusos cultos apenas ocultaba sus simpatías por la organización ilegal Unión para la Liberación. En otoño de 1904 se celebró en todas las grandes ciudades de Rusia una "campaña de banquetes", en la que se convocaron apasionados y premonitorios brindis por el derrocamiento del "régimen". También hablaron en público participantes del extranjero (como Tan Bogoraz). "La agitación política había penetrado en todas las capas de la comunidad judía". Ésta se vio envuelta en este bullicio, sin distinción de clases ni partidos.

Así, "muchos hombres públicos judíos, incluso de sensibilidad patriótica, formaron parte de la Unión para la Liberación".[1193] Como todos los liberales rusos, demostraron ser "derrotistas" durante la guerra japonesa. Como ellos, aplaudieron las "ejecuciones" de los ministros Bogolepov, Sipiagin, Plehve. Y toda esta Rusia "progresista" empujó incluso a los judíos en esta dirección, incapaces de admitir que un judío pudiera estar más a la derecha que un demócrata de izquierdas, pero sintiendo que debía, más naturalmente aún, ser socialista. ¿Un judío conservador? ¡Uf! Incluso en una institución académica como la Comisión Histórico-Etnográfica Judía, "en estos años tumultuosos no había tiempo para dedicarse serenamente a la investigación científica..." era necesario "hacer Historia".[1194] "Los movimientos radicales y revolucionarios dentro de la comunidad judía rusa siempre se han basado en la idea de que el problema de la igualdad de derechos... la cuestión histórica fundamental de los judíos de Rusia, sólo se resolvería cuando se cortara de una vez por todas la cabeza de la Medusa y todas las serpientes que brotan de ella."[1195]

Durante estos años en San Petersburgo, la Oficina de Defensa Judía desarrolló sus actividades con el objetivo de "luchar contra la literatura antisemita y difundir información adecuada sobre la situación legal de los judíos para influir principalmente en la opinión de los círculos liberales rusos." (Sliosberg señala que estas actividades fueron subvencionadas en gran parte por la EK0 internacional[1196].[1197]) Pero no se trataba tanto de

---

[1192] Órgano de la Unión para la Liberación, organización de la oposición liberal, que en 1905 se convirtió en el Partido Constitucional-Demócrata (o KD, o Cadete).
[1193] G. I. Aronson, V borbe za grajdanskie i natsionalnye prava: Obchtchestvennye tetchenia v rousskom evreïstve (La lucha por los derechos civiles y nacionales: Los movimientos de opinión en el seno de la comunidad judía de Rusia), BJWR-1, pp. 221-222.
[1194] M. L. Vichnitser, Iz peterbourgskikh vospominanii (Recuerdos de Petersburgo), BJWR-1, p. 41.
[1195] S. Ivanovich, Ievrei i sovetskaya diktatoura (Los judíos y la dictadura soviética), pp. 41-42.
[1196] Comité judío de ayuda mutua.
[1197] *Sliosberg*, t. 3, pp. 132, 248, 249.

influir en la sociedad rusa. El Bureau no abrió sucursales en Rusia, ni siquiera en Moscú, Kiev u Odesa: por un lado, la propaganda sionista absorbía toda la energía de los judíos más cultivados; por otro, "la propaganda del Bund movilizaba a la mayor parte de la juventud judía culta". (Al insistir Sliosberg en que se condenara al Bund, Winaver objetó que no debía pelearse con el Bund: "dispone de energía y poder propagandístico". Sin [1198]embargo, el Bureau pronto mantuvo una sólida relación, basada en la información recíproca y la ayuda mutua, con el Comité Judío Americano (presidido por J. Schiff, luego Louis Marshall), el Comité Judío Inglés (Claude Montefiore, Lucine Woolf), la Alianza de París y el Comité de Apoyo a los *Judíos* Alemanes (*Hilfsverein der deutschen Juden*: James Simon, Paul Nathan [1199]).

He aquí el testimonio de M. Krohl: "El corazón de nuestro grupo era la 'Oficina de Prensa' [cuya misión era difundir] a través de la prensa rusa y extranjera información seria sobre la situación de los judíos en Rusia". Fue A. I. Braudo quien se encargó de esta tarea. "La cumplió a la perfección. En las condiciones de la Rusia de entonces, este tipo de trabajo requería mucha prudencia", debía llevarse a cabo "en el mayor secreto". Ni siquiera los miembros de la Oficina de Defensa sabían por qué medios o por qué canales había logrado organizar tal o cual campaña de prensa... Un gran número de artículos publicados en la prensa rusa o extranjera de la época, a menudo de gran repercusión, habían sido comunicados a los periódicos o revistas, bien personalmente por Braudo, bien a través de su intermediario."[1200]

"Proporcionar información seria" para lanzar "tal o cual campaña de prensa": es un poco escalofriante, sobre todo a la luz de lo ocurrido en el siglo 20. En lenguaje actual, se llama "hábil manipulación de los medios de comunicación".

En marzo de 1905 la Oficina de Defensa convocó en Vilna el Congreso Constituyente de la "Unión para la Igualdad de Derechos del Pueblo Judío en Rusia", [1201]pero rápidamente procedió a su autodisolución y se unió a la dirección de la Unión para la integralidad de los derechos (la expresión "integralidad", por ser más fuerte que la de "igualdad de derechos", había sido propuesta por Winaver. Hoy la evocamos bajo una forma híbrida como la "Unión para la consecución de la igualdad integral de derechos"[1202]).

[1198] *Ibidem*, pp. 138, 168.
[1199] *Ibídem*, pp. 142-147, 152, 157.
[1200] *M. Krohl*, Stranitsy moiei jisni (Páginas de mi vida), t. 1, Nueva York, 1944, pp. 299, 300.
[1201] JE, t. 14, p. 515.
[1202] RJE, t. 3, M., 1997, p. 65.

Se quería que esta nueva Unión reuniera a todos los partidos y grupos judíos. [1203] Pero el Bund denunció este congreso como *burgués*. Sin embargo, muchos sionistas no podían permanecer en su espléndido aislamiento. Los pródromos de la revolución rusa provocaron una escisión en sus filas. Y algunas de estas fracciones no resistieron la tentación de participar en las grandes cosas que se desarrollaban ante sus ojos. Pero al hacerlo, ejercieron una influencia en la orientación estrictamente cívica del programa del congreso. La idea se abría paso no sólo para luchar por los derechos cívicos, sino también, con la misma energía, por los derechos nacionales.[1204]

Sliosberg luchó contra la influencia de los sionistas "que querían retirar a los judíos del número de ciudadanos de Rusia" y cuyas demandas "a menudo se formulaban sólo por razones demagógicas". Pues la comunidad judía de Rusia "no se ha visto limitada en modo alguno en la expresión de su vida nacional...

¿Era apropiado plantear la cuestión de la autonomía nacional de los judíos cuando ninguna de las nacionalidades que vivían en Rusia la poseía, mientras que el propio pueblo ruso, en su parte ortodoxa, estaba lejos de ser libre en la expresión de su vida religiosa y nacional?". Pero, "en aquella época, la demagogia asumió un significado muy especial en la trastienda judía".[1205]

Así, en lugar de la noción, clara a los ojos de todos, de "igualdad de derechos", que ciertamente aún no se había producido, pero que ya no parecía ir a la zaga de la evolución política, se lanzó la consigna de *la integralidad de los derechos* de los judíos. Con ello se quería decir que, además de la igualdad de derechos, se reconocía también la "autonomía nacional". "Hay que decir que quienes formularon estas exigencias no tenían una idea muy clara de su contenido. La creación de escuelas judías no estaba limitada por ninguna ley. Se exigía el estudio de la lengua rusa... en la medida en que no se trataba de una cuestión de *Heders*.[1206]

Pero otros países más civilizados también imponían el uso de la lengua del Estado tanto en las relaciones con la administración como en la escuela. [1207] Así pues, no hubo "autonomía nacional" para los judíos en Estados Unidos. Pero los "obtentionistas" ("Unión para la obtention...") exigían la "autodeterminación nacional y cultural" en el territorio de Rusia, así como una autonomía sustancial para las comunidades judías (y, de paso: la

---

[1203] JE, t. 14, p. 515.
[1204] Aronson, La lucha..., *op. cit.*, p. 222.
[1205] *Sliosberg*, t. 3, pp. 170-171.
[1206] Escuelas elementales judías.
[1207] *Ibidem*, p. 170.

secularización de éstas, para arrancarlas de la influencia religiosa del judaísmo, lo que convenía tanto a los sionistas como a los socialistas). Más tarde, esto se llamó "autonomía nacional-personal". (Acompañada de la exigencia de que las instituciones culturales y sociales judías fueran financiadas por el Estado, pero sin que éste interfiriera en su funcionamiento). ¿Y cómo imaginar la "autogestión" de una nación dispersa territorialmente? El Segundo Congreso de la Unión, en noviembre de 1905, tomó la decisión de convocar una Asamblea Nacional Judía de Rusia.[1208]

Todas estas ideas, incluida la "autonomía nacional-personal" de los judíos de Rusia, se expresaron y continuaron de diversas formas hasta 1917. Sin embargo, la Unión por la Integralidad de los Derechos resultó efímera. A finales de 1906, el Grupo Antisionista del Pueblo Judío se separó (Winaver, Sliosberg, Koulicher, Sternberg) por rechazar la idea de una Asamblea Nacional Judía ; poco después fue el turno del Partido del Pueblo Judío (S. Doubnov -nacionalismo religioso y cultural, en particular el derecho a utilizar la lengua judía en la vida pública en todo el país, pero ¿con qué medios, cómo?); después el Grupo Democrático Judío (Bramson, Landau), próximo al Partido Laborista. [1209]También se acusaba a la Unión por la Integridad de los Derechos de haberse pasado al KD y, en consecuencia, de "no poder representar ya a la población judía de Rusia"; los sionistas consideraban a los "laicistas" como "partidarios de la asimilación", y a los socialistas como *burgueses*.[1210] En resumen, a principios de 1907, la Unión dejó de existir.[1211]

Los sionistas se vieron cada vez más arrastrados al torbellino revolucionario, y en noviembre de 1906, en su Congreso Panruso de Helsinfors, se declaró "indispensable no sólo volcarse en las necesidades y demandas diarias de los judíos de Rusia, sino también comprometerse plenamente en su lucha política y social"[1212] ; Jabotinsky insistió en que el programa sionista debía incluir la exigencia del establecimiento en Rusia de la soberanía del pueblo; D. Pasmanik objetó que "tal exigencia sólo puede ser planteada por quienes están dispuestos a estar en las barricadas". Al término [1213]de sus trabajos, el Congreso aportó su "sanción a la adhesión

---

[1208] JE, t. 14, p. 516.
[1209] *Ibidem*, t. 7, pp. 437-440.
[1210] *Sliosberg*, t. 3, pp. 257-258.
[1211] JE, t. 14. p. 517.
[1212] *Aronson*, La lucha..., op. cit., p. 224.
[1213] D. S. Pasmanik, Chevo je my dobivaïemsia? (¿Qué queremos realmente?), Rossia i Ievrei, Sb 1 (Rusia y los judíos, libro 1-posterior: RJ) / Otetchestvennoïe obedinenie rousskikh ievreyev za granitsei, París, YMCA Press, 1978, p. 211.

de los sionistas al Movimiento de Liberación". [1214]Pero este último estaba a punto de perder impulso tras el fracaso del manifiesto de Vyborg.[1215]

El autor de este programa, Jabotinsky, expuso los siguientes argumentos: el objetivo fijado por el sionismo sólo podrá alcanzarse dentro de varias décadas, pero luchando por sus plenos derechos, los judíos comprenderán mejor qué es el sionismo.[1216]

Sin embargo, dijo: "Dejamos las primeras filas a los representantes de la nación mayoritaria. No podemos pretender desempeñar un papel *protagonista*: nos estamos *alineando"*. [1217]En otras palabras: Palestina es una cosa; mientras tanto, luchemos en Rusia. Tres años antes, Plehve había dicho a Herzl que temía precisamente este tipo de deriva del sionismo.

Sliosberg está lejos de minimizar el papel de los sionistas: "Tras el Congreso de Helsinfors, decidieron tomar el control de todas las actividades públicas de los judíos" tratando de "imponer su influencia a nivel local". (En la primera Duma, de los 12 diputados judíos, cinco eran sionistas). Pero también señala que esta profusión de partidos de era "cosa de pequeños círculos de intelectuales", no de las masas judías, y su propaganda "sólo causaba confusión".[1218]

Es cierto que toda esta dispersión no contribuyó a clarificar el debate: ya no estaba muy claro por qué luchaban los judíos rusos, por qué derechos -igualitarios o integrales- o en qué plan -¿cívico o nacional?

Y, no lo olvidemos: "Todos estos grupos compuestos sólo por intelectuales... no entendían a los judíos ortodoxos, que acabaron comprendiendo la necesidad de organizarse para combatir la creciente influencia antirreligiosa que se ejercía sobre la juventud judía." Y fue así como "nació lo que más tarde se desarrollaría en 'T'Agoudat Israel'". "A este movimiento le preocupaba que "se reclutaran elementos revolucionarios judíos entre la juventud judía que se había alejado de la religión", mientras que "la mayoría de los judíos son religiosos y, aunque exigen el reconocimiento de sus derechos y el levantamiento de las prohibiciones que pesan sobre ellos, siguen siendo leales súbditos del

---

[1214] *Aronson*, La lucha..., *op. cit.*, p. 224.
[1215] Tras la disolución de la primera Duma, unos doscientos diputados se reunieron en Vyborg y expresaron su oposición al gobierno en forma de manifiesto, que no tuvo ningún eco público.
[1216] G. *Svet*, Rousskie evrei v sionizme i v stroitelstve Palestiny i Izrailia (Los judíos rusos en el sionismo y la construcción de Palestina e Israel), BJWR-1, pp. 263-264.
[1217] V. *Jabotinsky*, Ievreiskaya kramola (La conspiración judía), Felietony, p. 43.
[1218] *Sliosberg*, t. 3, pp. 253, 255, 262.

Emperador y están lejos de cualquier idea de derrocar el régimen existente."[1219]

Cuando se estudia la historia de los judíos rusos a principios del siglo XX, hay pocas referencias a los judíos ortodoxos. Sliosberg dijo una vez, levantando la ira del Bund: "Con los *melameds*[1220] a mis espaldas, cuento con un mayor número de judíos que los dirigentes del Bund, pues hay más *melameds* entre los judíos que obreros". [1221]De hecho, la secularización de la sociedad judía no afectó en absoluto a la existencia de comunidades tradicionales en el Pale of Settlement. Para ellas, todas las cuestiones ancestrales relativas a la organización de sus vidas, la instrucción religiosa, el rabinato, seguían siendo de actualidad. Durante la tregua temporal de 1909, la reforma de la comunidad judía tradicional se discutió con gran seriedad en el Congreso de Kovno. "Los trabajos del Congreso resultaron muy fructíferos, y pocas asambleas judías habrían podido igualarlo por la seriedad y sabiduría de las resoluciones allí adoptadas".[1222]

"El judaísmo ortodoxo siempre ha estado en conflicto -no siempre abierto, sino más bien latente- con la intelectualidad judía. Estaba claro que al condenar el movimiento de liberación de los judíos esperaba ganarse el favor del gobierno". [1223]Pero ya era demasiado tarde: en vísperas de la revolución de 1905, hemos visto que el régimen autocrático había perdido el control del país. En cuanto al judaísmo tradicional, ya había perdido toda una *generación -además* no era la primera- que se había ido hacia el sionismo, el liberalismo laico, el conservadurismo raramente ilustrado, pero también, y con las consecuencias más graves, hacia el movimiento revolucionario.

La nueva generación de revolucionarios había surgido con el cambio de siglo. Sus líderes, Grigory Gershuni y Mikhail Gotz, habían decidido revivir los métodos terroristas de La Voluntad del Pueblo. "Gershuni tomó sobre sí la pesada responsabilidad de crear en Rusia un nuevo partido revolucionario llamado a suceder dignamente a La Voluntad del Pueblo", y "gracias a sus dotes de organizador, así como a las de otros revolucionarios enteramente entregados a la causa, este partido nació a finales del año 1901." "Al mismo tiempo... se constituyó también su fracción armada. Su creador y su inspirador no fue otro que el mismísimo Gershuni. [1224] " Entre los S.-R., [1225] los judíos "desempeñaron

---

[1219] *Ibidem*, pp. 225-256.
[1220] Profesores enseñando en *heders*.
[1221] *Ibidem*, p. 258.
[1222] *Ibidem*, p. 263.
[1223] *Ibidem*, p. 265.
[1224] Krohl, Stanitsy... (Páginas...), *op. cit.*, pp. 283-284.
[1225] Revolucionarios sociales.

inmediatamente un papel destacado". Entre ellos estaban "An-ski Rappoport, K. Jitlovsky, Ossip Minor, I. Roubanovitch" y -aún él- Mark Natanson. La facción armada contaba entre sus miembros con "Abraham Gotz, Dora Brilliant, L. Zilberberg", sin olvidar al famoso Azef. Es entre los S.-R. que también se formó M. Trilisser, que más tarde se haría famoso en la Cheka. "Entre los militantes de base del partido S.-R. había también bastantes judíos", aunque, añade Schub, "nunca representaron una ínfima minoría". Según él, es incluso "el más ruso" de los partidos revolucionarios. Por [1226] razones de seguridad, la sede del partido se trasladó al extranjero (por ejemplo, el Bund estaba ausente), en Ginebra, en casa de M. Gotz y O. Minor.

En cuanto a Gershuni, este "tigre" indomable, después de conseguir engañar a la vigilancia de Zubatov[1227], empezó a recorrer Rusia, como B. Savinkov, fomentando acciones terroristas e impidiendo su correcta ejecución. Así, estuvo presente en la plaza Saint-Isaac durante el asesinato de Sipiagin ; [1228] estuvo en Ufa cuando mataron al gobernador Bogdanovitch[1229] ; y en Kharkov cuando le tocó el turno al gobernador Obolensky; en la perspectiva Nevsky durante el atentado fallido contra Pobedonostsev[1230]. La ejecución siempre fue confiada a "cristianos" como P. Karpovitch, S. Balmachov, E. Sozonov, etc. (Las bombas utilizadas para el asesinato de Plehve, el Gran Duque Sergey Aleksandrovich, y los atentados planeados contra el Gran Duque Vladimir Alexandrovich y los Ministros del Interior Boulygin y Durnovo fueron fabricadas por Maximilian Schweitzer, quien en 1905 fue él mismo víctima de la máquina que estaba fabricando. [1231]). Arrestado por casualidad, Gershuni fue condenado a muerte, indultado por el Emperador sin haberlo pedido; en 1907 encontró un ingenioso medio de escapar de la prisión de Akatuysk, escondiéndose en un barril de coles, y luego ganó por Vladivostok, América y Europa; el gobierno ruso exigió su extradición desde Italia, pero la opinión liberal europea se negó unánimemente y Clemenceau también utilizó su influencia: también era, como sabemos, un "tigre". Poco después, Gershuni murió de un sarcoma en el pulmón. Entre otros terroristas destacados de la R.S., debemos mencionar también a Abraham Gotz, que participó activamente en los atentados contra Dournovo, Akimov,

---

[1226] D. Schub, Evrei rousskoï revolutsii (Los judíos en la Revolución Rusa), JW-2, p. 138.
[1227] Jefe de la policía secreta rusa a principios del siglo XX.
[1228] Ministro del Interior asesinado en 1902.
[1229] SJE, t. 2, p. 111.
[1230] Político de ideas revolucionarias, muy influyente con los emperadores Alejandro y Nicolás II (1827-1907).
[1231] RJE, t. 3, pp. 378-379.

Shuvalov, Trepov, [1232]y desempeñó un papel en el asesinato de Mine y Rieman. (Pero tuvo la desgracia de vivir mucho más que su hermano mayor, que murió prematuramente, y los bolcheviques se lo hicieron pasar mal más tarde). Para jugar con la Historia, se tomaron menos precauciones que en la generación revolucionaria anterior. Menos conocido que otros, Pinhas (Pyotr) Rutenberg no es menos digno de interés. En 1905 entrenó a grupos de combatientes en San Petersburgo y les suministró armas. Inspirado por *Gapon*[1233], estuvo a su lado el 9 de enero de 1905; Pero fue también él quien, en 1906, "por orden del partido S.-R., organiza y supervisa su asesinato" (más tarde será autor de un libro titulado *El asesinato de Gapon*)[1234]. En 1919, emigra a Palestina donde se distingue en la electrificación del país. Allí demuestra que es capaz de construir; pero en sus primeros años, en Rusia, desde luego no trabaja como ingeniero, ¡destruye! Se pierde el rastro del "estudiante de Sión", instigador irresponsable del motín de Sveaborg, que, sin embargo, escapó a la matanza que siguió.

Aparte del S.-R., cada año traía consigo nuevos luchadores, teóricos y oradores socialdemócratas. Algunos tuvieron una notoriedad efímera en círculos estrechos, como Alekandra Sokolovskaya, a quien la Historia retuvo sólo porque fue la primera esposa de Trotsky y la madre de sus dos hijas. Otros han sido injustamente olvidados: Zinovy Litvine-Sedoi, jefe de estado mayor de los destacamentos del distrito de Krasnaya Presnia durante la insurrección armada en Moscú; Zinovy Dosser, miembro de la "troika" que dirigió esta insurrección. Entre sus líderes, podemos citar de nuevo a "Marat"-V. L. Chanzer, Lev Kafenhausen, Lubotsky-Zagorsky (que durante casi un siglo dio su seudónimo [1235]al monasterio de La Trinidad San Sergio) y Martin Mandelstam-Liadov, miembro de la Comisión ejecutiva del RSDLP [1236]para la organización de la insurrección armada. [1237] Otros, como F. Dan u O. Nakhamkis, desempeñarían un papel importante más tarde, en 1917.

A pesar de la aversión de Bakunin por los judíos, hay muchos de ellos entre los líderes y teóricos del anarquismo. Pero "otros anarquistas rusos, como Kropotkin, no sentían hostilidad hacia los judíos e intentaron ganarlos para

---

[1232] P. Dournovo (1845-1915), ministro del Interior en 1905-1906; P. Shuvalov (1830-1906), diplomático y político ruso; D. Trepov (1855-1906), viceministro del Interior, uno de los responsables de la represión de la revolución de 1905-1907.

[1233] G. Gapon (1870-1906), sacerdote y agente de la policía secreta, uno de los responsables de la masacre de manifestantes en San Petersburgo, 9 de enero de 1905.

[1234] RJE, t. 2, p. 517.

[1235] Zagorsk.

[1236] Partido Laborista Socialdemócrata Ruso.

[1237] RJE, t. 1, pp. 436, 468; t. 2, pp. 13, 218.

su causa". [1238] Entre estos líderes se encuentran Yakov Novomirsky, Alexander Gue, Lev Tcherny, V. Gordine.[1239]. Uno de ellos, I. Grossman-Rochin, evoca con el mayor respeto la figura de Aron Eline, de Bialystok: "un terrorista famoso", pero no sólo "un especialista en operaciones sangrientas" "nunca cae... en el 'activismo sistemático'".[1240] "Los menos pacientes entre la masa de judíos... buscan un camino más rápido para alcanzar el socialismo. Y este recurso, esta 'ambulancia', la encuentran en el anarquismo." [1241] Son los judíos de Kiev y del sur de Rusia los que se han sentido más atraídos por el anarquismo, y en los documentos relativos al asunto Bogrov [1242] se menciona a menudo a anarquistas de menor envergadura, olvidados por la historia.

Ya hemos observado, pero vale la pena recordarlo, que no fue sólo a causa de las desigualdades de las que eran víctimas por lo que muchos judíos se lanzaron a la revolución. "La participación de los judíos en el movimiento revolucionario que había conquistado toda Rusia sólo se explica en parte por su situación de desigualdad... Los judíos compartían simplemente el sentimiento general de hostilidad hacia la autocracia. [1243] ¿Debería sorprendernos? Los jóvenes de la intelectualidad, tanto rusos como judíos, no oían en sus familias, durante todo el año, más que "crímenes perpetrados por el poder", del "gobierno compuesto de asesinos", y precipitaron la acción revolucionaria con toda la energía de su furia. Bogrov como los otros.

En 1905, el historiador judío S. Doubnov acusó a todos los revolucionarios judíos de "traición nacional". En su artículo titulado "La esclavitud en la Revolución", escribió: "Todo este numeroso ejército de jóvenes judíos, que ocupan los puestos más destacados en el Partido Socialdemócrata y que se postulan para puestos de mando, ha cortado formalmente todo vínculo con la comunidad judía... No construís nada nuevo, sólo sois los valets de la revolución, o sus comisarios."[1244]

Pero a medida que pasaba el tiempo, crecía la aprobación de los adultos a su progenie revolucionaria. Este fenómeno se intensificó entre los "padres"

[1238] SJE, t. 1, p. 124.
[1239] A. Vetlouguine, Avanturisly Grajdanskoy voïny (Aventureros de la Guerra Civil), París, Imprimerie Zemgor, 1921, pp. 65 67, 85.
[1240] I. Grossman-Rochin, Doumy o bylom (Reflexiones sobre el pasado) (Iz istorii Belostotskovo, anarkhitcheskovo, "tchemosnamenskovo" dvijenia), Byloïe, M., 1924, nos. 27, 28, p. 179.
[1241] Ben-Khoïrin, Anarkhism i ievreïskaïa massa (El anarquismo y las masas judías) (San Petersburgo) Soblazn sotsializma: Revolutsia v Rossi i ievrci / Sost. A. Serebrennikov, París, M., YMCA Press, Rousskii Pout, 1995, p. 453.
[1242] Véase *infra*, capítulo 10.
[1243] SJE, t. 7, p. 398.
[1244] *Dimanstein*, "1905*", *op. cit.*, t. 3, v. 1, p. 174.

de la nueva generación y fue en general más marcado entre los judíos que entre los rusos. Meier Bomach, miembro de la Duma, declaró diez años después (1916):

"No lamentamos que los judíos participaran en la lucha por la liberación... Luchaban por vuestra libertad". [1245] Y seis meses más tarde, en la conflagración de la nueva revolución, en marzo de 1917, el célebre abogado O. O. Gruzenberg hizo estas apasionadas pero no infundadas observaciones ante los dirigentes del Gobierno Provisional y del Soviet de diputados de obreros y soldados: "Ofrecimos generosamente a la revolución un enorme 'porcentaje' de nuestro pueblo: casi toda su flor, casi toda su juventud... Y, cuando en 1905 el pueblo se sublevó, innumerables combatientes judíos vinieron a engrosar sus filas, llevados por un impulso irresistible." [1246] Otros dirán lo mismo: "Las circunstancias históricas hicieron que las masas judías de Rusia no pudieran no participar de la manera más activa en la revolución." "[1247]Para los judíos, la solución de la cuestión judía en Rusia fue el triunfo de las ideas progresistas en este país."[1248]

La efervescencia revolucionaria que se había apoderado de Rusia fue indudablemente suscitada por la que reinaba entre los judíos.

Sin embargo, la juventud por sí sola, formada en el trabajo intelectual o manual, no podía hacer la revolución. Una de las principales prioridades era ganar a la causa revolucionaria y llevar a la batalla a los obreros industriales, y especialmente a los de San Petersburgo. Sin embargo, como señaló el director del departamento de policía de la época, "en la fase inicial de su desarrollo, el movimiento obrero... era ajeno a las aspiraciones políticas". E incluso en vísperas del 9 de enero, "durante una reunión extraordinaria que habían organizado el 27 de diciembre, los obreros persiguieron a un judío que intentaba hacer propaganda política y distribuir octavillas, y tres mujeres judías que pretendían propagar ideas políticas fueron detenidas."[1249]

[1245] Mejdounarodnoïe finansovoïe polojenie tsarskoi Rossii vo vremia mirovoï voïny (La situación financiera de la Rusia zarista durante la Guerra Mundial), Krasnyi Arkhiv, 1934, t. 64, p. 28.
[1246] Retch, 1917, 25 de marzo, p. 6.
[1247] *Dimanstein*, "1905", *op. cit.*, p. 175.
[1248] JE, t. 7, p. 370.
[1249] Doklad direktora departamenta politsii Lopoukhina ministrou vnoutrennykh del o sobytiakh 9-vo ianvaria (Informe del Director del Departamento de Policía, Lopoukhine, al Ministro del Interior sobre los sucesos del 9 de enero), Krasnaya Ictopis, 1922, n° 1, p. 333.

Para formar a los obreros de San Petersburgo, se llevó a cabo la propaganda pseudorreligiosa de Gapon.

El 9 de enero, antes incluso de que las tropas abrieran fuego, fue el joven Simon Rechtzammer (hijo del director de la Compañía de Almacenes y Granos) quien se puso al frente de la única barricada levantada ese día (en la cuarta calle de la isla de Saint-Basil), con la destrucción de las líneas telegráficas y telefónicas y el ataque a la comisaría. Además, los obreros de este barrio se emplearon dos días después "en golpear copiosamente a los intelectuales".[1250]

Sabemos que los revolucionarios rusos emigrados a Europa acogieron la noticia del fusilamiento de Petersburgo con una mezcla de indignación y entusiasmo: ¡¡¡ya era hora!!! ¡¡Ahora va a estallar!! En cuanto a la propagación de este entusiasmo -y de la insurrección- en el Pale of Settlement, fue el incansable Bund quien se enarboló, cuyo himno (An-ski dijo de él que era "La *Marsellesa* de los trabajadores judíos") incluía las siguientes palabras:

>Basta ya de amar a nuestros enemigos, ¡¡¡queremos odiarlos!!!...
>... ¡ya está lista la pira! Encontraremos suficientes troncos
>¡¡Para que sus sagradas llamas envuelvan el planeta!![1251]

(Señalemos de paso que *La Internacional* fue traducida al ruso por Arkadi Kotz ya en 1912.[1252] Varias generaciones se imbuyeron religiosamente de sus palabras: *¡Levantaos! Los condenados de la tierra!* y *del pasado hagamos borrón* y cuenta nueva...).

El Bund publicó inmediatamente una proclama ("unos doscientos mil ejemplares"): "La revolución ha comenzado. Arde en la capital, sus llamas cubren todo el país... ¡A las armas! Asaltad las armerías y apoderaos de todas las armas... ¡Que todas las calles se conviertan en campos de batalla!".[1253]

Según la *Crónica Roja* de los inicios del régimen soviético, "los acontecimientos del 9 de enero en San Petersburgo tuvieron un gran eco en el movimiento obrero judío: fueron seguidos por manifestaciones masivas del proletariado judío en todo el Pale of Settlement. A su cabeza estaba el Bund. Para asegurar el carácter masivo de estas manifestaciones, destacamentos del Bund se dirigieron a los talleres, a las fábricas e incluso a las casas de los obreros para pedir el cese del trabajo; emplearon la fuerza

---

[1250] V Nevsky, Ianvarskie dni v Peterbourgue v 1905 godou (Los días de enero en Petersburgo en 1905), *ibidem*, pp. 51, 53.
[1251] Soblazn Sotsializma, p. 329.
[1252] RJE, t. 2, p. 70.
[1253] *Dimanstein*, "1905", *op. cit.*, p. 144.

para vaciar las calderas de su vapor, para arrancar las correas de transmisión; amenazaron a los propietarios de las empresas, aquí y allá se hicieron disparos, en Vitebsk uno de ellos recibió un chorro de ácido sulfúrico. No fue "una manifestación de masas espontánea, sino una acción cuidadosamente preparada y organizada". N. Buchbinder lamenta, sin embargo, que "en casi todas partes las huelgas fueron seguidas sólo por los obreros judíos... En toda una serie de ciudades los obreros rusos opusieron una fuerte resistencia a los intentos de parar fábricas y plantas." Hubo huelgas de una semana en Vilna, Minsk, Gomel, Riga, de dos semanas en Libava. La policía tuvo que intervenir, naturalmente, y en varias ciudades el Bund constituyó "destacamentos armados para combatir el terror policial." [1254] En Krinki (provincia de Grodno), los huelguistas encañonaron a la policía, interrumpieron las comunicaciones telegráficas y durante dos días todo el poder estuvo en manos del comité de huelga. "El hecho de que los obreros, y entre ellos una mayoría de judíos, hubieran podido así detentar el poder desde principios de 1905, era muy significativo de lo que era esta revolución, y dio lugar a muchas esperanzas."

No es menos cierto que la importante participación del Bund en estas acciones "podría hacer creer que el descontento era sobre todo fruto de los judíos, mientras que las demás nacionalidades no eran tan revolucionarias."[1255]

La fuerza de los revolucionarios se manifestaba a través de las acciones, llevadas a cabo a plena luz del día, de los destacamentos armados de "autodefensa" que se habían ilustrado durante el pogromo de Gomel y que desde entonces se habían fortalecido considerablemente. "La autodefensa estaba la mayoría de las veces en estrecho contacto con los destacamentos armados de organizaciones políticas... Puede decirse que todo el Pale of Settlement estaba cubierto por una red completa de grupos armados de autodefensa que desempeñaban un importante papel militar -sólo un ejército profesional podía hacerles frente" [1256] -En el apogeo de la revolución, se les unieron grupos sionistas de diversas tendencias: "la participación particularmente activa de los Poalei Zion", así como "destacamentos armados de los ZS [Socialistas Sionistas]", pero también del SERP. De modo que "en las operaciones armadas que se produjeron durante la revolución, estos socialistas pertenecientes a distintas corrientes del sionismo se encontraron a nuestro lado", [1257] recuerda S. Dimanstein, más tarde destacado dirigente bolchevique.

[1254] *N. Buchbinder*, 9 ianvaria i icvskoye rabotchee dvijenie (Sobre el 9 de enero y el movimiento obrero judío), Krasnaya Letopis, 1922, n° 1, pp. 81, 87.
[1255] *Dimanstein*, "1905", *op. cit.*, pp. 145, 147.
[1256] *Ibidem*, pp. 150-151.
[1257] *Ibidem*, pp. 123-124.

El Bund continuaría sus operaciones militares a lo largo de este cambiante e incierto año de 1905. Mención especial merecen los sucesos de abril en Jitomir. Según la *Jewish Encyclopædia*, fue un pogromo contra los judíos, además "fomentado por la policía". En [1258] cuanto a Dimanstein, que se jacta de haber "participado activamente en la revolución de 1905 en el territorio del llamado Pale of Settlement", escribió: "No fue un pogromo, sino una lucha contra las tropas de la contrarrevolución." [1259] La *Enciclopedia Judía* indica que hasta veinte judíos fueron asesinados [1260]; la nueva: "casi cincuenta (según otras fuentes, unos treinta y cinco)".[1261] Según esta última, "los desórdenes comenzaron después de que unos provocadores declararan que los judíos habían disparado contra el retrato del zar fuera de la ciudad." [1262] Mientras que *El Mensajero del Gobierno* da como hecho que, dos semanas antes del pogromo, "una multitud de casi trescientas personas se reunió fuera de la ciudad... para practicar el tiro con revólveres... apuntando al retrato de Su Majestad el Emperador". Después de esto, estallaron varias reyertas entre los judíos y los cristianos dentro de la ciudad, aunque, según *El Mensajero del Gobierno*, los agresores eran en su mayoría judíos. [1263] Según la nueva *Enciclopedia Judía*, el día del suceso, "los destacamentos judíos de autodefensa resistieron heroicamente a los alborotadores". Desde un pueblo vecino, un grupo de jóvenes judíos armados acudió en su ayuda, cuando, en el camino, "fueron detenidos por campesinos ucranianos" en Troyanovo. "Intentaron refugiarse entre los habitantes judíos del pueblo, pero éstos no les dejaron entrar" y, hecho característico, "indicaron a los campesinos dónde se habían escondido dos de ellos"; "diez miembros del destacamento fueron asesinados".[1264]

En aquella época, ya se había ideado una maniobra particularmente eficaz: "Los funerales de las víctimas caídas por la revolución constituían uno de los medios de propaganda más eficaces capaces de inflamar a las masas", lo que tenía por consecuencia que "los combatientes eran conscientes de que su muerte sería utilizada en provecho de la revolución, que despertaría el deseo de venganza entre los miles de personas que iban a asistir a sus funerales", y que en esas ocasiones "era relativamente más fácil organizar manifestaciones. Los círculos liberales consideraban su deber asegurarse de que la policía no interviniera durante un funeral". Así, "el funeral se

---

[1258] SJE, t. 2, p. 513.
[1259] *Dimanstein*, "1905", *op. cit.*, p. 144.
[1260] JE, t. 7, p. 602.
[1261] SJE, t. 2, p. 513.
[1262] *Ibidem*, t. 6, p. 566.
[1263] Pravo, 5 de mayo de 1905, pp. 1483-1484.
[1264] SJE, t. 2, p. 513; *Dimanstein*, "1905", *op. cit.*, pp. 151-152.

convirtió en 1905 en uno de los componentes de la propaganda revolucionaria."[1265]

En el verano de ese año, "el terror policial fue masivo, pero también hubo muchos actos de venganza por parte de los obreros, que lanzaron bombas contra patrullas de soldados o cosacos, asesinaron a policías, fueran agentes o no; estos casos no fueron ni mucho menos aislados", porque se trataba de "un paso atrás o adelante para la revolución en el sector judío". [1266]Ejemplo: los cosacos matan a un militante del Bund en Gomel; ocho mil personas asisten a su funeral, se pronuncian discursos revolucionarios... ¡y la revolución avanza, siempre avanza! Y cuando llegó el momento de protestar contra la convocatoria del "Boulyguine"[1267]" Duma consultiva, la campaña "se trasladó de la Bolsa del barrio judío a las sinagogas... donde los oradores del Partido intervenían durante el oficio... bajo la protección de destacamentos armados que cerraban las salidas... Durante estas asambleas, era frecuente que se adoptaran sin discusión resoluciones preparadas de antemano"-los desdichados fieles vienen a rezar, ¿tenían elección? ¡Vayan a hablar con esos compañeros! No se trata de "detener el proceso revolucionario en esta fase...".[1268]

El proyecto de convocatoria de esta Duma consultiva, que no tuvo continuidad debido a los acontecimientos de 1905, partía de la base de que no la poseían para la designación de los órganos de autogobierno municipal, se había previsto en un principio no conceder a los judíos el derecho de voto. Pero el ímpetu revolucionario iba en aumento, los consejeros municipales judíos designados por las autoridades provinciales dimitían de forma manifiesta aquí y allá, y la Ley de Elecciones a la Duma de agosto de 1905 ya preveía la concesión del derecho de voto a los judíos. Pero la revolución siguió su curso y la opinión pública rechazó esta Duma consultiva, que por tanto no estaba unida.

La tensión se mantuvo alta durante todo este infausto año 1905; el gobierno se vio superado por los acontecimientos. En otoño, en todas partes de Rusia se preparaban huelgas, sobre todo en los ferrocarriles. Y, por supuesto, el Pale of Settlement no se libró. En la región del Noroeste, durante los primeros días de octubre, se observó "un rápido aumento... de la energía revolucionaria de las masas", "una nueva campaña de reuniones tiene lugar en las sinagogas" (siempre de la misma manera, con hombres apostados a las salidas para intimidar a los fieles), "nos preparamos febrilmente para la huelga general." En Vilna, durante una reunión autorizada por el

---

[1265] *Dimanstein*, "1905", *op. cit.,* p. 153.
[1266] *Ibidem*, p. 164.
[1267] A. Boulyguine (1851-1919). Ministro del Interior en 1905.
[1268] *Ibidem*, pp. 165-166.

gobernador, "algunos dispararon contra el inmenso retrato del Emperador que allí se encontraba, y algunos lo destrozaron con sillas"; Una hora más tarde, fue sobre el gobernador en persona que se dibujó-¡ahí estaba, el frenesí de 1905! Pero en Gomel, por ejemplo, los socialdemócratas no pudieron ponerse de acuerdo con el Bund y "actuaron en desorden"; en cuanto a los socialrevolucionarios, "se unieron" a los socialistas sionistas; y entonces "se lanzan bombas contra los cosacos, que toman represalias disparando y golpeando a todos los que caen bajo su mano, sin distinción de nacionalidad", [1269] -¡un estallido revolucionario muy bonito! ¡Se frotaban las manos!

No es de extrañar que "en muchos lugares... pudimos observar a judíos acomodados y religiosos luchando activamente contra la revolución. Colaboraban con la policía para perseguir a los revolucionarios judíos, disolver manifestaciones, huelgas, etc.". No es que les resultara agradable encontrarse en el bando del poder.

Pero, al no haberse desprendido de Dios, se negaron a presenciar la *destrucción* de la vida. Menos aún aceptaban la ley revolucionaria: veneraban *su* Ley. Mientras en Bialystok y otros lugares los jóvenes revolucionarios asimilaban la "Unión de los Judíos" a los "Cien Negros" por su orientación religiosa.[1270]

Según Dimanstein, la situación tras la huelga general de octubre podría resumirse de la siguiente manera: "El Bund, el ZS y otros partidos obreros judíos llamaron a la insurrección", pero "allí se percibía cierto cansancio". [1271]Más tarde, al igual que los bolcheviques, el Bund boicoteó a principios de 1906 [1272]las elecciones a la primera Duma, acariciando aún la esperanza de una explosión revolucionaria. Decepcionada esta expectativa, se resignó a acercar sus posiciones a las de los mencheviques; en 1907, en el V Congreso del RSDLP, de los 305 diputados, 55 eran miembros del Bund. E incluso se convirtió en "partidario del yiddishismo extremo".[1273]

En este ambiente enardecido, muy incierto para el poder establecido, Witte persuadió a Nicolás II para que promulgara el Manifiesto del 17 de octubre de 1905.

(Más exactamente, Witte quería publicarlo en forma de un simple comunicado de prensa gubernamental, pero fue el propio Nicolás II quien insistió en que la promulgación del Manifiesto, hecha en nombre del zar, asumiera un carácter solemne: pensaba que así llegaría al corazón de sus

---

[1269] *Ibidem*, pp. 167-168.
[1270] *Ibidem*, pp. 173-175.
[1271] *Ibidem*, pp. 177-178.
[1272] JE, t. 5, pp. 99, 100.
[1273] SJE, t. 1, p. 560.

súbditos). A. D. Obolensky, que redactó el borrador inicial, informó de que entre los tres puntos principales del Manifiesto había uno especial dedicado a los derechos y libertades de los judíos, pero Witte (sin duda a petición apremiante del Emperador) modificó su formulación abordando de forma general el respeto a las personas y la libertad de conciencia, expresión y reunión".[1274] Así pues, la cuestión de la igualdad de derechos de los judíos dejó de mencionarse. "Sólo en el discurso publicado al mismo tiempo que el Manifiesto... Witte habló de la necesidad de "igualar ante la ley a todos los súbditos rusos independientemente de su confesión y nacionalidad".[1275]

Pero: sólo debemos hacer concesiones en el momento oportuno y en una posición de fuerza, y éste ya no era el caso. La opinión liberal y revolucionaria se rió del Manifiesto, viéndolo sólo como una capitulación, y lo rechazó. El Emperador, como Witte, se sintió profundamente afectado, pero también ciertos representantes de la intelectualidad judía: "Por fin se hizo realidad lo que lo mejor de los rusos llevaba décadas esperando... De hecho, el Emperador renunció de buen grado al régimen autocrático y se comprometió a entregar el poder legislativo a los representantes del pueblo... Se habría pensado que este cambio llenaría de alegría a todo el mundo" -pero la noticia fue acogida con la misma intransigencia revolucionaria: ¡la lucha continúa! [1276] En las calles se arrancaron la bandera nacional, los retratos del Emperador y el escudo del Estado.

El relato de la entrevista de Witte con la prensa petersburguesa el 18 de octubre, tras la promulgación del Manifiesto, es rico en información. Witte esperaba evidentemente manifestaciones de gratitud y confiaba en el apoyo amistoso de la prensa para calmar los ánimos, incluso lo solicitó abiertamente. Sólo obtuvo respuestas mordaces, primero del director del *Stock Exchange News*, S. M. Propper, luego de Notovitch, Khodski, Arabajine y Annensky; todos exigieron con una sola voz: ¡proclamar inmediatamente la amnistía política! "¡Esta exigencia es categórica!" El general Trepov debe ser destituido de su cargo de gobernador general de San Petersburgo. Esta es la decisión unánime de la prensa". *¡La decisión unánime de la prensa!* Y retirar a los cosacos y al ejército de la capital: "¡No publicaremos más periódicos mientras las tropas estén allí!" El ejército es la *causa* del desorden... ¡La seguridad de la ciudad debe confiarse a la "milicia popular"! (Es decir, a los destacamentos de revolucionarios, lo que significaba crear en Petersburgo las condiciones para una carnicería, como pronto ocurriría en Odesa, o, en el futuro, establecer en Petersburgo las condiciones favorables a la futura revolución

---

[1274] Manifiesto 17 oktiabria (Dokoumenry) (El Manifiesto del 17 de octubre [documentos]), Krasnyi arkhiv, 1925, t. 11-12, pp. 73, 89.
[1275] SJE, t. 7, p. 349.
[1276] *Sliosberg*, t. 3, p. 175.

de febrero). Y Witte imploró: "¡Déjenme respirar un poco!", "¡Ayúdenme, denme unas semanas!"; incluso pasó entre ellos, estrechando la mano de cada uno. [1277] (Por su parte, él recordará más tarde: Las exigencias de Propper "significaban para mí que la prensa había perdido la cabeza"). A pesar de ello, el gobierno tuvo la inteligencia y el valor de rechazar la instauración de la anarquía y no ocurrió nada grave en la capital.

(En sus Memorias, Witte relata que Propper "había llegado a Rusia desde el extranjero, un judío sin dinero y sin dominio de la lengua rusa... Se había hecho un hueco en la prensa y se había convertido en el jefe de las *Noticias de la Bolsa*, recorriendo las antesalas de personajes influyentes... Cuando yo era ministro de Finanzas, [Propper] mendigó anuncios oficiales, diversas ventajas, y acabó obteniendo de mí el título de consejero comercial."

Sin embargo, en esta reunión formuló, no sin cierta insolencia, "exigencias, incluso declaraciones" como ésta: "No tenemos confianza en el gobierno".[1278])

En el transcurso del mismo mes de octubre, *El Kieviano* publicó el relato de un oficial que regresaba a Moscú justo en ese momento, tras año y medio de cautiverio en Japón, y que en un primer momento se sintió conmovido hasta las lágrimas por la generosidad del Manifiesto del Emperador, que abría perspectivas favorables para el país. A la sola vista de este oficial en traje de combate, la acogida que le dispensó la muchedumbre moscovita se expresó en estos términos: "¡Espantoso! ¡Mamón! El lacayo del zar!" Durante una gran reunión en la Plaza del Teatro, "el orador llamó a la lucha y a la destrucción"; otro orador comenzó su discurso gritando: "¡Abajo la autocracia!" "Su acento delataba sus orígenes judíos, pero el público ruso le escuchó y nadie encontró nada que replicarle". A los insultos proferidos contra el zar y su familia siguieron asentimientos; cosacos, policías y soldados, todos sin excepción, ¡sin piedad! Y todos los periódicos moscovitas llamaron a la lucha armada".[1279]

En Petersburgo, como es bien sabido, se formó el 13 de octubre un "Soviet de los Diputados Obreros", encabezado por los incomparables Parvus y Trotsky, y con el hombre de paja Khroustalëv-Nossarëv como prima. Este Soviet tenía como objetivo la aniquilación completa del gobierno.

Los sucesos de octubre tuvieron consecuencias aún mayores y más trágicas en Kiev y Odessa: dos grandes pogromos contra los judíos, que deben examinarse ahora. Fueron objeto de informes detallados de *las comisiones*

[1277] Manifiesto 17 oktiabria (Manifiesto del 17 de octubre), *op. cit.*, pp. 99-105.
[1278] *Witte, Memorias, op. cit.*, t. 2, pp. 52-54.
[1279] Kievlianin, 1905, no. 305: *Choulguine*, anexos, *op. cit.*, pp. 271-274.

de investigación del Senado -se trataba de los procedimientos de investigación más rigurosos de la Rusia Imperial, ya que el Senado representaba la institución judicial de mayor rango y autoridad y de mayor independencia-.

Es el senador Tourau quien redactó el informe sobre el pogromo de Kiev. [1280]Escribe que las causas de éste "están relacionadas con los problemas que han ganado a toda Rusia en los últimos años", y apoya esta afirmación con una descripción detallada de lo que lo precedió y del curso de los propios hechos.

Recordemos que después de los sucesos del 9 de enero en San Petersburgo, después de meses de agitación social, después de la infame derrota contra el Japón, el gobierno imperial no encontró nada mejor que hacer para calmar los ánimos que proclamar el 27 de agosto la completa autonomía administrativa de las instituciones de enseñanza superior y del territorio en el que se encontraban. Esta medida no tuvo otro resultado que avivar el calor revolucionario.

Es así, escribe el senador Tourau, que "individuos que no tenían nada que ver con la actividad científica de estas instituciones podían acceder libremente a ellas", y lo hacían "con fines de propaganda política". En la Universidad y Politécnica de Kiev "se organizaron una serie de reuniones por parte de los estudiantes, a las que asistió un público externo", y que se denominaron "reuniones populares"; a ellas acudió un público cotidiano más numeroso: a finales de septiembre, hasta "varios miles de personas". Durante estas reuniones se desplegaron banderas rojas, "se pronunciaron apasionados discursos sobre las deficiencias del régimen político vigente, sobre la necesidad de luchar contra el gobierno"; "se recaudaron fondos para la compra de armas", "se distribuyeron octavillas y se vendieron folletos de propaganda revolucionaria." A mediados de octubre, "tanto la universidad como el Instituto Politécnico se habían transformado gradualmente en escenarios de propaganda antigubernamental abierta y desenfrenada". Los militantes revolucionarios que, hasta hacía poco, eran perseguidos por las autoridades por organizar reuniones clandestinas en lugares privados, se sentían ahora invulnerables", "urdían y discutían planes para derribar el sistema político existente." Pero ni siquiera esto pareció suficiente y la acción revolucionaria comenzó su expansión: atrayendo a los "alumnos de las escuelas secundarias", es decir, a los alumnos de los institutos, y desplazando el campo de la actividad

---

[1280] Vseppodaneïchiï ottchët o proizvedennom senatorom Tourau izsledovanii pritchin besporiadkov, byvehikh v gor. Kicvc (Informe del senador Tourau sobre las causas de los desórdenes en la ciudad de Kiev), Materialy k istorii rousskoi kontr-revolutsii, t. 1. Pogromy po olitsialnym dokoumentam, San Petersburgo, 1908, pp. 203-296.

revolucionaria: (Un estudiante judío toma la palabra para denunciar el pogromo de Kishinev, inmediatamente se extienden octavillas por la sala y se oyen gritos: "¡Abajo la policía! Abajo la autocracia!"); en algunos casos en una reunión de la Sociedad de Arte y Literatura (se rompen ventanas, "rompemos sillas y rampas de escaleras para arrojárselas a los pacificadores"). Y no había autoridad que lo impidiera: las universidades, autónomas, tenían ahora *su propia ley*.

La descripción de estos acontecimientos, apoyada en las declaraciones de más de quinientos testigos, se alterna a lo largo de este informe con observaciones sobre los judíos que destacan en el fondo de esta muchedumbre revolucionaria. "Durante los años de la revolución rusa de 1905 1907, la actividad revolucionaria de los judíos aumentó considerablemente". Sin duda la novedad del asunto lo hacía parecer obvio. "La juventud judía", dice el informe, "dominó en número tanto en la reunión del 9 de septiembre en el Instituto Politécnico como durante la ocupación de los locales de la Sociedad Artística y Literaria"; y, también, el 23 de septiembre en el Paraninfo de la Universidad, donde "se reunieron hasta 5.000 estudiantes y personas ajenas a la universidad, con más de 500 mujeres entre ellos." El 3 de octubre[rd], en el Instituto Politécnico, "se reunieron cerca de 5.000 personas... con una mayoría judía de mujeres." El papel preponderante de los judíos se menciona una y otra vez: en las reuniones del 5 al 9 de octubre; en la reunión universitaria del 12 de octubre, en la que "participaron empleados de la administración ferroviaria, estudiantes, individuos de profesiones indeterminadas", así como "masas de judíos de ambos sexos"; el 13 de octubre en la universidad, donde "se reunieron cerca de 10.000 personas de diversas procedencias" y se pronunciaron discursos por parte de militantes del S-R. y del Bund. (La *Jewish Encyclopædia* confirma el hecho de que incluso más allá de Kiev, durante las manifestaciones de celebración de las nuevas libertades, "la mayoría de los manifestantes en el Pale of Settlement eran judíos." Sin embargo, califica de "mentiras" las informaciones según las cuales, en Ekaterinoslav, "recogían plata para el ataúd del Emperador en la calle", y en Kiev "laceraban los retratos del Emperador en los locales de la Duma Municipal". [1281] Este último hecho está precisamente confirmado por el informe Tourau).

En Kiev, en octubre, el movimiento revolucionario cobraba impulso. Alexander Schlichter (futuro dirigente bolchevique, especialista en requisas de harina y "Comisario de Agricultura" en Ucrania justo antes de la gran hambruna organizada) fomentó una huelga ferroviaria en el suroeste, paralizando los trenes a Poltava, Kursk, Voronezh y Moscú. Se amenazó con obligar a los trabajadores de la fábrica de construcciones

---

[1281] SJE, t. 6, p. 567.

mecánicas de Kiev a declararse en huelga el 12 de octubre. En la universidad tuvieron lugar "colectas excepcionales 'para armamento': los participantes arrojaron monedas de oro, billetes de banco, objetos de plata, una señora incluso ofreció sus pendientes". Se formaron "destacamentos volantes" con la misión de interrumpir por la fuerza el trabajo en los liceos, las fábricas, los transportes, el comercio, y de "preparar la resistencia armada a las fuerzas del orden". Todo el movimiento "tenía que tomar las calles". El 14 de octubre, los periódicos dejaron de aparecer, a excepción de *El Kieviano*, alineado a la derecha; sólo se permitió el paso a los telegramas relativos al movimiento de liberación. Los "destacamentos volantes" impidieron la circulación de los tranvías, rompiendo sus cristales (algunos pasajeros resultaron heridos). A la primera aparición de los agitadores todo se cerró, todo se paró; la oficina de correos cerró sus puertas tras una amenaza de bomba; corrientes de estudiantes y alumnos convergían hacia la universidad a la llamada de Schlichter, así como "jóvenes judíos de diversas profesiones".

Fue entonces cuando las autoridades tomaron las primeras medidas. Se prohibió reunirse en las calles y en las plazas públicas, el ejército acordonó la universidad y el Politécnico para que sólo pudieran entrar los estudiantes, "arresto... de algunos individuos por desacato a la policía y al ejército", de algunos S.-R. y socialdemócratas, del abogado Ratner, que "había participado activamente en reuniones populares" (Schlichter, él, se había largado). Los tranvías volvieron a circular, los comercios reabrieron sus puertas, y en Kiev las jornadas del 16 y 17 de octubre transcurrieron pacíficamente.

En este contexto (que era el de muchos otros lugares de Rusia) el Emperador, contando con la gratitud de la población, lanzó el 17 de octubre el Manifiesto por el que se establecían las libertades y un sistema parlamentario de gobierno. La noticia llegó a Kiev por telegrama en la noche del 18, y por la mañana el texto del Manifiesto se vendió o distribuyó por las calles de la ciudad (según el periódico *The Kievian*, "la juventud estudiantil judía se apresuró a comprarlo e inmediatamente a romperlo ostensiblemente en pedazos"). Las autoridades ordenaron *ipso facto* la liberación tanto de las personas detenidas en los últimos días como de las que habían sido previamente "acusadas de atentado contra la seguridad del Estado", con la excepción, no obstante, de las que habían utilizado explosivos. Tanto la policía como el ejército habían abandonado las calles, se formaron "importantes concentraciones", al principio tranquilas. "En los alrededores de la universidad había una gran multitud de estudiantes, alumnos de instituto y "un importante número de jóvenes judíos de ambos sexos".

Cediendo a sus demandas, el rector "hizo abrir el portal del edificio principal". Inmediatamente "la gran sala fue invadida por una parte del público que destruyó los retratos del Emperador, arrancó las colgaduras rojas" para hacer banderas y estandartes, y algunos "invitaron ruidosamente al público a arrodillarse ante Schlichter en virtud de víctima de la arbitrariedad". Si "los que estaban cerca de él cayeron realmente de rodillas", otra parte del público "consideró que todo lo que acababa de ocurrir era ofensivo para sus sentimientos nacionales." Entonces la multitud se dirigió a la Duma Municipal, y a su cabeza Schlichter se paseaba a caballo, exhibiendo una banda roja, y en cada parada arengaba a la multitud, afirmando que "la lucha contra el gobierno no había terminado." Mientras tanto, en el parque Nicolás, "los judíos habían arrojado una cuerda alrededor de la estatua del emperador [Nicolás I] e intentaban derribarla de su pedestal"; "en otro lugar, los judíos que llevaban bandas rojas empezaron a insultar a cuatro soldados que pasaban por allí, escupiéndoles"; la multitud arrojó piedras contra una patrulla de soldados, hiriendo a seis, y dos manifestantes fueron alcanzados por los disparos de una riposta. Sin embargo, el alcalde interino recibió la visita de un grupo de ciudadanos pacíficos que "solicitaron la apertura de la sala de reuniones del consejo municipal" para que los manifestantes, agradecidos, pudieran "expresar sus sentimientos sobre el Manifiesto". Su petición fue atendida" y se celebró una concentración pacífica "bajo la presidencia del concejal municipal Scheftel". Pero una nueva oleada, muchos miles de personas con insignias y lazos rojos, acudió en masa; "estaba formada por estudiantes, personas de diferentes clases sociales, edad, sexo y condición, pero los judíos se hicieron notar especialmente"; una parte irrumpió en la sala de reuniones, las otras ocuparon la plaza frente a la Duma. "En un momento todas las banderas nacionales que habían decorado la Duma con ocasión del Manifiesto fueron arrancadas y sustituidas por estandartes rojos y negros. En ese momento se acercó una nueva procesión que llevaba a pulso al abogado Ratner, que acababa de salir de la cárcel; éste pidió a la multitud que liberara a todos los demás presos; en el balcón de la Duma, Schlichter le abrazó públicamente. Por su parte, este último "exhortó a la población a la huelga general... y pronunció palabras insultantes dirigidas a la persona del Soberano". Mientras tanto, la multitud había arrancado los retratos del Emperador colgados en el salón de actos de la Duma, y roto los emblemas del poder imperial que habían sido colocados en el balcón para las festividades." "No hay duda de que estos actos fueron perpetrados tanto por rusos como por judíos"; un "obrero ruso" incluso había empezado a romper la corona, algunos exigieron que se volviera a poner en su sitio, "pero unos momentos después fue arrojada de nuevo al suelo, esta vez por un judío que rompió entonces por la mitad la letra 'N'"; "Otro joven, de aspecto judío", atacó entonces las joyas de la diadema. Todo el mobiliario de la Duma quedó hecho añicos, los documentos administrativos desgarrados.

Schlichter dirigía las operaciones: en los pasillos "se recogía dinero para fines desconocidos". La agitación frente a la Duma, sin embargo, no hizo más que aumentar; encaramados al techo de los tranvías parados, los oradores pronunciaban encendidos discursos; pero fueron Ratner y Schlichter los que tuvieron más éxito desde el balcón de la Duma. "Un aprendiz de nacionalidad judía empezó a gritar desde el balcón: '¡Abajo la autocracia!'; otro judío, correctamente vestido: '¡Lo mismo para los cerdos!'"; "Otro judío, que había cortado la cabeza del zar del cuadro, reproduciéndolo, introdujo la suya por el orificio así formado, y empezó a gritar al balcón: '¡Yo soy el zar!'"; "el edificio de la Duma pasó completamente a manos de los extremistas socialistas revolucionarios, así como de la juventud judía que había simpatizado con ellos, perdiendo todo control de sí mismo."

Me atrevo a decir que algo estúpido y malvado se ha revelado en este júbilo frenético: la incapacidad de permanecer dentro de ciertos límites. ¿Qué impulsó, pues, a estos judíos, en medio de la delirante plebe, a pisotear tan brutalmente lo que el pueblo aún veneraba? Conscientes de la precaria situación de su pueblo y de sus familias, los días 18 y 19 de octubre no pudieron, en decenas de ciudades, abstenerse de embarcarse en tales acontecimientos con tanta pasión, hasta el punto de convertirse en su alma y a veces en sus principales actores?

Sigamos leyendo el informe Tourau: "Se olvidó el respeto al sentimiento nacional y a los símbolos venerados por el pueblo. Como si una parte de la población... no rehuyera ningún medio de expresar su desprecio..."; "las indignidades realizadas a los retratos del Emperador excitaron una inmensa emoción popular. De la multitud reunida frente a la Duma salían gritos: '¿Quién ha destronado al zar?', otros lloraban". "Sin ser profeta, se podía prever que tales ofensas no serían perdonadas a los judíos", "se alzaron voces para expresar asombro ante la inacción de las autoridades; aquí y allá, entre la multitud... empezaron a gritar: '¡Hay que romper algunos kikes!". Cerca de la Duma, la policía y una compañía de infantería se quedaron de brazos cruzados. En ese momento, apareció brevemente un escuadrón de dragones, recibidos a tiros desde las ventanas y el balcón de la Duma; empezaron a bombardear a la compañía de infantería con piedras y botellas, a reventarla por todos lados: la Duma, la Bolsa, la multitud de manifestantes. Varios soldados resultaron heridos; el capitán dio orden de abrir fuego. Hubo siete muertos y ciento treinta heridos. La multitud se dispersó. Pero en la noche del 18 de octubre, "la noticia de las degradaciones cometidas contra los retratos del Emperador, la corona, los emblemas de la monarquía, la bandera nacional, rodeó la ciudad y se extendió a los suburbios. Pequeños grupos de transeúntes, en su mayoría obreros, artesanos, comerciantes, que comentaban los acontecimientos con animación atribuían toda la responsabilidad de los mismos a los judíos, que siempre se distinguían claramente de los demás manifestantes." "En el barrio de Podol, la muchedumbre obrera decidió apresar a todos los 'demócratas'... que habían fomentado los disturbios y los puso en estado de arresto 'a la espera de las órdenes de Su Majestad el Emperador'." Por la noche, "un primer grupo de manifestantes se reunió en la plaza Alexander, blandiendo el retrato del Emperador y cantando el himno nacional. La multitud creció rápidamente y, como muchos judíos regresaban del Krechtchatik con la insignia roja en el ojal, fueron tomados por los autores de los desórdenes perpetrados en la Duma y se convirtieron en blanco de agresiones; algunos fueron apaleados". Este fue ya el comienzo del pogromo contra los judíos.

Ahora bien, para entender tanto la imperdonable inacción de las autoridades durante el saqueo de la Duma y la destrucción de los emblemas nacionales, como su aún más imperdonable inacción durante el propio pogromo, hay que echar un vistazo a lo que estaba ocurriendo *dentro de los* órganos de poder. A primera vista, se podría pensar que era el resultado de un cúmulo de circunstancias. Pero su acumulación ha sido tal en Kiev (así como en otros lugares) que uno no puede dejar de discernir la mala gestión de la administración imperial de los últimos años, cuyas consecuencias fueron fatales.

En cuanto al gobernador de Kiev, simplemente estaba ausente. El vicegobernador Rafalski acababa de tomar posesión de su cargo, no había tenido tiempo de orientarse y carecía de confianza en el ejercicio de sus responsabilidades temporales. Por encima de él, el Gobernador General Kleigels, que tenía autoridad sobre una vasta región, había tomado medidas, desde principios de octubre, para ser relevado de sus funciones, por motivos de salud. (Sus verdaderas motivaciones siguen siendo desconocidas, y no se excluye que su decisión estuviera dictada por la burbujeante revolución de septiembre, que no supo controlar). En cualquier caso, también él se consideraba *provisional*, mientras que en octubre seguían lloviéndole las directrices del Ministerio del Interior: 10 de octubre: tomar las medidas más enérgicas "para impedir los desórdenes en la calle y ponerles fin por todos los medios en caso de que se produzcan"; 12: "reprimir las manifestaciones callejeras, no dudar en utilizar la fuerza armada"; 13: "no tolerar ninguna concentración o reunión en la calle y, si es necesario, dispersarlas por la fuerza". El 14 de octubre, como hemos visto, los disturbios en Kiev han cruzado un límite peligroso.

Kleigels reunió a sus estrechos colaboradores, entre ellos el jefe de policía de Kiev, el coronel Tsikhotski, y el jefe adjunto de seguridad (de nuevo, el líder estaba ausente), Kouliabka, un hombre tan agitado como ineficaz, el mismo que, por estupidez, estaba a punto de exponer a Stolypin a los golpes de su asesino.[1282]

Del informe aterrorizado de estos últimos surgió la posibilidad no sólo de manifestaciones de gente armada en las calles de Kiev, sino también de una insurrección armada. Por lo tanto, Kleigels renunció a confiar en la policía, puso en marcha las disposiciones para "recurrir a las fuerzas armadas para ayudar a las autoridades civiles" y, el 14 de octubre, entregó "sus plenos poderes al mando militar", más concretamente al comandante -de forma *temporal* una vez más (el propio comandante está ausente, ¡pero hay que decir que la situación es cualquier cosa menos preocupante!)- de la región militar de Kiev, el general Karass. La responsabilidad de la seguridad en la ciudad fue confiada al general Drake. (¿No es bastante cómico: cuál de los apellidos que se acaban de enumerar permite suponer que la acción tiene lugar en Rusia?). El general Karass "se encontró en una situación particularmente difícil" en la medida en que no conocía los "datos de la situación ni del personal de la administración y de la policía"; "Al otorgarle sus poderes, el general Kleigels no consideró necesario facilitar la labor de su sucesor; se limitó a respetar las formas, y en seguida dejó de ocuparse de nada."

Ha llegado el momento de hablar del jefe de policía, Tsikhotski. Ya en 1902, una inspección administrativa había revelado que ocultaba la práctica de extorsionar a los judíos a cambio del derecho de residencia. También se descubrió que vivía "por encima de sus posibilidades", que había comprado -al igual que para su yerno- propiedades por valor de 100.000 rublos. Se consideró que debía comparecer ante la justicia cuando Kleigels fue nombrado Gobernador General; muy rápidamente (y, por supuesto, no sin haber recibido un cuantioso soborno), éste intervino para que Tsijotski se mantuviera en su puesto e incluso obtuviera un ascenso y el título de general. En cuanto al ascenso, no funcionó, pero tampoco hubo sanciones, aunque el general Trepov había estado trabajando con este fin desde Petersburgo. Tsijotski fue informado a principios de octubre de que Kleigels había pedido abandonar su puesto a finales de mes; su moral cayó aún más bajo, se veía ya condenado. Y en la noche del 18 de octubre, al mismo tiempo que el Manifiesto Imperial, llegó de San Petersburgo la confirmación oficial de la jubilación de Kleigels.

Tsijotski ya no tenía nada que perder. (Otro detalle: a pesar de que la situación era tan problemática, Kleigels abandonó su puesto *incluso antes de* la llegada de su sucesor, que no era otro que la perla de la administración imperial, el general Sujomlinov, futuro ministro de Defensa que echó por tierra los preparativos de la guerra contra Alemania; en cuanto a las

---

[1282] Véase *infra*, capítulo 10.

funciones de gobernador general, fueron asumidas *temporalmente* por el mencionado general Karass). Y fue así como "no se puso fin rápidamente a la confusión que se había instalado en el seno de la policía tras la entrega del poder al ejército, sino que ésta no hizo sino aumentar hasta manifestarse con la mayor agudeza durante los desórdenes."

El hecho de que Kleigels hubiera "renunciado a sus 'plenos poderes'... y que éstos hubieran sido entregados por tiempo indefinido a las autoridades militares de la ciudad de Kiev está principalmente en el origen de las inciertas relaciones mutuas que se establecieron más tarde entre las autoridades civiles y las autoridades militares"; "el alcance y los límites de los poderes [del ejército] no eran conocidos por nadie" y esta vaguedad "condujo a una desorganización general de los servicios".

Esto se manifestó desde el principio del pogromo contra los judíos. "Muchos policías estaban convencidos de que el poder había sido entregado plenamente al mando militar y que sólo el ejército era competente para actuar y reprimir los desórdenes"; por eso "no se sintieron concernidos por los desórdenes que se produjeron en su presencia". En cuanto al ejército, refiriéndose a un artículo de las disposiciones sobre el empleo de las fuerzas armadas para ayudar a las autoridades civiles, esperaba indicaciones de la policía, considerando con razón que no le correspondía cumplir las misiones de esta última": estas disposiciones "estipulaban precisamente" que las autoridades civiles "presentes en el lugar de los desórdenes debían orientar la acción conjunta de la policía y del ejército con vistas a su represión". También correspondía a las autoridades civiles determinar cuándo utilizar la fuerza. Además, "Kleigels no había considerado útil informar al mando militar sobre la situación en la ciudad, ni le había contado lo que sabía sobre el movimiento revolucionario en Kiev. Y esto fue lo que hizo que unidades del ejército empezaran a recorrer la ciudad sin rumbo".

Así, el pogromo contra los judíos comenzó en la noche del 18 de octubre. "En su fase inicial, el pogromo asumió sin duda el carácter de represalia contra la ofensa al sentimiento nacional. Las agresiones contra los judíos que pasaban por la calle, la destrucción de tiendas y de las mercancías que contenían iban acompañadas de palabras como: "¡Aquí está vuestra libertad! ¡Aquí está vuestra Constitución y vuestra revolución! Esto, esto es para los retratos del zar y la corona'". A la mañana siguiente, 19 de octubre, una gran multitud se dirigió de la Duma a la catedral de Santa Sofía, portando los marcos vacíos de los retratos del zar y los emblemas rotos del poder imperial. Se detuvo en la universidad para que se restauraran los retratos dañados; se celebró una misa y "el metropolita Flaviano exhortó al pueblo a no caer en excesos y regresar a casa". "Pero mientras las personas que formaban el núcleo de la manifestación patriótica... mantenían un orden ejemplar, los individuos que se les unían a lo largo del camino se permitían todo tipo de violencias contra los transeúntes judíos, así como contra los alumnos de instituto o los estudiantes de uniforme". Se les unieron entonces "los obreros, los indigentes del rastro, los vagabundos"; "grupos de alborotadores saquearon las casas y las tiendas de los judíos, arrojaron a la calle sus bienes y mercancías, que fueron en parte destruidos in situ, en parte saqueados"; "los criados, los guardianes de edificios, los pequeños comerciantes no veían aparentemente nada malo en aprovecharse de la propiedad ajena"; "otros, por el contrario, permanecieron aislados a todos los objetivos interesados hasta el último día de los desórdenes", "arrancaron de las manos de sus compañeros los objetos que habían robado y, sin prestar atención a su valor, los destruyeron en el acto." Los alborotadores no tocaron las tiendas de los caraítas ni las "casas donde les regalaron retratos del Emperador". "Pero, en general, sólo unas horas después de haber comenzado, el pogromo tomó la forma de un alboroto despiadado. El día 18 se prolongó hasta bien entrada la noche, luego se detuvo por sí solo, para reanudarse en la mañana del 19, y no cesar hasta la noche del 20". (No hubo incendios, excepto uno en el distrito de Podol.) El día 19, "tiendas de lujo pertenecientes a judíos fueron saqueadas hasta el centro de la ciudad, en la Krechtchatik. Las pesadas cortinas de metal y las cerraduras fueron forzadas tras media hora de duro trabajo"; "Tejidos caros, paños de terciopelo fueron arrojados a la calle y esparcidos por el barro, bajo la lluvia, como trapos sin valor. Delante de la tienda del joyero Markisch, en la Krechtchatik, la acera estaba llena de objetos preciosos", y lo mismo ocurría con las tiendas de moda, los almacenes de productos secos; la acera estaba plagada de libros de contabilidad, facturas. En Lipki (el barrio chic) "fueron saqueadas las mansiones privadas de los judíos: la del barón Ginzburg, la de Halperine, la de Alexander y Leon Brodksy, la de Landau y muchas más. Toda la lujosa decoración de estas casas fue destruida, los muebles rotos y arrojados a la calle"; asimismo, "una escuela secundaria modelo para los judíos, la escuela Brodsky, fue arrasada", "no quedó nada de las escaleras de mármol ni de las rampas de hierro forjado". En total, "casi mil quinientos apartamentos y locales comerciales pertenecientes a judíos fueron saqueados". Partiendo del hecho de que "casi dos tercios del comercio de la ciudad estaba en manos de judíos", Tourau evaluó las pérdidas -incluidas las mansiones más ricas- en "varios millones de rublos". Se había planeado saquear no sólo las casas judías, sino también las de destacadas personalidades liberales. El día 19, el obispo Platón "encabezó una procesión por las calles de Podol, donde el pogromo había sido particularmente violento, instando al pueblo a poner fin a los abusos".

Implorando a la multitud que perdonara la vida y los bienes de los judíos, el obispo se arrodilló varias veces ante ella... Un hombre destrozado salió de entre la multitud y gritó amenazador: '¿Tú también estás a favor de los judíos?'".

Ya hemos visto la despreocupación que reinaba entre las autoridades. "El general Drake no tomó las medidas adecuadas para garantizar la correcta organización de la seguridad". Las tropas "no deberían haberse dispersado en pequeños destacamentos", "había demasiadas patrullas" y "los hombres a menudo permanecían ociosos".

Y aquí estamos: "Lo que sorprendió a todos durante el pogromo fue la evidente inacción, cercana a la complacencia, que mostraron tanto el ejército como la policía. Esta última estaba prácticamente ausente, y las tropas se movían lentamente, limitándose a responder a los disparos efectuados desde ciertas casas, mientras a ambos lados de la calle las tiendas y apartamentos de los judíos eran saqueados impunemente." Un fiscal pidió a una patrulla de cosacos que interviniera para proteger las tiendas saqueadas en las cercanías; "los cosacos respondieron que no irían, que no era su sector."

Más grave aún: toda una serie de testigos tuvieron "la impresión de que la policía y el ejército habían sido enviados no para dispersar a los disidentes, sino para protegerlos". Aquí los soldados declararon que "se les había ordenado garantizar que no hubiera enfrentamientos y que los rusos no fueran atacados". En otro lugar dijeron que si habían "prestado juramento a Dios y al zar", no era para proteger "a los que habían lacerado y abucheado los retratos del zar." En cuanto a los oficiales, "se consideraban impotentes para impedir los desórdenes, y sólo se sentían autorizados a emplear la fuerza en los casos en que la violencia se dirigía contra sus hombres." Ejemplo: de una casa "salió corriendo un judío cubierto de sangre, perseguido por la multitud. Una compañía de infantería estaba allí mismo, pero no prestó atención a lo que ocurría y subió tranquilamente por la calle." En otro lugar, "los saqueadores masacraban a dos judíos con las patas de una mesa; un destacamento de caballería apostado a diez pasos contemplaba plácidamente la escena." No es de extrañar que el hombre de la calle pudiera entender cosas como ésta: "El zar nos ha concedido graciosamente el derecho a golpear a los kikes durante seis días"; y los soldados: "¿Ves, todo esto es concebible sin la aprobación de las autoridades?". Por su parte, los policías, "cuando se les exigió que pusieran fin a los desórdenes, objetaron que no podían hacer nada en la medida en que los plenos poderes habían sido transferidos al mando militar." Pero también hubo una gran muchedumbre de matones que se dio a la fuga "gracias a un comisario de policía que blandió su revólver, asistido por un solo agente de la paz", y "el oficial de policía Ostromenski, con tres patrulleros y algunos soldados, logró impedir actos de pillaje en su barrio sin recurrir siquiera a la fuerza."

Los saqueadores no tenían armas de fuego, mientras que los jóvenes judíos, ellos, sí. Sin embargo, a diferencia de lo que ocurrió en Gomel, aquí los judíos no habían organizado su autodefensa, aunque "se disparó desde muchas casas" por miembros de grupos de autodefensa que incluían en sus filas "tanto a judíos como a rusos que habían tomado parte"; "Es innegable que en algunos casos estos disparos iban dirigidos contra las tropas y constituían actos de represalia por los disparos efectuados contra la multitud durante las manifestaciones" de los días anteriores; "A veces los judíos disparaban contra los desfiles patrióticos organizados en respuesta a las manifestaciones revolucionarias que habían tenido lugar antes". Pero estos disparos "tuvieron consecuencias deplorables. Sin producir ningún efecto sobre los alborotadores, daban a las tropas un pretexto para aplicar sus instrucciones al pie de la letra"; "en cuanto salían disparos de una casa, las tropas que estaban allí, sin preguntar siquiera si iban dirigidos contra ellos o contra los alborotadores, enviaban una salva contra sus ventanas, tras lo cual la multitud" se abalanzaba sobre ella y la saqueaba. "Vimos casos en los que disparábamos contra una casa únicamente porque alguien había afirmado que se habían producido disparos"; "también ocurrió que los saqueadores subieron las escaleras de una casa y dispararon hacia la calle para provocar la represalia de las tropas" y luego dedicarse al saqueo.

Y las cosas empeoraron. "Algunos policías y soldados no desdeñaban las mercancías arrojadas a la calle por los vándalos, las recogían y las escondían en sus bolsillos o bajo sus capuchas". Y, aunque estos casos "fueron excepcionales y puntuales", aún se vio a un policía desmontando él mismo la puerta de una tienda, y a un cabo imitándole. (Los falsos rumores de saqueos por parte del ejército empezaron a circular cuando el general Evert ordenó en su zona confiscar los bienes tomados por los saqueadores y los bienes robados y transportarlos a los almacenes del ejército para su posterior restitución a sus propietarios previa presentación de un recibo, salvando así bienes por valor de varias decenas de miles de rublos).

No es de extrañar que este canalla de Tsijotski, viendo rota su carrera, no sólo no tomara ninguna medida en relación con la acción de la policía (habiendo tenido conocimiento del comienzo del pogromo en la tarde del 18, no comunicó por telegrama ninguna información a las comisarías de los barrios antes de la tarde del 19), no sólo no transmitió ninguna información a los generales de la seguridad militar, sino que él mismo, de paso por la ciudad, había "considerado lo que ocurría con calma e indiferencia", contentándose con decir a los saqueadores: "¡Moveos, señores!" (y aquellos pocos, se animaban unos a otros: "¡No tengáis miedo, está de broma!"); y cuando, desde el balcón de la Duma, empezaron a gritar: "¡Golpead a los kikes, saquead, romped!". Y entonces la multitud llevó en volandas al jefe de policía, éste "dirigió saludos en respuesta a los vítores de los manifestantes". No fue hasta el 20, después de que el general Karass le enviara una severa advertencia (como al director de la Cancillería del Gobernador General, declaró que Tsijovsky no escaparía de la colonia penal), cuando ordenó a la policía que tomara todas las medidas para poner fin al pogromo. Efectivamente, el senador Tourau tuvo que llevarlo ante la justicia.

Otro oficial de seguridad, descontento con su carrera, el general Bessonov, "estaba en medio de la multitud de alborotadores y parlamentaba pacíficamente con ellos: Tenemos derecho a demoler, pero no a robar". La multitud gritó: '¡Viva!'". En otro momento se comportó "como un testigo indiferente del saqueo. Y cuando uno de los rompedores gritó: '¡Aplastad a los judíos!

[Bessonov] reaccionó con una carcajada de aprobación". Al parecer, le dijo a un médico que "si hubiera querido, habría podido poner fin al pogromo en media hora, pero la participación de los judíos en el movimiento revolucionario había sido demasiado grande, tenían que pagar el precio". Después del pogromo, convocado por las autoridades militares para dar explicaciones, negó haber hablado favorablemente del pogromo y declaró, por el contrario, haber exhortado a la gente a volver a la calma: "¡Tened piedad de nosotros, no obliguéis a las tropas a usar sus armas... a derramar sangre rusa, nuestra propia sangre!".

Las delegaciones se dirigieron una tras otra al general Karass, unas solicitando que sacara las tropas de la ciudad, otras el uso de la fuerza y otras que tomara medidas para proteger sus propiedades. Sin embargo, durante toda la jornada del 19, la policía no hizo nada y los militares ejecutaron mal las órdenes.

El 20 de octubre, Karass ordenó "rodear y detener a los vándalos". Se realizaron muchas detenciones; en una ocasión, el ejército abrió fuego contra los alborotadores, matando a cinco e hiriendo a varios más. El 20 por la tarde, el pogromo había terminado definitivamente, pero a última hora de la noche "el rumor de que los judíos habían asesinado a rusos sembró la consternación entre la población"; se temían represalias.

Durante el pogromo, según estimaciones de la policía (aunque la multitud se llevó a varias víctimas), hubo un total de 47 muertos, entre ellos 12 judíos, y 205 heridos, un tercio de ellos judíos.

Tourau concluye su informe explicando que "la causa fundamental del pogromo de Kiev reside en la tradicional enemistad entre la población de la Pequeña Rusia y la población judía, motivada por diferencias de opinión. En cuanto a su causa inmediata, reside en la indignación del sentimiento nacional provocada por las manifestaciones revolucionarias en las que la juventud judía había tomado parte activa." La clase obrera "sólo imputaba a los judíos" la responsabilidad de las "blasfemias proferidas contra lo que para ellos era lo más sagrado". No podían comprender, después de la gracia concedida por el Emperador, la existencia misma del movimiento revolucionario, y lo explicaban por el deseo de los judíos de obtener "sus propias libertades"." "La otra cara de la guerra en la que la juventud judía siempre había expresado abiertamente su más profunda satisfacción, su negativa a cumplir sus obligaciones militares, su participación en el movimiento revolucionario, los actos de violencia y los asesinatos de agentes del Estado, su actitud insultante hacia las fuerzas armadas... todo esto provocó incontestablemente la exasperación hacia los judíos entre la clase obrera", y "por eso en Kiev se han dado varios casos en los que muchos rusos dieron cobijo abiertamente a judíos desafortunados que huían de la violencia, pero rechazaron categóricamente a la juventud judía."

En cuanto al periódico *The Kievian*, escribió [1283]: "¡Pobres judíos! ¿Dónde está la culpa de estos miles de familias?... Para su desgracia, estos pobres judíos no pudieron controlar a sus jóvenes descerebrados... Pero jóvenes descerebrados, ¡también los hay entre nosotros, los rusos, y tampoco pudimos controlarlos!".

La juventud revolucionaria recorrió el campo, pero fueron los pacíficos judíos adultos quienes tuvieron que pagar el pato. Así, por ambas partes, hemos cavado un abismo sin fondo. En cuanto al pogromo de Odessa, tenemos un informe similar e igualmente detallado, el del senador Kozminski.[1284]

En Odessa, donde siempre había existido un vivo sentimiento revolucionario, los temblores habían comenzado desde enero; la explosión tuvo lugar el 13 de junio (independientemente, por tanto, de la llegada del acorazado *Potemkin al* puerto de Odessa el 14). Toda la jornada del 14 de junio transcurrió en tumulto, sobre todo entre los jóvenes, pero esta vez también entre los obreros, cuyas "numerosas multitudes comenzaron a imponer por la fuerza el cese del trabajo en plantas y fábricas". Una multitud "de unas trescientas personas intentó irrumpir en un salón [de té]... Se hicieron varios disparos contra el jefe de la comisaría local, que impedía la entrada de la multitud, pero ésta fue dispersada" por una salva disparada

---

[1283] Kievlianin, 1905, nos. 290, 297, 311, 317, 358, en *Choulguine*, anexos, *op. cit.*, pp. 286-302.

[1284] Vseppodanischi ottehel senatora Kuzminskovo o pritchinakh bezporiadkov, proiskhodivehikh v r. Odcssc v oktiabre 1905 g., Io poriadke deïstvi m mestnykh vlaslei (Informe del senador Kouzminski sobre las causas de los desórdenes en la ciudad de Odessa en octubre de 1905 y sobre las acciones llevadas a cabo por las autoridades locales), Kievskii i odcsskii pogromy v ottehetakh senatorov Tourau i Kouzminskovo. SPb., Letopissets, (1907), pp. 111-220.

por un destacamento de policías. "Sin embargo, la multitud volvió a formarse pronto" y se dirigió a la comisaría; desde la casa de los Doks se efectuaron algunos disparos: "desde las ventanas y el balcón se efectuaron varios disparos contra los policías". Otro grupo "levantó una barricada con materiales de construcción en la calle, y luego empezó a disparar contra un destacamento de policía." En otra calle, una multitud del mismo tipo "volcó varios vagones de tranvía con caballos". "Un grupo bastante numeroso de judíos irrumpió en una fábrica de hojalata, arrojó tabaco a los ojos [de un agente de policía]..., se dispersó al aparecer un destacamento de policía mientras abría fuego con revólveres; entre ellos cuatro judíos [siguen sus nombres] fueron detenidos en el acto"; en un cruce de caminos, "se formó una reunión de judíos, [dos de ellos] dispararon con revólveres contra un guardia montado"; "en general, a lo largo del día 14 de junio, casi todas las calles de la ciudad fueron escenario de enfrentamientos entre judíos y las fuerzas de seguridad, durante los cuales utilizaron armas de fuego y proyectiles", hiriendo a varios policías. "Una docena de judíos resultaron también heridos en ", que la multitud aprovechó para esconderlos. Al intentar escapar, un tal Tsipkine lanzó una bomba, causando su propia muerte y la del policía Pavlovski.

Fue entonces cuando el *Potemkin* entró en el puerto de Odessa. Se reunió una multitud de casi cinco mil personas, "muchos hombres y mujeres pronunciaron discursos llamando al pueblo a la sublevación contra el gobierno"; entre los estudiantes que subieron a bordo del acorazado se encontraba Konstantin Feldman (que instó a apoyar el movimiento en la ciudad cañoneándolo, pero "la mayoría de la tripulación se opuso").

¿Y las autoridades en todo esto? El gobernador de Odesa, es decir, el jefe de la policía, Neudhart, ya estaba completamente perturbado el día de la llegada del *Potemkin*; consideraba (como en Kiev) que "las autoridades civiles eran incapaces de restablecer el orden, y por eso había entregado todas las decisiones posteriores encaminadas al cese de los desórdenes al mando militar, es decir, al comandante de la guarnición de Odesa, el general Kajanov". (¿Existía una autoridad superior a ésta en Odesa? Sí, por supuesto, y era el gobernador general Karangozov, quien, como el lector habrá adivinado, actuaba con carácter *temporal* y no se sentía muy a gusto). El general Karangozov no encontró nada mejor que hacer sellar el puerto por el ejército y encerrar a los miles de "elementos inseguros" que se habían reunido allí para aislarlos -aún no contaminados- de la ciudad.

El 15 de junio, la sublevación de Odessa y el motín *del Potemkin se funden en* un solo movimiento: los habitantes de la ciudad, "entre los que había muchos estudiantes y obreros", abordan el acorazado, exhortando "a la tripulación a acciones comunes". En el puerto, la muchedumbre se apresuró a "saquear las mercancías allí almacenadas", empezando por las cajas de vino; después asaltó los almacenes a los que prendió fuego (más de 8 millones de rublos de pérdidas). El incendio amenazó el puerto de cuarentena, donde estaban anclados los buques extranjeros y se almacenaban las mercancías de importación.

Kajanov seguía sin decidirse a poner fin a los desórdenes por la fuerza, temiendo que el *Potemkin* respondiera bombardeando la ciudad. La situación siguió siendo igual de explosiva el 15 de. Al día siguiente, el *Potemkin lanzó* cinco salvas sobre la ciudad, tres de ellas de fogueo, e hizo subir a bordo al comandante de las fuerzas armadas para exigir la retirada "de las tropas de la ciudad y la liberación de todos los presos políticos". El mismo día, 16 de junio, en el entierro del único marinero muerto, "apenas entró el cortejo en la ciudad, se le unieron toda clase de individuos que pronto formaron una multitud de varios miles de personas, principalmente jóvenes judíos", y sobre la tumba un orador, "después de gritar '¡Abajo la autocracia!', exhortó a sus camaradas a actuar con más determinación, sin miedo a la policía."

Pero ese mismo día, y durante mucho tiempo, se proclamó el estado de sitio en la ciudad. El *Potemkin* tuvo que despegar para escapar de la escuadra que había venido a capturarlo. Y aunque los cuatro días que había permanecido anclado en el puerto de Odesa "y los numerosos contactos que se habían establecido entre el pueblo y él elevaron sustancialmente la moral de los revolucionarios" y "suscitaron la esperanza de un posible apoyo futuro de las fuerzas armadas", a pesar de que el verano iba a terminar tranquilamente, ¡quizá ni siquiera se hubiera producido ningún trastorno en Odesa si, el 27 de agosto, se hubiera promulgado la incomparable ley sobre la autonomía de los centros de enseñanza superior! Inmediatamente, "los estudiantes formaron una 'coalición soviética'" que, "por su determinación y audacia, consiguió poner bajo su influencia no sólo a la comunidad estudiantil, sino también al cuerpo docente" (los profesores temían "desagradables enfrentamientos con los estudiantes, como el boicot de las clases, la expulsión de tal o cual profesor de la anfi, etc.").

Se celebraron grandes reuniones en la universidad, "se recaudaron fondos para armar a los trabajadores y al proletariado, para la insurrección militar, para la compra de armas con vistas a formar milicias y grupos de autodefensa", "se celebraron debates sobre el curso de acción a seguir en el momento de la insurrección".

En estas reuniones participó activamente el "claustro de profesores", "a veces con el rector Zantchevski a la cabeza", que prometió "poner a disposición de los estudiantes todos los medios a su alcance para facilitar su participación en el movimiento de liberación."

El 17 de septiembre tuvo lugar el primer mitin en la universidad "en presencia de un público exterior tan numeroso que hubo que dividirlo en dos grupos"; El S.-R. Teper "y dos estudiantes judíos pronunciaron discursos llamando al público a encabezar la lucha para liberar al país de la opresión política y de una autocracia deletérea". El 30 de septiembre se levantó el estado de sitio en Odesa y en adelante acudieron a estas reuniones "estudiantes de todos los centros de enseñanza, algunos de los cuales no tenían más de catorce años"; los judíos "fueron los principales oradores, llamando a la insurrección abierta y a la lucha armada."

Los días 12 y 13 de octubre, antes que en todas las demás escuelas secundarias, "los alumnos de dos escuelas de comercio, la del emperador Nicolás I y la de Feig, dejaron de asistir a clase, por ser las más sensibles a la propaganda revolucionaria"; el 14, se decidió paralizar el trabajo en todas las demás escuelas secundarias, y las escuelas de comercio y los estudiantes se dirigieron a todos los institutos de la ciudad para obligar a los alumnos a hacer huelgas de curso. Corrió el rumor de que delante del instituto Berezina, tres estudiantes y tres alumnos de secundaria habían sido heridos con espadas por agentes de policía. Ciertamente, "la investigación establecería con certeza que ninguno de los jóvenes había sido afectado y que los alumnos aún no habían tenido tiempo de abandonar la escuela". Pero este tipo de incidentes, ¡qué ayuda para elevar la presión revolucionaria! El mismo día cesaron los cursos en la universidad, cuarenta y ocho horas después del comienzo del año escolar; los estudiantes en huelga irrumpieron en la Duma municipal gritando: "¡Muerte a Neudhart!" y exigiendo que dejaran de pagar los sueldos a la policía.

Tras el episodio del *Potemkin*, Neudhart había recuperado el poder en sus manos, pero hasta mediados de octubre no tomó ninguna medida contra las reuniones revolucionarias; además, ¿podía hacer mucho cuando se había establecido la autonomía de las universidades? El día 15 recibió órdenes del Ministerio del Interior de prohibir la entrada de personas ajenas a la universidad, y al día siguiente rodeó ésta por el ejército, al tiempo que ordenaba sacar los cartuchos de las armerías, hasta entonces de venta libre. "El cierre de la universidad al mundo exterior provocó una gran agitación entre los estudiantes judíos y la juventud judía", una inmensa multitud se puso en marcha, cerrando los comercios a su paso (la armería americana fue saqueada), volcando tranvías y ómnibus, serrando árboles para hacer barricadas, cortando los cables telegráficos y telefónicos con el mismo fin, desmontando las verjas de los parques. Neudhart pidió a Kakhanov que la ciudad fuera ocupada por las tropas.

Entonces, "las barricadas tras las que se habían reunido los manifestantes -en su mayoría judíos, entre ellos mujeres y adolescentes-, comenzaron a disparar contra las tropas; se disparó desde los tejados de las casas, los balcones y las ventanas"; el ejército abrió fuego a su vez, los manifestantes fueron dispersados y las barricadas desmanteladas. "Es imposible calcular con exactitud el número de muertos y heridos que se produjeron ese día, ya que el equipo sanitario -constituido principalmente por estudiantes judíos vestidos con blusas rojiblancas con una cruz roja- se apresuró a llevar a los heridos y a los muertos a la enfermería de la universidad" -por tanto, en una zona autónoma e inaccesible-, "al hospital judío o a los puestos de socorro cercanos a las barricadas, así como a casi todas las farmacias". (Habían dejado de repartir medicamentos incluso antes de los acontecimientos.) Según el gobernador de la ciudad, hubo nueve muertos y cerca de 80 heridos, entre ellos algunos policías.

"Entre los participantes en los desórdenes fueron detenidas ese día 214 personas, de las cuales 197 judíos, un gran número de mujeres y 13 niños de 12 a 14 años". Y todo esto, todavía veinticuatro horas antes de que se dejara sentir el efecto incendiario del Manifiesto.

Podría pensarse que, al exponer con tanta frecuencia el papel de los judíos en los movimientos revolucionarios, el informe del Senado era tendencioso. Pero hay que tener en cuenta que en Odesa los judíos representaban un tercio de la población y, como hemos visto, una proporción muy significativa de la población estudiantil; también hay que tener en cuenta que los judíos habían tomado parte activa en el movimiento revolucionario ruso, especialmente en el Pale of Settlement. Además, el informe del senador Kouzminski demuestra su objetividad en muchos puntos.

El 16 de octubre, "cuando llegaron a la comisaría, las personas detenidas fueron víctimas de agresiones por parte de la policía y los soldados"; sin embargo, "ni el gobernador de la ciudad ni los funcionarios de policía respondieron en su momento... y no se llevó a cabo ninguna investigación"; no fue hasta más tarde cuando más de veinte de los que habían estado en esta comisaría declararon que "los detenidos habían sido golpeados sistemáticamente; primero los empujaron por una escalera que conducía al sótano... muchos de ellos cayeron al suelo y fue entonces cuando policías y soldados, dispuestos en fila, los golpearon con el dorso de sus sables, porras de goma o simplemente con los pies y los puños"; las mujeres no se salvaron. (Es cierto que, esa misma noche, concejales municipales y jueces de paz acudieron al lugar de los hechos y recogieron las denuncias de las víctimas. En cuanto al senador, identificó a varios culpables durante su investigación en noviembre y los hizo llevar ante la justicia).

"El 17 de octubre, toda la ciudad estaba ocupada por el ejército, las patrullas recorrían las calles y el orden público no se alteró en todo el día.

Sin embargo, la Duma Municipal se había reunido para discutir medidas de emergencia, entre ellas cómo sustituir a la policía estatal por una milicia urbana. Ese mismo día, el comité local del Bund decidió organizar un solemne funeral por las víctimas caídas el día anterior en las barricadas, pero Neudhart, comprendiendo que tal manifestación provocaría, como siempre, una nueva explosión revolucionaria, "dio la orden de sacar en secreto, del hospital judío" donde se encontraban, los cinco cadáveres y "enterrarlos antes de la fecha prevista", lo que se hizo en la noche del 18. (Al día siguiente, los organizadores exigieron que los cadáveres fueran desenterrados y llevados de nuevo al hospital. Debido a la evolución de los acontecimientos, los cuerpos fueron embalsamados allí y permanecieron en ese estado durante mucho tiempo). Fue entonces cuando se difundió la noticia del Manifiesto Imperial, que empujó a Odesa hacia nuevas tormentas.

Citemos en primer lugar el testimonio de miembros de un destacamento judío de autodefensa: "Durante el pogromo, hubo un cierto centro de coordinación que funcionó bastante bien... Las universidades desempeñaron un papel enorme en la preparación de los acontecimientos de octubre... la coalición soviética de la Universidad de Odesa incluía" a un bolchevique, un menchevique, un S.-R., un representante del Bund, socialistas sionistas, las comunidades armenia, georgiana y polaca también.

"Se formaron destacamentos de estudiantes incluso antes del pogromo"; durante "inmensas reuniones en la universidad", se recaudó dinero para comprar armas, "por supuesto no sólo para defendernos, sino con vistas a una posible insurrección." "La coalición soviética también recaudó fondos para armar a los estudiantes"; "cuando estalló el pogromo, había doscientos revólveres en la universidad", y "un profesor...

procuró otros ciento cincuenta". Al frente de cada destacamento se nombraba a un "dictador" "sin tener en cuenta su posición política", y "ocurría que un destacamento compuesto principalmente por miembros del Bund estaba mandado por un sionista-socialista, o viceversa"; "el miércoles [19 de octubre] se distribuyó una gran cantidad de armas en una sinagoga prosionista"; "los destacamentos estaban formados por estudiantes judíos y rusos, obreros judíos, jóvenes judíos de todos los partidos y un número muy reducido de obreros rusos."[1285]

Unos años más tarde, Jabotinsky escribió que durante los pogromos del año 1905 "la nueva alma judía ya había alcanzado su madurez".[1286] Y en la atmósfera todavía teñida de rosa de la Revolución de Febrero, un

---

[1285] Odesskii pogrom i samooborona (El pogrom de Odessa y la autodefensa), París, Zapadnyi Tsentralnyi Komitet Samooborony Poalei Zion, 1906, pp. 50-52.
[1286] V. *Jabotinsky*, Vvedenic (Prefacio), en K. N. Bialik. Pesni i poemy, *op. cit.*, p. 44.

importante periódico ruso hizo la siguiente descripción: "Cuando, durante los pogromos de Neudhart en 1905, los jóvenes milicianos de la autodefensa recorrieron Odessa, con las armas en los puños, despertaron emoción y admiración, se nos encogió el corazón, nos sentimos conmovidos y llenos de compasión..."[1287]

Y esto es lo que escribió uno de nuestros contemporáneos: "El valor demostrado por los combatientes de Gomel inflama decenas de miles de corazones. En Kiev, 1.500 personas participan en destacamentos de autodefensa, en Odesa varios miles".[1288] Pero en Odesa, tanto el número de combatientes como su estado de ánimo -y, en respuesta, la brutalidad de las fuerzas policiales- dieron un giro a los acontecimientos muy distinto del que habían experimentado en Kiev.

Volvamos al informe Kuzminski. Tras la proclamación del Manifiesto, en la mañana del 18, el general Kaoulbars, al mando del distrito militar de Odessa, para "dar a la población la posibilidad de disfrutar sin restricciones de la libertad en todas sus formas concedida por el Manifiesto", ordenó a las tropas que no aparecieran por las calles, "para no perturbar el alegre humor de la población". Sin embargo, "este alegre humor no duró". Por todas partes "grupos de judíos y estudiantes empezaron a dirigirse hacia el centro de la ciudad", blandiendo banderas rojas y gritando: "¡Abajo la autocracia!", mientras los oradores llamaban a la revolución. En la fachada de la Duma fueron rotas dos de las palabras que formaban la inscripción en letras metálicas "Dios salve al Zar"; la Sala del Consejo fue invadida, "un gran retrato de Su Majestad el Emperador fue hecho trizas", la bandera nacional que flotaba en la Duma fue sustituida por una bandera roja. Los tocados de tres eclesiásticos, que estaban en un taxi en un funeral, fueron robados; más tarde, el cortejo fúnebre que dirigían fue detenido repetidamente, "los cantos religiosos interrumpidos por vítores." "Había un espantapájaros sin cabeza con la inscripción 'Aquí está la autocracia', y se exhibía un gato muerto mientras se recaudaba dinero 'para demoler al zar' o 'por la muerte de Nicolás'". "Los jóvenes, especialmente los judíos, que eran evidentemente conscientes de su superioridad, enseñaron a los rusos que su libertad no les había sido concedida libremente, que había sido arrancada al gobierno por los judíos... Declararon abiertamente a los rusos: 'Ahora vamos a gobernaros nosotros'", pero también:

"Os hemos dado a Dios, os daremos un zar". Una gran multitud de judíos que ondeaban banderas rojas persiguió durante mucho tiempo a dos guardianes de la paz; uno de ellos consiguió escapar por los tejados, mientras que al otro, un hombre llamado Goubiy, la multitud "armada con

---

[1287] D. Aizman, Iskouchenie (Tentación), Rousskaïa volia, 29 de abril de 1917, pp. 2-3.
[1288] Praisman, en "22", op. cit., p. 179.

revólveres, hachas, estacas y barras de hierro, lo encontró en un desván, y lo hirió tan gravemente que murió durante su traslado al hospital; el portero del edificio encontró dos de sus dedos cortados por el hacha". Más tarde, tres policías fueron golpeados y heridos, y se confiscaron los revólveres de cinco miembros de las fuerzas de mantenimiento de la paz.

Los presos fueron liberados en una, dos y tres comisarías (donde el 16 había habido palizas, pero los detenidos ya habían sido liberados por orden de Neudhart; en uno de estos recintos se negoció la liberación de los presos a cambio del cadáver de Goubiy; a veces no había nadie entre rejas. En cuanto al rector de la universidad, participó activamente en todo ello, transmitiendo al fiscal las reivindicaciones de "una multitud de cinco mil personas ", mientras que "los estudiantes llegaron a amenazar con ahorcar a los policías". Neudhart pidió consejo al alcalde de la ciudad, Kryjanovsky, y a un profesor de la universidad, Shtchepkin, pero sólo le exigieron que "desarmara a la policía en el acto y la hiciera invisible", de lo contrario, añadió Shchepkin, "las víctimas de la venganza popular no podrán salvarse, y la policía será legítimamente desarmada por la fuerza." (Interrogado más tarde por el senador, negó haber hablado con tanta violencia, pero se puede dudar de su sinceridad teniendo en cuenta que ese mismo día había distribuido 150 revólveres entre los estudiantes y que, durante la investigación, se negó a decir dónde los había conseguido). Después de esta entrevista, Neudhart ordenó (sin avisar siquiera al jefe de la policía) retirar a todos los guardianes de la paz "de tal manera que a partir de ese momento toda la ciudad quedó privada de toda presencia policial visible", lo que hubiera podido comprenderse si la medida hubiera tenido por objeto proteger la vida de los agentes, pero al mismo tiempo, las calles habían quedado desiertas por el ejército, lo que, por el momento, era pura estupidez. (Pero recordemos que en Petersburgo esto era precisamente lo que los propietarios de la prensa exigían a Witte, y le había sido difícil resistirse a ellos).

"Tras la marcha de la policía, aparecieron dos tipos de grupos armados: la milicia estudiantil y los destacamentos judíos de autodefensa. La primera fue creada por la 'coalición soviética', que se había procurado armas". Ahora, "la milicia municipal, formada por estudiantes armados y otros individuos, se puso en guardia" en lugar de policías. Esto se hizo con el asentimiento del general barón Kaulbars y del gobernador de la ciudad, Neudhart, mientras que el jefe de policía, Golovin, presentó su dimisión en señal de protesta y fue sustituido por su adjunto, von Hobsberg. Se creó un comité provisional en la Duma Municipal; en una de sus primeras declaraciones, expresó su gratitud a los estudiantes de la universidad "por su forma de garantizar la seguridad de la ciudad con energía, inteligencia y devoción".

El propio comité asumió funciones bastante vagas. (Durante el mes de noviembre la prensa se interesó por uno de los miembros de este comité, también miembro de la Duma del Imperio, O. I. Pergament, y en la segunda Duma alguien tuvo que recordar que se autoproclamó Presidente "de la República del Danubio y del Mar Negro", o "Presidente de la República de Rusia del Sur", [1289] en la embriaguez de aquellos días, esto no era improbable). ¿Y qué podía pasar después de que las calles hubieran quedado desiertas, durante esos días febriles, tanto por el ejército como por la policía, y de que el poder hubiera pasado a manos de una milicia estudiantil inexperta y de grupos de autodefensa?

"La milicia detuvo a personas que le parecían sospechosas y las envió a la universidad para ser examinadas"; aquí un estudiante "iba a la cabeza de un grupo de judíos de unas sesenta personas que dispararon con revólveres al azar"; "la propia milicia estudiantil y los grupos judíos de autodefensa perpetraron actos de violencia dirigidos contra el ejército y elementos pacíficos de la población rusa, utilizando armas de fuego y matando a personas inocentes."

El enfrentamiento "era inevitable, dada la cristalización de dos bandos antagónicos entre la población". En la tarde del 18, "una multitud de manifestantes que agitaban banderas rojas, y en la que predominaban los judíos, trató de imponer la paralización del trabajo en la fábrica de Guen... Los obreros se negaron a acceder a esta exigencia; después, la misma multitud, cruzándose con obreros rusos en la calle, les exigió que se descubrieran ante las banderas rojas. Como éstos se negaron" -¡bueno, aquí está el proletariado!- desde la muchedumbre "se dispararon tiros; los obreros, aunque desarmados, lograron dispersarla", y la persiguieron hasta que se les unió otra muchedumbre de judíos armados, hasta un millar de personas, que empezaron a disparar contra los obreros...; cuatro de ellos resultaron muertos. Así se desencadenaron "reyertas y enfrentamientos armados entre rusos y judíos en diversos puntos de la ciudad; obreros rusos e individuos sin ocupación definida, también conocidos como *hooligans*, comenzaron a perseguir a los judíos y a golpearlos, para luego continuar con el desenfreno y la destrucción de casas, apartamentos y tiendas pertenecientes a judíos." Fue entonces cuando un comisario de policía llamó a "una compañía de infantería que puso fin a los enfrentamientos".

Al día siguiente, 19 de octubre, "hacia las 10, 11 de la mañana, se vieron formarse en las calles... multitudes de obreros rusos y personas de diversas profesiones que llevaban iconos, retratos de Su Majestad el Emperador, así como la bandera nacional, y cantaban himnos religiosos. Estas

---

[1289] Gossudarstvennaya Duma-Vtoroy Sozyv (La Duma de Elai-segunda convocatoria), Slenogralitcheskiï ollchel, p. 2033.

manifestaciones patrióticas compuestas exclusivamente por rusos se formaron simultáneamente en varios lugares de la ciudad, pero su punto de partida fue en el puerto desde donde partió una primera manifestación de obreros, especialmente numerosa." Existen "razones para afirmar que la cólera provocada por la actitud ofensiva de los judíos durante todo el día anterior, su arrogancia y su desprecio por el sentimiento nacional compartido por la población rusa tenían que, de un modo u otro, conducir a una reacción de protesta." Neudhart no ignoraba que se estaba preparando una manifestación, que él autorizó, y que pasó bajo las ventanas del comandante del distrito militar y del gobernador de la ciudad, para dirigirse después a la catedral. "A medida que avanzaba, la muchedumbre se engrosaba por la adición de transeúntes, entre ellos un gran número de gamberros, vagabundos, mujeres y adolescentes". (Conviene aquí establecer un paralelismo con el relato de un miembro del Poalei Zion: "El pogromo de Odesa no fue obra de gamberros... Durante esos días la policía no permitió la entrada a la ciudad a los vagabundos del puerto"; "fueron los pequeños artesanos y los pequeños comerciantes los que dieron rienda suelta a su exasperación, los obreros y aprendices de diversos talleres, plantas o fábricas", "obreros rusos carentes de conciencia política"; "Fui a Odesa sólo para ver un pogromo organizado por provocación, pero, ¡ay, no lo encontré!". Y lo explica como odio entre nacionalidades.)[1290]

"No lejos de la plaza de la Catedral..., se efectuaron varios disparos contra la multitud de manifestantes, uno de los cuales mató a un niño que portaba un icono"; "la compañía de infantería que llegó al lugar también fue recibida a tiros".

Dispararon desde las ventanas de la redacción del periódico *Yuzhnoye Obozrenie*, y "durante todo el recorrido de la procesión llegaron disparos desde ventanas, balcones, tejados"; "además, en varios lugares se lanzaron artefactos explosivos contra los manifestantes", "seis personas murieron" por uno de ellos; en el centro de Odesa, "en la esquina de Deribassov y Richelieu, se lanzaron tres bombas contra un escuadrón de cosacos". "Hubo muchos muertos y heridos entre los manifestantes", "no sin razón los rusos culparon a los judíos, y es por ello que los gritos se fundieron rápidamente entre la multitud: '¡Golpead a los kikes!', '¡Muerte a los heebs!'", y "en varios puntos de la ciudad la multitud se abalanzó sobre las tiendas judías para saquearlas"; "estos actos aislados se transformaron rápidamente en un pogromo generalizado: todas las tiendas, casas y apartamentos de los judíos que se encontraban al paso de la manifestación fueron completamente devastados, todas sus propiedades destruidas, y lo que había escapado a los vándalos fue robado por la cohorte de vándalos y mendigos que habían seguido el ejemplo de los manifestantes"; "no era raro que las escenas de

---

[1290] Odesskiï pogrom... (El pogromo de Odessa), Poalei Zion. pp. 64-65.

saqueo se desarrollaran bajo la mirada de los manifestantes que portaban iconos y cantaban himnos religiosos." En la noche del 19, "el odio de los bandos antagonistas alcanzó su punto álgido: cada uno golpeaba y torturaba sin piedad, a veces con una crueldad excepcional, y sin distinción de sexo o edad, a quienes caían en sus manos." Según el testimonio de un médico de la clínica universitaria, "los hooligans arrojaban a los niños desde el primer o segundo piso a la carretera; uno de ellos agarró a un niño por los pies y le aplastó el cráneo contra la pared". Por su parte, los judíos no perdonaban a los rusos, matando a los que podían a la primera oportunidad; durante el día no se dejaban ver por las calles, sino que disparaban a los transeúntes desde las puertas, desde las ventanas, etc., pero por la noche se reunían en numerosos grupos", llegando incluso a "asediar las comisarías de policía". "Los judíos se ensañaban especialmente con los policías cuando lograban atraparlos". (He aquí ahora el punto de vista de los Poalei Zion: "La prensa difundió la leyenda de que las autodefensas habían cogido a una enorme multitud de vándalos y los habían encerrado en los locales de la universidad. Se citaron cifras del orden de 800 a 900 individuos; de hecho, es necesario dividir este número por diez. Sólo al principio del pogromo se llevó a los vándalos a la universidad, después de lo cual las cosas tomaron un cariz completamente distinto". [1291] También hay descripciones del pogromo de Odessa en los números de noviembre de 1905 del periódico *The Kievian*.[1292])

¿Y qué hay de la policía, en todo esto? De acuerdo con las estúpidas disposiciones de Neudhart, "el 19 de octubre... como en los días siguientes, la policía estuvo totalmente ausente de las calles de Odessa": unas pocas patrullas, y sólo ocasionalmente.

"La vaguedad que reinaba en las relaciones entre las autoridades civiles y las autoridades militares, que iba en contra de las disposiciones legales", tuvo como consecuencia que "los oficiales de policía no tenían una idea muy clara de sus obligaciones"; aún más, "todos los oficiales de policía, considerando que la responsabilidad de los disturbios políticos recaía sobre los judíos" y que "éstos eran revolucionarios, sentían la mayor simpatía por el pogromo que se desarrollaba ante sus ojos y juzgaban incluso superfluo ocultarse." Peor aún: "En muchos casos, los propios policías incitaron a los vándalos a saquear y pillar casas, apartamentos y tiendas judías"; y en el colmo de los colmos: "vestidos de paisano, sin sus insignias", ellos mismos "tomaron parte en estos alborotos", "dirigieron a la multitud", e incluso hubo "casos en los que los policías dispararon al suelo o al aire para hacer

---

[1291] *Ibidem*, p. 53.
[1292] El Kievlianin, 14 de noviembre de 1905, en *Choulguine*, anexos, *op. cit.*, pp. 303-308.

creer a los militares que estos disparos procedían de las ventanas de casas pertenecientes a judíos."

¡Y fue la policía quien lo hizo! El senador Kouzminski llevó a juicio a cuarenta y dos policías, veintitrés de los cuales eran agentes.

¿Y el ejército, "disperso por el inmenso territorio de la ciudad" y supuestamente "actuando de forma autónoma"? "Los militares tampoco prestaron atención a los pogromos, ya que desconocían sus obligaciones exactas y los agentes de policía no les dieron ninguna indicación", "no sabían contra quién o según qué orden debían utilizar la fuerza armada; por otra parte, los soldados podían suponer que el pogromo había sido organizado con la aprobación de la policía". En consecuencia, "el ejército no tomó ninguna medida contra los vándalos". Peor aún, "hay pruebas de que soldados y cosacos también participaron en el saqueo de tiendas y casas". "Algunos testigos afirmaron que soldados y cosacos masacraron a inocentes sin motivo".

De nuevo, se trata de personas inocentes que han pagado por otras.

"Los días 20 y 21 de octubre, lejos de amainar, el pogromo cobró un impulso aterrador"; "el saqueo y la destrucción de bienes judíos, los actos de violencia y los asesinatos se perpetraron abiertamente, y con total impunidad, día y noche". (Punto de vista de los Poalei Zion: en la noche del 20, "la universidad fue cerrada por el ejército" mientras que "en su interior, nos habíamos atrincherado en caso de asalto de las tropas. Los destacamentos de autodefensa ya no iban a la ciudad". En esta última, en cambio, "la autodefensa se había organizado espontáneamente", "poderosos destacamentos de habitantes de la ciudad", "equipados con armas de ocasión: hachas, alfanjes, cales", "se defendieron con una determinación y una cólera iguales a las de las que fueron víctimas, y consiguieron proteger su perímetro casi por completo."[1293]

El 20 de, un grupo de concejales encabezados por el nuevo alcalde (el antiguo Kryjanovsky, que constató su impotencia ante lo que estaba ocurriendo en la universidad, donde incluso se estaban recogiendo armas, y había dimitido el 18 de) se dirigió al general Kaulbars, "instándole a que tomara todo el poder en sus manos hasta el punto de que el mando militar... es el único capaz de salvar la ciudad". Éste les explicó que "antes de la declaración del estado de sitio, el mando militar no tenía derecho a inmiscuirse en las decisiones de la administración civil y no tenía otra obligación" que ayudarla cuando lo solicitara. "Por no hablar de que los disparos de las tropas y las bombas de lanzadas contra ellas dificultaban enormemente el restablecimiento del orden". Finalmente accedió a

---

[1293] Odesskiï pogrom... (El pogromo de Odessa), Poalei Zion, pp. 53-54.

intervenir.-El 21st de octubre dio orden de tomar las medidas más enérgicas contra los edificios desde los que se disparaba y lanzaban bombas. El 22nd : "orden de abatir en el acto a todos los culpables de atentados contra edificios, comercios o personas". Ya el 21st, la calma empezó a volver a diferentes partes de la ciudad; a partir del 22nd, "la policía aseguró la vigilancia de las calles" con el refuerzo del ejército; "los tranvías empezaron a circular de nuevo y por la tarde, se podía considerar que el orden se había restablecido en la ciudad."

El número de víctimas es difícil de definir y varía de una fuente a otra. El informe Kuzminski afirma que "según la información facilitada por la policía, el número de personas asesinadas asciende a más de 500, entre ellas más de 400 judíos; en cuanto al número de heridos registrado por la policía, es de 289..., de los cuales 237 judíos. Según los datos recogidos de los guardianes de los cementerios, se celebraron 86 funerales en el cementerio cristiano, 298 en el cementerio judío". En los hospitales ingresaron "608 heridos, entre ellos 392 judíos". (Sin embargo, muchos debieron de ser los que se abstuvieron de acudir a los hospitales, por temor a ser procesados posteriormente.)-La *Enciclopedia Judía* informa de 400 muertos entre los judíos. [1294]-Según el Poalei Zion: basándose en la lista publicada por el rabinato de Odesa, "302 judíos fueron asesinados, entre ellos 55 miembros de los destacamentos de autodefensa, así como 15 cristianos que formaban parte de estos mismos destacamentos"; "entre los demás muertos, 45 no pudieron ser identificados; 179 hombres y 23 mujeres fueron identificados."

"Muchos muertos entre los vándalos; nadie los contó, ni se preocupó de saber su número; en todo caso, se dice que no fueron menos de cien". [1295]En cuanto al trabajo soviético ya citado, no dudaba en dar las siguientes cifras: "más de 500 muertos y 900 heridos entre los judíos".[1296]

También hay que mencionar, a modo de ilustración, las reacciones en caliente de la prensa extranjera. En el *Berliner Tageblatt*, incluso antes del 21 de octubre, se podía leer: "Miles y miles de judíos son masacrados en el sur de Rusia; más de mil niñas y niños judíos fueron violados y estrangulados".[1297]

Por otra parte, Kuzmininski resume los acontecimientos sin exagerar: "Por su magnitud y su violencia, este pogromo superó a todos los que le precedieron". Considera que el principal responsable es el gobernador de la ciudad, Neudhart. Éste hizo una "concesión indigna" al ceder a las

---

[1294] SJE, t. 6, p. 122.
[1295] Odesskiï pogrom... (El pogromo de Odessa), Poalei Zion, pp. 63-64.
[1296] *Dimanstein*, en "1905", t. 3, v. 1, p. 172.
[1297] *Choutguine*, Anexos, p. 292.

exigencias del profesor Chtchepkin, retirando la policía de la ciudad y entregándola a una milicia estudiantil que aún no existía. El 18, "no tomó ninguna medida... para dispersar a la muchedumbre revolucionaria que se había reunido en las calles", toleró que el poder pasara a "las ramificaciones de los judíos y de los revolucionarios de " (¿no comprendía que después vendrían represalias en forma de pogromo?). Su negligencia podría haberse explicado si hubiera entregado el poder al ejército, pero eso no ocurrió "durante todo el período de los disturbios". Eso no le impidió, sin embargo, emitir durante los acontecimientos declaraciones bastante ambiguas y más tarde, durante la investigación, mentir para intentar justificarse. Una vez establecidas "las pruebas de los actos delictivos cometidos en el ejercicio de sus funciones", el senador Kouzminski hizo que Neudhart compareciera ante la justicia.

Con respecto al mando militar, el senador no tenía poder para hacerlo.

Pero indica que fue criminal por parte de Kaulbars ceder el 18 de octubre a las exigencias de la Duma Municipal y retirar el ejército de las calles de la ciudad. El 21st, Kaulbars también utiliza argumentos equívocos al dirigirse a los policías reunidos en casa del gobernador: "Llamemos a las cosas por su nombre. Hay que reconocer que en el fondo todos aprobamos este pogromo. Pero, en el ejercicio de nuestras funciones, no debemos dejar que transpire la persecución que podamos sentir por los judíos. Es nuestro deber mantener el orden e impedir pogromos y asesinatos."

El senador concluía su informe afirmando que "los disturbios y desórdenes de octubre fueron provocados por causas de innegable carácter revolucionario y encontraron su culminación en un pogromo antijudío únicamente porque eran precisamente los representantes de esa nacionalidad los que habían tomado parte preponderante en el movimiento revolucionario". Pero, ¿no podríamos añadir que también se debe a la laxitud de larga data de las autoridades ante los excesos de los que eran culpables los revolucionarios?

Pero como "la convicción de que los sucesos de octubre fueron la única causa de las acciones de Neudhart...", "sus provocaciones", inmediatamente después del fin de los desórdenes "se formaron varias comisiones en Odesa, entre ellas la Universidad, la Duma Municipal y el Consejo del Colegio de Abogados"; se dedicaron activamente a recopilar documentos que probaran que "el pogromo fue el resultado de una provocación". Pero tras examinar las pruebas, el senador "no descubrió... ninguna prueba" y la investigación "no reveló ningún hecho que demostrara la participación de un solo agente de policía en la organización de la manifestación patriótica". El informe del senador también destaca otros aspectos del año 1905 y de la época en general.

El 21 de octubre, "al extenderse por toda la ciudad el rumor de que se fabricaban bombas y se almacenaban armas en grandes cantidades en el recinto universitario", el comandante del distrito militar propuso que un Comité compuesto por oficiales y profesores inspeccionara los edificios. El rector le respondió que "tal intrusión violaría la autonomía de la universidad". Desde el día de su proclamación en agosto, la universidad estaba dirigida por una comisión compuesta por "doce profesores de orientación extremista".

(Shchepkin, por ejemplo, declaró en una reunión el 7 de octubre : "¡Cuando llegue la hora y llaméis a nuestra puerta, nos uniremos a vosotros en vuestro *Potemkin*!"), Pero esta comisión misma se hizo bajo el control de la "coalición soviética" estudiantil que dictaba sus órdenes al rector. Tras el rechazo de la petición de Kaulbars, la "inspección" fue llevada a cabo por una comisión compuesta por profesores y tres concejales municipales, y, por supuesto, no se descubrió "nada sospechoso" - "Hechos de la misma naturaleza se observaron también en la Duma Municipal. Allí, fueron los empleados municipales quienes manifestaron pretensiones de ejercer influencia y autoridad"; su comité presentó a la Duma, compuesta por representantes electos, demandas "de carácter esencialmente político"; el 17 de, día del Manifiesto, urdieron una resolución: "¡Por fin la Autocracia ha caído en el precipicio!"; como escribe el senador, "no se excluye que al principio de los disturbios hubiera habido inclinaciones a tomar todo el poder."

(Después fue la oleada revolucionaria de diciembre, el tono conminatorio del Soviet de Diputados Obreros - "exigimos" la huelga general-, la interrupción del alumbrado eléctrico en Odessa, la paralización del comercio, del transporte, de la actividad del puerto, las bombas volaban de nuevo, la destrucción en los platós del nuevo periódico de orientación patriótica *Rousskaïa retch*[1298], "la recogida [bajo amenaza] de dinero para financiar la revolución", las cohortes de estudiantes de secundaria descontentos y la población atemorizada "bajo el yugo del movimiento revolucionario".")

Este espíritu de 1905 (el espíritu de todo el "movimiento de liberación"), que se había manifestado tan violentamente en Odessa, estalló también en estos "días constitucionales"[1299] en muchas otras ciudades de Rusia; tanto dentro como fuera del Pale of Settlement, los pogromos "estallaron en todas partes... el mismo día en que se recibió la noticia de la Proclamación" del Manifiesto.

[1298] "La palabra rusa"
[1299] A causa de la proclamación del Manifiesto que modifica el régimen ruso.

Dentro del Pale of Settlement, se celebraron pogromos en Kremenchug, Chernigov, Vinnitsa, Kishinev, Balta, Ekaterinoslav, Elizabethgrad, Oman y muchas otras ciudades y pueblos; la propiedad de los judíos fue destruida la mayoría de las veces, pero no saqueada. "Allí donde la policía y el ejército tomaron medidas enérgicas, los pogromos fueron muy limitados y duraron poco tiempo. Así, en Kamenets-Podolsk, gracias a la eficaz y rápida actuación de la policía y el ejército, todos los intentos de provocar un pogromo fueron sofocados de raíz." "En Chersonese y Nikolayev, el pogromo fue detenido desde el principio".[1300]

(Y, en una ciudad del suroeste, el pogromo no tuvo lugar por la buena razón de que los judíos adultos administraron un castigo a los jóvenes que habían organizado una manifestación antigubernamental tras la proclamación del Manifiesto Imperial del 17 de octubre."[1301])

Donde, en el Pale of Settlement, no hubo un solo pogromo, fue en la región noroeste, donde los judíos eran más numerosos, y podría haber parecido incomprensible que los pogromos hubieran sido organizados por las autoridades y "procedieran generalmente según el mismo escenario".[1302]

"Veinticuatro pogromos tuvieron lugar fuera del Pale of Settlement, pero fueron dirigidos contra todos los elementos progresistas de la sociedad",[1303] y no exclusivamente contra los judíos; esta circunstancia pone en evidencia lo que empujó a la gente a organizar pogromos: el efecto de choque provocado por el Manifiesto y un impulso espontáneo de defender el trono contra los que querían derrocar al zar. Pogromos de este tipo estallaron en Rostov del Don, Tula, Kursk, Kaluga, Voronezh, Riazan, Yaroslav, Viazma, Simferopol, "los tártaros participaron activamente en los pogromos de Kazán y Feodossia..."..[1304]" En Tver, el edificio del Consejo del Zemstvo fue saqueado; en Tomsk, la muchedumbre incendió el teatro donde se celebraba una reunión de la Izquierda; ¡doscientas personas perecieron en el desastre! En Saratov hubo disturbios, pero no víctimas (el gobernador local no era otro que Stolypin).[1305]

Sobre la naturaleza de todos estos pogromos y el número de sus víctimas, las opiniones divergen mucho según los autores. Las estimaciones que se hacen hoy en día son a veces muy fantasiosas. Por ejemplo, en una publicación de 1987: "en el transcurso de los pogromos contamos un millar

---

[1300] Informe del Senador Kouzminski, pp. 176-178.
[1301] Informe del senador Tourau, p. 262.
[1302] SJE, t. 6, p. 566.
[1303] *Ibídem*.
[1304] JE, t. 12, pp. 620-622.
[1305] *I. L. Teitel*, Iz moiii jizni za 40 let (Recuerdos de 40 años de mi vida), París, 1925, pp. 184-186.

de muertos y decenas de miles de heridos y mutilados" y, según se hizo eco la prensa de la época: "Miles de mujeres fueron violadas, muy a menudo ante los ojos de sus madres e hijos".[1306]

Por el contrario, G. Sliosberg, contemporáneo de los hechos y con toda la información, escribió: "Afortunadamente, estos cientos de pogromos no provocaron una violencia significativa en la persona de los judíos, y en la inmensa mayoría de los casos los pogromos no fueron acompañados de asesinatos." En cuanto a [1307]las mujeres y los ancianos, la refutación viene del combatiente bolchevique Dimanstein, que declaró con orgullo: "Los judíos que fueron asesinados o heridos eran en su mayoría algunos de los mejores elementos de autodefensa, eran jóvenes y combativos y preferían morir antes que rendirse."[1308]

En cuanto a los orígenes de los pogromos, la comunidad judía y luego la opinión pública rusa en 1881 estaban bajo el tenaz dominio de una hipnosis: indudable e innegablemente, ¡los pogromos fueron manipulados por el gobierno!

¡Petersburgo guiado por el Departamento de Policía! Tras los sucesos de 1905, toda la prensa también presentó las cosas como tales. Y el propio Sliosberg, en medio de esta hipnosis, abunda en este sentido: "Durante tres días, la ola de pogromos ha barrido el Pale of Settlement [acabamos de ver que esta zona no fue tocada en su totalidad y que, por el contrario, otras regiones de Rusia sí lo fueron-A. S.], y según un escenario perfectamente idéntico, fueron planeados de antemano".[1309]

Y esta extraña ausencia, en tantos y tantos autores, ¡si tan sólo se intentara explicar las cosas de otro modo! (Muchos años después, I. Frumkin reconoció al menos: los pogromos de 1905 fueron "no sólo antijudíos, sino también contrarrevolucionarios". [1310] Y nadie se plantea siquiera la pregunta: ¿y si las causas profundas fueran las mismas y hubiera que buscarlas en los acontecimientos políticos, en el estado de ánimo de la población? ¿No se expresan así las mismas preocupaciones? Recordemos que la multitud se había manifestado aquí y allá contra los huelguistas antes de la proclamación del Manifiesto. Recordemos también que en octubre había tenido lugar una huelga general de ferrocarriles y que las comunicaciones se habían interrumpido en todo el país y, a pesar de ello, estallaron tantos pogromos al mismo tiempo? También hay que señalar que las autoridades ordenaron investigaciones en toda una serie de ciudades y

---

[1306] *Praisman*, en "22", 1986/87, n°. 51, p. 183.
[1307] *Sliosberg*, t. 3, p. 180.
[1308] *Dimanstein*, t. 3, p.172.
[1309] *Sliosberg*, t. 3, p. 177.
[1310] *Frumkin*, BJWR-1, p. 71.

que se impusieron sanciones a los policías condenados por incumplimiento del deber. Recordemos que durante el mismo período los campesinos organizaron pogromos contra los terratenientes por todas partes, y que todos procedieron de la misma manera. Sin duda, no vamos a decir que estos pogromos también fueron urdidos por el Departamento de Policía y que no reflejaban el mismo malestar entre todos los campesinos.

Parece que existe una prueba -sólo una- de la existencia de un plan, pero tampoco apunta en la dirección del poder. El ministro del Interior, R. N. Dournovo, descubrió en 1906 que un funcionario encargado de misiones especiales, M. S. Komissarov, había utilizado los locales del Departamento de Policía para imprimir en secreto panfletos que llamaban a la lucha contra los judíos y los revolucionarios. [1311]Hay que subrayar, sin embargo, que no se trataba de una iniciativa del Departamento, sino de una conspiración de un aventurero, antiguo oficial de la gendarmería, a quien los bolcheviques confiaron posteriormente "misiones especiales", a la Cheka, a la GPU, y que fue enviado a los Balcanes para infiltrarse en lo que quedaba del ejército de Wrangel[1312].

No obstante, las versiones falsificadas de los hechos se han incrustado sólidamente en las conciencias, sobre todo en las lejanas regiones de Occidente, donde Rusia siempre ha sido percibida a través de una espesa niebla, mientras que la propaganda antirrusa se oía claramente. Lenin tenía todo el interés en inventar la fábula según la cual el zarismo "se esforzaba por dirigir contra los judíos el odio que los obreros y los campesinos, abrumados por la miseria, dedicaban a los nobles y a los capitalistas"; y su secuaz, Lourie-Larine, trató de explicarlo por la lucha de clases: sólo los judíos ricos habrían sido el blanco, cuando los hechos demuestran lo contrario: eran precisamente ellos quienes gozaban de la protección de la policía.[1313]

Pero, incluso hoy, es en todas partes la misma versión de los hechos; tomemos el ejemplo de de la *Encyclopædia Judaica*: "Desde el principio, estos pogromos fueron *inspirados* por los círculos gubernamentales. Las autoridades locales recibieron *instrucciones* de dar libertad de acción a los matones y de protegerlos contra los destacamentos judíos de autodefensa." [1314]Tomemos de nuevo la *Enciclopedia Judía* publicada en Israel en lengua rusa: "Con la organización de los pogromos, las autoridades rusas pretendían..."; "el gobierno quería eliminar físicamente al mayor número

---

[1311] Retch, 1906, 5 de mayo.
[1312] Uno de los principales componentes del Ejército Blanco.
[1313] *I. Larme*, Ievrei i antisemitizm v SSSR (Los judíos y el antisemitismo en la URSS), M.-L. 1929, pp. 36, 292.
[1314] Encyclopædia Judaica, vol. 13, p. 698.

posible de judíos"[1315] [énfasis en cursiva añadido en todas partes por mí-A. S.]. ¿Todos estos acontecimientos, por tanto, no habrían sido el efecto de la laxitud criminal de las autoridades locales, sino el fruto de una maquinación cuidadosamente vigilada por el gobierno central?

Sin embargo, el propio León Tolstoi, que en aquella época estaba especialmente disgustado con el gobierno y no perdía ocasión de hablar mal de él, dijo en su momento: "No creo que la policía empujara al pueblo [a los pogromos]. Esto se ha dicho tanto para Kishinev como para Bakú... Es la manifestación brutal de la voluntad popular... El pueblo ve la violencia de la juventud revolucionaria y se resiste a ella".[1316]

En la tribuna de la Duma, Chulguine propuso una explicación similar a la de Tolstoi: "La justicia por partida doble está muy extendida en Rusia como en otros países... Lo que ocurre en América es rico en lecciones al respecto...: la justicia por partida doble se llama linchamiento... Pero lo que ha ocurrido recientemente en Rusia es aún más terrible: ¡es la forma de justicia por partida doble llamada pogromo! Cuando el poder se puso en huelga, cuando los ataques más inadmisibles al sentimiento nacional y a los valores más sagrados para el pueblo quedaron completamente impunes, entonces, bajo la influencia de una ira irracional, empezó a hacerse justicia a sí mismo.

Ni que decir tiene que, en tales circunstancias, el pueblo es incapaz de diferenciar entre culpables e inocentes y, en cualquier caso, lo que nos ha sucedido ha hecho recaer toda la culpa sobre los judíos. De ellos, pocos culpables han sufrido, pues han sido lo bastante astutos como para escapar al extranjero; son los inocentes quienes han pagado masivamente por ellos". [1317](El dirigente cadista F. Rodichev, por su parte, tenía la siguiente fórmula: "El antisemitismo es el patriotismo de la gente desorientada"- digamos: donde hay judíos).

El zar había sido demasiado débil para defender su poder mediante la ley, y el gobierno demostró su pusilanimidad; entonces los pequeños *burgueses*, los pequeños comerciantes e incluso los obreros, los de los ferrocarriles, los de las fábricas, los mismos que habían organizado la huelga general, se rebelaron, se levantaron de forma espontánea para defender sus valores más sagrados, heridos por las contorsiones de quienes los denigraban. Incontrolable, abandonada, desesperada, esta masa dio rienda suelta a su rabia en la violencia bárbara de los pogromos.

[1315] SJE, t. 6, p. 568.
[1316] D. P. Makovitsky, 1905-1906 v Iasnoi Poliane (1905 1906 en Yasnaya Poliana), Golos minovehevo. M., 1923, no. 3, p. 26.
[1317] Segunda Duma, taquigrafía de los debates, 12 de marzo de 1907, p. 376.

Y en el caso de un escritor judío contemporáneo que también carece de sagacidad cuando persiste en afirmar que "indudablemente, el poder zarista desempeñó un papel importante en la organización de los pogromos antijudíos", encontramos en un párrafo cercano: "Estamos absolutamente convencidos de que el Departamento de Policía no estaba suficientemente organizado para llevar a cabo pogromos simultáneos en seiscientos sesenta lugares diferentes esa misma semana". La responsabilidad de estos pogromos "no es únicamente y no tanto de la administración, sino más bien de la población rusa y ucraniana del Pale of Settlement."[1318]

En este último punto también estoy de acuerdo. Pero con una salvedad, y es de tamaño: la juventud judía de esta época también tiene una gran parte de responsabilidad en lo ocurrido. Aquí se manifestó una trágica característica del carácter ruso-ucraniano (sin pretender distinguir quién de los rusos o de los ucranianos participó en los pogromos): bajo la influencia de la ira, cedemos ciegamente a la necesidad de "desahogarnos" sin distinguir entre lo bueno y lo malo; después de lo cual, no somos capaces de tomarnos el tiempo -paciente, metódicamente, durante años, si es necesario- para reparar el daño. La debilidad espiritual de nuestros dos pueblos se revela en este repentino estallido de brutalidad vengativa tras una larga somnolencia.

Encontramos la misma impotencia en el bando de los patriotas, que vacilan entre la indiferencia y la semi-aprobación, incapaces de hacer oír su voz con claridad y firmeza, de orientar la opinión, de apoyarse en las organizaciones culturales. (Señalemos de paso que en la famosa reunión de Witte's había también representantes de la prensa de derechas, pero no dijeron ni una palabra, incluso consintieron a veces las impertinencias de Propper).

Otro pecado secular del Imperio ruso hizo sentir trágicamente sus efectos durante este período: la Iglesia ortodoxa había sido aplastada hacía tiempo por el Estado, privada de toda influencia sobre la sociedad, y no tenía ningún ascendiente sobre las masas populares (¡una autoridad de la que había dispuesto en la antigua Rusia y durante la época de los Problemas, y de la que pronto carecería mucho durante la guerra civil!) Los más altos jerarcas pudieron exhortar al buen pueblo cristiano, durante meses y años, y sin embargo ni siquiera pudieron impedir que la muchedumbre luciera crucifijos e iconos a la cabeza de los pogromos.

También se dijo que los pogromos de octubre de 1905 habían sido organizados por La Unión del Pueblo Ruso. Esto no es cierto: no apareció hasta noviembre de 1905, como reacción instintiva a la humillación sentida por el pueblo. Su programa de entonces tenía, en efecto, orientaciones

---

[1318] *Praisman*, en "22", 1986-87, n°. 51, pp. 183, 186, 187.

globales antijudías: "La acción destructiva y antigubernamental de las masas judías, solidarias en su odio a todo lo ruso e indiferentes a los medios a utilizar".[1319]

En diciembre, sus militantes pidieron al regimiento Semienovski que aplastara la insurrección armada en Moscú. Sin embargo, la Unión del Pueblo Ruso, que acabó convirtiéndose en leyenda por los rumores y los temores, no era en realidad más que un pequeño partido cutre y carente de medios cuya única *razón de ser* era prestar su apoyo al monarca autocrático que, ya en la primavera de 1906, se había convertido en monarca constitucional. En cuanto al gobierno, se sentía avergonzado de haber apoyado a semejante partido. De modo que éste, fuerte de sus dos o tres mil soviets locales compuestos por analfabetos e incompetentes, se encontró en oposición al gobierno de la monarquía constitucional, y especialmente a Stolypin.-Desde la tribuna de la Duma, Purishkevich [1320]interrogó en estos términos a los diputados: "desde la aparición de las organizaciones monárquicas, ¿han visto ustedes muchos pogromos en el Pale of Settlement?... Ni uno solo, porque las organizaciones monárquicas lucharon y luchan contra el predominio judío con medidas económicas, medidas culturales, y no con golpes"[1321] -Estas medidas eran tan culturales, cabría preguntarse, pero en realidad no se conoce ningún pogromo provocado por la Unión del Pueblo Ruso, y los que precedieron fueron efectivamente el resultado de una explosión popular espontánea.

Pocos años después, la Unión del Pueblo Ruso -que, desde el principio, no fue más que una mascarada- desapareció en la bruma de la indiferencia general. (Se puede juzgar de la vaguedad que rodeaba a este partido por la asombrosa característica que se da en la *Jewish Encyclopædia*: ¡el antisemitismo de la Unión del Pueblo Ruso "es muy característico de la nobleza y del gran capital"!).[1322]

Hay otra marca de la infamia, tanto más indeleble cuanto que sus contornos son imprecisos: "los Cien Negros".

¿De dónde procede ese nombre? Difícil de decir: según algunos, así habrían designado los polacos por despecho a los monjes rusos que resistieron victoriosamente el asalto de la Lavra de la Trinidad de San Sergio en 1608-1609. A través de oscuros canales históricos, llegó hasta el siglo XX y entonces se utilizó como una etiqueta muy conveniente para estigmatizar al movimiento patriótico popular que se había formado espontáneamente. Fue precisamente su carácter, a la vez impreciso e insultante, lo que lo

---

[1319] Novoie vremia, 1905, 20 nov. (3 dic.), pp. 2, 3.
[1320] V. Purishkevich (1870-1920), uno de los líderes de la extrema derecha rusa.
[1321] Acta taquigráfica de la Tercera Duma, 1911, p. 3118.
[1322] JE, t. 14, p. 519.

convirtió en un éxito. (Así, por ejemplo, los cuatro KD que se envalentonaron hasta el punto de entablar negociaciones con Stolypin fueron denunciados como "KD-Cientos Negros". En 1909, la Colección *Hitos* fue acusada de "propagar enmascaradamente la ideología de los Cien Negros"). Y la "expresión" se convirtió en lugar común durante un siglo, aunque las poblaciones eslavas, totalmente consternadas y desalentadas, nunca se contaron por centenares, sino por millones.

En 1908 1912, la *Encyclopædia judía* publicada en Rusia, en su honor, no se inmiscuyó en dar una definición de los "Cien Negros": la élite intelectual judía de Rusia tenía en sus filas suficientes mentes equilibradas, penetrantes y sensatas. Pero durante el mismo periodo anterior a la Primera Guerra Mundial, la *Enciclopedia Brockhaus-Efron* propuso una definición en uno de sus suplementos: "Los 'Cien Negros' ha sido durante unos años el nombre común dado a la escoria de la sociedad centrada en los pogromos contra judíos e intelectuales". Además, el artículo amplía la afirmación: "Este fenómeno no es específicamente ruso; apareció en el escenario de la historia... en diferentes países de y en diferentes épocas".[1323] Y es cierto que, en la prensa posterior a la revolución de febrero, encontré la expresión "¡los Cien Negros suecos!"...

Un sabio autor judío contemporáneo señala acertadamente que "el fenómeno que se ha designado con el término "Cien Negros" no ha sido suficientemente estudiado."[1324]

Pero este tipo de escrúpulos son totalmente ajenos a la famosa *Encyclopædia Britannica*, cuya autoridad se extiende a todo el planeta: "Los Cien Negros o Unión del Pueblo Ruso u organización de grupos reaccionarios y antisemitas en Rusia, constituida durante la revolución de 1905. Alentados extraoficialmente por las autoridades, los Cien Negros reclutaban sus tropas en su mayoría entre los terratenientes, los campesinos ricos, los burócratas, la policía y el clero; apoyaban a la Iglesia ortodoxa, la autocracia y el nacionalismo ruso. Especialmente activos entre 1906 y 1911...".[1325]

¡Uno se queda pasmado ante tanta ciencia! Y esto es lo que se está leyendo a toda la humanidad culta: ¡"reclutaron sus tropas en su mayoría entre los terratenientes, los campesinos ricos, los burócratas, la policía y el clero"! Así pues, ¡fueron esas personas las que destrozaron los escaparates de las tiendas judías con sus palos! Y fueron "particularmente activos" después de 1905... ¡cuando volvió la calma!

[1323] Entsiklopcditcheskii slovar, Spb., Brockhaus i Efron. Dopoln, t. 2 (4/d), 1907, p. 869.
[1324] Boris Orlov, Rossia bez evrcev (Rusia sin los judíos), "22", 1988, nº 60, p. 151.
[1325] Encyclopædia Britannica. 15 ed., 1981, vol. II, p. 62, cl. 2.

Es cierto que en 1905-1907 hubo acciones contra los terratenientes, incluso hubo

más pogromos contra los judíos. Era siempre la misma multitud ignorante y brutal la que saqueaba y saqueaba casas y propiedades, masacrando a personas (incluidos niños), e incluso ganado; pero estas masacres nunca provocaron la condena por parte de la intelectualidad progresista, mientras que el diputado de la Duma Herzenstein, en un discurso en el que tomaba con pasión y razón la defensa de las pequeñas explotaciones campesinas, alertando a los parlamentarios del peligro de una extensión de los incendios de fincas rurales, exclamaba: "¿No os bastan las iluminaciones del mes de mayo del año pasado, cuando en la región de Saratov fueron destruidas ciento cincuenta propiedades prácticamente en un solo día?".[1326]

Estas iluminaciones nunca le fueron perdonadas. Fue, por supuesto, una metedura de pata por su parte, de la que no debe deducirse que se alegrara de tal situación.

¿Habría utilizado esta palabra, sin embargo, para referirse a los pogromos contra los judíos del otoño anterior?

No fue hasta la Gran Revolución, la verdadera, cuando se escucharon las violencias contra los nobles terratenientes, que "no eran menos bárbaras e inaceptables que los pogromos contra los judíos... Hay, sin embargo, en los círculos de izquierda una tendencia a considerar... como positiva la destrucción del viejo sistema político y social."[1327]

Sí, había otra similitud aterradora entre estas dos formas de pogromos: la multitud sanguinaria tenía la sensación de estar *en su derecho*. Los últimos pogromos contra los judíos tuvieron lugar en 1906 en Sedlets, en Polonia -que queda fuera de nuestro alcance- y en Bialystok durante el verano. (Poco después, la policía sofocó un pogromo que se preparaba en Odessa tras la disolución de la primera Duma).

En Bialystok se constituyó el más poderoso de los grupos anarquistas de Rusia. Aquí, "importantes bandas de anarquistas habían hecho su aparición; perpetraban actos terroristas contra propietarios, policías, cosacos, militares".[1328] Los recuerdos dejados por algunos de ellos permiten representar muy claramente el ambiente de la ciudad en 1905-1906: repetidos ataques de los anarquistas que se habían instalado en la calle de Souraje, donde la policía ya no se atrevía a ir. "Era muy frecuente

---

[1326] Actas de la Primera Duma, 19 de mayo 1906, p. 524.
[1327] *I. O. Levine*, Evrei v revolutsii (Los judíos en la Revolución), RaJ, p. 135.
[1328] *Dimanstein*, t. 3, p. 163.

que asesinaran a policías de servicio a plena luz del día; por eso cada vez se veían menos...".

Aquí está el anarquista Nissel Farber: "lanzó una bomba contra la comisaría", hirió a dos guardias de paz, a un secretario, mató a "dos *burgueses* que estaban allí por casualidad" y, falto de suerte, pereció él mismo en la explosión. He aquí a Guelinker (alias Aron Eline): también lanzó una bomba, que hirió gravemente al adjunto del jefe de policía, a un comisario, a dos inspectores y a tres agentes. He aquí otro anarquista cuya bomba "hiere a un oficial y a tres soldados", le hiere también a él, de hecho, "y, desgraciadamente, mata a un militante del Bund". Aquí también son asesinados un comisario y un pacificador, hay dos gendarmes, y de nuevo el mismo "guelinker mata a un conserje".

(Además de los atentados, también se practicaba la "expropiación de productos de consumo": había que comer). "Las autoridades vivían atemorizadas por una 'sublevación' de los anarquistas en la calle de Souraje", la policía había tomado la costumbre de "esperar tal sublevación para hoy, mañana o pasado mañana".

"La mayoría... de los anarquistas... se inclinaban por una acción armada decidida para mantener, en la medida de lo posible, una atmósfera de guerra de clases".

Para ello, el terror se extendió también a los *"burgueses" judíos*. El mismo Farber atacó al jefe de un taller, un tal Kagan, "a la salida de la sinagoga... le hirió gravemente con un cuchillo en el cuello"; otro pequeño patrón, Lifchitz, corrió la misma suerte; también "el acaudalado Weinreich fue atacado en la sinagoga", pero el revólver era de mala calidad y se encasquilló tres veces". Se exigía una serie de "importantes acciones 'gratuitas' contra los *burgueses*": "el *burgués* debe sentirse en peligro de muerte en cada momento de su existencia". Hubo incluso la idea de "disponer a lo largo [de la calle principal de Bialystok] máquinas infernales para hacer volar por los aires a toda la clase alta" a la vez. Pero, "¿cómo transmitir el 'mensaje' *anarquista*?". En Bialystok surgieron dos corrientes: los terroristas "gratuitos" y los "comuneros", que consideraban el terrorismo un método "aburrido" y mediocre, pero tendían a la insurrección armada "en nombre del comunismo sin Estado": "Invertir en la ciudad, armar a las masas, resistir varios ataques del ejército y luego expulsarlos de la ciudad" y, "al mismo tiempo, invertir en plantas, fábricas y tiendas". Fue en estos términos que, "durante reuniones de quince a veinte mil personas, nuestros oradores llamaron a un levantamiento armado." Desgraciadamente, "habiéndose retirado las masas obreras de Bialystok de la vanguardia revolucionaria de la que ellas mismas habían mamado", era imperativo "vencer... la pasividad de las masas". Los anarquistas de

Bialystok prepararon así una insurrección en 1906. Su curso y sus consecuencias se conocen como el "pogromo de Bialystok".[1329]

Todo comenzó con el asesinato del jefe de policía, que tuvo lugar precisamente en esta "calle de Souraje donde se concentraba la organización anarquista judía"; después alguien disparó o lanzó una bomba contra una procesión religiosa.

Después, la Duma estatal envió una comisión de investigación, pero, ay, ay, tres veces ay, no pudo determinar "si fue un disparo o una especie de silbido: los testigos no supieron decirlo".[1330] El comunista Dimanstein escribió muy claramente, veinte años después, que "se lanzó un petardo contra una procesión ortodoxa como provocación".[1331]

Tampoco se puede excluir la participación del Bund que, durante los "mejores" meses de la revolución de 1905, había ardido en deseos de pasar a la acción armada, pero en vano, y se estaba marchitando hasta el punto de tener que plantearse renovar su lealtad a los socialdemócratas. Pero son, por supuesto, los propios anarquistas de Bialystok los que se manifestaron con mayor brillantez.

Su líder, Judas Grossman-Rochinin, relató después de 1917 lo que era este nido de anarquistas: ante todo, temían "ceder a la espera y al sentido común". Tras fracasar en la organización de dos o tres huelgas por falta de apoyo de la población, en junio de 1906 decidieron "tomar las riendas de la ciudad" y expropiar los instrumentos de producción. "Considerábamos que no había ninguna razón para retirarse de Bialystok sin haber dado una última lucha de clases, que habría sido capitular ante un problema complejo de tipo superior"; si "no pasamos a la última etapa de la lucha, las masas perderán la confianza [en nosotros]". Sin embargo, faltaban hombres y armas para tomar la ciudad, y Grossman corrió a Varsovia en busca de ayuda de la fracción armada del PPS (los socialistas polacos). Allí oyó gritar a un quiosquero: "¡Pogromo sangriento en Bialystok!... ¡miles de víctimas!"... Todo quedó claro: ¡la reacción nos había precedido!".[1332]

Y es ahí, en el pasaje "hasta la última etapa de la lucha", donde sin duda se encuentra la explicación del "pogromo". El ímpetu revolucionario de los anarquistas de Bialystok se expresó posteriormente. En el juicio, en los alegatos del abogado Gillerson que "llamaba al derrocamiento del gobierno y del sistema político y social existente en Rusia", y que, precisamente por eso, fue él mismo procesado. En cuanto a la comisión de la Duma,

---

[1329] Iz istorii anarkhitcheskovo dvijenia v Bialystoka (Aspectos de la historia del movimiento anarquista en Bialystok), Soblazn sotsializma, pp. 417-432.
[1330] JE, t. 5, pp. 171-172.
[1331] *Dimanslein*, t. 3, p. 180.
[1332] *Grossman-Rochtchine*, Byloïe, 1924, n° 27-28. pp. 180-182.

consideró que "las condiciones de un pogromo también habían sido creadas por diversos elementos de la sociedad que imaginaban que luchar contra los judíos equivalía a luchar contra el movimiento de liberación."[1333]

Pero después de aquel "petardo lanzado por la provocación" que el Comité de la Duma no había sido capaz de detectar, ¿cuál había sido el curso de los acontecimientos?

Según las conclusiones de la comisión, "la ejecución sistemática de judíos inocentes, incluidos mujeres y niños, se llevó a cabo con el pretexto de reprimir a los revolucionarios." Hubo "más de setenta muertos y unos ochenta heridos" entre los judíos. Por el contrario, "la acusación tendía a explicar el pogromo por la actividad revolucionaria de los judíos, que había provocado la ira del resto de la población." El Comité de la Duma rechazó esta versión de los hechos: "No había antagonismo racial, religioso o económico en Bialystok entre judíos y cristianos".[1334]

Y esto es lo que se escribe hoy: "Esta vez el pogromo fue puramente militar. Los soldados se transformaron en alborotadores" y persiguieron a los revolucionarios. Al mismo tiempo, se decía que estos soldados tenían miedo de los destacamentos de anarquistas judíos de la calle de Souraje, porque "la guerra de Japón... había enseñado [a los soldados rusos] a tener cuidado con los disparos" -tales fueron las palabras pronunciadas en la Duma Municipal por un concejal judío.[1335] Contra los destacamentos judíos de autodefensa están la infantería y la caballería, pero, del otro lado, están las bombas y las armas de fuego.

En este período de fuerte agitación social, el comité de la Duma concluyó en un "ametrallamiento de la población", pero veinte años más tarde, podemos leer en un libro soviético (en cualquier caso, el "antiguo régimen" no volverá, no podrá justificarse, ¡y así podemos seguir!): "Masacraron a familias enteras con el uso de clavos, les perforaron los ojos, les cortaron la lengua, destrozaron los cráneos de los niños, etc".[1336] Y un libro de lujo editado en el extranjero, libro sensacionalista, de denuncia, un folio ricamente ilustrado, impreso en papel cuché, titulado *El último autócrata* (decretando de antemano que Nicolás II sería efectivamente el "último"), proponía la siguiente versión: el pogromo "había sido objeto de tal puesta en escena que parecía posible describir el programa del primer día en los periódicos berlineses; así, dos horas antes del comienzo del pogromo de Bialystok, los berlineses podían estar informados del acontecimiento."

[1333] JE, t. 5, pp. 171-174.
[1334] *Ibidem*, pp. 170. 172.
[1335] *Praisman*, pp. 185-186.
[1336] *Dimanstein*, t. 3, p. 180.

[1337](Pero si algo aparecía en la prensa berlinesa, ¿no era un mero eco de las travesuras de Grossman-Rochin?). Además, habría sido bastante absurdo por parte del gobierno ruso provocar pogromos contra los judíos incluso cuando los ministros rusos estaban presionando entre los financieros occidentales con la esperanza de obtener préstamos. Recordemos que Witte tuvo grandes dificultades para obtener de los Rothschild, que estaban mal dispuestos hacia Rusia por la situación de los judíos y los pogromos, "así como de otros importantes establecimientos judíos",[1338] con la excepción del banquero berlinés Mendelssohn. Ya en diciembre de 1905, el embajador ruso en Londres, Benkendorf, advirtió a su ministro: "Los Rothschild repiten por todas partes... Que el crédito de Rusia está ahora en su nivel más bajo, pero que se restablecerá inmediatamente si se resuelve la cuestión judía".[1339]

A principios de 1906, Witte difundió un comunicado del gobierno en el que decía que "encontrar una solución radical al problema judío es una cuestión de conciencia para el pueblo ruso, y esto lo hará la Duma, pero incluso antes de que la Duma se una, las disposiciones más estrictas serán derogadas en la medida en que ya no estén justificadas en la situación actual." [1340]Rogó a los más eminentes representantes de la comunidad judía de San Petersburgo que fueran en delegación ante el zar, y les prometió la más amable acogida. Esta propuesta se discutió en el Congreso de la Unión por la Integralidad de los Derechos, y tras el encendido discurso de I. B. Bak (director del periódico *Retch*) se decidió rechazarla y enviar a Witte una delegación menos importante, no para dar respuestas, sino para hacer acusaciones: para decirle "claramente y sin ambigüedades" que la oleada de pogromos se había organizado "por iniciativa y con el apoyo del gobierno."[1341]

Tras dos años de terremoto revolucionario, los dirigentes de la comunidad judía de Rusia que habían tomado la delantera no contemplaron ni por un momento la posibilidad de aceptar un acuerdo progresista en relación con la cuestión de la igualdad de derechos. Se sentían arrastrados por la ola de la victoria y no tenían necesidad de acudir al zar en posición de mendigos y súbditos leales. Estaban orgullosos de la audacia mostrada por la juventud

---

[1337] Der Leizte russischc Allcinherrscher, Berlín, Eberhard Frowein Verlag (1913), p. 340.
[1338] A. *Popov*, Zaem 1906 g. V Donesseniakh ruskovo posla v Parije (El préstamo de 1906 a través de los despachos del embajador ruso en París), Krasnyy arkhiv, 1925, t. 11/12, p. 432.
[1339] K peregovoram Kokovtseva o zaïme v 1905-1906 gg. (Las conversaciones de Kokovtsev para pedir prestado), Krasnyy arkhiv, 1925, t. 10, p. 7.
[1340] Perepiska N.A. Romanova i P.A. Solypina (Correspondencia entre N. A. Romanov y P. A. Stolypin). Krasnyi Arkhiv, 1924, t. 5, p. 106.
[1341] *Sliosberg*, t. 3, pp. 185-188.

revolucionaria judía. (Hay que situarse en el contexto de la época en que se creía que el viejo ejército imperial era inamovible, para percibir el significado del episodio durante el cual, frente al regimiento de granaderos de Rostov en posición de firmes, ¡su comandante, el coronel Simanski, había sido *arrestado* por un judío voluntario!) Después de todo, tal vez estos revolucionarios no habían sido culpables de "traición nacional", como los había acusado Doubnov, tal vez eran ellos los que estaban en la verdad... -Después de 1905, sólo a los judíos afortunados y prudentes les quedaba la duda.

¿Cuál fue el balance del año 1905 para el conjunto de la comunidad judía en Rusia? Por un lado, "la revolución de 1905 tuvo resultados globalmente positivos... aportó a los judíos la igualdad política incluso cuando ni siquiera gozaban de la igualdad civil... Nunca como después del "Movimiento de Liberación" la cuestión judía se benefició de un clima más favorable en la opinión pública". [1342] Pero, por otra parte, la fuerte participación de los judíos en la revolución contribuyó al hecho de que en adelante todos se identificaran con ella. En la tribuna de la Duma de 1907 V. Choulgin propuso votar una resolución para constatar que "... la mitad occidental de Rusia, desde Besarabia hasta Varsovia, está llena de odio hacia los judíos a quienes consideran los responsables de todas sus desgracias..."[1343]

Esto se confirma indirectamente por el aumento de la emigración judía de Rusia. Si en 1904 1905 la emigración sigue aumentando entre los hombres maduros, a partir de 1906 afecta a toda la pirámide de edad. El fenómeno no se debe, pues, a los pogromos de 1881-1882, sino a los de 1905 1906. A partir de este momento, sólo en Estados Unidos, el número de emigrantes asciende a 125.000 personas en 1905 1906 y a 115.000 en 1906-1907.[1344]

Pero al mismo tiempo, escribe B. I. Goldman, "en los cortos años de agitación, las instituciones de enseñanza superior no aplicaron rigurosamente el *numerus clausus* a los judíos, un número relativamente grande de ejecutivos profesionales judíos, y como eran más hábiles que los rusos para colocarse en el mercado, sin distinguirse siempre por un gran rigor moral en su actividad, algunos empezaron a hablar de un "dominio de los judíos" sobre las profesiones intelectuales.[1345]

[1342] *G. A. Landau*, Revolutsionnye idei v ievreïskoi obchtchcstvennosti (Ideas revolucionarias en la opinión judía). RaJ, p. 116.
[1343] Acta taquigráfica de los debates de la Segunda Duma, 6 de marzo de 1907, p. 151.
[1344] JE, t. 2, pp. 235 236; SJE, t. 6, p. 568.
[1345] *B. I. Goldman* (B. Gorev), Icvrci v proizvedcniakh rousskikh pissatelei (Los judíos en la literatura rusa), Pd. Svobodnoïe slovo, 1917, p. 28.

Y "en el 'Proyecto para las Universidades' preparado en 1906 por el Ministerio de Instrucción Pública, no se hacía mención alguna al *numerus clausus*". En 1905 había 2.247 (9,2%) estudiantes judíos en Rusia; en 1906, 3.702 (11,6%); en 1907, 4.266 (12%).[1346]

En el programa de reformas anunciado el 25 de agosto de, 1906 por el Gobierno, éste se comprometía a reexaminar, entre las limitaciones a las que estaban sometidos los judíos, aquellas que podían ser levantadas inmediatamente "en la medida en que sólo provocan insatisfacción y son obviamente obsoletas."

Sin embargo, al mismo tiempo, el gobierno ruso no podía dejar de verse afectado por la revolución (que se prolongó otros dos años por una ola de terrorismo apenas contenida por Stolypin) y por la participación muy visible de los judíos en esta revolución.

A estos motivos de descontento se añadió la humillante derrota contra Japón, y los círculos dirigentes de San Petersburgo cedieron a la tentación de una explicación simplista: Rusia está fundamentalmente sana, y toda la revolución, de principio a fin, es un oscuro complot urdido por los judíos, un episodio del complot judeo-masónico. Explicarlo todo por una misma causa: ¡los judíos! ¡Rusia habría estado mucho tiempo en el cenit de la gloria y del poder universal si no hubiera judíos!

Y, aferrándose a esta breve pero conveniente explicación, las altas esferas no hicieron sino acercar aún más la hora de su caída.

La creencia supersticiosa en la fuerza histórica de las conspiraciones (aunque existan, individuales o colectivas) deja completamente de lado la causa principal de los fracasos que sufren tanto los individuos como los Estados: las debilidades humanas.

Son nuestras debilidades rusas las que han determinado el curso de nuestra triste historia: el absurdo del cisma religioso provocado por Nikon [1347], la violencia insensata de Pedro el Grande y la increíble serie de contragolpes que siguieron, malgastando nuestras fuerzas por causas que no son nuestras, la inveterada suficiencia de la nobleza y la petrificación burocrática a lo largo del siglo XIX. No es por efecto de un complot urdido desde el exterior por lo que hemos abandonado a nuestros campesinos a su miseria. No fue un complot lo que llevó al gran y cruel Petersburgo a sofocar la dulce cultura ucraniana. No fue fruto de una conspiración que cuatro ministerios fueran incapaces de ponerse de acuerdo sobre la

---

[1346] SJE, t. 7, p. 348.
[1347] Patriarca de la Iglesia rusa, que en el siglo XVII quiso imponer por la fuerza una reforma de los textos litúrgicos y del ritual, lo que dio lugar al cisma de los "viejos creyentes".

asignación de un caso concreto a uno u otro de ellos, se pasaron años en agotadoras disputas movilizando a todos los niveles de la jerarquía. No es fruto de un complot que nuestros emperadores, uno tras otro, se hayan mostrado incapaces de comprender la evolución del mundo y de definir las verdaderas prioridades. Si hubiéramos conservado la pureza y la fuerza que nos infundió San Sergio de Radonezh, no temeríamos ningún complot en el mundo.

No, no se puede decir en ningún caso que fueran los judíos quienes "organizaron" las revoluciones de 1905 o 1917, como tampoco se puede decir que fuera esta nación en su conjunto la que las fomentó. Del mismo modo, no fueron los rusos ni los ucranianos, considerados en conjunto como naciones, quienes organizaron los pogromos.

Sería fácil para todos nosotros echar una mirada retrospectiva a esta revolución y condenar a nuestros "renegados". Algunos eran "judíos no judíos", [1348] otros eran "internacionalistas, no rusos". Pero cada nación debe responder de sus miembros en la medida en que ha contribuido a formarlos.

Por parte de la juventud revolucionaria judía (pero también de quienes la habían formado), así como de los judíos que "constituían una importante fuerza revolucionaria", [1349] parece que se olvidó el sabio consejo que Jeremías dirigió a los judíos deportados a Babilonia: "Buscad la paz para la ciudad a la que os he deportado; rogad a Yahvé en su favor, pues su paz depende de la vuestra". (Jeremías 29 7.)

Mientras que los judíos de Rusia, que alentaron la revolución, sólo soñaban con derribar esta misma ciudad sin pensar en las consecuencias.

En la larga y caótica historia de la humanidad, el papel desempeñado por el pueblo judío -poco numeroso pero enérgico- es innegable y considerable. Esto también se aplica a la historia de Rusia. Pero para todos nosotros, este papel sigue siendo un enigma histórico.

También para los judíos.

Esta extraña misión les trajo de todo menos felicidad.

[1348] Véase, por ejemplo, *Paul Johnson*, A History of the Jews, Harper Collins, 1987, p. 448.
[1349] SJE, t. 7, p. 349.

Capítulo 10

El periodo de la Duma

El Manifiesto del 17 de octubre marcó el comienzo de un período cualitativamente nuevo en la historia rusa, que se consolidó más tarde con un año de gobierno de Stolypin: el período de la Duma o de la Autocracia limitada, durante el cual los principios anteriores de gobierno -el poder absoluto del zar, la opacidad de los ministerios, la inmutabilidad de la jerarquía- se restringieron rápida y sensiblemente. Este periodo fue muy difícil para todas las *altas esferas*, y sólo los hombres de carácter sólido y temperamento activo pudieron inscribirse dignamente en la nueva era. Pero a la opinión pública también le costó acostumbrarse a las nuevas prácticas electorales, a la publicidad de los debates en la Duma (y más aún a la responsabilidad de ésta); y, en su ala izquierda, los leninistas enfurecidos, así como los enfurecidos del Bund, simplemente boicotearon las elecciones a la primera Duma: ¡no tenemos nada que ver con vuestros parlamentos, conseguiremos nuestros fines con bombas, sangre, convulsiones! Y así "la actitud del Bund hacia los diputados judíos de la Duma fue violentamente hostil".[1350]

Pero los judíos de Rusia, dirigidos por la Unión por la integralidad de los derechos, no se equivocaron y, expresando su simpatía por la nueva institución, "participaron muy activamente en las elecciones, votando la mayoría de las veces a los representantes del partido [de los Cadetes] que había incluido en su programa la igualdad de derechos para los judíos". Algunos revolucionarios que habían recobrado el ánimo compartían las mismas disposiciones. Así, Isaac Gurvitch, que había emigrado en 1889 - activo partidario de la izquierda marxista, fue cofundador del Partido Socialdemócrata estadounidense-, regresó a Rusia en 1905, donde fue elegido miembro del Colegio Electoral de la Duma.[1351] -No había limitaciones para los judíos en las elecciones, y doce de ellos se sentaron en la primera Duma; es cierto que la mayoría procedían del Pale of Settlement, mientras que los dirigentes judíos de la capital, que no reunían los requisitos de propiedad, no podían ser elegidos: sólo Winaver, L.

[1350] JE, t. 5, p. 100.
[1351] RJE, t. 1, p. 392.

Bramson, [1352] y el judío converso M. Herzenstein (a quien el príncipe P. Dolgorukov había cedido su puesto).

Como el número de judíos en la Duma era significativo, los diputados sionistas propusieron formar un "grupo judío independiente" que se atuviera a "la disciplina de un verdadero partido político", pero los diputados no sionistas rechazaron esta idea, contentándose con "reunirse de vez en cuando para discutir asuntos que conciernen directamente a los intereses judíos ,"[1353] acordando, sin embargo, atenerse ya a "una verdadera disciplina en el sentido de acatar estrictamente las decisiones de un colegio compuesto por miembros de la Duma y los del Comité para la integralidad de los derechos"[1354] (el "Buró Político").

Al mismo tiempo se formó una sólida alianza entre los judíos y el partido de los cadetes. "No era raro que las secciones locales de la Unión [por la integralidad de los derechos] y del partido constitucional-demócrata estuvieran compuestas por las mismas personas". [1355](Algunos se burlaban de Winaver llamándole el "Cadete Mosaico"). "En el Pale of Settlement, la inmensa mayoría de los miembros del partido [de los Cadetes] eran judíos; en las provincias del interior, representaban en número la segunda nacionalidad... Como escribió Witte, 'casi todos los judíos que terminaban la enseñanza superior se afiliaban al partido de la Libertad del Pueblo [es decir, Los Cadetes]... que les prometía el acceso inmediato a la igualdad de derechos'. Este partido debe gran parte de su influencia a los judíos que le proporcionaron apoyo tanto intelectual como material". [1356] Los judíos "introdujeron coherencia y rigor... en el 'Movimiento de Liberación' ruso de 1905".[1357]

Sin embargo, A. Tyrkova, figura importante del Partido de los Cadetes, señala en sus memorias que "los principales fundadores y dirigentes del Partido de los Cadetes no eran judíos.

No había, entre estos últimos, ninguna personalidad lo suficientemente destacada como para impulsar a los liberales rusos detrás de él, como el judío Disraeli había hecho con los conservadores ingleses a mediados del siglo XIX... Las personas que más importaban dentro del partido de los cadetes eran rusos. Esto no significa que niegue la influencia de estos judíos que se han unido a nuestras masas. No podían dejar de actuar sobre

---

[1352] JE, t. 7, p. 370.
[1353] JE, t. 7, p. 371.
[1354] G. B. Sliosberg, t. 3, p. 200.
[1355] SJE, p. 349.
[1356] Ibidem, pp. 398-399.
[1357] V. V. Choulguine, "Chto nam v nikh ne nravitsa...", Ob Antisemitism v Rossii ("Lo que no nos gusta de ellos..." Sobre el antisemitismo en Rusia), París, 1929, p. 207.

nosotros, aunque sólo fuera por su inagotable energía. Su sola presencia, su actividad, no nos permitían olvidarlos, olvidar su situación, olvidar que había que ayudarlos." Y, más adelante: "Reflexionando sobre todas estas redes de influencia de los judíos [dentro del partido de los cadetes], no se puede pasar por alto el caso de Miliukov. Desde el principio, se convirtió en su favorito, rodeado de un círculo de admiradores, más exactamente de admiradoras... que lo acunaban con melodías apagadas, lo engatusaban, lo cubrían sin freno de elogios tan excesivos que resultaban cómicos".[1358]

V. A. Obolensky, también miembro del partido, describe un club de cadetes durante la época de la Primera Duma en la esquina de las calles Sergevskaya y Potmekinskaya. Allí se mezclaban la élite de la sociedad judía secularizada y la élite de la intelectualidad politizada rusa: "Siempre había mucha gente, y el público, compuesto en su mayoría por judíos acaudalados de Petersburgo, era muy elegante: las damas vestían túnicas de seda, brillantes broches y anillos, los caballeros tenían los aires de *burgueses* bien alimentados y satisfechos de sí mismos. A pesar de nuestras convicciones democráticas, nos chocó un poco el ambiente que reinaba en este "club de cadetes". Podemos imaginar la vergüenza que experimentaban los campesinos que acudían a las reuniones de nuestro grupo parlamentario. Un 'partido de señores', eso es lo que se decían cuando dejaban de asistir a nuestras reuniones".[1359]

A nivel local, la cooperación entre la Unión por la integralidad de los derechos y el Partido de los Cadetes se manifestaba no sólo en la presencia del "mayor número posible de candidatos judíos", sino también en el hecho de que "las facciones locales de la Unión [por la integralidad de los derechos] recibieron instrucciones de apoyar [a los no judíos] que prometieran contribuir a la emancipación de los judíos".[1360] Como explicó en 1907 el periódico de cadetes Retch, en respuesta a las preguntas formuladas repetidamente por otros periódicos: "*Retch* formuló en su momento de forma muy precisa las condiciones del acuerdo con el grupo judío... Este último tiene derecho a impugnar el colegio electoral y a oponerse a las candidaturas a la Duma."[1361]

Durante los debates parlamentarios, la Duma, siguiendo la lógica del Manifiesto Imperial, planteó la cuestión de la igualdad de derechos para los judíos en el marco general de la concesión de los mismos derechos a todos los ciudadanos. "La Duma del Estado prometió preparar una 'ley

---

[1358] A. *Tyrkova-Williams*, Na poutiakh k svobode (Los caminos hacia la libertad), Nueva York, ed. Chekov, 1952, pp. 303-304. Chekov, 1952, pp. 303-304.

[1359] V. A. *Obolensky*, Moïa jizn. Moi sovremenniki (Mi vida, Mis contemporáneos), París, YMCA Press. 1988, p. 335.

[1360] SJE, t. 7, p. 349.

[1361] Retch (La Palabra), 1907, 7 (19) enero, p. 2.

sobre la plena equiparación de los derechos de todos los ciudadanos y la derogación de cualquier limitación o privilegio asociado a la pertenencia a una clase social, nacionalidad, religión o sexo'". [1362]Tras adoptar las líneas maestras de esta ley, la Duma se perdió en debates durante otro mes, multiplicando "declaraciones atronadoras seguidas de un sin efecto"[1363], para acabar disolviéndose. Y la ley sobre la igualdad civil, especialmente para los judíos, quedó pendiente.

Como la mayoría de los cadetes, los diputados judíos de la Primera Duma firmaron el llamamiento de Vyborg, lo que significaba que ahora les era imposible presentarse a las elecciones; la carrera de Winaver se vio especialmente perjudicada por ello. (En la Primera Duma había hecho comentarios violentos, aunque más tarde aconsejaría a los judíos que no se pusieran demasiado en el punto de mira para evitar que se repitiera lo ocurrido en la revolución de 1905).

"La participación de los judíos en las elecciones de la segunda Duma fue aún más marcada que durante la primera campaña electoral... Las poblaciones judías del Pale of Settlement mostraron el mayor interés en estas elecciones. El debate político alcanzó todos los niveles de la sociedad". Sin embargo, como indica la *Enciclopedia Judía* publicada antes de la Revolución, también hubo una importante propaganda antijudía llevada a cabo por los círculos monárquicos de derechas, especialmente activos en las provincias occidentales; "los campesinos estaban persuadidos de que todos los partidos progresistas luchaban por la igualdad de derechos de los judíos en detrimento de los intereses de la población étnica" ; [1364]que "tras la mascarada de la representación popular, el país estaba gobernado por un sindicato judeo-masónico de expoliadores del pueblo y traidores a la patria"; que el campesino debía alarmarse ante el "número sin precedentes de nuevos amos desconocidos para los ancianos de la aldea, y a los que en adelante debía alimentar con su trabajo"; que la Constitución "prometía sustituir el yugo tártaro por el, injurioso, del *Kahal internacional.*" Y se elaboró una lista de los derechos existentes que debían ser abrogados: no sólo los judíos no debían ser elegidos para la Duma, sino que todos debían ser relegados al Pale of Settlement; prohibirles vender trigo, grano y madera, trabajar en bancos o establecimientos comerciales; confiscar sus propiedades; prohibirles cambiar de nombre; servir como editor o redactor de prensa; reducir el propio Pale of Settlement excluyendo las regiones fértiles, no conceder tierras a los judíos dentro de la provincia

---

[1362] JE, t. 7, p. 371.
[1363] V. A. *Maklakov*, 1905-1906 gody (1905-1906)-M. Winaver i ruskaya obchtchestvennost nachala XX veka (M. Winaver y la opinión pública rusa a principios del siglo XX), París, 1937, p. 94.
[1364] JE, t. 7, p. 372.

de Yakutsk; en general, considerarlos extranjeros, sustituir para ellos el servicio militar por un impuesto, etc. "El resultado de esta propaganda antisemita, difundida tanto oralmente como por escrito, fue el hundimiento de los candidatos progresistas a la segunda Duma en toda la Pale of Settlement". [1365]Sólo había cuatro diputados judíos en la segunda Duma (incluidos tres cadetes).[1366]

Pero incluso antes de estas elecciones, el gobierno abordó la cuestión de la igualdad de derechos para los judíos. Seis meses después de tomar posesión como Primer Ministro, en diciembre de 1906, Stolypin hizo que el gobierno adoptara una resolución (el llamado "Diario del Consejo de Ministros") sobre la continuación del levantamiento de las restricciones impuestas a los judíos, y ello en áreas esenciales, orientándose así hacia la igualdad integral. "Consideraron eliminar: la prohibición a los judíos de residir en zonas rurales dentro del Pale of Settlement; la prohibición de residir en zonas rurales en todo el Imperio a las personas que gozaban del derecho de residencia universal"; "la prohibición de incluir a los judíos en el directorio de las sociedades anónimas titulares de tierras".[1367]

Pero el Emperador contestó en una carta fechada el 10 de diciembre: "A pesar de los argumentos más convincentes a favor de la adopción de estas medidas... una voz interior me dicta con creciente insistencia que no tome esta decisión por mí mismo."[1368]

Como si no comprendiera -o más bien olvidara- que la resolución propuesta en el *Diario* era la consecuencia directa e ineludible del Manifiesto que él mismo había firmado un año antes...

Incluso en el mundo burocrático más cerrado, siempre hay funcionarios con ojos y manos. ¿Y si el rumor de una decisión tomada por el Consejo de Ministros se hubiera extendido ya a la opinión pública? Y aquí estamos: sabremos que los ministros quieren emancipar a los judíos mientras que el soberano, él, se interpuso en su camino...

El mismo día, 10 de diciembre, Stolypin se apresuró a escribir al Emperador una carta llena de ansiedad, repitiendo uno a uno todos sus argumentos, y especialmente: "La destitución del *Diario* no es por el momento conocida por nadie", por lo que aún es posible ocultar los equívocos del monarca. "Majestad, no tenemos derecho a poneros en esta situación y refugiarnos detrás de vos". A Stolypin le hubiera gustado que

---

[1365] JE, t. 2, pp. 749-751.
[1366] JE, t. 7, p. 373.
[1367] SJE, t. 7, p. 351.
[1368] Perepiska N. A. Romanova y P. A. Solypina (Correspondencia entre N. A. Romanov y P. A. Stolypin), Krasnyi Arkhiv, 1924, vol. 5, p. 105; Véase también SJE, t. 7, p. 351.

las ventajas concedidas a los judíos aparecieran como un favor otorgado por el zar. Pero como no era el caso, propuso ahora adoptar otra resolución: el emperador no ponía objeciones en cuanto al fondo, pero no quería que la ley se promulgara por encima de la Duma; debía hacerlo la Duma.

El secretario de Estado S. E. Kryjanovski dijo que el emperador adoptó entonces una resolución que iba en esta dirección: que los representantes del pueblo asumieran la responsabilidad tanto de plantear esta cuestión como de resolverla. Pero, nadie sabe por qué, esta resolución recibió poca publicidad, y "por parte de la Duma no pasó absolutamente nada".[1369]

Ampliamente a la izquierda, penetrada de ideas progresistas y tan vehemente con el gobierno, ¡la segunda Duma fue libre! Sin embargo, en la segunda Duma se habló menos de la privación de derechos que sufren los judíos que en la primera". [1370] La ley sobre la igualdad de derechos de los judíos ni siquiera se debatió, así que, qué decir de su aprobación...

¿Por qué entonces la segunda Duma no aprovechó las oportunidades que se le ofrecían? ¿Por qué no las aprovechó? Tuvo tres meses enteros para hacerlo. ¿Y por qué los debates, los enfrentamientos, se referían sólo a cuestiones secundarias, tangenciales? La igualdad de los judíos -todavía parcial, pero ya muy avanzada- fue abandonada.

¿Por qué? En cuanto a la "Comisión Extraordinaria Extraparlamentaria", ni siquiera discutió el plan para derogar las restricciones impuestas a los judíos, sino que eludió el problema centrándose en la igualdad *integral* "lo más rápidamente posible."[1371]

Es difícil explicarlo de otro modo que no sea por un cálculo político: siendo el objetivo luchar contra la Autocracia, el interés era aumentar cada vez más la presión sobre la cuestión judía, y desde luego no resolverla: se mantenían así municiones en reserva. Estos valientes caballeros de la libertad razonaban en estos términos: para evitar que el levantamiento de las restricciones impuestas a los judíos disminuyera su ardor en la batalla.

Para estos caballeros sin miedo y sin reproche, lo más importante, era sin duda la lucha contra el poder.

Todo esto empezaba a verse y entenderse. Berdyaev, por ejemplo, se dirigió a todo el espectro del radicalismo ruso con los siguientes reproches: "Sois muy sensibles a la cuestión judía, lucháis por sus derechos. Pero,

---

[1369] S. E. *Kryjanorski*, Vospominania (Memorias), Berlín, Petrópolis, pp. 94-95.
[1370] SJE, t. 7, p. 351.
[1371] JE, t. 7, p. 373.

¿sentís al 'judío', sentís el alma del pueblo judío ?... No, vuestra lucha a favor de los judíos no quiere conocer a los judíos".[1372]

Luego, en la tercera Duma, los Cadetes ya no tenían la mayoría; "no tomaron más iniciativas sobre la cuestión judía, temiendo ser derrotados... Esto provocó un gran descontento entre las masas judías, y la prensa judía no se privó de atacar al partido de la Libertad del Pueblo".[1373] Aunque "los judíos habían participado en la campaña electoral con el mayor ardor y el número de votantes judíos superaba al de los cristianos en todas las ciudades del Pale of Settlement", fueron derrotados por el partido contrario, y en la tercera Duma sólo había dos diputados judíos: Nisselovitch y Friedman.[1374] (Este último logró permanecer hasta la cuarta Duma.)-A partir de 1915, el Consejo de Estado incluyó entre sus miembros a un judío, G. E. Weinstein, de Odessa. (Justo antes de la revolución, también estaba Salomón Samoylovich Krym, un karaim.)[1375]

En cuanto a los octubristas [1376] cuyo partido se había convertido en mayoría en la tercera Duma, por un lado cedieron, no sin vacilar, a la presión de la opinión pública que exigía la igualdad de derechos para los judíos, lo que provocó las críticas de los diputados nacionalistas rusos: "Pensábamos que los octubristas seguían apegados a la defensa de los intereses nacionales" - y ahora, sin previo aviso, habían relegado a un segundo plano tanto la cuestión de "la concesión de la igualdad de derechos a los rusos de Finlandia" (lo que significaba que esta igualdad no existía en esta "colonia rusa"...) como la de la anexión por Rusia de la región de Kholm, en Polonia, con todos los rusos que la habitan-, pero "han preparado un proyecto de ley para abolir el Pale of Settlement".[1377] Por otra parte, se les atribuyeron declaraciones "de carácter manifiestamente antisemita": así, la tercera Duma, por iniciativa de Guchkov, emitió en 1906 "el deseo... de que los médicos judíos no fueran admitidos a trabajar en los servicios sanitarios del ejército"[1378]; asimismo, "se propuso sustituir el servicio militar de los judíos por un impuesto."[1379] (En los años que precedieron a la guerra, el

---

[1372] *Nikolai Berdyaev*, Filosofia neravenstva (La filosofía de la desigualdad), París, YMCA Press, 1970, p. 72.
[1373] *Sliosberg*, t. 3, p. 247.
[1374] JE, t. 7, pp. 373-374.
[1375] *A. A. Goldenweiser*, Pravovoe polojenie ievreyev v Rossii (La posición jurídica de los judíos en Rusia), [Sb.] Kniga o ruskom evreïstve Ot 1860 godov do Revolutsii 1917 g. (Aspectos de la historia de los judíos rusos), en BJWR-1, p. 132; RJE, L 1, p. 212, t. 2, p. 99.
[1376] Partido Disidente de los Cadetes, fundado por Guchkov, que exige la aplicación estricta del Manifiesto del 30 de octubre.
[1377] Tercera Duma, Acta taquigráfica de los debates, 1911, p. 2958.
[1378] JE, t. 7, p. 375.
[1379] SJE, t. 7, p. 353.

proyecto de dispensar a los judíos del servicio militar seguía siendo amplia y seriamente debatido; e I. V. Hessen publicó un libro sobre este tema titulado *La guerra y los judíos*). En resumen, ni el segundo, ni el tercero, ni el cuarto Dumas se ocuparon de aprobar la ley de igualdad integral de derechos para los judíos. Y cada vez que fue necesario ratificar la ley sobre la igualdad de derechos de los *campesinos* (promulgada por Stolypin a partir del 5 de octubre de 1906), ¡fue bloqueada por el mismo Dumas, bajo la presión de la izquierda, con el argumento de que no se podía conceder a los campesinos la igualdad de derechos antes que a los judíos (y a los polacos)!

Y así, la presión ejercida sobre este execrado gobierno zarista no se alivió, sino que se duplicó, se quintuplicó. Y no sólo no se alivió esta presión ejercida sobre el gobierno, no sólo estas leyes no fueron votadas por la Duma, sino que duraría hasta la Revolución de Febrero.

Stolypin, tras su desafortunado atentado de diciembre de 1906, tomó discretamente medidas administrativas para levantar parcialmente las restricciones impuestas a los judíos.

Un editorialista de *Novoie Vremia*, Menshikov, condenó este método: "Bajo Stolypin, el Pale of Settlement se ha convertido en una ficción". [1380] Los judíos "están derrotando al poder ruso retirando gradualmente toda su capacidad de intervención... El gobierno se comporta como si fuera judío".[1381]

Tal es el destino del camino del medio.

El clamor general de los partidos de izquierda contra una política de medidas progresistas, este rechazo táctico a una evolución suave hacia la igualdad de derechos, fue fuertemente apoyado por la prensa rusa. Desde finales de 1905, ya no estaba sometida a la censura previa. Pero no era sólo una prensa que se había vuelto libre, era una prensa que se consideraba un actor de pleno derecho en la arena política, una prensa, como hemos visto, que podía formular reivindicaciones, ¡como la de *retirar a la policía de las calles de la ciudad*! Witte dijo que había perdido la razón.

En el caso de la Duma, la forma en que Rusia, incluso en sus provincias más remotas, se informaba de lo que allí ocurría y de lo que allí se decía, dependía enteramente de los periodistas. Los relatos taquigráficos de los debates aparecían tarde y con muy poca difusión, por lo que no había otra fuente de información que la prensa diaria, y era en base a lo que leían como la gente se formaba una opinión. Sin embargo, los periódicos distorsionaban sistemáticamente los debates de la Duma, abriendo en gran

---

[1380] Novoie Vremia, 1911, 8 (21) de septiembre, p. 4.
[1381] *Ibidem*, 10 (23) de septiembre, p. 4.

medida sus columnas a los diputados de la izquierda y colmándolos de elogios, mientras que a los diputados de la derecha sólo les permitían un mínimo.

A. Tyrkova cuenta que en la segunda Duma, "los periodistas acreditados formaron su propia oficina de prensa", que "dependía del reparto de plazas" entre los corresponsales. Los miembros de esta oficina "se negaron a dar su tarjeta de acreditación" al corresponsal del Diario el *Kolokol* (periódico favorito de los curas del campo). Tyrkova intervino, señalando que "no había que privar a estos lectores de la posibilidad de estar informados sobre los debates de la Duma por un periódico en el que tenían más confianza que los de la oposición"; pero "mis colegas, entre los que los judíos eran los más numerosos..., se dejaron llevar, empezaron a gritar, explicando que nadie leía el *Kolokol*, que ese periódico no servía para nada."[1382]

Para los círculos nacionalistas rusos, la responsabilidad de esta conducta de la prensa era simple y exclusivamente de los judíos. Querían demostrar que casi todos los periodistas acreditados ante la Duma eran judíos. Y publicaron listas de "chivatazos" con los nombres de estos corresponsales.

Más revelador es este cómico episodio de la vida parlamentaria: un día, respondiendo a los ataques de que era objeto, Purishkevich señaló, en medio de su discurso, el palco de la prensa, situado cerca de la tribuna y delimitado por una barrera circular, y dijo: "¡Pero vean este Pale of Settlement de *los judíos*!" -Todo el mundo se volvió involuntariamente hacia los representantes de la prensa, y se produjo un estallido general de carcajadas que ni siquiera la izquierda pudo reprimir. Este "Pale of Settlement of the Duma" se convirtió en una expresión adoptada.

Entre los editores judíos destacados, ya hemos hablado de S. M. Propper, propietario del *Stock Exchange News* e infalible simpatizante de la "democracia revolucionaria". Sliosberg evoca más calurosamente a quien fundó y financió en gran medida el periódico de cadetes *Retch*, I. B. Bak: "Un hombre muy servicial, muy culto, con una orientación radicalmente liberal". Fue su apasionada intervención en el Congreso de los comités judíos de ayuda mutua a principios de 1906 lo que impidió una conciliación con el zar. "No había organización judía dedicada a la acción cultural o a la beneficencia de la que I. Bak no formara parte"; se distinguió especialmente por su labor en el Comité Judío para la Liberación. En [1383]cuanto al periódico *Retch* y su redactor jefe I. V. Hessen, estaban lejos de limitarse únicamente a las cuestiones judías, y su orientación era más generalmente liberal (Hessen lo demostró posteriormente en la emigración con el *Roul* y los Archivos de la Revolución Rusa). El muy serio *Russkie*

[1382] *Tyrkova-Williams*, pp. 340-342.
[1383] *Sliosberg*, t. 3, pp. 186-187.

Vedomosti publicaba autores judíos de diversas tendencias, tanto V. Jabotinsky como el futuro inventor del comunismo de guerra, Lourie-Larine. S. Melgounov señaló que la publicación en este órgano de artículos favorables a los judíos se explicaba "no sólo por el deseo de defender a los oprimidos, sino también por la composición del equipo directivo del periódico." "[1384]Había judíos incluso entre los colaboradores del *Novoie Vremia* de Suvorin"; la *Enciclopedia Judía* cita los nombres de cinco de ellos.[1385]

El periódico *Russkie Vedomosti* estuvo dominado durante mucho tiempo por la figura de G. B. Iollos, llamado allí por Guerzenstein, que trabajaba allí desde los años ochenta. Ambos eran diputados de la Primera Duma. Sus vidas sufrieron cruelmente la atmósfera de violencia engendrada por los asesinatos políticos, que eran la esencia misma de la revolución, un "ensayo" de 1905-06. Según la *Enciclopedia Judía Israelí*, la responsabilidad de su asesinato recaería en la Unión del Pueblo Ruso. [1386]Para la *Encyclopœdia Judía Rusa,* si esta última tuvo la responsabilidad del asesinato de Guerzenstein (1906), Iollos, él, fue asesinado (1907) por "Terroristas de los Cien Negros".[1387]

Los editores y periodistas judíos no limitaron sus actividades a la capital o a las publicaciones de alto nivel intelectual, sino que también intervinieron en la prensa popular, como la *Kopeika,* lectura favorita de los conserjes: con un cuarto de millón de ejemplares en circulación, "desempeñó un papel importante en la lucha contra las campañas de denigración antisemita". (Había sido creada y estaba dirigida por M. B. Gorodetski.[1388]) El muy influyente *Kievskaya Mysl* (a la izquierda de los Cadetes) tenía como redactor jefe a Iona Kugel (eran cuatro hermanos, todos periodistas), y a D. Zaslavski, un pícaro malvado, y, lo que nos parece muy conmovedor, ¡a León Trotsky! El periódico más importante de Saratov lo dirigía Averbakh-senior (cuñado de Sverdlov). En Odessa apareció durante algún tiempo el *Novorossiysky Telegraf,* con fuertes convicciones derechistas, pero se tomaron contra él -con éxito- medidas de asfixia económica.

La prensa rusa también tuvo estrellas "migrantes". Así, L. I. Goldstein, un periodista inspirado que escribió durante treinta y cinco años en los periódicos más diversos, entre ellos el *Syn Otetchestva,* y fue también él quien fundó y dirigió el *Rossia,* un periódico claramente patriótico. Este

---

[1384] S. P. Melgunov, Vospominania i dnevniki. Vyp. I (Memorias y Diario, 1), París, 1964, p. 88.
[1385] SJE, t. 7, p. 517.
[1386] Organización nacionalista de masas fundada en octubre de 1905 por el Dr. Dubrovin y Vladimir Purishkevich.
[1387] *Ibidem,* p. 351; RJE, t. 1, pp. 290, 510.
[1388] RJE, t. 1, p. 361.

último fue cerrado a causa de una crónica especialmente virulenta dirigida contra la familia imperial: "Estos señores Obmanovy". La prensa celebraría el jubileo de Goldstein en la primavera de 1917.[1389] -Así como el discreto Garvei-Altus, que tuvo un momento de gloria por su crónica "El salto de la pantera apasionada", en la que vertía un torrente de calumnias sobre el ministro del Interior, N. A. Maklakov.

(Pero todo esto no era nada comparado con la insolencia inaudita de los "panfletos humorísticos" de los años 1905-1907 que cubrían de porquería, en términos inimaginables, todas las esferas del poder y del Estado. El camaleónico Zinovi Grjebine: en 1905 publicó un folleto satírico, el *Joupel*; en 1914-1915 dirigió el derechista *Otetchestvo*, y en 1920 creó una editorial rusa en Berlín en colaboración con las ediciones del Estado soviético.)[1390]

Pero si la prensa reflejaba todo tipo de corrientes de pensamiento, del liberalismo al socialismo y, en lo que se refiere a la temática judía, del sionismo al autonomismo, era una posición considerada incompatible con la respetabilidad periodística: la que consistía en adoptar una actitud comprensiva frente al poder. En los años 70, Dostoievski ya había señalado en varias ocasiones que "la prensa rusa está fuera de control". Esto se pudo comprobar incluso con ocasión de la reunión del 8 de marzo de 1881, con Alejandro III, recién entronizado emperador, y a menudo después: los periodistas actuaban como autoproclamados representantes de la sociedad.

Se atribuyó a Napoleón la siguiente frase: "Tres papeles de la oposición son más peligrosos que cien mil soldados enemigos". Esta frase se aplica en gran medida a la guerra ruso-japonesa. La prensa rusa fue abiertamente derrotista durante todo el conflicto y en cada una de sus batallas. Peor aún, no ocultó sus simpatías por el terrorismo y la revolución.

Esta prensa, totalmente fuera de control en 1905, fue considerada durante el período de la Duma, si hemos de creer a Witte, como esencialmente "judía" o "semijudía"[1391] ; o, para ser más precisos, como una prensa dominada por judíos de izquierda o radicales que ocupaban puestos clave. En noviembre de 1905, D. I. Pikhno, redactor jefe durante veinticinco años del periódico ruso *The Kievian* y gran conocedor de la prensa de su época, escribía "Los judíos... han apostado fuerte a la carta de la revolución... Aquellos, entre los rusos, que piensan seriamente, han comprendido que en tales momentos, la prensa representa una fuerza y que esta fuerza no está en sus manos, sino en la de sus adversarios; que hablan en su nombre en

---

[1389] Novoie Vremia, 1917, 21 de abril (4 de mayo); así como otros periódicos.
[1390] RJE, t. 1, p. 373.
[1391] S. I. Witte, Vopominania. TsarsLvoanie Nikolaïa II (Memorias, El reinado de Nicolás II) en 2 vols., Berlín, Slovo, 1922, t. 2, p. 54.

toda Rusia y han obligado a la gente a leerlos porque no hay otra cosa que leer; y como no se puede lanzar una publicación en un día, [la opinión] ha quedado ahogada bajo esta masa de mentiras, incapaz de encontrarse allí."[1392]

L. Tikhomirov no vio la dimensión nacional de este fenómeno, pero en 1910 hizo las siguientes observaciones sobre la prensa rusa: "Juegan con los nervios... No soportan la contradicción... No quieren cortesía, juego limpio... No tienen ideal, no saben lo que es eso". En cuanto al público formado por esta prensa, "quiere agresividad, brutalidad, no respeta el saber y se deja engañar por la ignorancia."[1393]

En el otro extremo del espectro político, he aquí el juicio que el bolchevique M. Lemke emitió sobre la prensa rusa: "En nuestros días, las ideas no son baratas y la información es sensacionalista, la ignorancia segura de sí misma y autoritaria llena las columnas de los periódicos".

Más concretamente, en el ámbito cultural, Andrei Bely -que era cualquier cosa menos un hombre de derechas o "chovinista"- escribió estas amargas líneas en 1909: "Nuestra cultura nacional está dominada por personas ajenas a ella... Vean los nombres de quienes escriben en los periódicos y revistas rusos, críticos literarios, críticos musicales: prácticamente no son más que judíos; hay entre ellos personas que tienen talento y sensibilidad, y algunos, pocos en número, comprenden nuestra cultura nacional quizá mejor que los propios rusos; pero son la excepción. La masa de críticos judíos es totalmente ajena al arte ruso, se expresa en una jerga parecida al esperanto, y lleva a cabo un reinado del terror entre los que intentan profundizar y enriquecer la lengua rusa."[1394]

Al mismo tiempo, V. Jabotinsky, un perspicaz sionista, se quejaba de los "periódicos progresistas financiados con fondos judíos y atiborrados de colaboradores judíos", y advertía: "Cuando los judíos se precipitaron en masa en la política rusa, predijimos que nada bueno saldría de ello, ni para la política rusa ni para los judíos".[1395]

La prensa rusa desempeñó un papel decisivo en el asalto de los cadetes y la intelectualidad contra el gobierno antes de la revolución; el diputado de la Duma A. I. Chingariov expresa bien el estado de ánimo que reinaba en ella: "¡A este gobierno sólo le queda hundirse! A un poder *como éste* no

---

[1392] The Kievian, 1905, 17 nov. en *Choulguine*, Anexos, pp. 285-286.
[1393] Iz dncvnika L. Tikhomirova (*Extractos del diario de L. Tikhomirov*). Krasny Arkhiv, 1936, t. 74, pp. 177-179.
[1394] Boris Bougayev (Andrei Bely), Chtempelevennaïa kultura (*La cultura obliterada*), Viesy, 1909, n° 9, pp. 75-77.
[1395] *Vl. Jabotinsky*, Dezertiry i khoziaieva (Desertores y amos), Felietony, Spb, 1913, pp. 75-76.

podemos lanzarle ni el más mínimo trozo de cuerda!". A este respecto, cabe recordar que la Primera Duma guardó un minuto de silencio en memoria de las víctimas del pogromo de Bialystok (negándose a admitir, como hemos visto, que se trató de un enfrentamiento armado entre anarquistas y el ejército); la segunda Duma también rindió homenaje a Iollos, asesinado por un terrorista; pero cuando Purishkevich se ofreció a guardar un minuto de silencio en memoria de los oficiales y soldados muertos en el cumplimiento de su deber, fue expulsado de la sesión y los parlamentarios se mostraron tan maniáticos que les pareció impensable compadecer a quienes garantizaban la seguridad en el país, esa seguridad elemental que todos necesitaban.

A. Koulicher hizo un justo balance de este periodo, pero demasiado tarde, en 1923, en la emigración: "Antes de la revolución había, entre los judíos de Rusia, individuos y grupos de individuos, cuya actividad podía caracterizarse... precisamente por la falta de sentido de la responsabilidad frente a la confusión que reinaba en las mentes de los judíos... [mediante] la propagación de un 'espíritu revolucionario' tan vago como superficial... Toda su acción política consistía en situarse más a la izquierda que los demás. Confinados al papel de críticos irresponsables, sin ir nunca hasta el final de las cosas, consideraban que su misión consistía en decir siempre: '¡No basta!'... Estas personas eran 'demócratas'... Pero también existía una categoría particular de demócratas -es más, se denominaban a sí mismos el 'Grupo Demócrata Judío'- que adjuntaban este adjetivo a todo lo sustantivo, inventando un talmud insostenible de la democracia... Con el único fin de demostrar que los demás aún no eran suficientemente demócratas... Mantenían a su alrededor una atmósfera de irresponsabilidad, de maximalismo sin contenido, de exigencia insaciable. Todo lo cual tuvo consecuencias fatales cuando llegó la revolución". [1396] La influencia destructiva de esta prensa es sin duda uno de los puntos débiles, de gran vulnerabilidad, de la vida pública rusa en los años 1914-1917.

Pero, ¿qué fue de la "prensa reptiliana", la que se tumbaba frente a las autoridades, la prensa de los nacionalistas rusos? El *Russkoye Znamya* de Dubrovin -se decía que las cosas se le caían tanto de las manos que era grosero y malo- (señalemos, de paso, que se prohibió su circulación en el ejército a petición de ciertos generales). El *Zemshchina* era apenas mejor; no lo sé, no he leído ninguno de estos periódicos. En cuanto al *Moskovskiye Vedomosti*, sin aliento, ya no tenía lectores después de 1905.

[1396] A. *Koulicher*, Ob otvetstvennosti i bezotvetstvennosti (responsabilidad e irresponsabilidad). Ievsreiskaya tribouna, París, 1923, n° 7 (160), 6 de abril, p. 4.

Pero ¿dónde estaban las mentes fuertes y las plumas afiladas de los conservadores, los que se preocupaban por el destino de los rusos? ¿Por qué no había buenos periódicos para contrarrestar el devastador torbellino?

Hay que decir que, frente al pensamiento y la escritura ágiles de la prensa liberal y radical, tan responsable de su dinamismo ante sus colaboradores judíos, los nacionalistas rusos sólo podían alinear espíritus lentos, más bien blandos, que no estaban en absoluto preparados para librar este tipo de batallas (¡pero qué decir hoy de este estado de cosas!). Sólo había algunos tipos literarios exasperados por la prensa de izquierdas, pero totalmente desprovistos de talento. Además, las publicaciones de derechas se enfrentaban a graves dificultades financieras. Mientras que los periódicos financiados con "dinero judío" -como decía Jabotinsky- ofrecían muy buenos salarios, de ahí la profusión de literatos; y, sobre todo, todas estas revistas sin excepción eran interesantes. Finalmente, la prensa de izquierdas y la Duma exigieron el cierre de los "periódicos subvencionados", es decir, apoyados en secreto y más bien débilmente por el gobierno.

El Secretario de Estado S. E. Kryjanovski reconoció que el gobierno prestaba apoyo financiero a más de 30 periódicos en diversas partes de Rusia, pero sin éxito, tanto porque el derecho carecía de personas cultas, preparadas para la actividad periodística, como porque el propio poder tampoco sabía cómo hacerlo. Más dotado que los demás estaba I. I. Gourland, un judío del Ministerio del Interior, un caso único, que, bajo el seudónimo de "Vassiliev", escribía panfletos que enviaba en sobres cerrados a destacadas personalidades públicas.

Así, el gobierno sólo disponía de un órgano que se limitaba a enumerar las noticias en un tono seco y burocrático, el *Pravitelstvenny Vestnik*. Pero crear algo fuerte, brillante, convincente, ir abiertamente a la conquista de la opinión pública incluso en Rusia -¡no hablemos ya de Europa!-, eso, el gobierno imperial o no comprendía la necesidad de hacerlo, o era incapaz de hacerlo, la empresa estaba más allá de sus medios o de su inteligencia.

El *Novoie Vremia* de Suvorin mantuvo durante mucho tiempo una orientación progubernamental; era un periódico muy vivo, brillante y enérgico (pero, todo hay que decirlo, igual de cambiante: a veces favorable a la alianza con Alemania, a veces violentamente hostil a ella) y, por desgracia, no siempre sabía distinguir entre el renacimiento nacional y los ataques a los judíos. (Su fundador, el viejo Suvorin, al repartir sus bienes entre sus tres hijos antes de morir, les puso como condición no ceder nunca ninguna de sus acciones a los judíos). Witte clasificó a *Novoie Vremia* entre los periódicos que, en 1905, "tenían interés por ser de izquierdas..., luego giraron a la derecha para convertirse ahora en ultrarreaccionarios". Este interesantísimo e influyente diario ofrece un llamativo ejemplo de esta orientación". Aunque muy comercial, "sigue contándose entre las mejores". [1397]Proporcionaba una gran cantidad de información y tenía una amplia difusión; tal vez fuera el más dinámico de los periódicos rusos y, sin duda, el más inteligente de los órganos de la derecha. ¿Y los líderes de la derecha? ¿Y los diputados de la derecha en la Duma?

La mayoría de las veces actuaban sin tener en cuenta la relación real entre sus fuerzas y sus debilidades, mostrándose a la vez brutales e ineficaces, no viendo otro medio de "defender la integridad del Estado ruso" que pedir más prohibiciones para los judíos. En 1911, el diputado Balachov elaboró un programa que iba contra corriente y contra los tiempos: *reforzar* el Pale of Settlement, apartar a los judíos de la edición, de la justicia y de la escuela rusa. El diputado Zamyslovski protestó porque en las universidades, los judíos, los SR y los socialdemócratas gozaban de una "simpatía secreta" - como si se pudiera vencer por decreto una "simpatía secreta"-. En 1913, el Congreso de la Unión de la nobleza exigió (como ya se había hecho en 1908 bajo la tercera Duma) que se incorporaran más judíos al ejército, pero que se les excluyera simétricamente de las funciones públicas, de la administración territorial y municipal y de la justicia.

En la primavera de 1911, Purishkevich, luchando con otros contra un Stolypin ya debilitado, propuso a la Duma estas medidas extremas: "Prohibir formalmente a los judíos cualquier función oficial en cualquier administración... especialmente en la periferia del Imperio... Los judíos condenados por haber intentado ocupar estas funciones tendrán que responder ante la justicia".[1398]

Así, la derecha reprochó a Stolypin que hiciera concesiones a los judíos.

Cuando tomó posesión de su cargo en la primavera de 1906, Stolypin tuvo que considerar el Manifiesto del 17 de octubre como un *hecho consumado*, aunque hubiera que modificarlo ligeramente. Que el emperador lo hubiera firmado precipitadamente, sin reflexionar lo suficiente, ya no importaba, había que aplicarlo, había que reconstruir el Estado en medio de las dificultades, de acuerdo con el Manifiesto y a pesar de las vacilaciones del propio zar. Y esto implicaba la igualdad de derechos para los judíos.

Por supuesto, las restricciones impuestas a los judíos continuaron, no sólo en Rusia. En Polonia, que se consideraba -al igual que Finlandia- oprimida, estas limitaciones eran aún más brutales. Jabotinsky escribe: "El yugo que pesa sobre los judíos en Finlandia no tiene medida ni siquiera con lo que se conoce de Rusia o Rumania... El primer finlandés, si sorprende a un judío fuera de una ciudad, tiene derecho a arrestar al criminal y llevarlo a

---

[1397] *Witte*, t. 2, p. 55.
[1398] Acta taquigráfica de los debates de la Tercera Duma, 1911, p. 2911.

la comisaría. La mayoría de los oficios están prohibidos a los judíos. Los matrimonios judíos están sujetos a formalidades obligatorias y humillantes... Es muy difícil obtener permiso para construir una sinagoga... Los judíos están privados de todos los derechos políticos." En otros lugares de la Galitzia austriaca, "los polacos no ocultan que no ven en los judíos más que un material utilizado para reforzar su poder político en esta región... Se han dado casos en los que se ha excluido a alumnos de instituto de su establecimiento 'por causa del sionismo', se obstaculiza de mil y una maneras el funcionamiento de las escuelas judías, se manifiesta odio hacia su jerga (yiddish), y el propio Partido Socialista Judío es boicoteado por los socialdemócratas polacos."[1399] Incluso en Austria, a pesar de ser un país de Europa Central, el odio hacia los judíos seguía vivo, y seguían vigentes muchas restricciones, como los baños de Karlsbad: a veces simplemente estaban cerrados a los judíos, otras sólo podían ir en verano, y los "judíos de invierno" sólo podían acceder a ellos bajo estricto control.[1400]

Pero el propio sistema de limitaciones en Rusia justificaba plenamente las quejas expresadas en la *Enciclopedia Judía en su conjunto*: "La posición de los judíos es sumamente incierta, en la medida en que depende de cómo interpreten la ley los encargados de aplicarla, incluso en el nivel más bajo de la jerarquía, o incluso simplemente de su buena voluntad... Este desenfoque... se debe a... la extrema dificultad de lograr una interpretación y aplicación uniformes de las leyes que limitan los derechos de los judíos... Sus numerosas disposiciones han sido completadas y modificadas por numerosos decretos firmados por el emperador a propuesta de diversos ministerios... y que, por otra parte, no siempre se recogían en el Código General de Leyes"; "Aunque disponga de una autorización expresa expedida por la autoridad competente, el judío no tiene la certeza de que sus derechos sean intangibles"; "Una negativa emanada de un funcionario subalterno, una carta anónima enviada por un competidor, o una aproximación hecha a cara descubierta por un rival más poderoso que pretenda la expropiación de un judío, bastan para condenarlo a la vagancia."[1401]

Stolypin comprendió muy bien lo absurdo de tal estado de cosas, y el irresistible movimiento que entonces impulsaba un estatus de igualdad para los judíos, estatus que ya existía en gran medida en Rusia.

El número de judíos establecidos fuera del Pale of Settlement aumentaba constantemente de año en año. Después de 1903, los judíos tuvieron acceso a 101 lugares de residencia adicionales, y el número de éstos aún aumentó

[1399] Vl. *Jabotinsky*, Homo homini lupus, Felietony, pp. 111-113.
[1400] JE, t. 9, p. 314.
[1401] JE, t. 13, pp. 622-625.

significativamente bajo Stolypin, que aplicó una medida que el zar no había tomado en 1906 y que la Duma había rechazado en 1907. La antigua *Enciclopedia Judía* indica que el número de estos lugares de residencia adicionales ascendía a 291 en 1910-1912 ; En [1402] cuanto a la nueva *Enciclopedia*, cifra el número en 299 para el año 1911.[1403]

La antigua *Encyclopædia* nos recuerda que a partir del verano de 1905, a raíz de los acontecimientos revolucionarios, "los órganos de gobierno [de los centros de enseñanza] no tuvieron en cuenta el *numerus clausus* durante tres años".[1404] A partir de agosto de 1909, éste se redujo respecto a lo que era antes en las escuelas superiores y secundarias (ahora 5% en las capitales, 10% fuera del Pale of Settlement, 15% dentro)[1405], pero sujeto a su cumplimiento.

Sin embargo, dado que la proporción de estudiantes judíos era del 11% en la Universidad de San Petersburgo y del 24% en la de Odessa, [1406]esta medida se consideró una nueva restricción. En 1911 se adoptó una medida restrictiva: el *numerus clausus se* amplió al exterior [1407](sólo para los chicos, y en las instituciones femeninas el porcentaje real era del 13,5% en 1911). Al mismo tiempo, las escuelas artísticas, comerciales, técnicas y de formación profesional aceptaban a los judíos sin restricciones. "Después de la enseñanza secundaria y superior, los judíos se lanzaron a la formación profesional" que habían descuidado hasta entonces. Aunque en 1883 "los judíos de todas las escuelas de formación profesional municipales y regionales" sólo representaban el 2% de la mano de obra, en 1898 eran el 12% de los chicos y el 17% de las chicas. [1408]Además, "la juventud judía llenaba las instituciones privadas de enseñanza superior"; así, en 1912, el Instituto de Comercio de Kiev tenía 1.875 estudiantes judíos, y el Instituto Psico-Neurológico, "miles".

A partir de 1914, cualquier centro educativo privado podía impartir cursos en la lengua de su elección.[1409]

Es cierto que la educación obligatoria para todos formaba parte de la lógica de la época. La principal tarea de Stolypin era llevar a cabo la reforma agraria, creando así una sólida clase de campesinos propietarios. Su

---

[1402] JE, t. 5, p. 822.
[1403] SJE, t. 5, p, 315.
[1404] JE, t. 13, p. 55.
[1405] SJE, t. 7, p. 352.
[1406] *S. V. Pozner*, Ievrei v obschechei chkole... (Los judíos en la escuela pública...), SPb, Razoum, 1914, p. 54.
[1407] SJE, t. 6, p. 854; t. 7, p. 352.
[1408] JE, t. 13, pp. 55-58.
[1409] *I. M. Troitsky*, Ievrei vrusskoï chkole (Los judíos y la escuela rusa), en BJWR-1, pp. 358, 360.

compañero de armas, el ministro de Agricultura A. V. Krivoshein, que también era partidario de la abolición del Pale of Settlement, insistió al mismo tiempo en que se limitara "el derecho de las sociedades anónimas por acciones" a proceder a la compra de tierras, en la medida en que ello podía dar lugar a la formación de un "importante capital agrario judío"; de hecho, "la penetración en el mundo rural del capital especulativo judío corría el riesgo de poner en peligro el éxito de la reforma agraria" (al mismo tiempo expresaba el temor de que esto provocara la aparición de un antisemitismo desconocido hasta entonces en el campo de la Gran Rusia)[1410]. Ni Stolypin ni Krivoshein podían permitir que los campesinos permanecieran en la miseria por el hecho de no poseer tierras. En 1906 también se privó a los asentamientos agrícolas judíos del derecho a adquirir tierras pertenecientes al Estado, que ahora estaban reservadas a los campesinos.[1411]

El economista M. Bernadski citaba las siguientes cifras para el periodo de preguerra: el 2,4% de los judíos trabajaban en la agricultura, el 4,7% eran profesionales liberales, el 11,5% eran empleados domésticos, el 31% trabajaban en el comercio (los judíos representaban el 35% de los comerciantes de Rusia), el 36% en la industria; el 18% de los judíos estaban asentados en el Pale of Settlement.[1412] Al comparar esta última cifra con el 2,4% mencionado anteriormente, el número de judíos que residían en zonas rurales y se dedicaban a la agricultura no había aumentado significativamente, mientras que, según Bernadski, "a los *rusos les* interesaba que las fuerzas y los recursos judíos se invirtieran en todos los ámbitos de la producción", cualquier limitación que se les impusiera "representaba un despilfarro colosal de las fuerzas productivas del país". Señaló que en 1912, por ejemplo, la Sociedad de productores y fabricantes de un distrito industrial de Moscú se había dirigido al Presidente del Consejo de Ministros para que no se impidiera a los judíos desempeñar su papel de enlace intermediario con los centros de producción industrial rusos.[1413]

B. A. Kamenka, presidente del Consejo de Administración del Banco de Azov y el Don, se dedicó a la financiación de la industria minera y metalúrgica y patrocinó once empresas importantes en la región del Donets

---

[1410] K. A. *Krivoshein*, A. V. Krivoshein (1857-1921) Evo znatchenie v istorii Rossii natchal XX veka (A. V. Krivoshein: su papel en la historia de Rusia a principios del siglo XX), París, 1973, pp. 290, 292.

[1411] JE, t. 7, p. 757.

[1412] M. *Bernadski*, Ievrci I ruskoye narodnoïe khoziaïstvo (*Los judíos y la economía rusa*), en Chtchit literatourny sbornik/pod red. L. Andreeva, M. Gorkovo y E Sologouba. 3-e izd., Dop., M. Rousskoye Obchtchestvo dlia izoutchenia ievreiskoi jisni, 1916. pp. 28, 30; SJE, t. 7, p. 386.

[1413] *Bernadski*, Chtchit, pp. 30, 31.

y los Urales.[1414] -No había restricciones a la participación de judíos en sociedades anónimas de la industria, pero "las limitaciones impuestas a las sociedades anónimas que deseaban adquirir propiedades provocaron una protesta en todos los círculos financieros e industriales". Y las medidas tomadas por Krivoshein debían ser derogadas.[1415]

V. Choulguine hizo la siguiente comparación: "El 'poder ruso' parecía muy ingenuo frente a la ofensiva perfectamente dirigida de los judíos. El poder ruso recordaba la crecida de un río largo y tranquilo: una extensión sin fin sumida en una suave somnolencia; hay agua, oh Dios mío la hay, pero es sólo agua dormida. Ahora este mismo río, unas verstas más allá, encerrado por fuertes diques, se transforma en un torrente impetuoso, cuyas aguas burbujeantes se precipitan locamente en turbinas."[1416]

Es la misma retórica que se escucha del lado del pensamiento económico liberal: "Rusia, tan pobre... en mano de obra altamente cualificada..., parece querer aumentar aún más su ignorancia y su retraso intelectual con respecto a Occidente".

Negar a los judíos el acceso a las palancas de la producción "equivale a una negativa deliberada a utilizar... sus fuerzas productivas".[1417]

Stolypin vio muy bien que esto era un despilfarro. Pero los diferentes sectores de la economía rusa se estaban desarrollando de forma demasiado desigual. Y consideraba las restricciones impuestas a los judíos como una especie de impuesto aduanero que sólo podía ser temporal, hasta que los rusos consolidaran sus fuerzas tanto en la vida pública como en la esfera de la economía, estas medidas protectoras segregaban un clima de invernadero poco saludable para ellos. Finalmente (¿pero al cabo de cuántos años?), el gobierno empezó a aplicar las medidas para el desarrollo del mundo campesino, de las que debía resultar una verdadera y auténtica *igualdad de derechos* entre clases sociales y nacionalidades; un desarrollo que habría hecho desaparecer el miedo de los rusos a los judíos y que habría puesto fin definitivamente a todas las restricciones de las que éstos seguían siendo víctimas.

Stolypin pensaba utilizar el capital judío para estimular la economía rusa acogiendo sus numerosas sociedades anónimas, empresas, concesiones y negocios de recursos naturales. Al mismo tiempo, comprendía que los bancos privados, dinámicos y poderosos, a menudo preferirían ponerse de acuerdo entre ellos antes que competir, pero pretendía contrarrestar este fenómeno mediante la "nacionalización del crédito", es decir, el refuerzo

---

[1414] RJE, t. 1, p. 536.
[1415] *Krivoshein*, pp. 292-293.
[1416] *Choulguine*, p. 74.
[1417] *Bernadski*, pp. 27. 28.

del papel del Banco del Estado y la creación de un fondo para ayudar a los campesinos emprendedores que no pudieran obtener crédito en otra parte.

Pero Stolypin estaba haciendo otro cálculo político: pensaba que la obtención de la igualdad de derechos alejaría a algunos de los judíos del movimiento revolucionario. (Entre otros argumentos, también esgrimía el siguiente: a nivel local se recurría ampliamente al soborno para burlar la ley, lo que tenía como efecto extender la corrupción dentro del aparato del Estado).

Entre los judíos, los que no cedieron al fanatismo se dieron cuenta de que, a pesar de las continuas restricciones, a pesar de los ataques cada vez más virulentos (pero impotentes) de los círculos de derechas, aquellos años ofrecían condiciones cada vez más favorables a los judíos y conducían necesariamente a la igualdad de derechos.

Pocos años después, arrojados a la emigración por la "gran revolución", dos renombradas figuras judías meditaron sobre la Rusia prerrevolucionaria: Autodidacta salido de la pobreza a costa de los mayores esfuerzos, había aprobado el bachillerato como candidato externo a los treinta años y obtenido el título universitario a los treinta y cinco; había participado activamente en el Movimiento de Liberación y siempre había considerado el sionismo como un sueño ilusorio; se llamaba Iosif Menassievich Bikerman. A la altura de sus cincuenta y cinco años escribió: "A pesar del reglamento de mayo [de 1882] y de otras disposiciones del mismo tipo, a pesar del Pale of Settlement y del *numerus clausus*, a pesar de Kishinev y Bialystok, yo era un hombre libre y me sentía como tal, un hombre que tenía ante sí un amplio abanico de posibilidades para trabajar en todo tipo de campos, que podía enriquecerse material y espiritualmente, que podía luchar para mejorar su situación y conservar sus fuerzas para continuar la lucha. Las restricciones... fueron disminuyendo siempre bajo la presión de los tiempos y bajo la nuestra, y durante la guerra se abrió una amplia brecha en el último bastión de nuestra desigualdad. Había que esperar otros cinco o quince años antes de obtener la plena igualdad ante la ley; podíamos esperar."[1418]

Perteneciente a la misma generación que Bikerman, compartía convicciones muy distintas y su vida fue también muy diferente: sionista convencido, médico (enseñó durante un tiempo en la Facultad de Medicina de Ginebra), ensayista y político, Daniil Samoylovich Pasmanik, también inmigrante, escribió al mismo tiempo que Bikerman las siguientes líneas: "Bajo el régimen zarista, los judíos vivían infinitamente mejor y, se diga lo que se diga de ellos, sus condiciones de vida antes de la guerra -tanto

---

[1418] I. M. Bikerman, Rossia i ruskoye Ivreisstvo (Rusia y su comunidad judía), en Rossia i ievrei (*Los elementos conservadores y destructivos entre los judíos*), en RaJ, p. 33.

materiales como de otro tipo- eran excelentes. Entonces estábamos privados de derechos políticos, pero podíamos desarrollar una intensa actividad en la esfera de nuestros valores nacionales y culturales, mientras que la miseria crónica que nos había tocado en suerte desaparecía progresivamente."[1419] - "La depresión económica crónica de las masas judías disminuía día a día, dejando espacio a la holgura material, a pesar de las deportaciones sin sentido de varias decenas de miles de judíos fuera de las zonas del Frente. Las estadísticas de las sociedades de crédito mutuo... son la mejor prueba del progreso económico del que disfrutaron los judíos de Rusia durante la década que precedió al golpe. Y lo mismo ocurrió en el campo de la cultura. A pesar del régimen policial -era una libertad absoluta en comparación con el actual régimen bolchevique-, las instituciones culturales judías de todo tipo prosperaron. Todo rebosaba de actividad: las organizaciones estaban en auge, la creación también estaba muy viva y se abrían ahora vastas perspectivas."[1420]

En poco más de un siglo, bajo la corona rusa, la comunidad judía había pasado de 820.000 (incluido el Reino de Polonia) a más de cinco millones de representantes, aunque más de un millón y medio optaron por emigrar,[1421] -un aumento que se multiplicó por ocho entre 1800 y 1914. En los últimos 90 años, el número de judíos se había multiplicado por 3,5 (pasando de 1,5 millones a 5.250.000), mientras que durante el mismo periodo la población total del Imperio (incluidos los nuevos territorios) sólo se había multiplicado por 2,5.

Sin embargo, los judíos seguían sometidos a restricciones, lo que alimentó la propaganda antirrusa en Estados Unidos. Stolypin pensó que podría superarlo *explicándolo*, invitando a miembros del Congreso y a periodistas norteamericanos a venir a ver, en la propia Rusia. Pero en el otoño de 1911, la situación se agravó hasta el punto de provocar la denuncia de un acuerdo comercial con Estados Unidos que databa de ochenta años atrás. Stolypin no sabía aún cuál podía ser el efecto de un apasionado discurso del futuro pacificador, Wilson, ni lo que podía significar la unanimidad del Congreso americano. No vivió lo suficiente para saberlo.

Stolypin, que imprimió su dirección, dio su luz y su nombre a la década anterior a la Primera Guerra Mundial -mientras era objeto de furibundos ataques tanto por parte de los cadetes como de la extrema derecha, cuando diputados de todos los rangos le arrastraron por el fango a causa de la ley

---

[1419] *D. S. Pasmanik*, Ruskaya revolutsia i ievreisstvo (Bolshevik i iudaism) (La revolución rusa y los judíos [bolchevismo y judaísmo]), París. 1923, pp. 195-196.
[1420] *D. S. Pasmanik*, Tchevo je my dobivaïemsia? (¿Pero qué queremos?), RaJ, p. 218.
[1421] SJE, t. 7, pp. 384-385.

sobre la reforma del Zemstvo en las provincias occidentales-, fue asesinado en septiembre de 1911.

El primer jefe del gobierno ruso que planteó honestamente e intentó resolver, a pesar de la resistencia del Emperador, la cuestión de la igualdad de los judíos, cayó -¡ironía de la Historia!- bajo los golpes de un judío. Tal es el destino del camino del medio...

Siete veces se había intentado matar a Stolypin, y habían sido grupos revolucionarios más o menos numerosos los que habían fermentado los atentados... en vano. Aquí, fue un individuo aislado quien lo consiguió.

A una edad muy temprana, Bogrov no tenía la madurez intelectual suficiente para comprender la importancia política del papel de Stolypin. Pero desde su infancia había sido testigo de las consecuencias cotidianas y humillantes de la desigualdad de los judíos, y su familia, su entorno, su propia experiencia cultivaron su odio hacia el poder imperial. En los círculos judíos de Kiev, que parecían ideológicamente móviles, nadie estaba agradecido a Stolypin por sus intentos de levantar las restricciones impuestas a los judíos, e incluso si este sentimiento había conmovido a algunos de los más acomodados, estaba contrarrestado por el recuerdo de la forma enérgica en que había reprimido la revolución de 1905-1906, así como por el descontento ante sus esfuerzos por "nacionalizar el crédito" para competir abiertamente con el capital privado.

Los círculos judíos de Kiev (pero también de Petersburgo, donde también había permanecido el futuro asesino) estaban bajo la influencia magnética de un *campo* de radicalismo absoluto, que llevó al joven Bogrov no sólo a sentirse con derecho, sino a considerar que era su deber matar a Stolypin.

Este *campo* era tan poderoso que permitía la siguiente combinación: Bogrov-senior ascendió en la sociedad, es un capitalista que prospera en el sistema existente; Bogrov-junior trabaja en la destrucción de este sistema y su padre, tras el atentado, declara públicamente que está orgulloso de él.

De hecho, Bogrov no estaba tan aislado: era discretamente aplaudido en los círculos que antaño manifestaban su inquebrantable fidelidad al régimen.

Este disparo que puso fin a la esperanza de que Rusia recuperara alguna vez la salud podría haber sido disparado igualmente contra el propio zar. Pero Bogrov había decidido que era imposible, pues (como él mismo declaró) "podría haber llevado a la persecución contra los judíos", tener "consecuencias perjudiciales sobre su posición legal". Mientras que el Primer Ministro simplemente no tendría tales efectos, pensó. Pero se engañó mucho al imaginar que su acto serviría para mejorar la suerte de los judíos de Rusia.

Y el propio Menshikov, que primero había reprochado a Stolypin las concesiones que había hecho a los judíos, ahora lamentaba su desaparición: ¡Nuestro gran hombre, nuestro mejor líder político durante siglo y medio asesinado! ¡Y el asesino es un judío! ¿¡Un judío que no dudó en disparar al Primer Ministro de Rusia!? "El disparo de Kiev... debe ser considerado como una señal de advertencia... la situación es muy grave... ¡no debemos clamar venganza, sino decidirnos finalmente a resistir!"[1422]

¿Y qué ocurrió entonces en "Kiev la reaccionaria", donde los judíos eran tan numerosos? En las primeras horas después del ataque, el pánico se apoderó masivamente de ellos y comenzaron a abandonar la ciudad. Además, "los judíos fueron golpeados por el terror no sólo en Kiev, sino en los rincones más remotos del Pale of Settlement y del resto de Rusia".[1423] El Club de los Nacionalistas Rusos expresó su intención de hacer circular una petición para expulsar a todos los judíos de Kiev (que se quedó en intenciones). No hubo ni el principio de un comienzo de pogromo. El presidente de la organización juvenil "El águila bicéfala", Galkin, llamó a destruir las oficinas de la seguridad local y a reventar a algún judío: fue neutralizado inmediatamente. El nuevo primer ministro, Kokovtsov, llamó urgentemente a todos los regimientos cosacos (estaban maniobrando lejos de la ciudad) y envió un telegrama muy firme a todos los gobernadores: impedir los pogromos por cualquier medio, incluida la fuerza. Las tropas se concentraron en mayor número que durante la revolución. (Sliosberg: si los pogromos hubieran estallado en 1911, "Kiev habría sido escenario de una carnicería comparable a los horrores de la época de Bogdan Khmelnitsky".[1424])

No, en ningún lugar de Rusia hubo el menor pogromo. (A pesar de ello, se ha escrito mucho, y con insistencia, que el poder zarista nunca había soñado con otra cosa que no fuera organizar un pogromo antijudío).

Por supuesto, la prevención de los desórdenes públicos es uno de los deberes primordiales del Estado, y cuando esta misión se cumple, no tiene por qué esperar reconocimiento. Pero que en circunstancias tan extremas - el asesinato del jefe del gobierno-, se hayan podido evitar los pogromos, cuya amenaza causaba el pánico entre los judíos, merecía sin embargo una pequeña mención, aunque sólo fuera de pasada. Pues no, no oímos nada *parecido* y nadie habló de *ello*.

Es difícil de creer, pero la comunidad judía de Kiev no expresó públicamente su condena ni su pesar por este asesinato. Al contrario.

[1422] Novoie Vremia, 1911, 10 (23) de septiembre, p. 4.
[1423] *Sliosberg*, t. 3, p. 249.
[1424] *Ibídem*.

Tras la ejecución de Bogrov, muchos estudiantes judíos guardaron ostensiblemente luto. Sin embargo, de todo esto, los rusos tomaron nota. Así, en diciembre de 1912, Rozanov escribió: "Después [del asesinato de Stolypin] algo se rompió en mi relación [con los judíos]: ¿se habría atrevido alguna vez un ruso a matar a Rothschild o a cualquier otro de *'sus* grandes hombres'?".[1425]

Si lo analizamos desde un punto de vista histórico, dos argumentos importantes impiden considerar el acto cometido por Bogrov en nombre de los "poderes del internacionalismo". El primero y más importante: no fue así.

No sólo el libro escrito por su hermano [1426], sino diferentes fuentes neutrales sugieren que Bogrov creía realmente que podía trabajar de esta manera para mejorar la suerte de los judíos. Y la segunda: volver sobre ciertos episodios incómodos de la historia, examinarlos con atención para deplorarlos, es asumir las propias responsabilidades; pero negarlos y lavarse las manos, eso es simplemente rastrero.

Sin embargo, esto es lo que ocurrió casi inmediatamente. En octubre de 1911, la Duma fue interpelada por los octubristas sobre las turbias circunstancias del asesinato de Stolypin. Esto provocó una protesta inmediata del diputado Nisselovitch: ¿por qué, al formular su interpelación, los octubristas *no ocultaron* el hecho de que el asesino de Stolypin era judío? Ahí estaba, declaró, ¡el antisemitismo!

Yo mismo tendré que soportar esta incomparable discusión. Setenta años más tarde, fui objeto de una dura acusación por parte de la comunidad judía de los Estados Unidos: ¿por qué, a mi vez, *no oculté*, por qué dije que el asesino de Stolypin era un judío [1427]? No importa si me he esforzado por hacer una descripción lo más completa posible. No importa lo que el hecho de ser judío representó en las motivaciones de su acto. ¡¡No, la *no disimulación* traiciona mi antisemitismo!!

En aquel momento, Guchkov respondió con dignidad: "Creo que hay mucho más antisemitismo en el propio acto de Bogrov. Sugiero al diputado Nisselovitch que dirija sus apasionadas palabras no a nosotros, sino a sus correligionarios. Que utilice toda la fuerza de su elocuencia para convencerles de que se mantengan alejados de dos profesiones profanas: la

---

[1425] Perepiska V. V. Rozanova y M. O. Gerschenzona (La correspondencia de V. V. Rozanov y M. O. Gerschenzon), Novy mir. 1991, no. 3, p. 232.
[1426] *Vladimir Bogrov, Drnitri Bogrov I oubiestvo Stolypina...* (Dmitri Bogrov y el asesinato de Stolypin...), Berlín, 1931.
[1427] En *La rueda roja*, Primer nudo, *Catorce de agosto*, ed. Fayard / Seuil. Fayard / Seuil.

de espía al servicio de la policía secreta y la de terrorista. Así prestaría un servicio mucho mayor a los miembros de su comunidad".[1428]

Pero qué se le puede pedir a la memoria judía cuando la propia historia rusa ha permitido que este asesinato sea borrado de su memoria como un acontecimiento sin gran trascendencia, como una mancha tan marginal como insignificante. No fue hasta los años 80 cuando empecé a sacarlo del olvido: durante setenta años, mencionarlo se consideraba inapropiado. A medida que pasan los años, más acontecimientos y significados acuden a nuestros ojos.

Más de una vez he meditado sobre los caprichos de la Historia: sobre *lo imprevisible de las consecuencias que suscita* en nuestro camino; hablo de las consecuencias de nuestros actos. La Alemania de Guillermo II abrió el camino para que Lenin destruyera Rusia, y veintiocho años después se encontró dividida durante medio siglo.-Polonia contribuyó al fortalecimiento de los bolcheviques en el año 1919, tan difícil para ellos, y cosechó 1939, 1944, 1956, 1980.-Con qué afán ayudó Finlandia a los revolucionarios rusos, ella que no podía soportar, que no sufría las libertades particulares de que disponía -pero dentro de Rusia- y, a cambio, sufrió cuarenta años de humillación política ("finlandización").-En 1914, Inglaterra quiso acabar con el poder de Alemania, su competidora en la escena mundial, y perdió su posición de gran potencia, y fue toda Europa la que quedó destruida. En Petrogrado, los cosacos permanecieron neutrales tanto en febrero como en octubre; un año más tarde, sufrieron su genocidio (y muchas de las víctimas fueron estos *mismos* cosacos).-En los primeros días de julio de 1917, el S.-R. de izquierdas se acercó a los bolcheviques, luego formó una apariencia de "coalición", una amplia plataforma; un año más tarde fueron aplastados como ninguna autocracia habría podido tener los medios para hacerlo.

Estas consecuencias lejanas, ninguno de nosotros es capaz de preverlas, nunca. La única manera de protegerse contra tales errores es guiarse siempre por la brújula de la moral divina. O, como dice el pueblo: "No caves una fosa para los demás, tú mismo caerás en ella".

Del mismo modo, si el asesinato de Stolypin tuvo crueles consecuencias para Rusia, los judíos tampoco sacaron ningún beneficio de ello. Cada cual puede ver las cosas a su manera, pero yo veo aquí los pasos agigantados de la Historia, y me sorprende el carácter imprevisible de sus resultados.

[1428] *A. Guchkov*, Retch v Gosudarstvennoi Doume 15 oct. 1911 (Discurso a la Duma del 15 de octubre de 1911)-A. I. Goutchkov v Tretieï Gosoudarstvennoï Doume (1907-1912), Sbornik retchei (Colección de discursos pronunciados por A. Guchkov ante la Tercera Duma), Spb, 1912, p. 163.

Bogrov mató a Stolypin, pensando así en proteger a los judíos de la opresión. En cualquier caso, Stolypin habría sido destituido por el Emperador, pero seguramente habría sido llamado de nuevo en 1914-16 debido a la vertiginosa deficiencia de hombres capaces de gobernar; y bajo su gobierno no habríamos tenido un final tan lamentable ni en la guerra ni en la revolución. (Suponiendo que con él en el poder nos hubiéramos comprometido en esta guerra).

Primer paso de la Historia: Stolypin es asesinado, Rusia gasta sus últimos nervios en la guerra y yace bajo el talón de los bolcheviques. Segunda huella: por muy fieros que sean, los bolcheviques se revelan más cojos que el gobierno imperial, abandonando media Rusia a los alemanes un cuarto de siglo después, Kiev incluida.

Tercer paso: los nazis invaden Kiev sin ninguna dificultad y aniquilan a su comunidad judía. De nuevo la ciudad de Kiev, de nuevo un mes de septiembre, pero treinta años después del disparo del revólver de Bogrov.

Y todavía en Kiev, todavía en 1911, seis meses antes del asesinato de Stolypin, había comenzado lo que se convertiría en el asunto Beilis[1429]. Hay buenas razones para creer que, bajo Stolypin, la justicia no se habría degradado como tal. Una pista: se sabe que una vez, examinando los archivos del Departamento de Seguridad, Stolypin se encontró con una nota titulada "El secreto de los judíos" (que anticipaba los "Protocolos"[1430]), en la que se hablaba del "complot judío internacional". He aquí el juicio que emitió: "Puede haber lógica, pero también parcialidad... El gobierno no puede utilizar bajo ninguna circunstancia este tipo de método". En [1431]consecuencia, "la ideología oficial del gobierno zarista nunca se basó en los 'Protocolos'".[1432]

Se han escrito miles y miles de páginas sobre el proceso Beilis. Quien quisiera estudiar de cerca todos los meandros de la investigación, de la opinión pública, del propio juicio, tendría que dedicarle al menos varios años. Esto rebasaría los límites de este trabajo. Veinte años después de los hechos, bajo el régimen soviético, se publicaron los informes diarios de la policía sobre la marcha del proceso [1433] ; se pueden recomendar a la atención de los aficionados. Ni que decir tiene que también se publicaron

---

[1429] Véase *infra*, páginas siguientes.
[1430] La famosa falsificación de los Protocolos de los Sabios de Sion.
[1431] *Sliosberg**, t. 2, pp. 283-284.
[1432] *R. Nudelman*, Doklad na seminare: Sovetskii antisemitizm-pritchiny i prognozy (Presentación en el seminario: Antisemitismo soviético-causas y pronósticos), en "22", revista de la intelectualidad judía de la URSS en Israel, Tel Aviv, 1978, n°. 3, p. 145.
[1433] Protsess Beilisa v otsenke Departamenta politsii (El juicio de Beilis visto por el Departamento de Policía), Krasny Arkhiv, 1931, t. 44, pp. 85-125.

las actas *literales* de todo el proceso. Por no hablar de los artículos publicados en la prensa.

Andrei Yushchinsky, un niño de 12 años, alumno de una institución religiosa de Kiev, es víctima de un salvaje e insólito asesinato: En su cuerpo hay cuarenta y siete pinchazos, que indican un cierto conocimiento de la anatomía: fueron hechos en la sien, en las venas y arterias del cuello, en el hígado, en los riñones, en los pulmones, en el corazón, con la clara intención de vaciarle la sangre mientras estuviera vivo, y además -según las huellas dejadas por el flujo sanguíneo- en posición de pie (atado y amordazado, por supuesto). Sólo puede ser obra de un criminal muy astuto que, desde luego, no actuó solo.

El cuerpo fue descubierto sólo una semana después en una cueva en el territorio de la fábrica de Zaitsev. Pero el asesinato no se cometió allí.

Las primeras acusaciones no se refieren a motivos rituales, pero pronto aparecen estos últimos: se establece una relación con el comienzo de la Pascua judía y la construcción de una nueva sinagoga en los terrenos de Zaitsev (judío). Cuatro meses después del asesinato, esta versión de la acusación conduce a la detención de Menahem Mendel Beilis, de 37 años, empleado en la fábrica de Zaitsev. Es detenido sin que existan cargos reales contra él. ¿Cómo ocurrió todo esto?

La investigación del asesinato corrió a cargo de la policía criminal de Kiev, digna colega, obviamente, de la sección de Seguridad de Kiev, que se había enredado en el asunto Bogrov[1434] y había causado así la pérdida de Stolypin.

El trabajo fue confiado a dos nadies en todos los aspectos similares a Kouliabko, el "comisario" de Bogrov, Michtchouk, y Krassovsky, ayudados por peligrosos incompetentes (limpiaron la nieve delante de la cueva para facilitar el paso del corpulento comisario de policía, destruyendo así cualquier posible indicio de la presencia de los asesinos). Pero peor aún, la rivalidad se instaló entre los investigadores -a quién se atribuiría el mérito del descubrimiento del culpable, quién propondría la mejor versión- y no dudaron en estorbarse mutuamente, en sembrar la confusión en la investigación, en presionar a los testigos, en frenar los indicadores del competidor; ¡Krassovksy llegó a maquillar al sospechoso antes de presentarle a un testigo! Esta parodia de investigación se llevó a cabo como si se tratara de una historia trivial, sin que la importancia del suceso se les pasara siquiera por la cabeza.

Cuando por fin se abrió el juicio, dos años y medio después, Michtchouk había huido a Finlandia para escapar de la acusación de falsificación de

---

[1434] Véase *supra*, capítulo 9.

pruebas materiales, un importante colaborador de Krassovsky también había desaparecido, y en cuanto a este último, despedido de sus funciones, había cambiado de bando y ahora trabajaba para los abogados de Beilis.

Durante casi dos años, pasamos de una versión falsa a otra; durante mucho tiempo, la acusación se dirigió a la familia de la víctima, hasta que ésta quedó completamente descartada. Cada vez estaba más claro que la fiscalía avanzaba hacia una acusación formal contra Beilis y hacia su juicio.

Por tanto, se le acusó de asesinato -aunque los cargos que se le imputaban eran dudosos- porque era judío. Pero, ¿cómo era posible en el siglo XX inflar un juicio hasta el punto de convertirlo en una amenaza para todo un pueblo?

Más allá de la persona de Beilis, el juicio se convirtió de hecho en una acusación contra el pueblo judío en su conjunto, y desde entonces el ambiente en torno a la investigación y luego el juicio se sobrecalentó, el asunto adquirió una dimensión internacional, ganó toda Europa y luego América. (Hasta entonces, los juicios por asesinatos rituales habían tenido lugar más bien en el ámbito católico: Grodno (1816), Velij (1825), Vilnius, el caso Blondes (1900), el asunto Koutais (1878) tuvo lugar en Georgia, Douboussar (1903) en Moldavia, mientras que en Rusia propiamente dicha, sólo hubo el asunto Saratov en 1856. Sliosberg, sin embargo, no deja de señalar que el asunto Saratov también tuvo un origen católico, mientras que en el caso de Beilis se observó que la banda de ladrones de la que se sospechó en su día estaba compuesta por polacos, que el experto en crímenes rituales designado en el juicio era católico y que el abogado Tchaplinski también era polaco.)[1435]

Las conclusiones de la investigación eran tan cuestionables que sólo fueron retenidas por la cámara de acusación de Kiev por tres votos contra dos. Mientras la derecha monárquica había desencadenado una amplia campaña de prensa, Purishkevich se expresó en la Duma en abril de 1911: "No acusamos a los judíos en su conjunto, clamamos por la verdad" sobre este extraño y misterioso crimen. "¿Existe una secta judía que defienda los asesinatos rituales? Si existen tales fanáticos, que sean estigmatizados"; en cuanto a nosotros, "luchamos contra muchas sectas en Rusia", la nuestra[1436], pero al mismo tiempo declaró que, según él, el asunto sería sofocado en la Duma por miedo a la prensa. En efecto, en la apertura del juicio, el nacionalista de derechas Chulguine se declaró contrario a su celebración y al "miserable bagaje" de las autoridades judiciales en las columnas del patriota *Kiev* (por lo que fue acusado por la extrema derecha de estar vendido a los judíos). Pero, ante el carácter excepcionalmente

---

[1435] *Sliosberg*, t. 3, pp. 23-24, 37.
[1436] Acta taquigráfica de los debates de la Tercera Duma, 1911, pp. 3119-3120.

monstruoso del crimen, nadie se atrevió a volver sobre la acusación para reanudar la investigación desde cero.

Por otro lado, los liberales-radicales también lanzaron una campaña pública retransmitida por la prensa, y no sólo la rusa, sino la de todo el mundo. La tensión había llegado a un punto sin retorno. Sostenida por la parcialidad de la acusación, no hizo más que escalar, y los propios testigos no tardaron en ser atacados. Según V. Rozanov, se había perdido todo sentido de la medida, especialmente en la prensa judía: "El puño de hierro del judío... cae sobre venerables profesores, sobre miembros de la Duma, sobre escritores...".[1437]

Sin embargo, los últimos intentos de encarrilar la investigación habían fracasado. El establo cercano a la fábrica de Zaitsev, que Krassovsky descuidó en un primer momento y luego dio por supuesto que había sido el escenario del crimen, se incendió dos días antes de la fecha fijada para su examen por los apresurados investigadores. Un periodista descarado, Brazul-Brouchkovsky, llevó a cabo su propia investigación ayudado por el mismo Krassovsky, ahora liberado de sus funciones oficiales. (Hay que recordar que Bonch-Bruevich [1438] publicó un panfleto acusando a Brazoul de venalidad. [1439]) Presentaron una versión de los hechos según la cual el asesinato habría sido cometido por Vera Cheberyak, cuyos hijos frecuentaban a Andrei Yushchinsky, coqueteando ella misma con el submundo criminal. Durante sus largos meses de investigación, los dos hijos de Cheberyak murieron en circunstancias oscuras; Vera acusó a Krassovsky de envenenarlos, quien a su vez la acusó a ella de matar a sus propios hijos. Finalmente, su versión fue que Yushchinsky había sido asesinado por Cheberyak en persona con la intención de simular un asesinato ritual. Dijo que el abogado Margoline le había ofrecido 40.000 rublos por avalar el crimen, lo que él negó en el juicio aunque en ese mismo momento fue objeto de sanciones administrativas por indelicadeza.

Intentar desentrañar los innumerables detalles de este embrollo judicial sólo dificultaría aún más la comprensión. (También hay que mencionar que los "metis" de la revolución y la policía secreta también estuvieron implicados. A este respecto, hay que mencionar el papel equívoco y el extraño comportamiento durante el juicio del teniente coronel de la Gendarmería Pavel Ivanov, el mismo que, desafiando todas las leyes, ayudó a Bogrov, ya condenado a muerte, a escribir una nueva versión de

---

[1437] *V. V. Rozanov*, Oboniatelnoye i osiazatelnoye otnochenie ievreyev krovi (La relación olfativa y táctil de los judíos con la sangre), Estocolmo, 1934, p. 110.

[1438] Vladimir Bonch-Bruevich (1873-1955), sociólogo, editor, publicista muy unido a Lenin, colaborador de Pravda, especialista en asuntos religiosos.

[1439] *N. V. Krylenko*, Za piat let. 1918-1922: Obvinitelnye retchi. (Cinco años, 1918-1922: Acusaciones...), M., 1923, p. 359.

las razones que le habrían impulsado a matar a Stolypin, versión en la que todo el peso de la responsabilidad recaía en los órganos de Seguridad a los que Ivanov no pertenecía). El juicio iba a iniciarse en un ambiente tormentoso. Duró un mes: septiembre-octubre de 1913. Fue increíblemente pesado: se presentaron 213 testigos convocados (185), todavía ralentizados por los artificios procesales planteados por las partes implicadas; el fiscal Vipper no estaba a la altura del grupo de brillantes abogados -Gruzenberg, Karabtchevski, Maklakov, Zaroudny- que no dejaron de exigir que constaran en acta, por ejemplo, las meteduras de pata que pronunciaba: el curso de este juicio se ve obstaculizado por el "oro judío"; "parece que [los judíos en general] se ríen de nosotros, mira, hemos cometido un crimen, pero nadie se atreverá a pedirnos cuentas." [1440] (No es de extrañar que, durante el juicio, Vipper recibiera cartas amenazadoras -en algunas aparecía dibujado un nudo corredizo- y no sólo él, sino también las partes civiles, el perito de la acusación, probablemente también los abogados defensores; el decano del jurado también temió por su vida). Había mucho revuelo en torno al juicio, se vendían pases para acceder a las vistas, toda la gente culta de Kiev estaba en ebullición. El hombre de la calle, él, permanecía indiferente.

Se llevó a cabo un minucioso examen médico. Varios profesores expusieron sus diferencias sobre si Yushchinsky había permanecido o no con vida hasta la última herida, y sobre lo agudos que eran los sufrimientos que había padecido. Pero fue el peritaje teológico-científico el que ocupó el centro del juicio: se centró en el principio mismo de la posibilidad de asesinatos rituales perpetrados por judíos, y sobre él centró su atención el mundo entero. [1441] La defensa recurrió a autoridades reconocidas en el ámbito del hebraísmo, como el rabino Maze, especialista en el Talmud. El experto designado por la Iglesia ortodoxa, el profesor I. Troitsky, de la Academia Teológica de Petersburgo, concluyó su intervención rechazando la acusación de un acto de sangre fría atribuible a los judíos; señaló que la Iglesia ortodoxa nunca había hecho tales acusaciones, que éstas eran propias del mundo católico. (Bikerman recordó más tarde que en la Rusia Imperial los propios policías cortaban "casi todos los años" los rumores sobre la sangre cristiana derramada durante la Pascua judía, "de lo contrario habríamos tenido un "caso de asesinato ritual" no una vez cada varias décadas, sino todos los años." El [1442] principal experto citado por la acusación fue el sacerdote católico Pranaitis. Para ampliar el debate público, los fiscales pidieron que se examinaran casos anteriores de asesinato ritual, pero la defensa consiguió rechazar la moción. Estas

---

[1440] *Ibidem*, pp. 356, 364.
[1441] Retch, 1913, 26 oct. (8 nov.), p. 3.
[1442] *Bikerman*, RaJ, p. 29.

discusiones sobre si el asesinato era ritual o no sólo aumentaron aún más la emoción que el juicio había creado en todo el mundo.

Pero era necesario que se pronunciara una sentencia sobre este acusado, y no sobre otro, y esta misión recayó en un aburrido jurado compuesto por campesinos penosamente complementados por dos funcionarios y dos pequeños *burgueses*; todos estaban agotados por un mes de juicios, se durmieron durante la lectura de los materiales del caso, pidieron que se acortara el juicio, cuatro de ellos solicitaron permiso para regresar a casa antes de su conclusión y algunos necesitaron asistencia médica.

Sin embargo, estos miembros del jurado juzgaron basándose en las pruebas: las acusaciones contra Beilis eran infundadas, no estaban probadas. Y Beilis fue absuelto. Y ahí se acabó todo. No se emprendió ninguna nueva búsqueda de los culpables, y este extraño y trágico asesinato quedó sin explicación.

En su lugar -y esto estaba en la tradición de la debilidad rusa- se imaginó (no sin ostentación) erigir una capilla en el mismo lugar donde se había descubierto el cadáver del joven Yushchinsky, pero este proyecto provocó muchas protestas, porque fue juzgado reaccionario. Y Rasputín disuadió al zar de llevarlo a cabo.[1443]

Este juicio, pesado y mal llevado, con una opinión pública enardecida durante todo un año, tanto en Rusia como en el resto del mundo, fue considerado con razón una batalla de Tsou-Shima. [1444]En la prensa europea se dijo que el gobierno ruso había atacado al pueblo judío, pero que no era éste el que había perdido la guerra, sino el propio Estado ruso.

En cuanto a los judíos, con toda su pasión, nunca iban a perdonar esta afrenta de la monarquía rusa. El *hecho de* que finalmente triunfara la ley no cambió en nada sus sentimientos.

Sería instructivo, sin embargo, comparar el juicio de Beilis con otro que tuvo lugar en la misma época (1913-15) en Atlanta, EE.UU.; un juicio que entonces hizo mucho ruido: el del judío Leo Frank, también acusado del asesinato de un niño (una niña violada y asesinada), y de nuevo con cargos muy inciertos. Fue condenado a la horca, y durante el procedimiento de casación una multitud armada lo sacó de su prisión y lo ahorcó. A [1445]nivel *individual*, la comparación es favorable a Rusia. Pero el asunto de Leo

---

[1443] Sliosberg, t. 3, p. 47.
[1444] Alusión al terrible revés naval sufrido por Rusia en su guerra contra Japón (27-28 de mayo de 1905).
[1445] V. *Lazaris*, Smert Leo Franka (Muerte de Leo Frank), en "22", 1984, n°. 36, pp. 155-159.

Frank tuvo poco eco en la opinión pública y no se convirtió en objeto de reproche.

Hay un epílogo en el caso Beilis.

"Amenazado de venganza por grupos de extrema derecha, Beilis abandonó Rusia y se fue a Palestina con su familia. En 1920 se trasladó a Estados Unidos.

Murió de causas naturales, a la edad de sesenta años, en los alrededores de Nueva York.[1446]

El ministro de Justicia Shcheglovitov (según algunas fuentes, había "dado instrucciones para que el caso se dilucidara como un asesinato ritual"[1447]) fue fusilado por los bolcheviques.

En 1919 tuvo lugar el juicio de Vera Cheberyak. No se desarrolló de acuerdo con los aborrecidos procedimientos del zarismo -no hubo jurado popular- y sólo duró unos cuarenta minutos en los locales de la Cheka de Kiev. Un miembro de esta última, detenido ese mismo año por los blancos, señaló en su testimonio que "Vera Cheberyak fue interrogada exclusivamente por chekistas judíos, empezando por Sorine" [el jefe de la Cheka de Blumstein]. El comandante Faierman "la sometió a un trato humillante, le arrancó la ropa y la golpeó con el cañón de su revólver... Ella dijo: 'Podéis hacer conmigo lo que queráis, pero de lo que he dicho, no me retractaré... Lo que dije en el juicio de Beilis, nadie me empujó a decirlo, nadie me sobornó...'". Fue fusilada en el acto.[1448]

En 1919, Vipper, ahora funcionario soviético, fue descubierto en Kaluga y juzgado por el Tribunal Revolucionario de Moscú. El fiscal bolchevique Krylenko pronunció las siguientes palabras: "Considerando que representa un peligro real para la República... ¡que haya un Vipper menos entre nosotros!". (Esta broma macabra sugería que R. Vipper, profesor de historia medieval, seguía vivo). Sin embargo, el Tribunal se limitó a enviar a Vipper "a un campo de concentración... hasta que se consolide definitivamente el régimen comunista".[1449] Después de eso, le perdemos la pista.

Beilis fue absuelto por los campesinos, esos campesinos ucranianos acusados de haber participado en los pogromos contra los judíos a principios de siglo, y que pronto conocerían la colectivización y la

---

[1446] SJE, t. 1, pp. 317, 318.
[1447] *Ibidem*, p. 317.
[1448] Chekist o Tcheka (Un chekista habla de la Cheka). Na tchoujoï storone: Istoriko literatournye sborniki / pod red. S. P. Melgounova, t. 9. Berlín: Vataga; Praga: Plamia, 1925, pp. 118, 135.
[1449] *Krylenko*, pp. 367-368.

hambruna organizada de 1932-33, una hambruna que los periodistas han ignorado y que no se ha incluido en el pasivo de este régimen.

He aquí otra de esas huellas de la Historia...

Capítulo XI

Judíos y rusos antes de la Primera Guerra Mundial: la creciente conciencia

En Rusia -durante otros diez años escapó a su ruina- las mejores mentes entre los rusos y los judíos habían tenido tiempo de mirar atrás y evaluar desde diferentes puntos de vista la esencia de nuestra vida común, de considerar seriamente la cuestión de la cultura y el destino nacional.

El pueblo judío se abrió paso en un presente siempre cambiante arrastrando tras de sí la cola de un cometa de tres mil años de diáspora, sin perder nunca la conciencia de ser "una nación sin lengua ni territorio, pero con sus propias leyes" (Salomon Lourie), preservando su diferencia y su especificidad por la fuerza de su tensión religiosa y nacional, en nombre de una Providencia superior y metahistórica. ¿Han buscado los judíos de los siglos XIX y XX identificarse con los pueblos que los rodeaban, mezclarse con ellos? Ciertamente, fueron los judíos de Rusia quienes, durante más tiempo que sus demás correligionarios, permanecieron en el núcleo del aislamiento, concentrados en su vida religiosa y en su conciencia. Pero, desde finales del siglo XIX, fue precisamente esta comunidad judía de Rusia la que comenzó a fortalecerse, a florecer, y ahora "toda la historia de la comunidad judía en la edad moderna se colocaba bajo el signo de la judería rusa", que también manifestaba "un agudo sentido del movimiento de la Historia".[1450]

Por su parte, los pensadores rusos estaban perplejos ante el particularismo de los judíos. Y para ellos, en el siglo XIX, la cuestión era cómo *superarlo*. Vladimir Solovyov, que expresaba una profunda simpatía por los judíos, proponía hacerlo mediante el amor de los rusos hacia los judíos.

Antes que él, Dostoievski se había dado cuenta de la furia desproporcionada que provocaban sus comentarios, ciertamente ofensivos pero muy escasos, sobre el pueblo judío: "Esta furia es un testimonio sorprendente de la manera en que los propios judíos consideran a los rusos... y de que, en los motivos de nuestras diferencias con los judíos,

---

[1450] B. T. *Dinour*, Religiozno-natsionalny oblik ruskovo ievreistava (Los aspectos religiosos y nacionales de los judíos de Rusia), en BJWR-1, pp. 319, 322.

quizá no sea sólo el pueblo ruso quien cargue con toda la responsabilidad, sino que estos motivos, evidentemente, se han acumulado en ambos bandos, y no puede decirse de qué lado hay más."[1451]

De este mismo final del siglo XIX, Teitel reporta la siguiente observación: "Los judíos son en su mayoría materialistas. Es fuerte en ellos la aspiración a adquirir bienes materiales. Pero ¡qué desprecio por estos bienes materiales cuando se trata del yo interior, de la dignidad nacional! ¿Por qué, en efecto, la masa de la juventud judía -que se ha alejado completamente de la práctica religiosa, que a menudo ni siquiera habla su lengua materna-, por qué esta masa, aunque sólo fuera por una cuestión de forma, no se convirtió a la ortodoxia, que le habría abierto de par en par las puertas de todas las universidades y le habría dado acceso a todos los bienes de la tierra?". Ni siquiera la sed de conocimiento era suficiente, mientras que "la ciencia, el conocimiento superior era tenido por ellos en más alta estima que la fortuna". Lo que les frenaba era la preocupación de no abandonar a sus correligionarios necesitados. (También añade que ir a estudiar a Europa tampoco era una buena solución: "Los estudiantes judíos se sentían muy incómodos en Occidente... El judío alemán los consideraba personas indeseables, inseguras, ruidosas, desordenadas,"; y esta actitud no era sólo la de los judíos alemanes, "los judíos franceses y suizos no eran una excepción."[1452]

En cuanto a D. Pasmanik, también mencionó esta categoría de judíos convertidos bajo coacción, que sólo sentían más resentimiento hacia el poder y sólo podían oponerse a él. (A partir de 1905, se facilitó la conversión: ya no era necesario pasar a la ortodoxia, bastaba con hacerse cristiano, y el protestantismo era más aceptable para muchos judíos. En 1905 también se derogó la prohibición de volver al judaísmo.)[1453]

Otro escritor concluyó amargamente, en 1924, que en las últimas décadas que precedieron a la revolución no fue sólo "el gobierno ruso... el que clasificó definitivamente al pueblo judío entre los enemigos del país", sino que "peor aún, fueron muchos políticos judíos los que se clasificaron a sí mismos entre estos enemigos, radicalizando su posición y dejando de diferenciar entre el 'gobierno' y la patria, es decir, Rusia... La indiferencia

---

[1451] *F. M. Dostoievski*, Dnevnik pisatelia za 1877, 1880 i 1581 gody (Diario de un escritor, marzo de 1877, capítulo 2), M., L., 1929, 1877, Mart, gl 2, p. 78.
[1452] *I. L. Teitel*, Iz moii jizni za 40 let (Recuerdos de 40 años de mi vida), París, I. Povolotski i ko., 1925, pp. 227-228.
[1453] JE, t. 11, p. 894.

de las masas judías y de sus dirigentes hacia el destino de la Gran Rusia fue un error político fatal."[1454]

Por supuesto, como cualquier proceso social, éste -y, además, en un contexto tan diverso y móvil como el medio judío- no tuvo lugar de forma lineal, sino que fue dividido; en el corazón de muchos judíos cultos, provocó desavenencias. Por un lado, "pertenecer al pueblo judío confiere una posición específica en el conjunto del medio ruso". [1455] Pero para observar inmediatamente una "notable ambivalencia: el tradicional apego sentimental de muchos judíos al mundo ruso circundante, su arraigo en este mundo, y al mismo tiempo un rechazo intelectual, un rechazo generalizado. Afecto por un mundo aborrecido".[1456]

Este planteamiento tan dolorosamente ambivalente no podía dejar de conducir a resultados igualmente dolorosamente ambivalentes. Y cuando I. V. Hessen, en una intervención en la segunda Duma en marzo de 1907, después de haber negado que la revolución estuviera todavía en su fase de violencia creciente, negando así a los partidos de derecha el derecho a erigirse en defensores de la cultura contra la anarquía, exclamó: "Nosotros, que somos profesores, médicos, abogados, estadísticos, literatos, ¿seremos enemigos de la cultura? ¿Quién les va a creer, señores?"-Gritaban desde los bancos de la derecha: "¡Ustedes son los enemigos de la cultura rusa, no de la cultura judía!".[1457]

Enemigos, por supuesto que no, para qué ir tan lejos, pero -como señaló el partido ruso- ¿son realmente, sin reservas, nuestros amigos? El acercamiento se hizo difícil precisamente por esto: ¿cómo podían estos brillantes abogados, profesores y médicos no tener en el fondo de su corazón simpatías principalmente judías? ¿Podían sentirse, enteramente y sin reservas, rusos de espíritu? De ahí que el problema fuera aún más complicado. ¿Eran capaces de tomarse a pecho los intereses del Estado ruso en toda su amplitud y profundidad?

Durante este mismo periodo singular, vemos por un lado que las clases medias judías optan muy claramente por dar una educación laica a sus hijos en lengua rusa, y por otro se produce el desarrollo de publicaciones en yiddish -y entra en uso el término "yiddishismo"-: que los judíos sigan siendo judíos, que no se asimilen.

[1454] V. S. Mandel, Konservativnye i pazrouchitelnye elementy v ievreïstve (Elementos conservadores y destructivos entre los judíos), en RaJ, pp. 201, 203.

[1455] D. O. Linsky, O natsionalnom samosoznanii ruskovo ievreia (La conciencia nacional del judío ruso), RaJ, p. 142.

[1456] G. A. Landau, Revolioutsionnye idei v ievreïskoi obctchestvennosti (Ideas revolucionarias en la sociedad judía), RaJ, p. 115.

[1457] Acta taquigráfica de los debates de la Segunda Duma, 13 de marzo de 1907, p. 522.

Todavía quedaba una vía de asimilación, sin duda marginal, pero no desdeñable: la de los matrimonios mixtos. Y también una corriente de asimilación superficial consistente en adaptar seudónimos artificiales a la manera rusa.

(¡¿Y quién hizo esto más a menudo?! Los grandes productores de azúcar de Kiev "Dobry"[1458], "Babushkin"[1459], procesados durante la guerra por acuerdo con el enemigo. El editor "Iasny"[1460] al que incluso el periódico de orientación constitucional-demócrata *Retch* llamó "ávido especulador", "tiburón sin escrúpulos".[1461] O el futuro bolchevique D. Goldenbach, que consideraba "toda Rusia como un país sin valor" pero se disfrazaba de "Riazanov" para molestar a los lectores con sus ratiocinios de teórico marxista hasta su *detención* en 1937). Y fue precisamente durante estas décadas, y especialmente en Rusia, cuando se desarrolló el sionismo. Los sionistas ironizaban sobre los que querían asimilarse, que imaginaban que el destino de los judíos de Rusia estaba indisolublemente ligado al destino de la propia Rusia.

Y luego, debemos dirigirnos en primer lugar a Vl. Jabotinsky, ensayista brillante y original, que en los años que precedieron a la revolución no sólo expresó en su rechazo a Rusia, sino también su desesperación. Jabotinsky consideraba que Rusia no era más que un alto para los judíos en su viaje histórico y que era necesario emprender el camino hacia Palestina.

La pasión encendía sus palabras: no es con el pueblo ruso con el que estamos en contacto, aprendemos a conocerlo a través de su cultura, "principalmente a través de sus escritores..., a través de las más altas, las más puras manifestaciones del espíritu ruso", y este aprecio, lo transponemos a todo el mundo ruso. "Muchos de nosotros, nacidos de la intelectualidad judía, amamos la cultura rusa con un amor enloquecedor y degradante... con el amor degradante de los porqueros por una reina". En cuanto al mundo judío, lo descubrimos a través de la bajeza y la fealdad de la vida cotidiana.[1462]

Es despiadado con los que tratan de asimilarse. "Muchos de los hábitos serviles que se desarrollaron en nuestra psicología a medida que nuestra intelectualidad se rusificaba", "han arruinado la esperanza o el deseo de mantener intacta la judeidad, y conducen a su desaparición". El intelectual judío medio se olvida de sí mismo: es mejor no pronunciar la palabra

---

[1458] Literalmente "bueno", "generoso".
[1459] Formado a partir de "babushka"-"abuela", "granny".
[1460] Literalmente "claro", "brillante".
[1461] *P. G.* -Marodiory knigi 3 (Los merodeadores del libro), en Retch, 1917, 6 de mayo, s.
[1462] *Vl. Jabotinsky*, [Sb] Felietony. SPb.: Tipografia Gerold, 1913, pp. 9-11.

"judío", "los tiempos ya no van de eso"; tenemos miedo de escribir: "nosotros los judíos", pero escribimos: "nosotros los rusos" e incluso: "nosotros los rusos". "El judío puede ocupar un lugar destacado en la sociedad rusa, pero siempre seguirá siendo un ruso de segunda clase", y esto, tanto más cuanto que conserva una "inclinación específica del alma": "Asistimos a una epidemia de bautismos por interés, a veces por motivos mucho más mezquinos que la obtención de un diploma". "Los treinta peniques por la igualdad de derechos...". Al abjurar de nuestra fe, despojaos también de nuestra nacionalidad.[1463]

La situación de los judíos en Rusia -y no en cualquier momento, sino precisamente después de los años 1905 1906- le parecía desesperadamente sombría: "La realidad objetiva, es decir, el hecho de vivir en el extranjero, se ha vuelto hoy contra nuestro pueblo, y estamos débiles e indefensos."- Ya en el pasado sabíamos que estábamos rodeados de enemigos"; "esta prisión" (Rusia), "una jauría de perros"; "el cuerpo tendido, cubierto de las heridas del pueblo judío de Rusia, rastreado, rodeado de enemigos e indefenso"; "seis millones de seres humanos pululando en una fosa profunda..., una tortura lenta, un pogromo que no termina"; e incluso, según él, "los periódicos financiados con fondos judíos" no defienden a los judíos "en estos tiempos de persecución sin precedentes". ¡A finales de 1911, escribió: "Desde hace varios años, los judíos de Rusia han sido hacinados en el banquillo de los acusados", a pesar de que no somos revolucionarios, de que "no hemos vendido Rusia a los japoneses" y de que no somos Azefs [1464] o Bogrovs[1465]"; y en relación con Bogrov: "Este desafortunado joven - él era lo que era-, a la hora de una muerte tan admirable[!], fue abucheado por una docena de brutos del pozo negro de los Cien Negros de Kiev, venidos para asegurarse de que la ejecución había tenido lugar realmente".[1466]

Y, volviendo una y otra vez a la propia comunidad judía: "Lo que sufrimos sobre todo es desprecio por nosotros mismos; lo que necesitamos sobre todo es respetarnos... El estudio de la judeidad debe convertirse para nosotros en la disciplina central... La cultura judía es ahora la única tabla de salvación para nosotros."[1467]

Todo esto, podemos, sí, podemos entenderlo, compartirlo. (Y nosotros, los rusos, podemos hacerlo, sobre todo hoy, a finales del siglo XX). No condena a quienes, en el pasado, han militado por la asimilación: en el

---

[1463] Vl. *Jabotinsky*, [Sb] Felietony, pp. 16, 62 63, 176-180, 253-254.
[1464] Azef Evno (1569-1918), terrorista, agente doble (de la S.R. y de la Okhrana), desenmascarado por A. Bourtsev.
[1465] El asesino de Stolypin; *Cf. supra*, capítulo 10.
[1466] *Ibídem*, pp. 26, 30, 75, 172, 173, 195, 199, 200, 205.
[1467] *Ibidem*, pp. 15, 17, 69.

curso de la Historia "hay momentos en que la asimilación es innegablemente deseable, en que representa una etapa necesaria del progreso". Este fue el caso a partir de los años sesenta del siglo XIX, cuando la intelectualidad judía se encontraba aún en estado embrionario, empezando a adaptarse al entorno, a una cultura que había alcanzado la madurez. En aquella época, la asimilación no significaba "negar al pueblo judío, sino al contrario, dar el primer paso en el camino hacia una actividad nacional autónoma, dar un primer paso hacia la renovación y el renacimiento de la nación". Era necesario "asimilar lo ajeno para poder desarrollar con nueva energía lo propio". Pero medio siglo después se produjeron muchas transformaciones radicales tanto dentro como fuera del mundo judío. El deseo de apropiarse del conocimiento universal se generalizó como nunca antes. Y es entonces, ahora, cuando hay que inculcar a las jóvenes generaciones los principios *judíos*. Es ahora cuando existe la amenaza de una dilución irremediable en el medio extranjero:

"No hay día que pase en que nuestros hijos no nos abandonen" y "no se conviertan en extraños para nosotros"; "iluminados por la Ilustración, nuestros hijos sirven a todos los pueblos de la Tierra, excepto al nuestro; nadie está allí para trabajar por la causa judía". "El mundo que nos rodea es demasiado magnífico, demasiado espacioso y demasiado rico"-no podemos admitir que desvíe a la juventud judía de "la fealdad de la existencia cotidiana de los judíos... La profundización de los valores nacionales de judeidad debe convertirse en el eje principal... de la educación judía."-"Sólo el vínculo de la solidaridad permite a una nación sostenerse" (¡nosotros mismos lo necesitaríamos!-A. S.), mientras que la negación frena la lucha por el derecho de los judíos: uno imagina que hay una salida, y "nos vamos... últimamente... en masas compactas, con ligereza y cinismo".[1468]

Luego, dejándose llevar: "El espíritu real [de Israel] en todo su poder, su trágica historia en toda su grandiosa magnificencia..." "¿Quiénes somos nosotros para justificarnos ante ellos? ¿Quiénes son ellos para exigirnos cuentas?"[1469]

Esta última fórmula, también podemos respetarla plenamente. Pero a condición de reciprocidad. Sobre todo porque no corresponde a ninguna nación o religión *juzgar a* otra.

Las llamadas a volver a las *raíces* judías no quedaron desatendidas en aquellos años.

[1468] *Ibídem*, pp. 18-24, 175, 177.
[1469] *Ibidem*, pp. 14, 200.

En San Petersburgo, antes de la revolución, "se notaba en los círculos de la intelectualidad ruso-judía un interés muy grande por la historia judía".[1470] En 1908, la Comisión Histórico-Etnográfica Judía se convirtió en una Sociedad Histórico-Etnográfica Judía, [1471] dirigida por M. Winaver. Trabajó activa y eficientemente para recopilar los archivos sobre la historia y etnografía de los judíos de Rusia y Polonia -nada comparable fue establecido por la ciencia histórica judía en Occidente. Se creó entonces la revista *El pasado judío*, dirigida por S. Dubnov. Al [1472] mismo tiempo comenzó la publicación de la *Enciclopedia Judía* en dieciséis volúmenes (que utilizamos ampliamente en este estudio), y la *Historia del Pueblo Judío* en quince volúmenes. Es cierto que en el último volumen de la *Jewish Encyclopædia*, sus editores se quejan de que "la élite de la intelectualidad judía ha mostrado su indiferencia ante las cuestiones culturales planteadas por esta *Encyclopædia*", dedicándose exclusivamente a la lucha por la igualdad -formal- de derechos para los judíos.[1473]

Mientras tanto, por el contrario, en otras mentes y otros corazones judíos crecía la convicción de que el futuro de los judíos de Rusia estaba indisolublemente ligado al de Rusia. Aunque "dispersa por un inmenso territorio y en medio de un mundo extranjero..., la comunidad judía rusa tenía y era consciente de ser un todo único. Porque único era el entorno que nos rodeaba..., única su cultura... Esta cultura única, la absorbimos en todo el país".[1474]

"Los judíos de Rusia siempre han sido capaces de alinear sus propios intereses con los de todo el pueblo ruso. Y esto no procedía de ninguna nobleza de carácter ni de un sentimiento de gratitud, sino de una percepción de las realidades históricas."

Polémica abierta con Jabotinsky: "Rusia no es, para los millones de judíos que la pueblan, un paso entre otros en el camino histórico del judío errante...

La contribución de los judíos rusos a la comunidad judía internacional ha sido y será la más significativa. No hay salvación para nosotros sin Rusia, como no hay salvación para Rusia sin nosotros".[1475]

[1470] Pamiati, M. L. Vichnitsera, BJWR-1. p. 8.
[1471] JE, t. 8, p. 466.
[1472] JE, t. 7, pp. 449 450.
[1473] JE, t. 16, p. 276.
[1474] I. M. Bikerman, Rossia i rousskoye ievreisstvo (Rusia y la comunidad judía de Rusia), RaJ. p. 86.
[1475] St. Ivanovich, Ievrei i sovetskaya dikiatoura (Los judíos y la dictadura soviética), en JW, pp. 55-56.

Esta interdependencia es afirmada aún más categóricamente por el diputado del segundo y tercer Dumas, O. I. Pergament: "Ninguna mejora de la situación interna de Rusia 'es posible sin la simultánea liberación de los judíos del yugo de la desigualdad'".[1476]

Y ahí, no se puede ignorar la personalidad excepcional del jurista G. B. Sliosberg: entre los judíos fue uno de los que, durante décadas, mantuvo relaciones más estrechas con el Estado ruso, a veces como adjunto al Secretario Principal del Senado, a veces como asesor del Ministerio del Interior, pero a quien muchos judíos reprochaban su costumbre de *pedir* a las autoridades derechos para los judíos, cuando había llegado el momento de exigirlos. Escribe en sus memorias: "Desde mi infancia me acostumbré a considerarme ante todo judío. Pero desde el principio de mi vida consciente también me sentí hijo de Rusia... Ser un buen judío no significa que uno no sea un buen ciudadano ruso".[1477] - "En nuestro trabajo, no estábamos obligados a superar los obstáculos que encontraban a cada paso los judíos de Polonia a causa de las autoridades polacas... En el sistema político y administrativo ruso, los judíos no representábamos un elemento extranjero, en la medida en que, en Rusia, cohabitaban muchas nacionalidades. Los intereses culturales de Rusia no entraban en conflicto alguno con los intereses culturales de la comunidad judía. Estas dos culturas eran en cierto modo complementarias".[1478] Incluso añadió esta observación un tanto humorística: la legislación sobre los judíos era tan confusa y contradictoria que en los años 90 "fue necesario crear una jurisprudencia específica para los judíos utilizando métodos puramente talmúdicos".[1479]

Y de nuevo, en un registro más alto "La relajación del yugo nacional que se ha sentido en los últimos años, poco antes de que Rusia entrara en un período trágico de su historia, llevaba en el corazón de todos los judíos rusos la esperanza de que la conciencia judía rusa tomara gradualmente un camino creativo, el de reconciliar los aspectos judío y ruso en la síntesis de una unidad superior."[1480]

¿Y podemos olvidar que, entre los siete autores del incomparable *Milestones*[1481], tres eran judíos: M. O. Gershenzon, A. S. Izgoev-Lande y S. L. Frank?

[1476] JE, t. 12, pp. 372 373.
[1477] *Sliosberg*, t. 1, pp. 3 4.
[1478] *Sliosberg*, t. 2, p. 302.
[1479] *Sliosberg*, t. 1, p. 302.
[1480] *Linsky*, RaJ, p. 144.
[1481] *Vekhi*: sonada colección de artículos (1909) en la que un grupo de intelectuales desengañados del marxismo invita a la intelectualidad a reconciliarse con el poder.

Pero hubo reciprocidad: en las décadas que precedieron a la revolución, los judíos se beneficiaron del apoyo masivo y unánime de los círculos progresistas.

Quizá la amplitud de este apoyo se deba a un contexto de matonismo y pogromos, pero nunca ha sido tan completo en ningún otro país (y quizá nunca en todos los siglos pasados). Nuestra intelectualidad era tan generosa, tan amante de la libertad, que condenó al antisemitismo al ostracismo social y humano; es más, el que no daba su apoyo franco y masivo a la lucha por la igualdad de derechos de los judíos, el que no hacía de ella una prioridad, era considerado un "despreciable antisemita". Con su conciencia moral cada vez más despierta y su extrema sensibilidad, la intelectualidad rusa trató de comprender y asimilar la visión judía de las prioridades que afectaban a toda la vida política: se considera progresista todo lo que es una reacción contra la persecución de los judíos, todo lo demás es reaccionario. La sociedad rusa no sólo defendió firmemente a los judíos contra el gobierno, sino que se prohibió a sí misma y prohibió a cualquiera mostrar cualquier rastro de sombra de crítica a la conducta de cada judío en particular: ¿y si esto llevara el antisemitismo dentro de mí? (La generación formada entonces conservó estos principios durante décadas).

V. A. Maklakov evoca en sus memorias un episodio significativo ocurrido durante el congreso de los zemstvos en 1905, cuando la ola de pogromos contra los judíos y los intelectuales acababa de arrasar y empezaban a cobrar fuerza los pogromos dirigidos contra los terratenientes. "E. V. de Roberti propuso no extender la amnistía [exigida por el congreso] a los delitos relacionados con la violencia contra niños y mujeres". Inmediatamente se sospechó que quería introducir una enmienda "de clase", es decir, preocuparse por las familias de las víctimas nobles de los pogromos. "E. de Roberti se apresuró... a tranquilizar a todo el mundo: 'No tenía absolutamente ningún plan respecto a las propiedades de los nobles... Cinco o veinte propiedades quemadas, esto no tiene ninguna importancia. Tengo en vista la masa de bienes inmuebles y casas pertenecientes a judíos, que fueron quemados y saqueados por los Cien Negros'".[1482]

Durante el terror de 1905 a 1907, Gerzenstein (que había ironizado sobre los incendios de propiedades de los nobles) e Iollos fueron considerados mártires, pero nadie entre los miles de otras víctimas inocentes, lo fue. En *El último autócrata*, una publicación satírica que los liberales rusos

---

[1482] V. A. Maklakov, Vlast i obchtchestvennost na zakate staroï Rossii (Vospominania sovremennika) [El poder y la opinión durante el crepúsculo de la antigua Rusia (Memorias de un contemporáneo)], París: Prilojenie k "Illioustrirovannoï Rossii" II n 1936, p. 466.

editaban en el extranjero, consiguieron colocar la siguiente leyenda bajo el retrato del general al que el terrorista Hirsch Lekkert había intentado asesinar en vano: "*Por su culpa*"[I énfasis-A. S.], el zar "había ejecutado... al judío Lekkert."[1483]

No se trataba sólo de los partidos de la oposición, sino de toda la masa de funcionarios de clase media que temblaban ante la idea de sonar como "no progresistas". Era necesario gozar de una buena fortuna personal, o poseer una notable libertad de espíritu, para resistir con valor la presión de la opinión general. En cuanto al mundo del bar, del arte, de la ciencia, el ostracismo golpeaba inmediatamente a cualquiera que se alejara de este campo magnético.

Sólo León Tolstoi, que gozaba de una posición única en la sociedad, podía permitirse decir que, *para él*, la cuestión judía se encontraba en el lugar 81.
st

La Jewish Encyclopædia se quejaba de que los pogromos de octubre de 1905 "provocaron en la intelectualidad progresista una protesta que no era específica [es decir, exclusivamente centrada en los judíos], sino general, orientada hacia todas las manifestaciones de la 'contrarrevolución' en todas sus formas."[1484]

Además, la sociedad rusa habría dejado de ser ella misma si no hubiera llevado todo a una única cuestión candente: ¡zarismo, todavía zarismo, siempre zarismo!

Pero la consecuencia fue ésta: "Después de los días de octubre [los pogromos de 1905], la ayuda concreta a las víctimas judías sólo la aportaron los judíos de Rusia y de otros países".[1485] Y Berdyaev añadió: "¿Sois capaces de sentir el alma del pueblo judío?... No, lucháis... a favor de una humanidad abstracta".[1486]

Esto lo confirma Sliosberg: "En los círculos políticamente evolucionados", la cuestión judía "no era política en el sentido amplio del término. La sociedad estaba atenta a las manifestaciones de la reacción en todas sus formas."[1487]

[1483] Der Letzte russische Alleinherscher (El último autócrata: Estudio sobre la vida y el reinado del emperador de Rusia Nicolás II), Berlín, Ebcrhard Frowein Verlag [1913], p. 58.
[1484] JE, t. 12, p. 621.
[1485] JE, t. 12, p. 621.
[1486] *Nikolai Berdyaev*, Filosofia neravenstva (Filosofía de la desigualdad), 2nd ed., París, YMCA Press, 1970, p. 72.
[1487] *Sliosberg*, t. 1, p. 260.

Para corregir este error de apreciación de la sociedad rusa, en 1915 se publicó una colección de artículos titulada *Shchit* [El Escudo]: asumía global y exclusivamente la defensa de los judíos, pero sin la participación de éstos como escritores, éstos eran rusos o ucranianos, y en ella se reunía un hermoso pincho de celebridades de la época: cerca de cuarenta nombres. [1488]Toda la colección se basaba en un único tema: "Los judíos en Rusia"; es unívoca en sus conclusiones y sus formulaciones denotan en algunos lugares cierto espíritu de sacrificio.

Algunos ejemplos- *L. Andreev*: "La perspectiva de una próxima solución del problema judío me produce un sentimiento de 'alegría cercana al fervor', la sensación de haberme liberado de un dolor que me ha acompañado toda la vida", que era como "una joroba en la espalda"; "respiraba aire venenoso..."- *M. Gorky:* "Los grandes pensadores europeos consideran que la estructura psíquica del judío es culturalmente más elevada, más bella que la del ruso". (Luego se alegró del desarrollo en Rusia de la secta de los sabatistas y de la del "Nuevo Israel")- *P. Maliantovitch*: "La arbitrariedad de que son objeto los judíos es un reproche que, como una mancha, cubre el nombre del pueblo ruso... Los mejores entre los rusos lo sienten como una vergüenza que te persigue toda la vida. Somos bárbaros entre los pueblos civilizados de la humanidad... se nos priva del precioso derecho de sentirnos orgullosos de nuestro pueblo... La lucha por la igualdad de derechos de los judíos representa para el hombre ruso... una causa nacional de primera importancia... La arbitrariedad de que son objeto los judíos condena a los rusos al fracaso en sus intentos de alcanzar su propia felicidad." Si no nos preocupamos por la liberación de los judíos, "nunca podremos resolver nuestros propios problemas"-K. *Arseniev:* "Si eliminamos todo lo que obstaculiza a los judíos, veremos 'un aumento de las fuerzas intelectuales de Rusia'".-*A. Kalmykova: "Por* un lado, nuestra 'estrecha relación espiritual con el mundo judío en el dominio de los más altos valores espirituales'; por otro, 'los judíos pueden ser objeto de desprecio, de odio'".-*L. Andreev*: "Somos nosotros, los rusos, los *judíos de Europa;* nuestra *frontera,* es precisamente el *Pale of Settlement"- D. Merezhkovsky:*

"¿Qué esperan los judíos de nosotros? ¿Nuestra indignación moral? Pero esta indignación es tan fuerte y tan simple... que sólo tenemos que gritar con los judíos. Esto es lo que hacemos"-Por efecto de no sé qué malentendido, Berdyaev no es uno de los autores del *Escudo*. Pero dijo de sí mismo que había roto con su medio desde su más tierna juventud y que prefería frecuentar a los judíos.

[1488] Shchit (el Escudo), 1916.

Todos los autores del *Escudo* definen el antisemitismo como un sentimiento innoble, como "una enfermedad de la conciencia, obstinada y contagiosa" (D. Ovsianikov-Kulikovsky, Académico). Pero al mismo tiempo, varios autores señalan que "los métodos y procesos... de los antisemitas [rusos] son de origen extranjero" (P. Milyukov). "El último grito de la ideología antisemita es un producto de la industria alemana del espíritu... La teoría 'aria'... ha sido retomada por nuestra prensa nacionalista... Menshikov [1489] [copia] las ideas de Gobineau" (F. Kokochkin). La doctrina de la superioridad de los arios frente a los semitas es "de fabricación alemana" (véase Ivanov).

Pero para nosotros, con nuestra joroba a cuestas, ¿qué cambia? Invitado por el "Círculo Progresista" a finales de 1916, Gorki "dedicó las dos horas de su conferencia a revolcar al pueblo ruso en el barro y a elevar a los judíos a los cielos", como señaló el diputado progresista Mansyrev, uno de los fundadores del "Círculo".[1490]

Un escritor judío contemporáneo analiza este fenómeno con objetividad y lucidez: "Asistimos a una profunda transformación de las mentes de los rusos cultivados que, desgraciadamente, se tomaron a pecho el problema judío mucho más de lo que cabía esperar... La compasión por los judíos se transformó en un imperativo casi tan categórico como la fórmula 'Dios, el Zar, la Patria'"; en cuanto a los judíos, "se aprovecharon de esta profesión de fe según su grado de cinismo." Al mismo tiempo[1491], Rozanov habló del "ávido deseo de los judíos de apoderarse de todo".[1492]

En los años 20, V. Choulguine lo resumió de la siguiente manera: "En aquella época [un cuarto de siglo antes de la revolución], los judíos habían tomado el control de la vida política del país... El cerebro de la nación (si exceptuamos el gobierno y los círculos próximos a él) se encontraba en manos de los judíos y estaba acostumbrado a pensar según sus directrices." "A pesar de todas las 'restricciones' a sus derechos, los judíos se habían apoderado del alma del pueblo ruso."[1493]

[1489] Menshikov Michel (1859-1918), comienza su carrera como marino (hasta 1892), luego se convierte en periodista en el *New Times*, apoya a Stolypin. Después de Octubre, se refugia en Valdai. Detenido en agosto de 1918 por los bolcheviques, fue ejecutado sin juicio.

[1490] *Kn. S. P. Mansyrev*, Moi vospominania (Mis recuerdos)//[Sb.] Fevralskaïa revolioutsia / sost. S. A. Alexeyev. M. L., 1926, p. 259.

[1491] A. Voronel, en "22": Obchtchestvenno-polititcheski i literatourny newspaper Ivreiskoi intelligentsii iz SSSR v Izrailie, Tel Aviv, 1986, no. 50, pp. 156-157.

[1492] Perepiska V. V. Rozanova y M. O. Gerchenzona (Correspondencia de V. Rozanov y M. Gerchenzon), Novy Mir, 1991, no. 3, p. 239.

[1493] *V. V. Choulguine*, "Chto nam v nikh ne nravitsa...": Ob antisemitzme v Rossii ("Lo que no nos gusta de ellos..." Sobre el antisemitismo en Rusia), París, 1929, pp. 58, 75.

Pero, ¿eran los judíos quienes se habían apoderado del alma rusa o simplemente los rusos no sabían qué hacer con ella?

Todavía en *el Escudo*, Merezhkovsky trató de explicar que el filosemitismo había surgido como reacción al antisemitismo, que se afirmaba la ciega valorización de una nacionalidad extranjera, que la absolutización del "no" conducía a la del "sí". [1494]Y el profesor Baudouin de Courtenay reconoció que "muchos, incluso entre los 'amigos políticos' de los judíos, experimentan repulsión y la reconocen en privado". Aquí, por supuesto, no hay nada que hacer. La simpatía y la antipatía... no se ordenan". No obstante, debemos confiar "no en los afectos, sino en la razón".[1495]

La confusión que reinaba en las mentes de aquellos días fue sacada a la luz con mayor trascendencia y alcance por P. B. Struve, que dedicó toda su vida a derribar los obstáculos erigidos en el camino que le llevaría del marxismo al Estado de Derecho y, por el camino, también obstáculos de otro tipo.

La ocasión fue una polémica -caída en un profundo olvido, pero de gran importancia histórica- que estalló en el periódico liberal *Slovo* en marzo de 1909 y se ganó de inmediato la totalidad de la prensa rusa.

Todo había comenzado con el "asunto Chirikov", un episodio cuya importancia se infló hasta el extremo: una explosión de cólera en un pequeño círculo literario que acusaba a Chirikov -autor de una obra titulada *Los judíos*, y bien dispuesto hacia ellos- de antisemita. (Y esto porque en una cena de escritores se había permitido decir que la mayoría de los críticos literarios de San Petersburgo eran judíos, pero ¿eran capaces de comprender la realidad de la vida rusa?). Este asunto sacudió muchas cosas en la sociedad rusa. (El periodista Lioubosh escribió al respecto: "La vela de dos kopeks incendió Moscú"). Considerando que no se había expresado suficientemente sobre el asunto Chrikov en un primer artículo, Jabotinsky publicó un texto titulado "Asemitismo" en el periódico *Slovo* el 9 de marzo de 1909. En él exponía sus temores y su indignación por el hecho de que la mayoría de la prensa progresista quisiera silenciar este asunto. Que incluso un gran periódico liberal (se refería al *Russian News*) llevaba veinticinco años sin publicar una palabra sobre "las atroces persecuciones sufridas por el pueblo judío... Desde entonces la ley del silencio ha sido considerada como la última moda por los filosemitas progresistas". Precisamente aquí residía el mal: en pasar por alto la cuestión judía. (Cuando Chirikov y Arabajine "aseguran que no hay nada antisemita en sus observaciones, ambos tienen toda la razón". Debido a esta tradición de silencio, "uno puede ser acusado de antisemitismo por sólo haber

---
[1494] Shchit (el Escudo), p. 164.
[1495] *Ibidem*, p. 145.

pronunciado la palabra 'judío' o haber hecho el comentario más inocente sobre alguna particularidad de los judíos... El problema es que los judíos se han convertido en un auténtico tabú que prohíbe la crítica más trivial, y que son ellos los grandes perdedores del asunto". (¡También en esto no podemos sino estar de acuerdo!) "Existe la sensación de que la propia palabra 'judío' se ha convertido en un término indecente." "Hay aquí un eco de un estado de ánimo general que se abre paso entre los estratos medios de la intelectualidad progresista rusa... Todavía no podemos aportar pruebas tangibles de ello, sólo podemos tener un presentimiento sobre este estado de ánimo"-, pero es precisamente esto lo que le atormenta: no hay pruebas, sólo una intuición, y los judíos no verán venir la tormenta, les pillará desprevenidos. Por el momento, "sólo vemos una pequeña nube formándose en el cielo y podemos oír un lejano, pero ya amenazador redoble". No es antisemitismo, es sólo "asemitismo", pero eso tampoco es admisible, no se puede justificar la neutralidad: después del pogromo de Kishinev y mientras la prensa reaccionaria vende "la estopa inflamada del odio", es inaceptable el silencio de los periódicos progresistas sobre "una de las cuestiones más trágicas de la vida rusa".[1496]

En el editorial del mismo número del *Slovo*, se formularon las siguientes reservas sobre el artículo de Jabotinsky: "Las acusaciones formuladas por el autor contra la prensa progresista corresponden, en nuestra opinión, a la realidad de las cosas.

Comprendemos los sentimientos que han inspirado al autor sus amargos comentarios, pero imputar a la intelectualidad rusa la intención, por así decirlo deliberada, de barrer la cuestión judía bajo la alfombra, es injusto. La realidad rusa tiene tantos problemas sin resolver que no podemos dedicar mucho espacio a cada uno de ellos... Sin embargo, si muchos de estos problemas se resuelven, esto tendrá efectos muy importantes, incluso para los judíos que son ciudadanos de nuestra patria común."[1497]

¿Y si el editorialista del *Slovo* hubiera preguntado entonces a Jabotinsky por qué no defendía a uno u otro de esos tontos que pronunciaban "el comentario más inocente sobre alguna particularidad de los judíos"? ¿Acaso la opinión judía sólo se interesaba por ellos, les tomaba la palabra? ¿O bastaba con observar cómo la intelectualidad rusa se deshacía de esos "antisemitas"? No, los judíos no eran menos responsables que los demás de este "tabú".

Otro artículo del mismo periódico contribuyó a iniciar el debate: "El acuerdo, no la fusión", de V. Golubev. En efecto, el asunto Chirikov "dista

---

[1496] Vl. *Jabotinsky*, Asemitizm (Asemitismo), en Slovo, SPb., 1909, 9 (22) de marzo, pág. 2; Véase también: [Sb.] Felietony, pp. 77 83.
[1497] Slovo, 1909, 9 (22) de marzo, p. 1.

mucho de ser un caso aislado", "en la actualidad... la cuestión nacional... preocupa también a nuestra intelectualidad". En el pasado reciente, especialmente en el año de la revolución, nuestra intelectualidad [1498] ha "pecado mucho" de cosmopolitismo. Pero "las luchas que se han librado en el seno de nuestra comunidad y entre las nacionalidades que pueblan el Estado ruso no han desaparecido sin dejar huellas". Al igual que las demás nacionalidades, en aquellos años, "los rusos tuvieron que plantearse su propia cuestión nacional...; cuando nacionalidades privadas de soberanía empezaron a autodeterminarse, los rusos sintieron la necesidad de hacerlo también". Incluso la historia de Rusia, "nosotros los intelectuales rusos, la conocemos quizás menos bien que la historia europea." "Los ideales universales... siempre han sido más importantes para nosotros que la edificación de nuestro propio país". Pero, incluso según Vladimir Solovyov, muy alejado sin embargo del nacionalismo, "antes de ser portador de ideales universales, es indispensable elevarse a un cierto nivel nacional". Y el sentimiento de elevarse parece haber empezado a abrirse paso en nuestra intelectualidad". Hasta ahora, "hemos guardado silencio sobre nuestras propias peculiaridades". Recordarlas en nuestra memoria no constituye una manifestación de antisemitismo y opresión de otras nacionalidades: entre nacionalidades debe haber "armonía y no fusión".[1499]

Es posible que la redacción del periódico tomara todas estas precauciones porque se disponía a publicar al día siguiente, 10 de marzo, un artículo de P. B. Struve, "La intelectualidad y el rostro nacional", que casualmente había llegado al mismo tiempo que el de Jabotinsky y que también trataba del caso Chirikov.

Struve escribió: "Este incidente", que "pronto se olvidará", "ha demostrado que algo se ha movido en las mentes, se ha despertado y ya no se calmará. Y tendremos que confiar en ello". "La intelectualidad rusa oculta su rostro nacional, es una actitud que no impone nada, que es estéril" - "La nacionalidad es algo mucho más evidente [que la raza, el color de la piel] y, al mismo tiempo, algo sutil. Es la atracción y la repulsión de la mente y, para tomar conciencia de ellas, no es necesario recurrir a la antropometría ni a la genealogía. Viven y palpitan en las profundidades del alma". Se puede y se debe luchar para que estas atracciones/repulsiones no sean llevadas a la ley, "pero la equidad 'política' no exige de nosotros indiferencia 'nacional'." Estas atracciones y repulsiones nos pertenecen, son nuestros bienes", "el sentimiento orgánico de nuestra pertenencia nacional... Y no veo la menor razón... para renunciar a esta propiedad en nombre de nadie ni de nada".

[1498] de 1905.
[1499] V. *Golubev*, Soglachenie, a ne stianie, Slovo, 1909, 9 (22) marzo, p. 1.

Sí, insiste Struve, es esencial trazar una frontera entre lo jurídico, lo político y el ámbito en el que viven estos sentimientos. "Especialmente con respecto a la cuestión judía, es a la vez muy fácil y muy difícil" - "La cuestión judía es formalmente una cuestión de derecho", y, por ello, es fácil y natural ayudar a resolverla: conceder a los judíos la igualdad de derechos -¡sí, por supuesto! Pero al mismo tiempo es "muy difícil porque la fuerza del rechazo hacia los judíos en diferentes estratos de la sociedad rusa es considerable, y se requiere una gran fuerza moral y una mente muy racional para, a pesar de esta repulsión, resolver definitivamente esta cuestión de derecho." Sin embargo, "aunque existe una gran fuerza de rechazo hacia los judíos en amplios sectores de la población rusa, de todos los 'extranjeros' los judíos son los que están más cerca de nosotros, los que están más estrechamente vinculados a nosotros. Es una paradoja histórico-cultural, pero es así. La intelectualidad rusa siempre ha considerado a los judíos como rusos, y no es ni fortuito ni el efecto de un "malentendido". La iniciativa deliberada de rechazar la cultura rusa y afirmar la singularidad "nacional" judía no pertenece a la intelectualidad rusa, sino a ese movimiento conocido como sionismo...

No siento ninguna simpatía por el sionismo, pero comprendo que el problema de la nacionalidad "judía" existe de verdad", e incluso se plantea cada vez más. (Es significativo que ponga "nacional" y "judío" entre comillas: todavía no puede creer que los judíos se consideren otros). "No existen en Rusia otros 'extranjeros' que desempeñen un papel tan importante en la cultura rusa... Y he aquí otra dificultad: desempeñan este papel sin dejar de ser judíos". No se puede negar, por ejemplo, el papel de los alemanes en la cultura y la ciencia rusas; pero al sumergirse en la cultura rusa, los alemanes se funden completamente en ella. "Con los judíos, ¡eso es otra cosa!".

Y concluye: "No debemos engañar [nuestro sentimiento nacional] ni esconder la cara... Tengo derecho, como cualquier ruso, a estos sentimientos... Cuanto mejor se entienda... menos malentendidos habrá en el futuro".[1500]

Sí... ¡Oh, si hubiéramos despertado, tanto como lo estamos haciendo, unas décadas antes! (Los judíos, ellos, habían despertado mucho antes que los rusos).

Pero al día siguiente fue un torbellino: ¡como si todos los periódicos lo hubieran esperado! Desde el liberal *Hacha Gazeta* ("¿Es éste el *momento* adecuado para hablar de esto?") y el periódico derechista *Novoie Vremia* hasta el órgano del partido demócrata constitucional *Retch*, donde Milyukov no pudo evitar exclamar: Jabotinsky "ha conseguido romper el

---

[1500] P. *Struve*, Intelligentsia i natsionalnoïe litso, Slovo, 1909, 10 (23) marzo, p. 2.

muro de silencio, y todas las cosas aterradoras y amenazadoras que la prensa progresista y la intelectualidad habían tratado de ocultar a los judíos aparecen ahora en su verdadera dimensión." Pero, más adelante, argumentativo y frío como de costumbre, Milyukov pasa al veredicto. Comienza con una importante advertencia: *¿Adónde conduce? ¿A quién beneficia?* El "rostro nacional" que, por otra parte, "no debemos ocultar", ¡es un paso hacia el peor de los fanatismos! (Por tanto, el "rostro nacional" *debe ocultarse*.) Así, "la resbaladiza pendiente del nacionalismo fetichista precipitará a la intelectualidad hacia su degeneración, hacia un verdadero chovinismo tribal" engendrado "en la pútrida atmósfera de la reacción que reina en la sociedad actual".[1501]

Pero P. B. Struve, con una agilidad casi juvenil a pesar de sus cuarenta años, contraataca ya el 12 de marzo en las columnas del *Slovo* al "discurso profesoral" de Milyukov. Y, sobre todo, a este juego de manos: "¿Adónde conduce?" ("¿A quién beneficia?" "¿Quién sacará las castañas del fuego?" -así es como se silenciará a la gente -digan lo que digan- durante cien años o más. Hay un proceso de falsificación que denota una incapacidad total para entender que un discurso puede ser honesto y tener peso en sí mismo.)- "Nuestro punto de vista no es refutado en cuanto al fondo", sino confrontado al modo polémico a "una proyección ": "¿Adónde conduce?" [1502] (Unos días después, volvió a escribir en el *Slovo*: "Es un viejo procedimiento desacreditar tanto una idea que no se comparte como a quien la formula, insinuando pérfidamente que los habitantes de *Novoie Vremia* o *Russkoye Znamya* la encontrarán de su agrado. Este procedimiento es, en nuestra opinión, totalmente indigno de una prensa progresista". [1503]) Luego, en cuanto al fondo: "Las cuestiones nacionales están, hoy en día, asociadas a sentimientos poderosos, a veces violentos. En la medida en que expresan en cada uno la conciencia de su identidad nacional, estos sentimientos son plenamente legítimos y... reprimirlos es... una gran villanía". Eso es: si se reprimen, reaparecerán desnaturalizados. En cuanto a este "'Asemitismo' que sería lo peor, es de hecho un terreno mucho más favorable para una solución legal de la cuestión judía que la interminable lucha entre 'antisemitismo' y 'filo-semitismo'. No hay ninguna nacionalidad no rusa que necesite... que todos los rusos la amen sin reservas. Menos aún que pretendan amarla. En verdad, el 'asemitismo', combinado con una concepción clara y lúcida de ciertos principios morales y políticos y de ciertas limitaciones políticas, es mucho más necesario y útil para nuestros compatriotas judíos que un 'filo-semitismo' sentimental

---

[1501] P. *Milyukov*, Natsionalizm protiv natsionalizma (El nacionalismo contra el nacionalismo), Retch, 1909, 11 (24) de marzo, p. 2.
[1502] P. *Struve*, Polemitcheskie zigzagui i nesvoïevremennaya pravda (Zigzags polémicos y verdad no deseada), Slovo, 1909, 12 (25) marzo, p. 1.
[1503] Slovo, 1909, 17 (30) de marzo, p. 1.

y blando", sobre todo si éste es simulado.-Y "es bueno que los judíos vean la 'cara nacional'" del constitucionalismo ruso y de la sociedad democrática. Y "de nada les sirve hablar bajo el engaño de que este rostro pertenece sólo al fanatismo antisemita". No se trata de "la cabeza de la Medusa, sino del rostro honesto y humano de la *nación rusa*, sin el cual el *Estado ruso* no se mantendría en pie".[1504] -Y de nuevo estas líneas de la redacción de *Slovo*: "La armonía... implica el reconocimiento y el respeto de todas las especificidades de cada [nacionalidad]".[1505]

Los acalorados debates continuaron en los periódicos. "En pocos días se formó toda una literatura sobre el tema". Asistimos "En la prensa progresista... a algo impensable incluso hace poco tiempo: ¡hay un debate sobre la cuestión del nacionalismo gran ruso!".[1506] Pero la discusión sólo alcanzó este nivel en el *Slovo*; los demás periódicos se concentraron en la cuestión de las "atracciones y repulsiones".[1507] La intelectualidad dirigió su ira hacia su héroe del día anterior.

Jabotinsky también dio que hablar, e incluso dos veces... "El oso salió de su guarida", fustigó, dirigiéndose a P. Struve, un hombre sin embargo tan tranquilo y equilibrado. Jabotinsky, por su parte, se sintió ofendido; calificó su artículo, así como el de Milyukov, de "famoso lote": "su lánguida declamación está impregnada de hipocresía, falta de sinceridad, cobardía y oportunismo, por eso es tan incorregiblemente inútil"; e ironizó citando a Milyukov: así "la santa y pura intelectualidad rusa de antaño" "sentía sentimientos de 'repulsión' ante el encuentro de los judíos... Extraño, ¿no?". Criticó "el clima 'santo y puro' de este maravilloso país", y la especie zoológica de *Yursus judaeophagus intellectualis*". (El conciliador Winaver también tomó por su rango: "el lacayo judío del palacio ruso").

Jabotinsky fulminó la idea de que los judíos debían esperar "hasta que se resolviera el problema político central" (es decir, la deposición del zar): "Le agradecemos que tenga una opinión tan halagadora sobre nuestra disposición a comportarnos como un perro con su amo", "sobre la celeridad del fiel Israel". Incluso concluyó afirmando que "nunca antes se había revelado con tan ingenuo cinismo la explotación de un pueblo por otro".[1508]

Hay que admitir que esta excesiva virulencia apenas contribuyó a la victoria de su causa. Además, el futuro próximo iba a demostrar que era

---

[1504] *P. Struve*, Slovo, 1909, 12 (25) de marzo, p. 1.

[1505] V. Golubev, K polemike o natsionalizme (Sobre la controversia relativa al nacionalismo), *ibidem*, p. 2.

[1506] M. Slavinski, Ruskie, velikorossy i rossiane (*Los rusos, los grandes rusos y los ciudadanos de Rusia*), *ibidem*, 14 (27) de marzo, p. 2.

[1507] Slovo*, 1909, 17 (30) de marzo, p. 1.

[1508] *Vl. Jabotinsky*, Medved iz berlogui-Sb. Felietony, pp. 87-90.

precisamente la deposición del zar lo que abriría a los judíos aún más posibilidades de las que pretendían obtener, y cortaría la hierba bajo los pies del sionismo en Rusia; tanto y tan bien que Jabotinsky también fue engañado en cuanto al fondo.

Mucho más tarde y con el retroceso del tiempo, otro testigo de aquella época, entonces miembro del Bund, recordaba que "en los años 1907-1914, algunos intelectuales liberales se vieron afectados por la epidemia, si no de antisemitismo abierto, al menos de 'asemitismo' que azotó entonces a Rusia; por otra parte, superadas las tendencias extremistas que habían surgido durante la primera revolución rusa, se sintieron tentados de responsabilizar a los judíos, cuya participación en la revolución había sido flagrante." En los años que precedieron a la guerra, "el auge del nacionalismo ruso se hizo presente... en ciertos círculos en los que, a primera vista, el problema judío era, poco antes, percibido como un problema ruso."[1509]

En 1912, el propio Jabotinsky, esta vez en un tono más equilibrado, informó de esta juiciosa observación de un destacado periodista judío: tan pronto como los judíos se interesan por alguna actividad cultural, inmediatamente ésta se convierte en extraña para el público ruso, que ya no se siente atraído por ella. Una especie de *rechazo* invisible. Es cierto que no puede evitarse una demarcación nacional; será necesario organizar la vida en Rusia "sin adiciones externas que, en tan gran cantidad, tal vez no puedan ser toleradas [por los rusos]".[1510]

Considerando todo lo expuesto anteriormente, la conclusión más acertada es decir que dentro de la intelectualidad rusa se desarrollaban simultáneamente (como la historia ofrece muchos ejemplos) dos procesos que, con respecto al problema judío, se distinguían por una cuestión de temperamento, no de grado de simpatía. Pero el representado por Struve era demasiado débil, inseguro, y fue sofocado. Mientras que el que había pregonado su filosemitismo en la colección *El Escudo* gozó de una amplia publicidad y prevaleció entre la opinión pública. Sólo cabe lamentar que Jabotinsky no reconociera el punto de vista de Struve en su justo valor.

En cuanto al debate de 1909 en las columnas *del Slovo*, no se limitó a la cuestión judía, sino que se convirtió en una discusión sobre la conciencia nacional rusa, que, tras los ochenta años de silencio que siguieron, sigue siendo hoy todavía vivaz e instructiva,-P. Struve escribió: "Del mismo modo que no debemos rusificar a quienes no lo desean, tampoco debemos

---

[1509] G. I. Aronson, V borbe za grajdanskie i natsionalnye prava Obchtchestvennye tetchenia v rousskom ievreïstve (La lucha por los derechos civiles y nacionales corrientes de opinión en la comunidad judía de Rusia), BJWR-1, pp. 229, 572.
[1510] *Vl. Jabotinsky*-[Sb.] Felietony, pp. 245-247.

disolvernos en el multinacionalismo ruso".[1511] -V. Golubev protestó contra la "monopolización del patriotismo y el nacionalismo por grupos reaccionarios": "Hemos perdido de vista el hecho de que las victorias obtenidas por los japoneses han tenido un efecto desastroso sobre la conciencia popular y el sentimiento nacional. Nuestra derrota no sólo humilló a nuestros burócratas", como esperaba la opinión pública, "sino, indirectamente, también a la nación". (Oh no, no "indirectamente": ¡bastante directamente!) "La nacionalidad rusa... ha desaparecido".[1512]

Tampoco es una broma el florecimiento de la propia palabra "ruso", que se ha transformado en "auténticamente ruso". La intelectualidad progresista ha dejado escapar estas dos nociones, abandonándolas a la gente de derechas. "El patriotismo, sólo podíamos concebirlo entre comillas". Pero "debemos competir con el patriotismo reaccionario con un patriotismo popular... Nos hemos congelado en nuestro rechazo del patriotismo de los Cien Negros, y si nos hemos opuesto a algo de él, no es a otra concepción del patriotismo, sino a los ideales universales." [1513]Y sin embargo, todo nuestro cosmopolitismo no nos ha permitido, hasta hoy, confraternizar con la sociedad polaca...[1514]

A. Pogodin pudo decir que después de la violenta acusación de V. Solovyov contra el libro de Danilevsky, *Rusia y Europa*, después de los artículos de Gradovsky, fueron "las primeras manifestaciones de esta conciencia que, como el instinto de conservación, se despierta entre los pueblos cuando les amenaza el peligro."

(Casualmente, en el mismo momento en que tuvo lugar esta polémica, Rusia tuvo que soportar su humillación nacional: se vio obligada a reconocer con lastimera resignación la anexión por Austria de Bosnia-Herzegovina, lo que equivalía a un "Tsou-Shina diplomático"). "La fatalidad nos lleva a plantear esta cuestión, que antes era totalmente ajena a la intelectualidad rusa, pero que la vida misma nos impone con una brutalidad que prohíbe toda evasión".[1515]

En conclusión, el *Slovo* escribió: "Un incidente fortuito desencadenó toda una tormenta periodística". Esto significa que "la sociedad rusa necesita conciencia nacional". En el pasado, "se había alejado no sólo de una falsa política antinacional... sino también del auténtico nacionalismo sin el cual

---

[1511] P. *Struve*, Slovo, 1909, 10 (23) de marzo, p. 2.

[1512] V. Golubev, ibidem, 12 (25) de marzo, p. 2.

[1513] V. *Golubev*, O monopolii na patriotizm (Sobre el monopolio del patriotismo), *ibidem*, 14 (27) de marzo, p. 2.

[1514] V. *Golubev*, Ot samuvajenia k ouvajeniou (De la autoestima al respeto), *ibidem*, 25 de marzo (7 de abril), p. 1.

[1515] A. *Pogodin*, K voprosou o natsionalizme (Sobre la cuestión nacional), *ibidem*, 15 (28) de marzo, p. 1.

no se puede construir realmente una política". Un pueblo capaz de crear "no puede sino tener su propio rostro".[1516]

"Minine [1517] fue sin duda una nacionalista". Un nacionalista constructivo, poseedor del sentido del Estado, es peculiar de las naciones *vivas*, y eso es lo que necesitamos ahora. [1518]"Igual que hace trescientos años, la historia nos dice que respondamos", que digamos, "en las horas oscuras de la prueba... si tenemos derecho, como cualquier pueblo digno de ese nombre, a existir por nosotros mismos".[1519]

Y, sin embargo -aunque, aparentemente, el año 1909 fue bastante tranquilo-, ¡uno sentía que la Tormenta estaba en el aire! Sin embargo, no se perdieron de vista ciertas cosas (M. Slavinski): "Los intentos de rusificación o, más exactamente, de imposición del modelo ruso-ruso en Rusia... han tenido un efecto desastroso sobre las peculiaridades nacionales vivas, no sólo de todos los pueblos no soberanos del Imperio, sino también y sobre todo del pueblo de la Gran Rusia... Las fuerzas culturales del pueblo de la Gran Rusia resultaron insuficientes para ello". "Para la nacionalidad de la Gran Rusia sólo es bueno el desarrollo del interior, una circulación normal de la sangre".[1520] (¡Ay! aún hoy no se ha asimilado la lección). "Necesaria es la lucha contra el nacionalismo fisiológico, [cuando] un pueblo más fuerte trata de imponer a otros que lo son menos un modo de vida que le es ajeno". [1521]Pero un imperio como éste no podía haberse constituido únicamente por la fuerza física, también existía una "fuerza moral". Y si poseemos esta fuerza, entonces la igualdad de derechos de otros pueblos (tanto judíos como polacos) no nos amenaza en modo alguno.[1522]

Ya en el siglo XIX, y *a fortiori* a principios del XX, la intelligentsia rusa se sentía en un alto nivel de conciencia global, universalidad, cosmopolitismo o internacionalidad (en aquella época, se hacía poca diferencia entre todas estas nociones). En muchos campos, había negado casi por completo lo ruso, lo nacional. (Desde lo alto de la tribuna de la Duma, se practicaba el juego de palabras: "patriota-iscariote"). En cuanto a la intelectualidad judía, no negaba su identidad nacional. Incluso los socialistas judíos más extremistas se esforzaban por conciliar su ideología con el sentimiento nacional. Al mismo tiempo, no hubo ninguna voz entre los judíos -de Dubnov a Jabotinsky, pasando por Winaver- que dijera que

---

[1516] Slovo, 1909, 17 (30) de marzo, p. 1.
[1517] Héroe de la resistencia rusa a la invasión polaca a principios del siglo XVII.
[1518] A. Pogodin, ibidem, 15 (28) de marzo, p. 1.
[1519] Slovo, 1909, 17 (30) de marzo, p. 1.
[1520] M. Slavinski, Slovo, 1909, 14 (27) de marzo, p. 2.
[1521] A. Pogodin, ibidem, 15 (28) de marzo, p. 1.
[1522] Slovo, 1909, 17 (30) de marzo, p. 1.

la intelectualidad rusa, que apoyaba con toda su alma a sus hermanos perseguidos, no podía renunciar a su *propio sentimiento nacional*. La equidad lo habría exigido. Pero nadie percibió esta disparidad: bajo la noción de *igualdad de derechos*, los judíos entendían *algo más*.

Así, la intelectualidad rusa, en solitario, emprendió el camino hacia el futuro. Los judíos no obtuvieron la igualdad de derechos bajo los zares, pero -y probablemente en parte por esta misma razón- obtuvieron la mano y la fidelidad de la intelectualidad rusa. La fuerza de su desarrollo, su energía, su talento *penetraron en* la conciencia de la sociedad rusa. La idea que teníamos de nuestras perspectivas, de nuestros intereses, el impulso que dimos a la búsqueda de soluciones a nuestros problemas, todo esto, lo incorporamos a la idea que ellos mismos se hacían de ello. Hemos adoptado su visión de nuestra historia y de cómo salir de ella.

Comprender esto es mucho más importante que calcular el porcentaje de judíos que intentaron desestabilizar Rusia (todos los que lo hicimos), que hicieron la revolución o participaron en el poder bolchevique.

Capítulo 12

Durante la guerra (1914-1916)

La Primera Guerra Mundial fue sin duda la mayor de las locuras del siglo XX. Sin motivos ni propósitos reales, tres grandes potencias europeas - Alemania, Rusia y Austria-Hungría- se enfrentaron en una batalla mortal que provocó que las dos primeras no se recuperaran en todo el siglo y que la tercera se desintegrara. En cuanto a los dos aliados de Rusia, aparentemente vencedores, resistieron otro cuarto de siglo, y luego perdieron para siempre su poder de dominación.

A partir de entonces, toda Europa dejó de cumplir su orgullosa misión de guiar a la humanidad, convirtiéndose en objeto de celos e incapaz de mantener en sus debilitadas manos sus posesiones coloniales.

Ninguno de los tres emperadores, y menos aún Nicolás II y su entorno, se habían dado cuenta de en *qué* guerra se estaban sumergiendo, no podían imaginar ni su escala ni su violencia. Aparte de Stolypin y, después de él, Durnovo, las autoridades no habían comprendido la advertencia dirigida a Rusia entre 1904 y 1906.

Consideremos esta misma guerra con los ojos de los judíos. En estos tres imperios vecinos vivían las tres cuartas partes de los judíos del planeta (y el 90% de los judíos de Europa [1523]) que vivían además en la zona de las futuras operaciones militares, de la provincia de Kovno (entonces Livonia) hasta la Galitzia austriaca (entonces Rumania). Y la guerra les puso ante un interrogante tan apremiante como doloroso: ¿podrían todos, viviendo en el frente de estos tres imperios, conservar su patriotismo imperial en estas condiciones? Pues si, para los ejércitos que avanzaban, detrás del frente estaba el enemigo, para los judíos establecidos en estas regiones, detrás del frente vivían vecinos y correligionarios. No podían desear esta guerra: ¿podía su mentalidad cambiar brutalmente hacia el patriotismo? En cuanto a los judíos de a pie, los del Pale of Settlement, tenían aún menos motivos para apoyar al ejército ruso. Hemos visto que un siglo antes, los judíos de la Rusia occidental habían ayudado a los rusos contra Napoleón. Pero, en 1914, era muy diferente: ¿en nombre *de qué* ayudarían al ejército ruso? ¿En

---

[1523] SJE, t. 2, 1982, pp. 313-314.

nombre del Pale of Settlement? Por el contrario, ¿no suscitaba la guerra la esperanza de una liberación? Con la llegada de los austriacos y los alemanes, no se iba a establecer un nuevo Pale of Settlement, ¡no se mantendría el *numerus clausus* en los centros de enseñanza!

Es precisamente en la parte occidental del Pale of Settlement donde el Bund mantuvo su influencia, y Lenin nos dice que sus miembros "son en su mayoría germanófilos y se alegran de la derrota de Rusia." [1524]También nos enteramos de que, durante la guerra, el movimiento autonomista judío *Vorwarts* adoptó una posición abiertamente proalemana. Hoy en día, un escritor judío señala finamente que, "si se reflexiona sobre el significado de la fórmula 'Dios, el Zar, la Patria...', es imposible imaginar a un judío, súbdito leal del Imperio, que pudiera haberse tomado en serio esta fórmula", es decir, en primer grado.[1525]

Pero, en las capitales, las cosas eran diferentes. A pesar de sus posiciones de 1904-1905, los influyentes círculos judíos, al igual que los liberales rusos, ofrecieron su apoyo al régimen autocrático cuando estalló el conflicto; propusieron un pacto. "El fervor patriótico que barrió Rusia no dejó de lado a los judíos". "Fue [1526]la época en que, viendo el patriotismo ruso de los judíos, Purishkevich [1527]abrazó a los rabinos". En [1528]cuanto a la prensa (no la *Novoie Vremia*, sino la prensa liberal, "medio judía" según Witte, la misma que expresaba y orientaba las sacudidas de la opinión pública y que, en 1905, *exigió literal*mente la capitulación del poder), estuvo, desde los primeros días de la guerra, movida por el entusiasmo patriótico. "¡Sobre la cabeza de la pequeña Serbia se alza la espada contra la Gran Rusia, garante del derecho inalienable de millones de personas al trabajo y a la vida!". En una reunión extraordinaria de la Duma, "los representantes de las diferentes nacionalidades y de los diferentes partidos estaban todos, en este día histórico, habitados por el mismo pensamiento, una sola emoción hacía temblar todas las voces... ¡Que nadie ponga una mano sobre Santa Rusia!... Estamos dispuestos a todos los sacrificios para defender el honor y la dignidad de Rusia, una e indivisible...".

'Dios, el Zar, el pueblo', y la victoria está asegurada... Nosotros, los judíos, defendemos nuestro país porque estamos profundamente unidos a él".

[1524] *V. I. Lenin*, Obras Completas en 55 volúmenes [en ruso], 1958-1965, t. 49, p. 64.
[1525] *A. Voronel*, "22", Tel Aviv, 1986, n°. 50, p. 155.
[1526] SJE, t. 7, p. 356.
[1527] Vladimir Purishkevich (1870-1920), monárquico, opositor a Rasputín, en cuyo asesinato participó. Detenido en 1917, luego amnistiado, participó en el movimiento blanco y murió de tifus en Novorossiysh.
[1528] *D. S. Pasmanik*, Rousskaya revoliutsia i ievreisstvo (Bolchevizm i Ioudaizm) (La revolución rusa y los judíos [bolchevismo y judaísmo]), París, 1923, p. 143.

Incluso si, detrás de esto, había un cálculo bien fundado, la expectativa de un gesto de reconocimiento a cambio -la consecución de la igualdad de derechos, aunque sólo fuera una vez terminada la guerra-, el gobierno tuvo que, al aceptar a este inesperado aliado, decidir asumir -o prometer asumir- su parte de obligaciones.

Y, de hecho, ¿tenía que pasar necesariamente por la revolución la consecución de la igualdad de derechos? Además, el aplastamiento de la insurrección por Stolypin "había provocado una disminución del interés por la política tanto en los círculos rusos como en los judíos",[1529] -lo que, como mínimo, significaba que había un alejamiento de la revolución. Como declaró Chulguine [1530]: "Combatir simultáneamente a los judíos y a los alemanes estaba por encima de las fuerzas del poder en Rusia, era necesario concluir un pacto con alguien". [1531]Esta nueva alianza con los judíos debía formalizarse: era necesario elaborar al menos un documento que contuviera promesas, como se había hecho con los polacos. Pero sólo Stolypin habría tenido la inteligencia y el valor para hacerlo. Sin él, no había nadie para comprender la situación y tomar las decisiones apropiadas. (Y, a partir de la primavera de 1915, se cometieron errores aún más graves).

Los círculos liberales, incluida la élite de la comunidad judía, también tenían a la vista otra consideración que daban por cierta. Desde el año 1907 (de nuevo, sin necesidad urgente), Nicolás II se había dejado arrastrar a una alianza militar con Inglaterra (echándose así al cuello la soga del posterior enfrentamiento con Alemania). Y, ahora, todos los círculos progresistas de Rusia hacían el siguiente análisis: la alianza con las potencias democráticas y la victoria común con ellas conducirían inevitablemente a una democratización global de Rusia al final de la guerra y, en consecuencia, al establecimiento definitivo de la igualdad de derechos para los judíos. Por lo tanto, los judíos de Rusia, y no sólo los que vivían en Petersburgo y Moscú, aspiraban a la victoria de Rusia en esta guerra.

Pero estas consideraciones fueron contrarrestadas por la precipitada y masiva *expulsión de* los judíos de la zona del frente, ordenada por el Estado Mayor en el momento de la gran retirada de 1915. El hecho de que este último tuviera el poder de hacerlo fue el resultado de decisiones poco

---

[1529] SJE, t. 7, p, 356.
[1530] Basile Choulguine (1878-1976), líder del ala derecha de la Duma con la que rompe en el momento del asunto Beilis. Participa en el Bloque Progresista. Recoge con Guchkov la abdicación de Nicolás II. Emigra a Yugoslavia hasta 1944, allí es capturado y pasa doce años en campos de concentración. Muere casi centenario.
[1531] *V. V. Choulguine*, "Chto nam v nikh ne nravitsa..." ("Lo que no nos gusta de ellos...") Ob Antisemitism v rossii ("Lo que no nos gusta de ellos..." Sobre el antisemitismo en Rusia), París. 1929, p. 67.

meditadas tomadas al principio de la guerra. En julio de 1914, en el fragor de la acción, en la agitación que reinaba ante la inminencia del conflicto, el Emperador había firmado sin reflexión, como documento de importancia secundaria, el Reglamento provisional del servicio de campaña que otorgaba al Estado Mayor un poder ilimitado sobre todas las regiones vecinas del frente, con una extensión territorial muy amplia, y ello, sin consulta alguna al Consejo de Ministros. En aquel momento, nadie había dado importancia a este documento, porque todos estaban convencidos de que el Mando Supremo estaría siempre asegurado por el Emperador y que no podía haber conflicto con el Consejo de Ministros. Pero, ya en julio de 1914, se convenció al Emperador de que no asumiera el Mando Supremo de los ejércitos. Como hombre sabio, éste propuso el cargo a su favorito, el fino orador Sukhomlinov, entonces ministro de Defensa, quien naturalmente declinó este honor. Fue el gran príncipe Nicolás Nicolaevich quien fue nombrado, y éste no consideró posible empezar por alterar la composición del Estado Mayor, a cuya cabeza estaba el general Yanushkevich. Pero, al mismo tiempo, no se modificó el reglamento provisional, de modo que la administración de un tercio de Rusia quedó en manos de Yanushkevich, un hombre insignificante que ni siquiera era militar de profesión.

Desde el principio de la guerra, se dieron órdenes locales de expulsar a los judíos de las zonas del ejército.[1532] En agosto de 1914, los periódicos decían: "Los derechos de los judíos... Instrucción telegráfica a todos los gobernadores de provincias y ciudades para que cesen los actos de expulsión masiva o individual de judíos".

Pero, desde principios de 1915, como testificó el doctor D. Pasmanik, médico en el frente durante la guerra, "de repente, en toda la zona del frente y en todos los círculos cercanos al poder, corrió el rumor de que los judíos hacían espionaje".[1533]

Durante el verano de 1915, Yanukhovich -precisamente él- trató de enmascarar la retirada de los ejércitos rusos, que en aquel momento parecía espantosa, ordenando la deportación *masiva* de los judíos de la zona del frente, una deportación arbitraria, sin ningún examen de los casos individuales. Era tan fácil: ¡culpar de todas las derrotas a los judíos!

Es posible que estas acusaciones no se hubieran producido sin la ayuda del Estado Mayor alemán, que emitió una proclama llamando a los judíos de Rusia a levantarse contra su gobierno. Pero prevalece la opinión, apoyada por muchas fuentes, de que en este caso fue la influencia polaca la que actuó. Como escribió Sliosberg, justo antes de la guerra se había producido

---

[1532] SJE, t. 7, p. 356.
[1533] *Pasmanik, op. cit.*, p. 144.

una brutal explosión de antisemitismo, "una campaña contra el dominio judío en la industria y el comercio...".

Cuando estalló la guerra, estaba en su apogeo... y los polacos se esforzaron por todos los medios en empañar la imagen de las poblaciones judías a los ojos del Mando Supremo, difundiendo todo tipo de tonterías y leyendas sobre el espionaje judío."[1534] -Inmediatamente después de las promesas hechas por Nikolai Nikolaevich en el Llamamiento a los polacos del 14 de agosto, éstos fundaron en Varsovia el "Comité Central de la Burguesía", que no incluía ni un solo judío, mientras que en Polonia los judíos representaban el 14% de la población. En septiembre, hubo un pogromo contra los judíos en Souvalki.[1535].-Tespués, durante la retirada de 1915, "la agitación que reinaba en el seno del ejército facilitó la difusión de las calumnias inventadas por los polacos".[1536] Pasmanik afirma estar "en condiciones de probar que los primeros rumores sobre la traición de los judíos fueron propagados por los polacos", una parte de los cuales "ayudaba activamente a los alemanes".

Tratando de evitar sospechas, se apresuraron a difundir el rumor de que los judíos se dedicaban al espionaje".[1537] En relación con esta expulsión de los judíos, varias fuentes subrayaron el hecho de que el propio Yanukhevich era un "polaco convertido a la ortodoxia".[1538]

Es posible que haya sufrido esta influencia, pero consideramos que estas explicaciones son insuficientes y no justifican en absoluto la actitud del Estado Mayor ruso.

Por supuesto, los judíos de la zona del frente no podían romper sus lazos con los pueblos vecinos, interrumpir el "puesto judío" y convertirse en enemigos de sus correligionarios. Además, a los ojos de los judíos del Pale of Settlement, los alemanes aparecían como una nación europea de alta cultura, muy diferente de los rusos y los polacos (la negra sombra de Auschwitz aún no había cubierto la tierra ni atravesado la conciencia judía...). En aquella época, el corresponsal *del Times*, Steven Graham, informaba de que en cuanto el humo de un barco alemán aparecía en el horizonte, la población judía de Libava "olvidaba la lengua rusa" y empezaba a hablar alemán. Si tenían que marcharse, los judíos preferían ir al lado alemán.-La hostilidad mostrada por el ejército ruso, y luego su

---

[1534] G. B. Sliosberg, *op. cit.*, t. 3, pp. 316-317.
[1535] I G. Froumkine, Iz istorii ruskovo ievreistava, [Sb.] Kniga o ruskom evreïstve: Ot 1860 godov do Revolutsii 1917 g. (Aspectos de la historia de los judíos rusos), en BJWR, pp. 85-86.
[1536] *Sliosberg, op. cit.*, t. 3, p. 324.
[1537] *Pasmanik, op. cit.*, p. 144.
[1538] Por ejemplo: SJE, t. 7, p. 357.

deportación, sólo podían provocar su amargura y hacer que algunos de ellos colaboraran abiertamente con los alemanes.

Además de las acusaciones contra los judíos que vivían en estas zonas, los judíos fueron acusados de cobardía y deserción. El padre Georges Chavelsky, capellán del ejército ruso, estaba adscrito al Estado Mayor, pero iba a menudo al frente y estaba bien informado de todo lo que allí ocurría; escribió en sus memorias: "Desde los primeros días de la guerra se repitió con insistencia que los soldados judíos eran cobardes y desertores, y los judíos locales espías y traidores. Hubo muchos ejemplos de judíos que se habían pasado al enemigo o habían huido; o de civiles judíos que habían dado información al enemigo, o que, en el curso de sus ofensivas, le habían entregado soldados y oficiales rusos que se habían quedado en el lugar, etc., etc. Cuanto más tiempo pasaba, más se deterioraba nuestra situación, más aumentaba el odio y la exasperación contra los judíos. los rumores se extendían del frente a la retaguardia... creaban un clima que se estaba volviendo peligroso para todos los judíos de Rusia".[1539] -El subteniente M. Lemke, socialista que entonces estaba en el Estado Mayor, registró, en el diario que llevaba en secreto, informes del frente sudoeste, en diciembre de 1915; en particular, señaló: "Hay un inquietante aumento del número de desertores judíos y polacos, no sólo en las posiciones avanzadas, sino también en la retaguardia del frente".[1540] -En noviembre de 1915, se llegó a oír durante una reunión del buró del Bloque Progresista las siguientes observaciones, anotadas por Milyukov: "¿Qué pueblo dio pruebas de su ausencia de patriotismo? -Los judíos".[1541]

En Alemania y Austria-Hungría, los judíos podían ocupar altos cargos en la administración sin tener que abjurar de su religión, y lo mismo ocurría en el ejército. Mientras que en Rusia, un judío no podía convertirse en oficial si no se convertía a la ortodoxia, y los judíos con mayores niveles de educación solían completar su servicio militar como simples soldados. Es comprensible que no se apresuraran a servir en un ejército así. (A pesar de ello, los judíos eran condecorados con la cruz de San Jorge.) El capitán G. S. Doumbadze recordaba a un judío, estudiante de derecho, que recibió esta condecoración cuatro veces, pero se negó a ingresar en la Escuela de

---

[1539] *Padre Georgui Chavelsky*, Vospominania poslednevo protopresvitera ruskoï armii i flota (Memorias del último capellán del ejército ruso y de la capucha rusa) v. 2-kh t, t. 1, Nueva York, ed., Chekhov, 1954, p. 271. Chéjov, 1954, p. 271.

[1540] *Mikhail Lemke*, 250 dnei v tsarskoy Stavke (25 sentences 1915-ioulia 1916) (250 días en el Estado Mayor (25 de septiembre de 1915-julio de 1916), PG GIZ, 1920, p. 353.

[1541] Progressivny blok v 1915 1916 gg (El bloque progresista en 1915 1916), Krasny arkhiv: Istoritcheskiï Journal Tsentrarkhiva RSFSR, M. GIZ, 1922-1941, vol. 52, 1932, p. 179.

Oficiales para no tener que convertirse, lo que habría provocado la muerte de su padre de pena. Más tarde fue ejecutado por los bolcheviques.)[1542]

Por todo ello, sería poco fiable e inverosímil concluir que todas estas acusaciones eran meras invenciones. Chavelsky escribe: "La cuestión es demasiado vasta y compleja... pero no puedo evitar decir que en aquella época no faltaban motivos para acusar a los judíos... En tiempos de paz, se toleraba que se les asignaran tareas civiles; durante la guerra... los judíos llenaban las unidades de combate... Durante las ofensivas, a menudo estaban en la retaguardia; cuando el ejército se retiraba, estaban en el frente. Más de una vez sembraron el pánico en sus unidades... No se puede negar que los casos de espionaje, de pasarse al enemigo no fueron raros... No pudimos evitar encontrar sospechoso que los judíos estuvieran también perfectamente informados de lo que ocurría en el frente. El 'teléfono judío' funcionaba a veces mejor y más rápido que todos los teléfonos del campo... No era raro que las noticias del frente se conocieran en la pequeña aldea de Baranovichi, situada cerca del Estado Mayor, incluso antes de que llegaran al Comandante Supremo y a su Jefe de Estado Mayor." [1543](Lemke señala los orígenes judíos del propio Chavelsky.)[1544]

Un rabino de Moscú acudió al Estado Mayor para intentar persuadir a Chavelsky de que "los judíos son como los demás: los hay valientes, los hay cobardes; los hay leales a su país, los hay también bastardos, traidores", y citó ejemplos tomados de otras guerras. "Aunque fue muy doloroso para mí, tuve que contarle todo lo que sabía sobre la conducta de los judíos durante esta guerra", "pero no pudimos llegar a un acuerdo".[1545]

He aquí aún el testimonio de un contemporáneo. Abraham Zisman, un ingeniero, entonces asignado a la Comisión de Evacuación, recordaba medio siglo después: "Para mi gran vergüenza, debo decir que [los judíos que estaban cerca del frente] se comportaron de forma muy despreciable, prestando al ejército alemán toda la ayuda que pudieron".[1546]

También hubo acusaciones de carácter estrictamente económico contra los judíos que abastecían al ejército ruso. Así, Lemke copió la orden al Estado Mayor firmada por el Emperador el mismo día de su toma de posesión como Comandante Supremo (esta orden, por tanto, había sido preparada por Yanushkevich): Los proveedores judíos de abusaban de los pedidos de vendas, caballos, pan que les daba el ejército; recibían de las autoridades

---

[1542] *G. S. Doumbadze* (Vospominania), Biblioteka-fond "Rousskoie Zaroubejie", f/l, A-9, p. 5.
[1543] Padre Chavelsky, op. cit., *t. 1, p. 272.*
[1544] *Lemke, op. cit.,* p. 37.
[1545] Padre Chavelsky, op. cit., *t. 1, pp. 272-273.*
[1546] Novaya Zaria, San Francisco, 1960, 7 de mayo, p. 3.

militares documentos que certificaban "que se les había confiado la tarea de hacer compras para las necesidades del ejército... pero sin ninguna indicación de cantidad o lugar". Entonces "los judíos hacen hacer copias certificadas de estos documentos y las distribuyen a sus cómplices", adquiriendo así la posibilidad de realizar compras en todo el Imperio. "Gracias a la solidaridad entre ellos y a sus considerables recursos financieros, controlan vastas zonas donde se compran principalmente caballos y pan", lo que eleva artificialmente los precios y dificulta el trabajo de los funcionarios responsables de los suministros.[1547]

Pero todos estos hechos no pueden justificar la conducta de Yanushkevich y del Estado Mayor. Sin esforzarse por separar el buen trigo de la paja, el Alto Mando ruso lanzó una operación, tan masiva como inepta, para la expulsión de los judíos.

Especialmente llamativa fue la actitud hacia los judíos de Galitzia que vivían en territorio austrohúngaro. "Desde el comienzo de la Primera Guerra Mundial, decenas de miles de judíos huyeron de Galitzia a Hungría, Bohemia y Viena.

Los que se quedaron sufrieron mucho durante el período de la ocupación rusa de esta región". "[1548] Intimidaciones, palizas e incluso pogromos, frecuentemente organizados por las unidades cosacas, se convirtieron en la suerte cotidiana de los judíos de Galitzia." [1549]Esto es lo que escribe el padre Chavelsky: "En Galitzia, el odio hacia los judíos seguía alimentado por las vejaciones infligidas bajo la dominación austriaca a las poblaciones rusas [de hecho, ucranianas y rutenas] por los poderosos judíos"[1550] (en otras palabras, estas mismas poblaciones participaban ahora de la arbitrariedad cosaca).

"En la provincia de Kovno fueron deportados todos los judíos sin excepción: los enfermos, los soldados heridos, las familias de los soldados que estaban en el frente". "[1551]Se exigían rehenes con el pretexto de impedir actos de espionaje", y hechos de este tipo "se convirtieron en habituales".[1552]

Esta deportación de los judíos aparece bajo una luz más fuerte que en 1915 -contrariamente a lo que sucedería en 1941- no hubo evacuación masiva de las poblaciones urbanas. El ejército se retiraba, la población civil permanecía allí, nadie era expulsado, pero los judíos y sólo ellos eran

---

[1547] *Lemke*, op. cit.*, p. 325.
[1548] SJE, t. 2, p. 24.
[1549] SJE, t. 7, p. 356.
[1550] Padre Chavelsky, op. cit., *p. 271.*
[1551] SJE, t. 7, p. 357.
[1552] *Sliosberg, op. cit.,* t. 3, p. 325.

expulsados, todos sin excepción y en el menor tiempo posible: por no hablar de la herida moral que ello representaba para cada uno, lo que conllevaba la ruina, la pérdida de la propia casa, de la propia propiedad. ¿No se trataba siempre, bajo otra forma, del mismo pogromo de gran magnitud, pero esta vez provocado por las autoridades y no por el populacho? ¿Cómo no entender la desgracia judía?

A esto hay que añadir que Yanushkevich, al igual que los oficiales de alto rango que estaban bajo su mando, actuaba sin ninguna reflexión lógica, con desorden, precipitación, incoherencia, lo que no hacía sino aumentar la confusión. No existe ninguna crónica ni relato de todas estas decisiones militares. Sólo ecos dispersos en la prensa de la época, y también en "Los Archivos de la Revolución Rusa" de I. V. Hessen, una serie de documentos [1553] recogidos al azar, sin seguimiento; y luego, como en el caso de Lemke, copias de documentos realizadas por particulares. Estos datos dispersos permiten, sin embargo, formarse una opinión sobre lo ocurrido.

Algunas de las disposiciones prevén expulsar a los judíos de la zona de operaciones militares "en dirección al enemigo" (lo que significaría: ¿en dirección a los austriacos, al otro lado de la línea del frente?), para enviar de vuelta a Galitzia a los judíos originarios de allí; otras directivas prevén deportarlos a la retaguardia del frente, a veces a corta distancia, a veces en la orilla izquierda del Dniéper, a veces incluso "más allá del Volga". A veces se trata de "limpiar a los judíos de una zona de cinco verstas del frente", a veces se habla de una zona de cincuenta verstas.

Los plazos de evacuación son a veces de cinco días, con autorización para llevarse los bienes, a veces de veinticuatro horas, probablemente sin esta autorización; en cuanto a los resistentes, serán llevados bajo escolta. O incluso: ninguna evacuación, pero en caso de retirada, tomar rehenes entre los judíos significativos, especialmente los rabinos, en caso de que los judíos denuncien a rusos o polacos bien dispuestos con respecto a Rusia; en caso de ejecución de éstos por los alemanes, llevar a cabo la ejecución de los rehenes (¿pero cómo saber, verificar que hubo ejecuciones en el territorio ocupado por los alemanes? Era un sistema realmente increíble). Otra instrucción: no tomamos rehenes, sólo los designamos entre la población judía que habita nuestros territorios, ellos serán los responsables del espionaje a favor del enemigo cometido por otros judíos. O incluso: evitar a toda costa que los judíos conozcan la ubicación de las trincheras cavadas en la retaguardia del frente (para que no puedan comunicárselo a los austriacos a través de sus correligionarios,-se sabía que los judíos

---

[1553] Dokoumenty o presledovanii ievreev (Documentos sobre la persecución de los judíos), Arkhiv Rousskoi Revolutsii (Archivos de la Revolución Rusa), izdavayemy I.V. Gessenom, Berlín: Slovo, 1922-1937, t. 19, 1928, pp. 245-284.

rumanos podían cruzar fácilmente la frontera); o incluso, al contrario: obligar precisamente a los judíos civiles a cavar las trincheras. O incluso (orden dada por el comandante de la región militar de Kazán, el general Sandetski, conocido por su comportamiento despótico): reunir a todos los soldados judíos en batallones de marcha y enviarlos al frente. O, a la inversa: descontento provocado por la presencia de judíos en las unidades de combate; su ineptitud militar.

Da la sensación de que en su campaña contra los judíos, Yanushkevich y el Estado Mayor estaban perdiendo la cabeza: ¿qué querían exactamente?

Durante estas semanas de combates especialmente difíciles, cuando las tropas rusas se retiraban, exhaustas y escasas de municiones, se envió a los jefes de las unidades un folleto que contenía una "lista de preguntas" y les ordenaba reunir información sobre "las cualidades morales, militares y físicas de los soldados judíos", así como sus relaciones con las poblaciones judías locales. Y se consideró la posibilidad de excluir completamente a los judíos del ejército después de la guerra.

Tampoco conocemos el número exacto de personas desplazadas. En El *libro del mundo judío ruso* leemos que en abril de 1915 fueron expulsados 40.000 judíos de la provincia de Courland, y en mayo 120.000 de ellos de Kovno. En [1554]otro lugar, el mismo libro da una cifra global para todo el período, que asciende a 250.000[1555] *incluidos los* refugiados judíos, lo que significa que los deportados difícilmente habrían representado más de la mitad de esta cifra. Después de la revolución, el periódico *Novoie Vremia* publicó una información según la cual la evacuación de todos los habitantes de Galitzia dispersó por el territorio de Rusia a 25.000 personas, entre ellas casi un millar de judíos.[1556] (Se trata de cifras que, por el momento, son demasiado débiles para ser probables.) Los días 10 y 11 de mayo de 1915 se dio la orden de poner fin a las deportaciones, que cesaron. Jabotinsky sacó la conclusión de la expulsión de los judíos de la zona del frente en 1915 hablando de una "catástrofe probablemente sin precedentes desde el reinado de Fernando e Isabel" en España en el siglo XV. [1557]Pero, ¿no hay también algo de movimiento de la Historia en el hecho de que esta deportación masiva -en sí misma, y las reacciones de indignación que

---

[1554] A. A. Goldenweiser, Pravovoïc polojenie ievreyev v Rossii (La situación jurídica de los judíos en Rusia), BJWR-1, p. 135.
[1555] G. I. Aronson, V borbe za grajdanskie i nalsionainyc prava Obchtchestvennye tetchenia v rousskom evreïstve (La lucha por los derechos civiles y nacionales: los movimientos de opinión dentro de la comunidad judía de Rusia), BJWR-1, p. 232.
[1556] *Novoie Vremia*, 1917, 13 de abril, p. 3.
[1557] *Sliosberg, op. cit.*, t. 1, Introducción de V. Jabotinsky, p. xi.

provocó- contribuyera concretamente a la tan deseada supresión del Pale of Settlement?

Leonid Andreyev había observado correctamente: "Esta famosa 'barbarie' de la que se nos acusa... descansa entera y exclusivamente en nuestra cuestión judía y sus sangrientos estallidos".[1558]

Estas deportaciones de judíos tuvieron resonancia a escala planetaria. Desde Petersburgo, durante la guerra, los judíos defensores de los derechos humanos transmitieron a Europa información sobre la situación de sus correligionarios; "Entre ellos, Alexander Isayevich Braudo se distinguió por su incansable actividad".[1559] A. G. Shlyapnikov cuenta que Gorki le había enviado documentos sobre la persecución de los judíos en Rusia; él los llevó a Estados Unidos. Toda esta información se difundió amplia y rápidamente en Europa y América, levantando una poderosa ola de indignación.

Y si los mejores entre los representantes de la comunidad judía y de la intelectualidad judía temían que "la victoria de Alemania... sólo reforzaría el antisemitismo... y, sólo por esa razón, no se podía hablar de simpatías hacia los alemanes ni de esperanzas en su victoria", [1560]un oficial de la inteligencia militar rusa en Dinamarca informó en diciembre de 1915 que el éxito de la propaganda antirrusa "también se ve facilitado por los judíos que declaran abiertamente que no desean la victoria de Rusia y su consecuencia: la autonomía prometida a Polonia, pues saben que ésta tomaría medidas enérgicas con vistas a la expulsión de los judíos de dentro de sus fronteras"[1561]; En otras palabras, era el antisemitismo polaco lo que había que temer, no el antisemitismo alemán: el destino que aguardaba a los judíos en una Polonia que se hubiera independizado sería tal vez incluso peor que el que sufrieron en Rusia.

Los gobiernos británico y francés se sintieron algo avergonzados al condenar abiertamente la actitud de su aliado. Pero en aquella época, Estados Unidos estaba cada vez más comprometido en la escena internacional. Y en la todavía neutral América de 1915, "las simpatías estaban divididas...; algunos de los judíos que llegaron de Alemania simpatizaban con estos últimos, aunque no lo manifestaran de forma activa". [1562]Mantenían sus disposiciones los judíos procedentes de Rusia y Galitzia, que, como atestiguaba el socialista Ziv, deseaban (no podía ser de otro modo) la derrota de Rusia, y más aún los "revolucionarios

---

[1558] L. Andréyev, Pervaya stoupen (Primer paso), Shchit (el Escudo), 1916, p. 5.
[1559] Sliosberg, op. cit., t. 3, pp. 343-344.
[1560] Ibidem, p. 344.
[1561] Lemke, op. cit., p. 310.
[1562] Sliosberg, op. cit., t. 3, p. 345.

profesionales" ruso-judíos que se habían instalado en Estados Unidos.[1563] A esto se añadían las tendencias antirrusas de la opinión pública estadounidense: muy recientemente, en 1911, se produjo la dramática ruptura de un acuerdo económico ruso-estadounidense de ochenta años de antigüedad. Los estadounidenses consideraban a la Rusia oficial como un país "corrupto, reaccionario e ignorante".[1564]

Esto se tradujo rápidamente en efectos tangibles. Ya en agosto de 1915, leemos en los informes que Milyukov celebraba reuniones del Bloque Progresista: "Los americanos plantean como condición [de la ayuda a Rusia] la posibilidad de que los judíos americanos tengan libre acceso al territorio ruso",[1565] -siempre la misma fuente de conflicto que en 1911 con T. Roosevelt.- Y cuando una delegación parlamentaria rusa fue a Londres y París a principios de 1916 para solicitar ayuda financiera, se encontró con una negativa categórica. El episodio lo cuenta detalladamente Shingaryov, [1566]en el informe que presentó el 20 de junio de 1916 a la Comisión Militar y Marítima de la Duma tras el regreso de la delegación. En Inglaterra, Lord Rothschild respondió a esta petición: "Está afectando a nuestro crédito en los Estados Unidos". En Francia, el Barón Rothschild declaró: "En América, los judíos son muy numerosos y activos, ejercen una gran influencia, de tal manera que el público americano es muy hostil a ustedes". (A continuación, "Rothschild se expresó de forma aún más brutal", y Shingaryov exigió que sus palabras no constaran en acta). Esta presión financiera de los americanos, concluye el ponente, es la continuación de una política que les llevó a romper nuestro acuerdo comercial en 1911 (pero, por supuesto, a eso se añadieron las deportaciones masivas de judíos emprendidas entretanto). Jakob Schiff, que había hablado tan duramente de Rusia en 1905, declaraba ahora a un parlamentario francés enviado a América: "Daremos crédito a Inglaterra y Francia cuando tengamos la seguridad de que Rusia hará algo por los judíos; el dinero que ustedes nos piden prestado va a Rusia, y no queremos eso".[1567] -Milyukov evocó las protestas en la tribuna de la Duma de "millones y millones de judíos americanos... que han encontrado un eco muy amplio en la opinión

---

[1563] *G. A. Ziv*, Trotsky: Kharakteiistika. Po litchym vospominaniam (Trotsky: una característica, recuerdos personales), Nueva York. Narodopravstvo, 1921, 30 de junio, pp. 60 63.

[1564] *Bernsrein alemán*, Retch, 1917, 30 de junio, pp. 1-2.

[1565] Progressivny blok v 1915-1917 gg., Krasny arkhiv, 1932, vol. 50 51, p. 136.

[1566] Andrei Shingaryov(1869 1918), uno de los líderes del partido de los Cadetes, fue miembro del primer Gobierno Provisional en 1917. Detenido por los bolcheviques y masacrado en su prisión.

[1567] Mejdunarodnoïe polojenie tsarskoi Rossii vo vremia mirovoï voïny (La situación internacional de la Rusia zarista durante la guerra mundial), Krasny arkhiv, 1934, vol. 64, pp. 5-14.

americana. Tengo en mis manos muchos periódicos americanos que lo prueban... Reuniones que terminan con escenas de histeria, juergas de llanto ante la evocación de la situación de los judíos en Rusia. Tengo una copia de la disposición tomada por el Presidente Wilson, estableciendo un "Día Judío" en todo Estados Unidos para recoger ayuda para las víctimas." Y "cuando pedimos dinero a los banqueros americanos, nos contestan: Perdón, ¿cómo es eso?

Estamos de acuerdo en prestar dinero a Inglaterra y Francia, pero a condición de que Rusia no le vea el color... El famoso banquero Jakob Schiff, que gobierna el mundo financiero en Nueva York, rechaza categóricamente cualquier idea de préstamo a Rusia..."[1568]

La *Encyclopædia Judaica*, escrita en inglés, confirma que Schiff, "utilizando su influencia para impedir que otras instituciones financieras concedieran préstamos a Rusia..., prosiguió esta política durante toda la Primera Guerra Mundial"[1569] y presionó a otros bancos para que hicieran lo mismo.

Por todas estas agitaciones provocadas por las deportaciones, tanto en Rusia como en el extranjero, fue el Consejo de Ministros quien tuvo que pagar los platos rotos, a pesar de que el Estado Mayor no le consultó ni prestó atención a sus protestas. Ya he citado algunos fragmentos de los apasionados debates que agitaban el Gabinete sobre este tema.[1570] He aquí algunos más. Krivoshein[1571] era partidario de conceder temporalmente a los judíos el derecho a establecerse en todas las ciudades de Rusia:

"Este favor concedido a los judíos será útil no sólo desde el punto de vista político, sino también económico... Hasta ahora, nuestra política en este campo hacía pensar en ese avaro dormido sobre su oro, que no se beneficia de él y no permite que otros lo hagan". Pero Roukhlov replicó: esta propuesta "constituye una modificación fundamental e irreversible de la legislación que se ha introducido a lo largo de la Historia con el fin de proteger el patrimonio ruso del control de los judíos, y al pueblo ruso de la influencia deletérea de la vecindad de los judíos... Usted precisa que este favor sólo se concederá mientras dure la guerra..., pero no debemos negarlo": después de la guerra, "no se encontrará un solo gobierno" que "devuelva a los judíos al Pale of Settlement... Los rusos están muriendo en

---

[1568] Doklad P. N. Milioukova v Voïenno-morskoï komissii Gosoud. Doumy 19 iounia 1916g., Krasny arkhiv, 1933, t. 58, pp. 13 14.
[1569] *Encyclopædia Judaica*, Jerusalén, 1971, vol. 14, p. 961.
[1570] A. Solzhenitsyn, Krasnoye Koleso (La rueda roja), t. 3, M. Voïenizdat, 1993, pp. 259-263, (traducción francesa: Diecisiete de marzo, t. 1, París: Fayard).
[1571] Estrecho colaborador de Stolypin, ministro de Agricultura (1906-1915), muere en la emigración (1857-1921).

las trincheras y mientras tanto los judíos se instalarán en el corazón de Rusia, beneficiándose de las desgracias sufridas por el pueblo, de la ruina general. ¿Cuál será la reacción del ejército y del pueblo ruso?"-Y de nuevo, durante la siguiente reunión: "La población rusa soporta penurias y sufrimientos inimaginables, tanto en el frente como en el interior del país, mientras que los banqueros judíos compran a sus correligionarios el derecho a utilizar la desgracia de Rusia para explotar mañana a este pueblo exangüe."[1572]

Pero los ministros reconocieron que no había otra salida. Esta medida debía "aplicarse con excepcional rapidez", "para hacer frente a las necesidades financieras de la guerra". [1573] Todos ellos, a excepción de Roukhlov, firmaron al pie del boletín que autorizaba a los judíos a establecerse libremente (con la posibilidad de adquirir bienes inmuebles) en todo el Imperio, a excepción de las capitales, las zonas agrícolas, las provincias habitadas por los cosacos y la región de Yalta. [1574]En el otoño de 1915 también se derogó el sistema del pasaporte anual, que hasta entonces había sido obligatorio para los judíos, que ahora tenían derecho a un pasaporte permanente. (A estas medidas siguieron el levantamiento parcial del *numerus clausus* en los centros de enseñanza y la autorización para ocupar las funciones de litigante dentro de los límites de las cuotas de representación. [1575]) La oposición que estas decisiones encontraron en la opinión pública se quebró bajo la presión de la guerra.

Así, tras siglo y cuarto de existencia, el Pale of Settlement de los judíos desapareció para siempre. Y para colmo de males, como señala Sliosberg, "esta medida, tan importante en su contenido..., que equivalía a la abolición del Pale of Settlement, esta medida por la que habían luchado en vano durante décadas los judíos rusos y los círculos liberales de Rusia, ¡pasó desapercibida!".[1576] Pasó desapercibida debido a la magnitud que adquirió la guerra. Corrientes de refugiados e inmigrantes inundaban entonces Rusia.

El Comité de Refugiados, creado por el gobierno, también proporcionó a los judíos desplazados fondos para ayudar a los asentamientos. [1577]Hasta la

---

[1572] Tiajëlye dni. Sekretnye zasedania soveta ministrov. 16 ioulia sentiabria 1915 (Los días difíciles, las reuniones secretas del Consejo de Ministros, 16 de julio de septiembre de 1915). Sost. A. N. Yakhontov, Archivos de la Revolución Rusa, 1926, vol. 18, pp. 47 48, 57.
[1573] *Ibidem*, p. 12.
[1574] SJE, t. 7, pp. 358-359.
[1575] *Ibidem*, p. 359.
[1576] *Sliosberg*, t. 3, p. 341.
[1577] I. L Teitel, Iz moii jizni za 40 let (Recuerdos de 40 años de mi vida), París: I. Povolotski i ko., 1925, p. 210.

revolución de febrero, "la Conferencia sobre los Refugiados prosiguió su labor y asignó sumas considerables a los diversos comités nacionales", entre ellos el Comité Judío. [1578]Huelga decir que a esto se añadieron los fondos aportados por muchas organizaciones judías que se habían embarcado en esta tarea con energía y eficacia. Entre ellas estaba la Unión de Artesanos Judíos (UJC), creada en 1880, bien establecida y que ya extendía su acción más allá del Pale of Settlement. La UJC había desarrollado una cooperación con el Comité Mundial de Socorro y el "Joint" ("Comité para la distribución de fondos de ayuda a los judíos afectados por la guerra").

Todos ellos proporcionaron ayuda masiva a las poblaciones judías de Rusia; "La 'Junta' había rescatado a cientos de miles de judíos en Rusia y Austria-Hungría".[1579] En Polonia, la UJC ayudó a los judíos candidatos a la emigración o a establecerse como agricultores, ya que "durante la guerra, los judíos que vivían en pequeñas aldeas habían sido empujados, no sin coacción por el ocupante alemán, al trabajo de la tierra." [1580] También existía la Sociedad Profiláctica Judía (SPJ), fundada en 1912; se había dado por misión no sólo la ayuda médica directa a los judíos, sino también la creación de sanatorios, dispensarios, el desarrollo de la higiene sanitaria en general, la prevención de enfermedades, "la lucha contra el deterioro físico de las poblaciones judías" (en ningún lugar de Rusia existían aún organizaciones de este tipo). Ahora, en 1915, estos destacamentos organizaban para los emigrantes judíos, a lo largo de su ruta y en su lugar de destino, centros de aprovisionamiento, equipos médicos volantes, hospitales de campaña, refugios y consultas pediátricas.[1581]-TambiÃ©n en 1915, apareciÃ³ la AsociaciÃ³n JudÃa de Ayuda a las VÃctimas de Guerra (JAAWV); beneficiándose del apoyo del Comité para los Refugiados y de la tan generosamente dotada por el Estado "Zemgor" (asociación de la "Unión de Zemstvos" y de la "Unión de Ciudades"), así como de créditos procedentes de América, la JAAWV creó una vasta red de misioneros para ayudar a los judíos durante su viaje y su nuevo lugar de residencia, con cocinas rodantes, comedores, puntos de distribución de ropa, (agencias de empleo, centros de formación profesional), guarderías, escuelas... ¡Qué organización tan admirable! Qué organización tan admirable! -recordemos que se atendió a unos 250.000 refugiados y desplazados; según cifras oficiales, el número de éstos ya alcanzaba los 215.000 en agosto de

---

[1578] *Sliosberg*, t. 3, p. 342.
[1579] SJE, t. 2, p. 345.
[1580] *D. Lvovitch*, L. Bramson i Soiouz ORT (L. Bramson y la UJC), JW-2, Nueva York, 1944, p. 29.
[1581] *I. M. Troitsky*, Samodeiatetnost i camopomochtch evreiev v Rossii (El espíritu de iniciativa y la ayuda mutua entre los judíos de Rusia), BJWR-1, pp. 479-480, 485-489.

1916.[1582] -y también existía el "Buró Político" cerca de los diputados judíos de la cuarta Duma, resultado de un acuerdo entre el Grupo Popular Judío, el Partido Popular Judío, el Grupo Democrático Judío y los sionistas; durante la guerra desplegó una "actividad considerable".[1583]

A pesar de todas las dificultades, "la guerra dio un fuerte impulso al espíritu de iniciativa de los judíos, fustigó su voluntad de tomar las riendas".[1584] Durante estos años "las considerables fuerzas ocultas hasta entonces en las profundidades de la conciencia judía maduraron y revelaron a la luz pública... inmensas reservas de iniciativa en los más variados campos de la acción política y social."[1585] -Además de los recursos asignados por los comités de ayuda mutua, la JAAWV se benefició de los millones que le pagó el gobierno. En ningún momento la Conferencia Especial sobre los Refugiados "rechazó nuestra sugerencia" sobre el importe de la ayuda: 25 millones en año y medio, es decir, infinitamente más de lo que los judíos habían reunido (el gobierno pagó aquí los agravios del Estado Mayor); en cuanto a las sumas procedentes de Occidente, el Comité pudo retenerlas [1586] para utilizarlas en el futuro.

Así pues, con todos estos movimientos de la población judía -refugiados, desplazados, pero también un buen número de voluntarios- la guerra alteró significativamente la distribución de los judíos en Rusia; se establecieron importantes asentamientos en ciudades alejadas del frente, principalmente Nizhni Nóvgorod, Vorónezh, Penza, Samara, Sarátov, pero también en las capitales. Aunque la abolición del Pale of Settlement no afectó a San Petersburgo y Moscú, estas dos ciudades estaban ahora prácticamente abiertas. A menudo iban allí a reunirse con parientes o protectores que se habían establecido allí hacía mucho tiempo. En las memorias dejadas por contemporáneos, se descubre, por ejemplo, a un dentista de Petersburgo llamado Flakke: apartamento de diez habitaciones, lacayo, criado, cocinero... los judíos acomodados no eran infrecuentes y, en plena guerra, mientras escaseaban las viviendas en Petrogrado, se abrían oportunidades para los judíos de otros lugares. Muchos de ellos cambiaron de lugar de residencia durante aquellos años: familias, grupos de familias que no dejaron rastro en la historia, salvo a veces en crónicas familiares de carácter privado, como las de los padres de David Azbel: "La tía Ida... abandonó la frialdad y somnolencia de Chernigov al comienzo de la Primera Guerra

---

[1582] *Aronson*, BJWR-1, p. 232; *I. Troitsky, ibidem*, p. 497.
[1583] *Aronson, op. cit.*, p. 232.
[1584] I. Troitsky, op. cit., *p. 484.*
[1585] *Aronson, op. cit.*, p. 230.
[1586] *Sliosberg, op. cit.*, t. 3, pp. 329-331.

Mundial para venir a instalarse en Moscú".[1587] Los recién llegados eran a menudo de condición muy modesta, pero algunos de ellos llegaron a ocupar puestos influyentes, como Poznanski, empleado de la Comisión Militar de Censura de Petrogrado, que tenía la sartén por el mango "en todos los asuntos secretos".[1588]

Mientras tanto, el Estado Mayor General vertía mecánicamente sus torrentes de directivas, a veces respetadas, a veces desatendidas: excluir a los judíos bajo la bandera de todas las actividades fuera del servicio armado: secretario, panadero, enfermero, telefonista, telegrafista. Así, "para impedir la propaganda antigubernamental que supuestamente llevaban a cabo médicos y enfermeras judíos, éstos no debían ser destinados a hospitales o enfermerías rurales, sino 'a lugares no propicios a las actividades de propaganda como, por ejemplo, las posiciones avanzadas, el transporte de los heridos en el campo de batalla'". [1589]En otra directiva: expulsar a los judíos de la Unión de Zemstvos, de la Unión de Ciudades y de la Cruz Roja, donde se concentran en gran número para escapar al servicio armado (como hicieron también, observamos de paso, decenas de miles de rusos), utilizar su posición ventajosa con fines propagandísticos (como hacía cualquier liberal, radical o socialista que se respetara) y, sobre todo, difundir rumores sobre "la incompetencia del alto mando" (que correspondían en gran medida a la realidad [1590]). Otros boletines advertían del peligro de mantener a los judíos en puestos que les pusieran en contacto con información sensible: en los servicios de la Unión de Zemstvos del frente occidental, en abril de 1916, "todas las ramas importantes de la administración (incluidas las que están bajo el secreto de defensa) están en manos de judíos", y se citan los nombres de los responsables del registro y clasificación de documentos confidenciales, así como el del Director del Departamento de Información Pública, que, "por sus funciones, tiene libre acceso a diversos servicios del ejército en la retaguardia del frente o en las regiones".[1591]

Sin embargo, no hay pruebas de que los desvaríos del Estado Mayor sobre la necesidad de expulsar a los judíos del Zemgor tuvieran resultados tangibles. Siempre bien informado, Lemke observa que "las directivas de las autoridades militares sobre la exclusión de los judíos" del Zemgor "no fueron bien recibidas". Se publicó un boletín en el que se decía que "todas las personas de confesión judía que sean despedidas por orden de las

---

[1587] D. Azbel, Do, vo vremia i posle (Antes, durante y después), Vremya i my, Nueva York, Jerusalén, París. 1989, n° 104, pp. 192,193.
[1588] Lemke, op. cit., p. 468.
[1589] SJE, t. 7, p. 357.
[1590] Archivos de la Revolución Rusa, 1928, t. XIX, pp. 274, 275.
[1591] Lemke, op. cit., p. 792.

autoridades serán reembolsadas durante dos meses con sueldo y dietas de viaje y con la posibilidad de ser reclutadas prioritariamente en los establecimientos del Zemgor en la retaguardia del frente". [1592](El Zemgor era el favorito de la influyente prensa rusa. Por eso se negó unánimemente a revelar sus fuentes de financiación: en 25 meses de guerra, el 1 de septiembre de 1916, 464 millones de rublos concedidos por el gobierno - equipos y suministros salían directamente de los almacenes estatales- frente a sólo nueve millones recaudados por Zemstvos, ciudades, colectas. [1593]Si la prensa se negó a publicar estas cifras es porque habría vaciado de sentido la oposición entre la acción filantrópica y caritativa del Zemgor y la de un gobierno estúpido, insignificante y cojo).

Las circunstancias económicas y las condiciones geográficas hicieron que entre los proveedores del ejército hubiera muchos judíos. Una carta de queja que expresa la cólera de los "círculos ortodoxo-rusos de Kiev..., impulsados por su deber de patriotas", señala a Salomon Frankfurt, que ocupaba un puesto especialmente alto, el de "delegado del Ministerio de Agricultura para el abastecimiento del ejército en tocino" (hay que decir que las quejas sobre la desorganización provocada por estas requisas llegaron hasta la Duma). También en Kiev, un oscuro "agrónomo de un Zemstvo de la región", Zelman Kopel, fue inmortalizado por la Historia por haber ordenado una requisición excesiva justo antes de la Navidad de 1916, privó de azúcar a todo un distrito durante las vacaciones (En este caso, también se presentó una denuncia contra la administración local del Zemstvos)[1594].

En noviembre de 1916, el diputado N. Markov, estigmatizando en la Duma a "los merodeadores de la retaguardia y tramperos" de los bienes del Estado y de la Defensa Nacional, designó, como de costumbre, a los judíos en particular: en Kiev, una vez más, fue Cheftel, miembro del Consejo Municipal, quien bloqueó los almacenes y dejó pudrir más de 2.500 toneladas de harina, pescado y otros productos que la ciudad guardaba en reserva, mientras que, al mismo tiempo, "los amigos de estos señores vendían su propio pescado a precios groseramente inflados"; fue V. I. Demchenko, elegido de Kiev a la Duma, quien escondía "masas de judíos, judíos ricos" (y los enumera) "para hacerles escapar del servicio militar"; era también, en Saratov, "el ingeniero Levy" quien suministraba "por mediación del comisario Frenkel" mercancías al Comité Militar-Industrial

---

[1592] *Ibidem*, p. 792.
[1593] S. *Oldenburg*, Tsarstvovanie Imperatora Nikolai II (el reinado del emperador Nicolás II), t. 2, Múnich, 1949, p. 192.
[1594] Iz zapisnooi knijki arkhivista, Soob. Sr. Paozerskovo (Cuadernos de un archivero, com. por M. Paozerski), Krasny Arckhiv, 1926, t. 18, pp. 211-212.

a precios inflados. [1595] Pero hay que señalar que los comités militar-industriales creados por Guchkov [1596]se comportaban exactamente de la misma manera con el Tesoro. Así que...

En un informe del Departamento de Seguridad de Petrogrado fechado en octubre de 1916, podemos leer: "En Petrogrado, el comercio está exclusivamente en manos de judíos que conocen perfectamente los gustos, las aspiraciones y las opiniones del hombre de la calle"; pero este informe se refiere también a la opinión generalizada de la derecha según la cual, entre el pueblo, "la libertad de que gozan los judíos desde el comienzo de la guerra" suscita cada vez más descontento; "es cierto, todavía existen oficialmente algunas empresas rusas, pero de hecho están controladas por judíos: es imposible comprar o encargar nada sin la intervención de un judío." (Las [1597]publicaciones bolcheviques, como el libro de Kaiourov[1598] en aquella época en Petrogrado, no dejaban de disfrazar la realidad alegando que en mayo de 1915, durante el saqueo de las empresas y tiendas alemanas en Moscú, la muchedumbre atacó también los establecimientos judíos -lo cual es falso, e incluso ocurrió lo contrario: durante la revuelta antialemana, los judíos, debido al parecido de sus apellidos, se protegieron colgando en la fachada de su tienda el cartel: "Esta tienda es judía"- y no fueron tocados, y el comercio judío no sufrió en todos los años de guerra).

Sin embargo, en la cúspide de la monarquía -en el morboso entorno de Rasputín-, un pequeño grupo de individuos bastante turbios desempeñó un papel importante. No sólo indignaron a los círculos de derechas, sino que, en mayo de 1916, el embajador francés en Petrogrado, Maurice Paleologue, anotó en su diario: "Un grupo de financieros judíos y sucios especuladores, Rubinstein, Manus, etc., han concluido un acuerdo con él [Rasputín] y le compensan generosamente por los servicios prestados. Siguiendo sus instrucciones, envía notas a ministros, a bancos o a diversas personalidades influyentes".[1599]

[1595] Gosudarstvennaya Duma-Tchetvërty sozyv (Cuarta Duma del Imperio), transcripción de las actas, 22 de noviembre de 1916, pp. 366-368.

[1596] Alexander Guchkov (1882-1936), fundador y líder del partido octubrista, presidente de la tercera Duma (marzo de 1910 - marzo de 1911), presidente del Comité de la Industria de Guerra de toda Rusia, llegó a ser ministro de Guerra y Marina en el primer gobierno provisional. Emigró en 1918. Murió en París.

[1597] Politicschkoye polojenie Rossii nakanoune Fevralskoi revoloutsii (*Situación política en Rusia en vísperas de la Revolución de Febrero*), Krasny arkhiv, 1926, t. 17, pp. 17, 23.

[1598] V. Kairorov, Petrogradskie rabotchie v gody imperialistitcheskoy vonny (Trabajadores de Petrogrado durante los años de la guerra imperialista), M., 1930.

[1599] *Maurice Paleologue*, Tsraskaia Rossia nakanoune revolioutsii (La Rusia imperial en vísperas de la revolución), M., Pd., GIZ, 1923, p. 136.

En efecto, si en el pasado fue el barón Ginzburg quien intervino abiertamente en favor de los judíos, en adelante esta acción fue llevada a cabo en secreto por los advenedizos que se habían agrupado en torno a Rasputín. Estaba el banquero D. L. Rubinstein (era director de un banco comercial en Petrogrado, pero se abrió camino con confianza hasta el entorno del trono: gestionaba la fortuna del Gran Duque Andrei Vladimirovich, conoció a Rasputín a través de A. Vyrubova[1600], entonces fue condecorado con la orden de San Vladimir, se le otorgó el título de Consejero de Estado y, por tanto, el de "Su Excelencia"). Pero también el industrial I. P. Manus (director de la fábrica de vagones de Petrogrado, miembro del consejo de la fábrica Putilov, del consejo de dos bancos y de la Compañía Rusa de Transportes, también Consejero de Estado).

Rubinstein unió a Rasputín un "secretario" permanente, Aron Simanovich, un rico joyero, comerciante de diamantes, analfabeto pero muy hábil y emprendedor (pero ¿qué necesitaba Rasputín de un "secretario", él que no poseía nada?)

Este Simanovich ("el mejor entre los judíos", habría garabateado el "starets" en su retrato) publicó en inmigración un librito en el que presumía del papel que había desempeñado en aquella época. Encontramos en él toda clase de chismes sin interés, de invenciones (habla de los "cientos de miles de judíos ejecutados y masacrados por orden del Gran Duque Nikolai Nikolaevich"[1601]); pero, a través de esta escoria y de esas oleadas de jactancia, se vislumbran hechos reales, bastante concretos.

Por ejemplo, el "asunto de los dentistas" -para la mayoría judíos- que había estallado en 1913: "se había elaborado una verdadera fábrica de diplomas de dentista" que inundó Moscú,[1602] -su detención daba derecho a la residencia permanente y dispensaba del servicio militar. Eran unos 300 (según Simanovich: 200). Los falsos dentistas fueron condenados a un año de prisión, pero, por intervención de Rasputín, fueron indultados.

"Durante la guerra... los judíos buscaban la protección de Rasputín contra la policía o las autoridades militares", y Simanovitch confiesa con orgullo que "muchos jóvenes judíos imploraban su ayuda para escapar del

---

[1600] Anna Vyrubova (1884-1964), dama de honor de la Emperatriz de la que fue durante mucho tiempo la mejor amiga, fanática admiradora de Rasputín, intermediaria permanente entre la pareja imperial y los starets. Detenida en 1917, liberada y detenida de nuevo, logró escapar a Finlandia, donde viviría más de 45 años, completamente olvidada.
[1601] A. Simanovich, Rasputin i ievrei. Vospominania litchnovo sekretaria Grigoria Rasputin (Rasputín y los judíos, Memorias del secretario personal de Grigori Rasputín), [Sb.] Sviatoï tchërt. Taïna Grigoria Raspoutina: Vospom., Dokoumenty, Materialy sledstv. Komissii. M. Knijnaya Palata, 1991, pp. 106-107.
[1602] Sliosberg, op. cit., t. 3, p. 347.

ejército", que, en tiempos de guerra, les daba la posibilidad de entrar en la Universidad; "a menudo no había forma legal", pero Simanovich afirma que siempre era posible encontrar una solución. Rasputín "se había convertido en amigo y benefactor de los judíos, y apoyó sin reservas mis esfuerzos por mejorar su condición".[1603]

Al mencionar el círculo de estos nuevos favoritos, no se puede dejar de mencionar al aventurero sin par Manassevich-Manoulov. Fue, a su vez, funcionario del Ministerio del Interior y agente de la policía secreta rusa en París, lo que no le impidió vender al extranjero documentos secretos del Departamento de Policía; había llevado a cabo negociaciones secretas con Gapon; cuando Stürmer [1604]fue nombrado Primer Ministro, se le confiaron "misiones secretas" excepcionales".[1605]

Rubinstein irrumpió en la vida pública comprando el periódico *Novoie Vremia* (véase el capítulo 8), hasta entonces hostil a los judíos. (Ironía de la historia: en 1876, Suvorin había comprado este periódico con el dinero del banquero de Varsovia Kroneberg, y al principio, bien orientado hacia los judíos, les abrió sus columnas. Pero, al comienzo de la guerra entre Rusia y Turquía, *Novoie Vremia* cambió repentinamente de rumbo, "se pasó al bando de la reacción" y, "en lo que respecta a la cuestión judía, ya no puso freno al odio y a la mala fe".[1606]) En 1915, el primer ministro Goremykin [1607]y el ministro del Interior Khvostov, Junior [1608]impidieron en vano la recompra del periódico por Rubinstein, [1609]logró sus objetivos un poco más tarde,-pero ya estábamos demasiado cerca de la revolución, todo eso no sirvió de mucho. (Otro periódico de la derecha, el *Grajdanin* también fue comprado parcialmente por Manus).

[1603] *Simanovitch*, pp. 89, 100, 102, 108.
[1604] *Protegido* de Rasputín, se convirtió en Presidente del Consejo de Ministros (2 de febrero - 23 de noviembre de 1916), siendo Ministro del Interior (16 de marzo - 17 de julio) y de Asuntos Exteriores (20 de julio - 23 de noviembre). Después de febrero, fue detenido y encarcelado en la fortaleza de Pierre-et-Paul, donde murió el 2 de septiembre de 1917.
[1605] S. *Melgunov*, Legenda o separatnom mire. Kanoun revolioutsii (La leyenda de la paz separada, la víspera de la Revolución), París, 1957, pp. 263, 395, 397.
[1606] JE, t. 11, pp. 758, 759.
[1607] Ivan Goremykin (1839-1917), Primer Ministro primero en abril-julio de 1906 y luego de enero de 1914 a enero de 1916.
[1608] Alexis Khvostov, Junior (1872-1918), líder de los derechos en la cuarta Duma, ministro del Interior en 1915-1916. Fusilado por los bolcheviques.
[1609] Pismo ministra vnoutrennikh del A. N. Khvostova Predsedateliou soveta ministrov I. L. Goremykinou ot 16 dek. 1915 (Carta del ministro del Interior A. N. Khvostov al presidente del Consejo de Ministros I. L. Goremykin, fechada el 16 de diciembre de 1915), Delo naroda, 1917, 21 de marzo, p. 2.

S. Melgounov apodó el "quinteto" al pequeño grupo que trataba sus asuntos en la "antecámara"[1610] del zar, a través de Rasputín. Dado el poder de este último, no era un asunto menor: personajes dudosos se encontraban en las inmediaciones del trono y podían ejercer una peligrosa influencia en los asuntos de toda Rusia. El embajador británico, Buchanan, creía que Rubinstein estaba vinculado a los servicios de inteligencia alemanes. [1611]Esta posibilidad no puede descartarse.

La rápida penetración del espionaje alemán en Rusia, y sus vínculos con los especuladores de la retaguardia, obligaron al general Alekseyev [1612]a solicitar al emperador, durante el verano de 1916, la autorización para llevar a cabo investigaciones más allá del ámbito de competencia del Estado Mayor, y así se constituyó la "Comisión de Investigación del general Batiushin". Su primer objetivo fue el banquero Rubinstein, sospechoso de "operaciones especulativas con capital alemán", manipulación financiera en beneficio del enemigo, depreciación del rublo, pago excesivo a agentes extranjeros por pedidos realizados por la Dirección General y operaciones especulativas con trigo en la región del Volga. Por decisión del ministro de Justicia, Rubinstein fue detenido el 10 de julio de 1916 y acusado de alta traición.[1613]

Fue de la emperatriz en persona de quien Rubinstein recibió el apoyo más firme. Dos meses después de su arresto, pidió al emperador "que lo enviara discretamente a Siberia, que no lo retuviera aquí, para no molestar a los judíos" - "hablar de Rubinstein" con Protopopov[1614]. Dos semanas más tarde, Rasputín envió un telegrama al emperador diciendo que Protopopov "implora que nadie venga a molestarle", incluido el contraespionaje...; "me habló del detenido con dulzura, como un verdadero cristiano" -otras tres semanas más tarde, la emperatriz: "Sobre Rubinstein, se está muriendo. Envíen inmediatamente un telegrama [al Frente del Noroeste]... para que sea trasladado desde Pskov bajo la autoridad del ministro del Interior"-¡es decir, de ese buen y gentil cristiano de Protopopov! Y, al día siguiente: "Espero que hayas enviado el telegrama para Rubinstein, se está

[1610] *Melgunov, op. cit.*, p. 289.
[1611] *Ibidem*, p. 402.
[1612] Mikhail Alekseyev (1857 1918), entonces jefe del Estado Mayor del Comandante Supremo. Aconsejará al zar que abdique. Comandante Supremo hasta el 3 de junio de 1917. Después de octubre, organizador del primer ejército blanco, en el Don.
[1613] V. N. *Semennikor, Politika Romanovykh nakanoune revolioutsii. Ot Antanty-k Guermanii* (Política de los Romanov en vísperas de la Revolución: Del Acuerdo a Alemania), M., L., GIZ, 1926, pp. 117, 118, 125.
[1614] Último ministro zarista del Interior. Acusado de espionaje con Alemania (perpetrado en Suecia durante el verano de 1916 con ocasión de un viaje a Inglaterra de una delegación de la Duma). Encarcelado por el Gobierno Provisional. Ejecutado por los bolcheviques.

muriendo". Y, al día siguiente: "¿Has arreglado que Rubinstein sea entregado al Ministro del Interior? Si se queda en Pskov, morirá,-¡por favor, mi dulce amigo!"[1615]

El 6 de diciembre, Rubinstein fue liberado, diez días antes del asesinato de Rasputín, que tuvo el tiempo justo para prestarle un último servicio. Inmediatamente después, el ministro Makarov, [1616]a quien la emperatriz detestaba, fue destituido. (Poco después, será ejecutado por los bolcheviques.)-Es cierto que con la liberación de Rubinstein no se terminó la investigación de su caso; fue detenido de nuevo, pero durante la revolución redentora de febrero, junto con otros prisioneros que languidecían en las cárceles zaristas, fue liberado de la prisión de Petrogrado por la multitud y abandonó la ingrata Rusia, como tuvieron tiempo de hacerlo Manassevich, Manus y Simanovich. (A este Rubinstein, aún tendremos ocasión de reencontrarlo.) Para nosotros, que vivimos en los años 90 del siglo XX, [1617]esta orgía de saqueo de los bienes del Estado aparece como un modelo experimental a muy pequeña escala... Pero lo que encontramos en uno u otro caso, es un gobierno a la vez pretencioso y cojo que deja a Rusia abandonada a su destino.

Instruido por el caso Rubinstein, el Estado Mayor hizo revisar las cuentas de varios bancos. Al mismo tiempo, se abrió una investigación contra los productores de azúcar de Kiev-Hepner, Tsekhanovski, Babushkin y Dobry. Habían obtenido permiso para exportar azúcar a Persia; habían realizado envíos masivos, pero muy poca mercancía había sido declarada por las aduanas y había llegado al mercado persa; el resto del azúcar había "desaparecido", pero, según algunas informaciones, había pasado por Turquía -aliada de Alemania- y había sido vendida in situ. Al mismo tiempo, el precio del azúcar había subido repentinamente en las regiones del suroeste, donde se concentraba la industria azucarera rusa. El negocio del azúcar se llevó a cabo en un ambiente de rigor e intransigencia, pero la comisión Batiushin no llevó a cabo su investigación y remitió el expediente a un juez de instrucción de Kiev, que empezó por ampliar los acusados, para luego encontrar apoyos junto al trono.

En cuanto a la propia Comisión Batiushin, su composición dejaba mucho que desear. Su ineficacia en la investigación del caso Rubinstein fue

---

[1615] Pisma imperatritsy Aleksandry Fëdorovny k Imperatorou Nikolaiou II / Per. S angi. V. D. Nabokoa (Cartas de la emperatriz Alexandra Fecorovna al emperador Nicolás II/trad. del inglés por V. D. Nabokov), Berlin Slovo, 1922, pp. 202, 204, 211, 223, 225, 227.
[1616] Ministro de Justicia del 20 de julio de 1916 al 2 de enero de 1917. Ejecutado por la Cheka en septiembre de 1918.
[1617] Momento en que se terminó de escribir el presente volumen, y alusión al estado de la Rusia yeltsiniana.

destacada por el senador Zavadski.[1618]. En sus memorias, el general Lukomski, miembro del Estado Mayor, cuenta que uno de los juristas principales de la comisión, el coronel Rezanov, un hombre indiscutiblemente competente, también resultó ser bastante aficionado a los menús, los buenos restaurantes y las cenas con alcohol; otro, Orlov, resultó ser un renegado que trabajó en la policía secreta después de 1917, luego se pasó a los blancos y, en la emigración, quedaría marcado por su conducta provocadora. Probablemente había otras figuras turbias en el comité que no rechazaron los sobornos y habían sacado provecho de la liberación de los detenidos. Mediante una serie de actos indiscriminados, la comisión llamó la atención de la Justicia Militar de Petrogrado y de altos funcionarios del Ministerio de Justicia.

Sin embargo, no sólo el Estado Mayor debía ocuparse del problema de los especuladores, en relación con las actividades "de los judíos en general". El 9 de enero de 1916, el director en funciones del Departamento de Policía, Kafafov, firmó una directiva de defensa clasificada, dirigida a todos los gobernadores de provincias y ciudades y a todos los mandos de la gendarmería. Pero el "servicio de inteligencia" de la opinión pública pronto descubrió el secreto, y un mes más tarde, el 10 de febrero, cuando cesaron todos los negocios, Chkheidze [1619]leyó en voz alta este documento desde la tribuna de la Duma. Y lo que allí podía leerse no era sólo que "los judíos hacen propaganda revolucionaria", sino que "además de su criminal actividad propagandística... se han fijado dos importantes objetivos: elevar artificialmente el precio de los productos de primera necesidad y retirar de la circulación la moneda común" -buscan así "que la población pierda la confianza en la moneda rusa", difundir el rumor de que "el gobierno ruso está en bancarrota, que no hay suficiente metal para fabricar monedas". El propósito de todo esto, según el boletín, era "obtener la abolición del Pale of Settlement, porque los judíos piensan que el período actual es el más favorable para conseguir sus fines manteniendo los problemas en el país." El Departamento no acompañaba estas consideraciones con ninguna medida concreta: era simplemente "para información".[1620]

[1618] S. V. Zavadski, Na velikom izlome (La gran fractura), Archivos de la Revolución Rusa, 1923, t. 8, pp. 1922.
[1619] Dirigente menchevique, diputado del tercer y cuarto Dumas; en febrero de 1917, presidente del Soviet de Petrogrado. Emigró en 1921, se suicidó en 1926.
[1620] Archivos de la Revolución Rusa, 1925, vol. 19, pp. 267-268.

He aquí la reacción de Milyukov: "El método de Rostopchin [1621]se utiliza con los judíos: se les presenta a una multitud sobreexcitada, diciendo: ellos son los culpables, son tuyos, haz lo que quieras con ellos".[1622]

En los mismos días, la policía rodeó la Bolsa de Moscú, realizó controles de identidad entre los operadores y descubrió a setenta judíos en situación ilegal; una redada del mismo tipo tuvo lugar en Odessa. Y esto penetró también en la Cámara de la Duma, provocando un verdadero cataclismo: lo que tanto temía el Consejo de Ministros hace un año estaba ocurriendo: "En el período actual, no podemos tolerar en la Duma un debate sobre la cuestión judía, debate que podría adoptar una forma peligrosa y servir de pretexto para agravar los conflictos entre nacionalidades". [1623] Pero el debate tuvo lugar realmente y duró varios meses.

La reacción más viva y apasionada al boletín del Departamento fue la de Shingaryov [1624] -no tenía igual para comunicar a sus oyentes toda la indignación que despertaba en su corazón: "no hay una ignominia, no hay una vileza de la que el Estado no haya sido culpable hacia el judío, él que es un estado cristiano... difundiendo calumnias sobre todo un pueblo sin ningún fundamento... la sociedad rusa podrá curar sus males sólo cuando ustedes retiren esa espina, ese mal que gangrena la vida del país-la persecución de las nacionalidades... ¡Sí, nos duele nuestro gobierno, nos avergonzamos de nuestro Estado! El ejército ruso se encontró sin municiones en Galitzia-"¿y los judíos serían responsables de ello?" "En cuanto a la subida de los precios, hay muchas razones complejas para ello... ¿Por qué, en este caso, el boletín menciona sólo a los judíos, por qué no habla de los rusos e incluso de otros?"

De hecho, los precios se habían disparado en toda Rusia. Y lo mismo ocurre con la desaparición de monedas. "¡Y es en un boletín del Departamento de Policía donde se puede leer todo esto!"[1625]

Nada que objetar.

Es fácil escribir un boletín en la trastienda de un despacho, pero muy desagradable responder a un Parlamento enardecido. Sin embargo, esto fue

---

[1621] Gobernador de Moscú a principios del siglo XIX. Durante mucho tiempo se creyó que había incendiado la ciudad cuando los franceses armaron allí en 1812. Padre de la condesa de Segur.
[1622] Acta taquigráfica de los debates de la Cuarta Duma. 10 de febrero de 1916, p. 1312.
[1623] Archivos de la Revolución Rusa, 1926, t. 18, p. 49.
[1624] Andrei Shingaryov(1869 1918), médico del Zemstvo, líder del partido de los Cadetes, será ministro de Agricultura en el primer Gobierno Provisional, y de Finanzas en el segundo. Asesinado en su cama de hospital el 18 de enero de 1918.
[1625] Acta taquigráfica de los debates de la Cuarta Duma, 8 de marzo de 1916, pp. 3037-3040.

lo que tuvo que resolver su autor, Kafafov. Se defendió: el boletín no contenía ninguna directiva, no se dirigía a la población, sino a las autoridades locales, para informar y no para actuar; sólo despertó pasiones tras ser vendido por funcionarios "timoratos" y hecho público desde la tribuna. Qué extraño, continuó Kafafov: no estamos hablando aquí de otros boletines confidenciales que también, probablemente, han sido filtrados; así, ya en mayo de 1915, él mismo había rubricado uno de esta orden:

"Hay un aumento del odio hacia los judíos en ciertas categorías de la población del Imperio", y el Departamento "exige que se tomen las medidas más enérgicas para impedir cualquier manifestación que vaya en este sentido", cualquier acto de violencia de la población dirigido contra los judíos, "tomar las medidas más enérgicas para sofocar de raíz la propaganda que empieza a desarrollarse en ciertos lugares, para impedir que conduzca a estallidos de pogromos". E incluso, un mes antes, a principios de febrero, esta directiva enviada a Poltava: reforzar la vigilancia para "poder prevenir a tiempo cualquier intento de pogromo contra los judíos."[1626]

Y para quejarse: ¿cómo es que boletines como *éstos* no interesan a la opinión pública, que, aquellos, se dejan pasar en el mayor silencio?

En su acalorado discurso, Shingaryov advirtió inmediatamente a la Duma del peligro de "enzarzarse en debates sobre el ilimitado océano de la cuestión judía".

Pero eso fue lo que ocurrió debido a la publicidad reservada a este boletín. Además, el propio Shingaryov empujó torpemente en esta dirección, abandonando el terreno de la defensa de los judíos para declarar que los verdaderos traidores eran los rusos: Sukhomlinov, [1627] Myasoedov y el general Grigoriev, que habían capitulado vergonzosamente en Kovno.[1628]

Esto provocó una reacción. Markov[1629] objetó que no tenía derecho a hablar de Sukhomlinov, ya que éste sólo estaba acusado por el momento. (El Bloque Progresista tuvo éxito en el asunto Sujomlinov, pero al final del Gobierno Provisional, él mismo tuvo que admitir que se había perdido el tiempo, que allí no había habido traición). Myasoedov ya había sido

---

[1626] *Ibidem*, pp. 3137-3141.
[1627] Ministro de Guerra ineficaz de 1909 a 1915, detenido el 3 de mayo de 1916, liberado en noviembre por mediación de Rasputín.
[1628] *Ibidem*, pp. 3036-3037.
[1629] Nikolai Markov (1876-1945), llamado en la Duma "Markov-II" para distinguirlo de los homónimos. Líder de la extrema derecha. En noviembre de 1918 viajó a Finlandia, y después a Berlín y París, donde dirigió una revista monárquica, El águila bicéfala. En 1936 se trasladó a Alemania, donde dirigió una publicación antisemita en ruso. Falleció en Wiesbaden.

condenado y ejecutado (pero algunos hechos pueden sugerir que también fue un asunto inventado); Markov se limitó a añadir que "había sido ahorcado en compañía de seis espías judíos" (lo que yo no sabía: Myasoedov había sido juzgado solo) y que, he aquí de uno a seis, ése era el informe.[1630]

Entre ciertas propuestas contenidas en el programa que el Bloque Progresista había logrado reunir en agosto de 1915, "la autonomía de Polonia" parecía algo fantasioso en la medida en que estaba totalmente en manos de los alemanes; "la igualdad de derechos de los campesinos" no tenía que exigirse al gobierno, porque Stolypin la había hecho realidad y fue precisamente la Duma la que no la respaldó, planteando precisamente como condición la igualdad simultánea de los judíos; Tanto es así que "la introducción gradual de un proceso de reducción de las limitaciones de derechos impuestas a los judíos" -aunque la evasividad de esta formulación era obvia- se convirtió sin embargo en la principal propuesta del programa del Bloque. Este último incluía a diputados judíos[1631] y la prensa yiddish informaba: "¡La comunidad judía desea buenos vientos al Bloque Progresista!".

Y ahora, tras dos años de una guerra agotadora, grandes pérdidas en el frente y una agitación febril en la retaguardia, la extrema derecha agitaba sus admoniciones:

"¡Habéis comprendido que debéis dar explicaciones ante el pueblo por vuestro silencio sobre la superioridad militar de los alemanes, por vuestro silencio sobre la lucha contra la subida de los precios y por vuestro excesivo celo en querer conceder la igualdad de derechos a los judíos!". Eso es lo que estáis exigiendo "al gobierno, en el momento presente, en medio de la guerra,-y si no satisface estas exigencias lo echáis por tierra y reconocéis un solo gobierno, ¡el que dará igualdad a los judíos!" Pero "seguramente no vamos a dar igualdad ahora, justo ahora que todo el mundo está al rojo vivo contra los judíos; al hacerlo, no hacéis más que levantar a la opinión pública contra estos desgraciados."[1632]

El diputado Friedman refuta la afirmación de que la población se encuentra en el colmo de la exasperación: "En el trágico contexto de la opresión de los judíos, sin embargo, hay un rayo de esperanza, y no quiero ignorarlo: es la actitud de las poblaciones rusas de las provincias del interior hacia los refugiados judíos que llegan allí". Estos refugiados judíos "reciben ayuda y hospitalidad". Es "la prenda de nuestro futuro, nuestra fusión con el

---

[1630] *Ibidem*, p. 5064.
[1631] SJE, t. 7, p. 359.
[1632] Acta taquigráfica de los debates de la Cuarta Duma, febrero de 1916, p. 1456 y 28-29 de febrero de 1916, p. 2471.

pueblo ruso". Pero insiste en que la responsabilidad de todas las desgracias de los judíos recae en el gobierno, y lanza sus acusaciones al más alto nivel: "Nunca hubo un pogromo cuando el gobierno no lo quiso". A través de los miembros de la Duma, "me dirijo a los 170 millones de habitantes de Rusia...: ¡quieren utilizar vuestras manos para levantar el cuchillo sobre el pueblo judío de Rusia!".[1633]

A esto se respondió: ¿saben los diputados de la Duma sólo lo que se piensa en el país? "El país no escribe en los periódicos judíos, el país sufre, trabaja... está empantanado en las trincheras, es allí, el país, y no en los periódicos judíos donde trabaja Juan Hace obedeciendo directrices misteriosas". Se llegó a decir: "Que la prensa esté controlada por el gobierno es un mal, pero hay un mal aún mayor: ¡que la prensa esté controlada por los enemigos del Estado ruso!"[1634]

Como Shingaryov había intuido, la mayoría liberal de la Duma ya no estaba interesada en prolongar el debate sobre la cuestión judía. Pero el proceso estaba en marcha y nada podía detenerlo. Y se trataba de una serie interminable de discursos que se interponían entre los demás casos que debían tratarse durante cuatro meses, hasta el final de la sesión de otoño.

La derecha acusó al Bloque Progresista: ¡no, la Duma no iba a abordar el problema de la subida de precios! "No vais a luchar contra los bancos, los sindicatos, contra las huelgas en la industria, porque eso equivaldría a luchar contra los judíos". Mientras tanto, el Ayuntamiento reformista de Petrogrado "dio el suministro de la ciudad a dos israelitas, Levenson y Lesman: el primero el suministro de carne, el segundo las tiendas de alimentación -aunque había vendido ilegalmente harina a Finlandia". Se dan otros ejemplos de proveedores que inflan artificialmente los precios.[1635]

(Ninguno de los diputados se ocupó de defender a estos especuladores.) Después de eso, ¡es imposible que no saliera a discusión la cuestión, tan actual durante estos años de guerra, del *numerus clausus*! Como hemos visto, se había restablecido después de la revolución de 1905, pero se atenuó gradualmente con la práctica común de la escuela diurna en los liceos y la autorización dada a los judíos que habían terminado sus estudios de medicina en el extranjero para aprobar el diploma de Estado en Rusia; se tomaron otras medidas en este sentido -pero no la derogación pura y simple- en 1915, cuando se abolió el Pale of Settlement. P. N. Ignatiev,

---

[1633] *Ibidem*, pp. 1413-1414, 1421, 1422.
[1634] *Ibidem*, pp. 1453-1454, 2477.
[1635] *Ibidem*, p. 4518.

ministro de Instrucción Pública en 1915-1916, también redujo el *numerus clausus* en las instituciones de enseñanza superior.

Y en la primavera de 1916, las paredes de la Duma se hacen eco largamente del debate sobre esta cuestión. Se examinan las estadísticas del Ministerio de Educación, y el profesor Levachev, diputado de Odessa, declara que las disposiciones del Consejo de Ministros (que autorizan la admisión derogatoria de los hijos de judíos llamados al servicio militar) han sido ampliadas arbitrariamente por el Ministerio de Educación a los hijos de los empleados de Zemgor, de las agencias de evacuación, de los hospitales, así como a las personas que se declaran [engañosamente] dependientes de un progenitor llamado al servicio militar. Así, de los 586 estudiantes admitidos en 1915 en el primer curso de medicina en la Universidad de Odessa, "391 son judíos", es decir, dos tercios, y que "sólo queda un tercio para las demás nacionalidades". En la Universidad de Rostov del Don: 81% de estudiantes judíos en la Facultad de Derecho, 56% en la Facultad de Medicina y 54% en la Facultad de Ciencias.[1636]

Gurevich responde a Levachev: ¡esto es una prueba de que el *numerus clausus* no sirve para nada! "¿Para qué sirve el *numerus clausus*, si incluso este año, cuando los judíos se beneficiaron de una disposición superior a la normal, hubo espacio suficiente para acoger a todos los cristianos que quisieron entrar en la universidad?". ¿Qué quieren: aulas vacías? La pequeña Alemania tiene un gran número de profesores judíos, ¡y sin embargo no se muere por ello![1637]

Objeción de Markov: "Las universidades están vacías [porque los estudiantes rusos están en guerra, y envían [a las universidades] masas de judíos". "Escapando del servicio militar", los judíos "han desbordado la Universidad de Petrogrado y, gracias a ello, engrosarán las filas de la intelectualidad rusa... Este fenómeno...".

es perjudicial para el pueblo ruso, incluso destructiva", porque todo pueblo "está sometido al poder de su intelligentsia". "Los rusos deben proteger a sus élites, a su intelligentsia, a sus funcionarios, a su gobierno; éste debe ser ruso".[1638]

Seis meses más tarde, en el otoño de 1916, Friedman insistió en ello formulando a la Duma la siguiente pregunta: "¿Así que sería mejor que nuestras universidades permanecieran vacías... sería mejor que Rusia se

---

[1636] *Ibidem*, pp. 3360-3363.
[1637] *Ibidem*, p. 3392.
[1638] *Ibidem*, pp. 1456, 3421, 5065.

encontrara sin una élite intelectual en lugar de admitir a judíos en cantidades demasiado grandes?".[1639]

Por un lado, es evidente que Gurevitch tenía razón: ¿por qué iban a quedar vacías las aulas? Que cada uno haga lo que tenga que hacer. Pero, al plantear la cuestión en estos términos, ¿no reconfortaba las sospechas y la amargura de la derecha: por lo tanto, no trabajamos *juntos*? ¿Un grupo para hacer la guerra, el otro para estudiar?

(Mi padre, por ejemplo, interrumpió sus estudios en la Universidad de Moscú y se alistó voluntario en el ejército. En aquel momento parecía que no había alternativa: no ir al frente habría sido deshonroso. ¿Quién, entre estos jóvenes voluntarios rusos, e incluso entre los profesores que permanecieron en las universidades, comprendió que el futuro del país no se jugaba únicamente en los campos de batalla? Nadie lo entendió ni en Rusia, ni en Europa). En la primavera de 1916, el debate sobre la cuestión judía fue suspendido con el argumento de que provocaba una agitación indeseable en la opinión pública. Pero el problema de las nacionalidades volvió a incluirse en el orden del día mediante una enmienda a la ley sobre los Zemstvos municipales. La creación de esta nueva estructura administrativa se discutió durante el invierno de 1916-17, en los últimos meses de existencia de la Duma. Y entonces, un buen día, cuando los principales oradores habían ido a a tomar un refrigerio o habían vuelto a sus penates, y que quedaba poco para la sesión más que la mitad de los diputados de buen comportamiento, un campesino de Viatka, llamado Tarassov, consiguió colarse en la tribuna. Tímidamente, tomó la palabra, esforzándose por hacer comprender a los miembros de la cámara el problema de la enmienda: ésta prevé que "todos sean admitidos, y los judíos, es decir, y los alemanes, todos los que vengan a nuestro municipio. Y a esos, ¿cuáles serán sus derechos?

Estas personas que van a ser registradas [en nuestro municipio]... pero van a ocupar lugares, y de los campesinos, nadie se ocupa... Si es un judío el que dirige la administración del municipio y su mujer la que es secretaria, entonces los campesinos, ellos, ¿cuáles son sus derechos?... ¿Qué va a pasar, dónde estarán los campesinos?... Y cuando regresen nuestros valientes guerreros, ¿a qué tendrán derecho? A quedarse en la retaguardia; pero durante la guerra, era en primera línea donde estaban ellos, los campesinos... No hagáis enmiendas que contradigan la realidad práctica de la vida campesina, no deis derecho a los judíos y a los alemanes a participar en las elecciones de los zemstvos de los municipios, pues son gentes que no aportarán nada útil; al contrario, perjudicarán enormemente y habrá

[1639] *Ibidem*, p. 90.

desórdenes en todo el país. Nosotros, los campesinos, no vamos a someternos a esas nacionalidades".[1640]

Pero mientras tanto, la campaña por la igualdad de derechos para los judíos estaba en pleno apogeo. Ahora contaba con el apoyo de organizaciones que antes no se habían preocupado por la cuestión, como el Grupo Central de Trabajadores de Gvozdev [1641], que representaba los intereses del proletariado ruso. En la primavera de 1916, el Grupo Obrero afirmó estar informado de que "la reacción [implicaba: el gobierno y la administración del Ministerio del Interior] está preparando abiertamente un pogromo contra los judíos en toda Rusia". Y Kozma Gvozdev repitió este disparate en el Congreso de los Comités Militares-Industriales.-En marzo de 1916, en una carta a Rodzianko, [1642] el Grupo Obrero protestó contra la suspensión del debate sobre la cuestión judía en la Duma; Y el mismo Grupo acusó a la propia Duma de complacencia con los antisemitas: "La actitud de la mayoría en la reunión del 10 de marzo es *de facto* dar su apoyo directo y reforzar la política de pogromos antijudíos dirigida por el poder...".

Con su apoyo al antisemitismo militante de los círculos dirigentes, la mayoría de la Duma es un duro golpe para la labor de defensa nacional." [1643](No se habían puesto de acuerdo, no se habían dado cuenta de que en la Duma era precisamente la izquierda la que tenía que acabar con el debate.)- Los obreros se beneficiaron también del apoyo de "grupos judíos" que, según un informe del Departamento de Seguridad de de octubre de 1916, "han desbordado la capital y, sin pertenecer a ningún partido, siguen una política violentamente hostil al poder."[1644]

¿Y el poder en todo esto? Sin pruebas directas, cabe suponer que en el seno de los equipos ministeriales que se sucedieron en 1916 se consideró seriamente la decisión de proclamar la igualdad de derechos para los judíos. Esto había sido mencionado más de una vez por Protopopov, que ya había logrado, al parecer, hacer girar a Nicolás II en esta dirección. (Protopopov también tenía interés en ir rápidamente a cortar la campaña que la izquierda

---

[1640] *Ibidem*, pp. 1069-1071.
[1641] También se dice Kouzma Gvozdiov (nacido en 1883), obrero, dirigente menchevique, defensor, presidente del Grupo Central Obrero; después de febrero, miembro del Comité Ejecutivo Central del Soviet de Petrogrado, ministro de Trabajo del Cuarto Gobierno Provisional. En el campo o en la cárcel a partir de 1930.
[1642] Presidente de la Duma de 1911 a 1917.
[1643] K istorii gvosdevchtchiny (Contribución a la historia del movimiento Gvozdev), Krasny arkhiv. 1934, t. 67, p. 52.
[1644] Politikchkoye polojenie Rossii nakanoune Fevralskoi revolioutsii (Situación política en Rusia en vísperas de la Revolución de Febrero), Krasny arkhiv, 1926, t. 17, p. 14.

había puesto en marcha contra él.)-Y el general Globachov, que fue el último en dirigir el Departamento de Seguridad antes de la revolución, escribe en sus memorias, en palabras de Dobrovolsky, que también fue el último ministro de Justicia de la monarquía: "El proyecto de ley sobre la igualdad de derechos de los judíos ya estaba listo [en los meses que precedieron a la revolución] y, con toda probabilidad, la ley habría sido promulgada para las celebraciones de Pascua de 1917."[1645]

Pero en 1917, las celebraciones de Pascua iban a tener lugar bajo un sistema completamente distinto. Las ardientes aspiraciones de nuestros radicales y liberales se habrían hecho entonces realidad.

"¡Todo por la victoria!" -Sí, pero "¡no con ese poder!" La opinión pública, tanto entre los rusos como entre los judíos, así como la prensa, todos estaban enteramente dirigidos hacia la Victoria, fueron los primeros en reclamarla,-¡sólo que *no con este* gobierno! ¡*No con este zar!* Todos estaban aún persuadidos de la justeza del simple y brillante razonamiento que habían sostenido al principio de la guerra: antes de que termine (porque después sería más difícil) y obteniendo una victoria sobre victoria sobre los alemanes, derribar al zar y cambiar el régimen político.

Y entonces llegaría la igualdad de derechos para los judíos.

Hemos examinado de muchas maneras las circunstancias en las que tuvieron lugar ciento veinte años de vida en común entre rusos y judíos dentro del mismo Estado. Entre las dificultades, algunas han encontrado solución con el paso del tiempo, otras surgieron y aumentaron en el transcurso de los años anteriores a la primavera de 1917. Pero la naturaleza evolutiva de los procesos en marcha se impuso visiblemente y prometió un futuro constructivo.

Y fue en ese momento cuando una explosión desintegró el sistema político y social de Rusia, y con ello los frutos de la evolución, pero también la resistencia militar al enemigo, pagada con tanta sangre, y finalmente las perspectivas de un futuro de plenitud: fue la revolución de febrero.

[1645] *K. I. Globatchev*, Pravda o russkoï revolutionsii: Vospominania byvchevo Nachalnika Petrogradskovo Okhrannovo Otdelenia. Dekabr 1922 (La verdad sobre la revolución rusa: memorias del antiguo jefe del Departamento de Seguridad de Petrogrado, diciembre de 1922), Khranenie Koloumbiïskovo ouniversiteta, machinopis, p. 41.

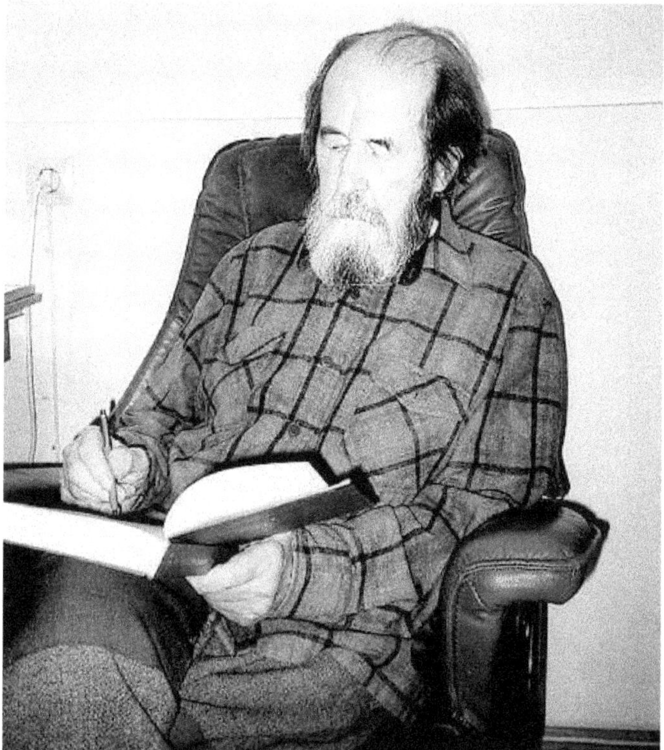

Otros títulos

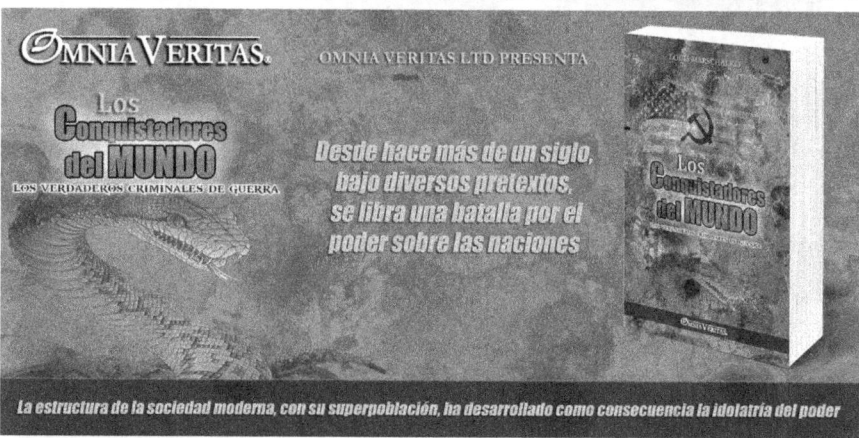

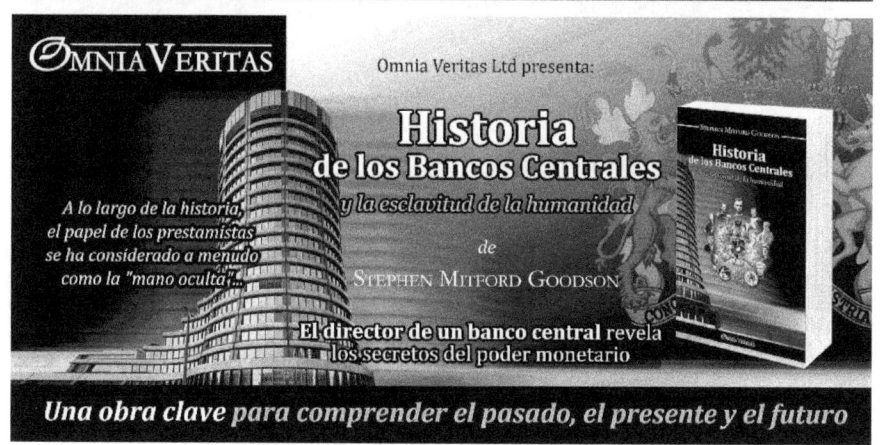

OMNIA VERITAS
Omnia Veritas Ltd presenta:
KEVIN MACDONALD
LA CULTURA DE LA CRÍTICA
LOS JUDÍOS Y LA CRÍTICA RADICAL DE LA CULTURA GENTIL
Sus análisis revelan la influencia cultural preponderante de los judíos y su deseo de socavar las naciones en las que viven, para dominar mejor la sociedad diversa que propugnan sin dejar de ser ellos mismos un grupo etnocéntrico y homogéneo, hostil a los intereses de los pueblos blancos.
Un análisis evolutivo de la participación judía en los movimientos políticos e intelectuales del siglo XX

OMNIA VERITAS
Omnia Veritas Ltd presenta:
LA CONTROVERSIA DE SIÓN
de
Douglas Reed
Los siglos de raíces y la agenda oculta del sionismo revelado
El libro-clave sin censura
ya está disponible en español!

OMNIA VERITAS
OMNIA VERITAS LTD PRESENTA:
IMPERIUM
LA FILOSOFÍA DE LA HISTORIA Y DE LA POLÍTICA
POR
FRANCIS PARKER YOCKEY
La palabra Europa cambia su significado: de ahora significará la Civilización Occidental; la unidad orgánica que creó, como fases de su vida las naciones-ideas de España, Italia, Francia, Inglaterra y Alemania.
Este libro es diferente de todos los demás

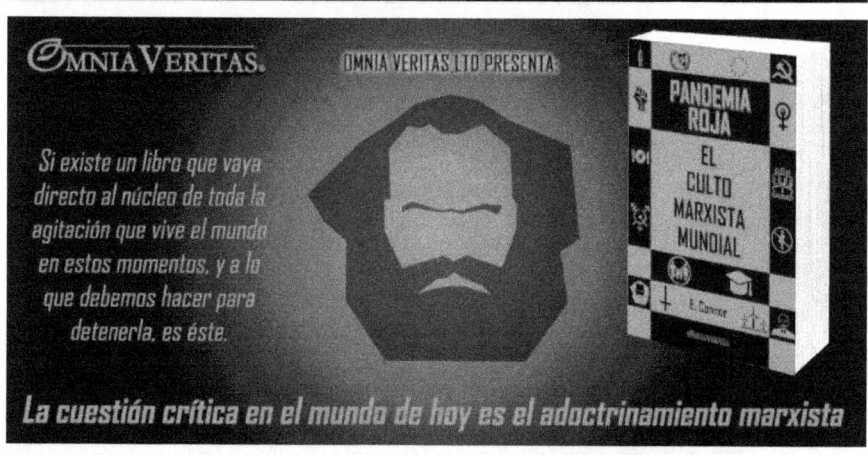

SOLZHENITSYN

OMNIA VERITAS

MK ULTRA
Abuso ritual y control mental
Herramientas de dominación de la religión sin nombre

Por primera vez, un libro intenta explorar el complejo tema del abuso ritual traumático y el control mental resultante...

¿Cómo es posible programar mentalmente a un ser humano?

OMNIA VERITAS
OMNIA VERITAS LTD PRESENTA:

ROGER GARAUDY
LOS MITOS FUNDACIONALES DEL ESTADO DE ISRAEL

¿Quién es culpable? ¿Quién comete el crimen o quién lo denuncia?

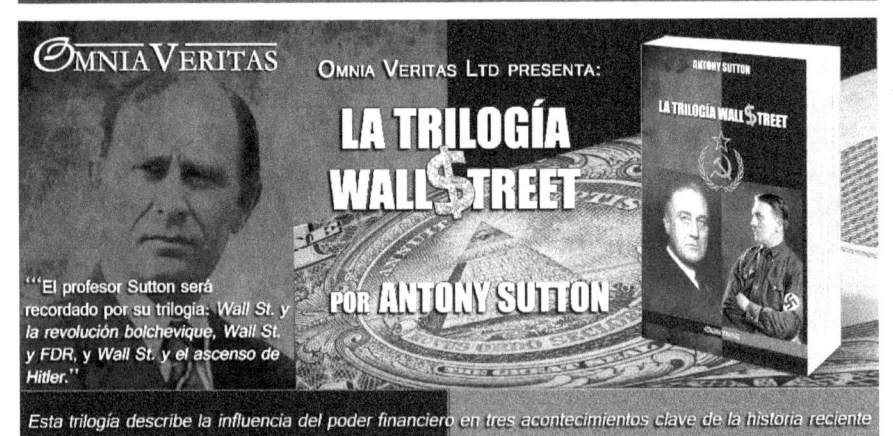

OMNIA VERITAS
OMNIA VERITAS LTD PRESENTA:

LA TRILOGÍA WALL $TREET
POR ANTONY SUTTON

"El profesor Sutton será recordado por su trilogía: *Wall St. y la revolución bolchevique*, *Wall St. y FDR*, y *Wall St. y el ascenso de Hitler*."

Esta trilogía describe la influencia del poder financiero en tres acontecimientos clave de la historia reciente

OMNIA VERITAS
Omnia Veritas Ltd presenta:
Jack el Destripador
la solución definitiva
por
Stephen Knight
"Jack el Destripador... Un nombre de antología que brilla en el negro panteón de los criminales legendarios - probablemente el asesino anónimo más conocido del planeta. Su fama imperecedera descansa en su bien guardado anonimato".
De forma alarmante, ofrece una solución final de lo más convincente...

OMNIA VERITAS
OMNIA VERITAS LTD PRESENTA:
JOHN COLEMAN
LA DIPLOMACIA DEL ENGAÑO
UN RELATO DE LA TRAICIÓN DE LOS
GOBIERNOS DE INGLATERRA Y LOS ESTADOS UNIDOS
POR
JOHN COLEMAN
La historia de la creación de las Naciones Unidas es un caso clásico de diplomacia del engaño

OMNIA VERITAS
OMNIA VERITAS LTD PRESENTA:
JOHN COLEMAN
EL CLUB DE ROMA
EL THINK TANK DEL NUEVO ORDEN MUNDIAL
Los numerosos acontecimientos trágicos y explosivos del siglo XX no se produjeron por sí solos, sino que se planificaron según un patrón bien establecido...
POR JOHN COLEMAN
¿Quiénes fueron los planificadores y creadores de estos grandes acontecimientos?

OMNIA VERITAS
OMNIA VERITAS LTD PRESENTA:
JOHN COLEMAN
LA JERARQUÍA DE LOS CONSPIRADORES
HISTORIA DEL COMITÉ DE LOS 300
por John Coleman
Esta conspiración abierta contra Dios y el hombre incluye la esclavización de la mayoría de los humanos...

OMNIA VERITAS
OMNIA VERITAS LTD PRESENTA:
JOHN COLEMAN
LA DICTADURA del ORDEN MUNDIAL SOCIALISTA
Todos estos años, mientras nuestra atención se centraba en los males del comunismo en Moscú, los socialistas de Washington estaban ocupados robando a Estados Unidos...
POR JOHN COLEMAN
"Hay que temer más al enemigo de Washington que al de Moscú"

OMNIA VERITAS
OMNIA VERITAS LTD PRESENTA:
JOHN COLEMAN
La GUERRA de las DROGAS contra AMÉRICA
El narcotráfico no puede ser erradicado porque sus gestores no permitirán que se les arrebate el mercado más lucrativo del mundo...
POR JOHN COLEMAN
Los verdaderos promotores de este maldito comercio son las "élites" de este mundo

200 AÑOS JUNTOS - LOS JUDÍOS ANTES DE LA REVOLUCIÓN

Printed in the USA
CPSIA information can be obtained
at www.ICGtesting.com
CBHW061738060824
12795CB00030B/460

9 781805 401902